中国社会科学年鉴

中国经济学

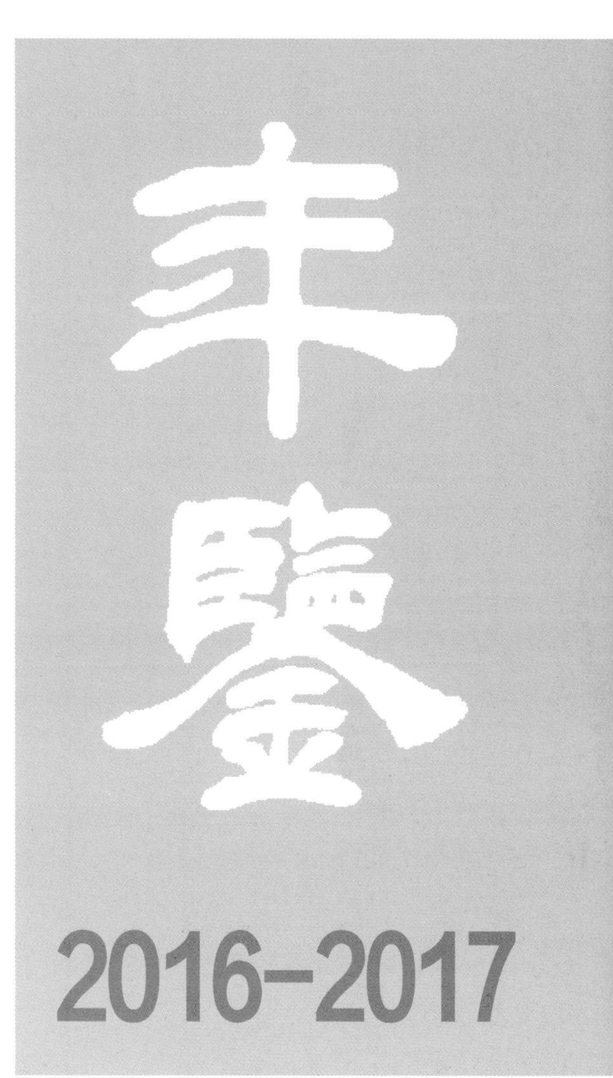

CHINESE ECONOMICS YEARBOOK

中国社会科学院经济学部 编

中国社会科学出版社

图书在版编目（CIP）数据

中国经济学年鉴．2016—2017／中国社会科学院经济学部编．—北京：中国社会科学出版社，2018.12

ISBN 978-7-5203-3740-3

Ⅰ．①中…　Ⅱ．①中…　Ⅲ．①经济学—中国—2016-2017—年鉴
Ⅳ．①F12-54

中国版本图书馆 CIP 数据核字(2018)第 282502 号

出 版 人　赵剑英
责任编辑　姜阿平
特约编辑　金　泓
责任校对　冯英爽
责任印制　张雪娇

出　　版　中国社会科学出版社
社　　址　北京鼓楼西大街甲 158 号
邮　　编　100720
网　　址　http://www.csspw.cn
发 行 部　010-84083685
门 市 部　010-84029450
经　　销　新华书店及其他书店

印刷装订　三河市东方印刷有限公司
版　　次　2018 年 12 月第 1 版
印　　次　2018 年 12 月第 1 次印刷

开　　本　787×1092　1/16
印　　张　34.25
插　　页　6
字　　数　890 千字
定　　价　218.00 元

凡购买中国社会科学出版社图书，如有质量问题请与本社营销中心联系调换
电话：010-84083683

2015 年 8 月 24 日，“资本账户开放：国际经济与中国启示国际研讨会”在北京召开

2015 年 10 月 24—25 日，“2015《中国工业经济》青年学者论坛分论坛——（国民经济）”在武汉召开

2015 年 11 月 7—9 日，“第八届中国战略管理学者论坛”
在华南理工大学召开

2015 年 11 月 20—22 日，“2015 年中国世界经济学会年会”
在云南师范大学召开

2015 年 12 月 4—6 日，“新兴经济体研究会 2015 年年会暨 2015 新兴经济体论坛”
在广州召开

2015 年 12 月 12 日，“2015：智慧城市论坛打造未来城市新形态”
在南昌召开

2015 年 12 月 29 日，“财经战略年会 2015——迈向‘十三五’的中国”在天津召开

2016 年 4 月 13—14 日，“亚洲中等收入陷阱与中国经济新常态国际研讨会”在北京召开

2016 年 **5** 月 **28** 日，“财经笔会 **2016**：应用经济学领域的重大理论问题”
在江西财经大学召开

2016 年 **10** 月 **22** 日，“第九届中国战略管理学者论坛”
在山东大学召开

2016 年 10 月 22—23 日，“2016《中国工业经济》青年学者论坛暨‘经济新常态背景下中国产业转型升级’研讨会”在长沙召开

2016 年 10 月 28—30 日，“中国世界经济学会第十一届代表大会、中国世界经济学会中青年论坛”在南开大学召开

2016 年 11 月 4—6 日，“中国新兴经济体研究会 2016 年会暨 2016 新兴经济体论坛国际学术会议”在广州召开

2016 年 11 月 6 日，“2016 年中国社会科学院智库论坛 G20：从杭州到汉堡”国际研讨会在广州召开

2016 年 11 月 8 日，“中国经济运行与政策国际论坛 2016”在香港召开

2016 年 11 月 28 日，“负利率时代的金融风险及其防范”研讨会在北京召开

编　委　会

编 辑 部

前　　言

《中国经济学年鉴》创办于2008年，至今10年。《中国经济学年鉴（2016—2017）》为第8卷。《年鉴》为面向全国、反映经济发展和经济学研究与进展的大型文献性、资料性、学术性年刊。以前沿性、权威性、学术性为编写宗旨，反映年度中国经济的新变化和新面貌，反映中国经济学学术研究的新进展和新观点。《中国经济学年鉴（2016—2017）》由中国社会科学院经济学部主任李扬担任主编，中国社会科学出版社出版发行。

《中国经济学年鉴（2016—2017）》的栏目设计为6个："专题述评""学科综述""论文荟萃""海外看中国""著作选介""学界动态"。

"专题述评"栏目，主要就供给侧结构改革，落实"一带一路"倡议，金融去杠杆的概念、进程与影响，国际金融危机研究等中国宏观经济的重点问题，请相关学者进行客观阐述和评价。

"学科综述"栏目，主要介绍了"政治经济学""国际政治经济学""货币经济学""企业管理学""网络经济学""科技金融学""气候变化经济学""森林生态经济学"等8个学科，内容包括学科综述、学科体系和应用深化、学科基础理论和前沿问题、学科重大现实问题、研究方法现状与学科发展前景。

"论文荟萃"栏目，介绍了2015—2016年国内学术刊物上发表的有代表性的经济学和管理学论文的基本观点，涉及理论经济学与方法、经济史、财政与税收、货币与金融、经济发展与城镇化、农村发展与农村经济、产业经济与企业管理、国际经济与国际贸易，共计212篇论文。

"海外看中国"栏目，内容包括经济增长及模式、世界经济形势、资本、金融、产业政策、企业发展、农村经济、人口、环境、贸易等问题共计30篇论文。

"著作选介"栏目，主要评介2015—2016年公开出版的具有一定学术水平的经济学学术著作的主要观点。这些著作的来源是受邀出版社直接推荐，共计专著38本，皮书系列14本。内容涉及世界经济形势、中国产业发展与政策、中国农村发展、中国金融发展、中国人口与劳动问题、中国互联网金融发展、中国低碳发展等。

"学界动态"栏目，包括学术会议综述、经济学奖项及获奖情况介绍、著名经济学家介绍。学术会议综述由受邀研究单位的学术刊物编辑部供稿。经济学奖项及获奖情况主要从相关网站转引。著名经济学家介绍，内容来自"国家重点图书出版规划项目"成果《20世纪中国知名经济学家学术成就概览》（经济学卷第一分册，科学出版社2013年版）。此次介绍卓炯、李锐、巫宝三等13位学者。

本卷年鉴在组织编写过程中得到了经济学界同仁与有关单位和部门的大力支持，在此我们表示衷心的感谢。同时，衷心感谢中国特色社会主义经济建设协同创新中心对本卷年鉴的资助！

经济学是一个发展速度快的庞大学科，每年都有大量的论文发表、专著出版，众多学术活动开展。虽然年鉴力求客观、全面反映经济学的各方面进展，但因水平和视野有限，加上组织工作的困难，不妥和遗漏之处在所难免。诚恳欢迎读者批评指正，提出宝贵建议和意见，共同为中国经济学的发展贡献力量。

2018 年 10 月

目　　录

第一篇　专题述评

第二篇　学科综述

第三篇　论文荟萃

第四篇　海外看中国

第五篇　著作选介

皮书系列

第六篇　学界动态

第一篇

专题述评

供给侧结构性改革

中国改革开放 40 年来，经济持续高速增长，使得我国在摆脱了物质极度匮乏与活力不足、获得巨大成就的同时也产生了一系列“不平衡、不协调、不可持续”的现象。2015 年 11 月，习近平总书记主持召开中央财经领导小组第十一次会议，研究经济结构性改革和城市工作。2015 年 12 月召开的中央经济工作会议提出，稳定经济增长要更加注重供给侧结构性改革，并强调这是适应和引领经济发展新常态的重大创新，是适应国际金融危机发生后综合国力竞争新形势的主动选择，是适应我国经济发展新常态的必然要求。2016 年 1 月，习近平总书记主持召开中央财经领导小组第十二次会议，研究供给侧结构性改革方案。2017 年 10 月，习近平同志在十九大报告中再次指出要深化供给侧结构性改革。并且强调，建设现代化经济体系，必须把发展经济的着力点放在实体经济上，把提高供给体系质量作为主攻方向，显著增强我国经济质量优势。在这一时期，中国经济学界对供给侧结构性改革问题进行了多方面的理论研究和实践经验总结。

一　关于供给侧结构性改革的学术论著

自中共中央在 2015 年年底提出供给侧结构性改革以来，有关学术研究就陆续展开和逐步深入。以“供给侧结构性改革”为关键词，搜索当当网正在销售的图书，截至 2017 年 12 月 14 日，共有 59 种版本（含电子书）的相关著作。有影响的学术著作主要有：《供给侧结构性改革与宏观调控创新》（周振华等，格致出版社 2016 年版）、《“G20 与中国”：中国经济新常态与供给侧结构性改革》（蔡昉，外文出版社 2016 年版）、《供给侧结构性改革下的中国宏观经济》（刘元春等，中国社会科学出版社 2016 年版）、《改革大考：经济转型与结构性改革》（迟福林，群言出版社 2016 年版）、《供给侧结构性改革下的节能减排与经济发展研究》（陈晓东、金碚等，中国社会科学出版社 2016 年版）、《供给侧结构性改革论纲》（金碚，广东经济出版社有限公司 2016 年版）、《降成本与供给侧结构性改革》（高培勇等，中国社会科学出版社 2017 年版）、《三去一降一补：深化供给侧结构性改革》（厉以宁、吴敬琏等，中信出版社 2017 年版）、《聚力供给侧：宏观经济形势展望与深化供给侧结构性改革》（王一鸣、陈昌盛等，中国发展出版社 2017 年版）、《通向新增长之路——供给侧结构性改革论纲》（陈东琪，人民出版社 2017 年版）等。

以“供给侧结构性改革”为篇名搜索中国知网，截至 2017 年 12 月 14 日，共有文献资料合计 10356 篇，其中：2017 年 5092 篇，2016 年 5157 篇，2015 年 107 篇；由来自全国高等院校的作者撰写共有 1231 篇，其中：2017 年 701 篇，2016 年 520 篇，2015 年 10 篇；由来自中国社会科学院的作者撰写共有 139 篇，其中：2017 年 65 篇，2016 年 73 篇，2015 年 1 篇；由来自国务院发展研究中心的作者撰写共有 65 篇，其中：2017 年 12 篇，

2016年49篇，2015年4篇。这些图书和文献论述涉及供给侧结构性改革理论本身及经济社会发展等各个领域和方面，对于理解供给侧结构性改革理论的内涵和特征以及在实践中的运用都有积极的指导与推动作用。

二 供给侧结构性改革的经济学性质和经济政策含义

大多数学者认为，当前中国着力推进供给侧结构性改革所要达到的紧迫目标，一是“稳定经济增长”；二是“实现经济转型升级”。其中，“稳定经济增长”的含义是希望不再采取刺激性政策来扩张生产规模，而是要从实体经济深处激活新的增长动力，着力于提高“潜在增长率”水平。而“实现经济转型升级”的含义则是希望逐步摆脱资源驱动和投资驱动，转向创新驱动的增长模式，使产业结构现代化、绿色化、高效化，产业升级体现创新、协调、绿色、开放和共享的新发展理念。因此，强调供给侧结构性改革，实质上就是主张以更高质量的供给机制来实现可持续的发展。①

而在实施具体经济对策时，供给侧与需求侧实际上是难以截然区分的。供给侧结构性改革固然是着眼和着力于实体经济，但也离不开货币经济。实际上，每一个供给行为（出售）都表现为对应的需求行为（购买），实体经济得以货币金融为血液。所以，推进供给侧结构性改革，总是需要从实体经济和货币金融两方面着手。实体经济的改革必须有金融体制改革相配合。如果金融不能有效发挥功能，为实体经济服务，实体经济的改革也难以有效推进。

更重要的是，实施经济对策绝不可忽视宏观需求管理与供给侧改革的协调。供给侧结构性改革更关注经济转型升级，但经济转型升级是一个长期动态过程，而整个过程的每一时间段，都是不能略过的“短期”；长期是由短期组成的。如果短期过不去，也就达不到所期望的长期目标。

所以，经济转型升级必须在一定的经济增长过程中实现，如果不能稳住一定的增长率，经济转型升级就没有支撑条件。反过来，如果不能实现经济转型升级，经济增长就不可持续，一味进行短期需求扩张也难以避免“硬着陆”和金融风险。

在以交换为基本关系的市场经济中，一切经济行为和现象都是双面性的和对立统一的。有买就有卖，有收入就有支出，有债务就有债权，有供给就有需求。中国经济历经30多年的改革开放和经济高增长时代，现在已经进入一个需要全面深化改革才能适应和引领新常态的新时代。需要开拓更大的经济策略运作空间，推进供给侧结构性改革，促进经济转型升级。但供给侧结构性改革同需求侧调控密切相连，供给侧结构性改革归根结底将体现在供给系统对于需求变化的更高弹性，即灵活反应能力。产能过剩和库存积压，本质上就是因供给弹性缺乏而无法实现市场出清，是供需关系矛盾的凸显。

供给侧结构性改革归根结底是由企业在一定的市场环境中能动地实现的，而不可能主要依靠政府的直接干预和政策运作来实现。但企业所处的经营情景往往是：当宏观经济景气度很高时，由于“赚钱容易”，所以虽有转型升级和技术创新的能力，但往往缺乏转型

① 金碚：《总需求调控与供给侧改革的理论逻辑》，《经济日报》2016年5月5日第14版；金碚：《总需求调控与供给侧改革的理论逻辑和有效实施》，《经济管理》2016年第5期；金碚：《基于价值论与供求论范式的供给侧结构性改革研析》，《中国工业经济》2017年第4期。

和创新动力；而当宏观经济景气度很低时，由于企业经营困难，拼力“活下去”是当务之急，所以尽管深切感受到转型升级和技术创新的必要性和迫切性，具有结构调整和转型升级的内在动力，却恰恰缺乏财务能力。而如果整个宏观经济处于衰退紧缩状态，大多数企业感觉调整升级力不从心，则所期望的推进供给侧结构性改革，也会遇到很大困难。

所以，经济政策的运作，实际上就是要创造一种让企业既有动力也有能力进行结构调整和创新升级的经济环境。这主要体现为三方面的政策安排：第一，采取适当的宏观需求管理政策，包括货币金融政策和财政税收政策，稳住经济增长速度，使之保持在一定的增长率区间，避免“硬着陆”，从而稳定和增强企业信心。第二，加快改革，扩大企业经营的自由度，减少政府不当干预和烦琐管制对经济活力的约束，最大限度增强生产和生活的便利性。只要企业生产和居民生活更便利，即使不考虑其可以产生的供给侧效应，仅就其产生的需求效应，也可以在短期内较快改善经济景气状况。第三，对严重失衡而必须进行强力调整的结构性“淤结”，例如严重过剩的产能、库存等，采取“外科手术”式方式进行处置，当然，政府也应采取一定的援助方式，以减少“手术”过程的“疼痛感”。就经济管控和干预政策而言，宏观需求管理与供给侧改革，并不是非此即彼的选择，而是两者搭配的“组合拳”。更何况，如前所述，需求与供给之间本无绝对分明的界限。所以，政府在强调注重供给侧结构性改革的同时，出台一定的宏观需求调控政策，避免经济增长失速，并不令人吃惊。

有的学者认为，发展中国家在转向市场经济体制时，长期存在的结构、技术、效率等供给侧问题，不会因转向市场经济就能自动解决，也不可能靠需求侧的调节来解决。原因是发展中国家的这些供给侧问题既有发展方式方面的原因，又有供给侧的体制问题。因此解决供给侧的问题，既要转变发展方式，又要进行结构性改革。无论是供给侧还是需求侧都有制度问题。供给侧的改革之所以称为结构性改革，原因是供给侧问题突出表现为结构性问题，可以归结为有效供给不足和无效产能并存。无效产能包括过剩产能、落后产能和污染产能。这种结构性矛盾是发展中国家的通病，属于长期问题。这种结构性矛盾可以归结为现行经济发展方式的症结：供给不能适应进入中等收入阶段以后消费需求的新变化。进入中等收入阶段后，解决了温饱问题后居民的消费需求开始转型，更为关注健康、安全、卫生、档次；而生产和服务还停留在低收入阶段的供给，追求数量，不重视质量，为生产而生产，势必产生现在的有效供给不足与无效供给和低端供给并存所导致的库存和过剩问题。由此就提出了结构性改革的任务：针对无效产能要去产能、去库存；针对有效供给不足要补短板、降成本。这些都是转变发展方式的内容，更需要体制、机制上的支持。①

三 关于“三去一降一补”

有学者指出，供给侧结构性改革触及经济关系和经济体系的最深层面。当前，中国经济面临极为复杂的形势，深层次矛盾困扰着企业、社会和政府，必须以供给侧结构性改革作为政策思路主线，化解发展障碍。其中，尤为突出的是，要进行以“去产能、去库存、

---

① 洪银兴：《准确认识供给侧结构性改革的目标和任务》，《中国工业经济》2016年第6期。

去杠杆、降成本、补短板”为重点的结构性调整。①

关于去产能。由于存在严重的产业性过剩产能，即“事前”供给难以实现（如前所述，只有在“事前”意义上，才会发生供求不等现象），表现为供给能力闲置或无效供给（产量过剩）。这实质是生产性产业的非生产性化：提供了不被使用的使用价值（产品）和交易循环受阻的交换价值（难以完成市场实现的“惊险跳跃”）。出现如马克思所说的“产业资本的再生产能力不顾消费界限的极度紧张”状况。在这种紧张状态下，“一旦由于回流延迟，市场商品过剩，价格下降而出现停滞时，产业资本就会出现过剩，不过这种过剩是在产业资本不能执行自己的各种职能的形式上表现出来的。有大量的商品资本，但找不到销路。有大量的固定资本，但由于再生产停滞，大部分闲置不用。”因此，需要削减无效供给的过剩产能。否则，整个供给体系处于严重的低效、梗阻状态，如同患了“肥胖症”和血栓症。

关于去库存。过剩库存的经济学性质是产出存量冗余。供给过程的一次流程环节是：产能—产出（产量）—存货—实现。即发挥产能进行生产，形成产出量（产品），在未进入市场前为存货（发生积压就成为过度库存），只有当存货销售出去完成产品的市场实现，一次供给过程才告完成，下一次供给过程才能启动。如果一些行业（例如房地产）存在大量库存，不仅阻滞了本产业的供给循环，而且导致相关产业供应链的破坏，以致影响社会供给体系的流程运行，就必须进行库存削减，疏解淤积。

关于去杠杆。所谓杠杆，其实就是货币信用关系的叠加和膨胀。过高的杠杆引发经济风险，可能导致债权债务链条断裂，难以维持社会“信心”，甚至导致连锁性崩溃现象。而如前所述，现代经济是建筑在“信心”基础之上的。信用货币的重要组成部分就是“债务”。大卫·哈维说：“随意检视总体国内生产总值历史数据，我们会发现，在整个资本史上，财富与债务积累之间一直有松散的关系，但是自20世纪70年代以来，财富积累与公共、企业和私人债务积累之间的关系变得密切得多。”这并非巧合。众所周知，正是在20世纪70年代，美国宣布美元同黄金脱钩，布雷顿森林体系崩溃，美元汇兑金本位制彻底转变为信用货币制度，而各国原先通过美元而与黄金间接挂钩的关系也彻底变为信用货币制度，全世界的货币体系从根本上说都基于“虚本位”，只能靠央行的政策调控为其设定币值之“锚”。这就提供了高杠杆的货币金融制度基础和债务疯狂增长的土壤。“借贷货币资本的总量……，实际上会在同现实积累完全无关的情况下增加起来。”过高的杠杆，即负债率，不仅累积风险，而且增高成本。去杠杆，实际上就是要降低“信心崩溃”的可能性和危险性。更重要的是，过高杠杆（债务）所对应的是无效的供给：过剩产能和过度库存。所以，去杠杆不仅是降风险，实际上也是降成本、降产能、降库存。

关于降成本。是为了降低供给侧体系的负担超载，提高供给侧效率。当然，任何供给活动都是负载进行的，“天下没有免费的午餐”，任何获益都必须付出代价。但是，过高的成本压抑了生产性劳动的供给能力和供给效率，也会降低实际供给（产品）的质量。而且，如果供给成本和价格过高，就会形成更多的过剩产品、过剩产能和过剩库存。因为，成本的高低划定了有效供给与无效供给之间的界限。

关于补短板。供给体系失调和质效缺陷的突出表现之一是存在结构短板：供给链的瓶颈和薄弱环节，导致投入—产出关系的不匹配、不协调。价值创造必须在生产过程的不断

① 金碚：《基于价值论与供求论范式的供给侧结构性改革研析》，《中国工业经济》2017年第4期。

循环中完成，既包含物质资料的供求、投入—产出衔接平衡，也包括交换价值在顺畅交易中实现为实质价值，而供给体系的结构性短板如果导致供给活动循环不畅、效率不高、质量低下，就会降低整个供给体系的有效性和平衡性。

供给侧结构性改革的目标是提高供给体系的协调性、高效性和高质性。而“三去一降一补”最终体现为劳动生产率的提高。按照马克思的劳动价值论，“劳动生产力越高，生产一种物品所需要的劳动时间就越少，凝结在该物品中的劳动量就越少。”“商品的价值量与体现在商品中的劳动量成正比，与这一劳动的生产力成反比。”可见，以“三去一降一补”为重点的供给侧结构性改革的经济学实质，是提高生产力，节约劳动，增加供给有效性。

有的专家认为，去产能，关键要分析哪些产能过剩，并不是所有的产能都过剩。即便在过剩的产能中也有短缺的、供给不足的。比如，用于制造尖端武器的钢材可能还存在供给不足。同时，一个合理的开工率对于稳定市场供给很重要。因为某些行业可能存在季度或月度供需波动的状况。此外，当某种行业产能已经绝对过剩时，可能还在继续生产，例如在钢铁行业，需要增加先进技术水平的钢材来代替原来的钢材。①

去产能，就是要让市场在资源配置中起决定性作用与更好发挥政府作用结合起来。“更好发挥政府作用”指的是政府不能大包大揽、急于求成，也不能一刀切，要更加注重运用市场化手段化解过剩产能。

有学者指出，对于新兴产业是否存在产能过剩的问题，需要引起高度重视。近年来，随着人们对清洁能源的关注，许多地方一哄而上地发展太阳能、风能行业，也可能会造成产能过剩的情况。去产能是一个普遍存在的问题，而去杠杆更多的是对不同的管理层面提出不同的要求。去库存，不能只着眼于房地产，要有全局性的把控。

企业如何降成本？降成本关键要区分哪些成本可以降。企业的管理者为了争取最大的效益，一定会严格控制成本。对于政府而言，要降的是整个经济运行的成本。开展降低实体经济企业成本行动要打出“组合拳”，一是减少行政审批程序。进一步减少行政办事环节，提高审批效率，让企业少“跑腿”。二是全面实施营业税改征增值税，进一步减轻企业税收负担。三是货币政策框架正在从“数量型”向“价格型”转变，市场对未来的利率预期比较稳定，有助于企业降低融资成本。

降成本是一个系统的、集成的概念。在这个过程中要综合考虑运输、人工、土地、制度、政策环境等多方面因素。打好降成本“组合拳”，需要各方共同努力，才能真正使企业的经营环境越来越好。

补短板不仅仅是加强基础设施建设。比如我国现有207个机场，相比美国，我国机场数目要少得多，但是能满足需求就可以了。目前，十分重要的是把社会保障这块短板补起来，包括养老、失业、工伤等问题，需要通过不断改革，为老百姓解决后顾之忧。

关于如何去产能、去库存、去杠杆、降成本、补短板，有专家强调②，要正确理解和掌握“三去一降一补”，应把它放在供给侧结构性改革整体逻辑关联之内，而不能顾此失彼。还有学者指出（洪银兴，2016），单纯静态观点的去产能、去库存、去杠杆会产生巨

① 朱之鑫：《把握“三去一降一补”的关键点》，《中国经贸导刊》2016年3月下。

② 贾康：《“三去一降一补”与“双创”的政策突破口》，《区域经济评论》2017年第4期。

大的成本，而且难以有效实现目标。可行并且有效的路径是用发展的办法去库存、去产能和去杠杆。从改革的角度分析，无效产能、库存、杠杆和成本的产生，都同供给侧存在的制度问题相关，供给侧结构性改革就是要建立起有效防止和克服继续产生无效和低端产能、缺乏市场需求的库存、高杠杆带来的高债务以及成本持续走高的制度结构。概括起来，供给侧结构性改革目标有三个：一是解决有效供给；二是提高全要素生产率；三是释放企业活力。这意味着供给侧改革还是要推动发展。

四　提高供给质量与效率

有的学者指出，有效供给不足实际上是结构性短缺，一方面，供给结构不能适应需求，不仅涉及供给的产品结构，还涉及供给品的数量和质量；另一方面低端和无效产能占用资源，造成库存和积压。归根结底还是现行供给体系停留在低收入阶段，表现为：处于低收入阶段的供给品的科技含量和技术档次低；低收入阶段形成的存量结构造成有效供给不足和无效产能过剩并存；低收入阶段的供给水平不能满足进入中等收入阶段的消费者对供给品的质量、安全和卫生的需求，不能提供消费者信得过的产品和服务。中国消费者蜂拥出国购买的马桶盖、电饭煲、感冒药等，在技术上并不多么高超，中国也能制造但消费者不买账就说明这点。因此，供给侧改革的关键是提升供给的能力，建立有效供给的长效机制，提高供给结构的适应性和灵活性，并且赢得消费者。根据提高供给体系质量和效率的要求，供给侧改革需要推动结构调整和优化。一方面加大力度调整存量结构，通过去库存和去产能，腾出被无效和过剩产能占用的资源；另一方面推动产业优化升级。从补市场供给“短板”考虑，特别要重视产品结构的调整和优化，在体制上解决企业供给的市场导向问题，这方面的改革主要是进一步完善市场决定资源配置的体制机制。

进行供给侧结构性改革，是要从实体经济内部激发新的活力和动力；实现经济转型升级则是要逐步摆脱资源和投资驱动，转向创新驱动，使产业结构现代化、绿色化、高效化，产业升级体现创新、协调、绿色、开放和共享的发展理念。尤其在新旧动能接续转换的关键期，产业转型升级、科技创新对“软环境”要求更高。如果没有有效的市场激励，没有良好的政府服务，创新驱动就难以有根本性突破。①

五　各产业的供给侧结构性改革（工业、农业、服务业、房地产）

供给侧结构性改革的实施必须落实于工业、农业和服务业的各个领域。各研究领域的专家学者对各产业的供给侧结构性改革进行了多角度的观察和研究。

关于工业供给侧结构性改革，有专家指出②，当前制造业突出的矛盾就在于有效供给能力不足。一方面低端的产品过剩，供大于求；另一方面高端的产品又短缺，供不应求。产品的质量、品种满足不了消费者对绿色、低碳、品牌、时尚以及个性化、多样化的需求，以致出现了国人境外大量采购的现象。至于生产资料产品，比如基础零部件、核心元器件、关键材料等，80%仍然依靠进口。加快供给侧结构性改革，这是新形势下对经济发

① 陈晓东：《培植产业地标的成长沃土》，《群众》2017 年第 10 期。

② 李毅中：《工业是供给侧结构性改革主战场》，《经济日报》2016 年 1 月 28 日第 4 版。

展规律认识的深化，是宏观调控的主动选择，是发展思路的调整，概括地说就是“实”。第一个“实”是指实体经济，高度重视实体经济，抓供给侧的结构性调整。第二个“实”是针对企业的，企业的困难怎么解决？去产能、去库存、去杠杆、降成本、补短板，这五个任务是解决企业困难的实实在在的“实招”。供给侧指的是实体经济，其中工业和制造业是主战场。要坚持加快传统产业改造优化升级，积极培育加快发展战略性新兴产业及高技术产业，这二者要同时发力，紧密融合。

关于农业供给侧结构性改革，有学者指出①，要在确保粮食和重要农产品供给的前提下，积极推进农业供给侧结构性改革。农业供给侧结构性改革是整个供给侧结构性改革的重要一环，要求从生产端、供给侧发力，把增加绿色优质农产品供给放在突出位置，优化农业产业体系、生产体系、经营体系，从整体上提高农业供给体系的质量和效率。我国农产品供给大路货多，优质的、品牌的还不多，与城乡居民消费结构快速升级的要求不相适应。农业迫切需要以市场需求为导向，加快调优产品结构、调精品质结构、调高产业结构，促进农产品供给由主要满足量的需求向更加注重质的需求转变。我国农业受“两块板”“两道箍”束缚明显，农业生产面临成本“地板”和价格“天花板”，这两块板的双向挤压，农民费时费力生产出来的产品却卖不上价，农民持续增收的压力越来越大。农业资源长期透支、过度开发，资源、环境两道“紧箍咒”越绷越紧，拼资源、拼投入的传统老路难以为继。农业供给侧结构性改革不同于一般意义上的结构调整。既要调整结构、调整布局，又要转变方式、创新机制；既突出发展生产力，又注重完善生产关系；既是破解当前农业供需结构失衡的必然选择，又是提高农业综合效益和竞争力的必由之路。农业供给侧结构性改革要从产业和体制两个方面增强供给体系对需求变化的适应性和灵活性，提高农业全要素生产率。要优化产品结构和品质结构，推进质量兴农，为消费者提供更加优质安全的农产品，满足多层次、高质量、个性化需求；优化产业结构和区域布局，推动资源要素优化重组，产业结构转型升级，农业功能拓展，促进生产向优势区聚集；优化技术结构和经营结构，调整传统技术路径，大力发展节本增效、优质安全、环境友好的新技术新模式，培育新型经营主体发展适度规模经营。

关于服务业供给侧结构性改革，有学者指出②，要针对服务业制度建设的“短板”，推进服务业供给侧结构性改革，构筑有利于服务业发展的体制机制。从供给侧结构性改革视角审视服务业改革，可以从以下五方面发力：一是打破垄断和市场管制、放宽服务业市场准入，引进竞争机制。行政垄断和市场管制是当前制约服务业发展的突出难题。除对少数垄断行业及关系到国家安全的重点服务业，制定“否定”或“限制”行业目录外，其他的一概实施“非禁即入”的准入制度，切实打破垄断经营，形成多元竞争的大格局。二是改革投资审批体制。要对现有的投资审批体制进行全面清理，尽量减少审批事项，优化审批流程，规范审批行为。三是加强社会诚信制度建设。采取切实有效措施，完善企业、社会和个人信用环境体系建设，推进信用信息共享，打破数据孤岛，健全激励惩戒机制，提高全社会诚信水平，确保服务业发展的正常市场秩序。四是顺应新经济新服务的要求，不断创新政府治理。顺应服务经济发展新趋势，更新监管理念、创新治理方式，构建

---

① 韩长赋：《着力推进农业供给侧结构性改革》，《求是》2016 年第 5 期。

② 夏杰长：《把握深化服务业供给侧结构性改革的着力点》，《经济参考报》2017 年 2 月 27 日第 8 版。

统一高效、开放包容、多元共治的监管体系。创新服务业新业态、新模式的监管方式，建立健全“互联网+”、平台经济、分享经济等的监管模式。完善社会治理体系，创新治理方式，强化法治意识和服务意识，形成有效的市场和有为的政府在服务业领域高效率协同。健全信息发布制度，促进公众参与，保障权益和化解矛盾，完善政府治理考核问责机制。五是深化服务业价格改革。服务业价格改革的关键是分类指导。竞争性领域的定价要尽可能放开，加快完善主要由市场决定价格机制。公用事业和公益性服务价格政府指导和市场调节相结合的办法。深化教育、医疗、养老等领域价格改革，营利性机构提供的服务实行经营者依法自主定价。教育、医疗、养老等领域的公共属性或者保底线部分的定价由政府负责。

关于房地产业供给侧结构性改革，有学者指出①，现阶段房地产的主要问题是供需结构不协调、不匹配，反映在供给方面：一是粗放的设计建造导致“大路货”大量生产；二是产品质量提升缓慢；三是配套服务有待提高。一些项目在公共配套还没建成的情况下就盲目开盘，产生了大量的无效供应。因此，要以群众的有效需求为导向深入调研，一是要调研居住的需求，二是要调研市场的需求，三是要调研产品的需求。从群众需求出现的新情况、新问题、新变化入手，分析房地产与经济发展和城市投资建设的关系；分析房地产与土地、金融的关系；分析房地产与新旧经济、新旧产业转换的关系；分析房地产居住人口与产业就业的关系；分析房地产主流与分支的关系，从实际出发发展房地产，不能简单用土地财政指挥房地产发展，透支城市未来。要实现供给与需求的“三个平衡”：供求总量的平衡、供求结构与业态平衡、土地供求的平衡。有效供给是建立在需求导向上的，房地产不是供应不足或没有需求，而是需求变了，供给的产品却没有变，质量、服务跟不上。房地产企业要从只会设计建造住宅、商业地产、城市综合体，转向设计建造具有生活功能、服务功能、健康功能、智慧功能的居住+服务平台。

六　区域经济发展与生态环境保护

供给侧结构性改革，不仅涉及各个产业，而且涉及区域经济发展问题。有学者认为，“十三五”以至更长一些的时期内，在中国区域经济发展的全国性战略部署中，除涉及国际的“一带一路”外，国内战略主要是京津冀协同发展和长江经济带发展两个重点。在制定这两个区域发展规划时所确立的新思维和新要务，标志了中国经济发展的新态势和新时代，也显示了区域经济增长的新空间。②

可以看到，在这两个最重要的区域发展战略中，突出的是生态环境保护以及不平衡现象，例如大城市病、非首都功能过度集中于北京等问题的治理。也就是说，在新的发展理念下，对于经济发展特别是工业化过程中有可能产生的负效应给予了更大的重视，在发展的各项目标的优先顺序中，生态平衡和环境质量被置于前列。这是中国经济发展进入新阶段的一个突出的标志。今天，生态环境保护和生活质量提升的目标正变得越来越重要。各地区拓展发展的新空间，实际上就是要以创新、协调、绿色、开放和共享的新思维和新路

① 刘志峰：《创新发展理念，重构行业格局——以供给侧结构性改革促进房地产转型升级》，《城市开发》2016 年第 11 期。

② 金碚：《区域经济发展的新思维新要务》，《区域经济评论》2016 年第 4 期。

径，实现人民生活的更高质量。

当然，保护生态环境并不是不要发展经济，相反，发达的经济是保护生态环境的重要手段和必要基础。经济贫困、技术落后，不可能保持长久的生态环境质量。对各地区状况进行比较分析不难看到，从总趋势看，经济发达水平同环境质量具有高度的正相关性，其最终表现就是人类预期寿命的不断延长和生活质量的持续提高。世界各国的历史都表明，以发展停滞谋求环境良好，是行不通的。各地区经济发展与生态环境保护，是工业化过程不可分割的同一块硬币的两面，实际上就是用大自然与创新力协同推进人类发展。

金碚①认为，当中国经济发展进入以“新常态”所表征的工业化深化的新阶段，社会价值取向从亢奋的物质主义向权衡的物质主义转变时，地区经济发展的战略思维和政策目标必将进行适应性调整。以往那种在较狭窄的资源因素空间和扁平技术层面上进行的“平推式工业化”，已经面临战略空间狭窄的约束：出现了资源边际效率下降、加工产能过剩、盈利空间收缩、区域吸引力不足、环境承载瓶颈等问题，并集中表现为经济增长率的下行压力。因此，各地区经济发展必须向资源要素、产业技术、地区文化和地缘格局的深度层面进行战略空间拓展。这种战略空间拓展绝不能再循过去那种“开阔地扩张”模式，不能再有过去那种“短、平、快”思维，即短期目标导向、平面推进扩张、追求快速见效，而要有体现长远眼界、长效目标和长治久安的战略思维。以长期理性、公共思维和持久耐心，适应和引领新常态下的区域经济发展格局。

七　供给侧结构性改革与现代化经济体系建设

有的学者认为②，建设现代经济体系是在贯彻新发展理念的前提之下而做出的部署，特别需要鉴于以往的历史教训和经验，特别要注意切忌将现代化经济体系当作一个筐，什么都往里装，更要注意防止新瓶装旧酒。第一，我们是在中国特色社会主义新时代的背景条件下来布局建设现代经济体系的，新时代，如十九大报告当中讲，是党和国家事业发展新的历史方位，既然是新的历史方位，那就不是旧的以往的历史方位。第二，社会的主要矛盾变化。十九大报告也讲社会的主要矛盾发生了重要的变化，已经转变为人民日益增长的美好生活需要同不平衡不充分的发展之间的矛盾。既然是新的社会矛盾，那么这种新的社会矛盾在报告当中也指出是关系全局的历史性变化。本着这个思维方式，我们接下来在构建现代经济体系时着力解决的是不平衡不充分的发展的问题，而非以往的规模问题或速度问题。第三，新常态，或者叫作经济发展的新常态。我们必须充分认识到是在经济发展进入新常态的背景条件下，构建现代化的经济体系。而新常态面临的主要矛盾和问题是重大结构失衡导致的循环不畅，而不是经济发展旧常态的背景条件下所主要面临的总量问题和周期性问题。要把着力点放在结构上而非规模上，用改革的办法去推动结构调整。第四，新的发展理念。新的发展理念是以质量和效益为主线，而非速度和规模。必须充分思考由高速增长转入高质量增长的阶段之后，如何从更高的层面上去提升经济的发展质量？第五，新的政策框架。十九大报告当中也提到了这一点，那就是十八大以来我们以新发展

① 金碚：《新常态下的区域经济发展战略思维》，《区域经济评论》2015年第3期。

② 高培勇：《要正确认识解读“建设现代化经济体系”》，腾讯网（http://finance.qq.com/original/caijingzhiku/gpy_ .html）。

理念为指导，以供给侧结构性改革为主线，形成了一套新的政策框架。认识到我们现在宏观经济政策主线是供给侧结构性改革，而不是以往的需求管理政策，认识到这种政策的贯彻是要以改革的方式推动结构性的调整。第六，新的目标。认识到我们是在全面深化改革的背景条件下去建设现代经济体系，而全面深化改革的一个非常重要的目标是实现国家治理体系和治理能力的现代化，这个目标显然不同于以往的主要陷于经济方面上的改革目标，这种目标不仅包括经济，而且包括政治、文化和文明，解决的不仅仅是经济的问题，而且在提出要满足人民日益增长的，包括对于民主、法制、公平、正义、安全、环境等方面的需要。这也是我们在构建现代经济体系所必须面对的一个问题。

有的学者认为①，中国现在的经济体系存在的问题和不足，总体而言主要是发展不平衡不充分，具体表现是，经济结构不优，无效供给过剩，有效供给不足，高新技术产业和现代服务业还需要加强，产业价值链的地位还有待提升；“三农”问题突出，农业现代化滞后，城镇化的数量和质量也有待提高，城乡区域发展和收入分配差距依然较大；实体经济大而不强、不优，发展水平、质量和效益还不高，创新能力不够强，生态环境保护任重道远；民生领域还有不少短板，脱贫攻坚任务艰巨，群众在就业、教育、医疗、居住、养老等方面面临不少难题。造成这些问题和不足的主要原因是相关制度的不完善。比如，产能过剩的主要原因是企业制度、投资制度、市场调节制度和政府调控制度存在不足，“三农”问题的主要原因是农地制度和农业经营方式还不完善，创新能力不够强的主要原因是教育制度和科学技术保护促进制度还不完善。

新时代应该如何建设现代化经济体系，党的十九大做出了总体安排，制定了一系列战略措施，强调要贯彻新发展理念，统筹推进经济建设、政治建设、文化建设、社会建设、生态文明建设，坚定实施科教兴国战略、人才强国战略、创新驱动发展战略、乡村振兴战略、区域协调发展战略、可持续发展战略、军民融合发展战略，突出抓重点、补短板、强弱项，特别是要坚决打好防范化解重大风险、精准脱贫、污染防治的攻坚战，使全面建成小康社会得到人民认可、经得起历史检验。并提出必须坚持质量第一、效益优先，以供给侧结构性改革为主线，推动经济发展质量变革、效率变革、动力变革，提高全要素生产率，着力加快建设实体经济、科技创新、现代金融、人力资源协同发展的产业体系，着力构建市场机制有效、微观主体有活力、宏观调控有度的经济体制，不断增强我国经济创新力和竞争力。

通过供给侧结构性改革，推进现代化经济体系建设，不仅关系实体经济发展，也涉及金融体系发展和体制改革。有学者指出②，中国经济目前面临新挑战，未来金融发展应考虑社会责任，金融创新应服务现代经济体系建设。按照现代经济体系和现代金融的标准来衡量，中国金融业显然面临新挑战。一是外延式扩张模式已至末路。经济增速下台阶、产能过剩使得金融业面临“缩水”的长期风险，质量优先、效率至上、内涵式发展成为发展新模式。二是发展环境将彻底改变。随着经济新常态长期持续，金融业制度性利差的优势一去不复返，今后要突出以客户需求为导向，以服务创造价值。三是实体经济存在严重的供需结构性失衡，金融业自身也有结构性失衡，实体经济与金融运行之间循环不畅。

---

① 简新华：《建设现代化经济体系是跨越关口的迫切要求》，《光明日报》2017 年 11 月 7 日第 14 版。

② 李扬：《金融创新应服务现代经济体系建设》，《中国证券报》2017 年 11 月 27 日第 T2 版。

首先，要转变理念，追求经济价值和社会价值统一。金融业是特许经营行业，在规划金融发展时，也要考虑如何回馈社会。其次，金融创新要服务现代经济体系建设。金融创新不能偏离实体经济的需要，搞规避监管的创新，尤其要防止庞氏骗局；要完善中长期融资制度，满足公益性产业和基础设施融资；建立普惠金融体系，支持小微企业、“三农”和扶贫事业，要开发更多满足群众的医疗、养老等方面需求的金融产品；适应创新型产业和中小微企业特点，开发适应性强的金融产品支持“双创”；针对储蓄率高、投资渠道狭窄的问题，丰富金融产品和金融服务；针对企业负债率高、资金来源单一和地方政府融资渠道不畅的情况，开展金融创新。

传统科技条件所形成的成本效率的限制以及商业可持续的前提条件，使得金融产生了“脱实向虚”的倾向，但如今数字技术的进步正在改变这个前提条件。数字技术史无前例的迭代速度，使得使用新技术的服务行业尤其是金融业获得了史无前例的规模化和平民化的真实可能。

金融风险的源头在于高杠杆，因此当下所有工作都围绕去杠杆展开。金融就是一个杠杆操作的行业，在一定意义上，所有的经济活动都要有效运用杠杆。因此，不能把杠杆“妖魔化”，而是杠杆不能“过分”。所谓“过分”是，借他人的钱从事经济活动所创造的产出，如果不能覆盖成本，就会造成风险。通过金融系统的放大，就变成了系统性风险。去杠杆说得更准确一点就是，要将杠杆控制在一个能够促进经济主体顺畅运行的情况下。去杠杆的任务主要有三方面：一是地方政府，要理顺政府和市场的关系。二是企业，高杠杆主要体现为企业杠杆。三是杠杆的长期持续已经形成很多不良企业，其中一些已经成为不良资产。

（金　碚　陈晓东）

落实“一带一路”倡议

2013年9月7日，习近平主席在哈萨克斯坦纳扎尔巴耶夫大学演讲时，首次提出与中亚国家共同建设“丝绸之路经济带”的倡议，以点带面，从线到片，逐步形成区域大合作；同年10月3日，习近平主席在印度尼西亚国会演讲时，提出与东盟国家共同建设“21世纪海上丝绸之路”。2013年召开的中央经济工作会议上，“一带一路”成为一个专有名词，特指“丝绸之路经济带”和“21世纪海上丝绸之路”。2015年3月，经国务院授权，国家发展和改革委员会、外交部、商务部联合发布了《推动共建丝绸之路经济带和21世纪海上丝绸之路的愿景与行动》。2016年8月17日，中共中央召开了推进“一带一路”建设工作座谈会，由此国家“一带一路”倡议进入实施阶段。

2014年以来学术界逐步开始关注“一带一路”，研究初期更多使用“一带一路”战略的表述，其后逐渐采用“一带一路”倡议或者“一带一路”建设等表述。2014年关于“一带一路”的研究处于起步阶段，除了一些论文、评论和智库报告外，尚未有系统的研究成果。2015年以来我国学术界就涉及“一带一路”诸多方面的问题迅速展开了深入研究，呈井喷态势，由此形成了大量学术文献,[①] 大大提升了我国对于“一带一路”的认识水平。“一带一路”并非要重建历史时期的国际贸易路线、不是区域发展战略、不是单向的“走出去”、不是地缘战略、不是简单的“线状”经济体（刘卫东，2016），“一带一路”倡议至少包括经济、安全、人文三方面的内涵（孙志远，2015），本文在认真梳理相关文献的基础上，主要就经济方面的一些重要问题进行评述。

一　“一带一路”的意义与影响

“一带一路”是过去三四十年经济全球化导致的世界经济格局变化以及中国转变自身发展模式的必然结果。中国已是世界第二大经济体，以“和平、发展、合作、共赢”为宗旨的“一带一路”倡议，必将推动全球化进入包容性的新时代。“一带一路”倡议构想得到顺利实施，有助于中华民族“中国梦”的逐步实现。关于“一带一路”的意义与影响，学术界首先开展了广泛而深入的探讨。从国际角度看，“一带一路”倡议符合和满足沿线大多数国家和人民的愿望和需求，营造一个中国经济大规模走出去的良好国际环境。更重要的是，“一带一路”是开放之路、合作之路、发展之路、和平之路（肖金成，2015）。

---

① 根据2017年12月10日中国知网对篇名“一带一路”论文的检索，共有33635篇相关论文。检索不到2013年之前相关文献，2014年有732篇，而2015年有9803篇，2016年有8428篇，2017年有14672篇。

目前，中国的政治影响和经济活动的地理空间已经大大扩展，“一带一路”倡议为未来中国的经济地理发展奠定了良好基础。胡鞍钢（2015）从经济地理的角度，认为“一带一路”建设的本质就是一场规模宏大、极其深刻、相互关联的重塑经济地理革命。“一带一路”与京津冀协同发展、长江经济带一起，使中国东西一体化、南北一体化、国内国际一体化的格局更加突出；落实“一带一路”倡议，形成由中国内部格局到世界格局、沿海一线与欧亚大陆桥东西双向互动的“大T字形”整体格局。与十几个邻国重塑周边经济地理，促进周边区域经济一体化，使中国产生正的外部性，溢出效应将更加明显。“一带一路”倡议将政策重心放在中西部地区，有利于增强中西部地区发展的动力和对人才的吸引力，促进区域经济协调发展（孙志远，2015）。

“一带一路”可以为新常态经济提供多元增长动力。新常态下的中国经济仍有多方面增长动力来源，“一带一路”倡议带动的基础设施投资正是重要经济增长动力之一，水泥、钢铁、电解铝等会有很大的市场需求（林毅夫，2015）。但是，俞平康（2015）经投入产出模型严格测算后，认为中短期内“一带一路”有助于消化过剩产能，但对推动本国经济增长效益不大。在“基建走出去”的情况下，1个单位的基建投资对下游产业所产生的3.05个单位的推动效应就完全贡献给了国外，而不是推动本国经济。从获取外部资源看，林毅夫（2015）认为，“一带一路”倡议有利于全球经济的复苏和发展，更有利于亚欧沿线发展中国家发展；除了营造我国友好的外部环境之外，还可以扩大我国外汇储备的使用范围；促进“一带一路”沿线国家发展，可以培育我国出口增长点；“一带一路”沿线有许多资源丰富的国家，这一倡议有利于我国获得发展所需的资源。

从对外开放的角度看，“一带一路”倡议有利于打造区域利益共同体和命运共同体，将进一步巩固、扩大我国与中亚、东南亚以及更广大发展中国家和地区的互利合作，有利于我国全方位开放新格局的形成（孙志远，2015）。

建设“21世纪海上丝绸之路”是历史发展的必然选择。在世界经济走势持续低迷、充满风险和变数的今天，中国提出共同建设“21世纪海上丝绸之路”，是为了适应经济全球化的新形势，扩大与沿路国家的利益互惠，与沿路国家共同打造政治互信、经济融合、文化包容、互联互通、互利共赢的命运共同体，实现沿路国家和地区的共同发展、共同繁荣（王伟光，2015）。建设“21世纪海上丝绸之路”，既体现了维护海洋权益的战略需要，也体现了“大亚太”的区域认同，对于深化国际区域合作、促进亚太繁荣稳定、推动全球持续发展具有重要的战略意义（林宏宇，2014）。

总体而言，“一带一路”不只是对欧亚传统贸易路线的简单复兴，更体现了中国对于未来国内区域发展和对外开放格局、国际政治经济秩序的长远战略谋划（邹磊，2015）。我国学术界对落实“一带一路”倡议普遍持认可和支持的态度，这同时表明，我们正在推进的“一带一路”倡议有着广泛的学术基础和认同。

二　“一带一路”与国际区域合作

“一带一路”沿线各国资源禀赋各异，经济互补性较强，彼此合作潜力和空间很大。《推动共建丝绸之路经济带和21世纪海上丝绸之路的愿景与行动》明确指出：“陆上依托国际大通道，以沿线中心城市为支撑，以重点经贸产业园区为合作平台，共同打造新亚欧大陆桥、中蒙俄、中国—中亚—西亚、中国—中南半岛等国际经济合作走廊；海上以重点港口为节点，共同建设通畅安全高效的运输大通道”。“一带一路”倡议提出以来，我国与沿线国家的合作快速发展，成效进一步显现，俄罗斯、巴基斯坦、哈萨克斯坦、泰国、越南是主要的合作伙伴。

在上述框架下，中国推进“一带一路”倡议国际区域合作的重点方向是，主导跨国产业链分工，占据高价值链环节；推进沿海城市与城市群发展，通过增加和培育一批口岸城市、出口加工区、保税区、保税物流园区等作为新极点，加快能源、交通、信息、市政等基础设施建设，以及教育、医院、养老等公共服务设施建设，使这些地区成为增长力强的增长极，以点带面带动整个区域的发展；创新国际区域合作模式，促进广泛的互联互通（孙久文、顾梦琛，2015）。

现代交通体系大大降低了克服空间距离的时间和成本，让世界大部分地区之间更加紧密地联系在一起，形成了现代世界体系。中国经济发展的成功经验是适度超前建设交通基础设施。欧亚大陆上内部交通联通性比较差，尤其是欧亚大陆内部以及南亚和东南亚地区极度缺乏现代交通基础设施，而且各国间技术标准五花八门，这严重制约了“一带一路”沿线国家经贸往来的进一步发展。因此基础设施上互联互通是落实“一带一路”工作的重点之一。共建“一带一路”致力于亚欧非大陆及附近海洋的互联互通，建立和加强沿线各国互联互通伙伴关系，构建全方位、多层次、复合型的互联互通网络，实现沿线各国多元、自主、平衡、可持续的发展。因此，汤敏（2015）认为，在很长一段时期内，中国的对外投资、中国企业“走出去”要配合国家的大战略，需要一系列开拓性的政策与措施。要建立有效的“一带一路”政府间的协调机制；互联互通，基础设施建设优先；尽快推出一批“一带一路”投资项目清单，鼓励国内企业和沿线、内陆沿边地区依托现有开发区和高新技术园区，通过合作、合资等方式，在境外合作建立产业园区、境外经贸合作区等；要积极构建多元化的投融资框架。从国家层面上，重点是要围绕“五通”着力推进。政策沟通是关键，道路联通是前提，贸易畅通是核心，货币流通是手段，民心相通是根本（陈耀，2015）。“一带一路”倡议提出以来，我国与沿线国家的交通设施联通水平不断提高，但通信设施和能源设施等还有待继续加强。

“一带一路”和自由贸易区在某种程度上都是为了促进区域经济合作与发展。“一带一路”以自由贸易区为载体，充分发挥中国在自贸区建设以及区域合作等方面已有的优势，加快自由贸易区建设，进而推动“一带一路”倡议的落实，二者互相协作，形成全方位的中国对外开放格局。从区域看，我国与东北亚地区的贸易畅通水平较高，在贸易合作、投资合作方面均取得较好进展，其次为东南亚地区。因此，与沿线国家间的自贸区将成为未来合作的重点。除对上海合作组织、中国—东盟自贸区等进一步整合外，要快速推进以东亚、东南亚为主要经济体的 RCEP 框架协定谈判，亚太自贸区（FTAAP）的可行性研究，中国在上海合作组织、金砖国家、二十国集团（G20）等机制下与“一带一路”沿线国家间的经贸协议谈判实现新的突破等。通过签署一系列自贸协定或建立自贸区，为中国与“一带一路”沿线国家之间的经济贸易往来提供一个规范、公正和透明的市场经济环境，以降低跨区域生产和贸易往来的成本（罗清和、曾婧，2016）。

2014 年以来，中国企业响应国家“一带一路”倡议，已经在沿线国家创造了大小不一、功能各异的加工区、工业园区、科技产业园区、经贸合作区，既取得了成就，也出现了一些问题，甚至在国际上引起了一些争议。据不完全统计，重庆、成都、西安、郑州、武汉、宁波等地先后开通了开往丝绸之路经济带沿线国家的快速货运班列，已经成为落实

"一带一路"倡议的标志性运输合作平台。中国向中欧班列沿线国家出口以机电产品为主，进口以矿物燃料、机械器具、航空器等产品为主。但是，这些"中欧班列"的绝大部分靠政府高额补贴运营（平均每趟班列的补贴超过400万元人民币）。如果不认真考虑运输货物品种和运输空间适宜范围，这些"中欧班列"离开政府补贴将难以为继。加之由于沿线国家轨道标准不同，中欧班列全程需要多次换轨，增加了运营成本。总之，有效规范引导境外产业聚集区建设、让市场在"中欧班列"中发挥更大的作用、创新中国产业"走出去"模式、建立国际化经营理念、积极履行当地社会责任，是下一步政府部门和学术界落实"一带一路"倡议需要重点解决的问题。

三 "一带一路"与中国区域经济格局重塑

虽然"一带一路"倡议不是中国的区域发展战略，但毫无疑问对中国的区域发展产生巨大的影响。一方面，"一带一路"倡议提出以来，国内各个地区充分发挥自身的区位优势和比较优势，积极参与"一带一路"建设，在政策协调、基础设施、经贸合作、人文交流等方面取得了较好成效。从区域层面来看，华东地区领先，区域内参与度水平整体较高；其次是华南地区，但区域内参与度水平差距明显；西北和西南地区参与度水平较低，区域内差距也较大。更重要的是，如何把"一带一路"倡议与东部率先、中部崛起、西部大开发、东北振兴四大区域发展战略，以及京津冀协同发展、长江经济带建设进行对接。这既是各级政府的重要工作，也是学术界的重要议题。

"一带一路"倡议必将对中国国土开发空间格局产生重要影响，有助于中国实现比较均衡的区域经济格局。未来我国区域格局的总体态势将是东西两翼带动中部崛起，从而形成海陆统筹、东西互济、面向全球的开放新格局。刘慧等（2015）在分析中国国土开发空间格局特点的基础上，全方位探讨了"一带一路"倡议对国土开发空间格局的影响途径和方式。认为"一带一路"倡议对国土空间格局将产生重要影响，不同国际经济走廊影响的重点区域不同，有助于促进均衡国土空间的形成；"一带一路"倡议将促进内陆地区形成若干个大都市经济区和内陆开放型经济高地；进一步增强沿海地区的国际竞争力，形成高效的国土空间；将加快内陆沿边地区主要口岸和沿边城市的发展，使沿边地区成为重要的国土开发新空间。

"四大区域"与"一带一路"倡议等的有效结合构建我国区域发展新棋局。通过"丝绸之路经济带""21世纪海上丝绸之路"与沿线国家互联互通，全面构建我国对外开放的格局。与"丝绸之路经济带"遥相呼应的长江经济带贯通长三角城市群、长江中游城市群和成渝城市群，长江经济带横跨我国东中西三大区域，可以有效引导产业由东向西梯度转移，建设产业转移示范区。京津冀地区则需要打破行政分割，改变"分灶吃饭"的现象，以协同创新为先导，构建京津冀区域分工新格局。"一带一路"倡议、长江经济带、京津冀协同发展与东、中、西、东北四大区域统筹发展，通过四通八达的陆路、铁路交通连接起来，构建全面的区域发展大棋局（孙久文，2016）。

"一带一路"倡议的东西"双向开放"以及重大经济走廊建设给国内不同地区带来了不同的机遇。国内区域层面陆上应以西北省区为重点，使其成为我国向西开放的前沿，并打造西部开发的升级版；国内"21世纪海上丝绸之路"建设重点应在福建、广东、广西等沿海省份。有大港口的地方都能成为起点，特别是有远洋航线、对外贸易发达的城市，要成为建设“21世纪海上丝绸之路”的重要节点城市（陈耀，2015）。通过落实“一带一路”倡议，东部地区可以实现加速转型升级，中西部地区应该抓住这一机遇，促进本地区资源要素的自由流动和充分利用，通过资本、技术等的聚集，形成新的增长动力，提高中西部地区的产业层次，深化中西部的对外开放，形成新的增长点（孙久文，2016）。具体而言，东部地区要构建更加开放的体制机制，尤其是“21世纪海上丝绸之路”的持续发展需要若干沿路港口经济区作为支撑，东部地区应在上海自贸区建设的基础上，推动沿线地区发展港口经济和自由贸易园（港）区，形成面向全球的高标准自由贸易区；中部地区致力打造全方位开放战略枢纽，在现有的出口加工区、综合保税区、金融集聚区等对外开放平台基础上，通过设立城市新区，进一步打造自由贸易区、中外合作开发园区，加大陆地和航空口岸规模，提升服务能力和服务水平；西部地区推进“一带一路”建设，首先要打造若干城市群作为向西开放和中国—东盟合作的重要载体，使这些城市群成为带动整个地区经济发展的增长极，进一步深化经贸合作，建设孟中印缅经济走廊，推动环喜马拉雅经济合作带建设，形成沿边开放新高地；东北地区要依托长春高新技术产业开发区和吉林经济开发区，充分发挥图们江区域（珲春）国际合作示范区在东北亚的纽带作用，加强与周边国家合作，建设更加开放的跨境经济合作区，提高边境地区的开放合作水平，建成东北亚区域合作中心（安树伟，2015）。

“一带一路”倡议对我国沿边区域及其后方基地［主要包括沿陆域的边境省（自治区）、市、州，乃至边境县］，以及内陆据点式区域的发展格局产生较大影响。郭锐等（2016）提出内陆沿边地区对“一带一路”双向开放政策响应的建议，要把创新驱动落到实处，提升品牌效应和创新能力；争取加大国家投入，改善互联互通的基础设施条件；遵循空间结构组织的基本规律，优化国土空间开发格局。

“一带一路”倡议不同于20世纪80年代的沿海开放战略具有清晰的区域指向，而是一个全方位的对外开放战略，国内各个地区都可以参与和落实“一带一路”倡议，为国内不同区域的发展带来的机遇大同小异。至于哪些地区能够更好地抓住这个机遇，取决于正确对策与策略，也取决于各地区的发展基础与实力。这就需要充分发挥各地区比较优势，适时优化调整“一带一路”对接战略；完善配套设施，强化对外开放服务保障，提高“一带一路”合作便利化水平；发挥各地的人文特色优势，全面提升国内外的影响力。这些问题也是未来学术界需要密切关注的问题。

四 “一带一路”与新型城镇化

根据世界城镇化发展普遍规律，我国仍处于城镇化率30%—70%的快速发展区间。随着内外部环境和条件的深刻变化，城镇化必须进入以提升质量为主的转型发展新阶段。从各自依托城市群发展的角度看，“一带一路”倡议与“新型城镇化”战略是完全一致的（蔡继明，2015）。

《推动共建丝绸之路经济带和21世纪海上丝绸之路的愿景与行动》提出，共同打造新亚欧大陆桥、中蒙俄、中国—中亚—西亚、中国—中南半岛等国际经济合作走廊。周边国家地区经济社会发展水平整体低于我国，城镇发展格局与城镇化特征迥异。与我国北部、西北部接壤的国家地区人口密度低、城镇规模小、城市首位度高、人口城镇化水平高，资源环境对人口和城镇空间分布影响较大，属于能源资源依赖型国家。与我国西南部接壤的国家地区人口密度高、城镇规模相对较大、人口城镇化水平低，属于农业型国家。因此，按照经济走廊方向，加强我国中西部地区城市群与毗邻沿线地区城镇发展重点区的联系与合作，成为推进六大经济走廊城镇发展和城镇体系建设的基础。新亚欧大陆桥经济走廊将我国中西部的中原经济区、关中—天水地区、兰州—西宁地区、天山北坡地区等重点城镇群与哈萨克斯坦“临俄罗斯边境城镇带”相连，有助于促进我国中部、西北地区城镇发展；中蒙俄经济走廊将我国环渤海地区、哈长地区、呼包鄂榆等地区的重点城镇群分别与俄罗斯西伯利亚大陆桥为轴线的远东地区、蒙古纵贯铁路为轴的“南北走向”发展带相连，有助于促进我国华北、东北地区城镇发展；中国—中亚—西亚经济走廊将我国中西部的关中—天水地区、宁夏沿黄经济区、兰州—西宁地区、天山北坡地区等重点城镇群与哈萨克斯坦“丝绸之路历史走廊城镇带”相连，有助于促进我国西北地区城镇发展；中国—中南半岛经济走廊将我国成渝地区、滇中地区、黔中地区及北部湾地区与中南半岛沿海重点城市相连，有助于促进我国西南地区城镇发展；中巴经济走廊将我国天山北坡地区、喀什与巴基斯坦重点城市及沿海地区相连，有助于促进我国新疆城镇发展；孟中印缅经济走廊将我国成渝地区、滇中地区与孟加拉国、印度和缅甸三国重点发展区相连，有助于促进我国西南地区城镇发展（陈明星等，2016）。

以西北地区为例，“一带一路”沿线各城市群任意两子系统耦合协调发展度水平较高，城市间差距较小，在空间上呈东西两头高、中间低的不均衡分布状态，而且经济—社会子系统耦合协调发展水平整体低于经济—环境子系统和社会—环境子系统耦合协调发展平均水平。因此，应充分利用国家关于“一带一路”的政策红利和战略机遇，增加对基本医疗、中小学教育、科研应用等方面的支持力度，提高社会服务水平；在快速城镇化、工业现代化的同时，还应该避开先污染后治理的传统工业模式，走集约、智能、绿色、低碳的多元化可持续发展道路，改善生态环境，最终实现城市群全面协调发展（周欢、马乃毅，2016）。

“一带一路”倡议将延续多年来中国利用经济全球化的资本与要素自由流动的态势，有利于城市发展要素的不断集聚和优化组合，使区域城市体系更加完善，愈加凸显中心城市的区域带动作用，并促进城市产业结构的调整与完善和城市区位条件的变化与提升，为城市发展提供更多的机会，同时改变区域发展与对外开放格局。由此，中国需要更加明晰在城市规划中的应对策略，包括城市战略规划指向、统筹区域基础设施建设和加强城市与区域规划中的生态研究（彭震伟，2016）。

新区是中国在经济特区之后推出的新的开发模式，是一种疏解都市功能、集聚产业、实现体制创新的新的组织形式，是产业聚集的平台和载体。迄今为止，国家已经设立了19个国家级新区，国家级新区的陆续设立为新型城镇化提供了科学发展实验区。国家级新区作为区域战略上的核心节点，在“丝绸之路经济带”建设中的作用不容忽视，不但是“丝绸之路经济带”崛起从而缩小我国东中西发展差距的关键，也是发挥国家级新区增长极作用的关键。要加强基础设施建设，通过改善基础设施条件，将国家级新区建设融入“一带一路”建设中去，借助“一带一路”广阔的市场空间和战略平台，为国家级新区增长极作用的发挥奠定基础。增强政策融合，在“一带一路”倡议的背景下，新区尤其是处在“丝绸之路经济带”上的国家级新区迎来了又一轮政策优势，借助政策优势，利用5—10年的时间形成新区特有的市场优势，将政策优惠的极化效应转化为市场驱动的极化效应。加强产业融合，针对“丝绸之路经济带”建设对未来产业结构和布局的要求，国家级新区建设在产业布局与选择上应该与“丝绸之路经济带”产业空间布局相融合，构建资源共享、市场共赢的集群合作模式（郭爱君、陶银海，2016）。

在“一带一路”倡议的背景下，如何以城市群为主体构建大中小城市和小城镇协调发展的城镇格局，有序推进农业转移人口市民化，提升城市可持续发展水平，是未来学术界需要重点关注的问题。

五 “一带一路”的风险控制

中国的地缘政治十分复杂，“一带一路”倡议涉及几十个国家和地区，除西欧外，经济发展总体水平不高，基础设施较差，管理水平也有待提高，相当一部分地区生态环境恶劣，社会结构复杂，宗教派别众多。历史上的“丝绸之路”是由沿线各国人民共同开辟的，古往今来丝绸之路通少断多，国家实力是丝绸之路畅通的根本保障，历史上没有给我们留下多少财富或者经验（葛剑雄，2015）。“一带一路”倡议涉及中国大量的海外投资，需要高度重视风险防控问题。因此，2015 年以来学术界对于“一带一路”倡议实施过程中的相关风险进行了大量研究。建设“一带一路”必须创新，要考虑总体安全以及国家的整体利益，对可能出现或者已经出现的不利因素，如宗教、水资源分配、民族等问题，要有充分的估计和相应的对策（葛剑雄，2015）。

“一带一路”倡议的顺利推进离不开对中国的战略优势和劣势、机遇和挑战的理性评估。从积极因素看，中国面临的战略机遇是沿线国家有分散美元风险的强烈意愿，以及对冲大国施加的地缘政治经济压力的战略需求，其战略优势体现在：它有着通过古丝绸之路与沿线国家互联互通的悠久历史，投融资建设所需的强大的资金和制度支持、过硬的基建技术和成熟的管理经验，以及对沿线国家商品、能源和资源的旺盛市场需求。中国的战略劣势在于自身硬实力和软实力的不足，以及主要大国及沿线重要国家对于“一带一路”倡议动机的猜疑乃至抵制（李晓、李俊久，2015）。

除了外部风险，还有我国企业内部的风险。我国企业参与“一带一路”建设热情日渐高涨，2016 年新签订合同金额 1260.3 亿美元，比上年增长 36%，不少民营企业也通过自身的业务拓展参与“一带一路”建设。面临的问题是，我国企业在国内政府种种政策的呵护下还能生存，“走出去”的准备还相当不足。因此，要重新梳理我国对外签订的双边投资保护协定，特别是对那些中国企业投资较多的国家，重新修订双边投资保护协定；为防控中国企业走出去的汇率与金融风险，应进一步支持出口信贷，扩大“走出去”企业的融资渠道；鼓励银行等金融企业走出去，到企业投资密集的地方去提供服务；同时，要提高“走出去”企业环保意识与履行环境保护社会责任行为（汤敏，2015）。

在大国战争可能性大大降低的大背景下，沿线国家内部动荡、跨境威胁和大国竞争正在成为制约中国“一带一路”倡议的现实和潜在风险。因此，为了避免“一带一路”建设进程被严重干扰、强行打断乃至边缘化，必须制定有效的风险管控和内应。中国应遵循审慎节制、有所作为、开放包容与合作共赢的基本应对原则，在此基础上形成一系列务实、清晰的应对策略（邹磊，2015）。“一带一路”倡议必须循序渐进展开，加强危机应对的保障机制。在资金的投放上采取“试水”的态度，充分保障投资的回报率；在地区选择上，可以选择试错成本较低，国际关系相对良好的国家首先进行合作（俞平康，2015）。

从区域分布看，东北亚、中亚和东南亚国家与我国政策沟通水平较高，中东欧地区相对较弱且国家间差距最为明显。未来，学术界应针对“一带一路”沿线国家发展特点与重点问题开展详细研究，从地缘政治风险、非传统安全风险、经济风险、运营风险等方面开展扎实有效的研究工作，为保障“一带一路”建设提供智力支持。

六 “一带一路”的前景与政策

鉴于“一带一路”各种风险的长期性和复杂性，中国的因应方略能否奏效具有很大的不确定性，“一带一路”倡议将是一个挑战与机遇并存、任重道远的长期过程。

落实“一带一路”倡议的重要内容之一是推动“21世纪海上丝绸之路”沿线国家与地区的海洋产业合作。刘卫东和刘志高（2016）认为，要充分发挥政府的服务职能，为出口企业提供政策信息；加强海产品产业链条的质量控制，提高企业的质量安全意识，严格限制不符合检验检疫标准的海产品出口；积极发挥东盟自贸区的作用，深化海产品领域等交流合作。中国与东盟投资便利化受到各国经济发展水平和吸引外资能力参差不齐、投资壁垒高、金融合作滞后、政策配套服务不到位及海外投资保险机制缺乏等因素制约，出现域内相互投资水平严重滞后于相互贸易水平的状况。双方要深化和拓展双边投资便利化合作机制，推进以东亚、东南亚为主要经济体的RCEP框架协定谈判，落实基础设施互联互通；中国尤其要加速推进行政程序、金融、保险和财税等方面投资便利化改革。

“一带一路”有利于中国经济能够更深度地融入全球经济，如果不能在市场机制运行上拥有制度优势，则很难在国际经济关系中获得主导权。所以，必须通过“一带一路”倡议来创造国内发展方式转型和产业结构升级的发展空间，通过以开放促改革营造出国际化、市场化、法治化的商业环境，真正使市场在资源配置中发挥决定性作用（张良悦、刘东，2015）。

全国各地都对“一带一路”倡议进行了省内规划和落实推进，各地的应对策略，一是引进和培育大批的智能型人才；二是抓紧地方智库建设，充分发挥其在地方经济社会发展中的战略导引作用，积极地吸收高层次的研究人员参加地方事项的研究；三是明确扩张国内市场，将基本实现工业化的努力放在国内；四是认识到这一倡议的意义更多的不在经济方面而在文化方面，即通过文化连接带动经济发展，高度重视本地特有的历史文化与丝绸之路文化的连接（钱津，2015）。付晓东（2015）认为，要尽快建立和完善数据支撑平台、人才支撑平台、智库支撑平台、法则支撑平台、实力支撑平台五大平台，确保“一带一路”倡议顺利实施并收到实效，真正实现全球资源配置、全球市场共享的目标。

在古代丝绸之路衰落数百年后，中国的“一带一路”倡议正在重新勾勒亚洲和欧亚合作的新图景。但“一带一路”倡议还面临着与部分重点沿线国家设施联通不足、投资合作潜力仍需深挖、国家间资金融通发展不平衡、与沿线国家人文交流有待深化、部分国家对“一带一路”倡议认知度不足等问题。未来，在与各沿线相关国家建立起有效的政治互信和利益协调机制的同时，要进一步加强与沿线国家交通、能源、通信等基础设施建设，不断提高设施联通水平；不断扩大产能与投资合作，挖掘投资合作潜力，推动各领域项目落地；继续深化与沿线各国的金融合作，完善金融支撑环境，促进资金融通的平衡发展；广泛开展与沿线国家教育、文化、民间交往等各领域合作，夯实民意基础，筑牢社会根基。

参考文献

安树伟：《“一带一路”对我国区域经济的影响及格局重塑》，《经济问题》2015年第4期。

蔡继明：《“一带一路”与“新型城镇化”的战略耦合》，《深圳特区报》2015年10月20日第B9版。

陈明星等：《“一带一路”对我国城镇化发展格局的影响》，《山地学报》2016年第5期。

陈耀：《“一带一路”战略的核心内涵与推进思路》，《中国发展观察》2015年第1期。

付晓东：《从区域经济学视角看“一带一路”方略》，《中国流通经济》2015年第12期。

葛剑雄、胡鞍钢、林毅夫等：《改变世界经济地理的一带一路》，上海交通大学出版社2015年版。

郭爱君、陶银海：《丝绸之路经济带与国家新区建设协同发展研究》，《西北师大学报》（社会科学版）2016年第6期。

郭锐、王亚飞、陈东：《“双向开放”战略实施对我国区域发展格局的影响》，《中国科学院院刊》2016年第1期。

李晓、李俊久：《“一带一路”与中国地缘政治经济战略的重构》，《世界经济与政治》2015年第10期。

厉以宁、林毅夫、郑永年等：《读懂一带一路》，中信出版社2015年版。

林宏宇：《“海上丝绸之路”国际战略意义透析》，《理论参考》2014年第9期。

刘慧等：《“一带一路”战略对中国国土开发空间格局的影响》，《地理科学进展》2015年第5期。

刘卫东：《“一带一路”战略的科学内涵与科学问题》，《地理科学进展》2015年第5期。

刘卫东：《“一带一路”战略的认识误区》，《国家行政学院学报》2016年第1期。

刘卫东、刘志高：《“一带一路”建设对策研究》，科学出版社2015年版。

罗清和、曾婧：《“一带一路”与中国自由贸易区建设》，《区域经济评论》2016年第1期。

彭震伟：《“一带一路”战略对中国城市发展的影响及城市规划应对》，《规划师》2016年第2期。

钱津：《地方如何应对国家“一带一路”战略》，《区域经济评论》2015年第2期。

孙久文：《“一带一路”：构建中国区域经济发展大格局》，《社会科学报》2016年11月10日第2版。

孙久文、顾梦琛：《“一带一路”战略的国际区域合作重点方向探讨》，《华南师范大学学报》（社会科学版）2015年第5期。

孙志远：《“一带一路”战略构想的三重内涵》，《学习月刊》2015年第1期。

汤敏：《我国新时期对外开放的“龙头”》，《光明日报》2015年3月12日第15版。

王伟光：《建设21世纪海上丝路旨在实现共同繁荣》，2015年2月11日，中国网（http：//news.china.com.cn/txt/2015－02/11/content_ 34795081.htm）。

肖金成：《“一带一路”：开放、合作、发展、和平之路》，《区域经济评论》2015年第3期。

俞平康：《一带一路会助力哪些行业?》，载金立群、林毅夫等《“一带一路”引领中国》，中国文史出版社2015年版。

张良悦、刘东：《“一带一路”与中国经济发展》，《经济学家》2015年第11期。

周欢、马乃毅：《“一带一路”建设中我国西北地区城市群协调发展研究》，《科技管理研究》2016年第6期。

邹磊：《中国“一带一路”战略的政治经济学》，上海人民出版社2015年版。

（安树伟）

金融去杠杆：概念、进程与影响

随着2015年中央提出降杠杆目标，金融去杠杆亦成了题中之义。不过，相对于总体降杠杆，金融去杠杆的提出要稍晚些，并且一些金融机构包括央行和监管机构一开始并不承认有金融去杠杆的提法。但随着2017年全国金融工作会议的召开以及强监管的提出，金融去杠杆似乎成了一个核心的注脚，也不再有人计较这个“金融去杠杆”到底是谁提的（比如是政府还是市场），以及到底是不是很科学了。

我们认为，金融去杠杆是对于实体经济去杠杆的一个积极回应和配合：某种程度上它们相当于一个硬币的两面，甚至有学者认为这两者根本是一回事。总之，金融去杠杆与实体经济去杠杆有着千丝万缕的联系，二者不可偏废。本文将主要围绕金融去杠杆的概念、进程及其影响展开分析，对金融去杠杆进行全面的评述。

一　什么是金融杠杆率?

金融机构是关乎金融稳定性的核心，金融机构的危机也是金融危机最主要的表现形式。2007年开始的国际金融危机最初起源于美国非银行金融机构所持有次级债的崩溃，负面冲击在金融机构之间通过金融机构的资产负债表传递，最初的损失被成倍放大，最终造成波及全球的金融危机。越来越多的学者已经意识到金融杠杆率过高是导致危机产生并传染的重要推动力。

随着金融创新以及“发起—分销”（Originate and Distribute）模式的盛行，金融部门内部结构越发复杂，金融机构间形成的资产负债规模加大（Philippon，2015）。这也体现为金融杠杆率的迅速攀升。自2009年以来，我国影子银行迅速发展，金融部门杠杆率也出现了快速攀升，商业银行同业资产占GDP的比例由2008年的27.6%上升至2016年的78.2%（张晓晶等，2018）。金融杠杆率上升既体现了微观金融机构增加同业资产和同业负债、最大化分散风险的考虑，同时也加大了金融部门作为一个整体的系统性风险。金融杠杆率过高会破坏金融稳定性。在这一背景下，2018年央行等几部委发布了《关于规范金融机构资产管理业务的指导意见》，重点治理资产管理业务中存在的多层嵌套、刚性兑付、政策套利等问题，推进金融部门去杠杆。

不同于实体经济杠杆率，金融杠杆率描述的是金融机构的债务关系，直接反映了金融机构自身的债务风险。不过，基于宏观视角考察金融杠杆问题是近几年才提出的，学术界存在着大量的概念混用现象，因此有必要对金融杠杆率进行概念辨析。

最初，金融杠杆（Financial Leverage）指的是企业的融资杠杆率，也就是企业的资本结构，也即资产负债率。Modigliani和Miller（1958）提出在完美的资本市场与固定的投资政策下，企业资本结构并不会影响到企业价值，也即MM定理。随后在放宽资本市场和税收假设的条件下，出现了企业的最佳融资杠杆理论。这一融资杠杆率概念实际上就是微观上各类企业的资产负债率，并非我们从宏观上所关心的金融杠杆。

除了关注单个企业的资产负债率，我们更关心宏观视角下的总债务水平及其 GDP 占比。有众多的证据表明，全社会总债务规模占 GDP 的比例是预示金融稳定性的重要指标（Jorda et al.，2013），同时其自身也表现出强烈的周期性特征（Borio，2014）。这是宏观维度上实体经济杠杆率的概念，包括居民部门杠杆率、非金融企业部门杠杆率和政府部门杠杆率。除此之外，从宏观上对金融部门杠杆率的描述也很重要，但描述方法不同于实体经济部门。估算杠杆率的主要目的是评估风险，而金融部门最主要的债务是实体经济的各类存款和通货，这并不构成金融部门的主要风险或风险较小（李扬等，2015）。通货与存款是广义货币（M2）最主要的组成部分。在现代金融体系下，货币是由银行对外贷款所产生的，而银行贷款又是实体经济债务的最主要组成部分，因此金融部门的这部分债务既不代表金融部门的风险，也与实体经济杠杆率存在重合，不应被计算在内。

鉴于其特殊性，学界对宏观金融杠杆率尝试做出一些更有意义的定义。马勇和陈雨露（2017）用私人信贷/GDP 作为衡量金融杠杆的指标，这是直接将实体经济杠杆率当作金融杠杆率。这一概念用法也被一些学者所接受，谭海鸣等（2016）用全社会债务/GDP 来表示金融杠杆率，王爱俭和杜强（2017）用 M2/GDP 和私营部门信贷/GDP 来表示金融杠杆率。我们认为这一定义混淆了金融部门杠杆率与实体经济杠杆率之间的区别。采用信贷/GDP 的概念实际表示的仍是实体经济杠杆率，而如果采用 M2/GDP 概念则是选取了金融部门负债中风险度最低的那部分，不足以表明金融部门的风险。

另一类文献采用的是金融部门发行的债券余额与 GDP 之比作为金融部门杠杆率。李扬等（2013，2015）采用这一概念定义。主要依据在于金融部门作为一个整体，其对外负债除了存款和通货外，剩余的主要部分就是金融债券，这部分债务的流动性风险和违约风险明显高于存款和通货，也更能反映出金融机构部门所面对的风险。一些学者也接受这一概念并以此来分析金融部门的风险，如马建堂等（2016）。这一衡量方法与实体经济杠杆率的表示比较统一，并且也能反映出金融机构部门的债务负担，但仍面临两方面不足。首先，大量金融债券都是被金融机构部门内部所持有，并未流入实体经济部门。例如国开债、政策性银行债等债券主要是被商业银行和各类证券投资基金所持有，这属于金融部门内部的债权债务关系，虽然其规模也能反映出金融部门整体风险程度，但这与实体经济的债务主要由其他部门持有的特征是不一致的。其次，金融债券的发行在很大程度上受到监管当局政策和债券市场发展程度的影响，并不能完全反映风险程度。债券往往比存款具有更长的久期，对发行机构来说是更稳定的资金来源。无论对于其发行机构还是对于持有机构，其风险都是有限的。

麦肯锡提出的方式是加总银行同业资产和对非银金融机构债权，来表示金融机构杠杆率（MGI，2015）。这种方法完全不同于其他几类从金融机构对外负债出发的方法，而是从资产方角度考虑金融机构持有其他金融机构的短期债权，是对金融机构内部资产负债关系的考察。已有大量研究显示，金融机构的风险越来越依赖于金融体系内部的资产负债网络，各个金融机构之前通过资产负债表相互连接，牵一发而动全身（Acemoglu et al.，2015）。从宏观审慎管理角度看，金融机构“太关联而不能倒”（Too-Connected-to-Fail）风险与“太大而不能倒”（Too-Big-to-Fail）风险同等重要（Chan-lau，2010）。中国随着影子银行业务的增长，金融内部资产负债不但表现为对风险分散的需求，还受到各类监管套利的驱动。“金融机构之间的关联性日趋紧密，也成为了中国金融部门系统性风险隐患。在股权结构、债务结构、资产结构、交易平台四个方面，金融机构之间你中有我，我中有你，风险牵一发而动全身，这种日益复杂的关联结构加大了金融风险防治和处置的难度，处置时也容易造成系统性风险发生的概率增加。在国际上关联复杂也是造成危机升级的一个主要原因。”（殷勇，2017）

由此，我们更为认同麦肯锡的这一估算方法，金融杠杆率考察的就是金融部门内部机构间资产负债交叉持有的规模与 GDP 的比例。此外，由于金融部门对内的资产与负债相互对应，我们也可以从负债方考虑金融杠杆率，即将银行的同业负债与银行发行的金融债权加总（张晓晶等，2018）。在这一概念下，从 2017 年开始我们已经看到了非常明显的金融去杠杆趋势，金融部门风险已有显著的下降。

值得指出的是，在进行国际比较的时候，金融部门杠杆率须谨慎解读。对于那些作为商业中心或者是金融港的经济体（特别是一些小型开放经济体），其金融部门的杠杆率一般来说都非常高，但这未必意味着高风险。比如，新加坡金融部门杠杆率 246%，主要是由于大量的外资银行和其他金融机构在那里设立了区域性总部。英国、爱尔兰、荷兰都是金融港，从而能够解释它们的金融部门杠杆率分别高达 183%、291% 和 362%（MGI，2015）。

正因为金融部门杠杆率受到不同因素的影响，金融部门高杠杆并不必然导致高风险。从这个角度，金融部门杠杆率的国际比较，政策含义就会较弱。这也是为什么，一般在进行杠杆率比较的时候，均采用实体部门杠杆率而将金融部门排除在外。当然，这并不意味着金融部门杠杆率没有意义，更不是说金融部门杠杆率所蕴含的信息没有价值。只不过，我们在解读这些数据的时候，要更加慎重而已。

二 中国金融杠杆率过去 10 年快速攀升

自 2009 年以来中国金融杠杆率快速攀升。宏观背景是中国为应对国际金融危机冲击所采取的大规模刺激计划，直接动因是影子银行发展与同业业务的快速扩张，资金在金融体系内部出现大量空转现象。

与作为金融中介的传统银行相比，影子银行体系具有以下特征。首先，影子银行可以创造信用，但不创造货币。信用创造是更为广义的概念，包括银行通过贷款所进行的信用创造，也包括各类资管产品向企业投资后所形成的各类投资基金和受益权等。只有银行贷款和银行购买债券才能创造出新的货币，而影子银行所创造的信用并不能以银行存款相对应，不会影响到货币总量。其次，由于并不具备货币创造职能，影子银行受货币政策和金融监管政策的约束相对较小。传统央行的数量控制政策主要盯住广义货币，而对全社会总信用的创造给予的关注度较小。此外，由于影子银行并不需在央行保有存款准备金，且创新速度很快，金融监管政策对其影响也更小。再次，影子银行所造成的金融不稳定性更为严重。由于没有相应的存款准备金制度，且较大量持有金融部门内部的资产，影子银行更易遭受流动性冲击的风险。在遭遇流动性风险时，影子银行无法顺利获得央行所提供的流动性资金，只能抛售短期资产，缩紧资产负债表，从而对整个金融系统带来系统性冲击。Krishnamurthy 等（2014）的研究指出，影子银行在遭受最初损失后，其抵押资产短期的逆回购或资产抵押商业票据（ABCP），叠加对未来流动性环境的悲观预期，更容易促发金融体系内债务滚动续借的停止，造成金融体系的被动去杠杆、资产负债表收缩并最终影响到实体经济。

在影子银行发展的同时，商业银行与影子银行之间开展各类金融创新活动，导致资金在金融体系内部空转造成的加杠杆。金融机构的本意在于汇集资金，并投向经济效率最高的领域，达到资源优化配置。但由于监管政策不完善，金融机构为了规避监管，获取监管套利，通过业务创新让资金在金融领域循环空转。如房地产、地方融资平台、高污染高耗能行业等被限制债务融资的企业转道从影子银行获取资金。然而这部分资金依然来自传统商业银行，只是增加了从商业银行到影子银行之间的各类通道。这导致了金融机构杠杆率的提高。

与此同时，商业银行之间的债权债务关系也开始增加。不同银行在负债端获取资金的能力有所不同，国有银行和股份制银行由于已经建立起密集的零售网点，具有更多接触客户的机会，更容易直接从储蓄者手中拿到存款。这些通过零售业务获得的存款久期更长，更为分散，流动性也更为稳定。但由于银行自身的风控差别以及对大银行的严格监管，一些资金通过银行同业渠道流入获取零售资金渠道相对较差的一类银行。这些渠道包括传统的同业拆借、买入返售、质押回购以及同业存单、同业理财等。这都表现在银行同业资产和负债占比上升的趋势上。

由于影子银行和表外资产的发展，商业银行的资产负债表经历了高速增长阶段，主要推动力是金融机构间同业资产的上涨。同业资产一方面有利于规避监管，绕开严格监管政策将资金投放到房地产及限制投资的产能过剩行业；另一方面也通过表外渠道放大了货币乘数，增大了整体信贷规模。这一过程体现为银行总资产增速过高和银行同业资产占比上升。2013 年之前，银行总资产增速均在 15% 以上，既高于经济增速也高于债务增速，与之相伴随的是同业资产在总资产中占比从 10% 升至接近 20%，如图 1 所示。

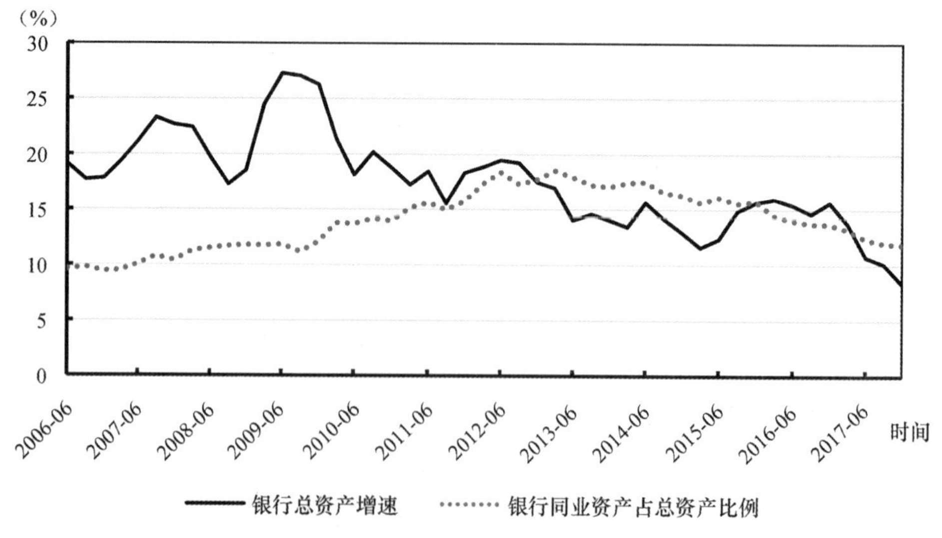

图 1 商业银行总资产增速及同业资产占比

资料来源：中国人民银行、Wind；国家资产负债表研究中心。

由于金融加杠杆，金融资产大幅度上升，套利链条拉长，出现了严重的期限错配，金融膨胀速度也远大于实体经济。我们以资产方和负债方两个口径所统计出的金融部门杠杆率均在 2009 年之后有了较大幅度上涨。在资产方口径下，金融部门杠杆率从 2008 年的 27. 6% 上升到 2017 年的 69. 7%；在负债方口径下，金融部门杠杆率从 2008 年的 33. 5% 上升到 2017 年的 62. 9%，均上升了 30—40 个百分点，如图 2 所示。

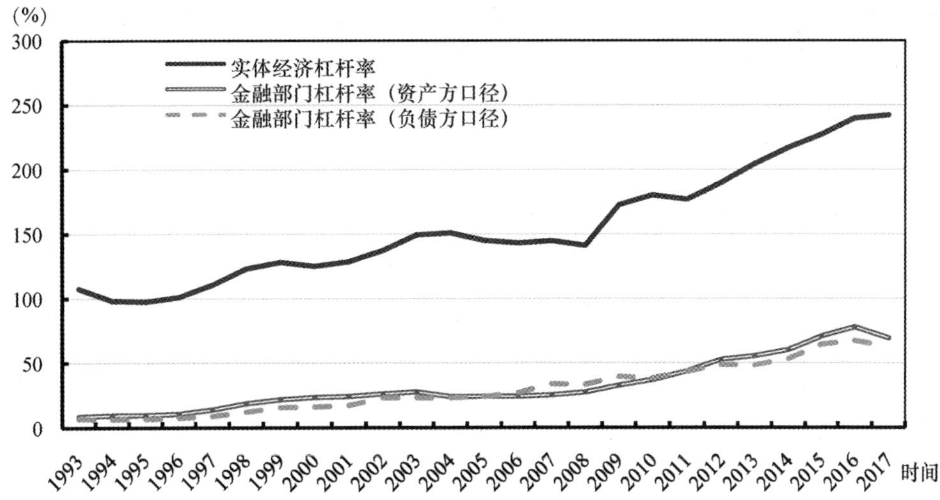

图 2　金融杠杆率与实体经济杠杆率

资料来源：中国人民银行、国家统计局、财政部、Wind；国家资产负债表研究中心。

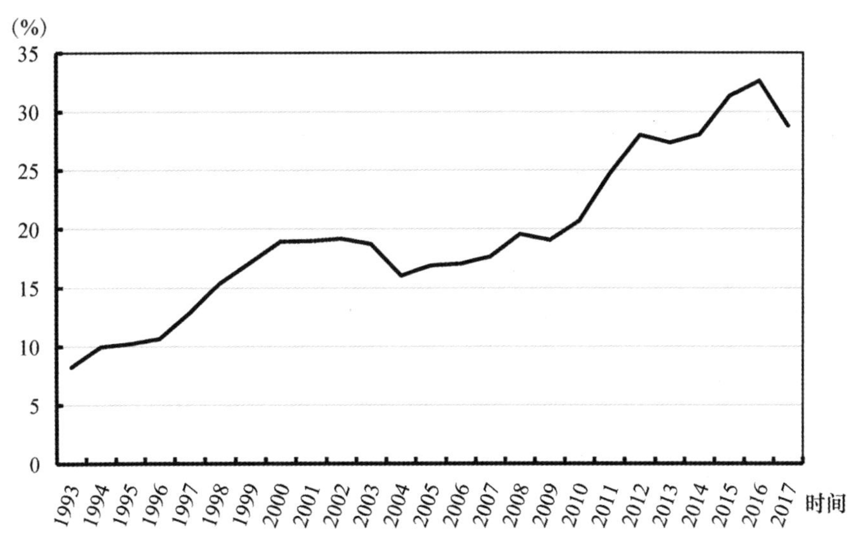

图 3　金融部门与实体部门债务比

资料来源：中国人民银行、国家统计局、财政部、Wind；国家资产负债表研究中心。

近年来，金融体系规模扩张已超过实体负债的扩张程度，并且资金空转现象更为严重。2009 年之前金融部门与实体部门债务比（即金融体系内部债务与流向实体经济信贷之比）均不超过 20%，但 2016 年这一比例达到了 33%，如图 3 所示。可以简单地将金融体系内部债务看作资金空转规模的一个最高限，那么2016年资金空转比例的最高限大约是1/3。资金空转是金融体系内部的资产负债行为，虽然不会影响实体经济最终获得融资的数量，但每空转一次就会相应增加一些利差，最终这些利差累计在一起形成了实体经济的融资负担。中国金融行业GDP占全部GDP的比例在2015年也超过了8%，甚至超过了美国的金融行业增加值占比。正因为如此，监管部门曾多次提及抑制资金空转的行为。

三　各国金融去杠杆进程

金融危机后，全球各国都在经历实体经济和金融部门共同去杠杆的阶段，金融杠杆率已有较大幅度下降。全球平均金融杠杆率在2009年1季度达到峰值93.4%，2016年年末已回落至83.5%。图4比较了几个主要发达国家金融杠杆率走势，其中美国从2009年的峰值124.4%回落至83.0%，英国从峰值254.1%回落至178.5%，德国从峰值的122.3回落至75.8%。金融部门作为一个整体，杠杆率有较大幅度下降。而中国的杠杆率却从2009年1季度的18.9%上升至43.1%。根据国家金融与发展实验室的统计口径，资产方的金融杠杆率从30.2%上升至78.2%。无论哪种口径，杠杆率均上升两倍以上。可见，中国的杠杆率周期与主要发达经济体并不一致。

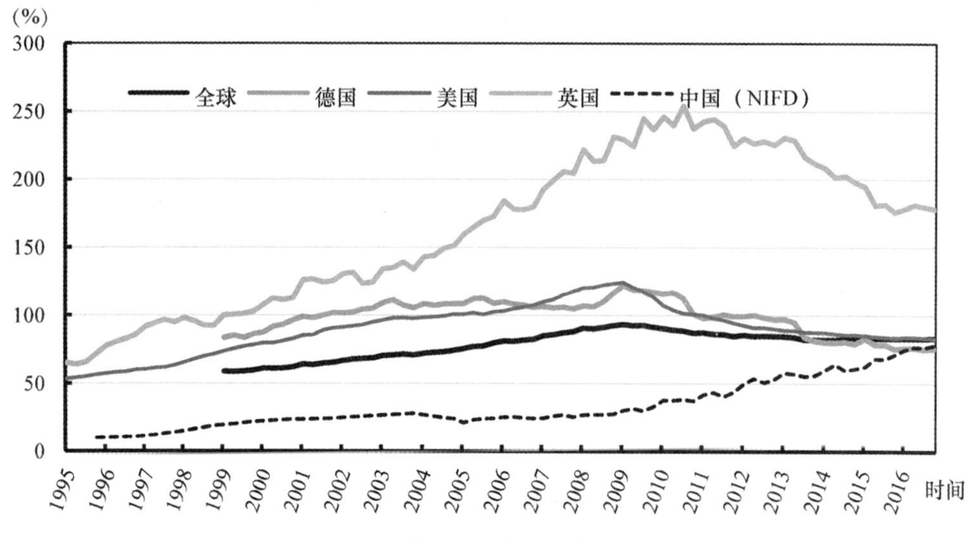

图4　各国金融部门杠杆率

注：中国数据来自国家资产负债表研究中心，其他国家数据来源于国际金融协会（Institute of International Finance）。

资料来源：IIF；国家资产负债表研究中心。

影响杠杆率走势最重要的因素是经济周期，大量实证研究表明杠杆率具有明显的顺周期性。Nuño和Thomas（2017）通过实证总结了金融机构微观杠杆率的四个特征：（1）对于金融机构资产负债表的周期性贡献中，债务比股权的作用更大；（2）金融机构债务、股权和总资产的波动性都要大于GDP波动性；（3）金融机构的债务与股权呈现负相关；（4）杠杆率与金融机构总资产及GDP全部正相关。这四个特征都指向了金融杠杆率的顺周期性。

Adrian 和 Shin（2010）最早提出金融杠杆与总资产之间的正相关性，并提出了相应的解释。他们认为金融机构大量资产采用公允价值计价法，使得在经济扩张阶段抵押品价值增加从而倾向于借入更多的债务，而在经济衰退期间里抵押品价值下降而只能降低杠杆率。但这一解释并不完整。Laux 和 Rauter（2017）利用美国的银行资产负债表数据，也发现在账面价值计价的原则下银行总资产与 GDP 增速同样保持正相关关系。Beccalli 等（2015）也发现这一顺周期性对于证券化较深的银行更为明显。金融危机之后，主要发达国家的宏观经济进入衰退周期，金融杠杆率自然也以相同的步调进入去杠杆周期。

为应对金融危机后所产生的经济衰退，各国所采取的应对措施有所不同。美国和欧洲主要依靠以量化宽松为代表的货币政策，通过央行购买国债，扩张资产负债表。但这一政策起到的效果有限，各国经济也陷入了较长时间的增长停滞，直至近两年才开始走出衰退。而中国则是在 2009 年采取了 4 万亿元财政刺激政策，随后伴随影子银行的发展大规模扩张信用，实体经济和金融部门杠杆率都有较大的上升。可见，宏观经济周期是造成中国和全球去杠杆过程错位的主要因素。

除金融杠杆率水平外，各国金融部门内部的结构也经历了较大变化。由于发达国家的量化宽松政策，其央行资产负债表结构变化较大。横向比较来看，中国央行的资产负债表规模高于美联储和欧央行。这主要是由于中国的法定准备金率较高使得货币乘数较低，从而需要较大规模的基础货币。另外，中国过去由于外汇储备增长过快，再通过央行票据进行对冲的操作，同时扩张了央行资产负债表的资产方和负债方规模。多轮量化宽松政策使得其资产负债表加快扩张，日本央行的总资产规模已超过 GDP 的 90%，如图 5 所示。

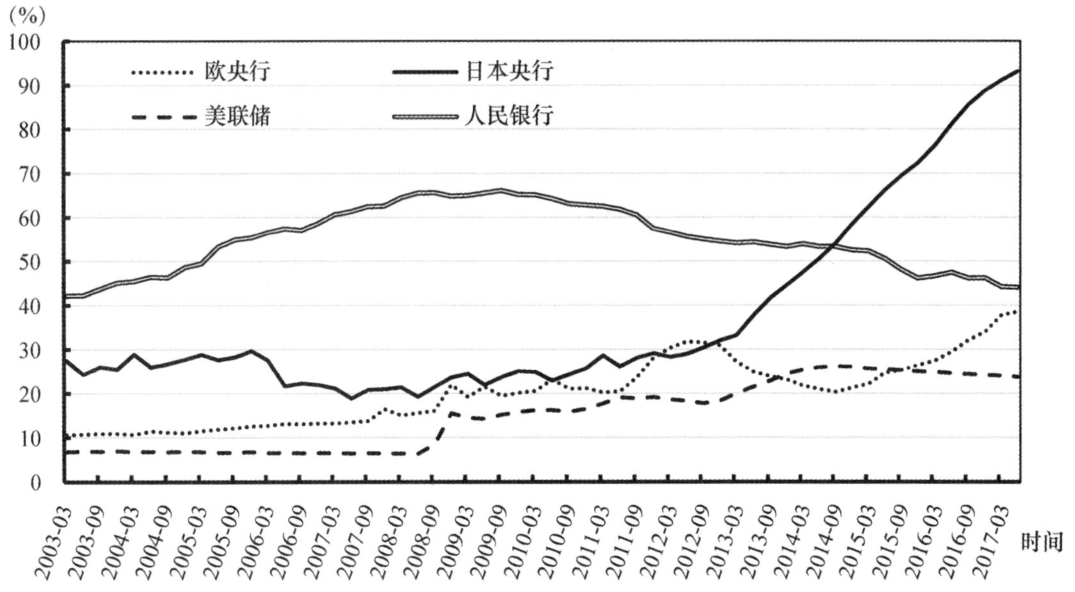

图 5 各国央行总资产与 GDP 比例

资料来源：各国央行；国家资产负债表研究中心。

中国在2000年之前，外汇储备和对商业银行的债权在资产方的占比较为接近，二者共同起到创造货币的作用。之后随着贸易顺差和FDI，外汇占款不断增加，成为货币创造的主要手段。在这段时间里，央行对外的贷款（主要是对商业银行的各类基础货币投放工具）占比下降。但随着2014年以来外汇储备的见顶回落，对商业银行的贷款又逐渐成为货币投放的主要手段。2016年外汇储备和对商业银行债权分别占央行总资产的68%和27%。由于中国国债存量规模有限，中央银行持有国债的比例很低，不到总资产的5%。

美国的情况则完全相反，国债始终是央行所持有的最主要的资产。金融危机前，央行持有的国债超过了总资产的85%。金融危机后，由于采用了非常规货币政策，央行开始购买MBS，目前国债和MBS分别占央行总资产的55%和40%，如图6所示。

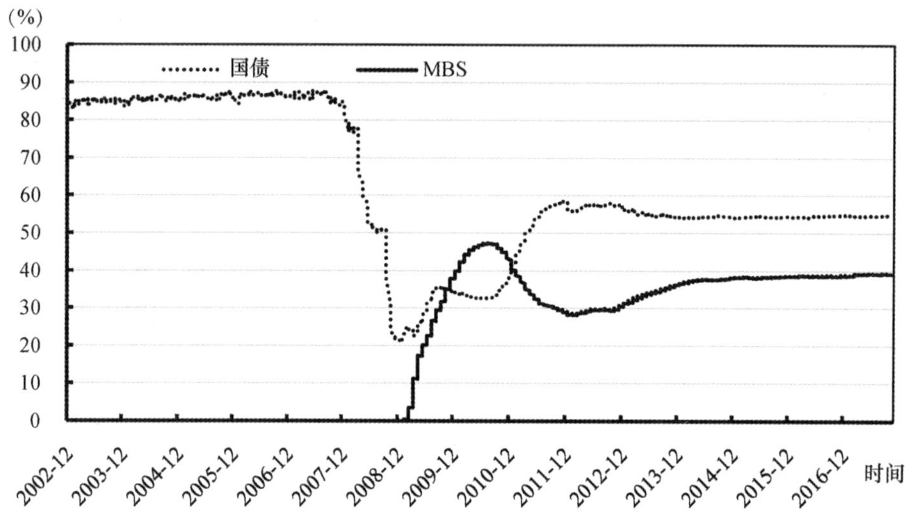

图6 美联储主要资产占总资产的比例

资料来源：美联储；国家资产负债表研究中心。

在金融去杠杆的同时，央行资产负债表规模大幅扩张。美联储三轮量宽以来联储资产多扩张了3万亿美元。虽然发达国家金融部门去杠杆进程已经取得较大成效，也经历了足够长的时间，却留下了一个臃肿的央行资产负债表。未来仍要经过多年的缩表过程才能恢复正常。央行缩表会降低基础货币供给，这同样是典型的金融去杠杆过程。

中国的情况恰好相反，金融杠杆率上升的同时，央行并未扩表，只是商业银行和影子银行的资产负债表在扩张。中国央行的主要资产是外汇储备，未来也并不存在扩张或者收缩的基础。所以，中国金融去杠杆过程与发达国家并不一致，相对也更为缓和。

四 中国金融去杠杆的最新进展

在2009年金融加杠杆以来，传统银行与影子银行顺畅的扩表，既意味着实体经济流动性相对充裕，也意味着金融体系内部的流动性累积。资产与负债间存在着正基差，实体经济融资成本被推高。同时，金融加杠杆的过程也推升了资产价格泡沫，破坏了金融系统的稳定性。

2017 年被称作金融监管元年，金融部门杠杆率开始下降。资产方统计口径金融部门杠杆率由 2016 年的 78.2% 下降到 69.7%，下降了 8.4 个百分点；负债方统计口径杠杆率由 2016 年的 67.7% 下降到 62.9%，下降了 4.8 个百分点。且资产方口径杠杆率与负债方口径杠杆率之间的差距继续收窄，表现出表外业务仍在向表内回归。

2017 年 1 季度，央行将银行表外理财业务纳入 MPA 考核，造成同业理财业务的收缩。4 月份银监会着手打击监管指标套利、空转套利和关联套利的“三套利”行为，金融机构的通道业务受到影响。11 月份央行又下发了《关于规范金融机构资产管理业务的指导意见（征求意见稿）》，强调监管的统一性，打破资金刚兑，避免通道。在这样的背景下，银行理财和同业业务明显收缩。在央行 4 季度的《货币政策执行报告》中，提到了“有效抑制金融体系杠杆”，并且“随着金融体系内部去杠杆深入推进，资金在金融体系内部循环、多层嵌套的情况大幅减少”。

2018 年在全面深化改革委员会第一次会议中通过了《关于规范金融机构资产管理业务的指导意见》，对资管产品的刚性兑付、投资者合格性、多层嵌套以及资金来源穿透性等方面加以严格限制。随着金融监管的继续推进，金融部门杠杆率将有望进一步下降。

五　金融去杠杆的影响

金融监管与金融部门去杠杆属于宏观审慎政策，与货币政策有所区别。在传统新凯恩斯模型中，央行通过利率调节可同时实现稳定的低通胀环境和充分就业下的产出增长（Blanchard 和 Gali，2007）。但金融危机的出现使越来越多的经济学家意识到宏观审慎监管（包括金融机构重组的准备金率、金融杠杆率限制及逆周期的资本缓冲要求等）是不可或缺的（Bayoumi et al.，2014）。由于道德风险的存在，单纯盯住通胀的货币政策极容易经济个体加杠杆过度投资的行为（Farhi 和 Tirole，2012），破坏金融稳定性。引入宏观审慎监管，作为传统货币政策的补充，已经成为新的共识。

但在实践过程中，宏观审慎很难与货币政策实现有效的分离。首先，在机构设置上，许多国家的货币政策当局同时也成为宏观审慎监管当局，这更使得二者进一步纠缠不清。另外，从个体的行为机制上看，大量文献认为利率环境与金融机构加杠杆的行为密切相关，低利率环境更总是与高金融杠杆率相伴随（Dell'Ariccia et al.，2017）。因此金融去杠杆势必会对实体经济造成影响，尤其是在短期内的影响作用更大。

第一，金融去杠杆会阻碍部分资金向实体经济流动的途径。虽然金融部门杠杆率上升和资金空转在理论上并不影响其对实体经济的信贷规模，但几乎所有空转现象并非真的完全空转，而是通过各类资管产品的多层嵌套最终绕过监管流向被政策限制投资的实体经济领域。金融杠杆率的提升是这一监管套利过程的客观结果。因此，限制这类多层嵌套行为在降低金融杠杆率的同时，也将这部分资金流向实体经济的渠道堵死了，客观上降低了实体经济可以获得的信贷规模。

第二，金融去杠杆使得大部分金融机构面临着流动性冲击，主动收缩资产负债表，导致市场利率水平上升。金融机构之间通过复杂的金融网络相互连接，一个机构的同业资产对应着另外一个机构的同业负债。因此一个机构主动缩表降杠杆的行为也会造成其他机构被动缩表降杠杆，从而导致整个金融体系内的流动性短缺。这也会使得市场利率在短期内有所上升。在一个中性的货币政策环境下，7 天期上海银行间同业拆放利率（SHIBOR）已从 2016 年年中的 2.3% 抬升到 2017 年末的接近 2.9% 的水平。

第三，流动性紧缩会使得金融机构主动收缩对实体经济的信用供给，尤其是对中小企业的信贷。在流动性紧缩的环境下，金融机构更偏向于安全度和流动性更高的资产配置，因此会主动抬升对实体经济的放贷门槛。而门槛抬升后，受冲击影响最大的就是小微企业。在过去金融加杠杆的环境下，小微企业由于具有更高风险和更高回报特征，偏向于市场化运营的影子银行体系更容易形成对他们的投资。这类投资由于缺乏充分的抵押品及稳定的未来现金流而承受更大风险，但在流动性充分的环境下，部分金融机构还是愿意承担部分风险而投向小微企业。在金融去杠杆导致金融体系内流动性紧缩的条件下，这类投资势必会减少；即使还能提供信贷，资金价格也会上涨。

第四，部分金融机构的业务收缩乃至债务清算容易引发金融动荡。由于在过去的金融创新中，部分金融机构更多依赖于批发融资，即从金融体系内部获得资金。这些金融机构的资产负债表更为脆弱，极为依赖金融体系内部的流动性。在金融去杠杆过程中，这类金融机构一旦无法保持负债端持续的资产规模，就有可能产生流动性风险，出现破产清算的可能。2008 年雷曼兄弟破产后引起了美国金融体系内部动荡，当时大量投行的负债端都无法获得持续的流动性支持而濒临破产清算。因此在金融去杠杆过程中要严格防范金融监管“处置风险的风险”。

虽然金融去杠杆对实体经济或造成诸多影响，但需要强调的是，这些影响都是短期现象，是在资产负债结构调整过程中所产生的短暂影响。只要守住不发生系统性金融风险的底线，这些负面影响的程度有限，并不会对实体经济造成严重破坏。长期来看，宏观审慎监管与货币政策是分离的，是中性政策；其目的在于清理由于规避监管的金融创新所产生的过于冗长的金融资产链条，避免监管套利，降低金融行业增加值占 GDP 的比例。这在长期内有利于降低实体经济的融资成本。实体经济融资成本可以看作储蓄者的利息收入与金融行业增加值之和。2009 年以来，影子银行快速发展，在增加了金融行业资产负债链条的同时，也增加了金融行业增加值占比，这客观造成了实体经济融资成本的上升。随着金融去杠杆的推进，金融行业增加值占比下降，实体经济融资成本将趋于下降。

六 结语

金融杠杆具有较强的顺周期性，在不受监管约束的环境下，金融杠杆与实体经济更多表现出同涨同跌的性质。自 2008 年金融危机以来，美欧等发达经济体都经历了金融去杠杆过程，这与其宏观经济步入衰退周期是一致的。而中国的宏观经济并未陷入危机，叠加财政和信贷刺激，实体经济和金融部门杠杆率仍经历了较长时间的上升，金融风险进一步积累。

强监管与中性货币政策相配合是控制金融杠杆率的有力工具。中国自 2017 年以来出台了多项金融监管措施。过去几年放任金融杠杆率上升较快的重要因素在于监管（标准）不统一，大量金融创新被应用于监管套利行为。因此，加强监管统一性将有利于杜绝金融机构的各类套利行为，抑制通道业务和多层嵌套，从而降低金融部门杠杆率。这同时还有利于降低实体经济融资成本。

就未来而言，三年面临“三大攻坚战”，第一个就是防范化解重大风险，其中系统性金融风险首当其冲。去杠杆是缓解系统性金融风险的重要举措。因此，对于去杠杆怎样强调都不为过；至少在2020年之前，去杠杆都将一直是工作重点。这一政策考量使得我们有理由推测，在2020年监管体制逐步完善、监管政策全面到位、宏观杠杆率得到有效控制、防范风险取得决定性进展的情况下，中国经济将会进入一个平稳健康发展的平台，那个时候，政策基调和工作重点可能会有所调整——在金融开放、国际竞争背景下突出提升金融业的活力和效率，从而在风险与效率、稳定与创新的权衡中，逐步偏向于后者（效率和创新）。当然，这是一种乐观预期。如果防范化解风险未能取得实质性进展，政策目标远没有实现，那么，这一场去杠杆的硬战还要继续打下去。

参考文献

李扬等:《中国国家资产负债表2013——理论、方法与风险评估》，中国社会科学出版社2013年版。

李扬等:《中国国家资产负债表2015——杠杆调整与风险管理》，中国社会科学出版社2015年版。

马建堂、董小君、时红秀、徐杰、马小芳:《中国的杠杆率与系统性金融风险防范》，《财贸经济》2016年第1期。

马勇、陈雨露:《金融杠杆、杠杆波动与经济增长》，《经济研究》2017年第6期。

谭海鸣、姚余栋、郭树强、宁辰：《老龄化、人口迁移、金融杠杆与经济长周期》，《经济研究》2016年第2期。

王爱俭、杜强:《经济发展中金融杠杆的门槛效应分析——基于跨国面板数据的实证研究》，《金融评论》2017年第5期。

殷勇:《金融领域风险防范存在四大短板》，金融风险防范与财富管理市场发展论坛讲话，2017年。

张晓晶、常欣、刘磊:《结构性去杠杆：进程、逻辑与前景——中国去杠杆2017年度报告》，《经济学动态》2018年第5期。

Acemoglu, D. et al. (2015), “Systemic risk and stability in financial networks”, *American Economic Review* 105 (2): 564 - 608.

Adrian, T. & H. S. Shin (2010), “Liquidity and leverage”. *Journal of Financial Intermediation*, 19 (3): 418 - 437.

Beccalli, E., A. Boitani, & S. Di Giuliantonio (2015), “Leverage pro-cyclicality and securitization in US banking”. *Journal of Financial Intermediation*, 24 (2): 200 - 230.

Borio, C. (2014). “The financial cycle and macroeconomics: What have we learnt?”, *Journal of Banking & Finance*, 45: 182 - 198.

Chan-Lau, J. A. (2010), “Balance sheet network analysis of Too-connected-to-fail risk in global and domestic banking systems”, IMF Working Paper, No. 107.

Jordà, Ò., M. Schularick, & A. M. Taylor (2013). “When credit bites back”, *Journal of Money, Credit and Banking*, 45 (s2): 3 - 28.

Krishnamurthy, A., S. Nagel & D. Orlov (2014), “Sizing up repo”. *The Journal of Finance*, 69 (6): 2381 - 2417.

Laux, C. & T. Rauter (2017), “Procyclicality of us bank leverage”. *Journal of Accounting Research*, 55 (2): 237 - 273.

McKinsey Global Institute (MGI) (2015), “Debt and (not much) deleveraging”, http://mckinsey.com/mgi.

Modigliani, F. & M. Miller (1958), “The cost of capital, corporate finance, and the theory of investment”, *American Economic Review* 48: 261 - 297.

Nuño, G. & C. Thomas (2017), "Bank leverage cycles", *American Economic Journal*: *Macroeconomics*, 9 (2): 32 - 72.

Philippon, T. (2015), "Has the US finance industry become less efficient? On the theory and measurement of financial intermediation", *American Economic Review* 105 (4): 1408 - 1438.

(张晓晶 刘 磊)

国际金融危机研究评述

2008年国际金融危机爆发以来，世界经济出现了大规模的衰退，世界各国采取各种措施应对金融危机的影响。全球经济进入大调整、大变革和大转型时代，学术界从理论和政策视角展开了讨论。我国学术界就国际金融危机成因、政策反应等诸多方面的问题展开了深入研究，形成大量学术文献，大大提升了我国对国际金融危机的认识水平。本文在认真梳理文献脉络的基础上，对一些重要问题进行点评。

一　国际金融危机后的理论创新和政策挑战

一些学者（裴小革，2016）认为，现代西方经济学的各种经济危机相关理论属于资本主义体制和政策层面的论述，并没有改变其制度本质，国际金融危机的爆发以及随后欧债危机的爆发，使得人们开始重新审视资本主义危机的存在性以及对经济的影响。早期古典政治经济学对危机理论研究的重大贡献在于将对经济问题研究的重点从流通领域转向了生产领域。随后，空想社会主义经济危机相关理论对刻画经济危机起过非常积极的历史作用，是科学社会主义的重要思想源泉。第二次世界大战后到20世纪70年代，民主社会主义的经济危机相关理论对于缓和资本主义经济危机起到了一定作用。但是，20世纪80年代末到90年代初，该理论对苏联东欧国家的改革生产却起到了消极作用。马克思主义政治经济学的经济危机相关理论，在历史上和现代都对世界各国发展社会主义运动和遏制资本主义经济危机发挥了重要推进作用。

一些学者从经济和金融学理论创新的视角，分析了“新常态”下金融因素在宏微观经济和金融学理论中的地位，这里的“新常态”泛指2008—2012年全球经济衰退以来，世界主要经济体共同面临的经济和金融体系低水平均衡状态。陈雨露（2015）认为2008年金融危机的爆发是对危机之前长期积累的金融失衡的一次集中调整，而这次失衡的原因是由于传统的理论模型忽略了金融和实体经济的密切关系，进而导致了诸多重大误判。“新常态”所面临的核心问题就是要将金融因素的内生性纳入宏观经济理论中，厘清和正确处理好金融和实体经济的动态关系。因此，金融危机后的理论创新不仅应该对整个金融体系的特征和运行规律进行深入的研究，建立起微观基础和宏观表现相统一的总体分析框架，还应该将金融体系作为一个完整的内生性分析框架的核心组成部分纳入宏观经济学的分析框架。

一些学者从后危机时代国家政策和制度设计的角度入手，分析了2008年国际金融危机后，中国面临的挑战。李稻葵（2015）发现全球性的金融危机一般从发达国家内部爆发，是实体经济和资产价格自然崩溃的过程。因此，作者建议政府在危机应对方面应该遵循“三步走”战略，第一步在危机当下，通过积极救市来稳定资产价格和投资者信心。

第二步在危机过后，通过积极的货币和财政政策恢复市场信心，促进经济平稳回升。第三步是在后危机时代不断夯实微观经济基础，根除隐患。面对后危机时期，世界经济的格局的变化，“新常态”下应该减少经济增长对能源的攫取，突出改革和技术创新，增强核心竞争力。作者提出我国在美元加息、欧元区的短期政治风险、新兴市场潜在金融风险以及地缘政治的潜在风险下，一方面应通过积极的货币政策，增加持有欧元资产；另一方面还应做好应对区域性金融危机的准备。与此同时，我国还应以金砖国家为抓手，在国际经济板块化格局下做实合作，加大原油储存和资源类产品储备，通过加强与俄罗斯的合作，和加强对外宣传来应对可能发生的危机。宋科（2015）也在制度层面上对金融危机后的金融体系政策进行了研究，他指出金融危机之前有关金融体系顺周期性问题的研究关注重点在于内生性“自身行为顺周期效应”，即从金融机构自身行为角度来分析金融体系顺周期问题，如羊群效应、灾难短视、委托代理问题等。而2008年金融危机后，制度层面的约束因素是否会进一步强化金融体系“自身行为顺周期”效应成为关注重点。他从资本监管、贷款损失拨备制度以及公允价值会计准则方面进行阐述，发现根植于金融部门与实体经济中间的制度性正反馈机制与经济波动程度存在较强的相关性，从而显著放大经济的“繁荣—萧条周期”并导致金融不稳定。他建议当前只有从制度设计的角度入手，才能在一定程度上减少金融失衡积累，从而弱化金融体系顺周期性所产生的周期波动放大效应。

由此可见，学术界对2008年国际金融危机以及随后的欧债危机爆发后的理论和政策实践均给予了高度关注。在过去3年的时间里，学者们从多个角度进行了深入的探讨。总体而言，我国学术界承认马克思主义政治经济学在危机理论中所作出的贡献，并对危机后所面临的新形势和新挑战都呈现出积极的态度。

二 国际金融危机后非常规货币政策研究

纵览相关文献，发现2008年全球性金融危机爆发后，各国央行采取的常规性和非常规性的货币政策、货币政策的效果、最优货币政策的选择成为学术界讨论的热点。

一些学者认为，2008年全球性金融危机促使各国央行的货币政策和沟通政策发生重大改变，主要发达国家试图采取前瞻性指引的非传统货币政策来影响金融市场和经济环境。万志宏（2015）从中央银行沟通和零利率约束下的宽松政策工具两个视角来探讨非常规货币政策的理论基础和作用渠道。作者通过构建一个简化的货币政策模型，来研究预期和利率传统路径，结果发现从成本和风险角度而言，“承诺式”指引很难成为货币当局的常规选择。而为了有效引导公众预期，常规沟通和预测引导至少需要满足两个条件，一是政策可预测性，即经济基本结构维持稳定且存在能被公众认知的稳定货币政策规则。二是货币当局对宏观经济和利率具有更全面和精准度更高的信息优势。但是，由于金融危机时期，经济结构稳定性、货币政策一致性和连贯性假设遭到破坏，各国采取零利率政策仍无法影响产出和通货膨胀，金融危机破坏了央行发挥常规沟通作用的前提条件。危机使常规指引和预测指引面临困境的同时，降低了央行“违约”成本，使央行可以借助简化的预期指引方式，利用承诺锚定预期。最后，作者提出了后危机时代前瞻指引的政策前景，认为各国央行在经济稳定后面临的首要任务是如何将危及政策向常态政策进行平稳过渡，而且并不建议将承诺性指引作为常态的货币政策工具。匡可可等（2015）认为常规时期，央行基于货币政策目标和宏观经济基本面对未来的经济预测和政策利率路径进行预测均是基于当前信息形成的、不具备任何承诺性质，因此属于德尔菲（Delphic）指引，但是金融危机后，常规货币政策失效，央行为了增强市场参与者对未来经济形势好转的信心，需要采用带有承诺性质的奥德赛指引。在此基础上，作者认为，第一，中国央行可以在现行货币政策的基础上实施前瞻性指引，可以通过降低未来政策走向的不确定性来降低风险溢价，缓解社会融资成本高企的问题。第二，中国央行可以在金融市场发生与基本面因素无关的异常波动时，通过前瞻性指引达到稳定公众信心、促进金融稳定的作用。第三，可以考虑实施较短期限的开放式指引或状态类指引，既可以加强对公众预期的管理，又可以为将来积累经验。董昀（2015）从 2008 年金融危机后，美国货币当局采取的前瞻性指引与量化宽松政策对美国金融市场与宏观经济产生的影响入手，对理论和实证文献进行梳理和总结。研究发现，金融危机后，美国非传统货币政策可以化解流动性风险，但是并不能从根本上消除偿付风险。因此作者认为在危机管理中，货币政策的作用只能是为走出危机创造稳定的货币金融环境，而真正的复苏与繁荣还是要来自实体经济的创新活动。

然而，张靖佳等（2016）发现当前学者大多以一国或不同时期非传统货币政策作为研究对象，并未在同一时期的危机背景下考察两国中央银行的非传统货币政策是否存在“利率约束之谜”和“价格之谜”，以检验不同中央银行是否具有相似的非传统货币政策之谜。因此，作者以美联储和欧洲央行在此次国际金融危机中运用的非传统货币政策为研究对象，基于引入非传统货币政策指标的 FAVAR 模型，首次在统一的分析框架下探讨同一时期内不同中央银行的非传统货币政策的“利率约束之谜”和“价格之谜”的存在性和相似性。研究发现，这两大非传统货币政策之谜均出现在美联储和欧洲央行实施该政策期间，并且在很大程度上具有相似性。从“利率约束之谜”角度来看，在 2007—2009 年金融危机中，美欧非传统货币政策与利率政策之间存在相互影响。从“价格之谜”来看，美联储和欧洲央行的非传统货币政策在短期内会使国内价格不升反降，这与传统货币数量理论相悖。作者认为原因主要有两个，一是两区域内非传统货币政策使中央银行负债增长出现结构性差异。二是非传统货币政策对中国等持有预防性外汇储备的新兴市场国家存在流动性溢出。

一些学者也从其他方面研究了非常规货币政策的传导及效果。陈宝东等（2017）研究了 2008 年金融危机后，公共债务货币化这一非常规的货币政策给经济增长带来的影响。实证结果表明，金融危机时期公共债务货币化能够避免各国经济环境继续恶化，在短期内各国治理经济危机中发挥了刺激作用。我国政策制定者应该关注其他国家公共债务货币化的政策推出时间、力度和实施效果对我国的溢出效应，及时做出政策调整。马理等（2015）通过构建 DSGE 模型，并引入零利率下限的约束条件，分析了金融危机导致的超低利率环境下，宏观政策传导的非对称性效果。研究结果表明，当名义利率触及零利率下限时，经济会出现剧烈波动。无零利率下限约束的模型不能充分描绘真实的金融危机状况与政策效果。在受到零利率下限约束的超低利率环境中，常规货币政策的有效性将进一步降低，而财政政策的促进作用非常稳定而强烈。作者建议在面对金融危机状况的超低利率环境时，应在零利率出现之前就通过有效措施力避超低利率环境出现，通过预调微调与定向调控，保持政策调控的主动性、灵活性和有效性，为将来的政策调整预留充分的缓冲空间。

金雪军等（2016）发现国内关于金融冲击对货币政策影响的研究主要集中在宏观层面，较少关注金融危机对货币政策微观渠道传导的影响。因此，作者对中国货币政策传导的银行信贷渠道进行检验，并进一步研究金融危机对不同特征银行信贷供给的影响差异。实证结果表明，金融危机冲击会显著降低货币政策银行信贷渠道传导的效率。资本充足率越高的银行，在危机期间信贷供给紧缩程度越小，反之亦然。我国货币政策银行信贷渠道主要通过非国有控股银行传导，金融危机冲击对国有控股银行的负面影响比非国有控股银行小，危机期间宽松的货币政策调控对国有控股银行的效果比非国有控股银行好。

一些学者从中国货币政策呈现出的新特点入手进行分析。陈彦斌等（2015）发现，2008 年金融危机爆发后中国货币数量论的失效表现出新特点——在高货币投放的宽松政策没有引起相应的通货膨胀的情况下，出现了房价高速上涨、政府债务规模迅速扩张的现象。而且房地产和地方政府投融资平台正是金融危机之后银行信贷的主要流向。因此，作者在将房地产部门和地方政府债务纳入 Samuelson-Diamond-Tirole 模型的基础上，构建了动态一般均衡模型进行分析。数值模拟结果表明，房地产泡沫的膨胀和地方政府债务的扩张会增强家庭和政府持有货币的意愿，使货币流通速度下降，从而导致中国货币数量论失效。而一旦泡沫破灭，家庭住房消费支出和地方政府债务的迅速下降将会降低他们的货币持有意愿，最终推动通货膨胀率上升，使得货币数量论恢复有效。因此，作者认为，面对金融危机后货币政策的特殊情况，中国货币政策工作的核心应该是提高现有存量货币的使用效率，而不是重启高货币投放的宽松货币政策。周莉萍（2017）发现 2008 年金融危机之后，全球部分央行先后试行了使超额存款准备金利率成为基准利率下限，增强央行对金融周期的调控能力，降低央行持币成本的负利率政策，并将其作为一种频繁使用的货币政策工具。这项政策产生了外溢效应，对于固定收益的金融产品和商业银行利差收益也产生了负面影响，但在短期之内，没有明显拉动经济快速回暖。就我国目前而言，与货币政策相比，政府会优先选择积极的财政政策，而且我国的债务问题主要来自结构性杠杆过大，不均有系统性风险，比起债务危机国家还有很大的空间。在全球部分国家实施低利率政策、负利率政策，而美联储进入加息周期的复杂环境下，我国央行应谨防负外溢性，保持货币政策内外平衡。

由上面的文献梳理可以看出，金融危机的爆发使得常规的货币政策失灵，货币政策的传导渠道也受到了影响，学术界的研究旨在为各国政策制定者提供最优的货币政策建议。

三 国际金融危机对经济增长影响研究

2008 年国际金融危机发生后，对于经济增长的动因、金融危机的冲击等也成为学术界关注的重点。

一些学者从危机后中国的经济增长平稳化的视角进行分析。郭旭红（2016）指出新中国成立以来，GDP 增长速度总体较快。1978—2012 年，与二战后高速增长的其他经济体和遭受世界金融危机冲击的国家比较，中国打破了世界经济史上的 GDP 高速增长纪录。经受 1997 年亚洲金融危机与 2008 年世界金融危机的冲击后，2009 年，美国、泰国、日本、俄罗斯都是负增长，韩国经济增长降速为 0.32%，而中国 GDP 增长率依然强势稳定，1996—2012 年的 17 年间，中国 GDP 增长率相对平稳地保持在 9.7% 左右，经济体制改革、经济全球化、人口红利、科技创新与投资，是 GDP 高速增长的主要动因。祝梓翔（2017）采用时变参数模型探讨了后危机时期产出波动平稳化的原因，作者考虑到全球性金融危机对中国的影响比美国滞后 4—5 个季度，将全球性金融危机时期定位于 2008 年四季度至2009年四季度，分别探讨了危机前、危机中和危机后中国经济波动的时变特征。研究结果表明供给冲击主导产出波动、需求冲击主导通胀波动，而且危机前需求冲击的重要性高于供给冲击，危机后二者相当，后危机时期产出波动趋稳是供给和需求冲击共同作用的结果。同时，作者发现后危机时期经济趋稳主要是由需求冲击所致，而需求冲击主导通胀波动，因此作者认为中国在实施“供给侧”改革的同时，应继续重视需求管理政策，因为经济平稳化是供给和需求共同作用的结果。张玉鹏等（2016）从政策不确定性的视角对中国在2008年国际金融危机期间仍具有更为优异的经济增长表现给出了解释，他采用TVAR模型和反事实研究方法进行研究，在经济繁荣期，政策不确定性对产出增长率存在显著的负向冲击效应。相反，在经济低迷时期，政策不确定性会通过提振消费者预期和刺激由银行信贷规模所反映的企业投资需求来对经济增长产生显著的正向冲击效应。杨继东等（2015）立足于宏观经济波动的微观基础，从企业微观波动对宏观经济影响的视角探寻稳增长的宏观政策。通过使用2002—2011年连续存在的上市公司面板数据，测度了企业逐年收入、利润和就业的企业特有波动。同时，参考迪韦尔曼和莱文的做法，构建加入年份虚拟变量的模型，分析宏观经济对微观波动的影响。他们发现，与2008年金融危机前相比，企业微观波动发生显著变化，微观波动有所增加，而且企业收入、利润和就业的波动程度和趋势有所不同，利润波动比收入波动大，而就业波动相对趋稳。实证结果也表明，2007年前宏观经济对微观波动的影响较小且基本不显著，而在2008年后这种影响显著增强。陈长石（2015）发现2008年国际金融危机后，中央政府出台的大规模刺激政策，使实体经济发展与市场投机之间的利差越来越大，大量非正规金融资金流入投机市场，严重削弱了非正规金融系统的作用，从而使得非正规金融系统难以向私人部门转型提供资金支持，私人部门出现了转型困境。此外，作者认为由于2008年国际金融危机对中国经济的冲击是系统性的，即中国未来经济增长模式将趋于市场化的资本配置，因此在未来相当长的一段时间内，依靠投资来保持适度的经济增长仍十分重要。

然而，金融危机后中国经济出现的这种稳增长和低波动的现象并不都值得肯定。汤铎铎（2017）认为虽然从传统宏观经济理论的角度看，实体经济的这种低波动正是政策制定者的目标，但历史经验表明，对该目标的追求会由于忽视了资产价格波动和金融业监管，而导致危机的爆发。他发现，从国际金融危机爆发至今10年左右的时间，中国居民资产配置需求和企业、居民融资需求变化推动中国发展出了与传统金融体系体量相近的影子银行体系，这与美国2008年次贷危机前的特征相似，而中国的影子银行虽然在性质上和美国存在差异，但是本质上都是规避监管和积累风险。还有一些学者认为，金融危机的爆发使得传统对潜在产出水平的测算出现失灵。刘元春等（2016）认为现有的潜在产出测算方法依赖于三大理论基础，全方位的市场有效论、产出的供给决定论、经济的长期均衡论，而且这三大经典特征在低通胀、高增长的平稳发展时期的确取得了良好的经济解释和政策效果。然而，危机前，市场失灵引发价格扭曲导致资源配置的失效与产出的不可持续，有效市场假定失效。危机发生时，金融深化加深了逆萨伊定律的传递，导致了产出间断式下滑，供给决定论失效。危机后，经济面临长期停滞，长期均衡难以实现，因此金融危机时期潜在产出的测算出现了系统性失灵。他建议在正式测算潜在产出前要对研究目的以及研究主体的经济运行特征进行判断，根据具体政策需要以及不同宏观政策主要目标进行测算。此外，在短期和周期性的测算中应该考虑金融因素在其中的作用，而在长期非均衡时期，还应该借助其他指标综合判断潜在产出。

四 国际金融危机对经济生产率的影响

一些学者从生产率的视角来解释2008年国际金融危机以来，中国实际GDP下降的原因。余泳泽（2015）从生产率市场角度对2008年金融危机后中国出台的4万亿元经济刺激政策进行了系统的评价，作者认为，中国经济从2008年金融危机中快速复苏主要依赖于短期内4万亿元的投资拉动作用，却是以中国全要素生产率以及全要素生产率对经济增长贡献率的断崖式下降为代价。从长期来看，这种方式在一定程度上冲击了改革开放以来的市场化改革理念，进一步加剧了中国粗放式经济增长方式。赖平耀（2016）运用增长账户模型进行研究也支持了上述学者的观点。他发现，2008年以来中国实际GDP增长的下降几乎全部来自全要素生产率增长的下降，而市场化改革的滞后则是导致全要素生产率增长下滑的主要原因，扩大投资则进一步加速了这个下滑的过程，并认为如果不采取有管理的硬着陆，即通过提高生产率来促进经济增长，那么经济将继续沿着索罗下行通道下滑。他通过对中国自2008年国际金融危机后通过扩大投资带来的巨大代价进行研究，进一步证实了索罗现代经济增长“标准定理”，即经济增长不是在同样的技术水平上积累更多的物质资本，而是通过真正的技术进步和生产率进步，否则将会带来无效的经济增长并需要付出巨大的代价。蔡跃洲等（2017）利用中国宏观及产业数据，在增长核算基础上将TFP增长分解为技术效应和结构效应，研究表明，在金融危机后，中国经济增长的质量明显下滑，增长动力主要来自大量低效投资和要素投入，其中第二产业增长质量下滑尤为突出。第二产业中钢铁、水泥、电解铝、平板玻璃、船舶等产能过剩领域所属行业在金融危机后普遍表现明显的技术停滞或倒退，而第三产业中的“金融与保险”和“房地产”更是长期处于技术水平停滞或倒退状态。但要素配置和集聚却存在着明显的“逆技术进步倾向”。

陈诗一等（2017）将能源要素纳入理论分析框架，构建1998—2013年“地区—部门—时间”三围投入产出门面板数据，通过中国资源配置效率动态演化及分解研究发现：中国全要素生产率持续增长，但资源配置效率相对低下，资源配置扭曲导致1998—2013年全要素生产率平均下降42%，2003年后的重工业膨胀与2008年的国际金融危机加剧了资源配置的扭曲程度，危机冲击中国期间，资源扭曲程度比其他时间高12%；然而中国经济“新常态”下的资源配置扭曲程度有所下降。从变化趋势来看，资本与劳动扭曲的贡献率呈下降趋势，产品市场扭曲的贡献率较平稳，能源扭曲的贡献率却呈上升趋势，在国际金融危机爆发后，能源扭曲已经逐步成为中国资源配置扭曲的首要贡献者。田侃等（2016）作者在测算无形资产对中国宏观经济增长贡献时发现，2008年金融危机后，无形资产投资的增速大幅高于全社会固定资产投资增速，而且无形资产对中国经济增长的贡献率攀升。作者认为这可能是由于金融危机前，中国过度依赖有形物质资产投资来推动经济增长，但是随着有形物质资产投资规模上升，其边际收益率降低，并出现产能过剩，而此时无形资产投资的重要性开始日趋突出。

五 国际金融危机对跨境资本流动和国际贸易的影响

随着全球金融一体化下资本管制放松和交易成本下降，各国之间资产交易日益频繁，规模也在逐渐扩大。梅冬州（2015）发现发达国家主要持有股票和 FDI 等权益型资产，而发展中国家和新兴市场经济国家主要持有债券，尤其是政府债券。他通过引入“金融加速器”机制建立了一个中美两国资产互持的 DSGE 模型。研究发现，金融市场不完备的条件下，两国互持权益性资产比重越高，金融加速器效应越强；两国之间影响越大，经济协动性也越高。而两国互持债券型资产规模越大，经济协动性越低。但在市场完备的条件下，外部冲击与两国互持资产的类型与规模无关，只通过贸易渠道产生影响。因此，作者认为，由于欧美地区互持权益型资产比重高，危机很快从美国传递到欧洲，而发展中国家和新兴市场经济国家主要持有美元债务，则所受影响有限。钟红等（2017）在研究影响本币发行国际债权因素时也得到了类似的结论。他们发现国际金融危机对国际债券币种结构产生了重要影响，危机前后币值对外稳定性都具有显著性影响，这也表明发展中国家并不必然受到货币错配原罪问题的困扰。基于此，他们建议应大力发展以人民币计价的国际债权市场，同时应该通过更多发行以人民币计价的国际债券丰富人民币回流机制，从而健全完善人民币国际化模式。

然而，在金融全球化和自由化的推动下，国际资本流动规模逐渐增大，全球风险陡然增加，亚洲金融危机和美国金融危机的爆发令国际货币基金组织开始重新审视资本流动的作用。孟庆斌等（2016）指出 20 世纪 80 年代以来，世界范围金融危机频发，特别是 90 年代后，以货币危机为主的金融危机频发，这些危机严重影响了危机发生国的经济发展，也引起了国际金融体系的动荡。他们运用齐次马氏域变方法和非齐次马氏域变方法针对 1996 年至 2015 年中国的货币危机风险情况进行分析，建立了风险识别模型和预警模型，将汇率波动和外汇储备变化相结合，建立货币危机风险指数，利用齐次马氏域变模型对货币危机风险指数波动过程中的不同特征识别出货币危机风险的高、中、低状态，其结果拟合现实中的真实情形。之后利用非齐次马氏域变模型建立预警模型，对于危机样本的预警准确率达到 42.86%，对于无风险样本的预警准确率达到 65.71%。熊爱宗（2016）认为金融危机爆发后，国际货币基金组织肯定了资本监管在特殊时期的重要作用，但是资本流动管理措施不能替代宏观经济政策，一旦条件成熟，应该逐步退出资本管制。

一些学者从危机后中美关系和中欧关系的演化入手进行分析。温铁军等（2015）对中美关系在国际金融危机之后“从互补转向互斥”的演化做了客观分析。客观上，中美分别作为产业资本第一大国和金融资本第一大国，其大国关系的实质乃中国对美“双重输出”：中国向美国输出廉价工业品和对美输出资本投资。美国向中国输出低成本资金和服务。双方因处于不同的发展阶段而形成战略上紧密的经济互补关系。但这一关系因 2008 年金融危机之后的中美“相向转型”——中国向金融资本经济升级，美国向实体产业回调——而渐进向互斥竞争转化。他们认为在全球危机成本转嫁的压力下，中国内部一方面发生资金从实体经济析出向虚拟经济转化的顺向运动。另一方面城市经济不可能承载输入型危机、只能“路径依赖”地内向对乡土社会转嫁。由此，只有稳住乡土社会才能有危机软着陆的载体。丁剑平（2016）使用加入规模效应的引力模型来考察危机前后中欧双边贸易的规模效应变化，研究结果发现，2008 年的金融危机和 2010 年欧洲主权债务危机使得欧洲不得不实施贸易保护政策来提高本地商品竞争力，在这个过程中，中国对欧元区的出口受到了较大的影响。危机前（2005—2008 年），中国对欧出口总量具有规模弹性，而危机后（2009—2013 年）中国对欧出口不再具备规模经济效应，贸易量的增加不会降低贸易成本。

一些学者从国际贸易领域内的微观企业视角入手进行研究。戴觅等（2015）从企业的出口与内销之间的关系入手，评估2008年金融危机对中国经济产生的影响。他们以金融危机为自然实验，将中国产品的外需作为工具变量，详细考察了金融危机是否并能在多大程度上促使中国企业“出口转内销”。研究结果表明，受危机冲击较大的企业内销增长幅度也较大，而且该内销增长源自外需冲击下出口的萎缩。相反，非危机年份出口下降并不会导致内销上升。此外他们还通过在模型中引入滞后值考察了金融危机时期企业出口的外生变化对内销造成的动态影响，结果发现，长期内出口和内销之间并不存在明显的替代关系，甚至还体现轻微的互补关系，他们认为这可能是由于出口使企业生产率提高或融资约束减弱，或者是企业在长期内进行产能调整所导致的结果。颜海明等（2016）发现2008年金融危机致使中国贸易量大幅下降，而传统的研究都是从需求冲击的角度上去解释，并没有对表现为融资条件恶化的“供给冲击”在全球贸易骤降过程中所扮演的角色给予关注。他们基于新贸易理论的研究视角，在Manova（2013）理论模型的基础上引入“次贷危机”的外生冲击变量，构建了一个静态的一般均衡模型，从融资角度揭示了“次贷危机”对企业出口影响的微观理论机制。他们发现次贷危机从两个方面影响中国企业的出口路径：首先，由于预期传染和资产负债表效应的存在，美国次贷危机会加剧中国金融市场的流动性紧张，因此会提高中国无风险利率水平，进而对中国企业出口参与概率产生负面影响，即国内的无风险利率水平是次贷危机的增函数。其次，次贷危机存在一定的“收入效应”，即次贷危机会由于失业率的上升而降低美国居民的可支配收入，压缩银行的消费信贷规模，从而降低中国的进口收入，因此美国的进口需求是次贷危机的减函数。他们的实证结果表明，次贷危机的确降低了中国企业出口参与概率，但是并没有额外降低外部融资占比较大行业的出口参与率，同时，次贷危机的确降低了中国企业出口额，也额外降低了外部融资越多行业的出口额。总之，美国次贷危机发生后，金融要素确实是影响中国企业出口的一个重要决定因素。

孙飞等（2017）从进口商品Armington替代弹性的视角研究了进口商品价格对国内通胀水平的传导效应。研究结果表明，国际金融危机前，IPI对CPI的走势影响力虽然没有代表国内商品价格水平的两个指标（API，PPI）影响力大，但是差距不大。然而危机后，IPI对CPI走势的影响力明显弱于国内商品价格指标，而且差距进一步增大。这说明，危机前中国进口商品价格传导效应较为显著，危机后该传导效应虽然仍然存在却呈现明显下降趋势。作者认为这不仅反映出目前中国进口商品和国内商品存在显著的互补特征，还反映出危机后中国价格水平的波动主要源于国内生产价格的走势，外部因素作用十分有限。因此，作者建议当前应该从预防输入型通货膨胀（或紧缩）风险，转向预防国内因素带来的风险。

六　国际金融危机对国际资本市场联动性的影响

梁琪等（2015）发现，中国股市从2005年以后的国际化程度逐步提高，但是具有显著的唯一性、阶段性、不对称性和区域性的特征。其中唯一性是指香港市场作为中国股市国际一体化与国际金融风险的桥梁发挥出了“唯一性”的作用。阶段性是指金融危机作为外部因素，大幅提高了危机时期中国等新兴市场国家与全球股市的联动水平。不对称性是指国际市场对中国股市的信息溢出强度高于中国股市的对外溢出。区域性是指中国股市的信息联动以及风险传染主要局限于亚洲区域，在国际范围内影响还相对较小。李岸等（2016）将中国纳入全球股市系统之中，使用年度静态和日度动态复杂网络来分析中国股市的国际联动性问题。研究结果表明，在国际金融危机和欧洲主权债务危机期间，全球股市收益率联动和波动率联动显著增强，收益率网络具有小世界性，金融危机具有联动性和传递性。当金融危机来临时，收益率网络会更加紧密，预示全球股票指数联动性增强，危机迅速在各国间进行传播。而在金融稳定时期，小世界性小时，网络相对松散，能够较好地分散风险。长期以来中国与全球股市间处于割裂状态，国际联动性极低，仅通过香港与全球股市联系。但在金融危机期间，中国与全球股市联动性增强，股市波动频繁，易受到金融危机的冲击。他们建议应该在稳步推进国内资本市场开放的同时，根据全球股市环境特征采取灵活的应激策略；还应加强股票市场自身建设，积极推动与国际资本市场监管机构的合作。

何德旭等（2015）选取了市场主导型国家和银行主导型国家 1993 年 1 月至 2013 年 12 月的利率数据和股指数据来进行研究，实证结果发现，第一，样本国家市场利率波动表现出显著的溢出效应和杠杆效应，而且多数国家利率表现出变化的趋同性。第二，样本国家股指波动率对中国股指波动率的溢出效应趋于增强，尤其是美国金融危机爆发后，美欧对中国股市波动溢出效应更为显著。第三，样本国家利率波动对中国股指波动率具有一定的溢出效应和杠杆效应，但程度较低。因此，作者认为当各国面临共同冲击时，各国金融周期联动性使各国同时发生系统性金融风险概率大幅提升，同时会引起世界范围内的共发性金融风险，而后者通过金融波动共振加剧世界系统性金融风险相互传染，为了防范世界性金融风险，各国应该加强政策协调，合理进行风险分担。

陈建青等（2015）选取银行业、证券业、保险业的数据构建了静态以及动态的 CoVaR 模型进行分析，实证结果表明由于在危机前的繁荣时期，混业经营趋势化，各金融行业之间合作业务需求旺盛，金融行业风险外溢程度增高，特别是银行业和保险业以外的其他金融行业总溢出效应（ΔCoVaR）较高。因此危机事件发生时，行业之间不能迅速切断所有前期合作业务，导致在危机前期，金融行业风险外溢程度在相当长的时间内处于较高水平，加剧风险传染。随着危机蔓延，新业务减少而原有业务结束，风险外溢程度逐渐下降，系统性金融风险在金融体系内的传染链条被弱化，风险传染得以抑制，金融危机结束。

方意（2016）以多层次资本市场金融改革和最近的国际金融危机为背景，研究了非金融危机和金融危机时期，包括中国在内的多个国家和地区的主板市场与中小板、创业板之间的非线性关系。研究表明，非金融危机期间，主办市场与中小板、创业板市场由于面对不同的投融资对象，三者之间的运行相对独立，具有市场分割性的特征，而金融危机爆发将会打破市场分割机制，使得三个市场之间存在显著的传染性。此外，基于对亚洲金融危机及以后的危机进行研究发现，从主板市场到中小板、创业板市场的传染属于基本面传染，而反向传染则为纯预期传染，前者的严重程度更大。而中国在国际金融危机中则呈现更为严重的双向传染机制。

钱亚婷等（2016）对市场价格的波动对于家庭、企业和金融三个部门的资产负债表的影响机制以及资本市场价格波动在各部门之间的传导进行研究。他们发现资产价格的波动对于三个部门的影响相互作用，当资产价格暴跌时，对于家庭而言一方面引起负面的财务效应，减少的消费支出总体造成了社会的总需求减少，进而传递到企业中；另一方面也减少了储蓄和理财投资，进而传递到金融部门中。对于企业而言，一方面降低了企业抵押品价值，进而减少贷款能力，降低了贷款意愿；另一方面通过薪酬影响家庭的劳动收入。对于金融机构而言，一方面是家庭部门的赎回和清算，同时减少了企业的贷款供给，另一方面会出现金融机构的系统性风险。资本市场把三个部门紧密相连，形成网络下的传染效应，这种效应在经济景气时，能够促进各部门的发展，形成良性循环。在经济低迷时会更快速地通过各部门进行传染，形成恶性循环，导致经济周期的转向以及经济危机的产生。

七 国际金融危机后对系统性风险的重新认识

为了考察2008年金融危机后，新的资本监管制度能否对宏观经济起到审慎作用，贾飙等（2015）研究了巴塞尔协议Ⅲ（Basel Ⅲ）资本协议在中国的实施对宏观经济的影响。他们借鉴Peek和Rosengren（1995）以及Concetta（2002）关于监管资本变化影响商业银行存款和贷款行为的分析框架，认为银行的资本短缺来源于两个渠道，一是贷款损失减少了银行核销资本，二是监管当局提高银行资本监管充足率。他们认为国际金融危机过后的新兴市场经济国家同时面临着危机和监管限制的共同影响，即危机情况下，对总资本的负向冲击会降低银行的贷款和负债规模，而此时监管限制的顺周期效用将会使得资本比率随着监管资本的增加而增加。因此，在监管限制起作用的危机时期，银行资本短缺不仅来源于危机造成的贷款损失，也来源于更加严格的资本监管要求，存款负向冲击对银行的影响将会随着“危机”和“监管束紧”的叠加被进一步强化和放大。基于此，他们提出了由于监管资本的顺周期性，监管资本标准的提高往往会对宏观经济产生负面影响。通过对中国宏观经济影响的评估发现，由于中国银行业目前具有较高的资本充足率，因此短期内巴塞尔Ⅲ的实施不大可能对中国经济产生较大的负面影响，但长期影响仍然不可小觑。王擎等（2016）根据中国经济金融特点，构建了包含异质性的金融体系以及多种金融监管制度的四部门（居民、银行、企业和政府）DSGE模型，在全要素、住房需求、货币供应、基准利率、消费贷款违约率、企业贷款违约率六类不同来源的外生冲击下，研究发现：银行资本约束存在宏观经济效应，个体银行行为在资本约束下，通过银行间市场对金融体系产生影响，形成系统性风险，资本监管的顺周期性经金融体系传至实体经济。在分析资本监管要求的幅度对宏观经济波动的影响时发现：若小幅度提高资本监管要求（不超过各类银行资本充足平均水平），有助于抑制系统性风险传递；若同时对资本不足银行进行差别监管将起到进一步抑制作用。若监管要求超出资本不足类型银行资本充足率的平均水平，经济波动会增大；若提高至超过各类型银行的平均水平，即使存在差别监管，也会使抑制作用变得混沌不清。

一些学者探讨了国际金融危机的爆发是否对资产证券化与商业银行之间的关系产生重大影响。邹晓梅等（2015）认为2008年美国次贷危机的爆发反映出在监管缺位的前提下资产证券化过度发展可能造成的风险。该文运用双重差分法分析金融危机对资产证券化银行和非资产证券化银行的差别化冲击，作者将2008年第三季度以前视为危机前，引入反映金融危机的虚拟变量，以及金融危机虚拟变量和资产证券化活动强度的交叉项，研究发现，即使考虑国际金融危机的影响，资产证券化活动强度与商业银行ROE之间依然存在非常显著的正相关关系。此外，研究还发现，金融危机本身对商业银行ROE的影响显著为负，交叉项的系数也显著为负，这表明金融危机爆发后，资产证券化对商业银行ROE

的正向促进作用显著削弱，这可能是国际金融危机爆发后，资产证券化产品面临的监管环境日趋严格，投资者对资产证券化产品的投资更加谨慎等因素所导致。作者还在杜邦分解中分别引入了金融危机，以及金融危机和证券化活动强度的交叉项，研究了金融危机是通过何种渠道对资产证券化影响商业银行 ROE 的机制产生影响的。研究结果发现，金融危机本身对商业银行的杠杆率、资产周转率和利润率的影响显著为负，因而对 ROE 的影响也显著为负。此外交叉项对以上三者影响均为负，尤其是后两者影响显著，即金融危机后资产证券化活动强度对 ROE 的促进作用有所削弱。他们认为主要是资产证券化活动强度对商业银行资产周转率的促进作用显著削弱以及对利润率的负面影响显著增强所致。这从侧面表明，资产证券化降低了商业银行 ROE 的稳定性，即在极端事件发生时，证券化银行的损失更加严重。高蓓等（2016）通过引入金融危机虚拟变量（crisis）以及资产证券化活跃程度与金融危机虚拟变量的交叉项（secextent ＊ crisis），利用双重差分（DIF-in-DIF）方法来考虑金融危机对资产证券化银行和非资产证券化银行的不同影响。他们发现，第一，金融危机的爆发导致商业银行系统性风险上升，商业银行整体稳定性下降。第二，金融危机后，从事资产证券化的商业银行的经营稳定性显著上升。第三，金融危机后，非从事资产证券化的商业银行的经营稳定性降低。

朱太辉（2015）另辟蹊径，认为人口老龄化、信贷扩张和房地产泡沫三因素共同作用将会对金融稳定带来负面冲击。他将信贷因素嵌入传统的“人口—资产泡沫”模型，发现人口长周期为信贷扩张提供了可行性基础，从而导致房地产信贷不断扩张、房地产价格持续高涨。而且，人口因素的变化除了直接影响房地产价格外，还会通过与经济增长、信贷扩张的交互影响，对房地产价格产生放大效应。而人口步入老龄化、人口增速放缓又会与信贷收缩产生反向的放大效应，导致房地产泡沫破裂，最终将会导致恶性资产泡沫和金融危机。跨国实证研究也支持上述理论观点。

八　国际金融危机对中国经济的冲击和影响

孙晓华等（2016）认为 2008 年国际金融危机爆发后国内外需求疲软，国有企业出现了与经济下行同步的“周期性产能过剩”，为了保持经济平稳较快增长，推出了“一揽子计划”，作者的研究表明，该计划虽然保证了经济持续稳定增长，却激化了国有企业的过度投资行为，并加重了国有企业的自身效率损失。

一些学者认为，美国次贷危机和欧债危机的根源在于危机之前的“去工业化”战略，梅冬洲（2017）通过整理 1970 年—2011 年的 160 个国家的跨国面板数据，建立金融危机预警模型后发现，一国制造业产值占 GDP 比重越高，其爆发货币危机和主权债务危机的可能性就越高，但制造业比重与银行危机无显著关系。他们进一步研究发现，在生产的垂直专业化下，一国制造业越发达，其参与国际垂直专业化分工越深，外部的冲击越容易传递到本国，本国受世界因素的影响越深，由于主权债务危机和货币危机受外部的影响因素大，因此爆发危机的可能性更高。徐飞等（2016）检验了金融危机时期（2006—2008）和后金融危机时期（2009—2013）中中国工农业乘数效应的变化，研究结果发现，金融危机时期和后金融危机时期，工业对农林牧渔业总产出带动相差不大，但后金融危机时期地区间工农业乘数效应差距缩小。刘海云等（2015）在研究中国制造业对外投资时发现，金融危机之前中国资本净流入与制造业资本—劳动比正相关，而危机后这一效应并不显著。他们认为这是由于金融危机之后，在经济政策转型的背景下，中国制造业资本流动结构变得更加合理。其中资本输出成为中国转移过剩产能和传统制造业生产链的主要方式，而外资引入更偏向于现代制造业，这也在一定程度上促进了中国资本项目的再平衡。刘明等（2017）在研究中国制造业产业结构时发现，金融危机发生时期（2009—2011），人力资源结构对制造业产业结构变动产生的影响并不显著，但是后危机时期（2012—2013）对其结构优化则产生了显著的正向影响。

吴淑娥等（2016）将金融危机作为宏观经济因素纳入微观企业进行研究，考察了1998—2012 年包括 1998 年金融危机、2008 年金融危机以及 2010 年金融危机对医药公司研发投资的影响。研究发现，当面临金融危机时，公司无法通过发行股票或负债等渠道获取资金投入研发，但是为了摆脱危机，企业会更加关注新方向的探索和研究，并通过现金持有来支撑研发投入，从而增强了现金持有对研发的平滑作用。

参考文献

蔡跃洲、付一夫：《全要素生产率增长中的技术效应与结构效应——基于中国宏观和产业数据的测算及分解》，《经济研究》2017 年第 1 期。

陈宝东、邓晓兰：《公共债务货币化的宏观调控效应》，《经济管理》2017 年第 1 期。

陈建青、王擎、许韶辉：《金融行业间的系统性金融风险溢出效应研究》，《数量经济技术经济研究》2015 年第 9 期。

陈诗一、陈登科：《中国资源配置效率动态演化——纳入能源要素的新视角》，《中国社会科学》2017 年第 4 期。

陈彦斌、郭豫媚、陈伟泽：《2008 年金融危机后中国货币数量论失效研究》，《经济研究》2015 年第 4 期。

陈雨露：《“新常态”下的经济和金融学理论创新》，《经济研究》2015 年第 12 期。

陈长石、刘晨晖：《中国式“金融发展悖论”与私营企业转型投资决策——基于银行资本误配置视角的解析》，《经济学动态》2015 年第 2 期。

戴觅、茅锐：《外需冲击、企业出口与内销：金融危机时期的经验证据》，《世界经济》2015 年第 1 期。

丁剑平、刘敏：《中欧双边贸易的规模效应研究：一个引力模型的扩展应用》，《世界经济》2016 年第 6 期。

董昀、郭强、李向前：《美国的非传统货币政策：文献述评》，《金融评论》2015 年第 5 期。

方意：《主板与中小板、创业板市场之间的非线性研究：“市场分割”抑或“危机传染”?》，《经济学（季刊）》2016 年第 1 期。

高蓓、张明、邹晓梅：《资产证券化与商业银行经营稳定性：影响机制、影响阶段与危机冲击》，《南开经济研究》2016 年第 4 期。

郭旭红：《新中国 GDP 增长速度发展演变研究》，《中国经济史研究》2016 年第 4 期。

何德旭、苗文龙：《国际金融市场波动溢出效应与动态相关性》，《数量经济技术经济研究》2015 年第 11 期。

贾飙、王博、文艺：《实施巴塞尔协议Ⅲ对中国宏观经济的影响分析》，《南开经济研究》2015 年第 2 期。

金雪军、徐凯翔：《金融危机、货币政策与信贷供给——基于公司层面银行信贷数据的经验研究》，《经济理论与经济管理》2016 年第 12 期。

匡可可、张明：《货币政策前瞻性指引：实施原理、主要类型、国际经验及其对中国的启示》，《金融评论》2015 年第 4 期。

赖平耀：《中国经济增长的生产率困境：扩大投资下的增长下滑》，《世界经济》2016 年第 1 期。

李岸、粟亚亚、乔海曙：《中国股票市场国际联动性研究——基于网络分析方法》，《数量经济技术经济研究》2016 年第 8 期。

李稻葵、吴舒钰、石锦建、伏霖：《后危机时代世界经济格局的板块化及其对中国的挑战》，《经济学动态》2015 年第 5 期。

梁琪、李政、郝项超：《中国股票市场国际化研究：基于信息溢出的视角》，《经济研究》2015 年第 4 期。

刘海云、聂飞：《中国制造业对外直接投资的空心化效应研究》，《中国工业经济》2015 年第 4 期。

刘明、赵彦云：《中国制造业产业结构空间关系与实证》，《经济理论与经济管理》2017 年第 3 期。

刘元春、杨丹丹：《市场失灵、金融危机与现有潜在产出测算的局限》，《经济学动态》2016 年第 8 期。

马理、娄田田：《基于零利率下限约束的宏观政策传导研究》，《经济研究》2015 年第 11 期。

梅冬州、崔小勇：《制造业比重、生产的垂直专业化与金融危机》，《经济研究》2017 年第 2 期。

梅冬州、赵晓军：《资产互持与经济周期跨国传递》，《经济研究》2015 年第 4 期。

孟庆斌、侯德帅：《我国货币危机风险的识别与预警》，《经济学动态》2016 年第 4 期。

裴小革：《经济危机相关理论的历史透视——基于马克思主义政治经济学视角的分析》，《经济学动态》2016 年第 3 期。

钱亚婷、黄少卿：《资本市场价格波动对实体经济的传染效应——基于资产负债表视角的理论文献评述》，《经济学动态》2016 年第 2 期。

宋科：《金融体系制度性顺周期机制：理论与实证分析》，《经济理论与经济管理》2015 年第 1 期。

孙飞、吴崇宇、陈福中：《中国进口商品价格传导效应及其变动趋势：进口商品 Armington 替代弹性的视角》，《中国工业经济》2017 年第 7 期。

孙晓华、李明珊：《国有企业的过度投资及其效率损失》，《中国工业经济》2016 年第 10 期。

汤铎铎、张莹：《实体经济低波动与金融去杠杆——2017 年中国宏观经济中期报告》，《经济学动态》2017 年第 8 期。

田侃、倪红福、李罗伟：《中国无形资产测算及其作用分析》，《中国工业经济》2016 年第 3 期。

万志宏：《货币政策前瞻指引：理论、政策与前景》，《世界经济》2015 年第 9 期。

王擎、田娇：《银行资本监管与系统性金融风险传递——基于 DSGE 模型的分析》，《中国社会科学》2016 年第 3 期。

温铁军、高俊、张俊娜：《中国对美“双重输出”格局及其新变化》，《经济理论与经济管理》2015 年第 7 期。

吴淑娥、仲伟周、卫剑波、黄振雷：《融资来源、现金持有与研发平滑——来自我国生物医药制造业的经验证据》，《经济学》（季刊）2016 年第 2 期。

熊爱宗：《国际货币基金组织与国际资本流动管理》，《金融评论》2016 年第 4 期。

徐飞、李强谊：《后金融危机时期我国工农业乘数效应研究》，《经济理论与经济管理》2016 年第 10 期。

颜海明、李强：《危机冲击、外部融资依赖与企业出口》，《中国经济问题》2016 年第 4 期。

杨继东、刘诚：《企业微观波动及其对宏观政策的含义——以中国上市公司为例》，《经济理论与经济管理》2015 年第 3 期。

余泳泽：《改革开放以来中国经济增长动力转换的时空特征》，《数量经济技术经济研究》2015 年第 2 期。

张靖佳、刘澜飚、王博：《金融危机、非传统货币政策与中央银行资产负债表——探究美欧两大中央银行非传统货币政策之谜》，《经济学》（季刊）2016 年第 2 期。

张玉鹏、王茜：《政策不确定性的非线性宏观经济效应及其影响机制研究》，《财贸经济》2016 年第

4 期。

钟红、李宏瑾、王达：《本币发行国际债券影响因素实证分析——对人民币国际化和货币回流机制的启示》，《金融评论》2017 年第 1 期。

周莉萍：《全球负利率政策：操作逻辑与实际影响》，《经济学动态》2017 年第 6 期。

朱太辉、张晓朴：《金融危机的人口—信贷—房价模型》，《金融评论》2015 年第 5 期。

祝梓翔、邓翔：《时变视角下中国经济波动的再审视》，《世界经济》2017 年第 7 期。

邹晓梅、张明、高蓓：《资产证券化与商业银行盈利水平：相关性、影响路径与危机冲击》，《世界经济》2015 年第 11 期。

（姚枝仲　肖立晟）

第二篇

学科综述

政治经济学

一　学科概述

政治经济学（Political Economy）有广义和狭义之分，在当代中国的学科分类目录中，政治经济学特指马克思主义政治经济学，即以一定历史阶段的社会生产方式为研究对象的经济学，即是对社会生产关系及其发展规律进行研究的学科。与自然科学相比，作为研究社会现实经济运动规律的政治经济学有其独特的研究方法。辩证唯物主义和历史唯物主义是政治经济学研究的最根本方法。马克思运用这一根本方法，分析了资本主义社会中的经济现象和经济过程及其矛盾运动，从而揭示了资本主义生产方式的本质和发展规律。建立在辩证唯物主义和历史唯物主义基础之上，由一系列功能各异、互相联系的具体方法构成政治经济学研究的特殊方法，包括矛盾分析法、质量互变分析方法、否定之否定的分析方法、抽象和具体、动态分析和静态分析相统一的方法等。除研究方法之外，政治经济学还有特殊的叙述方法，即从抽象到具体的方法，这一方法是唯物辩证法的具体运用，通过运用这一方法，政治经济学表现为一种严密的范畴体系和理论体系，从而深刻地揭示社会经济的整体联系和运动规律。

政治经济学既是经济学的基础理论学科，也是经济学学科建设的基础。自法国人蒙克莱田于 1615 年提出“政治经济学”这个概念以来，政治经济学逐步发展成为一门学科，在资本主义产生初期即商业资本主义时代，最先出现的是重商主义政治经济学。后来，随着产业资本的逐步发展，为了破除封建特权对于产业资本发展的限制和束缚，出现了以亚当·斯密、大卫·李嘉图等为主要代表的古典政治经济学。当西欧资本主义发展到 19 世纪 30 年代的时候，由于经济危机的爆发和贫富两极分化，资本主义生产方式的内在矛盾暴露无遗。于是，出现了以李嘉图的劳动价值理论为武器的空想社会主义和空想共产主义运动。当时的资产阶级及其理论家围绕李嘉图的劳动价值理论展开了大论战。由于李嘉图的劳动价值理论本身存在的缺陷，这场争论的结果是，李嘉图的劳动价值理论被庸俗化、被抛弃了。在资产阶级古典政治经济学破产的基础上，在英、法、德等国家兴起的工人阶级武装斗争的客观形势基础上，产生了马克思主义。马克思批判地继承了德国的古典哲学，创立了唯物辩证法和唯物史观的新哲学，并在此基础上，通过批判地继承英国和法国的资产阶级古典政治经济学，创立了以剩余价值理论为核心的政治经济学理论，即无产阶级政治经济学。

从 1956 年社会主义改造完成以后，中国共产党一直在艰苦探索社会主义的建设道路，并取得了巨大的成就。但是，由于社会主义建设是一个前无古人的全新事业，所以，我们在很长一段时间不仅更多地借鉴了苏联的社会主义建设经验，而且在理论上也深受马克思关于社会主义和共产主义设想的影响，形成了一大二公的高度集中的计划经济体制。实践表明，这样的一种经济制度和体制并不能最大限度地发展生产力和提高人民物质生活水平，必须进行改革。与原苏联和东欧社会主义国家不同，中国选择的是渐进式改革，而且坚持以马克思列宁主义为指导，坚持社会主义的基本原则和方向，创造性地形成了中国特色社会主义理论。40 年来的改革开放，使中国经济获得了持续的高速增长，并一跃而成为世界第二大经济体，可以说创造了人类经济发展的奇迹。在改革开放和发展过程中，我们党不仅积累了丰富的实践经验，而且也积累了丰富的政治经济学理论。邓小平理论、“三个代表”重要思想、科学发展观、习近平新时代中国特色社会主义思想，正是当代中国马克思主义理论的一个个具体成果。在这些理论成果中，马克思主义政治经济学理论发挥着核心作用。

二 学科发展与演进

改革开放后，中国特色社会主义经济的发展为政治经济学提供了丰富的实践内容，也为马克思主义政治经济学与中国实践相结合、开拓马克思主义政治经济学新境界提供了有利条件。与此同时，20 世纪 80 年代后，西方资本主义社会在信息技术革命的推动下，进入新的发展阶段，为政治经济学研究当代资本主义社会提供了新的素材和内容。尽管改革开放后政治经济学逐渐摆脱了“苏联范式”和教条主义的束缚，但是，20 世纪 90 年代后，由于中国选择了建设社会主义市场经济的改革目标和进一步扩大对外开放的政策，中国开始大量引进西方经济学，西方经济学本身所固有的意识形态性使得以美国为代表的发达国家有意识地对中国大量输出他们的经济学，同时中国的实践已经在事实上超越了经典马克思主义关于社会主义的设想等多种原因，政治经济学遭到了一定程度的冷落，政治经济学无论是研究还是教学都发展缓慢。

十八大以来，政治经济学的学科发展迎来新的转机。习近平总书记和党中央高度重视政治经济学研究，多次强调政治经济学的重要性，并提出建设和发展中国特色社会主义政治经济学。我国的改革开放已经积累了丰富的实践经验和理论认识，在总结国内外社会主义实践经验和教训的基础上，我党第二代领导邓小平同志开辟了建设中国特色社会主义的全新发展道路，在这个过程中，我党形成并不断完善了关于中国特色社会主义的许多政治经济学重要理论观点，并有力地推进了中国特色社会主义经济实践的发展。中国特色社会主义、当代资本主义成为中国政治经济学的主要研究内容，政治经济学在研究对象、研究范围、研究方法等领域也取得了新的进展。

第一，在研究对象上，中国政治经济学突破了计划经济时代的传统政治经济学范式，突破了关于政治经济学研究对象的传统理解，进一步扩展了政治经济学的研究范围和内容。例如，在政治经济学教材建设上，推出了具有一定新意的版本，如程恩富教授主编的《现代政治经济学》、张宇主编的《中国特色社会主义政治经济学》等。

第二，在研究范围上，不再仅仅是对马克思主义经典作家的文本解读，并试图通过引用其他理论来补充马克思主义的理论，例如，将演化经济学、新制度经济学与马克思经济学进行一定程度的融合。

第三，在研究方法上，除坚持历史唯物主义和辩证唯物主义的研究方法外，还运用数理模型、计量经济学分析和统计分析等数学工具，将政治经济学数理化和现代化。

但是，从学理和学术的角度来说，仍然需要“把实践经验上升为系统化的经济学说”，这正是中国政治经济学发展和努力的方向。

三　学科基础理论和前沿问题研究

基本理论研究是政治经济学的基础，也是中国特色社会主义政治经济学创新和发展的源泉。2014—2017 年，在基本理论研究方面较为突出的是劳动价值论、一般利润率下降理论、地租理论、资本积累理论四个方面。

（一）关于劳动价值论的研究

劳动价值论是马克思主义政治经济学的基石，也是政治经济学基础理论研究的重点。2014—2017 年，针对劳动价值理论的研究进展主要集中于劳动价值论的基本理论问题探讨以及数理建模等方面。

在劳动价值论的基本理论探讨方面，胡若痴、卫兴华通过比较不同的价值理论，表明马克思的劳动价值论是科学的，劳动价值论是经历不断拓展和具体化的过程，必须从系统性和整体性把握其真谛，并对学界存在的部分争议问题，如超额价值和超额剩余价值的来源是什么，资本家的管理劳动是否创造价值，两种含义的社会必要劳动时间与价值的关系等给予回答。[①] 孟捷批判地考察了剩余价值论的十大假设，对劳动力价值和工资范畴作了重新定义，并从社会总资本再生产的角度，讨论了投资对于剩余价值率的影响，提出决定剩余价值率的阶级斗争理论和决定剩余价值率的投资理论具有互补性。[②] 丁堡骏、于馨佳对何祚庥《必须将“科技 × 劳动”创造使用价值的思想引入新劳动价值论的探索和研究》一文提出两点质疑，一是能否在使用价值量和交换价值量之间数量关系上寻找固定不变的函数关系或相等关系？二是边际效用价值论和马克思劳动价值论能够调和吗？认为“科技 × 劳动”共同创造价值的新劳动价值论不仅不是对马克思的劳动价值论的丰富和发展，相反它背离和庸俗化了马克思科学的劳动价值论。[③] 冯金华认为，可以直接用来解释不同产品之间交换的不是第一种含义的社会必要劳动时间或形成价值量，而是同时包括两种含义的社会必要劳动时间或实现价值量。两种含义的社会必要劳动时间之间，以及形成价值量和实现价值量之间存在密切的关系。[④] 刘磊梳理了国内学界就劳动生产率与价值量关系的争论的演变历程，以及争论各阶段的主要分歧。他认为，早期的争论集中于同一时期不同主体间生产率与价值量的共时性关系；随后争论逐渐转向同一主体在不同时期中生产率与价值量的历时性关系。早期争论的主要分歧在于个别价值与社会价值的逻辑先在性；在争论发生转向之后，分歧主要表现在成正比和成反比的关系是什么以及如何以劳动价值论为基础认识社会经济增长。[⑤]

---

① 胡若痴、卫兴华：《从马克思的分析方法把握劳动价值论的拓展性和科学性——兼对某些相关争论问题的辨析》，《学术月刊》2014 年第 10 期。

② 孟捷：《劳动力价值再定义与剩余价值论的重构》，《政治经济学评论》2015 年第 4 期。

③ 丁堡骏、于馨佳：《究竟是发展，还是背离和庸俗化了马克思科学的劳动价值论？——评何祚庥对马克思劳动价值论的“发展”》，《政治经济学评论》2014 年第 2 期。

④ 冯金华：《价值的形成和实现：一个新的解释》，《学习与探索》2015 年第 5 期。

⑤ 刘磊：《生产率与价值量关系的争论：演变与分歧》，《中国人民大学学报》2016 年第 11 期。

在劳动价值论的数理建模方面，王朝科、郭凤芝试图通过运用数学方法，将商品价值形成过程中包含的各种因素，如劳动生产力、劳动的复杂程度、两种社会必要劳动时间纳入统一的价值函数中。① 孟捷、冯金华就复杂劳动还原构建一个数理模型，并试图发展一个简单的办法以解决在经验中如何识别相关部门是否存在复杂劳动还原问题。② 尹敬东、周邵东构建了一套以劳动价值论为基础的资源配置理论的基本框架，得出凝结在商品中的社会必要劳动时间由资源配置的过程决定，商品价值的形成不能独立于资源配置过程的结论。③ 劳动力价值论的数理建模方面一个重要的运用是价值转形问题。余斌在总结马克思关于二次价值转形计算要点的基础上，构建了自己的动态价值转形过程。④ 荣兆梓等梳理了包括成本价格转形的广义转形理论百年探索的得失，重新定义了符合马克思主义经济学内在逻辑的两个不变性公式，并给出了新的转形理论线性方程组。⑤ 严金强等在构建基于资本流动和"第三个不变性方程"的动态价值转形模型基础上，运用计算机软件 matlab 对平均利润率和生产价格的动态形成过程进行仿真模拟演示，以展示价值转形的动态转化机制，验证"等量活劳动创造等量价值"的转形命题，论证动态转形模型的合逻辑性和可操作性。⑥

（二）关于一般利润率下降理论的研究

有机构成提高导致一般利润率趋于下降的理论一直是马克思主义经济学理论研究的热点问题，尤其是在"置盐定理"发表之后，争论的焦点在于一般利润率下降趋势能否成立。2014—2017 年，关于一般利润率下降理论的研究热点聚焦于置盐定理与马克思一般利润下降理论的比较、一般利润率的估算等问题。

对于置盐定理和马克思利润率下降理论的关系，骆桢认为，马克思利润率下降理论描述的是生产力发展受阻时的技术变动，置盐定理则描述的是生产力发展时的技术变动，两者互补。但马克思的利润率下降理论中所描述的技术变动源于资本主义内在矛盾，所展示的是资本主义内生性趋势。⑦ 同样李帮喜等人阐述了置盐定理与马克思的利润率趋向下降规律之间的区别与联系。他们认为，二者在对经济变量的定义、经济概念的解释，以及研究对象等多个维度均有较大的区别，二者从本质上讨论的是不同抽象层次的问题，因此置盐的模型既非支持也非否定马克思的利润率下降规律，二者其实并无本质矛盾。但在考证对置盐定理本身的批评与理论扩展的基础上，置盐定理相关结论的数学稳定性以及经济预

① 王朝科、郭凤芝：《基于劳动价值论的价值函数研究》，《当代经济研究》2016 年第 12 期。

② 孟捷、冯金华：《复杂劳动还原与产品的价值决定：理论和数理的分析》，《经济研究》2017 年第 2 期。

③ 尹敬东、周绍东：《基于劳动价值论的资源配置理论研究》，《经济学动态》2015 年第 5 期。

④ 余斌：《论二次价值转形》，《当代经济研究》2016 年第 3 期。

⑤ 荣兆梓、李帮喜、陈旸：《马克思主义广义转形理论及模型新探》，《马克思主义研究》2016 年第 2 期。

⑥ 严金强、马艳、蔡民强：《动态价值转形理论：模型与模拟演示》，《世界经济》2016 年第 12 期。

⑦ 骆桢：《论置盐定理与马克思利润率下降理论的区别与互补》，《财经科学》2017 年第 11 期。

测能力在面对各种复杂的现实经济条件时会受到极大影响。[①] 孟捷、冯金华在批判置盐定理的同时，从资本积累的基本矛盾以及由此产生的再生产失衡的立场出发，构建了一个新的解释平均利润率变动的模型。[②]

对于一般利润率在经验上的估算问题，谢富胜、郑琛认为利润率估算产生分歧的原因在于利润率的定义和估值方法不同。这主要体现在三个方面：如何界定生产性部门，是采用价格范畴还是价值范畴？如何定义并估算利润？如何定义资本，对资本采用什么方法估算？他们认为，依据马克思的文本，从经验上看并不存在一种“唯一正确”的利润率定义；在经验研究时，应依照不同的研究目的来选择不同的估算方法。[③] 他们还在借鉴谢克等人建立的国民经济核算的政治经济学框架基础上，结合中国实际估算了 1994—2011 年的一般利润率。研究发现，1994—2011 年间中国经济一般利润率存在不断下降的趋势，进一步的分析表明，尽管剩余价值率和资本有机构成都具有上升趋势，但资本有机构成的上升趋势超过了剩余价值率的上升趋势是利润率下降的主要原因。资本有机构成的上升趋势直接源于中国经济重化工业占比的不断提高。[④] 徐春华从两大部类的视角估算了 1995—2009 年 38 个国家的一般利润率，进而考察一般利润率的国别差异、下降规律及其影响因素。研究发现：各国经济体中两大部类的利润率都存在不同程度的差异，并且第Ⅱ部类中的利润率在整体上高于第Ⅰ部类。从总体均值层面看，生产资料部类优先增长的趋势会导致其中的利润率水平下降比消费资料部门更为明显和稳健。一般利润率下降规律在所有样本国家整体均值层面显著存在。他的检验结果表明，考虑空间关联后，资本有机构成和剩余价值率对一般利润率的影响具有显著的二重性。[⑤]

（三）关于地租理论的研究

地租理论在马克思主义政治经济学的理论体系中占据重要的地位，2014—2017 年，学界在地租理论上的讨论主要集中在地租理论的当代发展、演变和现实应用上。

在地租理论的当代发展和演变方面，裴宏探讨了马克思的绝对地租理论，他认为在当代资本主义中，资产市场的发展和土地的资产化导致绝对地租以新的“金融租金”形式表现出来。在质上，绝对地租仍然是土地所有者对社会总剩余价值的一种再分配和占有；在量上，绝对地租不再表现为超额利润形式，而是表现为一般性的金融资本收益形式。[⑥] 杨继瑞、彭国川、黄潇认为，在工业化和城市化进程中，农业资本有机构成的不断变化不会引致绝对地租的消失，仅仅是使绝对地租的来源实体发生了变化，农业生产和非农业生

---

① 李帮喜等：《置盐定理与利润率趋向下降规律：数理结构、争论与反思》，《清华大学学报》（哲学社会科学版）2016 年第 4 期。

② 孟捷、冯金华：《非均衡与平均利润率的变化：一个马克思主义分析框架》，《世界经济》2016 年第 6 期。

③ 谢富胜、郑琛：《如何从经验上估算利润率？》，《当代经济研究》2016 年第 4 期。

④ 谢富胜、李直：《中国经济中的一般利润率：1994—2011》，《财经理论研究》2016 年第 3 期。

⑤ 徐春华：《危机后一般利润率下降规律的表现、国别差异和影响因素》，《世界经济》2016 年第 5 期。

⑥ 裴宏：《马克思的绝对地租理论及其在当代的发展形式》，《经济学家》2015 年第 7 期。

产都要缴纳绝对地租。[①] 谢富胜、汪家腾翻译了约翰内斯·耶格的《城市地租理论：调节学派的视角》一文，该文从调节学派的视角重新表述了地租理论，强调制度环境对理解地租和对城市的影响具有重要意义。[②] 孟捷、龚剑介绍了大卫·哈维"阶级—垄断地租"对马克思地租理论的发展，大卫·哈维认为当地租理论的研究对象转移到当代资本主义城市地租时，与马克思的地租理论出现了区别：它不再局限于农业部门，而是扩展到了都市内的房地产部门；阶级关系变成了以金融资本为顶端的等级结构；地租的直接源泉不再是由直接生产过程产生出来的剩余价值，而是包括利润和工资在内的各种形式的收入。[③]

在地租理论的现实应用方面，王智强利用马克思的级差地租理论解释我国房地产企业的高额利润，第一，对于广大购房者而言，住房是必需品，其需求价格弹性缺乏，对于缺乏需求弹性的商品，提高价格能够增加超额利润，这是房地产企业推高房价的充分条件。第二，房地产企业从政府手中获取的土地租约期比较长，在这种情况下，建筑用地的所有权由政府所有变为建筑用地的长期使用权由房地产企业垄断，进而导致住房的供给由房地产企业垄断，这是房地产企业推高房价的必要条件。因此，应采取增加保障性住房、完善土地增值税、国家控股更多的房地产企业等措施管控房地产企业。[④] 李海海认为，未来的人口城镇化应以马克思主义地租分配理论为指导，在公共财政基础上推进房地产税制改革。[⑤]

（四）关于资本积累问题研究

资本积累是政治经济学理论体系中的重要组成部分。2014—2017 年，关于资本积累的研究主要围绕社会再生产的实现机制、资本积累的金融化趋势等问题展开。

就社会再生产的实现机制，陶为群基于经典的马克思社会再生产公式，建立依据列宁对生产资料分类的社会再生产公式，提出一般求解方法及其条件。通过阐述生产资料优先增长命题下的增长机理，揭示"制造生产资料的生产资料生产"对于社会扩大再生产和经济增长具有引领和主导作用。[⑥] 郑志国将现代国民经济分为三大部类构成：生产资料及其生产部门为第一部类，消费资料及其生产部门为第二部类，非物质资料及其生产部门为第三部类。并运用中国、美国、英国、法国等国家的统计资料对三大部类结构演化态势进行分析，结果显示：第一部类比重在工业化前期和中期逐步上升，在工业化后期和后工业化时期逐步下降；第二部类比重自近代以来随国民经济发展而逐步下降；第三部类比重随

---

① 杨继瑞、彭国川、黄潇：《绝对地租的价值构成实体及其演变的探析》，《马克思主义与现实》2014 年第 3 期。

② ［奥地利］约翰内斯·耶格：《城市地租理论：调节学派的视角》，谢富胜、汪家腾译，《当代经济研究》2017 年第 2 期。

③ 孟捷、龚剑：《金融资本与"阶级—垄断地租"——哈维对资本主义都市化的制度分析》，《中国社会科学》2014 年第 8 期。

④ 王智强：《垄断价格、剩余价值转移与"虚假的社会价值"》，《马克思主义与现实》2017 年第 4 期。

⑤ 李海海：《级差地租分配、公共服务供给与人口城镇化研究》，《马克思主义研究》2015 年第 1 期。

⑥ 陶为群：《生产资料优先增长命题下的增长机理与条件——依照列宁对生产资料分类的社会再生产公式》，《当代经济研究》2017 年第 10 期。

国民经济发展而逐步上升，最终超过第一、第二部类比重之和；三大部类比重在工业化进程中逐步收敛，到工业化中后期趋近和交会，然后出现发散。他认为，这种规律性对中国经济结构调整具有重要启示：坚持三大部类协调均衡发展；加快第一部类转型升级，促进生产资料更新换代；按照消费需求变化调整和优化第二部类内部结构；稳步发展第三部类。[①] 何干强认为，无论是社会简单再生产，还是扩大再生产，都是结合货币流回规律进行的。社会再生产的实现，要求社会总产品的产品价值构成，必须形成两大部类之间的一定组合比例关系；全社会用于固定资本实物更新的货币量和体现折旧基金的商品量必须平衡，以及相应的固定资本与流动资本之间必须平衡；两大部类在扩大再生产中为追加不变资本和追加可变资本所进行的货币积累和实际积累，也必须平衡；而货币流回规律则是社会再生产的实现在流通领域的表现。[②]

就资本积累的金融化趋势，马锦生从家庭收入的资本化、非金融企业的过渡资本化、金融功能的异化和资本积累的全球化四个方面分析了利润来源渠道的变化即金融化的实现机制，揭示了资本积累的金融化所导致的债务经济运行机制不具有可持续性，从而导致了金融危机和债务危机的爆发。[③] 吴茜剖析了新自由主义资本积累方式的三大表现形式：资本积累金融化，国际金融垄断资本借助债务危机和“金融恐怖主义战争”，大规模转移发展中国家的民族财富；运用美元霸权的货币垄断，形成所有国家用本国的真实物质财富向美国纳贡的“金融货币帝国主义”；在全球推行私有化浪潮，以利于国际金融垄断资本侵吞和占有发展中国家的公共资源和国有资产权。她认为，美国利用金融领域的市场经济机制，通过经济霸权达到实现政治、军事霸权目的，最终成为“超级金融垄断帝国主义”。由于新自由主义资本积累方式存在着种种弊端，因此新帝国主义具有不可持续性。[④] 陈享光认为，金融化是与货币化、货币资本化和资本虚拟化相联系的一种经济现象，伴随金融化的发展，人们日益以货币或货币资本和虚拟资本的形式进行资本和收入的占有与积累。与金融化发展相适应，产业资本主导的积累模式逐渐为金融资本主导的积累模式所取代，这对宏观经济造成多方面的影响，特别是过度金融化导致的金融资本的过度积累，不仅造成积累过程的断层和矛盾的累积，而且造成发展的陷阱，作为发展中国家，中国要警惕金融化和金融资本积累造成的陷阱。[⑤]

四　学科重大现实问题研究

当前世界经济格局正在经历深刻的变化与调整，我国的经济改革也进入新的发展阶段。如何学好用好政治经济学，立足于中国实践，解答中国问题，是新时期对政治经济学发展提出的新要求。2014 年以来，政治经济学的学习和研究越来越受重视，并取得了许

---

① 郑志国：《国民经济三大部类结构演化规律——马克思的社会再生产理论继承与创新》，《马克思主义研究》2017 年第 2 期。

② 何干强：《货币流回规律和社会再生产的实现——马克思社会总资本的再生产和流通理论再研究》，《中国社会科学》2017 年第 11 期。

③ 马锦生：《美国资本积累金融化实现机制及发展趋势》，《政治经济学评论》2014 年第 4 期。

④ 吴茜：《新自由主义资本积累方式与金融垄断帝国主义》，《国外社会科学》2016 年第 5 期。

⑤ 陈享光：《金融化与现代金融资本的积累》，《当代经济研究》2016 年第 1 期。

多新的进展和重要成果。

（一）关于中国特色社会主义政治经济学研究

2014 年 7 月以来，习近平总书记的多次重要讲话先后提出了“学好用好政治经济学”“不断开拓当代马克思主义政治经济学新境界”“坚持中国特色社会主义政治经济学的重大原则”，在这一系列讲话中，明确提出中国特色社会主义政治经济学这一范畴，这是对当代马克思主义政治经济学的重大创新。学界围绕中国特色社会主义政治经济学的理论渊源、研究方法及体系构建等命题展开了深度研究。

就中国特色社会主义政治经济学的理论渊源，黄泰岩提炼和总结了三个重要来源：一是用中国改革发展的成功经验证明马克思主义政治经济学基本原理和方法论的科学性、正确性，以及在当代中国仍具有的强大生命力；二是用中国改革发展的成功经验检验西方经济学；三是从中国改革发展的成功经验中总结和提炼新概念、新范畴、新规律、新理论。[①] 逄锦聚指出，发展中国特色社会主义政治经济学，要牢牢立足于当代中国的国情和伟大实践，充分吸收和弘扬中华民族几千年的优秀传统文化，这是中国特色社会主义政治经济学的“根”，必须旗帜鲜明地坚持以马克思主义为指导，这是中国特色社会主义政治经济学的“魂”。发展中国特色社会主义政治经济学，就是要把“根”和“魂”统一起来，为世界贡献中国智慧。[②] 杨承训认为，中国特色社会主义政治经济学不是突然产生的，作为当代马克思主义政治经济学的形成和发展，它有自身的必然性，有深厚的理论溯源和特殊的历史背景。根本源头是马克思主义政治经济学，直接来源是对毛泽东思想的继承和发展，同时要吸收苏联的经验教训。[③] 尽管学界对中国特色社会主义政治经济学理论渊源的概括和论述并不统一，但基本共识是马克思主义政治经济学是建设中国特色社会主义政治经济学的根本指导原则。

中国特色社会主义政治经济学不仅包含一系列重大理论思想，也需要科学的研究方法。林岗认为学习和研究马克思主义政治经济学，归根结底是要学习马克思的方法论原则。这个方法论原则包括：用生产关系必然与生产力发展相适应来解释社会经济制度变迁，将生产资料所有制作为分析整个生产关系体系的基础，依据与生产力发展的一定历史阶段相适应的经济关系来理解政治和法律的制度以及道德规范，在历史形成的社会经济结构的整体制约中分析人的经济行为。[④] 何自力认为，构建中国马克思主义政治经济学要坚持逻辑过程与历史进程相统一的科学分析方法，建立在非历史性的抽象假设和脱离实际的逻辑演绎基础上的经济学命题是空洞和无意义的。[⑤]

坚持和发展当代马克思主义政治经济学，重中之重是对中国特色社会主义政治经济学理论体系的构建。张宇等在《中国特色社会主义政治经济学：制度、运行、发展、开放》一书中对中国特色社会主义政治经济学理论体系构建了新的设想，即中国特色社会主义经

---

① 黄泰岩：《构建当代中国马克思主义政治经济学》，《政治经济学评论》2016 年第 1 期。

② 逄锦聚：《把握“根”与“魂”开拓新境界》，《中国社会科学》2016 年第 11 期。

③ 杨承训：《中国特色社会主义政治经济学的理论溯源和生成背景》，《毛泽东邓小平理论研究》2016 年第 2 期。

④ 林岗：《坚持马克思主义的根本是坚持马克思的方法论原则》，《经济研究》2016 年第 3 期。

⑤ 何自力：《坚持马克思主义政治经济学的指导地位》，《政治经济学评论》2016 年第 1 期。

济制度、中国特色社会主义经济运行、中国特色社会主义经济发展和中国特色社会主义对外开放四位一体的体系结构。其中中国特色社会主义经济制度是中国特色社会主义经济的制度前提，中国特色社会主义经济运行是中国特色社会主义经济制度在经济活动中的实现，中国特色社会主义经济发展是中国特色社会主义经济运行、长期积累的结果，中国特色社会主义对外开放体现了中国特色社会主义经济制度在推动和促进世界经济发展中的作用。[①] 洪银兴认为，中国特色社会主义经济建设在经济制度、经济运行和经济发展等领域取得了一系列理论创新，将这些成功实践和创新理论系统化就构成中国特色社会主义政治经济学的理论体系。[②]

（二）关于国有企业改革发展问题研究

国有企业改革处于经济改革的核心地位，一直以来是政治经济学关注的重大问题。党的十八届三中全会审议通过了《中共中央关于全面深化改革若干重大问题的决定》，《决定》中指出，国有资本、集体资本、非公有资本等交叉持股、相互融合的混合所有制经济，是基本经济制度的重要实现形式，有利于国有资本放大功能、保值增值、提高竞争力，有利于各种所有制资本取长补短、相互促进、共同发展。2015 年 8 月，中共中央、国务院发布了《关于深化国有企业改革的指导意见》，对继续推进国有企业改革，坚定不移做强做优做大国有企业提出了新要求和新思路。学界围绕混合所有制经济、国有企业的改革思路等方面展开研究。

混合所有制经济是我国基本经济制度的重要实现形式，对于如何正确理解混合所有制经济，卫兴华、何召鹏指出，要将西方经济学的混合经济与我国的混合所有制经济区分开来，我国提出的混合所有制经济，专指不同所有制经济特别是公有制与私有制在生产与流通等经营过程内部的混合，其目的是服从于发展社会主义的总的战略目的。不能以私害公，走全盘私有化的邪路，不能提供一个让私有制侵蚀和排斥公有制、取代公有制的平台。[③] 高明华等认为在经济社会发展的新时期，混合所有制经济发展还有许多关键问题尚待解决。并不是所有类型和所有行业的国有企业都适合发展成为混合所有制企业，以金融、电信为代表的竞争性领域应当完全放开发展混合所有制经济，以石油、稀土为代表的稀缺资源领域应该进行必要的限制，以铁路和电力为代表的规模经济行业应区分产业链上不同环节，有选择地发展混合所有制经济，而公益性领域则不适合发展混合所有制经济。[④]

国有企业效率问题一直是关注的焦点问题，学界从理论和实证角度对国有企业效率低下的观点提出批评。杨春学、杨新铭指出，国有企业的效率不完全体现在内部效率上，还包括整体配置效率，而后一种效率是很难衡量的。此外，国有企业具有多重目标，其存在

---

① 张宇、谢地等：《中国特色社会主义政治经济学：制度、运行、发展、开放》，高等教育出版社 2017 年版，第Ⅳ—Ⅴ页。

② 洪银兴：《以创新的理论构建中国特色社会主义政治经济学的理论体系》，《经济研究》2016 年第 4 期。

③ 卫兴华、何召鹏：《从理论和实践的结合上弄清和搞好混合所有制经济》，《经济理论与经济管理》2015 年第 1 期。

④ 高明华等：《关于发展混合所有制经济的若干问题》，《政治经济学评论》2014 年第 4 期。

不仅仅是出于微观效率的考虑，因此，不能以国有企业微观上的"非效率"，而忽视其在经济赶超、技术扩散、弥补市场失灵等方面的宏观效率，更不能以国有企业微观上的"非效率"去苛责国有企业，并要求其与非国有企业，特别是私有企业用同样的标准来评价国有企业经营状况。[①] 齐昊、张晨认为，国有企业财务效率和技术效率均高于私有企业，而且能够更好地执行法定的劳动制度，更快地进行技术创新。国有企业对整个经济起到了稳定器和推动器的作用，极大地推动了国家经济增长。[②] 已有研究表明，国有企业的效率不仅仅指微观效率，如何进一步认识国有企业的社会效益可能是未来研究的一个重要方面。

国有企业是公有制经济的重要组成部分和实现形式，对于如何做优做大做强国有企业，保持国有经济的主导地位，宋方敏指出，当前我们要系统解决影响国企发展的深层次矛盾，还需在实践中进一步完善所有制结构理论，解决在宏观层面分清主辅、公平对待、确保国有经济地位和作用的问题；完善国有经济产权制度理论，解决全民所有权的实现形式与真正的所有者对接的问题；完善中国特色现代企业制度理论，解决国企法人治理结构既适应市场运行，又能发挥社会主义优势的问题。[③] 谢鲁江认为，我国基本经济制度与基本经济体制的制度规定性决定了国企改革的根本方向是公有制经济的市场化运行，也决定了国有企业改革基本方向的长期稳定性。按照公有制与市场经济相结合这一基本制度要求，坚持国有企业改革的目标模式，深化国有企业运行模式的改革，是国有企业改革所需要把握的基本制度安排导向。[④]

（三）关于供给侧结构性改革问题研究

2015 年 11 月 10 日，习近平总书记在中央财经领导小组第十一次会议上首次提出了"供给侧结构性改革"，指出"在适度扩大总需求的同时，着力加强供给侧结构性改革，着力提高供给体系质量和效益，增强经济持续增长动力，推动我国社会生产力水平实现整体跃升"。2016 年 1 月 18 日，习近平总书记在省部级主要领导干部学习贯彻十八届五中全会精神专题研讨班开班式上，首先指明了供给侧结构性改革的重点："供给侧结构性改革，重点是解放和发展社会生产力，用改革的办法推进结构调整，减少无效和低端供给，扩大有效和中高端供给，增强供给结构对需求变化的适应性和灵活性，提高全要素生产率。"2017 年 1 月 22 日，习近平总书记在主持中共中央政治局第三十八次集体学习时强调，把改善供给侧结构作为主攻方向，推动经济朝着更高质量方向发展，并明确指出："综合分析，当前制约我国经济发展的因素，有周期性、总量性的，但主要是结构性的。结构性问题，供给和需求两侧都有，但矛盾的主要方面在供给侧。推进供给侧结构性改革，要处理好几个重大关系。"这一系列新的表述范畴引起学界的广泛关注，学者们就供给侧结构性改革的理论渊源、意义以及政策导向展开研究。

就供给侧结构性改革的理论渊源，邱海平认为，在我国当前供给侧结构性改革中，必须坚决反对新自由主义的理解和思路，必须坚持以马克思主义政治经济学为指导，坚持中

① 杨春学、杨新铭：《关于"国进民退"的思考》，《经济纵横》2015 年第 10 期。

② 齐昊、张晨：《国有企业是拖累还是促进了经济增长》，《经济学导刊》2015 年第 5 期。

③ 宋方敏：《论对社会主义国有经济理论的坚守和创新》，《马克思主义研究》2016 年第 6 期。

④ 谢鲁江：《从制度规定性看国企改革的本质与方向》，《人民论坛・学术前沿》2016 年第 1 期。

国特色社会主义的基本原则。只有这样才能找到解决问题的正确方向。① 谢地、郁秋艳认为，供给侧结构性改革不应该也不可能简单照抄供给学派的理论及政策主张，而应该从中国特色社会主义的实际出发，充分汲取马克思主义政治经济学的理论滋养，在充分认知我国经济供给侧的主要矛盾的基础上，以马克思主义政治经济学指导供给侧结构性改革，化解广泛存在的供给侧结构性矛盾。②

供给侧结构性改革的提出不是心血来潮、突发奇想的，而是党中央在深入分析国际经济新形势和深刻揭示我国经济发展的阶段性特征的基础上，对我国未来经济发展新走向作出的重大战略部署。刘伟认为新常态下经济失衡的双重风险并存的特征，根本动因在于一系列结构性矛盾。缓解和克服这一系列结构性矛盾，依靠需求侧调控和管理是难以奏效的，需求侧的管理影响的是需求总量，或者扩张，或者抑制，难以深入结构。而供给侧结构性改革的调控目的、着眼点和政策作用，恰恰是通过影响生产者和劳动者，提高其效率和积极性，使得竞争力和劳动生产率不断提升，在效率提升的基础上推动产业结构升级。因此，供给侧结构性改革对于新常态下从根本上克服失衡，推动结构升级以缓解结构性矛盾具有极为重要的意义。③ 韩东认为，供给侧改革的提出是完善社会主义市场经济体制的重大举措，是转变经济增长方式，实现产业升级和结构调整的主要途径。要顺利实现供给侧改革必须坚持马克思主义政治经济学的指导作用，改变社会生产的唯利润导向，避免新自由主义对改革的干扰，要正确处理好生产与消费、政府与市场、公有资本与非公有资本、金融与产业的关系，为顺利实现化解过剩产能、调整经济结构、转变经济发展方式创造良好条件。④

对于怎样推进供给侧结构性改革，洪银兴指出，对供给侧改革要处理好两个关系：一是供给侧改革目标和当前所要推进的去产能、去库存、去杠杆、降成本和补短板的任务。这些任务要在改革和发展中实现，而不能归结为供给侧结构性改革的目标；二是供给侧改革和需求管理相互依存，供给侧的去产能、去库存离不开需求侧的作用。供给侧的补短板、去杠杆和降成本需要需求侧的市场导向和市场机制的完善。⑤ 丁任重、李标指出，供给侧结构性改革的关键与核心是优化经济结构。要加快推进供给侧结构性改革，应树立正确的宏观调控思路，需求与供给两侧同时发力；做好加减乘除法，优化经济结构；正视投资与转型的关系，增投资与调结构并举；多角度推进科技创新，全力培育供给新优势；以多元化改革为抓手，优化供给端的制度环境。⑥ 邱海平指出，供给侧结构性改革应坚持生产力与生产关系辩证统一的原理；应坚持社会主义方向，不能迷信资本主义市场经济，在解决供给侧结构性改革中，需要全面深化经济体制改革；既要强调供给又要关注需要，既

---

① 邱海平：《供给侧结构性改革解读——马克思主义政治经济学的视角》，《社会科学文摘》2016年第4期。

② 谢地、郁秋艳：《用马克思主义政治经济学指导供给侧结构性改革》，《马克思主义与现实》2016年第1期。

③ 刘伟：《经济新常态与供给侧结构性改革》，《管理世界》2016年第7期。

④ 韩东：《坚持用马克思主义政治经济学指导供给侧改革》，《政治经济学评论》2016年第6期。

⑤ 洪银兴：《准确认识供给侧结构性改革的目标和任务》，《中国工业经济》2016年第6期。

⑥ 丁任重、李标：《供给侧结构性改革的马克思主义政治经济学分析》，《中国经济问题》2017年第1期。

要着眼于当前又要立足长远。①

（四）关于农村土地改革问题研究

农业农村农民问题是关系国计民生的根本性问题，其中农村土地改革问题是农业与农村发展的核心问题，也关系到如何进一步推进城乡一体化发展问题。学界围绕农村土地制度的改革方向、农村土地改革与新型城镇化的关系、如何实施乡村振兴战略等方面进行了广泛研究。

就农村土地制度的改革方向，学者们提出了两种截然不同的观点，有的学者认为应该坚持和完善现有的农村土地集体所有制，还有学者主张农村土地的完全私有化。对于后一种观点，蒋南平、田媛认为，农村土地制度改革既不能使农村土地私有化，又不能完全国有化，而通过保护集体土地产权，从而保护集体经济是十分必要的。通过保护集体土地产权，逐步壮大集体经济，特别是要通过农村基层政权建设、基层民主与法制建设，保证集体土地产权的实现，逐步实现农民共同富裕。② 侯为民认为，土地公有制基础上的农业合作经济能够更好地维护土地承包经营权和农民利益，进一步提高农业劳动生产率。坚持土地的集体所有制，以发展壮大集体经济为导向，在规范和完善土地流转制度前提下加快构建新型农业经营体系，是我国农村合作经济发展的理性选择。③

对于如何进一步推进新农村建设，使之与新型城镇化协调发展，高宏伟、张艺术认为，马克思的“城乡关系”理论是城镇化的重要思想来源，新型城镇化的本质既不是土地城镇化，也不是人口城镇化，而是人的城镇化，即通过重新建立城乡分工秩序，实现人的现代性的全面自由发展。④ 徐丽杰认为，我国目前生产力发展水平仍然不高，城乡融合仍面临一系列深层次矛盾和问题。要以马克思城乡关系理论为指导，在中国经济新常态下推动城乡一体化发展要以“一带一路”引领开放型区域城乡一体化发展新格局；推进城乡产业深度融合，实现城乡产业一体化；以人为本，实现城乡人民共享改革红利新常态；统筹城乡资源配置，实现城乡公共服务的均等化；提升城镇化质量，实现人与自然的和谐统一。⑤

就如何贯彻实施乡村振兴战略，贺雪峰认为，当前存在四种差异极大的乡村建设：一是为农民在农村生产生活保底的乡村建设；二是由地方政府打造的新农村建设示范点；三是满足城市中产阶级乡愁的乡村建设；四是借城市中产阶级乡愁来赚钱的乡村建设。不同类型乡村建设所要达到的目标其实完全不同。当前乡村建设的重点，应该是为一般农业地区农民提供基本生产生活秩序的保底。⑥ 张晓山认为，实施乡村振兴战略，要按照产业兴旺、生态宜居、乡风文明、治理有效、生活富裕的总要求，巩固和完善农村基本经营制度，深化农村土地制度改革，深化农村集体产权制度改革；确保国家粮食安全，发展多种形式适度规模经

---

① 邱海平：《马克思主义政治经济学对于供给侧结构性改革的现实指导意义》，《红旗文稿》2016年第3期。

② 蒋南平、田媛：《当前深化改革的若干理论与实践问题》，《当代经济研究》2015年第5期。

③ 侯为民：《我国农业合作经济的发展经验与未来取向》，《当代经济研究》2015年第3期。

④ 高宏伟、张艺术：《城镇化理论溯源与我国新型城镇化的本质》，《当代经济研究》2015年第5期。

⑤ 徐丽杰：《中国经济新常态下推动城乡一体化发展的新策略》，《税务与经济》2016年第1期。

⑥ 贺雪峰：《谁的乡村建设——乡村振兴战略的实施前提》，《探索与争鸣》2017年第12期。

营，培育新型农业经营主体；健全自治、法治、德治相结合的乡村治理体系。①

（五）关于新技术革命影响问题研究

自20世纪70年代以来，以互联网信息技术及相关技术在内的技术集合在极大地促进社会生产力发展的同时，也对社会生产生活产生巨大影响。学界围绕新技术革命对就业、传统经济模式的影响以及新技术革命下资本主义社会的发展趋势等问题进行了广泛而激烈的讨论。

就新技术革命与就业的关系，学界的观点并不统一。一种观点认为新技术革命的出现加剧了失业现象。赵磊、赵晓磊认为，人工智能的普及将使人类社会面临越来越严峻的失业压力，尽管新需求和新产业能够减缓失业，但是无法对冲失业。② 王俊认为，在互联网资本主义条件下，通过不断扩大生产者与消费者、生产者与生产资料的双重分离，作为一种社会权力的资本不断在劳动力商品化程度提高的过程中扩大着其对社会经济的统治地位。互联网资本主义条件下劳动力商品化范围的扩大化、劳动力商品化形式的灵活化以及剩余价值生产手段的隐蔽化，正在以劳动者对资本家经济依附性上升、劳动者阶级贫困化加剧和失业问题常态化等途径和形式不断对西方国家就业市场产生负面影响。③ 另一种观点认为新技术革命对就业的影响是不确定的。纪雯雯认为，数字经济条件下，未来的工作有三种可能：具有常规性特点的工作可能被替代，以数字化信息技术为生产要素的创业公司将带动新工作岗位，以互联网平台为依托的新就业形态将出现。④

新技术革命不仅对就业产生影响，而且对传统经济模式产生颠覆性变革，李俊等从生产力和生产关系的视角剖析了互联网对传统产业特别是传统生产行业的影响机制和作用机理。一方面，互联网信息技术的高速发展和强大的渗透能力，使传统产业生产力发生巨大变革，并促使传统生产行业生产力得到巨大发展，如生产要素的质量、范围和配置效率不断提升，传统产业发展模式不断创新升级以及传统产业组织结构逐渐向扁平化、网络化方向优化等；另一方面，互联网技术与传统产业的融合也改变了与生产力相适应的生产关系，如管理模式的智能化、交易关系的网络化、分配机制和格局的多元化等，从而使部分劳动者在直接生产过程、交换过程和分配过程中所处的地位和关系发生变化。⑤ 刘皓琰、李明认为，网络生产力催生了以信息技术为支撑、以平台为核心组织的多种新型经济模式，改变了传统的就业、生产、消费等活动的运作形式，并引发了劳动关系的新变化。网络生产力下的新型经济模式看似带来了就业权利、生产资料、劳动成果等资源在社会范围内的共享，但究其本质则是资本为实现更大范围内控制所运用的手段，且剥削与控制的范围更大、方式也更加隐蔽。⑥

---

① 张晓山：《实施乡村振兴战略的几个抓手》，《人民论坛》2017年第11期。

② 赵磊、赵晓磊：《AI正在危及人类的就业机会吗？——一个马克思主义的视角》，《河北经贸大学学报》2017年第11期。

③ 王俊：《互联网资本主义下劳动力商品化的发展趋势与就业效应》，《政治经济学评论》2016年第3期。

④ 纪雯雯：《数字经济与未来的工作》，《中国劳动关系学院学报》2017年第6期。

⑤ 李俊等：《“互联网+”推动传统产业发展的政治经济学分析》，《教学与研究》2016年第7期。

⑥ 刘皓琰、李明：《网络生产力下经济模式的劳动关系变化探析》，《经济学家》2017年第12期。

对于新技术革命下资本主义的发展趋势，刘方喜认为，在工艺范式上“大工业机器体系”向代表着更发达生产力的“大数据物联网”生产体系的转换，在社会范式上必将引发人类物质生产方式“资本主义范式”向“社会主义范式”转换，在基本“范式”的竞争上，世界的天平已开始向社会主义倾斜。[①] 然而，内生于资本主义积累过程中的新技术集群虽然使经济模式存在开放协同的可能，但其同样具有垄断和剥削的特点，马慎萧认为，关于从资本主义经济计划模式到社会主义经济计划模式的畅想具有较强的乌托邦色彩，信息网络时代更广泛的社会化生产与资本主义生产资料私人占有之间更尖锐的矛盾，才能推进社会主义革命从而最终实现社会主义经济计划。[②]

（六）关于全球治理问题研究

随着全球经济联系日益紧密，国际社会日益成为一个你中有我、我中有你的“命运共同体”，面对世界经济的复杂形势和全球性问题，任何国家都不可能独善其身。中国作为最大的发展中国家，如何将中国人民利益同各国人民共同利益结合起来，以更加积极的姿态参与国际事务，发挥大国作用，是我国当前及今后一段时期内的主要任务。学界主要围绕全球气候治理、“一带一路”建设等热点问题进行了研究。

就全球气候治理机制，谢富胜等学者首先对西方经济学界关于气候变化的原因、进程和影响提出的两种不同的理论进行批判。主流经济理论认为，气候变化是温室气体排放外部性的结果，并提出以市场化和地球工程为主要手段的治理方案。非正统经济学者认为，气候变化是全球资本主义经济发展方式的系统性结果，主流方案无法根本解决气候问题。西方非正统经济学者中的马克思主义者，将气候变化归因于资本积累的扩大，认为新自由主义下市场化的气候治理，将增加社会经济和环境的矛盾。在国外马克思主义经济学研究的基础上，重建气候变化政治经济学分析框架的研究表明，气候变化的全球性决定了其治理需要全球范围的行动，生成于资本主义体系中的“马克思式”大众运动，通过联合主张可持续发展的资本集团参与现有的全球气候治理运动，是实现大众气候治理的可能途径。[③] 孙永平、胡雷认为，对中国而言，气候治理既是机遇也是挑战，必须坚持合作意愿和合作能力并举，在确保未来发展所需排放空间的同时，积极引领全球气候治理，并利用碳市场推进产业结构和能源结构转型升级，为中国的发展争取国际国内两种有利环境。[④]

就“一带一路”建设问题，李滨认为，中国提出的“一带一路”倡议，是21世纪促进全球化发展走向健康合理的重大行动方案。为了把整个世界从逆/反全球化暗流中解脱出来，可以把这一构想扩大，形成全球性“互联互通”的基础建设倡议，不断形成新经济全球化的增长点，带动包括西方发达国家在内的各国经济增长与就业，促进发展中国家的发展能力建设，也能带动中国等一些国家产能与资金的出口，形成双赢，还可以修正过去金融业长期以来玩概念、做虚拟、脱离实体经济的做法。[⑤] 若英指出，由中国倡议的

---

① 刘方喜：《“大机器工业体系”向“大数据物联网”范式转换：社会主义“全民共建共享”生产方式建构的重大战略机遇》，《毛泽东邓小平理论研究》2017年第10期。

② 马慎萧：《信息网络时代的社会主义经济计划是否可行?》，《学习与探索》2015年第10期。

③ 谢富胜等：《全球气候治理的政治经济学分析》，《中国社会科学》2014年第11期。

④ 孙永平、胡雷：《全球气候治理模式的重构与中国行动策略》，《南京社会科学》2017年第6期。

⑤ 李滨：《新全球治理共识的历史与现实维度》，《中国社会科学》2017年第10期。

“一带一路”，本着共商、共建、共享的理念，积极发展与沿线国家的经济合作伙伴关系，共同打造政治互信、经济融合、文化包容的利益共同体、命运共同体和责任共同体。这是全球治理的“大棋局”，是中国梦与世界梦交汇的桥梁和纽带。①

总体来看，尽管学界对当前经济现实和热点问题进行了相关研究，也取得了一定的成果，但从现有研究成果看，存在以下几点不足：一是，对现实重大问题的研究比较零散，各个现实问题之间相互关系的研究很少，缺乏一个规范的研究范式。虽然已有学者试图构建中国特色社会主义政治经济学的理论体系框架，但并没有摆脱传统政治经济学“三分法”或“四分法”的框架，政治经济学理论体系框架的建设还需进一步完善；二是，对许多热点和现实问题的研究更侧重于对政策文件的解读，理论研究过度依附于政策文件。因此，对重大现实问题的深度研究还需要进一步加强。

五　学科进一步发展趋势

马克思的整个世界观不是教义，而是方法。它提供的不是现成的教条，而是进一步研究的出发点和供这种研究使用的方法。政治经济学能否繁荣发展取决于能否继承和发展马克思主义政治经济学的基本原理和科学方法论，取决于能否借鉴和汲取人类一切文明成果包括西方经济学中的科学成分，取决于能否解释我国经济社会实践中的重大现实问题，这既是政治经济学学科发展的基本趋势，也是政治经济学改革创新的基本方向。

具体来说，中国政治经济学的创新与发展，不能仅仅局限于对资本主义的批判，应该大力扩展政治经济学研究的范围，运用马克思经济学的方法和理论，致力于对马克思经济学原来未曾解释的问题的研究，深入展开各种属于“应用经济学”研究的课题，自觉地将研究的触角更多地伸向实践。中国政治经济学研究需要确立规范的研究范式，大力开展各种重大现实经济问题的研究，而不是一再重复前人的理论，要革除每篇讨论基本理论问题的文章都从解释经典作家的原著开始的旧习，强调尊重马克思、恩格斯、列宁之后的一切马克思主义经济学研究成果，并在这些新的研究成果的基础上确立新的“问题”。只有这样，才能使中国政治经济学的研究与教学走出“原地踏步”的怪圈，从而推进中国特色社会主义政治经济学的进一步发展。

中国特色社会主义政治经济学建设在新时代具有极其重要的意义。新时代提出了政治经济学发展的新思想，要求解决新的问题，实现新的目标。党的十九大以后，我国迎来建设社会主义现代化强国的关键 30 年，如何立足于当代世界格局和形势以及新时代中国特色社会主义发展的需要，努力创建能够服务和助推中国特色社会主义的发展和民族复兴的一门新的经济学理论体系，是当代中国经济学界的核心任务。在学科体系上既要重视基本理论，又要与时俱进，要以习近平总书记新时代中国特色社会主义经济思想为主要内容，努力揭示中国特色社会主义经济发展规律，为新时代中国特色社会主义经济建设提供强大的理论支撑。

（邱海平　王金秋）

① 若英：《“一带一路”，与世界共同筑梦》，《红旗文稿》2017 年第 9 期。

国际政治经济学

一 学科概述

国际政治经济学（International Political Economy，IPE）是国际政治学和世界经济学的综合和交叉学科，主要研究国家和市场在开放条件下的互动关系及其对世界体系中权力和财富的形成及分配的影响。作为一门学科的国际政治经济学和与之相关的其他学科相比，产生较晚。一般认为，现代国际政治经济学始于20世纪60年代后期，欧美一些经济学家和政治学家对国际问题中政治因素与经济因素交互影响的关注和将国际政治学与世界经济学相结合的努力，并在20世纪七八十年代作为新兴学科取得引人注目的发展[①]。1968年美国经济学家理查德·库珀发表《相互依存经济学：大西洋国家的经济政策》率先从理论上分析了国家间的相互依存关系并强调其对缓和国际形势的作用。[②] 1970年麻省理工学院经济学家金德尔伯格的《权力与金钱：国际政治的经济学和国际经济的政治学》提出了“国内经济—国际政治”的相互影响、“国内政治—国际经济”的相互影响、“国际政治—国际经济”的相互影响等三个国际政治经济研究领域。[③] 同年，英国学者苏珊·斯特兰奇在《国际事务》杂志发表《国际经济学与国际关系学：相互忽视的案例》，直言国际经济与国际政治之间与日俱增的鸿沟对整个国际关系研究的破坏日益严重，提倡开展国际政治经济学的现代研究。[④] 这篇文章引起学界高度关注，并被视为现代国际政治经济学诞生的宣言书。[⑤]

国际政治经济学产生和兴起的年代，正值世界政治经济发生重大调整和变化的时期。这些调整变化主要包括：一是美国与苏联两国在军备竞赛、外交立场等方面的基本态度，

---

① 也有学者不同意这个观点，认为国际政治经济学产生于18世纪下半页古典政治经济学兴起之时。见 Hobson J M. Part 1 – Revealing the Eurocentric Foundations of IPE：A Critical Historiography of the Discipline from the Classical to the Modern Era. *Review of International Political Economy*，Vol. 20，2013，pp. 1024 – 1054。有学者将现代国际政治经济学称为“旧时的传统理论披上新时代的服装，复活了”。见罗伯特·利珀《美国国际关系理论的发展与现状》，倪世雄译，《复旦学报》（社会科学版）1988年第4期。

② Cooper，R. N.，*The Economics of Interdependence*：*Economic Policy in the Atlantic Community*，*Atlantic Policy Studies*，McGraw-Hill，1968.

③ Kindleberger，C. P.，*Power and Money*，Springer，1970，p. 16.

④ Strange，S.，“International Economics and International Relations：A Case of Mutual Neglect”，*International Affairs*，Vol. 46，1970，pp. 304 – 315.

⑤ Cohen，B. J.，*International Political Economy*：*An Intellectual History*，Princeton University Press，2008，p. 13.

从紧张对立渐趋缓和。经过白热化的对抗之后，1969 年 1 月尼克松总统就职演说及 1971 年苏共二十四大，都宣告以谈判代替对抗，以缓和代替冷战。两大阵营出现从 20 世纪 60 年代末至 70 年代末的缓和期，世界经济的相互渗透相互依赖更加明显。二是美国在政治经济等各方面均显著领先于其他西方国家、有能力单独提供国际公共产品的局面发生变化。例如，由于无力应对经常项目的赤字和美元危机的压力，尼克松 1971 年单方面宣布停止向外国中央银行兑付黄金并且让美元贬值，造成美元为国际货币中心的布雷顿森林体系的瓦解。三是欧洲一体化成效显著，为国家间合作提供了以主权让渡为特征的新范式。1969 年 12 月欧洲共同体海牙会议决定要建立共同体预算自有财源制度，一年内制定经济货币联盟计划，尽快开始扩员谈判，扩大欧洲议会功能。1973 年欧共体实现了第一次扩员。四是第三世界掀起民族独立高潮。20 世纪 60 年代仅非洲就有 32 个国家获得新生，到 20 世纪 70 年代全世界新独立国家增加至 132 个。第三世界的学者越来越多地反思不发达与霸权国家及其主导的世界体系之间的联系。五是第一次石油危机的爆发以直观的形式将小国与大国、财富与权力之间的复杂关系带回大众的视野。1973 年中东产油国以提升油价的方式向持亲以色列立场的西方国家施压，引发美欧日等国的经济衰退。上述新现象，为现实主义国际政治经济学的霸权稳定论，自由主义国际政治经济学的相互依存理论、国际机制理论，激进主义国际政治经济学的依附论、世界体系论等重要理论的形成和发展，提供了肥沃的现实土壤。这种理论对现实回应的迅速而直接的性质，也展示出国际政治经济学出生伊始就具备的强烈的实践导向的理论品质，从而将其与追求逻辑精巧自洽的智力游戏类型的理论或学科区分开来。

中国的现代国际政治经济学研究比欧美起步更晚一些。① 改革开放之后，纷繁复杂的国际事务扑面而来，国内学者对国际问题中政治因素与经济因素相互影响的广泛性和深刻性有了更深入的认识，开始立足自身知识背景和已有学术训练将两者联系起来思考，② 并对一些具体问题开展了政治经济结合的分析。③ 与此同时，现代国际政治经济学的理论也开始大量被引介、翻译进中国。其中，依附论是最早被引介的理论之一。④ 嗣后，翻译或评介罗伯特·基欧汉、布鲁诺·弗雷、罗伯特·吉尔平、琼·斯佩罗、斯特兰奇等人的国

① 本文中国文献的来源范围除非特别说明没有包括香港特区、澳门特区和台湾省。

② 例如，黄素庵提出弄清国际经济关系有助于了解国际政治关系的观点，钱俊瑞呼吁用马克思主义科学方法从事国际经济政治领域研究，等等。参见黄素庵《如何从世界经济看世界政治》，《世界知识》1981 年第 11 期；钱俊瑞《用马克思主义科学方法观察世界经济和政治》，《世界经济》1984 年第 3 期。

③ 例如，马秀卿对中东石油在国际政治经济关系中的战略地位进行了分析，龚维新对欧美经济矛盾对国际政治的影响进行了分析。参见马秀卿《试论中东石油的世界战略地位》，《世界经济》1982 年第 10 期；龚维新《八十年代欧美经济矛盾及其对国际政治的影响》，《西欧研究》1984 年第 6 期。再如，《世界经济》编辑部 1983 年 8 月 22 日至 26 日在北京举办了国际经济新秩序理论问题研讨会，着重讨论的问题就包括国际政治经济学相关的“应该如何理解相互依赖、相互依存、依附关系等概念”。其后，围绕国际经济新秩序问题，该刊在当年第 10 期和第 11 期上集中发表了相关成果，其中不乏对国际经济与国际政治的综合研究。

④ 1980 年就有两篇介绍萨米尔·阿明及依附理论的文章在重要学术期刊发表，它们是：边秭《萨米尔·阿明和“依附”理论》，《西亚非洲》1980 年第 2 期；陈谷谈《萨米尔·阿明和他的“依附论”》，《世界经济》1980 年第 7 期。

际政治经济学论文或著作的成果不断发表，一些国内学者翻译或原创的现代国际政治经济学学科综述也陆续出版。改革开放至冷战结束所贯穿的20世纪80年代也是中国重新“睁眼向洋看世界”的时代。上至国家领导人，下至普通百姓，都看到了十年动乱后的中国在经济发展、科学技术、社会管理等方面与西方国家的巨大差距，开始以开放的心态、实事求是的态度和时不我待的精神汲取国外的先进方法并投身于社会主义建设之中。中国的国际政治经济学发展也不可避免地打上了这个时代的印记，在引进和消化吸收欧美理论养分的过程中逐渐成长。

20世纪90年代以苏东剧变、冷战结束拉开帷幕，又以1997—1999年的亚洲金融危机谢幕收场。苏东剧变的严峻形势和消极后果，让中国对自己的独立自主、自力更生之路倍加珍惜，开启了中国特色社会主义的伟大探索。这一探索的丰硕成果在亚洲金融风暴的肆虐侵袭中通过了检验。中国不仅自身稳住了阵脚，而且作出并信守了人民币在此期间绝不贬值的承诺，为金融海啸中受到致命打击的东亚各国提供了宝贵的支持。在危机冲击之下，东亚国家长期依赖域外国家实现稳定的历史被改写，亚洲意识开始觉醒，区域合作被提上区域内主要国家和国际组织议事日程并在新世纪很快进入快车道。这种自主意识的觉醒与强调本土化实践的大趋势，也深刻地影响了中国国际政治经济学的学科建设。自主性和本土化成为20世纪90年代中国国际政治经济学发展的基本特征，主要表现为研究议题选择偏向“中国视角”，教学课程设计强调“中国特色”。①

二　学科体系不断完善

进入21世纪，千禧年的吉庆氛围尚未消退，“9·11”恐怖袭击的轰然一响不啻给跨入新世纪的乐观者当头棒喝，世界贸易中心大楼崩塌扬起的灰烬弥漫于新世纪第一个十年甚至更长时间挥之不去。世界唯一超级大国美国的关切由经贸合作向反恐协作转移，世贸谈判的节奏也随世贸大楼倒塌引起的聚焦点转移和观望情绪上升而停滞不前。发达大国和发展中大国都以为时间在自己一方，而不惜将时间虚掷。直到作为这个十年闭幕乐章的美国次贷危机、欧洲债务危机等一连串事件构成的国际金融危机的上演，才把国际经济合作再次请上前台。这个十年的一头一尾，世界政治经济的中心区接连遭遇实体和虚拟两个界面的重创，被迫在还击和整顿中消耗软硬实力。而中国，就像二战时的美国一样，从旋涡之外向世界伸出援助之臂，把战略机遇期的温暖传递给陷入安全寒流或经济凛冬的各国，收获了感激信任，也引起了嫉妒非议。中国国际政治经济学也在安全区内，一面观世事变幻，一面成一家之言。经过较长时间的积累消化再创新，学科专业化水平进一步提升，学科体系更加完备，学术视野越来越开阔。

---

① 前者如集中研究中国与外部世界的政治经济联系、国际政治经济新秩序的构建与中国角色等议题。后者如中国人民大学课题组1993年编写完成的国际政治经济学教学大纲和讲义，1994年国家教委决定在高校开设国际政治经济学课程，1999年中国人民大学宋新宁、陈岳撰写的《国际政治经济学概论》出版，被认为为构建具有中国特色的国际政治经济学学科体系奠定了基础。又如，武汉大学陈必达和许月梅1996年呼吁建立马列主义指导下的有中国特色的国际政治关系经济学，并撰写了《国际政治关系经济学》一书。更多中国国际政治经济学学术研究在冷战后呈现本土化探索的特征，参见徐秀军《学科史视域下的中国国际政治经济学》，《国际政治科学》2014年第4期。

首先，形成了更加专业化的学术机构和教学科研队伍。北京大学国际关系学院2001年成立国际政治经济研究中心，并在次年成立国际政治经济学系，设置了国际政治经济学本科专业，并扩展至研究生阶段。北京大学国际关系学院博士研究生阶段国际政治经济学专业，又细分为国际政治经济学理论研究、国际机制和国际制度研究、地区合作的政治机制研究、中国对外经济关系等研究方向。2007年中国人民大学国际关系学院也将研究生阶段国际政治经济学研究方向升级为专业，并下设国际政治经济学理论与方法、贸易与金融国际政治经济学、能源与环境国际政治经济学、国际经济制度与全球经济治理等研究方向。2011年中国社会科学院世界经济与政治研究所成立了国际政治经济学研究室。此外，对外经济贸易大学、复旦大学、华东师范大学、南京大学、上海社会科学院、上海外国语大学、外交学院、厦门大学和中国社会科学院研究生院等单位的博士研究生教育也在国际政治（以及政治学、国际关系等）和世界经济（以及政治经济学等）两大类专业下设立了国际政治经济学研究方向。全国主要高校中研究和指导国际政治经济学专业或研究方向的教授及博士生导师达到数十人。

表1　　中国国际政治经济学专业（方向）博士点情况

<table>
<tr><th>序号</th><th>院校</th><th>专业</th><th>研究方向</th><th>博士生导师、教授或研究员</th></tr>
<tr><td rowspan="5">1</td><td rowspan="5">北京大学</td><td rowspan="4">国际政治经济学</td><td>国际政治经济学理论研究</td><td rowspan="5">王正毅、查道炯、王勇、朱文莉、丁 斗</td></tr>
<tr><td>国际机制和国际制度研究</td></tr>
<tr><td>地区合作的政治机制研究</td></tr>
<tr><td>中国对外经济关系研究</td></tr>
<tr><td>国际关系</td><td>国际政治经济学</td></tr>
<tr><td>2</td><td>对外经济贸易大学</td><td>世界经济</td><td>国际政治经济关系</td><td>霍建国、张汉林、杨荣珍、戴长征、陈文敬、隆国强、桑百川、华晓红、庄 芮、蓝庆新</td></tr>
<tr><td>3</td><td>复旦大学</td><td>国际政治</td><td>国际政治经济学</td><td>樊勇明、张建新</td></tr>
<tr><td>4</td><td>华东师范大学</td><td>国际关系</td><td>国际政治经济学</td><td>冯绍雷</td></tr>
<tr><td>5</td><td>南京大学</td><td>政治学</td><td>国际政治经济学</td><td>李 滨</td></tr>
<tr><td>6</td><td>上海社会科学院</td><td>世界经济</td><td>国际政治经济学</td><td>黄仁伟、刘 鸣、刘杰、余建华</td></tr>
<tr><td>7</td><td>上海外国语大学</td><td>国际政治</td><td>国际政治经济学</td><td>杨 力</td></tr>
</table>

续表

序号	院校	专业	研究方向	博士生导师、教授或研究员
8	外交学院	国际政治	国际政治经济学	江瑞平
9	厦门大学	政治经济学	国际政治经济学	郭其友、龙小宁、邵宜航、任　力、张传国
10	中国人民大学	国际政治经济学	国际政治经济学理论与方法、贸易与金融国际政治经济学、能源与环境国际政治经济学、国际经济制度与全球经济治理	宋新宁、韩彩珍、庞中英、田　野
		世界经济	国际政治经济学	保建云
11	中国社会科学院研究生院	世界经济	国际政治经济学	张宇燕

资料来源：2014—2018 年中国研究生招生信息网博士专业目录及相关高校主页。

其次，中国学者编著或撰写的国际政治经济学方面的教材和专著越来越多，与此同时国外重要 IDE 著作的翻译工作仍在继续。如杰弗里・A. 弗里登：《货币政治：汇率政策的政治经济学》，孙丹等译，机械工业出版社 2016 年版；大卫・M. 安德鲁：《国际货币权力》，黄薇译，社会科学文献出版社 2016 年版。进入新世纪以后，中国国际经济政治学领域具有代表性的教材及综述著作包括：中国社会科学院研究生重点教材《国际关系的新政治经济学》，[①] 国家级精品课程"国际政治经济学"教材《国际政治经济学通论》，[②] 以及樊勇明、澎澎、王正毅和张岩贵、朱文莉、李滨、王健、郑彪、邝梅、王子昌、门洪华、陈俊杰、徐凡等学者的成果。[③] 同时，贸易、货币、金融、能源、发展、区域合作、

① 张宇燕、李增刚：《国际经济政治学》，中国社会科学出版社 2008 年版。该书修订后为《国际关系的新政治经济学》，中国社会科学出版社 2010 年版，纳入中国社科院研究生重点教材。

② 王正毅：《国际政治经济学通论》，北京大学出版社 2010 年版。

③ 樊勇明：《西方国际政治经济学》，上海人民出版社 2001 年版；《西方国际政治经济学》（第 2 版），上海人民出版社 2006 年版。彭澎：《国际政治经济学》，社会科学文献出版社 2001 年版。王正毅、张岩贵：《国际政治经济学：理论范式与现实经验研究》，商务印书馆 2003 年版。朱文莉：《国际政治经济学》，北京大学出版社 2004 年版。李滨：《国际政治经济学——全球视野下的市场与国家》，南京大学出版社 2005 年版。王健：《国际政治经济学简明教程》，复旦大学出版社 2008 年版。郑彪：《中国国际政治经济学》，中央编译出版社 2008 年版。邝梅：《国际政治经济学：国际经济关系的政治因素分析》，中国社会科学出版社 2008 年版；《国际政治经济学：国际经济关系的政治因素分析》（第 2 版），中国社会科学出版社 2011 年版。王子昌：《国际政治经济学新论》，时事出版社 2010 年版。门洪华主编：《国际政治经济学导论》，北京大学出版社 2011 年版。陈俊杰：《国际政治经济学范式论》，中国书籍出版社 2013 年版。徐凡编著：《国际政治经济学导论》，对外经济贸易大学出版社 2014 年版。

气候变化、外交、合作、战略、国家兴衰等各专门领域的国际政治经济学研究也成果斐然，其中与贸易有关的研究尤为丰富。① 此外，樊勇明主编的“复旦国际政治经济学丛书”，也集中推出了一系列重要国际政治经济学研究成果。②

最后，中国国际政治经济学的学术共同体逐渐成型。2010 年中国社会科学院世界经济与政治研究所、北京大学国际关系学院、清华大学国际问题研究所、外交学院、国际关系学院、辽宁大学、上海社会科学院等单位发起创办的国际政治经济学论坛举行了首届会议。截至 2017 年该论坛共举办了八届，分别围绕国际政治经济学与中国、货币政治、新兴经济体、新型大国关系、总体国家安全观、“一带一路”、国际政治经济学理论与应用以及新型全球化等主题组织了全国本领域学者参与讨论。国际政治经济学论坛的持续召开，为增加中国国际政治经济学界关于学术研究、学科建设等方面的交流，特别是打破世界经济学和国际政治学两大“母学科”之间的樊篱，构建更加具备学科自主意识的学术共同体，作出了重要的贡献。除此之外，中国国际关系学会、全国高校国际政治研究会、政治学与国际关系学术共同体等举办的全国性会议中也有不少国际政治经济学相关的议题，促进了学术共同体的繁荣。特别值得提及的是，国际关系学和世界经济学界的主要期

---

① 张建新：《权力与经济增长：美国贸易政策的国际政治经济学》，上海人民出版社 2006 年版；王勇：《国际贸易政治经济学》，中国市场出版社 2008 年版；刘光溪：《共赢性博弈论：多边贸易体制的国际政治经济学分析》，上海财经大学出版社 2007 年版；保建云：《贸易保护主义的国际政治经济学分析》，经济科学出版社 2010 年版，《金融与债务危机的国际政治经济学分析：理论模型、实证检验及政策选择》，社会科学文献出版社 2015 年版；盛斌：《中国对外贸易政策的政治经济分析》，上海三联书店 2002 年版；刘海云等：《国际贸易摩擦的政治经济学分析与对策研究》，华中科技大学出版社 2015 年版；屠启宇：《制度创新：货币一体化的国际政治经济学》，高等教育出版社 1999 年版；戴金平、万志宏：《APEC 的货币金融合作：经济与政治分析》，南开大学出版社 2005 年版；邝梅：《美国金融危机：新政治经济学分析》，中国社会科学出版社 2011 年版；李本松：《国际金融危机的政治经济学分析》，河南人民出版社 2013 年版；姜英梅：《中东金融体系发展研究：国际政治经济学的视角》，中国社会科学出版社 2011 年版；管清友：《石油的逻辑：国际油价波动机制与中国能源安全》，清华大学出版社 2010 年版；查道炯：《中国石油安全的国际政治经济学分析》，当代世界出版社 2005 年版；黄景贵主编：《经济发展安全论：全球化的国际政治经济学》，海南出版社 2001 年版；姜运仓：《东亚区域经济合作研究：一种国际政治经济学视角》，中共中央党校出版社 2008 年版；崔大鹏：《国际气候合作的政治经济学分析》，商务印书馆 2003 年版；李若晶：《美国对中东石油外交的国际政治经济学解读（1945—1975）》，中国社会科学出版社 2012 年版；孙杰：《合作与不对称合作：理解国际经济与国际关系》，中国社会科学出版社 2016 年版；张宇燕、高程：《美洲金银和西方世界的兴起》，中信出版社 2004 年版，重印版《美洲金银和西方世界的兴起》，中信出版集团 2016 年版，《美国行为的根源》，中国社会科学出版社 2015 年版。

② 黄河：《跨国公司与当代国际关系》，上海人民出版社 2008 年版，《跨国公司与发展中国家》，上海人民出版社 2012 年版；陈玉刚：《超国家治理——国际关系转型研究》，上海人民出版社 2009 年版；孙溯源：《国际石油公司研究》，上海人民出版社 2010 年版；樊勇明、贺平、黄河：《贸易摩擦与大国关系》，上 海人民出版社 2011 年版；樊勇明、薄思胜：《区域公共产品理论与实践——解读区域合作新视点》，上海人民出版社 2011 年版；张建新：《激进国际政治经济学》，上海人民出版社 2011 年版，《能源与当代国际关系》，上海人民出版社 2014 年版；杨剑：《数字边疆的权力与财富》，上海人民出版社 2012 年版；潘忠岐：《国际政治学理论解析》，上海人民出版社 2015 年版；黄河等：《国际经济规则的政治经济学》，上海世纪出版股份有限公司 2015 年版，《中国企业跨国经营的国外政治风险及对策研究》，上海世纪出版股份有限公司 2016 年版。

刊，如《世界经济与政治》《当代亚太》《国际政治科学》《世界经济》《国际经济评论》等为国际政治经济学学术论文的发表提供了平台，其中《世界经济与政治》还专门开设了“国际政治经济学”栏目。学术期刊为共同体研究成果的评阅、传播和开展健康有益的学术批评作出了其他平台无法取代的贡献。

表2 历届中国国际政治经济学论坛

届次	时间	地点	论坛主题
1	2010年10月	中国社会科学院	国际政治经济学与中国
2	2011年11月	国际关系学院	货币政治与国际关系
3	2012年11月	复旦大学、上海外国语大学	新兴经济体与国际关系
4	2013年10月	广东外语外贸大学	新型大国关系与全球治理
5	2014年9月	辽宁大学	总体国家安全观：国际政治经济学视角
6	2015年9月	郑州大学	“一带一路”：国际政治经济学视角
7	2016年8月	青海省社会科学院	国际政治经济学：理论、方法与应用
8	2017年9月	西南财经大学	新型全球化：国际政治经济学视角

资料来源：《世界经济与政治》2010—2017年的论坛简讯。

进入21世纪的第二个十年，世界经济在后危机时代的阴云笼罩下步履蹒跚。2012—2016年，按市场汇率计算的全球实际GDP增长率一直低于3%，平均仅为2.6%，显著低于危机之前2004—2007年3.8%的均值。经济复苏的长期迟滞、贫富鸿沟的持续存在不断消磨着欧美民众对精英政治的耐性。美国（以及欧洲一些国家）的政治家把经济社会问题归咎于外部的“不公平竞争”，成功地用民粹主义汲取选票，掀起了“逆全球化”的浪潮。中国尽管也遭遇了经济增长率的大幅下滑，但一方面相对于其他国家仍在较高水平，另一方面领导人对内采取了“号召民众适应或接受增长下滑‘新常态’的现实，用结构改善的长期愿景凝聚人心”的举措，经济社会得以维持稳定。美国把矛头指向国外，中国把矛盾引向未来。两种方式分别用空间和时间来缓和此时此地的燃眉之急，取得了暂时的安稳。但问题仍未解决，风险还可能在积累。辽远的丝路和浩瀚的印太，如何容纳美国的“再次伟大”和中国的“伟大复兴”的历史性交汇，是21世纪第二个十年特别是近几年以来乃至未来相当长时期，国际政治经济学界面临的重大学术机遇和智力挑战。对此，中国国际政治经济学界已经从学理、战略和政策上开展了初步的探索。

三 学科基础理论和前沿问题研究①

基本假定、核心概念、特定理论或逻辑框架是一个学科基础理论的重要构成要素。②近年来，中国国际政治经济学学者在上述三个方面的探索都取得了初步成效。基本假定方

① 以下部分主要综述2015年以来特别是2017年中国国际政治经济学研究成果。

② 张宇燕、李增刚：《国际经济政治学》，中国社会科学出版社2008年版。

面，中国国际政治经济学学者对行为的基本假定提出了新的看法。从经济学引入国际政治经济学对行为体的基本假定，一般是沿用新古典经济学的完全理性的经济人假定，或者采用赫伯特·西蒙加以改进的有限理性的管理人假设。保建云提出，完全理性、完全不理性与有限理性都只是个人理性与社会理性的某种特殊表现形式，由于决策信息、个人认知和实现目标的行动能力、外部环境的不确定性是以一定的概率分布存在的，所以人类理性是以一定的概率分布存在。他由此提出了有别于经济人、管理人的新的行为假定，即基于分布理性的政治经济人假设，并对基于新假定的主体的行为特征进行了分析，提倡以此为基础构建国际政治经济学理论分析框架。①

概念方面，2015 年以来中国国际政治经济学领域的理论成果反映出中国学者对合作、公共物品、权力等核心概念有了更深入和细致的认识。合作与冲突原本是国际关系学中的核心概念，国际政治经济学赋予了这对范畴更加复杂生动和细腻的内涵。孙杰从元合作的概念出发，借助与合作相关的理论假说推导出合作中内生存在的不对称性，对理解国际关系的不对称合作视角进行了理论重构，并基于这一视角对国际关系中小国如何与大国竞争并实现崛起展开分析，指出弱势一方如果能够开展全方位的国际合作，通过多局不对称合作收益的加总可以实现国际地位的提升。② 杨昊从外交决策视角，按照国家供给全球公共物品的决策过程差异，将公共物品划分为主动供给、被动供给和无意识供给三类，从而将公共物品这个源自经济学的概念更好地嵌入国际关系学术框架之中。③ 冯维江利用公共产品和关系专用性投资概念构建的权力分析框架分析了中美关系，将关系专用性投资视作软权力的衡量指标，而将公共产品区分为公益产品和公害产品，分别度量基于利诱和基于威胁的硬权力，据此对中美之间的软硬权力关系演变进行了分析。④ 无独有偶，谢来辉对基于负外部性的排放权作为一种新的权力来源的研究，也为公害产品与硬权力的同质性提供了证据。⑤ 这些研究对经济学和国际关系学在国际政治经济学领域的汇通和概念重构作出了贡献。

分析框架与理论创新方面，近年来中国国际政治经济学取得了比较丰富的成果。首先，在全球治理或国际制度理论方面，张宇燕和任琳在批判性借鉴制度经济学理论的基础上，提出了一个包含全球公共产品、博弈者特性、利益攸关度、集体行动、治理成本、治理均衡、制度非中性等关键概念的逻辑框架，给通过全球治理有限或完全解决全球问题的动力和路径提供了机制性的解释。⑥ 张胜军对金砖国家等南方国家参与全球治理的实践进行总结，对全球治理"去政治化"和"去权力化"倾向做批判性的反思，在此基础上提出了承认和肯定政治性的现实和权力重要作用的全球治理东南主义范式。⑦ 一般来说，当

① 保建云:《分布理性与国际政治经济学理论研究的新拓展》,《世界经济与政治》2015 年第 2 期。

② 孙杰:《不对称合作：理解国际关系的一个视角》,《世界经济与政治》2015 年第 9 期。

③ 杨昊:《全球公共物品分类：外交决策的视角》,《世界经济与政治》2015 年第 4 期。

④ 冯维江:《中美权力博弈与新型大国关系的演进——基于公共产品与关系专用性投资的视角》,《世界经济与政治》2016 年第 11 期。

⑤ 谢来辉:《碳排放：一种新的权力来源——全球气候治理中的排放权力》,《世界经济与政治》2016 年第9 期。

⑥ 张宇燕、任琳:《全球治理：一个理论分析框架》,《国际政治科学》2015 年第 3 期。

⑦ 张胜军:《全球治理的"东南主义"新范式》,《世界经济与政治》2017 年第 5 期。

今时代的全球治理以规则或制度为基础。陈琪和管传靖研究了国际制度设计的领导权问题，将国际关系中的领导权界定为对国际事务集体行动进行协调和塑造的能力，并用一个简明的成本收益框架识别了国际制度设计中的领导者、追随者、搭便车者、干扰者和不参与者。① 陈琪、管传靖和金峰还对国际经济治理中国际国内规则的流动进行了研究，提出了规则由外而内流动的“国内化”和由内而外流动的“多边化”方向，并指出国际权力结构是塑造规则流动基本方向的主要因素。② 徐秀军用“规则内化”和“规则外溢”概念对规则流动的“国内化”和“多边化”重新进行了概括，并对中美参与全球治理的逻辑作出分析，指出中美在全球治理规则上的“制定—接受”关系开始转变，全球治理面临激烈的竞争和博弈。③

其次，在大国关系研究方面也出现了一些高质量的理论成果，合作主义、现实制度主义等理论纷纷出台。刘建飞提出，兼具中西文化元素的合作主义具有成为新型大国关系理论基础的条件，建议通过理念培育和机制构建作为合作主义的核心要素，认为中美关系在合作主义指引下可以摆脱“修昔底德陷阱”，避免大国政治悲剧的前景。④ 李巍及其合作者从美国等以自由贸易协定（FTA）为核心的国际制度竞争的分析中构建了现实制度主义的理论分析框架，并运用这一框架对国际秩序转型、中美自贸区竞争等问题进行了分析。⑤

最后，马克思主义国际政治经济学理论方面也取得积极进展。欧阳向英提出，马克思主义国际政治经济学包括国际劳动、国际分工、国际价值、世界市场、世界货币、世界经济危机、世界战争和世界革命等八个基本范畴，主要研究对象包括国际贸易中的不平等性和两极分化，国际金融领域的投机性和掠夺性，以及资本主义世界总危机等。⑥ 李滨结合马克思主义经典作家的政治经济学著作，具体展示了以资本主义生产方式为出发点探讨不同历史阶段国际生产特征及其对世界政治经济秩序影响的逻辑，演示了这一逻辑在当今国际政治经济学各主要分支领域如跨国生产、国际贸易、国际金融和发展中的应用。⑦

四 学科重大现实问题研究

近年中国国际政治经济学研究的重大现实问题多以中国崛起或民族复兴为背景

① 陈琪、管传靖：《国际制度设计的领导权分析》，《世界经济与政治》2015 年第 8 期。

② 陈琪、管传靖、金峰：《规则流动与国际经济治理——统筹国际国内规则的理论阐释》，《当代亚太》2016 年第 5 期。

③ 徐秀军：《规则内化与规则外溢——中美参与全球治理的内在逻辑》，《世界经济与政治》2017 年第 9 期。

④ 刘建飞：《构建新型大国关系中的合作主义》，《中国社会科学》2015 年第 10 期。

⑤ 李巍、张玉环：《美国自贸区战略的逻辑——一种现实制度主义的解释》，《世界经济与政治》2015 年第 8 期。李巍：《现实制度主义与中美自贸区竞争》，《当代亚太》2016 年第 3 期；《国际秩序转型与现实制度主义理论的生成》，《外交评论》（外交学院学报）2016 年第 1 期。以这些论文为基础，李巍出版了讨论中美关系的现实制度主义专著《制度之战：战略竞争时代的中美关系》，社会科学文献出版社 2017 年版。

⑥ 欧阳向英：《马克思主义国际政治经济学的几个基础性问题》，《青海社会科学》2016 年第 5 期。

⑦ 李滨：《马克思主义的国际政治经济学研究逻辑》，《世界经济与政治》2015 年第 7 期。

或主轴展开，具体又可分为怎样崛起、崛起面临的约束和风险、崛起的后果或影响等。

与中国怎样崛起相关的研究，主要包括对中国崛起过程中的举措与策略、经验或方案的国际政治经济学分析。数量最多的是对“一带一路”的研究。共建“一带一路”是中国国家主席习近平提出的国际合作倡议，也是构建全球合作伙伴网络、护持中国崛起的重要战略举措。近年中国学术界对此的研究热情不减，国际政治经济学界也不例外。这些研究主题十分丰富，包括“一带一路”的属性与适用性，应当采取或调整的战略举措及配套措施，与其他国家、区域或组织的对接或竞争等。

关于“一带一路”的性质。张宇燕提出从器物、制度、货币和观念四个维度理解“一带一路”战略构想。① 李向阳比较了跨太平洋伙伴关系协定和“一带一路”，指出前者以规则为导向，以高门槛和排他性为特征，体现了西方的哲学理念，而后者则以发展为导向，以开放性和多元化为特征，属于新型的区域经济合作机制，体现了东方的哲学理念。② 朴光姬将区域经济增长机制区分为基础设施、产业关联和市场制度三类，指出“一带一路”旨在将基础设施联通作为区域增长机制的主导路径，特别适合亚洲发展中国家为主的区域。③

战略措施方面。李晓和李俊久认为应当重新构建一个基于界定和确保核心利益的地缘政治经济战略来保证“一带一路”的顺利推进。④ 黄河提出中国通过主导“一带一路”公共产品提供，可以形成一个以中国为中心节点的合作体系网。⑤ 黄琪轩和李晨阳总结了历史上的四种大国市场开拓模式，认为优先开发国内市场是“一带一路”获得成功的重要基石。⑥ 陈伟光和王燕认为，“一带一路”要兼顾关系治理和规则治理来开创新模式。⑦ 杨怡爽提出，应以21世纪海上丝绸之路为亚洲生产网络的拓展提供推动力，同时以亚洲生产网络的边界扩展为21世纪海上丝绸之路的发展提供空间和实体依托。⑧ 白云真指出，应当调整对外援助政策框架来服务于“一带一路”倡议的目标。⑨ 林乐芬和王少楠认为，可以通过“一带一路”平台提升人民币国际化水平。⑩ 保建云则分析了“一带一路”对

---

① 张宇燕：《多角度理解“一带一路”战略构想》，《世界经济与政治》2016年第1期。

② 李向阳：《跨太平洋伙伴关系协定与“一带一路”之比较》，《世界经济与政治》2016年第9期。

③ 朴光姬：《“一带一路”与东亚“西扩”——从亚洲区域经济增长机制构建的视角分析》，《当代亚太》2015年第6期。

④ 李晓、李俊久：《“一带一路”与中国地缘政治经济战略的重构》，《世界经济与政治》2015年第10期。

⑤ 黄河：《公共产品视角下的“一带一路”》，《世界经济与政治》2015年第6期。

⑥ 黄琪轩、李晨阳：《大国市场开拓的国际政治经济学——模式比较及对“一带一路”的启示》，《世界经济与政治》2016年第5期。

⑦ 陈伟光、王燕：《共建“一带一路”：基于关系治理与规则治理的分析框架》，《世界经济与政治》2016年第6期。

⑧ 杨怡爽：《跨界发展：从21世纪海上丝绸之路到亚洲生产网络的边界扩展》，《当代亚太》2017年第1期。

⑨ 白云真：《“一带一路”倡议与中国对外援助转型》，《世界经济与政治》2015年第11期。

⑩ 林乐芬、王少楠：《“一带一路”建设与人民币国际化》，《世界经济与政治》2015年第11期。

人民币国际化面临的市场条件和风险的影响。①

与其他主体的关系方面。陈小鼎和马茹研究了上合组织应该如何实现与丝绸之路经济带的有效对接。② 张骥和陈志敏分析了中国如何根据欧盟对外政策的双层特性推进中欧"一带一路"双层对接，并提出了横向扩散、向上投射、向下传导和对外溢出四条途径。③ 也有学者认为，"一带一路"除了有与其他国家或组织对接的一面，也要注意引起对抗或竞争的一面。赵洋认为，"一带一路"战略作为一种多边合作框架是中国尝试建立新的国际制度的努力，在一定程度上推动了中美两国的制度竞争。④

除了"一带一路"之外，全球治理或世界秩序的中国方案也是中国如何崛起问题上学者们着墨较多的议题。陈志敏认为中国已经走出以负责任的国家治理和伙伴型的全球治理为特征的本国特色的治理道路。⑤ 门洪华认为随着中国在全球性事务、地区性问题的解决上发挥越来越重要的作用，中国理念、中国思路、中国方案举世瞩目。⑥ 李滨认为中国治理模式能够较好地处理市场与国家、效率与公平、公有经济与私有经济、改革与稳定的关系。⑦ 蔡昉指出随着在世界经济中地位的提升，中国将更加积极参与全球治理，而提出全球减贫的中国方案是中国有责任和能力作出的重要贡献。⑧ 也有一些学者强调中国参与全球治理的国内治理基础，认为前者根植于后者，良好的国家治理是实现全球治理目标的前提，应注意两者的互动并统筹考虑。⑨ 而国家治理体系与治理能力现代化仍然是中国有待完成的任务。

还有一些对具体崛起策略及特定领域如何崛起的研究。邢悦以美国对华门户开放政策为案例讨论了崛起国如何获得国际支持的问题，指出能提供维持世界和平与国际秩序的公共产品是获得国际支持最重要的条件。⑩ 刘玮通过对崛起国创建国际制度正反两个方面经验教训的总结，指出崛起国通过选择网络外部性较低的议题领域以及建立合股、授权和战略伙伴等制度化的组织间架构，有利于国际制度在创设初期的生存。⑪ 此外，人民币离岸

---

① 保建云：《论"一带一路"建设给人民币国际化创造的投融资机遇、市场条件及风险分布》，《天府新论》2015 年第 1 期。

② 陈小鼎、马茹：《上合组织在丝绸之路经济带中的作用与路径选择》，《当代亚太》2015 年第 6 期。

③ 张骥、陈志敏：《"一带一路"倡议的中欧对接：双层欧盟的视角》，《世界经济与政治》2015 年第 11 期。

④ 赵洋：《中美制度竞争分析——以"一带一路"为例》，《当代亚太》2016 年第 2 期。

⑤ 陈志敏：《国家治理、全球治理与世界秩序建构》，《中国社会科学》2016 年第 6 期。

⑥ 门洪华：《应对全球治理危机与变革的中国方略》，《中国社会科学》2017 年第 10 期。

⑦ 李滨：《新全球治理共识的历史与现实维度》，《中国社会科学》2017 年第 10 期。

⑧ 蔡昉：《金德尔伯格陷阱还是伊斯特利悲剧？——全球公共品及其提供方式和中国方案》，《世界经济与政治》2017 年第 10 期。

⑨ 刘雪莲、姚璐：《国家治理的全球治理意义》，《中国社会科学》2016 年第 6 期。吴志成：《全球治理对国家治理的影响》，《中国社会科学》2016 年第 6 期。蔡拓：《全球治理与国家治理：当代中国两大战略考量》，《中国社会科学》2016 年第 6 期。

⑩ 邢悦：《崛起国如何获得国际支持——以美国对华门户开放政策为案例的研究》，《国际政治科学》2016 年第 3 期。

⑪ 刘玮：《崛起国创建国际制度的策略》，《世界经济与政治》2017 年第 9 期。

市场发展、中国对外直接投资、高铁“走出去”、海外利益保护、如何建立地区开发银行并维护其独立性等方面的策略也得到了中国国际政治经济学研究的关注。①

关于中国崛起面临的约束与风险，一些研究把美国的态度或对华关系视作重要外部约束或潜在风险来源。李巍研究了中美金融外交中的国际制度竞争问题，② 蔡昉、时殷弘分别研究了以美国为代表的西方去全球化浪潮给中国的压力及中国的对策。③ 还有研究从总结大国崛起失败原因及机制的角度为中国崛起可能存在的风险提供启示。④

随着中国的崛起，对外经贸投资、援助等经济联系会逐渐增强，这个过程中会给双边关系带来何种影响，也是中国国际政治经济学研究的重要问题。庞琴、梁意颖和潘俊豪研究了中国在东亚不断增强的贸易和投资关系对其民众对中国态度的影响，发现中国和东亚国家的经贸依存度与其民众对中国的评价存在显著负相关，即与中国经贸关系紧密的国家，其民众对中国的评价反而低。进一步分析发现，这是由于“经济发展受惠度”和“发展主义倾向”的调节作用所致：在这两项调节指标高的国家中，中国对其经济影响越大，民众对中国的评价就越积极；而在这两项指标低的国家，中国的经济影响越大，民众对中国的评价就越负面。⑤ 庞珣和王帅研究发现中国的对外援助通过外交政策偏好机制、脆弱性机制和可信性机制会降低美国外援对联合国大会投票的操控能力。⑥ 韩冬临和黄臻尔采用中国对非援助数据库2000—2010年数据研究了非洲公众对中国对非援助的评价，发现非洲公众非常正面地评价中国对非援助的效果，且宏观方面，政治民主化与经济发展程度较高的受援方更为正面评价中国援助，而微观方面，年龄、男性、教育、黑色人种和媒体消费与援助评价具有正面关系。⑦

除了以中国崛起为大背景的研究之外，中国国际政治经济学学者还对一些重要问题或重大事件展开了分析。

---

① 李巍、朱红宇：《外交关系与人民币离岸市场的发展》，《世界经济与政治》2017年第9期。孙丹：《货币依赖与人民币离岸市场的战略支点选择》，《世界经济与政治》2017年第3期。王碧珺、肖河：《哪些中国对外直接投资更容易遭受政治阻力?》，《世界经济与政治》2017年第4期。谢孟军、汪同三、崔日明：《中国的文化输出能推动对外直接投资吗？——基于孔子学院发展的实证检验》，《经济学》（季刊）2017年第4期。宋汝欣：《中国推进高铁“走出去”面临的政治风险及其作用机制分析》，《当代亚太》2017年第5期。潘玥：《中国海外高铁“政治化”问题研究——以印尼雅万高铁为例》，《当代亚太》2017年第5期。施张兵、吴玉兴：《中国高铁外交的特征与实践研究——基于雅万高铁的案例分析》，《当代亚太》2017年第5期。刘莲莲：《国家海外利益保护机制论析》，《世界经济与政治》2017年第10期。庞珣、何枻焜：《霸权与制度：美国如何操控地区开发银行》，《世界经济与政治》2015年第9期。

② 李巍：《中美金融外交中的国际制度竞争》，《世界经济与政治》2016年第4期。

③ 蔡昉：《全球化的政治经济学及中国策略》，《世界经济与政治》2016年第11期。时殷弘：《全球治理和开明秩序面对的倾覆危险》，《世界经济与政治》2017年第6期。

④ 冯维江、张斌、沈仲凯：《大国崛起失败的国际政治经济学分析》，《世界经济与政治》2015年第11期。

⑤ 庞琴、梁意颖、潘俊豪：《中国的经济影响与东亚国家民众对华评价——经济受惠度与发展主义的调节效应分析》，《世界经济与政治》2017年第2期。

⑥ 庞珣、王帅：《中美对外援助的国际政治意义——以联合国大会投票为例》，《中国社会科学》2017年第3期。

⑦ 韩冬临、黄臻尔：《非洲公众如何评价中国的对非援助》，《世界经济与政治》2016年第6期。

国际贸易的政治经济学方面，田野、陈兆源和熊谦对国际贸易与民主转型之间的关系进行了研究。他们对 1945 年—2010 年威权政体变迁数据库进行计量分析的结果表明，参与国际贸易本身与民主转型并无显著的正相关效应；当纳入与初始威权类型的交互项，在同一贸易额、贸易开放度或出口依赖度时，相较于一党制政权，军人政权有更大的可能性发生民主转型。① 郎平对区域贸易制度的和平效应进行了研究，指出区域贸易制度安排的和平效应会受到预期目标、高层会晤机制制约，但和平效应的最终发挥，还取决于冲突的性质和国内政治机制的作用。② 邝艳湘和向洪金用中日数据研究了国际政治冲突的贸易破坏与转移效应基于 2000—2015 年中日政治关系与经贸往来的月度数据，利用计量经济学中的结构突变检验与国际贸易中的引力模型，对国际政治冲突的贸易破坏效应和贸易转移效应进行了实证研究。实证结果表明：第一，中日政治冲突对中日贸易产生了破坏效应，冲突级别越高，破坏效应越大，但这种破坏效应具有明显的滞后性；第二，中日政治关系紧张还导致中日双边贸易部分向第三方国家转移，具有贸易转移效应，而且对中国的贸易转移效应要明显大于对日本的贸易转移效应。③

关于布雷顿森林机构相关的研究中，钟飞腾和凡帅帅通过对世界银行的营商环境报告起源、特性及不足的系统评述，解释了新自由主义在国际金融危机之后陷入困境的历程和根本原因，指出从营商环境报告的思想根源来看，它仍然是美国主导的国际金融机构推行新自由主义的一个产品。发展中国家在应用该报告时应认清其局限，将其数据与自身发展阶段相结合，与特定市场经济体系下的政企关系相结合，在应用中尝试构建更为灵活的指标体系。④ 黄薇以国际货币基金组织（IMF）份额与投票权改革为例分析了国际组织中的权力计算，证实改革的确有助于 IMF 成员国决策权差距的缩小。⑤ 熊爱宗从国会单个议员和国会整体两个层面通过二值选择模型分析美国国会对国际货币基金组织议案投票的影响。发现在单个议员层面，议员来自民主党，自由主义意识形态倾向越强，获得金融利益集团的政治捐资越多，将越支持基金组织议案，而选区金融产业发展程度则与议员的投票行为具有负相关关系。在国会整体层面，民主党成为众议院多数党对国会通过基金组织议案影响显著，美国良好的经济增长也有利于国会通过基金组织议案。⑥

英国脱欧是近年发生的影响国际政治经济的重大事件，蒙克通过定量分析 2013 年国际社会调查，发现决定公民是否支持本国公投退出欧盟的最主要因素，不是通常所认为的社会阶级地位和反移民倾向，而是个体所具有的技能专有性：与通用型技能工人相比，专用型技能劳工更有可能因为再就业压力更大而支持其国家退出欧盟。⑦

---

① 田野、陈兆源、熊谦：《国际贸易、初始威权类型与民主转型》，《世界经济与政治》2017 年第 5 期。

② 郎平：《区域贸易制度的和平效应分析——来自发展中国家的视角》，《当代亚太》2016 年第 3 期。

③ 邝艳湘、向洪金：《国际政治冲突的贸易破坏与转移效应——基于中日关系的实证研究》，《世界经济与政治》2017 年第 9 期。

④ 钟飞腾、凡帅帅：《投资环境评估、东亚发展与新自由主义的大衰退——以世界银行营商环境报告为例》，《当代亚太》2016 年第 6 期。

⑤ 黄薇：《国际组织中的权力计算——以 IMF 份额与投票权改革为例的分析》，《中国社会科学》2016 年第 12 期。

⑥ 熊爱宗：《国际货币基金改革的政治经济学：对美国国会投票的分析》，《世界经济》2017 年第 9 期。

⑦ 蒙克：《技能专有性、福利国家和欧洲一体化——脱欧的政治经济学》，《世界经济与政治》2016 年第 9 期。

五　研究方法现状与展望

中国国际政治经济学研究中运用的方法主要有以下几种。

第一，案例比较或分析法。这是中国国际政治经济学研究中运用最多的方法之一。严谨的案例分析是在构建因果机制基础上，用正反案例来对因果机制进行检验。例如熊易寒和唐世平研究石油资源对族群冲突影响时，将石油族群地理分布作为决定石油是否导致或加剧族群冲突的核心变量，并构建了三个导致族群冲突升级的因果机制，然后运用苏丹、伊拉克、尼日利亚和加蓬等国的案例，检验了其他条件不变时，少数民族聚居区核心领地发现石油，这一少数族群将会倾向于反抗由多数族群主导的中央政府，从而更容易导致族群冲突升级的假设。①

第二，计量模型方法。随着计量分析课程在政治学或国际关系学的普及，运用计量模型分析国际政治经济学问题的成果越来越多。这种方法利用时间序列、截面或面板数据，建立计量模型来定量分析多个自变量与因变量之间的关系。例如，杨攻研和刘洪钟利用东亚典型国家1980—2013年的季度数据，分析了政治关系、经贸往来和经济权力之间的关系，发现政治关系的恶化将显著降低中国与东亚国家贸易量，但中国经济权力的增强在该地区有明显的贸易拉动效应。②

第三，博弈论方法。博弈论关注决策主体之间的交互影响，在经济学中有广泛的运用。由于国际问题中也大量涉及主体之间交互影响的决策，博弈论在国际政治经济学中有广阔的运用前景，并已经取得一定成效。例如，庞珣和王帅研究受援国在联合国投票时受美国影响的机制时，就构建了一个序贯博弈理论模型来刻画这个过程。③

第四，数理经济学模型推演方法。与计量方法的归纳属性相区别，数理模型方法是一种演绎方法，一般程序是根据基本假定设立各变量之间的关系，建立方程，再根据方程推导得出主要自变量与因变量之间的关系。例如，保建云用理性系数、行动集构建了社会行为体的理性分布函数，用以刻画社会行为体的分布理性状态。④

此外，传统的基于思辨、事件追踪、经验主义或历史学的方法，仍然在中国国际政治经济学分析中得到广泛的使用。由于学术训练越来越强调统计学、数学等能力的培养，预计未来形式模型和计量方法的研究成果会有所增加。但无论如何，案例分析和传统方法在相当长时间内仍然会是本领域研究使用最多的方法。

（张宇燕　冯维江）

---

① 熊易寒、唐世平：《石油的族群地理分布与族群冲突升级》，《世界经济与政治》2015年第10期。

② 杨攻研、刘洪钟：《政治关系、经济权力与贸易往来：来自东亚的证据》，《世界经济与政治》2015年第12期。

③ 庞珣、王帅：《中美对外援助的国际政治意义——以联合国大会投票为例》，《中国社会科学》2017年第3期。

④ 保建云：《分布理性与国际政治经济学理论研究的新拓展》，《世界经济与政治》2015年第2期。

货币经济学

一 学科概述和发展趋势

货币经济学作为宏观经济学的重要分支，从宏观的角度试图说明货币行使其记账单位、价值储藏等基本职能的同时与商品、价格和经济的关系问题。货币经济学主要研究货币供需关系特别是货币供给对经济的影响、中央银行与货币政策、货币政策对宏观、微观经济的影响等问题，具体包括货币的本质与功能、货币政策框架和传导机制、宏观审慎政策与金融稳定、汇率政策和资本流动、债务和杠杆率、金融周期，以及货币政策与金融监管、财政政策的关系等问题。

从国际视角看，2008 年金融危机之后各国为了刺激经济增长采用了常规和非常规的货币政策，一些主要国家尤其是美国的量化宽松政策具有全球性的溢出效应，使得各国货币政策独立性受到削弱，政策之间的相互联系和作用加强，国际合作与协调的重要性凸显。随着各国经济的复苏，货币政策正常化成为新的趋势。由于量化宽松政策向市场注入过多的流动性，如何推进货币政策的正常化，在保证经济复苏的同时保持金融稳定，引起学界的关注。此外，国际社会在金融危机后开始质疑“单一目标、单一工具”的主流货币政策框架的有效性，通过对政策效果的分析、拟合和模拟，对现行宏观经济理论和政策实践进行反思。

从国内视角看，中国经济进入增速放缓的“新常态”，经济结构转型成为国内的主要问题，在结构转型中如何制定和实施宏观经济金融政策，加强金融对实体经济的支持，维护金融稳定，促进经济平稳健康发展，是当前的关注重点。同时，随着汇率市场化、人民币国际化、资本项目可兑换的推进，如何正确应对外部政策冲击，保持汇率在合理均衡水平上双向波动，实现经济的内外部均衡，也是近年来货币经济学研究的重点。

2016—2017 年，我国货币经济学在理论研究和政策实践方面成果丰富，我们对相关研究成果进行了综述，分为货币政策调控框架的转型、货币政策和宏观审慎政策双支柱框架、货币政策正常化、债务问题和金融去杠杆、金融周期与经济周期、汇率和跨境资本流动、人民币国际化、数字货币等八个议题，并利用专栏详细介绍了其中前两个议题。

二 货币政策调控框架的转型

我国利率市场化改革已经基本完成，随着利率形成和传导机制的完善，货币政策调控框架的转型继续推进，由数量型加速向价格型调控框架转变。未来调控将更多地使用价格方式，这就需要更加成熟的金融市场条件作为前提。随着我国金融改革的深化，2015 年正式取消了存款利率浮动上限，完善了汇率形成机制，促进了利率和汇率市场化水平的提高，金融市场的广度和深度进一步增强，金融市场发展和货币政策框架转型将继续良性互动，迎来更大的发展（孙国峰，2016）。

价格型调控以利率作为中介目标，一般需要培育某个短期利率释放政策信号作用，引导市场利率的走势，多数国家还会同时构建利率走廊，将市场利率的波动范围限定在走廊的范围内。宋雪涛（2016）认为，我国也有必要建立利率走廊机制，有助于稳定市场预期，防止出现因预期不稳而囤积流动性的倾向，从而促进利率水平平稳，在短期利率波动性显著下降之后，市场会产生使用某个短期利率作为定价基础的意愿，才有可能培育出政策利率。关于政策利率，许艳霞（2016）则主张，我国货币政策框架转型中构建的基准利率，必须是一个包含长短期利率的组合基准利率体系。通过建立多元向量自回归模型［VAR（p）］，发现我国现阶段还不存在一个利率，能够同时在货币市场、债务市场、信贷市场上较好地传导，且对实体经济有较好的传导性。因此，不同的市场应该有不同的定价基础。鉴于回购利率和 Shibor 在货币市场具有较好的传导效果。建议由七天期回购利率发挥政策利率的作用，由 Shibor 作为货币市场基准。赵经涛等（2016）也支持 Shibor 作为市场基准利率。黄千里和方华（2016）则质疑 Shibor 的基准地位，指出 2014 年 Shibor 报价时间调整以后，其在货币市场的基准性地位出现了弱化的趋势。

价格型调控除了关注货币在国内市场的价格（利率）之外，也需要考虑货币的对外价格（汇率），及两者的相互作用。卢静等（2017）研究了在人民币加入 SDR 后，我国货币政策框架转型需要在利率、汇率市场化进程中考虑基准利率建设问题，以及利率、汇率的协调问题，建议中央银行进一步丰富货币政策工具，关注利率、汇率的联动关系，加强货币政策的国际协调。

对于货币政策框架转型问题，也有学者（张成思、计兴辰，2017）没有预设立场，采用了问卷调查的方式，收集整理了金融业界、学界和央行人士对“新常态”下我国货币政策框架的转型和重建问题的看法。调查围绕“货币政策目标”“货币政策工具”“央行沟通”以及“央行独立性”四个方面展开，各界形成的共识有：货币政策目标加入“金融稳定”，未来继续推进政策的改革和创新，丰富政策工具箱，加强与市场的沟通。

三　货币政策和宏观审慎政策双支柱框架

2008 年金融危机以来，主流的通胀目标制货币政策框架受到国际社会的广泛质疑。传统上，货币政策主要关注物价稳定，对金融市场和资产价格的波动不承担主动应对的职责。然而，反思历次经济金融危机爆发的原因，却发现货币、价格等因素通常不是引发危机的主要原因，金融市场失灵、房地产等资产市场的紊乱才是最大的危机来源。本轮金融危机发端于美国房地产市场的次贷危机，由于金融运行的顺周期性和风险的传染性，单个市场的风险迅速深化蔓延，恶化为一场全球性的大衰退。在此过程中，货币政策既没能在危机前预防资产价格异常波动带来的风险，也没能在危机出现苗头后及时阻断其传染扩散。物价即使稳定，金融也未必稳定。因此，危机后各国货币当局开始高度重视金融稳定，以英格兰央行为代表的一些中央银行甚至增设了专门负责金融稳定的机构，形成了负责物价稳定的货币政策和负责金融稳定的宏观审慎政策“双支柱”治理体系。

我国对宏观审慎政策的探索始于 2009 年，两年后开始实施差别准备金动态调整机制，正式启动宏观审慎管理。而后又在外汇、房地产等领域采取宏观审慎措施，经过多年的积累，2016年推出宏观审慎评估体系（MPA），我国的宏观审慎政策体系初步成型。2017年党的十九大报告明确提出，健全货币政策和宏观审慎政策双支柱调控框架。在此之前，双支柱框架已经实际运作多年，讨论货币政策和宏观审慎政策关系的理论研究已经为数不少，但“双支柱”的表述是新提法。2017年3月，中国人民银行副行长陈雨露在中国金融学会学术年会上谈论了探索建立“货币政策+宏观审慎政策”双支柱政策框架，这是央行官员首次就“双支柱”框架公开发声。

双支柱框架是包含目标、工具、治理、传导等的一系列制度安排，首要的问题便是政策目标。在政策目标选择上，强调突出价格稳定，并统筹兼顾金融稳定（陈雨露，2017）。在双支柱框架提出之前，理论界有一些看法是将金融稳定纳入货币政策目标之内，而不强调采用两条腿走路。郭子睿、张明（2016）认为，金融稳定不能成为中央银行的一个独立目标，但货币政策在制定时需要考虑金融稳定状况。葛奇（2016）探讨了如何将金融稳定纳入央行货币政策的目标函数之中。李天宇等（2016）则更进一步，模拟了加入金融稳定目标后货币政策的效果，并与宏观审慎政策效果作了比较。他们在异质性消费者的DSGE模型中，分别模拟了包含信贷市场稳定目标的货币政策和宏观审慎政策的效果，发现货币政策增加金融稳定考量并没有干扰物价稳定目标的实现，此时货币政策和宏观审慎政策都能在经济上行期抑制信贷加杠杆，但两者传导路径不同，联合使用两种政策会出现相互干扰。

双支柱框架拥有货币政策和宏观审慎政策两套工具。除了法定存款准备金、再贷款再贴现、公开市场操作等货币政策工具，宏观审慎政策工具也相当丰富，大致可分为时间维度和空间维度两类，分别针对金融运行时间上的顺周期性和金融风险空间上的传染性。从时间维度看，主要是对资本水平、杠杆率等设定要求，进行逆周期调节，平滑金融体系的顺周期波动，这类工具包括巴塞尔协议Ⅲ的逆周期资本缓冲（CCyB）、贷款价值比（LTI）、债务支出收入比（DSTI）等。从空间维度看，主要是加强对系统重要性金融机构的监管，对业务范围、规模等适当管理，保持此类机构的稳健，防范金融风险出现跨机构、跨市场的传染，相关的工具包括系统重要性金融机构附加资本、流动性覆盖率（LCR）、净稳定融资比率（NSFR）等。IMF曾在2011年发布的WP/11/238号工作论文中详细介绍过各类宏观审慎政策工具及使用方法，具有广泛的指导意义，因此近年来国内对宏观审慎政策工具的研究相对较少。至于双支柱框架的治理和传导，实践中已经有些探索，但相关的研究并不多。

双支柱框架要发挥最佳效果，需要处理好货币政策与宏观审慎政策之间的关系，政策能否形成合力，取决于两者的协调配合。比如在应对信贷扩张导致的资产价格泡沫时，货币政策应该采取“事前的逆向管理”措施，并与宏观审慎监管协调配合，两者的协调程度需要根据冲击的类型、经济周期和金融周期的一致性程度、宏观审慎政策的制度安排来决定（郭子睿、张明，2016）。已有学者根据冲击类型来研究货币政策与宏观审慎政策的协调。岑磊和谷慎（2016）利用DSGE模型从社会福利角度探讨了两者的协调配合，发现在供给冲击下，货币政策与宏观审慎政策可能存在冲突，在需求冲击下，两者则互补促进。张敏锋和林宏山（2017）构建了包含金融加速器的多部门DSGE模型，考察双支柱最优的搭配模式。他们认为双支柱框架总体上有助于缓解金融风险，但若货币政策与宏观审慎政策都对信贷变化作出反应，反而会因政策冲突而效果不佳。建议双支柱政策均采用泰勒规则，货币政策关注价格稳定和经济增长，贷款价值比关注贷款。文中选择贷款价值比指标构建宏观审慎政策规则的做法不尽合理，贷款价值比一般针对的是房地产领域，涉及的贷款规模有限，而且指标本身也只是众多宏观审慎工具之一，代表性不佳。另外，泰勒规则描述的是利率、通货膨胀、产出缺口的关系，由于传统货币政策以短期利率作为中介目标，故而可参考泰勒规则。宏观审慎政策关注的是金融稳定，其操作对象并非利率，采用泰勒规则似乎欠妥。闫先东和张鹏辉（2017）也是基于贷款价值比考察货币政策与宏观审慎政策的相互协调，得出的结论是传统的货币政策与宏观审慎政策配合可以缓解金融失衡问题，但纳入宏观审慎目标的加强型货币政策既无法维护价格稳定也无法实现金融稳定。明明和王诗雨（2017）讨论了我国货币政策周期、监管周期与杠杆周期的关系，指出随着金融市场深化、社会资本存量增高，宏观调控政策对经济周期的调控能力趋弱，若政策配合不当，就有可能引爆系统性风险。那么在复杂的周期变化中，如何实施双支柱框架政策呢？他们提出货币政策应当稳健中性，同时搭配趋严的宏观审慎监管。但有必要指出的是，该文将宏观审慎政策等同于宏观审慎监管有失片面，监管只是宏观审慎政策的一个方面。货币政策与宏观审慎政策究竟该如何协调，协调的时机、规则、方式、频率、效果等问题还有待于未来加以深入研究。

四　货币政策正常化

2008 年国际金融危机爆发，以美国为首的发达经济体在传统货币政策失效的前提下，启动了非常规的量化宽松政策和前瞻指引政策，通过大规模的资产购买计划和非常规货币政策工具，降低风险溢价和期限溢价，进而降低长期利率。在连续实施四轮量化宽松政策后，美国的联邦基金利率接近零利率下限，美联储的资产负债表扩展至前所未有的庞大规模。得益于非常规货币政策，在宽松的货币政策环境下，美国的劳动力市场前景显著改善，通货膨胀率接近目标水平，经济开始温和复苏。

在经济持续向好的背景下，货币政策的正常化开始提上议程。早在 2012 年 10 月，联邦公开市场委员会就开始着手于货币政策回归正常化的相关研究，并提出了四个重要问题：正常化进程开始的时间、实施方法、实施进度和利率提升幅度（威廉·C. 杜德利，2015）。2014 年 9 月，美联储发布《政策正常化原则和计划》，提出以逐步提高政策利率和减少对证券的持有来实现货币政策正常化的构想。2017 年 6 月上述论述被修改，由原来的被动停止证券本金的再投资改为逐步减少再投资（葛奇，2017）。根据美联储的实际做法，货币政策回归正常化主要涉及上调联邦基金利率、缩减资产负债表，以及减少前瞻性指引。

一方面，在短期利率接近零下限、长期利率被人为压低的背景下，过于宽松的货币环境使得债券市场对利率的敏感度增强，资产价格中存在泡沫现象，市场中的系统性风险增加，金融体系的脆弱性加剧。在过低的利率环境下，货币政策的独立性和有效性都受到削弱。但是，过早地较大幅地上调联邦基金利率有可能约束市场发展、弱化经济增长动能。预期通货膨胀率和长期失业率两个指标作为经济发展前景的重要衡量标准，是美联储提升利率的依据。杜德利（2015）认为利率的提升速度取决于经济发展情况和金融市场条件对联邦基金利率目标变动的反应。从 2015 年年末首次加息到 2018 年 3 月，美联储通过六次加息将基准利率区间提升至 1.5%—1.75%，并预计将于 2019 年之前达到 3% 的中性利率水平。除了联邦基金利率外，美联储还可通过提高超额准备金利率等引导市场利率水平上升。

另一方面，美联储的资产负债表已经扩张至历史最高水平，且财政部债券和住房抵押担保证券在资产端的占比巨大，对长期利率影响较大。葛奇（2017）认为，缩减资产负债表的规模能够在未来经济再次衰退时，给予美联储更多的政策操作空间，并替代提升基准利率的做法，减轻其对外汇市场和新兴经济体的溢出性影响。

但是，根据各国学者的研究，将资产负债表调整至危机前的水平显然不太可能。如何收缩资产负债表规模、资产负债表与利率调整顺序先后，以及资产负债表应维持的规模是亟待解决的问题。依据基准利率的管理方式不同，学界存在对资产负债表规模所处水平的两种观点：第一种观点认为应该取消以联邦基金利率作为唯一政策目标，以危机后采用的超额准备金利率和隔夜反向回购利率作为利率走廊的上下限作为标准，维持相应的资产负债表规模；第二种观点则认为政策正常化意味着继续通过公开市场操作的方法调整联邦基金利率，因而资产负债表规模取决于商业银行的准备金水平。姑且不论以上两种观点孰优孰劣，已经确定的是美联储为了维护市场稳定，并不会通过售卖金融资产的方式缩减规模，而是通过减少并逐步停止证券资产再投资的方式逐渐缩减。

除了货币政策的正常化对各国内部市场及经济结构的影响之外，其对新兴经济体的溢出性影响也是国内学者讨论的重点。之前较为宽松的货币政策环境下，其他国家特别是新兴经济体的资产价格出现泡沫，汇率升值。在货币政策正常化过程中，美国国内利率上升、资产价格下降，将会吸引之前投资于新兴经济体的资本回流，并通过汇率渠道、资本流动渠道和利率渠道对新兴经济体形成冲击（肖卫国、兰晓梅，2017）。肖卫国等（2017）利用时变参数向量自回归模型分析货币政策正常化后导致中国资本外流加剧，汇率贬值，中美利差缩减，股市等资本产品价格下跌。受外汇占款和季节性影响，美国与中国的央行缩表并不能产生联动效应。王冠楠和项卫星（2017）在开放经济模型中模拟了美联储加息政策是如何造成负向的投资效率冲击的，并通过金融摩擦的放大效应传导至实体经济中，加剧宏观经济的外部脆弱性。

五 债务问题和金融去杠杆

在2008年经济危机之后，地方政府债务爆发性增长，虽然并未达到警戒线，但地方政府的不良债务问题有可能增加系统性风险，成为中央财政的隐忧。如何衡量地方政府债务的影响是近期学者们关注的要点之一。牛霖等（2016）利用城投债利差作为经济指标引入无套利的Nelson-Siegel模型中，分析国债收益率与城投债之间的联动关系和风险传导机制，得出地方债务风险通过“避风港效应”和“补偿效应”影响国债定价，若不对地方债务加以控制有可能引致国债收益率上浮，加剧中国债券市场的系统性风险。

随着政府、企业和居民债务率的增长，流动性在金融部门轮回滚动、未流向实体经济的负面影响逐渐显现，去杠杆和防范系统性金融风险成为近两年的热点问题。马勇等（2016）从实证分析的角度论证了金融杠杆、经济增长和金融稳定之间的关系，从宏观调控角度看金融去杠杆需调整有度，避免过度去杠杆所带来的经济衰退甚至是金融危机的局面，也要防止不去杠杆所带来的别的问题。蔡真等（2016）在企业资产回报率下降和货币利率提高这一长期趋势背景下，分析得出国有企业在行业中占比和上市公司并购重组效应是企业资产回报率和微观杠杆率相背离的原因，上市公司资产负债率上升与权益资本增加是宏微观杠杆率相背离的原因。

货币政策传导机制领域，一方面货币政策与监管政策的协调问题是新的理论前沿。货币政策通过银行信贷渠道、银行风险承担渠道对实体经济产生作用影响。姚舜达等（2017）讨论在流动性约束下，货币政策同银行风险承担机制之间的负向关系，表明监测和防范银行风险承担对货币政策稀释作用的重要性。方先明等（2017）检验了信贷影子银行的顺周期性与时变性，认为需考虑民间资本流动与央行货币政策的博弈性，进一步强化监管。魏巍等（2017）利用银行大面板数据分析了货币政策与监管政策之间的交互作用，以及它们如何通过货币供需关系和银行资本充足性等对银行信贷行为产生影响。王晋斌等（2017）观察了数量型和价格型货币工具下商业银行风险承担程度的不同，认为在金融稳定的前提下货币政策是非中性的。

另一方面，宏观货币政策与资本品价格之间的联动性也是讨论的热点之一。高晓红等（2017）在新凯恩斯动态随机一般均衡模型中，比较泰勒规则中是否加入股价缺口，并分析对货币政策、股价变动等的脉冲响应，确定在制定货币政策时可将股票价格波动纳入考虑，以保证经济增长不会偏离均衡增长路径。龙少波等（2016）利用中介效应检验方法探讨了货币政策、房地产价格和消费之间的影响关系，并得到货币政策直接影响消费、房价通过货币政策间接影响消费的结论，但是房价上涨的财富效应对居民消费的影响并不明显。郭晔等（2016）利用浮息债与固息债的利差代表货币政策变动预期来分析预期和未预期的货币政策对债券市场中信用利差的影响，印证了未预期货币政策对信用利差影响更大，且在经济上行期的影响更深。卢霖等（2017）利用最新的无套利期限结构模型探讨中国式的“格林斯潘之谜”，长期利率中风险溢价的影响较大，且风险溢价受国内通胀率和国外美联储基准利率及汇率等因素的影响。

六　金融周期与经济周期

金融周期与经济周期的交互作用与关系在2008年国际金融危机之后，重新成为学者们研讨的热点。在2008年之前，在货币中性和金融中性的前提下，无论是实际经济周期（RBC）模型还是宏观经济模型，并未考虑金融因素的影响，直至2008年之后，学者们在研究金融与实体经济的关系问题时，将金融周期框架引入讨论。在去杠杆的宏观经济背景下，研究经济周期与金融周期对实体经济的影响，在宏观审慎框架下选择适宜的经济政策、货币政策与监管政策，仍是近两年来深入讨论的重点。

何为金融周期？Borio（2014）将其定义为“价值与风险偏好与对待风险和金融约束的态度之间自我加强的交互作用”。张晓晶等（2016）从费雪的债务—通缩理论开始谈起，认为同金融周期一样强调金融要素的重要性，需追溯到明斯基所提出的金融周期理论和伯南克的金融加速器理论。该文同时试图描述金融周期的时代背景、特征和金融周期对新时代宏观经济政策的挑战。伊楠（2016）运用带通滤波和转折点分析方法，以私人部门信贷、私人部门信贷/GDP和国房景气指数代表融资约束和对风险和价值的替代，构建了中国的金融周期，得出中国金融周期长于传统经济周期。范小云等（2017）运用Borio（2016）中提到的BP滤波分量法，依据信贷、信贷/GDP、房地产价格和股票价格构建金融周期模型并检验1996—2015年的数据，解释中国金融周期的现实含义，并检验印证了张晓晶等（2016）“金融周期比经济周期持续时间更长、波动更大”的特征，且“金融周期波峰可作为金融周期冲击的预警指标”。马勇等（2016）利用房地产价格、股票价格、银行利差、金融杠杆等因子构建了金融周期指数，证明金融周期对经济周期具有良好的预测作用，且较之传统的信贷周期、货币周期等其对宏观经济波动的解释力更强，在金融经济活动中处于核心地位。

国内学者也在努力探讨金融周期的运行与作用机制，但是并无统一的定论和标准。李扬（2017）通过回顾从古典的货币中性，到维克塞尔、凯恩斯等的货币通过利率决定经济活动总水平，到后来的金融中介理论，再到现代经济学界试图将金融作为内生性因素纳入经济分析的动态随机一般均衡模型，最后到实体经济金融化的理论发展历程，探讨了金融与实体经济的关系，解析了金融周期对经济周期的影响。陈雨露等（2016）利用68个国家多年的面板数据进行实证分析，得出金融周期与经济增长、金融稳定之间的负向关系，并且只有在金融平稳周期中经济增长率和金融稳定性才能相较于高涨或衰退期中，发挥更高的效用。马勇等（2017）利用包含内生性金融因素的宏观经济模型，通过研究金融周期、经济周期与货币政策之间的关系，得出央行在实施货币政策时不妨将金融体系的稳定性纳入考虑。陈晓莉等（2017）同样运用滤波法和拐点法观察东亚、东南亚十多国的金融周期及他们与中国金融周期的趋同性。

金融周期的顺周期性、对宏观经济波动的影响以及各国间金融周期的协整性，都对现行宏观调控体制提出了挑战，更要求国内在去杠杆的背景下，适时实行逆周期的经济政策，构建货币政策和宏观审慎政策双支柱调控框架。

七　汇率和跨境资本流动

危机期间，伴随着美国等发达国家持续降息并推出多轮量化宽松政策，全球金融市场流动性过剩，大量的资本流入收益率较高的新兴市场经济体，后期随着主要国家开始加息和缩表，国际资本加速撤离，导致一些新兴市场经济体的货币急剧贬值，威胁经济增长和金融稳定。从2014年下半年开始，我国也经历了明显的资本流出考验。人民币贬值压力加大，外汇储备持续下降。

应对跨境资本流动和汇率贬值问题，首先需要弄清楚驱动资本流出的主要因素有哪些。国内很多学者对此进行了研究，总的来说，影响资本流动的因素非常复杂，包括全球流动性松紧的大环境因素、内外收益差造成的驱动因素、是否存在管制的限制性因素、汇率波动的比价因素、追求安全资产的避险因素等。2015年汇改以后，汇率波动对资本流动的影响成为研究重点。李胜男（2016）认为，跨境资本流动追求收益，由于汇率变动会影响一国资产的收益率水平，因而对资本流动的影响较大。且随着可兑换程度提升，汇率因素的影响加大。但汇率因素对短期资本流动影响不明显，相反短期资本受预期风险收益驱动，具有投机性，反过来助推了汇率波动。尹晓民等（2017）运用分位数回归法分析了近年来影响我国短期跨境资本流动的因素，认为汇率升值预期会促使资本流入，且汇率因素的影响随着汇率市场化推进而提高。陈创练等（2017）研究了我国资本流动与利率、汇率之间的时变动态关系，发现利率对资本流动的传导渠道不畅，汇率与资本流动的相互影响显著。

就近年来我国跨境资本流动的表现来看，我国依然保持经常项目和资本项目双顺差，资本总体保持净流入趋势，但有一些新变化。从流出来看，我国储蓄率高于投资率，已经成为并将继续保持资本输出国地位，对外直接投资（ODI）和对外金融投资增长加快，其中 ODI 的流出将超过外商直接投资（FDI）的流入，流出结构也有所变化，私人资本流出相对于官方资本流出比重上升。从流入来看，主要体现在流入结构发生变化，金融资本流入相对于 FDI 流入上升，国外官方资本流入相对于私人流入占比上升（彭兴韵，2016b）。“8·11”汇改前后，我国短期资本流动波动加剧。韩强（2016）认为，人民币汇率进入贬值通道，短期国际资本出现大规模双向流动。在经常项下，人民币贬值使得我国产品价格相对下降，出口增加，顺差加大，资本随之流入，但反应较弱。在资本项下，国际投资者形成贬值预期，迅速调整配置，热钱出逃，反应剧烈。

除了定性认识，对资本流动也需要进行定量的测算。尤其是短期资本流出对经济增长、金融稳定影响较大，更需要跟踪和监测，对资本流出的规模和渠道有所掌握。测算资本流出的方法多样，口径有所差异。陈卫东和王有鑫（2016）以国际收支平衡表数据为主，加上进出口贸易、外汇占款、银行结售汇、银行代客涉外收付款、跨境资金流向监测等数据，对人民币贬值背景下通过合法和地下渠道流出的资本规模进行了测算，估计 2015 年我国跨境资本净流出规模近 6400 亿美元。

国际资本流动是一把双刃剑，既可以促进投资和经济增长，也可能威胁金融稳定（肖卫国等，2016）。经济过热催生资产泡沫，资本大量涌入，刺激过度投资和泡沫增大，一旦泡沫破裂，资本出逃，将引起本币贬值和信贷收缩，加剧资产价格下跌、资本进一步流出的恶性循环，加剧经济运行的顺周期性（彭兴韵、王伯英，2016）。面对异常短期资本大量流动的冲击，不少学者建议采用宏观审慎管理加以应对。肖卫国等（2016）认为，宏观审慎监管政策的实施有助于更好地应对资本流动的冲击，有效抑制金融风险，建议宏观审慎政策的执行应独立于货币政策，尽快构建宏观审慎监管框架，明确各监管部门的职责，丰富宏观审慎监管工具。彭兴韵和王伯英（2016）则指出，为了更好地管理资本流出，需要在资本流入之时就加强事前的宏观审慎管理，我国实施的全口径跨境融资宏观审慎管理，可以准确地掌握跨境融资水平，控制杠杆和货币错配风险。针对资本流动的宏观审慎管理措施因此可有效维护金融稳定。

八　人民币国际化

货币国际化的影响因素，又被称为货币国际化的条件，是指“在货币国际化进程中起推进或阻碍的宏观经济因素”（孙海霞，2013）。评判货币国际化的程度，可以其所承担的价值储藏和支付媒介这两大货币功能来评判，也可以从货币使用惯性、网络效应、金融市场发达度等方面进行研究。钟红等（2017）以本国居民发布的本国国际债券占比来衡量国际货币的交易支付功能和外汇储备功能，并得出发展中国家不一定受货币错配的影响，人民币回流机制对人民币国际化至关重要。白晓燕等（2016）通过研究不同时期各类国际化程度不同的货币的影响因素，选取出口份额、通货膨胀、经济实力、汇率波动等要素，利用可行广义最小二乘估计分析并衡量其在不同时期对货币国际化的影响程度，提出在之后若推行人民币国际化应从加快金融市场建设和使汇率在合理范围内自由波动两方面进行。彭红枫等（2017）也研究国际货币的储藏功能，他利用国际货币的交易成本和信息成本研究货币国际化的影响因素与作用路径，得出与上述类似的结论。

就国际货币的形成而言，姚大庆（2017）在博弈框架下利用微观企业在国际市场上对货币的选择和使用来解释国际货币的形成机制和动态演进机制，很好解释了“在日本GDP排名世界前位的前提下日元不够国际化”的现象，指出推进人民币国际化就必须提高各类国际企业使用人民币的意愿。

九 数字货币

随着比特币的崛起，各种基于区块链技术的加密数字货币迎来大爆发。比特币是最早的数字货币，基于特定算法通过开源软件获取，没有统一的发行机构，网络上各个节点构成的分布式数据库对其获取和交易进行确认和记录，并利用数字加密技术确保安全性。比特币的总量被永久限制在2100万个。由于总量控制，比特币一度受到市场的追捧，价格暴涨，从最初花费几分钟计算即可获得数枚比特币，到后期获取效率急剧下降而价格暴涨至近两万美元一枚。在此过程中，各类比特币交易平台大量涌现，比特币交易价格急剧波动。在比特币大获成功后，首次代币发行（ICO）兴起，国内有以太币、莱特币、狗狗币等数字货币纷纷进入公众视野，炒币乱象开始出现。中央银行开始对首次代币发行和交易加强监管。

近两年来，国内研究数字货币的文献浩如烟海，就数字货币的特点、价值、技术、发行、影响、监管、前景等各个方面作了大量研究。就特点而言，数字货币一般具有总量稳定和去中心化的特点。由于数字货币的算法解数量固定，因此同一算法下可开采的数字货币总量是确定的。数字货币是根据分布式算法产生的，因此没有统一的发行主体，可由任何拥有算力的终端分散挖掘获得（施婉蓉等，2016）。另一个特点是数字货币不同于传统的法币、电子货币、虚拟货币等，其信用属性不以官方信用、私人信用为背书，而是由数学算法来作信用背书（肖风，2017）。

数字货币的发行方式可分为官方发行和非官方发行。非官方数字货币就是比特币等由民间团体开发的分布式记账货币，种类繁多，发行和交易经常出现混乱局面。数字货币的无国界性、线上性，以及缺乏可识别的“发行者”等，都给监管当局带来挑战，可能对支付系统、金融稳定都会产生深远影响（米晓文，2016）。温信祥和张蓓（2016）讨论了非官方数字货币对货币政策可能造成的影响。鉴于非官方数字货币固有的缺陷和可能产生的负面影响，当前涉及的主要问题就是如何对其进行监管和规范。杨东（2016）对首次代币发行的监管进行了探讨。

很多学者认为非官方数字货币存在公信力不强、价值不稳、接受度不广泛的缺陷，主张应由货币当局发行官方的数字货币。范一飞（2016）认为，官方数字货币是各国货币当局推动发行的法定数字货币，以国家信用为保证，可以最大限度地提升交易的便利性和安全性。他从法定数字货币的形态和运行框架、技术关键和竞争优势、对金融体系的影响等几个方面解析了发行官方数字货币的必要性和可行性。盛松成和蒋一乐（2016）也对央行发行数字货币的原因进行了探讨，他们认为，央行发行数字货币不单是为了取代现金，更多的是为了应对私人数字货币崛起的压力和冲击，而且央行本身在发行数字货币方面有天然优势，并将有利于货币政策运行和传导。张正鑫和赵岳（2016）梳理了央行探索发行法定数字货币的国际经验。姚前（2016）讨论了中国法定数字货币的构想和设计思路，涉及的法律问题可参阅刘向民（2016）的研究，技术上的实现问题则由王永红（2016）作了探讨。徐忠等（2016）认为，中心化、弹性化和虚拟化发行是未来趋势，央行发行数字货币可以借鉴各种成功的技术，而不仅仅是区块链技术。谢众（2016）考虑了如何建设央行数字货币的使用环境，搭建提存、交易等场景。关于推出央行数字货币的意义，王永利（2016）认为，这意味着央行将成为网上货币发行和清算中心，在互联网金融时代掌握主动，将对货币发行、货币政策、支付清算、金融格局、互联网金融发展乃至国际货币体系等方面产生极其深刻的影响。官方数字货币的发行和运作是未来的发展方向，可以继续深入研究。

十 学科热点

（一）货币政策调控框架的转型和工具的完善

货币政策调控框架是包含政策目标、工具和传导机制的复杂系统。政策目标可分解为操作目标、中介目标和最终目标。操作目标是由中央银行利用存款准备金率、再贷款、公开市场操作等政策工具直接调节的变量，如基础货币、贷款规模等。通过对操作目标的调节，中央银行可调控中介目标，如政策利率、货币供应量等，然后经过金融变量至实体经济的复杂传导过程，从而实现最终目标，如物价稳定、充分就业等。一般来说，根据中介目标主要关注数量型还是价格型变量，货币政策调控框架可分为数量型和价格型调控框架。

由于金融体系的组织方式、金融市场的成熟程度、数据统计的口径范围等有所不同，各国的货币政策调控框架所涉及的目标、工具和传导机制因此差异比较大。单就中介目标来说，采用数量型目标的国家，主要关注货币供应量，但至于关注哪个层次的货币供应量，不同国家在不同时期对变量的选择是不一样的，比如美联储在 20 世纪 70 年代将 M1 增速作为中介目标，至 80 年代又将目标改为 M2 增速，德国央行在 20 世纪 80 年代末曾将 M3 增速作为中介目标，韩国央行在 20 世纪 70 年代至 90 年代末曾先后采用 M1、M2、M3 作为中介目标。采用价格型目标的国家，则主要关注利率，培育某个短期利率作为政策利率，并且多数国家会建立利率走廊来引导市场利率在合理区间内变动。比如美联储、欧央行分别将联邦基金利率、主要再融资利率作为政策利率。欧央行还确定了由贷款便利利率和存款便利利率作为上下限的利率走廊，引导市场利率围绕政策利率在利率走廊的范围内上下波动。

改革开放后，中国的货币政策框架早期以贷款规模、广义货币供应量 M2 作为中介目标。1998 年后，中介目标转向单一的广义货币供应量 M2，该数量型调控框架延续至今。2015 年以来，随着利率市场化改革基本完成，我国的货币政策调控框架由数量型为主加速向价格型为主转型。进行利率市场化改革，完善以市场为基础的利率形成和传导机制，是推进货币政策调控框架顺利转型的前提条件。2015 年 10 月，存款利率上限放开，历经二十多年的利率市场化改革基本完成，但取消了对存贷款基准利率的行政管制，并不意味着我国的利率一夜之间完全实现了市场化定价，也不代表市场化以后的利率形成和传导就完全适应了调控转型的需要。在随后的两年中，人民银行不断完善市场利率定价自律机制，提高金融机构的自主定价能力，健全市场基准利率体系，为完善中央银行利率调控和传导体系打下坚实基础。2016 年 2 月起，公开市场开始常态化操作，七天期逆回购利率逐渐承担起释放政策信号的作用。同时，常备借贷便利（SLF）利率开始发挥走廊上限的作用，超额准备金利率实际上起到下限的作用，我国的利率走廊机制在过去两年中初步形成雏形。通过对政策利率的调节，引导市场利率围绕政策利率在走廊系统内波动，完成从货币市场到债券市场再到信贷市场乃至实体经济的传导，表明我国的利率体系和传导机制正在逐步完善，货币政策框架转向价格型调控的前提条件日渐成熟。

近年来，由于金融市场和产品的发展创新，表外业务、影子银行规模对 M2 统计造成干扰，股票债券融资、信托贷款、未贴现的银行承兑汇票等不计入 M2 的资金规模越来越大，M2 指标对经济体中实际的资金供给规模反映日益失真，与经济变量之间的关联度下降，货币需求函数开始变得不稳定，继续把 M2 作为政策调控的中介目标存在较大问题。不仅 M2 与经济变量之间的关系弱化，作为操作目标的基础货币与 M2 之间的关系也开始变得不稳定。基础货币与 M2 之间以货币乘数为纽带联系起来，由于金融体系的货币创造方式日趋多元化，货币乘数变得不稳定，中央银行即使能够精细地调控基础货币，也无法精确地影响 M2。从当前基础货币与 M2、M2 与经济变量的关系看，M2 指标作为中介目标的可测性、可控性和关联性都在下降。2016 年政府工作报告中首次纳入社会融资规模指标，提出“今年广义货币 M2 预期增长 13% 左右，社会融资规模余额增长 13% 左右”。这是对原来单一数量指标的补充和完善，也从侧面反映了 M2 指标作为中介目标的地位已然动摇。传统的数量型为主的调控框架越来越表现出局限性。

数量型框架和价格型框架的差异在于锚定的目标不同。数量型框架以货币供应量为锚，中央银行通过调节基础货币，影响 M2 规模，在货币数量给定的条件下，待市场出清确定货币价格（利率）。价格型框架则以利率为锚，中央银行通过调节政策利率，影响市场利率，在货币价格给定的条件下，由市场竞争确定供给的货币数量。理论上来说，无论是先有数量还是先有价格，市场均衡对应的数量和价格是唯一的组合。数量调控和价格调控本质上殊途同归。但两者在操作的难易程度、运行至均衡的时效等方面仍会因具体的调控环境差异而存在明显不同。当前，我国数量指标的作用逐渐弱化，而利率体系和传导机制日趋完善，因此转向价格型调控的优势渐显。

但是，转向价格型调控也并非一劳永逸。在本轮金融危机中，一些国家的政策利率很快触及零利率有效下限，面临利率降无可降的局面，此时价格型调控就会束手无策，不得不启用量化宽松等数量型货币扩张手段，直接向实体经济注入流动性。因此，我国货币政策调控框架只是在现阶段需要由数量型转向价格型，未来采用什么样的框架并没有既定路径可循，关键是要基于当时的经济金融发展情况作出理性分析和判断。

在价格型调控框架下，银行体系流动性管理和利率引导的重要性更加突出。为了保持银行体系流动性合理稳定，防止市场利率大幅波动，在原有的法定存款准备金、再贷款类工具（常规再贷款及各类便利如 SLF、MLF、PSL）、再贴现、公开市场操作（常规操作、SLO）等政策工具之外，2017 年人民银行又创设了流动性便利（TLF）和临时准备金动用安排（CRA）。这两个工具都是针对春节期间的流动性需求创设的，操作对象和运作机制稍有不同。2017 年 1 月，通过临时流动性便利（TLF）为现金投放量较大的几家大型商业银行提供了部分流动性支持。12 月建立临时准备金动用安排（CRA），允许全国性商业银行在春节期间临时使用不超过 2 个百分点的法定存款准备金，期限为 30 天。进一步丰富了中央银行的工具箱，关键时点的流动性管理能力得到提升，增强了调控的灵活性和有效性。

（二）货币政策和宏观审慎政策双支柱框架

2008 年金融危机后，国际社会开始重视构建宏观审慎政策框架，研究提出了一系列逆周期调节的宏观审慎政策工具，如逆周期资本缓冲（CCyB）、流动性覆盖率（LCR）、净稳定融资比率（NSFR）、贷款价值比（LTI）、债务支出收入比（DSTI）等。我国从 2009 年开始研究宏观审慎措施，2011 年正式实施差别准备金动态调整机制，要求商业银行按照参数调整后的宏观审慎资本充足率与其实际资本充足率之差来缴存差别准备金，资本充足率低的银行需要缴存的准备金就多，本质上是用商业银行的资本实力约束信贷扩张规模。2016 年该机制升级为宏观审慎评估体系（MPA），从资本和杠杆、资产负债、流动性、定价行为、资产质量、外债风险、信贷政策执行情况等七个方面来对商业银行进行全面评估，按照评估结果对商业银行的信贷投放进行引导。不同于以往只对狭义贷款进行管理，MPA 体系管理的是广义信贷，包括贷款、证券及投资、回购交易等。2017 年，MPA 体系又将表外理财纳入广义信贷指标范围，督促金融机构强化对表外业务的风险管控。

除了对信贷的宏观审慎管理，2015 年以来，人民银行还对跨境资本流动进行了宏观审慎管理，具体措施包括对远期售汇征收风险准备金、提高离岸市场投机性购售人民币的手续费、进行本外币一体化的全口径跨境融资宏观审慎管理等。近年来，大规模跨境资本流动频繁冲击新兴市场经济体的金融稳定。2014 年二季度开始，我国出现了明显的资本流出。2015 年资本流出势头不减，尤其是“8·11”汇改之后，人民币贬值预期加强，四季度资本流出加速，全年净流出资金高达6000 多亿美元，迫使当局出台一系列“控流出、扩流入”的宏观审慎措施。2016 年以来，跨境资本流出压力总体缓解但仍有波动，已有的宏观审慎措施继续发挥着对资本流动的逆周期调节作用。

2016 年出现了全国普遍性的房地产价格暴涨，根据中央“房住不炒”的要求，住房金融政策相应进行了调整，强调“因城施策”实施差别化的住房信贷政策，对于部分房价上涨过快的热点城市，提高最低首付款比例和房贷利率上浮幅度，并降低最长贷款年限。对房地产金融服务的宏观审慎管理较好地适应了房地产行业的发展现状，有利于促进房地产市场的平稳健康发展。

经过危机以来对宏观审慎管理的积极探索，我国在宏观审慎政策理论和实践方面积累了较为丰富的经验。宏观审慎政策对货币政策形成了有益补充，在平抑金融周期、防范金融风险方面有着不可或缺的天然优势。货币政策与宏观审慎政策互为补充，侧重点有所不同。货币政策为总量政策，主要调节经济运行中的货币信贷总量，侧重于保持币值稳定，锚定的目标一般是物价稳定。但物价稳定不等于金融稳定，即使价格水平未大幅波动，金融市场、资产价格也可能异常波动。五年来，我国经济平稳较快增长，消费者价格指数（CPI）年同比增速始终保持在 3% 以下的低位运行，但期间仍出现了金融市场和资产价格的异常波动，如 2015 年股票市场的大起大落、外汇市场的本币贬值冲击，2016 年房地产市场的大幅普涨，以及 2017 年债券市场的动荡。单一的货币政策框架难以兼顾物价稳定和金融稳定。而宏观审慎政策关注的是金融体系的健康，侧重于防范金融体系的纵向顺周期波动和风险的横向传染，目标是维护金融稳定。宏观审慎政策的引入为央行解决金融稳定问题提供了有力的抓手，金融市场和资产价格的稳定能够减少对物价的冲击，与货币政策协调配合，形成合力，收获更好的政策效果。

本轮金融危机后，各国开始反思原来主流的“单一目标（物价）、单一工具（利率）”的货币政策框架是否足以胜任金融宏观调控。国际社会开始强调中央银行应当在关注物价稳定的同时承担起维护金融稳定的职责，在中央银行的治理架构下，货币政策与宏观审慎政策开始出现并行趋势。有些央行采用物价稳定+金融稳定双支柱的概念，有些央行采用货币政策+宏观审慎政策双支柱的概念，有些央行没有明确提出“双支柱”的概念，但实质上也开始双管齐下。最早明确提出“双支柱”框架的是伦敦政治经济学院Grauwe和欧洲政策研究所Gros（2009），他们建议中央银行采用“双支柱”策略，权衡物价稳定和金融稳定目标，利用利率工具实现物价稳定，利用宏观审慎工具实现金融稳定。2016年上半年，人民银行首次描述了货币政策+宏观审慎政策双支柱调控框架，而后开始有文献对此进行研究。2017年党的十九大报告明确提出，健全货币政策和宏观审慎政策双支柱调控框架。下一步，需要继续加强对“双支柱”框架的目标、工具、治理架构、实施传导、效果评估的研究，更好地平衡两类政策，实现优势互补，切实提升金融宏观调控水平。

参考文献与学科年度主要文献

Borio, C.,“The Financial Cycle and Macroeconomics: what we have learnt?”, *Journal of Banking and Finance*, Vol. 45, 2014, pp. 182 – 198.

C. Lim, F. Columba, A. Costa, P. Kongsamut, A. Otani, M. Saiyid, T. Wezel and X. Wu.,“Macroprudential Policy: What Instruments and How to Use Them?”, *IMF Working Paper*, 2011.

白晓燕、邓明明：《不同阶段货币国际化的影响因素研究》，《国际金融研究》2016年第9期。

蔡真、栾稀：《为什么企业回报下降杠杆还在上升——兼论宏微观杠杆率的背离》，《金融评论》2017年第4期。

岑磊、谷慎：《宏观审慎政策效应及其与货币政策的配合》，《财政研究》2016年第4期。

陈创练、姚树洁、郑挺国、欧璟华：《利率市场化、汇率改制与国际资本流动的关系研究》，《经济研究》2017年第4期。

陈卫东、王有鑫：《人民币贬值背景下中国跨境资本流动：渠道、规模、趋势及风险防范》，《国际金融研究》2016年第4期。

陈晓莉、张方华：《中国与东亚、东南亚国家和地区金融周期趋同性研究》，《国际金融研究》2017年第11期。

陈雨露、马勇、阮卓阳：《金融周期和金融波动如何影响经济增长与金融稳定》，《金融研究》2016年第2期。

范小云、袁梦怡、肖立晟：《理解中国的金融周期：理论、测算与分析》，《国际金融研究》2017年第1期。

范一飞：《中国法定数字货币的理论依据和架构选择》，《中国金融》2016年第17期。

方先明、权威：《信贷型影子银行顺周期检验》，《金融研究》2017年第6期。

高小红、苏玮：《股价波动、货币政策规则与宏观经济波动——基于多部门NK-DSGE模型的研究》，《经济评论》2017年第2期。

葛奇：《从量化宽松到量化紧缩——美联储缩减资产负债表的决定因素及其影响》，《国际金融》2017年第12期。

葛奇：《金融稳定与央行货币政策目标——对“杰克逊霍尔共识”的再认识》，《国际金融研究》2016年第6期。

郭晔、黄振、王蕴：《未预期货币政策与企业债券信用利差——基于固浮利差分解的研究》，《金融研究》2016年第6期。

郭子睿、张明：《货币政策与宏观审慎政策的协调使用》，《经济学家》2017年第5期。

韩强：《人民币贬值对中国短期国际资本流动的影响研究》，《经济研究导刊》2016 年第 30 期。

黄千里、方华：《对 SHIBOR 作为货币市场基准利率在货币政策框架转型下的基准性研究》，《科技和产业》2016 年第 16 期。

李国辉、陈雨露：《探索建立“货币政策 + 宏观审慎政策”双支柱政策框架》，《金融时报》2017 年 3 月 25 日。

李胜男：《汇率变动对跨境资本流动的影响》，《IMI 研究动态》2016 年合辑。

李天宇、张屹山、张鹤：《扩展型货币政策与宏观审慎监管的金融稳定作用分析》，《经济评论》2016 年第 3 期。

李扬：《金融经济周期与实体经济的金融化》，《IMI 研究动态》2017 年下半年合辑。

刘向民：《央行发行数字货币的法律问题》，《中国金融》2016 年第 17 期。

龙少波、陈璋、胡国良：《货币政策、房价波动对居民消费影响的路径研究》，《金融研究》2016 年第 6 期。

卢静、李松健、乔薇：《人民币加入 SDR 对货币政策框架转型的积极影响与风险防范》，《经济师》2017 年第 7 期。

马勇、冯心悦、田拓：《金融周期与经济周期——基于中国的实证研究》，《国际金融研究》2016 年第 10 期。

马勇、田拓、阮卓阳、朱军军：《金融杠杆、经济增长与金融稳定》，《金融研究》2016 年第 6 期。

米晓文：《数字货币对中央银行的影响分析》，《国际金融》2016 年第 4 期。

明明、王诗雨：《双支柱金融调控政策框架探究》，《中国金融》2017 年第 11 期。

牛霖琳、洪智武、陈国进：《地方政府债务隐忧及其风险传导——基于国债收益率及城投债利差的分析》，《经济研究》2016 年第 11 期。

彭红枫、谭小玉、祝小全：《货币国际化：基于成本渠道的影响因素和作用路径分析》，《世界经济》2017 年第 11 期。

彭兴韵、王伯英：《跨境资本流动与宏观审慎管理》，《中国金融》2016 年第 15 期。

彭兴韵：《我国国际资本流动出现新趋势》，《上海证券报》2016 年 9 月 28 日。

盛松成、蒋一乐：《货币当局为何要发行央行数字货币》，《清华金融评论》2016 年第 12 期。

盛松成、蒋一乐：《央行数字货币才是真正货币》，《中国金融》2016 年第 14 期。

施婉蓉、王文涛、孟慧燕：《数字货币发展概况、影响及前景展望》，《金融纵横》2016 年第 7 期。

宋雪涛：《从利率走廊看货币政策框架转型与利率市场化之路》，《清华金融评论》2016 年第 4 期。

孙国峰：《货币政策框架转型与中国金融市场发展》，《清华金融评论》2016 年第 1 期。

王冠楠、项卫星：《金融摩擦与宏观经济的外部脆弱性——基于美联储加息政策的视角》，《国际金融研究》2017 年第 7 期。

王晋斌、李博：《中国货币政策对商业银行风险承担行为的影响研究》，《世界经济》2017 年第 1 期。

王永红：《数字货币技术实现框架构想》，《中国金融》2016 年第 8 期。

王永利：《央行数字货币的意义》，《中国金融》2016 年第 8 期。

威廉 · C. 杜德利：《美国经济与货币政策》，专家论坛。

魏巍、蒋海、庞素琳：《货币政策、监管政策与银行信贷行为——基于中国银行业的实证分析 2002—2012》，《国际金融研究》2016 年第 5 期。

温信祥、张蓓：《数字货币对货币政策的影响》，《中国金融》2016 年第 17 期。

肖风：《数字货币的价值起源》，《清华金融评论》2017 年第 4 期。

肖卫国、兰晓梅：《美联储货币政策正常化对中国经济的溢出效应》，《世界经济研究》2017 年第 12 期。

肖卫国、尹智超、陈宇：《资本账户开放、资本流动与金融稳定——基于宏观审慎的视角》，《世界经济研究》2016 年第 1 期。

谢众:《央行数字货币使用环境建设》,《中国金融》2016 年第 17 期。

徐忠、汤莹玮、林雪:《央行数字货币理论探讨》,《中国金融》2016 年第 17 期。

许艳霞:《我国货币政策框架转型中货币市场基准利率体系构建研究》,《吉林金融研究》2016 年第 6 期。

闫先东、张鹏辉:《货币政策与宏观审慎政策的协调配合》,《金融论坛》2017 年第 22 期。

杨东:《监管 ICO》,《中国金融》2017 年第 16 期。

姚大庆:《国际货币的起源和演化:基于多种群不对称性博弈的演化进程》,《世界经济研究》2017 年第 12 期。

姚前:《中国法定数字货币原型构想》,《中国金融》2016 年第 17 期。

伊楠、张斌:《度量中国的金融周期》,《国际金融研究》2016 年第 6 期。

尹晓民、刘佳、黄欢、李庆祯:《跨境资本流动的影响因素分析——基于汇率市场化改革视角》,《金融与经济》2017 年第 12 期。

张成思、计兴辰:《中国货币政策框架转型:分歧与共识》,《金融评论》2017 年第 9 期。

张敏锋、林宏山:《基于 DSGE 模型的"货币政策 + 宏观审慎政策"双支柱调控政策协调配合研究》,《上海金融》2017 年第 12 期。

张晓晶、王宇:《金融周期与创新宏观调控新维度》,《经济学动态》2016 年第 7 期。

张正鑫、赵岳:《央行探索法定数字货币的国际经验》,《中国金融》2016 年第 17 期。

赵岳:《浅析主要发达经济体货币政策正常化的背景、路径及影响》,《金融会计》2017 年第 12 期。

钟红、李宏瑾、王达:《本币发行国际债券影响因素实证分析——对人民币国际化和货币回流机制的启示》,《金融研究》2017 年第 1 期。

（郑黎黎　李　森）

企业管理学

一 学科概述

虽然最早的管理实践可以追溯到遥远的古代人类文明，但企业管理学真正形成却源于20世纪初弗雷德里克·泰勒的开创性贡献。泰勒基于工厂实践创造的“科学管理”本质是“从经验走向科学的思想革命”，这就意味着人类告别长期以来依靠经验，依靠传统行事的行为模式，开始遵循科学的行为规范。与泰勒同时代的亨利·法约尔在探索和总结管理经验的基础上，于1916年出版了《工业管理与一般管理》一书，该书从管理职能出发，是对建立一种系统的管理理论的最早尝试。以泰勒、法约尔等人为代表，这个时期的管理思想和理论通常被称为古典管理理论。

正当科学管理理论为当时的企业界普遍接受时，新的管理思想与理论也正在孕育中，这就是行为科学理论。它的产生源于哈佛大学梅奥教授率领研究小组所进行的“霍桑实验”，梅奥教授在1933年出版了《工业文明中的人》一书，奠定了该理论的基础。20世纪50年代以来，在已有的古典管理理论、行为科学理论的基础上，又出现了许多新的理论和学说，形成了众多学派，这被著名管理学家孔茨（1961）形象地比喻为“管理理论丛林”，也有人以此为标志称企业管理进入了现代管理理论阶段。这些学派主要有：(1) 社会系统学派，该学派是从社会学的角度来研究管理，把企业组织及其成员的相互关系看成一种协作的社会系统，其创始人是巴纳德，他的代表作为《经理人员的职能》；(2) 决策理论学派，该学派认为管理的关键在于决策，因此，管理必须采用一套制定决策的科学方法，要研究科学的决策方法以及合理的决策程序，其代表人物是美国卡内基—梅隆大学教授西蒙，他的代表作为《管理决策新学科》；(3) 系统管理学派，它侧重于用系统的观念来考察组织结构及管理的基本职能，其代表人物是卡斯特，他的代表作为《系统理论和管理》；(4) 经验管理学派，该学派强调企业管理的科学应该从企业管理实际出发，以大企业的管理经验为主要研究对象，以便在一定的情况下可以把这些经验加以概括和理论化，其代表人物主要有德鲁克，著有《有效的管理者》等著作；(5) 权变理论学派，该学派认为组织和组织成员的行为是复杂的，不断变化的，这是一种固有的性质，而环境的复杂性又给有效的管理带来困难，因此以前各种管理理论所适用的范围就十分有限，例外的情况越来越多，其代表人物是伍德沃德，他的代表作为《工业组织：理论和实践》；(6) 管理科学学派又称数理学派，它是泰勒科学管理理论的继续和发展，其代表人物是伯法，他的代表作为《现代生产管理》。

企业管理学不同于其他学科，它是一门实践导向很强的科学，是一门科学，也是一门艺术。实际上，面对百年形成的庞大的知识体系和众多的流派，我们很难归纳出一条企业管理学发展的逻辑主线。如果我们研究百年来企业管理经典著作所关心的主题，可以归结为管理与管理者、领导、组织与人事、效率、市场与顾客、竞争与战略、创新与变革、现代公司的组织逻辑和管理的国际化等诸多方面。从企业管理学的学科分类角度而言，战略管理、人力资源管理、生产管理、营销管理、组织管理、质量管理等构成企业管理学的经典内容，而且这些学科还在不断地丰富、细化、交叉和发展，管理学的新学科、新分支还在不断地产生。

二 学科发展

新中国成立后，我国一方面学习和引进苏联的管理模式和管理学知识，另一方面我国企业也探索出许多有中国特色的企业管理经验和模式。但中国现代管理学的建立和发展是以中国改革开放、高速工业化进程为背景的。尤其20世纪90年代以来，随着我国市场化、工业化、国际化和信息化进程的加快，无论是管理创新实践，还是以探索市场经济条件下管理活动规律为己任的管理学术研究，以及以培养管理人才为目标的管理学教育，都取得了很大发展。

新中国企业管理学经历了“探索奠基”“恢复转型”和“完善提高”三个阶段。①

（1）探索奠基阶段。从1949年新中国成立到1978年十一届三中全会之前，管理学呈现出计划经济条件下生产导向型管理的基本特征，社会主义企业管理学从无到有逐步建立，企业管理学整体处在“探索奠基”阶段。20世纪50年代，我国企业管理主要以学习借鉴苏联模式为主，在全国范围内系统引进了苏联的整套企业管理制度和方法，强调集中统一领导，推行苏联的“一长制”模式和“马钢宪法”，在计划管理、技术管理、经济核算制等方面奠定了生产导向型管理的基础。

20世纪50年代末到60年代初开始，为克服照抄照搬苏联管理方法的缺点，针对管理学存在的问题，结合国情，我国开始探索与建立社会主义企业管理模式，“鞍钢宪法”及《工业七十条》就是有代表性的体现。1961年，由马洪主持、中国科学院经济研究所和有关大专院校的同志编写了60万字的《中国社会主义国营工业企业管理》，由人民出版社于1964年内部出版发行，该书是中国社会主义企业管理学的奠基之作。中国人民大学等单位也编写了许多企业管理教材。这表明，经过探索，我国社会主义企业管理学的学科开始形成。另外，在此时期，大庆创造了“三老四严”经验，具有很大影响，体现了科学管理和精细管理的要求。“文化大革命”期间，中国的经济和管理处于严重混乱状态，管理的重要性被否定，财经院校的管理学高等教育被迫取消。“文化大革命”结束后两年里，遗留下来的政治、思想、组织和经济上的混乱还很严重，中国管理学的发展仍处于停滞阶段。进入1978年，各项工作逐步恢复，企业管理和管理学的发展也逐步得到重视。1978年3月，全国科学大会通过的《1978—1985年全国科学技术发展规划纲要（草案）》为中国管理学的发展破除了坚冰，该纲要将“技术经济和生产管理现代化的理论和方法的研究”列为第107项，新中国第一次在操作层面正式提出要推进管理学研究工作。

① 陈佳贵主编：《新中国管理学60年》，中国财政经济出版社2009年版；陈佳贵：《把握世界发展趋势，加快中国管理学创新》，在“管理学百年与中国管理学创新”学术研讨会暨中国企业管理研究会2012年年会上的讲话（2012年9月15日）。

（2）恢复转型阶段。从1979年到1992年，我国企业管理模式开始从计划经济下的生产型转向市场经济下的生产经营型，学习国外管理学知识的重点从苏联转向美、日、欧等发达国家，管理学在学科建设、学术研究、教育培训等方面都有很大发展，我国管理学进入全面“恢复转型”阶段，这一阶段管理学的发展始于对国外管理学知识的引进吸收。机械工业部1978年举办了第一个“质量月”活动，将全面质量管理（TQM）从美国、日本引入中国；1979年中美两国政府签署了培训中国企业管理人才的中美合作协定书，“中国工业科技管理大连培训中心”成为改革开放后首个引进国外现代管理教育的办学机构，培养了一大批企业管理实践和研究人才；20世纪80年代初，由马洪主编、中国社会科学出版社出版的“国外经济管理名著丛书”包括37本管理学名著，成为最早系统介绍国外管理思潮的系列著作，影响了一大批管理学者；1983年，袁宝华提出我国企业管理理论发展的16字方针：“以我为主，博采众长，融合提炼，自成一家”，为建立有中国特色的管理理论和管理模式指明了方向。

这个时期一批管理学研究机构、期刊陆续涌现，一些重要文献对管理学发展起到了重要推动作用。1978年11月中国管理现代化研究会成立；1979年3月中国企业管理协会在北京成立；1980年中国管理科学研究会、中国数学会运筹学会、中国系统工程学会相继成立；1981年中国工业企业管理教育研究会成立（现为中国企业管理研究会）；1979年1月由中国社科院主管的我国第一本管理学学术刊物《经济管理》创刊；1979年蒋一苇的《企业本位论》发表，为面向市场经济的中国企业和中国企业管理学奠定了基础；1985年国务院发展研究中心主管、主办的《管理世界》创刊。

这个时期也是中国管理学教育全面恢复和发展时期，在这一阶段管理学教育从“恢复元气”走向“生机勃勃”。1979年3月，国家经委举办企业管理培训干部研究班，这是新中国企业管理培训史上首次以国家层次命名的企业管理培训班，标志着企业管理培训的开始；1979年开始，一些大学和研究机构相继恢复管理学教育，开始了管理学专业的本科和研究生教育；从20世纪80年代开始，中国人民大学陆续出版了《中国工业企业管理学》系列教材，开始探索具有中国特色的社会主义工业企业管理学；1984年4月以后，教育部陆续批准清华大学、武汉大学等成立或恢复（经济）管理学院；1986年2月，国家自然科学基金委员会成立，并设置管理科学组；1990年，MBA教育获得国务院学位委员会批准，我国九所大学开始试办MBA；1992年11月，中国技术监督局颁布国家标准的《学科分类与代码》（GB/T1374592），管理学被列为一级学科。

（3）完善提高阶段。1993年十四届三中全会以后，中国进入建立和完善社会主义市场经济体制的新时期，这也开启了企业管理学“完善提高”发展的新阶段。这一时期社会主义市场经济体制逐步建立和完善，企业呼唤管理学对改善生产经营、提升竞争力提供指导；国有企业改革的推进要求管理学积极总结改革经验教训、探讨改革难题、研究改革方向；中国日益融入全球发展浪潮，管理实践者和研究者能够接触到更多国外先进管理实践和管理学研究前沿，提升了中国企业管理学的水平，也推动其在学习、吸收的基础上结合中国实际不断创新；文化教育事业的繁荣为管理学教育的发展、管理人才的培养和管理知识的传播作出了积极贡献。总体上这是一个管理学学科体系不断完善、研究水平不断提高的阶段。

三 学科理论前沿和热点问题

（一）数字时代的战略变革：用户资源基础观与平台战略

伴随“大数据”“智能制造”“物联网”“云计算”等新技术加速应用，以数字技术为主要特征的技术革命正在对产业组织形态、企业组织产生了革命性的影响，推动了电子商务、智能制造、工业互联网等生产、生活方式的革命性变革。数字化基础设施正在加速形成，数据成为重要的生产要素，商业秩序正在发生重构，一场数字商业地震快步向我们走来。① 数字时代会对企业战略带来哪些变革，这成为理论界和实践界关注的焦点。对用户资源基础观、平台战略的研究大量涌现。

王钦认为企业边界与结构也在随环境动态变化，企业仅仅依靠内部资源和既有资源，已经很难再创造价值。在变革条件下，组织能够在利用既有资源的同时不断探索新资源，所以战略变革就涉及组织资源在不同主体间的再组合过程，具体包括用户资源、组织内资源和组织间资源的再组合。② Priem、Li 和 Carr 提出了基于“需求侧”研究的用户基础观，认为应该转向下游的产品市场、消费者，寻求增加价值创造过程的决策。传统的资源基础观认为，应该在“企业的边界”之内，或者“上游要素市场”寻找能够维持企业竞争优势的原因。

用户基础观则同时考虑上游的资源供应商和下游的消费者，通过资源的再平衡过程满足现有的用户需求，并寻找潜在资源能够提供的新用户价值。即准确发现用户需求，并快速整合资源予以满足。从某种意义上讲，用户价值的中心不仅是产品的功能特征，而更是用户体验，就是在数字化的商业情景下做好用户体验的设计。例如，苹果公司就是跨越了既定的计算机产业边界，重新架构产业，将娱乐资源引入产业发展，iPod 应运而生，形成全新的价值网络。事实上，单就 MP3 的开发，索尼更早一些，简约也一直是索尼对产品的追求，为什么结果迥异？因为这时的 iPod 除了硬件的“手感、外观、功能”之外，iTunes 让大量传统的唱片公司尝到了甜头，让“互联网不再只是海盗”，娱乐资源自然就进入了苹果的产业边界。进而将 iPod 升级为 iPhone，App Store，又将广大软件应用程序的开发者都纳入整个价值网络中。此时，苹果公司已经是“硬件 + 软件 + 娱乐资源”的综合体。③

金帆认为价值生态系统是具有生态系统特征的新型产业组织，没有明确的产业边界和企业边界，进驻并栖息于价值生态系统的顾客，可以直接参与或主导价值创造流程。④ 李海舰等提出了“用户员工化”的创新概念，用户需求推动企业创新，同时用户资源成为重要的吸收能力来源。⑤

根据 Eisenmann 2007 年的研究发现，按照市值排序，在世界 100 家最大的企业中，至

---

① 王钦：《共享管理：管理新范式、新行动》，《清华管理评论》2016 年第 4 期。

② 王钦、赵剑波：《价值观引领与资源再组合——以海尔网络化战略转型为例》，《中国工业经济》2014 年第 11 期。

③ 王钦：《新工业革命背景下的管理变革：影响、反思和展望》，《经济管理》2014 年第 12 期。

④ 金帆：《价值生态系统：云经济时代的价值创造机制》，《中国工业经济》2014 年第 4 期。

⑤ 李海舰、田跃新、李文杰：《互联网思维与传统企业再造》，《中国工业经济》2014 年第 10 期。

少有60%企业超过一半的收益来自平台市场。一般认为，互联网企业更加容易采用平台型模式的企业战略，但传统制造业企业也开始思考平台战略变革。通过实施平台战略，获得相应的用户资源基础，并使得网络效应极大化。平台战略的实施，关键在利用平台的规模与结构，促进平台的网络联系和交易的便利，提升平台的网络效应。事实上，在数字时代企业成长的目标正在发生变化，是成为传统意义的大型企业还是平台型企业？成为许多传统企业未来成长需要思考的问题。

张小宁认为平台战略是企业的成长战略。随着产业和技术的发展，双边市场和平台战略的研究所面对的情境又有所不同。双边市场的概念和内涵已经被拓展，平台型企业概念体现了企业的成长过程。当企业提供某种产品或服务，其使用者越来越多时，每一位用户所得到的消费价值都会呈跳跃式增加，这种商业模式被称为平台战略。腾讯、阿里巴巴、百度等企业的成功发展无一例外采用了平台战略。在过去的二十年中，它们以惊人的速度横扫互联网及传统产业，形成极具统治力和强大营利能力的商业模式。平台型企业能够“赢者通吃”，掌控自己的商业生态圈。基于现有的竞争优势，平台企业的包围战略还可以向其他产业渗透。凭借庞大的用户数量和精确的用户数据，平台型企业可以进一步渗入其他产业，建立新商业模式，从而使自己具有超级成本优势。①

（二）组织惯性与组织变革研究

惯性（inertia）本是物理学概念，指的是物体保持运动状态不变的一种趋势和特性。后来这一概念被引入管理学领域，1977年由Hanna和Freeman，在其开创的群体生态学组织理论（也有学者称为组织生态学理论）中共同提出，认为惯性会对组织结构造成变革压力。对企业来说，常见的组织惯性包括结构惯性、资源惯性、知识惯性、文化惯性等。

姜春林等研究了民营企业的变革，认为组织惯性会对企业的运营和管理造成各方面的影响，阻碍企业的权力交接和管理创新，从而对民营企业的成功转型造成不利影响。② 王俊研究了上市公司的多元化并购问题，认为多元化并购是上市公司进行业务转型的重要方式，但由于组织惯性的存在（主要是组织结构和组织文化两个层面）严重阻碍着上市公司多元化并购的发生，从而不利于其业务转型。③ 此外，谢康等人通过案例研究发现，组织惯性会阻碍企业的互联网转型，在变革前后引发一系列的变革风险：首先，在变革前的突破组织惯性阶段，企业面临着模式、能力和资源的变异风险；其次，在变革后的新惯性形成阶段，企业又面临着模式、能力和资源的适应风险。但企业仍可通过多种风险控制机制，有效地降低风险，成功实施互联网转型。④

虽然不少学者认为组织惯性往往会对组织变革造成不利影响，但组织惯性也并非一无是处，有时候组织惯性也可能产生有利的影响，其对组织来说是利、弊共存的。吕一博等认为，组织惯性是所有成功发展的组织中所普遍存在的现象，它会提升组织集群网络的可

---

① 张小宁：《平台战略创新研究综述》，《经济管理》2014年第3期。

② 姜春林、张立伟、谷丽：《组织惯性的形成及其对我国民营企业转型的影响》，《科技管理研究》2014年第20期。

③ 王俊：《多元化并购中突破组织惯性的机制探析》，《改革与战略》2015年第4期。

④ 谢康、吴瑶、肖静华：《组织变革中的战略风险控制——基于企业互联网转型的多案例研究》，《管理世界》2016年第2期。

持续发展能力，增强集群网络的“集聚优势”，削弱集群网络演化的小世界现象，同时，组织惯性的存在会加剧集群网络演化的派系分化程度，从而促进派系内网络效率的提升，进而带动整个集群网络效率的提升。①

组织惯性与组织变革之间有着紧密的联系，但组织惯性对组织变革的影响并不是单一的阻碍或促进作用，而是随着变革发展阶段的不同而作用有所不同。组织应根据不同阶段惯性的作用来采取不同的应对措施，当组织惯性对组织的发展和变革造成阻碍时，就应通过组织文化、组织学习及组织制度来克服，其目的是为了最小化组织惯性的不利影响，同时尽可能发挥其积极作用。

（三）弹性人力资源管理研究

人力资源管理对企业成功的贡献取决于人力资源管理系统垂直和水平匹配的程度。在稳定环境下，通过官僚的人力资源管理系统（范围狭窄的人才库和能力库）就可以轻松保持垂直匹配，但在动态的环境下，就需要更具弹性的人力资源管理系统适应企业发展的需要。弹性人力资源系统核心是便利员工间的学习行为，并获得市场响应能力和企业创新能力方面的竞争优势。弹性的概念有两个基本维度——资源弹性和协调弹性。②

同时，在数字化的商业情景下，雇佣关系呈现多样化，员工就业的形式开始多种多样，不仅仅局限于全职就业于一家公司，各种替代的就业方式不断出现。传统就业的替代模型，如独立承包、临时工、“供应商契约”在美国个人从事的经济工作中占到了20%的比例。原有企业和员工之间关系更多的是建立在全职就业模型唯一关系的情况之下的，对于不断发展的替代就业方式，需要进一步了解的是一个分类系统，这个系统可以通过个人从事的经济活动，将各种就业方式进行归类，主要有三种分类方法：经常性工作和临时性工作；标准化工作和非标准工作；内部工作和外部工作。③

王钦认为企业最关注用何种安排方式以及何种组合。每一种安排方式都有自己的成本和收益，组织真正的选择是平衡这些方式的成本收益找到最适合自己的方法和组合。企业可以从工作内容出发，有效配置劳动关系，并采取有效的方式，完成任务目标。④

（四）品牌社群研究

现有研究对品牌社群的分类方式主要有三种：一是根据社群活动的主要载体，将品牌社群分为实体社群和虚拟社群；二是按照产品或品牌自身的特征，分为高外显性产品品牌社群、低外显性产品品牌社群和服务品牌社群；三是根据发起者的不同，将品牌社群划分为由消费者自主发起的品牌社群，以及由企业有计划地建立的品牌社群，并指出根据企业

---

① 吕一博、程露、苏敬勤：《组织惯性对集群网络演化的影响研究——基于多主体建模的仿真分析》，《管理科学学报》2015年第6期。

② Chang, S., Gong, Y. P., Way, S. A. and Jia, L. D., "Flexibility-Oriented HRM Systems, Absorptive Capacity, & Market Responsiveness & Firm Innovativeness", *Journal of Management*, Vol. 39 (7), Nov 2013, pp. 1924 – 1951.

③ Peter Cappelli, J. R. Keller, "Classifying Work in the New Economy". *Academy of Management Review*, 2013, 38 (4): 575 – 596.

④ 王钦：《新工业革命背景下的管理变革：影响、反思和展望》，《经济管理》2014年第12期。

所处行业的不同，这两类品牌社群所能产生的价值有着显著差别。

随着互联网、移动互联网、智能终端等技术的快速发展，虚拟品牌社群（或在线品牌社群）成为研究者主要关注的对象。即时通信工具和社交网络平台的出现，使得品牌社群突破了地理限制和时间限制，成员之间、成员与企业之间可以随时随地进行交流互动。这一优势不仅在网络上催生了大量品牌社群，也吸引很多传统的线下社群向线上转移。另外，线上交流内容便于观察和记录的特点，为品牌社群的研究提供了大量资料和数据，虚拟品牌社群也因而成为研究者的关注焦点。近年来，有大量研究成果着重于探讨虚拟品牌社群的特征、结构和影响。[①]

对品牌社群作用机制的研究主要关注两个过程——消费者参与并融入品牌社群的过程，以及对消费者对品牌社群的认同是如何转化为对品牌的忠诚的。贺爱忠和李雪详细描述了消费者从参与到逗留再到持续参与的行为演变过程中动机构成的变化，并将导致消费者融入品牌社群的决定因素概括为品牌依恋、人际依恋和社区依恋。消费者从参与到融入品牌社群的过程，其实质是成员参与动机在外部情境因素影响和个人心理需要满足下不断内化的过程，这一结论与自我决定理论的研究是基本一致的。[②] 黄敏学等的研究表明，消费者在品牌社群中获得的娱乐体验和信息体验是形成品牌忠诚的前因变量，且社群认同在这一过程中起到中介传导的作用。[③]

近年来，企业视角的品牌社群价值研究逐渐超越了传统品牌研究的范畴，从其他管理学研究领域切入展开研究。共创（co-creation）一词最早是作为营销领域的一个战略被提出，意为企业应鼓励顾客参与产品和服务的共同设计、开发及生产。后来这一术语被应用于价值创造的领域，以价值共创（ Value Co-creation）一词描述顾客怎样积极参与产品或服务的设计和开发，以及顾客怎样与企业或其他利益相关者在消费领域进行互动。

李朝辉等通过问卷调查发现，通过参与价值共创活动，顾客的品牌体验有显著提升。他进一步对价值共创活动进行了分类，并发现相较于由企业发起的价值共创活动，由社群成员自主发起的价值共创活动对品牌体验的积极影响更为显著。[④] 王晓川等对苹果品牌社群的研究表明，品牌认同与社群认同通过不同的机制，促进社群中关于创新的互动（显性创新行为），催生产品和服务的创新。[⑤]

（五）企业社会责任研究

肖红军、李先军研究了三次工业革命与企业社会责任的演化脉络，认为工业革命的发展，推动了企业社会责任理念和认识不断进步，也推动了企业履责方式、履行行为的不断

---

① Mousavi, S. , Roper, S. and Keeling, K. A. , "Interpreting Social Identity in Online Brand Communities: Considering Posters and Lurkers" *Psychology and Marketing*, Vol. 4, 2017, pp. 376 - 393.

② 贺爱忠、李雪：《在线品牌社区成员持续参与行为形成的动机演变机制研究》，《管理学报》2015 年第 5 期。

③ 黄敏学、廖俊云、周南：《社区体验能提升消费者的品牌忠诚吗——不同体验成分的作用与影响机制研究》，《南开管理评论》2015 年第 3 期。

④ 李朝辉、金永生、卜庆娟：《顾客参与虚拟品牌社区价值——品牌体验的中介作用》，《营销科学学报》2014 年第 4 期。

⑤ 王晓川、陈荣秋、江毅：《网络品牌社群中的创新活动及其前因与后效研究》，《管理学报》2014 年第 4 期。

丰富，工业革命与企业社会责任表现出共同演进的历史逻辑，并得出了第三次工业革命背景下企业社会责任发展的新趋势，主要表现在社会责任理念、企业的履责方式、履责议题、履责管理与履责主体等方面发生了重大变化。[①]

周立军、王美萍等认为互联网高速发展的同时互联网企业社会责任问题日益凸显，并成为社会责任研究中值得关注的领域，以2012—2014年96家互联网上市公司为样本，探讨了互联网企业财务绩效对社会责任履行水平的影响，以及在企业生命周期不同阶段的影响差异和规律。结果显示，互联网企业的财务绩效对其社会责任绩效产生正向影响[②]；邵剑兵、刘力钢等从演化经济学视角出发，利用企业基因遗传理论所搭建的分析框架，对互联网企业履行社会责任的演进过程进行深入剖析，并以阿里巴巴集团为研究对象，系统阐述了企业不同成长阶段中三种基因遗传机制的具体表现[③]；肖红军认为在“互联网+”背景下平台化履责越来越成为领先企业实践社会责任的新范式，在将企业履责方式划分为独立自履、合作自履、价值链履责推动和平台化履责四种范式基础上，分析了平台化履责对传统履责范式在社会治理方式、价值创造方式、社会责任边界和社会责任管理上的超越并构建了综合社会问题类型、企业社会回应策略与企业影响力范围的平台化履责范式的适用情境模型，基于“平台基础—实现方式”区分出企业实施平台化履责的六类战略。[④]

阳镇、许英杰认为“互联网+”为企业社会责任履行带来全面而深刻的影响，主要表现在对企业社会责任履责主体、履责动力、履责范式、履责议题、履责沟通、履责管理带来全面性的深刻变革，并着重分析了“互联网+”战略背景下如何影响企业社会责任战略、社会责任履行理念、社会责任履行工具、社会责任落地议题，并为“互联网+”背景下企业履行社会责任提出了新的融合路径。[⑤] 晁罡、林冬萍等以典型双边市场HY集团商业地产业务为研究对象进行嵌套式纵向案例研究，分析平台企业在各发展阶段对双边用户的社会责任行为模式，提出了平台企业社会责任杠杆天平模型，即平台企业在不同的市场环境下，通过社会责任行为平衡双边用户的相对地位。[⑥]

四 学科进一步发展的趋势

（一）“人”的认识：产销合一的深化

在现实中，企业员工一方面是产品或服务的提供者，另一方面又是产品或服务的用

---

① 肖红军、李先军：《工业革命与企业社会责任：共同演化的视角》，《经济与管理研究》2017年第3期。

② 周立军、王美萍、杨静：《互联网企业财务绩效与社会责任绩效的关系研究——基于生命周期理论》，《投资研究》2017年第1期。

③ 邵剑兵、刘力钢、杨宏戟：《基于企业基因遗传理论的互联网企业非市场战略选择及演变——阿里巴巴社会责任行为的案例分析》，《管理世界》2016年第12期。

④ 肖红军：《平台化履责：企业社会责任实践新范式》，《经济管理》2017年第3期。

⑤ 阳镇、许英杰：《“互联网+”背景下企业社会责任变革趋势与融合路径》，《企业经济》2017年第8期。

⑥ 晁罡、林冬萍、王磊、申传泉：《平台企业的社会责任行为模式——基于双边市场的案例研究》，《管理案例研究与评论》2017年第10期。

户，同时具有员工和用户两种社会角色。在企业组织存在严格边界的前提下，企业员工的角色就同用户角色产生了分离，被严格嵌入企业内部的分工体系中，成为企业组织这个庞大系统中的一个“齿轮”，已经远离了用户角色。实际上有很多管理问题正是产生于这种分离，或者说是由于“两分”而产生的矛盾。尤其是当企业员工被当作“工具”“物”对待时，这种“两分”的异化就更加突出。这时作为企业员工已经丧失了用户的角色，只是听命于上级的一个会说话的“物”。正如德鲁克所说，企业存在的价值就在于创造用户，而这种“两分”的状态并不有利于用户的创造。特别是在数字化商业情景中，当用户拥有更多选择权的时候，这种“两分”造成的矛盾就更加突出。自然，如何从“两分”走向“合一”就成为管理理论要重新反思的问题，“人”本应该成为管理的目的，而不是管理的工具，“人”的自主管理是走向“合一”的重要路径。

“新工业革命”的兴起，使“合一”具有更大的可能性。计算机模拟仿真、数字制造、3D 打印和云计算技术的应用，使得“制造”与“用户”之间的距离被无限拉近。一个现在看来较为极端的例子，就是以个人和家庭为单位的“微制造”组织的大量出现，个性化制造得以实现。大家担心的设计和制造成本障碍，都将随着上述技术的应用和发展逐步消除。此外，无论是用户资源基础观的涌现，还是品牌社群管理的发展都是“人”的角色从“两分”走向“合一”的重要表现形式。

（二）企业目标：共享价值的兴起

企业创造、传递和获取价值的方式在发生变化。企业先制造然后销售给用户的传统方式，将会被用户“我的产品、我制造”理念所替代，用户参与的价值进一步彰显。在价值链上，用户已不仅是一个购买者，而且还是价值的共同创造者和分享者。“制造”不再是由企业单独完成，“制造”的社会属性在逐步放大，“社交” + “制造”的模式已经快步向我们走来，风起云涌的“创客运动”（Maker Movement）不就在我们的身边吗？

企业过去更多考虑的是经济价值，考虑经济需求、市场的定义，现在则还需考虑社会需求，因为社会因素会产生企业内部的成本。价值的衡量是与成本相对应的收益，但价值不仅仅是单方的收益。尤其是在未来的全球增长，企业更需要同时关注经济和社会因素，创造“共享价值”。

（三）新竞争观：商业生态系统的竞争

在传统的规模经济模式下，“价值创造”的含义，更多是在相对固定的企业边界内依靠大规模、低成本的方式为用户创造价值。而在数字化商业情景下，企业与用户、企业与企业、企业与员工之间的关系都在发生变化，“价值创造”又具有了新的内涵，从企业自身创造价值到商业生态系统创造价值。未来的商业竞争不只是个体的竞争，而是“商业生态”和“种群”竞争。例如，在苹果的商业生态中除了包括核心零部件供应商、组装企业，还包括应用软件提供者、娱乐产品提供商，以及谷歌、Facebook、Twitter 的身影，是他们共同通过苹果的终端为用户创造价值。同样，在计算机通信行业中“Wintel ”种群同“ARM”种群的竞争也从未停止。

（四）边界突破：社会化商务的发展

在数字化商业情境中，社会化媒体在全球范围广泛的应用，其商业应用价值正不断被发掘。就社会化商务是什么的问题，学者们已做出大量研究，但难以得出较为统一的定义。通过梳理文献，社会化商务的有关定义如下表所示。①

社会化商务的定义

作者	定义
Afrasiabi Rad 和 Benyoucef（2010）	指的是网络销售员和网络购买者，这是基于单向交互的“电子商务 1.0”，转变到更多社会化和交互形成的电子商务
Liang，Ho，Li 和 Turban（2011）	社会化商务是指诞生于为人们广泛使用的社交网络平台，比如 Facebook，LindedIn 和 Twitter
Yadav（2013）	指的是基于社会化媒体中，受个体社会化网络影响的交易活动，这些活动发生在交易活动中的需求认知、购买决策、购买和购后各个阶段

社会化商务具有三个典型特征。一是社会化商务发展促进自组织模式发展。以企业为核心搭建的价值链也逐渐向以各方参与的价值平台演进，价值交付各方信息得以更畅通的分享，自组织模式逐步被运用，小众需求得到更多的满足，消费者的个性化能力得到更充分的运用。例如，思科的学习网络（Learning Networks）正在成为整个 IT 行业的社交枢纽（Social Hub），再有美剧翻译联盟就是社交化自组织方式运用的典型案例。二是社会化商务发展促进消费者和生产者融合。互联网社交化的发展促进消费者之间及消费者和各类组织间的协作，而社交化自组织模式推动了价值交付各环节向各类协作的开放。消费者既能够也愿意根据自身的兴趣和能力参与到产品和服务交付的过程中。三是社会化商务是全流程、多向化交互并创造价值。除了用户创新，社交化商务还要激发企业内部员工之间、社会大众与企业之间的协作。例如，IBM 实施内部的创新大讨论（Innovation Jam），就是 IBM 基于互联网平台的员工协作创新。对许多企业来说，如何撬动全球大众智慧，取得外部创新思想，然后在协作互动中创新产品或服务是个非常重要的任务。

社会化商务在不同的发展阶段体现了不同的特征，具体如下：第一，社会化商务包含业务流程变革，不只是在企业中使用社会化工具和技术。第二，社会化商务通常从营销开始，继而在其他职能和过程中得到应用。第三，社会化商务成熟度包含测量指标的不断复杂化，包括从基于平台和事件的测量，到基于运营和财务底线的测量，以及到最后形成完整的测量体系。第四，成熟的社会化商务依赖于社会化网络数据进行决策。

（王　钦）

① 童泽林、王钦：《社会化商务：内涵、价值与驱动因素》，《国外社会科学》2015 年第 3 期。

网络经济学

网络经济是指建立在由现代信息技术所形成的信息网络基础之上的一切经济活动。又从不同角度被称为信息经济、知识经济、数字经济、媒介经济、新经济等。网络经济学是专门研究各种网络经济运行方式的科学，是对网络经济现象的经济学分析。

作为一门随着互联网成长起来的新兴学科，网络经济学尚未形成一个系统而完整的理论体系。然而，随着互联网的广泛渗透和应用的不断创新，网络经济持续高速发展，网络经济学研究也日益成为一个热门领域。网络经济学独特的研究对象、概念、目的、任务、方法、规律和理论框架等正在成为学者们积极研究的方向。网络经济学研究领域高潮迭起，研究成果在数量上和质量上齐头并进，创新性研究成果不断涌现，研究水平不断提高。

一　网络经济基础理论研究

（一）国外相关研究成果

国外网络经济学研究起步早，并且已经取得了许多阶段性成果。美国著名经济学家、加州大学伯克利分校夏皮罗和瓦里安（2000）认为技术会改变，经济规律不会变。他们认为过去的经济规律仍然管用，而且非常有效。谢伊（2002）提到网络经济产品区别于传统经济产品的四个重要特征：互补性、兼容性和标准性；消费外部性；转移成本与锁定；生产的显著规模经济性。他以博弈论为分析工具，按产业类别讲述了软件产业、硬件产业、技术进步和标准化、电话、广播、信息市场、银行和货币、航空、社会交往及其他网络产业。

勒维斯（2000）把20世纪90年代以来信息技术的革命，特别是Internet的出现及其商业化应用界定为非摩擦经济。他提出了非摩擦经济与传统经济学的实质性区别：传统经济消费决定着生产，以实物为基础；而非摩擦经济生产决定着消费，以观念为基础。他认为非摩擦经济是非凯恩斯主义的。他总结了如摩尔定律、达维多定律和新兰切斯特策略等许多规律、定律。

乔治·吉尔德的《知识与权力》（*Knowledge and Power*）重点讨论资本主义信息理论，及信息如何变革世界。有评论人士认为，吉尔德最新出版的这本书是他成就最高的巨作，年度最佳书作。

英格尔哈特的《现代化与后现代化》是对《发达工业社会的文化转型》一书研究工作的继续，论证了从“物质主义价值观”（强调把经济和物质安全放在第一位）向“后物质主义价值观”的优先目标（强调自我表现和生活质量）逐渐转变这一宏大主题。

范里安、法雷尔、夏皮罗所著《信息技术经济学导论》，是本领域权威专家出版的一部重要基础理论著作。该书对影响信息技术产业的重要经济问题作了简明而系统的概括。信息技术经济中，生产具有高的固定成本和低的边际成本、用户的转换成本高、网络效应强。

诺贝尔奖获得者罗伯特·席勒的《新金融秩序》提出了一种“信息＋金融”型的新秩序观。作者认为，未来的社会是一个发展导向型的信息社会，年轻人的理念和才能正是这个社会发展所需的原材料，如果没有一种制度为他们提供更高程度的保障，他们就无法将自己的智力财富转化成社会所需的产品和服务。

（二）我国相关研究成果

我国信息经济学的创始人乌家培在2002年出版了《信息经济学》，提出应从多层次把握网络经济的内涵。从宏观层次看，网络经济是一种新的经济形态。从中观层次看，网络经济指网络产业。从微观层次看，网络经济是一个虚拟市场。在宏观层次上，信息是经济活动中最重要的资源。网络将是最重要的生产工具，是一种全新的生产力。在中观层次上，网络经济就是与电子商务紧密相连的网络产业，包括互联网的基础设施层、应用基础层、中间服务层、商务应用层等四个层次。在微观层次上，网络经济是一个大型的虚拟市场。

2012年中国信息经济学会推出了标志着中国信息经济学派崛起的《中国经济向何处去——基于信息经济学的分析》一书，引人注目地提出“信息生产力”的新概念，基于信息经济学分析了“信息驱动的高度分工的经济体系”、公共理性经济，以及“用幸福本位取代物质本位”等重大命题，为我国传统工业经济寻找出路。

姜奇平的《新文明论概略》（上下卷）指出以互联网为代表的新技术革命引起了文明存在方式的转变，新文明意味着文明基本范式的转移。段永朝、姜奇平合著《新物种起源》通过对作为工业化思想源头的启蒙运动的反思，对作为信息化思想源头的新范式，进行了大胆解析，认为信息化的基因是一种不同于工业化物种的新物种。

周宏仁、张彬、（美）泰勒编著的《网络经济时代的信息政策》旨在讨论网络经济时代的核心信息政策问题。既有关于中国和美国从传统网络向数字网络全面过渡中所面临挑战的综述，也有关于电信、有线电视、广播电视、移动及其频谱的政策，以及相关的管制结构等。该书既介绍了国外先进的信息化发展政策与推进措施，提供了国外信息政策改革方面的宝贵经验，又反映了我国信息化发展情况和信息政策焦点。

周子学著《信息网络经济下实体经济和虚拟经济均衡发展研究》在对国内外相关研究成果分析基础上，界定信息网络经济、虚拟经济和实体经济的定义和特征；通过对全球及我国信息网络经济、实体经济和虚拟经济发展数据的解剖，测算虚拟经济和实体经济发展的比例关系，并建立我国信息网络经济测度综合指数。以马克思平均利润率作为实体经济和虚拟经济均衡发展的重要标志，分析信息网络经济对实体经济和虚拟经济作用的经济机理。

杨建飞著《西方经济学前沿进展中的后现代思想倾向》探讨了基于新古典的西方主流经济学的现代性及其局限。研究了当代西方经济学前沿进展的不同方向和领域与后现代主义的多元化、差异化、碎片化、人文化、非基础化、语境化等理论在思想上的相通性、相关性、相似性和相近性。

张丽芳主编的《网络经济学》在现有网络经济学研究成果的基础上，运用现代经济学的理论工具与分析方法，较为系统地论述了网络经济学中的一些核心论题，主要包括：网络经济学的研究对象、网络外部性、网络经济中的供给、网络经济的运行规律、网络经济下的竞争策略、网络经济下的市场效率、网络经济下的政府管理与公共政策等。

陶秋燕、薛万欣主编的《网络经济下中小企业成长模式研究》首先从理论层面上探讨了互联网模式下中小企业生存的理论模式，继而从不同行业角度列举实际案例，分析了互联网模式下中小企业生存成长的模式，涵盖旅游、医药、IT、电子商务服务外包等行业和企业。

此外，还有胡国恒著《全球生产网络的经济分析：分工、组织与利益博弈》和李广明著《区域产业生态网络的经济研究》等。其中，基础理论方面的论文主要有：李金鑫《网络经济研究综述》、金艳琴《网络经济对经济理论的影响探讨》、苏子微和王应春《基于网络经济的边际收益递增规律分析 》、吴嘉威《基于网络外部性的网络经济组织理论分析——一个解决马歇尔冲突的新思路》、向金鹏《网络经济：基于新制度经济学的思考》。应用经济学研究包括：冯君宏《网络购物中的经济学原理》、周志太《基于经济学视角的协同创新网络研究》、许慧珍《团购的网络经济学特征及企业竞争策略研究》、李阳《团购网络经济学分析》、田安国《网络经济与传统经济的对比研究 》、谢瑞霞《网络经济时代实体经济发展策略研究——以温州为例》等。产业经济与法经济学研究包括刘丹《网络实名制的法经济学分析》等。垄断与竞争关系研究领域的重要文章包括：姜奇平《论互联网领域反垄断的特殊性——从“新垄断竞争”市场结构与二元产权结构看相关市场二重性》，孙佳梅和邱凯《网络经济下竞争性垄断市场问题研究》、黄勇《网络经济下的竞争法律问题 》、桂瑜琪《论网络经济下滥用市场支配地位行为的界定》等。

2014 年，信息社会 50 人论坛发布的《信息经济：中国转型新思维》深入思考和集中解读了我国信息经济相关领域的最新研究成果。中国经济经过一个阶段的高速增长以后，现已进入新的发展阶段和增长周期。在这个转型过程中，为工业社会向信息社会的加速过渡提出了许多新的需求，信息通信技术作为社会经济发展关键因素在信息经济发展过程中将起到越来越多、越来越重要的作用。

姜奇平《信息化的数量经济与技术经济分析》第一次提出了信息化的数量经济与技术经济均衡框架数学模型。姜奇平还出版了中国第一部系统的信息化宏观经济学著作，在姜奇平、高邦仁合著的《3%》中，提出“新常态的经济学”，从增长、就业和货币角度，分析了基于信息化与网络经济的自然率理论。

汪向东、姜奇平、叶秀敏的《和谐社会与信息化战略》一书，是中国社会科学院信息化研究中心课题组承担的中国社科院重点课题“构建和谐社会与信息化战略调整”的研究成果。围绕信息化与和谐社会建设的关系，该书在梳理国内外相关研究成果的基础上，探讨信息化时代和谐社会的价值取向和信息化对和谐社会建设提供支撑的作用机理，针对我国信息化助力构建和谐社会实践中存在的一些主要问题，提出了自己的观点和建议。

刘荣坤编《基于认知的企业信息化绩效评价模型研究》以系统观为指导，从信息化投入—产出过程角度出发，借鉴认知决策理论和认知心理学理论，构建基于认知视角的企业信息化绩效评价模型，从结果和过程两个方面对企业信息化的绩效进行评价，不仅能够评价当前企业信息化绩效如何，而且能够找到企业信息化建设的薄弱环节，指导企业提升信息化绩效。

雷小清著《服务业信息化研究》以信息化对服务业的效应为主线，系统地梳理了信息通信技术效应的理论文献，阐述了信息通信技术的概念和本质特征，论述了信息化对服务业的作用机制和服务业的技术—经济范式，实证分析了信息化对服务业的投入、产出、劳动生产率、就业等方面的影响，探讨了信息化与中国第三产业、服务全球化的关系。

2017 年，信息社会 50 人论坛发布的《重新定义一切——如何看待信息革命的影响》，集中展示了 2017 年我国信息经济相关领域的最新研究成果。中国经济经过一个阶段的高速增长以后，现已进入新的发展阶段和增长周期。在这个转型过程中，为工业社会向信息社会的加速过渡提出了许多新的需求，信息通信技术作为社会经济发展关键因素在信息经济发展过程中将起到越来越多、越来越重要的作用，报告对这些问题都进行了深入思考、深度剖析和集中解读。姜奇平在《网络经济：内生结构的复杂性经济学分析》提出了独立于以原子论为标志的西方中心论的系统的网络经济学主张，将复杂性经济学与结构经济学结合起来，响应了与西方传统平行发展有中国特色经济学的主张。

二　网络经济测算问题的研究

经济合作与发展组织推出的《OECD 互联网经济展望 2012》较为全面地反映了经合组织国家互联网发展对经济与社会日益深远的影响及趋势、各国有关政策与战略制定的焦点等，是中国了解和洞察全球互联网经济发展的过去、今天乃至未来的重要窗口。该报告就互联网对经济与社会的重要性、互联网发展的各次浪潮进行了探讨，并对评价与衡量互联网经济的新研究、新途径和新方法进行了介绍。该报告还提供了在更为宽泛的信息通信技术（ICT）领域中的全球 250 强企业的相关数据，有助于理解互联网经济增长的相关背景及前景。基于这些数据，报告对信息通信技术、应用及服务领域内的近期趋势进行了前瞻性分析，并对未来几年的发展进行了预测，尤其聚焦于那些可能对未来政策产生重大影响的特定趋势。

国家信息中心从 2010 年起相继发布《我国信息社会测评报告》和《全球信息社会发展报告》。测算结果显示，2001—2012 年，中国信息社会指数（ISI）从 0.232 提升到 0.439，正处在从工业社会走向信息社会的加速转型期。信息消费成为拉动内需的重要力量，城镇化成为信息社会发展的重要推动力，宽带中国战略成为向信息社会转型的重要支撑。北京、上海、深圳、厦门等 17 个城市率先进入信息社会初级阶段。预计 2020 年全国信息社会指数将达到 0.6，整体上完成向信息社会的转型。

工业和信息化部信息化推进司，工业和信息化部电子科学技术情报研究所编著的《工业企业信息化和工业化融合评估研究与实践（2011）》在 2010 年度工业企业“信息化和工业化融合”评估研究与实践的基础上，完善了两化融合评估体系，依据 2011 年度工业企业两化融合评估的理论研究和具体实践成果，客观描述了基于钢铁、冶金矿山、纯碱、水泥、电解铝、机床、船舶、商用车、家电、棉纺织、服装、乳制品等 12 个重点行业测评数据的两化融合发展现状和各行业两化融合发展水平，梳理出促进各行业两化融合发展的关键点，挖掘出一批标杆企业和典型经验，提炼了行业两化融合的最佳实践和成功经验。全书具有理论研究前沿、数据案例真实、成果提炼可推广等特色。

曹淑敏主编的《中国“两化”融合发展报告（2012）》是工信部电信研究院连续出

版的第二本关于信息化与工业化融合的蓝皮书。它总结了“十一五”期间中国“两化”融合的发展成就、国际地位及演进趋势；剖析了“两化”融合的硬度、软度和深度及其现实体现，构建了区域“两化”融合评估体系，系统评估了全国31个省份和国家级“两化”融合试验区发展状况。

《信息经济统计核算研究报告》是由国家网信办委托的课题研究成果。研究报告突出“全面发展信息经济”的主线，给出了适合统计的信息经济定义。该研究综合运用了文献研究、对比分析、模型研究等相结合的调查研究方法，提出了以“信息产业+现代服务业”为核心的信息经济的定义和统计口径，确定了信息经济统计核算方案，包括统计方法、产业分类标准。网信办组织的专家委员高度评价该报告成果，认为是我国信息化发展战略制定过程中需要研究的一个重要课题，具有重大创新，填补了国内有关领域的空白。

三　网络经济发展趋势研究

（一）国外关于网络经济发展趋势的研究

美国近来兴起再工业化的思潮，力图逆转制造业向中国转移的趋势。新工业革命的理论由此产生。里夫金的《第三次工业革命》认为，历史上数次重大的经济革命都是在新的通信技术和新的能源系统结合之际发生的。新的通信技术和新的能源系统结合将再次出现——互联网技术和可再生能源将结合起来，将为第三次工业革命创造强大的新基础设施。安德森的《创客：新工业革命》，从以DIY+3D打印为起点兴起的创客热潮中，深入考察了创业者是如何使用开源设计和3D打印，将制造业搬上自家桌面的。在这个定制制造、“自己动手”设计产品、创新的时代，数以百万计发明家和爱好者的集体潜力即将喷薄而出，全球制造业将由此而掀开新的一页。新一波“创客运动”中的重大机遇就在于保持小型化与全球化并存的能力：既有手工匠人的原始，又具创新性，实现低成本的高技术。小处开始，大处成长。最重要的是创造出世界需要但尚未了解的产品，虽然这样的产品与旧模式的大众经济学可以说是格格不入的。

美国布鲁金斯学会技术创新中心主任达雷尔·M. 韦斯特在《下一次浪潮：信息通信技术驱动的社会与政治创新》中预言，人类社会即将面对的下一波是信息通信技术驱动的社会与政治创新。技术很少能独自驱动伟大的变革。诸如云计算、高速宽带、数字新媒体等新技术的应用将分别对个人行为、社会运行和政府运作产生怎样的影响？如何克服其中可能遇到的瓶颈和阻碍？民众能否从中享受到更多的福利？作者还探讨了美国应对下一波信息化浪潮的各种举措。

2013年，国际上出现一种把信息化称为工业革命的奇异思潮，包括德国基于西门子经验提出的工业4.0，美国的新工业革命等，反映了发达国家即担心实体经济被掏空，又要迈入信息社会的矛盾心理。代表作包括：彼得·马什（Peter Marsh）的《新工业革命》提到人类的制造业可以分为五个阶段：第一个阶段是少量定制；第二阶段是少量标准化阶段；第三个阶段大批量标准化生产；第四阶段大批量定制化；第五个阶段是个性化量产。克里斯·安德森的《创客：新工业革命》，提出了不同于民主党和共和党的针对就业的制造业策略（两党竞选中提出的制造业策略在实施中明显导致以机器人取代就业的偏差）。安德森提出利用开源设计和3D打印，在充分创造就业的条件下，将制造业搬上创造性劳动者自家桌面的设想。类似的还有利普森的《3D 打印：从想象到现实》。该书讲述了 3D 打印技术的突破性发展，以及 3D 打印技术将如何应用在学校、厨房、医院等场所。目前在硅谷，创业者正在把 3D 打印、可穿戴设备、无人驾驶送货飞机推向实用。

经济合作与发展组织推出的《OECD 互联网经济展望 2012》较为全面地反映了经合组织国家互联网发展对经济与社会日益深远的影响及趋势、各国有关政策与战略制定的焦点等，是中国了解和洞察全球互联网经济发展的过去、今天乃至未来的重要窗口。该报告就互联网对经济与社会的重要性、互联网发展的各次浪潮进行了探讨，并对评价与衡量互联网经济的新研究、新途径和新方法进行了介绍。该报告还提供了在更为宽泛的信息通信技术（ICT）领域中的全球 250 强企业的相关数据，有助于理解互联网经济增长的相关背景及前景。基于这些数据，报告对信息通信技术、应用及服务领域内的近期趋势进行了前瞻性分析，并对未来几年的发展进行了预测，尤其聚焦于那些可能对未来政策产生重大影响的特定趋势。

（二）我国关于网络经济发展趋势的研究

2012 年，中国信息经济学会推出了标志着中国信息经济学派崛起的《中国经济向何处去——基于信息经济学的分析》一书，引人注目地提出“信息生产力”的新概念，基于信息经济学分析了“信息驱动的高度分工的经济体系”、公共理性经济，以及“用幸福本位取代物质本位”等重大命题，为我国传统工业经济寻找出路。

中国信息经济学派代表人物、中国信息经济学会理事长杨培芳的《网络钟型社会——公共理性经济革命》，认为市场经济陷入了自由主义和权威主义两元对立的思维误区，重复“面多加水，水多加面”的政策会把社会导入“道高一尺，魔高一丈”的死胡同，不可能根除贫富悬殊、环境污染、经济危机、通货膨胀的顽疾。信息生产力的迅猛发展给人们提供了一个崭新的思维平台，协同、互利、共赢的网络精神正在解构工业社会伦理，催生“自由市场”和“官僚支配”之外的第三种经济形态。农业社会是“族群理性”社会，它的微观机理是利他，目标是封建主义利益最大化；工业社会是“个人理性”社会，其微观机理是利己，目标是个人利益最大化；信息社会是“公共理性”社会，其微观机理是互利，目标是相关者共赢。因为在互联网环境中，一个主体的成功必须建立在相关主体也要成功的基础之上。

周宏仁等编著的《中国信息化形势分析与预测（2012）》一书邀请了国内相关领域的专家、学者、企业家，就中国信息化推进中的一些热点问题，包括美国网络空间国际战略及其影响、关于云计算发展策略的思考、IT 变局与中国的战略、移动互联网变革与中国的机遇、中国智慧城市之路等，进行了客观、公正、深入的分析和评估，向国内外读者介绍了中国信息化领域的前沿研究成果。

2013 年，中国信息经济 50 人论坛推出《边缘革命 2. 0：中国社会发展报告》。报告认为，中国正处在一个大变革时代，正在经历从工业社会向信息社会的加速转型。在这个过程中，机遇与挑战并存，希望与迷茫、兴奋与不安交织在一起。大变革需要大思路、新思维，信息社会 50 人论坛希望能提供适应这种需要的大思路、新思维，报告便是对这种大思路、新思维的集中展示。用信息社会的眼光看世界，是报告的主旨和主线。报告收录了 15 篇独立成章又紧密联系的研究报告和论文，围绕边缘革命 2. 0、信息社会、信息文明、信息生产力、信息哲学、中国特色信息化道路、农村转基因工程、互联网经济体、网络文化、大数据、智慧城市、复杂思维及复杂治理等重点问题，从不同视角审视信息社会发展的现在与未来，提供了大量的数据、方法和思考结论，共同构建了关于信息社会发展的新思维魔方。报告认为，在中国的改革与发展进程中，边缘力量一直发挥着重要的推动作用。如果说20世纪80年代由边缘力量发起的经济改革可以称为“边缘革命1.0”，那么2000年后由草根网民推动的社会全面变革就可以称为“边缘革命2.0”。

四 网络经济热点问题的研究

在网络经济学细分领域，一些学者越来越聚焦一些专业领域，例如：社会复杂系统、互联网时代的社会和人的变革、大数据、共享经济、社会网络分析、经济增长质量、网络经济研究与创新、人工智能相关研究。

（一）社会复杂系统

随着小世界网络等复杂网络的兴起，复杂系统理论正成为网络理论的新焦点。在自然科学家主导复杂系统科学的当下，博古特玛利亚（Maria Burguete）等主编的《人科：作为复杂系统的人文科学》，吸纳了众多资深人文学家、社会科学家和物理学家的卓越贡献，从复杂系统角度归纳科学与文化的相互关系。大卫·西格尔的《Web3.0：互联网的语义革命》勾勒当前网络经济的Web化趋势。在书中描绘的web3.0时代，思维和商业的模式都将发生改变，信息的获取将从“推送”变为“拉动”。大卫·西格尔旁征博引，在大量案例的基础上，对语义网的未来进行展望，告诉人们软件、硬件、媒体、市场这些行业将如何应变，以融入未来的语义网世界。

罗家德的《复杂：信息时代的连接、机会与布局》提出了四个关键概念——关系、圈子、自组织与复杂系统，并通过“网络科学：互联网时代的底层结构”揭示了关系与圈子代表的人际网络关系背后的网络科学原理，引入社会网络分析，使人们认识到社会网络现象背后的复杂性本质。该书的显著特征是对中国差序结构与网络底层结构内在关系的分析。

房艳君著《一般复杂网络及动态经济网络研究》将不确定理论、效用理论、博弈论、随机占优理论及平均场方法等理论和方法应用到一般复杂网络和经济网络的研究中，对一般复杂网络的网络模型、网络特性、动力学行为及经济网络的动态模型与稳定性等方面进行了研究。运用不确定性理论构建不确定无标度网络模型；讨论了网络形成过程中的随机性对网络结构及网络特性的影响；并利用随机占优理论分析网络上的传播和免疫特性；最后分析了经济网络中内生形成模型的动态扩展模型及动态稳定性和动态有效性。

2017年，美国卡内基梅隆大学学术带头人约翰·米勒（John H. Miller）在专著《复杂之美：人类必然的命运和结局》中通过列举分析复杂系统科学中的简单案例，如蜂房、股市、哺乳动物的心跳、基础设施和种族隔离等，再穿插了前沿科学的探索和发现，深入浅出地展示了商业、生活和社会中存在的复杂理论，将源自经济学、政治学、生物学、物理学以及计算机科学的思想结合，以阐释反馈、异质性、自组织临界性、群体效应等方面的主题，打破传统科学中“确定性”与“不确定性”截然分割的思想禁锢，为研究社会现象提供了新视角。

美国学界尤其是桑塔菲研究所将复杂系统科学应用于信息技术与复杂经济关系研究也

在不断发展。布莱恩·阿瑟教授发表的《复杂经济学：经济思想的新框架》指出，复杂经济学认为，经济未必处于均衡状态；计算同数学一样在经济学中非常有用；在同一种经济状况下，既可能出现收益递增，也可能出现收益递减；经济不是给定的，一成不变的，而是在一系列制度、规范和技术创新的不断发展中形成的。复杂经济学的研究在很大程度上起源于20世纪80年代的桑塔菲研究所，不过，现在对此进行研究的人很多［参见 The Economy as an Evolving Complex System 各卷，Arrow、Anderson and Pines（1988）；Arthur、Durlauf and Lane（1997）；Blume and Durlauf（2005）。关于这一思想的历史，见 Fontana（2010）、Arthur（2010b）、Waldrop（1992）和 Beinhocker（2006）的通俗解释。各种形式的复杂经济学包括生成经济学（generative economics）、互动行为人经济学（interactive-agent economics）、基于行为人的可计算经济学（agent-based computational economics），参见 Epstein（2006a）、Miller and Page（2007）、Tesfatsion and Judd（2006）］。但是，随着复杂经济学的兴起，也出现了这样一些问题，例如：复杂经济学能带来什么？如何发挥作用？适用于哪些领域？复杂经济学会替代新古典经济学，还是会融入其中？复杂经济学是在怎样的逻辑（如果存在某种逻辑的话）框架下运行的？布莱恩·阿瑟对后一个问题进行了新的研究，提出一种略带供应学派色彩的研究框架。布莱恩·阿瑟认为“根据复杂经济学的观点，技术处于最显著的位置，价格和数量则处于背景位置”。“新要素为支持性技术和组织安排提供进一步‘需求’或机会”。“我们还注意到只有在‘需要’某种技术的时候，技术才会产生。这种需求大多来源于技术本身的需求。”（布莱恩·阿瑟，2014）

相雪梅著的《复杂网络视角的产业波动扩散效应研究》基于产业复杂网络视角，分析单区域产业波动扩散效应的形成机理，研究产业网络基础结构对单区域产业波动扩散效应的影响，从关联结构层面揭示了经济波动产生及扩散的根源。基于产业网络基础结构、k－壳结构及两者的综合结构，从局域关联层面和全局关联层面，分析多区域产业波动扩散效应的形成机理，分别构建区域赋权影响基础网络模型、k－壳网络模型和综合网络模型，研究多区域产业波动扩散效应，量化多区域间总产出波动相互影响的强度，衡量各区域在多区域经济系统中的地位和作用，从产业复杂网络视角丰富了经济波动的传播扩散及协动理论，并从结构层面定量度量了两两区域间经济波动相互影响的强度，及不同区域在多区域经济大系统中地位和作用的差异。

（二）互联网时代的社会和人的变革

2017年，美国学者在互联网商业模式研究方面产生了一批新的思想，尤其是后互联网时代互联网对人们工作和生活的影响。

黛安娜·马尔卡希（Diane Mulcahy）在其著作《零工经济》中，认为伴随数字化、网络化为基础的共享经济时代的新型工作形式——零工经济的到来，将极大地改变传统的组织模式和工作方式，变得更加“以人为本”：从“企业—员工”到“平台—个人”，让劳动力就业变得更加灵活。

新美国基金会高级研究员史蒂文·希尔在其新著《经济奇点：共享经济、创造性破坏与未来社会》中，深入探究真实鲜活的共享经济从业者生活状况挖开共享经济的核心与本质，揭露共享经济的“悲剧”和“阴暗”面，在经济稳定性与持续扩张的技术之间复杂的结合点上，聚焦共享时代的经济解决方案：建立新经济下的新型社会契约，让新经济在信息和创新时代发挥作用。

史蒂夫·凯斯（Steve Case）在其新著《互联网第三次浪潮》中将互联网的发展分为三次浪潮：第一次浪潮是美国在线以及其他企业为消费者与因特网的链接铺设了基础；第二次浪潮是 Google 和 Facebook 等企业以互联网为基础，打造出搜索引擎和社交网络；第三次浪潮则是企业家将会运用科技在“现实世界”的重要领域作出改革，包括卫生、教育、交通、能源以及食品，并在此过程中颠覆我们的生活方式。

被称为“新时代的达尔文”的马丁·诺瓦克的《超级合作者》，提出第三进化原则，从合作中洞悉人类社会与行为。作者从囚徒困境入手，详细分析了“合作”的五个进化机制及多条博弈策略，进而转入探讨基因群落、细胞社会以及蚂蚁社会，并最终揭示出合作对于人类社会的巨大意义：人类是超级合作者，只有通力合作才能拯救我们共同的家园。类似著作还有哈佛大学教授、著名互联网思想家、哈佛大学伯克曼互联网与社会研究中心主任、TED 演讲人尤查·本科勒最新力作《企鹅与怪兽：互联时代的合作、共享与创新模式》以众多例子，揭示了人类的本能中，已经蕴藏着“合作”的基因。我们只需要换一种思维方式，重新设计制度和工具，“合作”的本能就能够驱动人类创造更大的价值。

（三）大数据

维克托·迈尔－舍恩伯格（Viktor Mayer-Schönberger）、肯尼思·库克耶（Kenneth Cukier）《大数据时代：生活、工作与思维的大变革》是国外大数据系统研究的先河之作，作者舍恩伯格被誉为“大数据时代的预言家”。维克托最具洞见之处在于，他明确指出，大数据时代最大的转变就是，放弃对因果关系的渴求，而取而代之关注相关关系。也就是说只要知道“是什么”，而不需要知道“为什么”。这颠覆了千百年来人类的思维惯例，对人类的认知和与世界交流的方式提出了全新的挑战。维克托认为，大数据的核心就是预测。同类著作还有巴拉巴西的《爆发：大数据时代预见未来的新思维》、维克托·迈尔－舍恩伯格的《删除：大数据取舍之道》、涂子沛的《大数据》等。

西尔弗的《信号与噪声：大数据时代预测的科学与艺术》是 2013 年的畅销书。作者为美国知名的预测专家之一，该书检视了从飓风到地震、从经济到股市、从 NBA 到政治选举在内的众多领域的预测事例，旨在回答一个问题：如何才能从繁杂的海量数据中筛选出真正的信号，摒弃噪声的干扰，从而作出接近真相的预测。

徐晓飞著的《大数据视角下宏观经济预测的技术与方法研究》旨在跟随大数据的时代步伐，寻求利用大数据信息进行宏观经济预测的技术和有效方法，以为宏观经济政策的准确制定提供帮助。研究首先对大数据与宏观经济分析的相关文献作了梳理，核心部分是寻找利用结构化数据和非结构化信息的可行方法，探索大数据信息能否帮助我们对宏观经济进行预测。在利用结构化数据和非结构化信息进行宏观经济预测时，主要对宏观经济总量和宏观经济分量进行了预测方法的探讨。最后根据宏观经济预测的现状和存在的问题，提出中国在大数据背景下进行宏观经济分析预测的政策启示。

（四）共享经济

美国杰里米·里夫金的《零边际成本社会》结合网络经济实际提出“从所有权到使用权”转变的新产权理论，开创性地探讨了极致生产力、协同共享、产销者、生物圈生活方式等全新的概念，详细地描述了数以百万计的人生产和生活模式的转变。作者认为，在数字化经济中，社会资本和金融资本同样重要，使用权胜过了所有权（按：实际是所有权中的支配权），可持续性取代消费主义，合作压倒了竞争，“交换价值”被“共享价值”取代。他预言“零成本”现象孕育着一种新的混合式经济模式，这将对社会产生深远的影响。零边际成本、协同共享将会给主导人类生产发展的经济模式带来颠覆性的转变，我们正在迈入一个超脱于市场的全新经济领域。

姜奇平的《分享经济：垄断竞争政治经济学》一书分价值论、均衡论和福利论三个方面论证。传统经济的均衡是以价值为中心的均衡，分享经济的均衡是以使用为中心的均衡。以使用为中心的均衡，必然是以租值为中心的均衡。因为租就是使用费。分享经济就是关于租的经济，租就是“进入壁垒的垄断程度”。如果说价值论是经济学的出发点，福利论就是经济学的归宿点。分享经济的福利经济学是体现“使用而非拥有”特征的福利经济学。

张玉明著《共享经济学》通过对共享经济学研究对象的确定，整理了共享经济学的研究方法，归纳了共享经济学的理论基础，包括：协同消费理论、认知盈余理论、非人格化交易理论、零边际成本理论和多边平台理论，由此对共享经济学的内涵范畴进行了界定，总结得出了共享经济学的目标和本质。基于对共享经济学的研究假设，提出共享经济学的理念包括共享、利他、协同、人本等，揭示了共享经济学具有重用性、二元性、碎片性和网络化的产权属性以及全要素、全时空、全开放等特征，并对共享经济学的构成要素、运行机制和实现方式进行了全面系统的剖析和阐释，实现了对共享经济学理论体系的构建。在此基础上，分析了共享经济学的资源配置和商业模式，并通过其在具体应用领域的表现，实现了对共享经济学收益分配和价值创造的深入解读。

（五）社会网络分析

社会网络方面，尼古拉斯·克里斯塔基斯（Nicholas A. Christakis）与詹姆斯·富勒（James H. Fowler）的《大连接：社会网络是如何形成的以及对人类现实行为的影响》是继《六度分隔》之后，社会科学领域最重要的作品。作者发现：相距三度之内是强连接，强连接可以引发行为；相聚超过三度是弱连接，弱连接只能传递信息。

艾伯特－拉斯洛·巴拉巴西的《链接》将复杂网络与社交网络结合起来，提出：我们周围的复杂网络都不是随机的，都可以用同一个稳健而普适的架构来刻画。这一发现为我们的网络研究提供了一个全新的视角。该书被视为复杂网络的基石，大数据时代的开端。此外还有大卫·伊斯利（David Esley）、乔恩·克莱因伯格（Jon Kleinberg）的《网络、群体与市场：揭示高度互联世界的行为原理与效应机制》。

（六）经济增长质量

研究信息技术与经济增长、服务业发展关系，也是美国学术前沿的一个热点。其中戴尔·乔根森的《生产率：信息技术与美国经济复苏》是其中的代表作之一。该书从战后美国经济的增长分析开始，阐述了美国的 IT 投资浪潮扩展到其他工业化国家的情形，之后跟踪单独行业的变化来考察美国经济的复苏，用产出—中间投入、GD 增值等定义用数据建模的方式细化分析，最后总结性地提出互联网经济学的新议题。作者指出，索洛（Solow）悖论（1987）已经被信息时代经济学所替代。这与 2014 年安筱鹏领衔的《中国信息经济研究》中，在增长核算账户模型中，将生产函数中的生产要素，区分为 ICT 资本和非 ICT 资本两类不谋而合。

在信息技术与服务业、服务化关系等与索洛悖论相关的研究领域，国外学界目前进展迟缓。包括让·盖雷、法伊兹·加卢的《服务业的生产率、创新与知识：新经济与社会经济方法》，腾·拉加、罗纳德·谢科特的《服务业的增长：成本激增与持久需求之间的悖论》等主流的研究，结论还停留在未充分考虑信息技术影响的鲍莫尔“成本病”理论阶段。相较之下，国内已在开展信息技术提高劳动生产效能方面的研究。

美国道格拉斯·洛西科夫（Douglas Rushkoff）著《理解增长》对现代经济中深层次的假设提出了质疑，认为如果增长成为数字经济单一的、毫无争议的核心目标带来的后果是可怕的。该书分析了大数据、机器人、人工智能、算法参与股市交易、共享经济等等新经济增长热点，讨论了真正地对社会有益的良心增长、拷问企业增长是否真正为社会带来了福祉，强调经济应当为人类服务而不是为了增长服务，应充分结合人性中优秀的部分与现代信息技术中优秀的部分来创造良性的发展，全面优化现行经济体系。

英国学者保罗·梅森在《新经济的逻辑：个人、企业和国家如何应对未来》中，通过回顾过去 200 多年里资本主义经历的数次经济周期轮换和经济动荡的历史，综述康德拉季耶夫、凯恩斯、德鲁克等 70 多位经济学家的学术观点，发现“资本主义是一个复杂的自适应的系统，它已经达到其适应能力的极限了”。在传统的资本主义垮掉之后，后资本主义经济将登上历史舞台，即新经济将重新接棒。新经济以新技术为发展基础，信息技术革命将完全重塑我们关于工作、生产和价值所熟知的概念，工作、个人、价格将被极大弱化，新技术会改变当前基于市场和经济激励的经济形态，让新经济融入信息社会与认知资本主义双重内涵，知识资源的重要性将日趋增加，信息化的力量将最大化发挥。

经济合作与发展组织（OECD）出版年度报告《数据驱动创新：经济增长和社会福利中的大数据》，报告强调必须明确新的导致可持续性经济增长的来源。而当前数据分析和数据驱动创新在可持续经济增长方面发挥着非常重要的作用。该报告旨在指导决策者抓住数据驱动创新带来的好处，以促进生产力提高和经济增长。同时报告也认为数据和数字技术，如宽带网络和云计算，是 21 世纪的重要基础设施。各国政府应就此激励对此类基础设施的投资，大力发展中小企业和高附加值服务业，尤其是公共部门、卫生保健、科教方面的服务业。在这些领域可轻松地获得数据驱动创新带来的成果。但是，数据驱动创新也将成为一种破坏性的力量，它将会对生产力、就业和社会福利产生深远的影响。

（七）网络经济研究与创新

埃德蒙·费尔普斯在其新著《大繁荣：大众创新如何带来国家繁荣》中，提出一种不同于熊彼特的创新理论，将创新驱动这个主题与网络经济联系在一起。

诺贝尔经济学奖得主埃德蒙·费尔普斯通过研究 19 世纪 20 年代到 20 世纪 60 年代美欧经济繁荣，指出这种兴盛的源泉是现代价值观，例如，参与创造、探索和迎接挑战的愿望。这样的价值观点燃了实现广泛的自主创新所必需的草根经济活力。大多数创新并非是亨利·福特类型的孤独的梦想家所带来的，而是由千百万普通人共同推动的，他们有自由的权利去构思、开发和推广新产品与新工艺，或对现状进行改进。正是这种大众参与的创新带来了庶民的繁荣兴盛——物质条件的改善加上广义的“美好生活”。

（八）人工智能相关研究

十九大报告中首次提到“人工智能”，我国《促进新一代人工智能产业发展三年行动计划（2018—2020年）》也已正式发布。2017年，以人工智能为代表的新一代信息技术成为各领域学者的研究焦点。

英国卡鲁姆·蔡斯（Calum Chace）在著作《人工智能革命：超级智能时代的人类命运》中，针对未来广义人工智能及其潜在风险的关键问题，进行了清晰、简洁、启发式的总结，介绍了有关人工智能的最新发展情况，以及有关人工智能对未来人类影响的探讨。

詹姆斯·亨德勒（James Hendler）在《社会机器：即将到来的人工智能、社会网络与人类的碰撞》一书中，介绍了现阶段人工智能可能出现的隐患、可能实现的承诺，以及人工智能系统所表现出的“冲出网络”、走向真实世界这一日益明显的趋势。人工智能、社交网络、现代计算机处理技术这三者的融合，正在为“人机关系”创造出一个历史性拐点，并会对未来的计算技术乃至我们的世界与整个种系产生各种潜在的深远影响。

美国安德鲁·麦卡菲（Andrew McAfee）和埃里克·布莱恩约弗森（Erik Brynjolfsson）基于大量经典成功商业案例的研究总结，特别是近20年来崛起的科技“新贵们”发展崛起。他认为人类的心智与机器便捷的结合正在成为企业运行的日常，也是未来开创性企业汇聚产品与平台的关键，他认为未来的商业社会由机器、平台和大众三个要素共同决定。

专题研究方面，2017年出版的信息化与网络经济专著还有徐晓飞《大数据视角下宏观经济预测的技术与方法研究》，张赵晋《共享经济——互联网思维下商业模式的创新性研究》，李旭军《基于交互行为特征的社交网络信息传播研究》，李志刚等《新连接：互联网+产业转型》，戴建军等《互联网新兴业态规制研究》，曹志鹏《互联网金融理论与发展研究》，Myriam Jahn《工业4.0（执行版）》，腾讯研究院等《人工智能：国家人工智能战略行动抓手》，韩璐《白话区块链》，赵国栋《数字生态论》，王茹《互联网经济时代的政府治理创新研究》，杨路明《互联网+战略与实施》，范冬萍《复杂系统突现论——复杂性科学与哲学的视野》，蒋凡《智能增长》，王建伟《大化无痕：两化融合强国战略》等。

（姜奇平　叶秀敏）

科技金融学

在现代化经济体系中，科技创新和现代金融都是不可或缺的重要组成部分。中共十九大报告提出，要着力加快建设实体经济、科技创新、现代金融、人力资源协同发展的产业体系，为促进科技创新与现代金融的融合发展指明了方向。作为一个新兴的、交叉性的学科分支，科技金融学的现实价值就在于为促进科技与金融的融合发展提供理论框架和分析工具。

研究科技金融学首先要注意区分两个基本概念：科技金融与金融科技。科技金融概念在过去的二十年间甚为流行，它更多强调金融对科技创新和实体经济的支持。相关部门出台的相关文件，在提到科技金融时，意在强调金融体系要有效地服务于科技创新。而近年来兴起的金融科技概念则更强调科技与金融的双向互动与融合发展。简言之，金融科技就是把科技应用到金融领域，通过技术工具的变革推动金融体系的创新。全球金融稳定委员会对金融科技的界定是，金融与科技相互融合，创造新的业务模式、新的应用、新的流程和新的产品，从而对金融市场、金融机构、金融服务的提供方式形成非常大的影响。金融科技的外延囊括了支付清算、电子货币、网络借贷、大数据、区块链、云计算、人工智能、智能投顾、智能合同等领域，正在对银行、保险和支付这些领域的核心功能产生非常大的影响。

有鉴于此，本学科综述由两部分组成：第一部分对科技金融的基本内涵和理论要义进行介绍和评论，第二部分对金融科技的研究进展做一个简要的述评。

一　“科技金融”的基本内涵与理论要义

（一）“科技金融”概论

金融的天职是为实体经济服务，科技实力的强弱及其相应生产力水平的高低从根本上决定着国家的竞争力。更进一步说，对于一个国家而言，它在全球分工中的地位取决于两大类因素。一个是实体经济因素，即一国的技术创新及其产业化的能力；另一个是货币金融因素，即一国金融优势及其在全球金融体系中的地位。前者更为根本。

创新是一个打破旧均衡、实现新组合的经济过程，它包括产品创新、技术创新、组织制度创新等。通常来说，创新活动成功实施后，企业动用同样数量的要素，能够生产出更多数量或更高质量的产品，获得更多的利润，进而带动整个经济结构发生革命性的变化。可见，经济体系的成长活力来自于无数微观生产主体的在各个方向上的创新与探索，创新活动是生产效率提升和经济长期增长的根本动力。习近平总书记精辟地总结了创新在现代市场经济中的核心作用：“当今时代，社会化大生产的突出特点，就是供给侧一旦实现了成功的颠覆性创新，市场就会以波澜壮阔的交易生成进行回应。"① 换言之，创新要以市场的接受程度为衡量标准，而市场会为创新者提供利润作为回报，这对社会而言意味着经济福利、生产效率、繁荣与增长。

科技创新活动大致要经历科学研究、应用开发、产品设计、成果市场化等阶段，每个阶段的推进都离不开大量的资金投入与支持。创新主体自身的资本积累往往难以满足需求。弥补创新投入不足这一短板的关键抓手是，充分理解创新对实体经济发展的决定性作用，从科技创新的特性入手，研究创新活动对资金的需求状况，通过金融体系的发展与金融产品的创新来满足科技创新的资金需求。这就是科技金融的基本功能。

换言之，科技金融是为科技进步及其商业化和产业化提供整体金融服务的金融业态，其根本目的是引导金融资源向科技领域聚集，通过促进科技创新来推动实体经济的发展。具体而言，科技金融影响实体经济发展的基本机制是，激活集聚整合科技创新创业要素，促进科技成果转移转化、孵化、抚育科技创业企业，培育发展战略性新兴产业，孕育催生现代科技服务产业等先导性产业，提升经济体系的创新力与竞争力。

（二）科技创新活动的特性分析

1. 研发产品具有公共品属性

成功的研发是创新活动得以实施的必要前提。而研发投入所产生的科技知识产品是典型的公共产品，Nelson 就曾指出，科技知识产品具有明显的非独占性、非排他性和外部性，一是创新成果只有公开才有助于实现社会生产生活方式的改变，研发主体不能将其占为己有；二是科技知识产品的消费不影响他人对该产品的同样消费，而且消费往往会激发科技知识的更多产出；三是科技知识产品带来的社会效益往往大于发明者的私人效益，因此存在正的外部溢出效应。②

因此，研发者投入巨额研究开发成本，却无法占有创新的全部收益，极大地抑制了其研发动力。与此同时，研发成果的传播成本较低，随着时间推移，社会其他主体甚至可以零费用使用科研成果，外溢效应极强，极大激励了研发领域的"搭便车者"，导致市场主体将倾向于投入低于社会最优水平的 R&D。但是，研发的正外部性也决定了其对社会经济增长具有极大的促进作用，Griliches 研究指出，研发活动的社会回报率是私人回报率的 1.5—2 倍。③ 因此政府往往需要通过协调创新资源，干预创新活动，激发研发主体的积极性，作为市场调节失灵的必要补充。

2. 创新活动风险很高

科技创新根本上是对多种可能性进行筛选的过程，创新者难以确定创新突破的原则、角度，以及后果，因此高风险是科技创新活动中的显著属性（Nelson，1959；Arrow，1962），已有统计表明，世界各国技术创新成功的概率仅为 10%—20%。同时，不确定性也贯穿于从科技研发、生产到商业化的全部过程之中，科技创新难度越大，风险越高

---

① 习近平：《在省部级主要领导干部学习贯彻党的十八届五中全会精神专题研讨班上的讲话》，人民出版社 2016 年版。

② Nelson，R. R.，This Simple Economics of Basic Scientific Research，*Journal of Political Economy*，1959，7（67），297－306.

③ Griliches.，Z.，The Search for R&D Spillovers，NBER Working Paper，1992，No. 3768.

(Freeman, 2004)。这是因为技术创新的风险来自多个方面，主要涉及技术、市场、制度环境和研发收益等风险。技术风险主要来源于创新者的生产工艺和技术支持可能不满足创新开发需要，或不能及时到位的不确定性，而使创新无法达到预期效果的可能性，主要存在于研发和生产阶段；市场风险的出现，往往源于科技创新的长周期特征与市场需求高波动特征的不匹配。创新者存在误读现有市场需求的可能，更难以准确把握未来市场需求的变化，因此，经历较长时间的开发生产后，即使成功获得的创新产品，也存在无法满足市场需求而前景不明的不确定性。制度环境是创新活动的外部保障，制度即使创新的速度、方向和规模，但是制度环境往往因为政府行为、社会发展等因素发生改变，可能造成原受到制度环境支持的创新活动不再受到允许，增加其创新成本和风险；研发收益风险则往往来源于科技创新的外部性和时效性。因为外溢效应，创新者只能获得创新成果带来的部分收益，而时效性则指技术创新更新换代的速度较快，有可能在创新收益还未完全弥补创新成本时，创新成果就被其他创新所取代，从而影响创新者的研发收益。创新活动的各种不确定性可能影响创新主体的收益水平，甚至带来无法承受的巨大损失，因此一般市场机制下，企业创新意愿较低，对科技创新资源的实际分配也低于最适当水平。

3. 创新过程充满信息不对称

科技创新的信息不对称主要存在于创新实施者与投资者之间。技术创新往往具有大量的资金需求，需要引入外部投资者的投资支持。但是，相对于创新项目的实施者，外部投资者对于项目真实信息的了解处于劣势，将面对更高的风险，具体表现为投资前因无法了解全部创新者能力及创新项目前景而出现的逆向选择问题，以及投资后因无法全面监督创新者技术开发、资金使用等行为而出现的道德风险问题。这一问题的存在无疑会降低投资者对技术创新的热情，进一步扩大研发资金缺口，严重制约创新活动的开展。

4. 小结：创新很昂贵

从上述分析中可以看出，创新是一个昂贵的经济过程，必须付出足够的资源来启动、指引和维持。创新过程绝非一朝一夕的事情，其完成需要一定的时间。这就意味着，支撑创新的资源必须一直保留，直至创新过程结束。另外，创新的结果是不确定的，故而创新投资的回报无法得到保证。因此，创新资金的供给往往低于最优水平，无法满足创新主体的需求。如何有效配置金融资源，也就成为创新理论与政策研究中无可回避的关键问题，同时也构成科技金融学需要重点研究的核心问题。

（三）科技金融的理论分析框架

熊彼特的创新发展理论把金融资源配置置于创新研究的中心，是分析创新与金融关系的适用框架。在熊彼特（Schumpeter，1934）看来，金融体系对经济发展是至关重要的，金融体系的发展也应该以促进实体经济发展为根本目的。企业家所推动的新组合的实现是把生产要素从它们原先的用途中抽取出来，按照需要加以利用，从而迫使经济体系进入新的渠道的过程。要实现生产要素用途的转移，企业家手中就必须拥有货币或支付手段；而银行是货币和支付手段的创造者，故而没有银行信贷创造出的购买力，就无法实现发展。熊彼特认为，信贷的本质就是为了授予企业家以购买力而进行的购买力的创造，而并不单纯是现有的购买力的转移。信贷就有如一道命令要求经济体系去适应企业家的需要，从而为创新活动提供生产要素，进而为从完全均衡状态的简单循环流转状态中产生经济发展创造了外部条件。

熊彼特的这一观点一方面论证了虚拟经济对实体经济发展的重要性；另一方面也表明虚拟经济的发展应该以促进实体经济发展为根本目的。如果虚拟经济的发展脱离了实体经济的需要，那么它就丧失了存在的必要性。借用布罗代尔的话说，虚拟经济就像是耀眼的浪花，而实体经济才是掀起浪花的海底潜流。

作为现实的经济过程，科技创新与金融创新几乎是一对孪生兄弟。它们密切交织，互相激动，共同发展。创新的实现固然需要强大的金融予以支撑，风险投资的故事更需要创新的素材来编织。没有科技大发展的憧憬，显然也不会有对于新经济繁荣的期待，也就没有对于风险投资的疯狂。

佩雷兹接续了熊彼特的研究传统，将技术创新引发的变革作为其理论的中心，并详细分析了金融与生产系统之间的相互作用机制。在佩雷兹看来，从技术创新到技术扩散，一般会经历四个阶段，即：孕育期、导入期（installation period）、拓展期（deployment period）和成熟期。而在不同的时期，金融资本与生产资本将会发挥不同的作用；技术变迁本身也会遭遇不同的社会经济范式，或协调或冲突（佩雷兹，2007）。

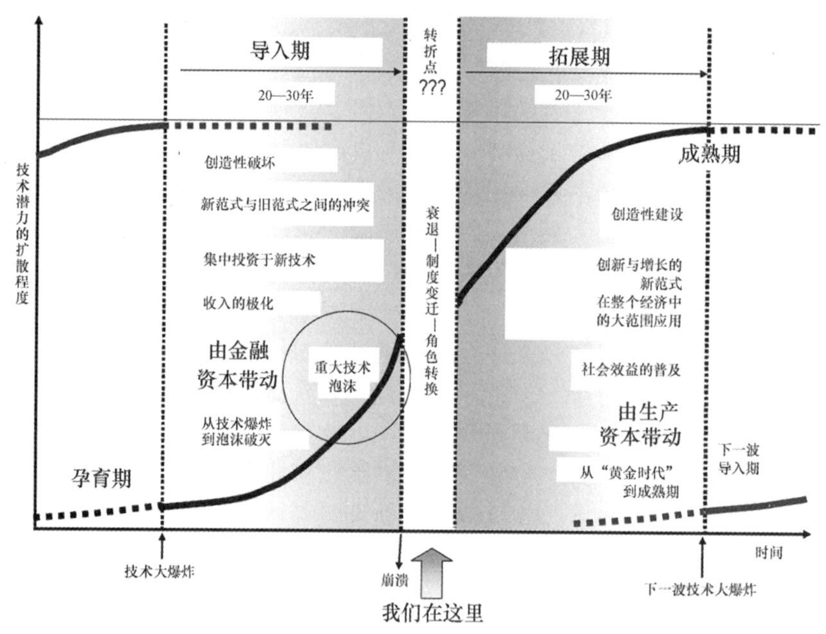

技术创新的不同阶段

资料来源：佩雷兹（2007）。

从上图可以看出，每一次科技创新的巨浪都有两个非常不同的重要时期，即导入期与拓展期，且每一个时期都会持续二三十年。事实上，正是这种创新浪潮的起伏跌宕，形成了科技创新的周期；而科技创新的周期则在更深的层面上影响甚至主导了经济社会变动的周期。

先来看新技术的导入期。导入期是技术创新的兴起，这时候有大量投资进入新技术领域。这些投资往往是风险投资，它们都是被新技术将可能演绎出的致富故事所吸引而进入，从而出现对于新技术的过度投资以及重大的技术泡沫。早期的铁路泡沫，以及新世纪的互联网泡沫，就是非常典型的事例。在导入期，金融资本取得了控制权。这主要是因为，在每次技术创新的成熟期，鉴于生产资本在原先革命性的技术经济范式下对固定资本、供销网络和管理经验进行了大量投资，并对这种成功产生了自满心理，因而锁定在那些潜力已趋于枯竭的技术经济轨道中，并顽固抵制新范式的创新。而金融资本则避免了这种锁定性联系，它本质上是灵活的、自由自在的，并且具有投机性和短期营利倾向。由新技术革命所产生的新型企业家们只有技术能力和拓展的野心，但缺乏资金和政治力量，而这恰好是金融资本所拥有的。这就是为什么金融资本在导入期逐渐接管了经济领导权的原因。金融资本运用金融力量，包括利用金融创新，来支持新技术企业家，并对已经成为障碍的制度框架或旧范式发起挑战。同时，由于每次重大技术革命都伴随着新型基础设施的大规模建设，因此，在过去200多年间的历次技术创新中，都出现了由金融资本所主导的对新型基础设施过度投资的狂潮，大量的资金涌入这一过程中，从而不可避免地产生投资泡沫。

不仅如此，新技术的出现还会导致并加重收入分配的两极化。大量财富集中于新技术领域（投资者，以及其他从业者，包括那些掌握了新技术的熟练工人以及与风险投资相关的金融从业者）。这是一个“创造性”破坏的时期，新旧范式的冲突越来越明显：旧范式是服务于传统技术的，而一旦新技术出现，这种旧范式就变得不适应了，因此需要有新的范式来促进新技术的应用和发展。

再来看技术创新的拓展期。随着技术泡沫的破灭，人们逐渐醒悟到，过去引导变革的金融资本因为其投机和寻求短期利润的行为，现在已经成为经济增长的障碍。通过这种“创造性毁灭”，虽然泡沫破灭了，但新的基础设施却保留了下来，新范式逐步被人们接受了，主导产业也开始建立起来。这客观上要求生产和市场有所扩张，进入技术拓展期。不过，这种扩张要想实现，至少必须满足三个条件：一是长期投资决策要在没有股票市场压力的情况下做出，从而金融资本必须向生产资本移交经济的领导权；二是生产的扩张反过来要求需求扩大，而这种需求扩大往往要以收入分配的调整为前提，这意味着需要福利型政府政策的支持；三是为了从普遍的增长中获益，社会价值观要从个人主义的生存竞争转变为对合作和集体福利的强调。

在佩蕾斯看来，以上三点就是技术创新由导入期向拓展期转型的条件。一旦这些条件被满足，技术创新的拓展期就到来了。在拓展期，新范式所包含的财富创造的潜力被挖掘出来，产生了使整个社会普遍受益的经济增长。不过，从旧范式到新范式的转换往往面临激烈的冲突和利益的调整，包括政府与市场力量的重新平衡。在导入期强调自由放任的市场经济以及由此所导致的收入分配的两极分化（这本身恰恰也是新技术产生的激励所在），在拓展期则需要转向强调政府的协调作用和平衡功能。而只有缓解收入的两极分化，才可能满足普遍的社会需求，从而有助于推动新技术的广泛应用。

和技术变迁相对应的范式转换一直在进行着，技术创新周期某种程度上在引领着社会经济周期。回顾历史我们看到，由于技术革命的内在动力，自英国工业革命以来，大约每隔二三十年，自由市场和政府干预的地位就像钟摆一样向相反方向摆动。

在技术创新导入期开始时，由于旧范式的束缚，经济增长放缓甚至陷入停滞。为了唤起经济自身的内在动力，自由市场意识形态开始处于上升地位。例如在20世纪70年代欧美发达经济体的滞胀危机中，所谓“凯恩斯主义的终结”，导致了新自由主义的兴起。但到了拓展期开始时，这一方向就又颠倒过来。而对于自由放任的过度强调，也导致了严重的社会、经济和政治冲突。这时，只有通过剧烈的金融危机，才可能大大削弱金融资本的权力，恢复并加强政府管制的力量以及对公共福利的关注。比如20世纪三十年代的大萧条就曾导致了凯恩斯主义的兴起，而本轮金融危机也使得市场原教旨主义者变得灰头土脸，政府干预在世界各地重振雄风。

从上图还可以观察到，当今世界正处在由导入期向拓展期转型的关键点。而能否成功转型则取决于前面提到的三个条件。我们认为，在当下，这三个条件可以适当地这样解读：首先，金融资本要向生产资本移交经济领导权。在发达经济体，特别是金融过度发展的美国，需要加强金融监管，发起“金融瘦身”运动，全面启动金融去杠杆化过程；而在中国等新兴经济体，也应强调金融要为实体经济服务。其次，必须解决好收入分配问题。“占领华尔街”运动体现出少数富人与绝大多数普通民众之间的冲突（即所谓1%对99%）。这一运动之所以在美国迅速蔓延并在很多国家得到呼应，表明收入分配两极分化问题已经是普遍性的全球问题。特别是自20世纪80年代经济全球化进一步深入发展以来，这一问题愈演愈烈。面对此状，需要政府这只“看得见”的手来发挥作用，即需要重新平衡政府与市场的力量。再次，在技术导入期对个人利益的强调，现在则要让位于对集体福利的重视。这意味着个人利益与集体福利的重新平衡。

从创新与金融之间的互动关系可以看出：一方面，金融是创新的支持力量，正是金融资本推动了技术创新进入导入期；另一方面，金融扩张也来自科技创新的支撑，虚拟经济最终是要为实体经济服务的，风险投资的发展必须靠创新的故事来推动。尽管美国金融部门的扩张和金融创新的发展也与放松金融管制有关，但若无科技创新揭示出美好憧憬，扩张和创新将缺乏动力，甚至，即便管制放松本身，也体现出政府监管者对于科技创新故事的认同。

二 “金融科技”研究的新进展

（一）“金融科技”概论

自工业革命以来，新技术对经济金融体系的影响日益扩大，技术创新逐渐成为经济金融发展的最根本动力之一。前些年被中国社会各界热议的互联网金融正是新技术变革对金融体系产生深刻影响的生动写照。在我们看来，“互联网金融”是“金融科技”的早期版本，也是金融电子化和网络金融发展到一定阶段的产物。

计算机及通信技术被引入金融领域的早期阶段，可被称为金融电子化阶段。各种电子数据处理系统，金融信息管理系统和决策支持系统等都属于金融电子化的范畴。与此同时，在电子支付系统和支付信息管理系统等方面的创新和演变不断加速。网络金融，是指基于金融电子化建设成果，在国际互联网上实现的金融活动，是适应电子商务发展需要而产生的网络时代的金融运行模式（狄卫平、梁洪泽，2000）。国外更普遍采用的术语是电子金融（electronic finance，e-finance），其含义大致是指在互联网或其他公共电子媒介上被提供的金融服务，包括货币、银行、支付、交易、经纪、保险等，通常也被称为数字金融（digital finance）。在发达国家的金融业务中，e-finance常与online finance、internet finance、virtual finance以及cyber finance互换使用。需要注意，网络金融或电子金融的概念在其兴起时，更多指的是传统的金融机构或传统的金融服务向互联网的延伸，其主要功能是在互联网的平台上降低金融服务的交易成本，增进金融服务的可得性。

进入 21 世纪之后，互联网不再甘于仅仅作为传统金融机构降低运营成本的工具，而是逐渐将其“开放、平等、协作、分享”的精神向传统金融业态渗透，从供求两端对金融业发展产生了重要影响。近十余年来，以互联网技术为支撑平台的各类非传统金融机构和金融业态大量涌现。2012 年以来，持续升温的互联网金融热浪引起了中国金融界、学术界和决策层的广泛关注，互联网金融作为一种学术概念开始频繁出现在各种中文文献当中。中国人民银行发布的 2013 年第二季度中国货币政策执行报告中首次使用了“互联网金融”一词，随后，该名词也被写入 2014 年国务院政府工作报告，标志着互联网金融的概念正式得到官方认可。概括地说，我们可以将互联网金融大致理解为，在新的技术条件下，各类传统金融机构、新兴金融机构和电商企业依托于其海量的数据积累以及强大的数据处理能力，通过互联网渠道和技术所提供的信贷、融资、理财、支付等一系列金融中介服务。若要简单概括互联网金融的基本特征，就可称其为基于大数据的、以互联网平台为载体的金融服务。

继“互联网金融”之后，其升级版——“金融科技”正在成为金融界最新的时尚词汇。从经济思想史视角来看，科技创新对经济运行的影响其实并非新鲜事物，其基本特征早已被经济学家总结为“创造性破坏”效应：一方面，创新是对既有市场格局和经济运行态势的颠覆，并导致部分人群受损；另一方面，创新带来了经济发展质量的改善和文明程度的提升，最终使得绝大多数人群得以分享创新成果（Schumpeter，1942）。我们可以借助这一概念来理解金融科技（FinTech）对金融体系和经济体系产生的各类影响。

一般认为，金融科技是金融与科技的融合；金融科技的发展过程就是金融企业家把科技应用到金融领域，通过技术工具变革推动金融体系创新的进程。在这一进程中，新的业务模式、新的应用、新的流程和新的产品不断被创造出来，从而对金融市场、金融机构、金融服务的提供方式产生重大影响。FinTech 的概念是全新的，但新技术对金融体系的改造并非新鲜事物。早在 20 世纪 60 年代，银行就开始运用技术平台改造业务流程了。只不过，随着大数据、人工智能、互联技术、分布式技术、安全技术等领域的迅猛发展，科技对金融体系的影响范围越来越广，冲击力越来越具有颠覆性。简言之，就是“创造性破坏”效应越来越显著。

从创造的角度看，金融科技以新的技术手段和新的平台为载体，形成了一套独特的信息收集、处理、评价和分配使用系统。信息成本的下降，直接导致融资成本的下降，风险定价与风险管理效率的改进，以及金融交易边界的扩展，这构成了金融科技的核心竞争力（董昀，2016）。简言之，金融科技的发展有利于降低金融活动中的交易成本，促进影子银行、数字货币等新事物的产生，也有利于发展普惠金融。易宪容（2017）认为，金融科技已成为新的金融需求发现、金融产品及服务创新、社会财富创造的动力与源泉，未来具有无限发展前途。

从破坏角度看，金融科技打破了金融业的既有利益格局，对传统银行等金融机构产生了冲击，对金融的稳定性也有一定负面影响，而且各国对金融科技还没有统一的监管标准，使得金融风险隐患增加。IMF（2017）冷静地观察到了这些潜在风险，指出由金融科技驱动的实体机构很可能会成长为传统金融中介机构、市场和基础设施的替代者。，如果金融科技的应用削弱了竞争、信任、货币政策传导的效性与金融稳定性，这些替代者会引发新的金融风险。

在这一形势下，国内外学界对金融科技的关注度持续提升，研究金融科技的文献也越来越多，这些文献能够较快地回应现实需求，对现实中的许多重大政策问题亦能进行比较严谨规范的理论分析，论证的视角有许多新颖独到之处。Gai、Qiu 和 Sun（2018）从技术特征的角度对金融科技领域的文献作了详尽的梳理。认为作为金融行业一个新词汇，金融科技已成为描述金融服务机构所采用的新技术的流行术语。这一术语涵盖了当下技术发展的很大范围，因而学者和相关专业人士都需要对其有准确而清晰的意识。该文回顾了有关金融科技发展成果，对金融科技作了综述。在此基础上，作者提出了一个由数据驱动的金融科技理论框架。他们认为，金融科技主要包括安全和隐私、数据技术、硬件和基础设施、应用程序和管理以及服务模型五个方面。徐忠、孙国峰、姚前（2017）也从技术层面阐述了金融科技中的云计算、大数据、区块链人工智能和数字技术的基本特质，介绍了金融科技在各类金融业态中的应用概况，并讨论了金融科技背景下的监管政策与监管理念。

这里不打算再次从技术层面梳理文献，也不打算将现有文献全部网罗其中，而是以经济学理论为基本框架，根据我们对金融科技演进脉络和焦点问题的判断，对近年来发表的若干代表性文献进行梳理，将经济学界的金融科技理论研究现状做一个简要的刻画。

（二）区块链：金融科技领域的焦点话题

区块链技术是金融科技中最受关注的前沿领域，被认为极具“创造性破坏”效应。如高盛报告里所言：“区块链已经完全俘获了硅谷和华尔街的想象空间，而作为其起源的比特币则早已被人们抛在脑后。”（Schneider et al.，2016）而麦肯锡的报告甚至认为，区块链是继蒸汽机、电力、信息和互联网技术之后，目前最有潜力触发第五轮颠覆式革命浪潮的核心技术。就如同蒸汽机释放了人们的生产力、电力解决了人们最基本的生活需求、信息技术和互联网彻底改变了传统产业（如音乐和出版业）的商业模式一样，区块链技术将有可能实现去中心化的数字资产安全转移（麦肯锡，2016）。

近两年间，全球发达金融地区正持续进行区块链在金融行业主要场景的技术应用研究，推动了不少研究联盟的形成。例如，美国存管信托和结算公司（DTCC）就区块链在交易后处理业务的应用前景请专家研究评估，并公开发布了白皮书，英国央行由于实时全额支付系统（RTGS）曾经的系统瘫痪事件将更替视角投向区块链技术，并以政府身份发布技术研究报告。

从运行机理层面看，林晓轩（2016）将区块链可以定义为一种基于密码学技术生成的分布式共享数据库，其本质是通过去中心化的方式集体维护一个可靠数据库的技术方案。该技术方案让参与系统中的任意多个节点，把一段时间系统内全部信息交流的数据，通过密码学算法计算和记录到一个数据块，并且生成该数据块的数字签名以验证信息的有效性并链接到下一个数据块形成一条主链，系统所有节点共同来认定收到的数据块中的记录的真实性。

值得注意的是，区块链借助开源算法，使得系统运作规则公开透明。在这种模式下，每个节点之间进行数据交换是无须互相信任，可以匿名，同时每笔交易都会被真实记录，以防止数据被控制和篡改，可以有效避免信任主体的违规行为。因此，也有学者将其称为一种“无须信任的交易技术（Trustless Exchange Technology）”（Kiviat，2015）。

Cong 和 He（2017）的分析更具经济学含义。他们指出，体现在区块链之中的分布式账本技术是以去中心共识、低成本、防篡改、算法执行为特征，并可通过智能合约扩大合约空间。同时，产生去中心共识的过程改变了信息环境，智能合约可以减少信息不对称，增加社会福利和消费者剩余，但区块链也可能导致更严重的合谋。因此，设计稳健的共识机制、提供正确的激励机制依然有赖于计算机专家以及经济学家继续努力。

Ducas 和 Wilner（2017）发现了区块链技术具有“创造性破坏”效应。一方面，以区块链为代表的金融科技创新正在推动金融业的现代化，并给经济、消费者和金融部门带来机会。另一方面，区块链技术也威胁着现有的监管，可能会导致金融和经济系统的不稳定。各国政策制定者正在面对两难的处境。解决办法可能在于努力促成灵活、适应性强且协调一致的监管。监管沙盒可能对监管区块链等金融科技有帮助，但最佳实践仍处于探索之中。

宫晓林等（2017）主要关注区块链技术的“创造性”效应。他认为，传统金融模式一直没有找到有效解决信息不对称问题的办法，而区块链恰恰为解决这一难题提供了有效办法。它的发展最终将带来金融产业和金融生态的巨大变革。

在综合上述文献的看法基础上，我们认为，“区块链”虽然听上去充满了未来感和技术色彩，但本质上它是一个去中心化的分布式账本。换言之，区块链的最大特点在于去中心化和分布式记账。必须从这两个基本特征出发来理解区块链，才能准确把握其对经济金融体系的影响机制。

去中心化，也就是说所有的交易都是点对点发生的，无须任何的信用中介或集中式清算机构；分布式账本，就意味着当交易发生时，链上的所有参与方都会在自己的账本上收到交易的信息，这些交易记录是完全公开，且经过加密、不可篡改的。区块链系统设想由大量节点共同组成的一个点对点网络，不存在中心化的硬件或管理机构，在互联网中，任一节点的权利和义务都是均等的；系统中的所有节点都参与数据的记录和验证，将计算结果通过分布式传播发送给各个节点；在部分节点遭受损坏的情况下，整个系统的运作并不会受到影响，相当于每个参与的节点都是“自中心”。区块链数据的验证、记账、存储、维护和传输等过程均是基于分布式系统结构，采用纯数学方法而不是中心机构来建立分布式节点间的信任关系，从而形成去中心化的可信任的分布式系统。

区块链技术代表一种激进的创新方向，因为它可以推动形成一种分布式的共识社群结构，不需要有层级的中介（例如银行和政府）在其中发挥作用。更为重要的是，区块链技术有潜力通过操作系统和组织结构来影响更大范围内的商业模式变革，有许多潜在的行业可能会被它影响。这其中蕴藏着新一轮技术革命的可能性。

（三）金融科技的“创造性”效应

近年来，金融科技对金融与经济体系带来的结构变迁与效率改进效应已被广泛关注。学界的基本看法是，金融科技已经在人工智能、计算水平、加密技术等方面取得长足进步。这些技术之间强烈的互补性正在引发新一轮支付、融资、资产管理、保险及其他金融服务层面对金融科技的广泛应用。这将会推动金融产业提升效率，提供更好和更有针对性的产品与服务，并提升发展中国家金融体系的普惠性（IMF，2017）。

Philippon（2016）全面分析了金融科技对金融业的潜在影响。他认为，目前的金融业服务十分昂贵，这就给金融科技的迅猛发展和新兴金融科技企业的涌现提供了机遇。具体而言，金融科技包括数字创新和金融部门的基于技术的商业变革。这种创新会打破已有企业结构，模糊企业边界，实现去中介化。由于目前的金融体系非常无效，“过多的金融”

对实体经济效率改进并没有帮助。因此，尽管通过提高金融服务获得显著福利在技术上是可行的，但是，只有依靠金融企业家的创新活动和新企业的创业活动才可能真正提高金融服务的可获得性，提升金融业服务实体经济的能力。金融监管体系也要相应地做出调整，从而鼓励新的机构进入，形成新的体系。

巴塞尔银行监管委员会在一份咨询报告（BCBS，2017）中关注了金融科技迅猛发展对银行业及其商业模式带来的冲击效应。文章指出，一部分人认为，迅速发展的金融科技降低了进入金融服务业的门槛，也对银行业造成前所未有的挑战；未来 10 年金融科技将冲击到银行业收入的 10%—40% 以及零售利润的 20%—60%；但也有人认为银行业可以通过吸收新的竞争者，提高银行业的效率和包容性。

Greg et al.（2017）研究了美国影子银行与金融科技的关系。在 2007—2015 年期间，基于住宅抵押贷款的影子银行的市场份额翻了一番，其在低信用借款者中的市场份额尤为巨大。以往的一种流行观点认为，影子银行得到快速发展是因为传统银行受到更多资本和监管限制。作者则发现，金融科技对影子银行的快速发展发挥了重要作用：相比于没有使用金融科技的影子银行，使用金融科技的影子银行将信贷资源配置给了信用更好的借款者，也更加积极地参与了再融资市场。作者的估算显示，金融科技对最近影子银行的份额增长做出了 70% 的贡献。作者进一步发现，金融科技贷款者可以运用不同方法来确定不同的利率；金融科技的优势并没有能够减少中间成本，事实上，相比于“非金融科技”贷款者，金融科技贷款者的利率报价更高。然而，消费者愿意运用更昂贵的金融科技贷款，也许是因为这些贷款者提供了便利服务。因此，提高金融服务的便利性和可获得性是金融科技企业相对于传统金融机构的一个显著的比较优势。

Brainard（2017）观察到，在金融科技席卷全球的浪潮之下，银行并非只是受害者，而是金融科技企业的合作者。这是因为，金融科技开发商需要利用银行获取消费者存款账户相关数据、访问支付系统、发起信贷和管理合规等。可见，只要采取正确的应对策略，金融科技革命给银行带来的创造性效应将大于破坏效应，据此提出了三种可选择的嵌入方法，并具体分析了每种方法的优缺点。最后，由于银行业涉及资金安全和个人信息隐私，监管机构也应积极应对金融科技的冲击效应，以降低相关的嵌入风险。

CGFS 和 FSB（2017）对金融科技信贷的经济效应作了深入分析，认为金融科技信贷的兴起重燃了政策制定者和公众对金融市场的兴趣，但金融科技信贷市场的未来走向及其对信贷供给和传统银行业务的影响机理仍不清晰。该文分析了金融科技信贷的规模、增速、潜在收益和风险及对金融稳定可能产生的影响。结果表明，金融科技信贷总体规模较小，但增速较快，它对不同国家的影响存在很大差异。总体而言，它一方面为经济发展提供了可替代资金来源对在位银行的效率压力，另一方面也使得信贷扩张速度加快，给监管带来了新的挑战。

（四）金融科技的“破坏”效应

在金融科技领域，研究“破坏”效应的文献比研究“创造性”效应的文献数量更多，更受人关注。毕竟，金融科技的兴起不但动了传统金融业的奶酪，而且对金融稳定形成新挑战，成为监管当局关注的重要风险点。

BCBS（2017）发现，当金融科技仍然处于不稳定状态时，它对银行及银行商业模型的冲击效果是不确定的。一些市场观察者估计，在未来 10 年中，10%—40% 的总收入以及

20%—60% 的零售银行利润处于风险中，另一些人认为，银行将会吸收新的竞争者，从而提高他们自己的效率与能力。该文设定了几种情景，分别评估了各种情景下金融科技对银行业的冲击效果。一个基本结论是：无论在何种情境下，考虑到技术变化和消费者期望，银行很难维持他们目前的操作模型。因此，未来的银行业势必会卷入客户关系战争。每一种情景中，早就存在的银行与新进入的金融科技企业在客户关系方面的竞争发展到何种程度，我们不得而知。但是，几乎在每一种情景下，目前银行的状态都要受到挑战。

通过这项研究，BCBS 意识到，最近出现的金融科技只是影响银行业的创新浪潮之一。以前银行已经遇到很多次的创新浪潮冲击。金融科技的力量使得企业家迅速采用新技术、努力降低他们进入金融服务市场的壁垒，这促进了新的商业模式的出现以及许多新的金融科技企业的创立。相比银行业过去曾经面临的挑战而言，新近出现的这些因素更具有颠覆性。另外，这些变化会带来新的风险，包括策略风险、操作风险、网络风险以及合规风险等。

FSB（2017）系统总结了金融科技的金融稳定含义。金融科技的出现，使得政策制定者，监管者都需要考虑金融科技带来的机遇与风险。很多金融创新还没有经历过完整的金融周期，因此在早期制定的规则具有示范作用。当金融科技的使用频率增加时，政策的制定者应该持续评价其监管框架的有效性，以增加收益并减少风险。

基于上述考虑，在德国汉堡 G20 峰会上，有人提出金融稳定理事会（FSB）要对金融科技进行监管，这不仅包括对数据进行监管，还包括对实际问题进行监管，这项工作极具挑战性，因为获得公司和个人的公开信息难度太大。

该文还看到，相对于整个金融体系而言，金融科技活动的范围和规模都还非常有限，目前的分析也只聚焦于可能的收益与风险。但考虑到“金融科技”的迅速发展态势，其对金融稳定的影响将越来越大，各大国际组织和当局将务必要把“Fintech”纳入现有的风险评估和监管框架中来。事实上，很多国家当局已经改变监管规则来适应监管金融科技活动的需要了。考虑许多金融科技活动具有商品性和全球性，文章还指出，要加强国际合作。增强合作有利于减少风险的脆弱性，避免破坏监管框架，并提高金融稳定性。

金融科技也成为各国央行首脑关注的热点问题。英格兰银行行长卡尼在一篇短文中强调了金融科技发展的破坏性效应。他认为，金融科技发展会导致的风险点包括：客户忠诚度的变化可能削弱银行融资的稳定性；全新的承销方式或将影响到信贷质量甚至宏观经济动态；新的投资及风险管理模式可能会加剧市场波动。监管当局的要务是确保金融科技的有序发展，最大限度地降低系统性金融风险。因为，在金融史上，因监管无效导致的泡沫破灭和经济萧条案例比比皆是。

日本央行副行长中曾宏的看法则更加积极，认为只要管理得当，金融科技的破坏效应必然小于创造性效应。政府应充分利用技术进步的积极效应，正确处理信息技术创新对经济的潜在影响，将消极因素降到最低。

（五）小结

总体而言，金融科技领域的文献虽然数量庞大，但尚停留在现象描述和政策探讨层面，尽管有一定的解释力和指导性，但仍缺乏严谨坚实的理论框架支撑。这说明，在 20 世纪中叶基本成型的新古典主义和凯恩斯主义经济学理论不能完全解释金融科技革命的冲击效应，实践呼唤新理论的出现。随着金融科技实践的不断深入，真实世界的精彩故事会越来越多，研究者的素材会越来越丰富。对中国经济学界而言更是如此。

这是因为，无论是用“互联网金融”还是用“金融科技”来刻画新一轮金融技术革命浪潮，中国的实践都走在世界前列，且富有转型经济体和发展中经济体的特色。这些“大象无形”般的变革对金融体系、货币体系和经济体系的冲击犹如大炮轰门，是彻底的、致命的。这为我们创立基于互联网和金融科技的经济学新版本提供了丰厚的实践土壤。认真总结中国金融科技发展的新鲜经验和典型事实，以全球眼光和历史视野来审视这些现象，当可为构建中国特色经济学提供坚实的基础。

参考文献与学科年度主要文献

狄卫平、梁洪泽：《网络金融研究》，《金融研究》2000 年第 11 期。

董昀：《互联网金融的发展与监管》，《中国经济学年鉴 2014—2015》，中国社会科学出版社 2016 年版。

宫晓林等：《区块链的技术原理及其在金融领域的应用》，《国际金融》2017 年第 2 期。

IMF：《金融科技、监管框架与金融服务业的变革》，《新金融》2017 年第 10 期。

李文红、蒋则沈：《金融科技发展与监管：一个监管者的视角》，《金融监管研究》2017 年第 3 期。

林晓轩：《区块链技术在金融业的应用》，《中国金融》2016 年第 8 期。

麦肯锡：《区块链：银行业游戏规则的颠覆者》，《麦肯锡中国银行业白皮书》2016 年 5 月。

［英］卡萝塔·佩蕾兹：《技术革命与金融资本》，田方萌、胡叶青、刘然、王黎民译，中国人民大学出版社 2007 年版。

习近平：《在省部级主要领导干部学习贯彻党的十八届五中全会精神专题研讨班上的讲话》，人民出版社 2016 年版。

徐忠、孙国峰、姚前：《金融科技：发展趋势与监管》，中国金融出版社 2017 年版。

易宪容：《金融科技的内涵、实质及未来发展》，《江海学刊》2017 年第 2 期。

Basel Committee on Banking Supervision，2017，Sound Practices：Implications of fintech developments for banks and bank supervisors .

Cong and He，2017，Blockchain Disruption and Smart Contract，https：//ssrn. com/abstract = 2985764.

CGFS and FSB，FinTech Credit：Market Structure，Business Models and Financial Stability Implications，2017.

Ducas and Wilner，“The Security and Financial Implications of Blockchain Technologies：Regulating Emerging Technologies in Canada”，*International Journal*，Vol. 72（4），2017，pp. 538 – 562.

FSB，Financial Stability Implications from FinTech，2017.

Gai，Qiu and Sun，A survey on FinTech，*Journal of Network and Computer Applications*，Vol. 103，2017，pp. 262 – 273.

GregBuchak，Gregor Matvos，Tomasz Piskorski，Amit Seru，“2017：Fintech，Regulatory Arbitrage，and The Rise of Shadow Banks”，Working Paper 23288.

Griliches.，Z.，“The Search for R&D Spillovers”，NBER Working Paper，1992，No. 3768.

Kiviat，T. I.，2015，“Smart” Contract Markets：Trading Derivatives Contracts on the Blockchain［EB/OL］.，http：//diyhpl. us/ ~ bryan/papers2/bitcoin/Smart% 20contract% 20markets：% 20trading% 20 derivative% 20contracts% 20on% 20the% 20blockchain% 20 – % 202015% 20 – % 20Trevor% 20Kiviat. pdf.

Nelson R. R.，“This Simple Economics of Basic Scientific Research”，*Journal of Political Economy*，Vol. 7（67），1959，pp. 297 – 306.

Philippon，Thomas，The FinTech Opportunity，2016，Paper prepared for the 2016 Annual Conference of the BIS.

Schneider, J., Blostein, A., Lee, B., Kent, S., Groer, I., Beardsley, E., "Profiles in Innovation Blockchain: Putting Theory into Practice", The Report of Goldman Sachs Equity Research, May 24, 2016.

Schumpeter, J., *The Theory of Economic Development*, Cambridge: Harvard University Press, 1934, pp. 43 – 50.

Schumpeter, J., *Capitalism, Socialism and Democracy*, New York: Harper, 1942, pp. 105 – 112.

（董　昀）

气候变化经济学

一　学科概述

气候变化经济学（Climate Change Economics）是在全球气候变化背景下诞生的一门经济学科，旨在为气候变化提供经济学理论和实证支撑，并为解决气候变化问题提供规范的政策分析工具和指导性结论。William D. Nordhaus 于 1975 年开创性地将经济系统和气候系统整合在一个模型框架内，以主流经济学的成本—收益分析方法为主，结合气候变化所具有的外部性、风险与不确定性等特征，分析全球气候变化的影响及不同减排方案和温升情景面临的成本和收益，标志着经典的经济学理论用于分析气候问题的发端。Nicholas H. Stern 在 2006 年发布的《斯特恩报告》（*The Stern Review on the Economics of Climate Change*）被视为奠定气候变化经济学基础的著作，该报告首次提出“气候变化经济学”一词，并指出气候变化是迄今规模最大、范围最广的市场失灵，呼吁尽早采取减排行动。历经 40 余年的发展，气候变化经济学的研究内容不断扩展，日益成为一门集环境经济学、能源经济学、技术经济学、发展经济学和国际政治经济学于一体的交叉学科。

（一）学科研究对象

气候变化经济活动为气候变化经济学提供了客观基础，气候变化经济学是气候变化经济活动上升为理论化和系统化的研究活动，核心在于探究人类在气候变化干预中涉及的经济过程。

气候变化经济研究目前主要包括四大主题：（1）气候变化产生的原因及其影响评估。着眼于气候变化问题的经济转化方法，一方面探寻气候变化问题产生的根源，为人为社会经济活动影响气候变化提供科学证据；另一方面分析评估气候问题造成的经济、环境和社会等影响。（2）气候变化治理政策的成本效益分析。通过模拟经济发展和温室气体排放增长的趋势，检验和分析技术选择对气候变化进程和减排成本的影响，选择控制气候变化的具体措施；针对气候治理的投资和资金流量进行评估。（3）气候变化区域经济学研究。将应对气候变化纳入区域发展目标，与区域的城镇化、工业化等问题相融合。（4）适应气候变化的经济学研究。考虑气候治理中代内公平和代际公平的实现，解决气候贫困、气候移民等问题，确定代际公平发展的贴现率的合理取值；建设韧性城市，提高城市适应能力。

（二）学科研究方法

第一，气候变化经济学实证分析。Nordhaus 于 1991 年创建了气候变化综合评估模型（Integrated Assessment Models，IAM），用于分析气候变化的影响以及温室气体减排的成本和收益。之后，IPCC评估报告将自然科学、经济学、社会学等学科的相关模型及其相互作用结合到统一框架下，综合评价气候变化的状态、影响和政策效果，推动了一批气候变化分析模型的快速发展，如气候变化社会经济影响动态综合模型（Dynamic Integrated Model of Climate and the Economy，DICE）、地区和全球影响估计模型（Model for Estimating Regional and Global Effects，MERGE）、区域集成气候变化经济影响模型（Regional Integrated Model of Climate and the Economy，RICE）、温室效应政策分析模型（Policy Analysis of the Greenhouse Effect，PAGE）、气候问题的不确定性、谈判和分配框架（Climate Framework for Uncertainty，Negotiation and Distribution，FUND）模型、可计算的一般均衡模型（Computable General Equilibrium，CGE）等。

其中，IAM、CGE等模型采用"自上而下"的估算方法，分析碳减排政策对社会经济系统的综合影响。长期能源替代规划系统（Long-range Energy Alternatives Planning System，LEAP）、亚太地区气候变化综合评估模型（Asian-Pacific Integrated Model，AIM）、市场分配模型（Market Allocation，MARKAL）等则提供了"自下而上"的估算方法，可考察分部门、分行业的能源需求和碳排放，据此制定减排的潜力、成本和技术路线。

Farmer等认为传统模型未充分考虑不确定性、聚合性、一致性和分配的影响、技术变迁等问题，而动态随机一般均衡模型（Dynamic Stochastic General Equilibrium，DSGE）和智能体模型（Agent-Based Model，ABM）的运行和模拟过程更符合客观实际，有可能弥补上述传统模型的不足，成为第三代气候变化综合评估模型。①

近年来，我国结合自身情况建立了一些本土评估模型，如国家发改委能源研究所开发的中国能源环境综合评价模型（Integrated Policy Assessment Model of China，IPAC），综合评价经济发展、能源资源、技术、消费行为等因素，分析未来能源和温室气体排放情景。② 中国科学院王铮等开发的多国气候保护政策模拟系统（Learning by Doing Multi-Regional Dynamic Integrated Model of Climate and Economy with GDP Spillovers，LRICES）、资本—产业演化和气候变化集成评估模型（Capital，Industrial Evolution and Climate Change Integrated Assessment Model，CIECIA），充分考虑了技术进步和知识资本的作用，解决了技术内生化的问题。③

第二，气候变化经济学规范分析。气候变化经济学的规范分析主要体现在国际气候谈判的议题中，如减排责任与分担、气候资金的绩效评估、气候变化协议进程等，以及国家应对气候变化行动方案提出的减排路径和经济转型路径。例如《IPCC第五次评估报告》分析了气候变化对全球自然、社会和经济可能造成的各种风险，在此基础上为国际社会确定减排目标、采取应对措施提供了基本框架。④

---

① Doyne Farmer，Cameron Hepburn，Penny Mealy，Alexander Teytelboym："A Third Wave in the Economics of Climate Change"，*Environmental and Resource Economics*，Vol. 62，2015，pp. 329 - 357.

② 苗韧、周伏秋、胡秀莲、冯升波、吴颇、贾茹：《中国能源可持续发展综合评价研究》，《中国软科学》2013年第4期。

③ 王铮、顾高翔、吴静、刘昌新：《CIECIA：一个新的气候变化集成评估模型及其对全球合作减排方案的评估》，《中国科学：地球科学》2015年第10期。

④ IPCC Fifth Assessment Report："Climate Change 2014 Synthesis Report"，2014，http：//www.ipcc.ch/report/ar5/syr/.

第三，气候变化经济学混合研究范式。混合研究范式综合了定量分析和定性分析研究方法，采用多元化的研究技术、方法和路径，逐渐被用于环境政策绩效评价中。郑艳等采用定性与定量方法、探索性分析与验证性分析方法相结合的混合研究设计，以宁夏中南部地区为例对气候变化引发的贫困和移民的复杂动力机制进行了实证研究，证实了“气候容量”与“气候贫困”是气候移民最主要的驱动因素，为气候移民政策制定提供了依据。[①]

（三）学科基本属性和理论基础

潘家华认为气候变化问题具有经济学的复合属性，与常规经济分析相比，气候变化经济学还特别考虑风险管理问题、伦理问题、国际治理构架和经济政策问题、高碳还是低碳发展道路的选择问题等，经济学属性认知上的差异造成理论、方法、政策选择等方面不同。[②]

基于产权经济学视角，气候变化是一个“公地悲剧”问题。地球大气空间资源的自由获取由于滥用而遭到破坏，需要界定排放空间的产权，通过碳排放权交易、碳预算管理等实现排放权的效率配置。代表成果有潘家华、陈迎的《碳预算方案：一个公平、可持续的国际气候制度框架》，该文立足于碳预算方案的公平性和可持续性，以气候安全的允许排放量为全球预算总量约束，按照人均方式核定初始分配，考虑自然条件对初始碳预算进行调整，根据历史排放和未来需求进行碳预算转移支付，据此设计相应的市场机制、资金机制和遵约机制。[③]

基于环境经济学视角，气候变化是一个外部性问题。人为活动碳排放引致地表增温等外部成本，由他人、社会和后代人承担，需要通过碳税等手段将外部成本内部化。代表成果有斯坦福大学 Lawrence H. Goulder 和 Andrew Schein 的文章《碳税与碳配额交易的比较》，该文比较了碳税、纯粹的碳配额交易、含有价格上下限的碳交易体系（混合选择）三类政策对减排、解决不公平问题、维护国际竞争力等方面的影响，得出碳税及混合选择比纯粹的碳配额交易体系更优的结论。[④]

基于公共经济学视角，大气排放空间和减排活动本身都具有公共产品属性，而减排存在“搭便车”问题，需要优化公共投入和公共管理。代表成果有 Elinor Ostrom 的《应对气候变化的多中心治理体制》[⑤] 等，文章主张从公共政策选择的多中心治理模式出发，从个人、家庭、企业和社区等微小主体、局部开始行动，构建全球气候治理模式。Nordhaus 基于“俱乐部”理论，提出对非参与者采取惩罚措施的气候俱乐部是克服“搭便车”问

---

① 郑艳、孟慧新、谢欣露、石尚柏、范建荣：《气候移民动力机制：基于混合研究范式的宁夏案例》，《中国软科学》2016 年第 3 期。

② 潘家华：《气候变化的经济学属性与定位》，《江淮论坛》2014 年第 6 期。

③ 潘家华、陈迎：《碳预算方案：一个公平、可持续的国际气候制度框架》，《中国社会科学》2009 年第 5 期。

④ Lawrence H. Goulder，Andrew Schein，“Carbon Taxes VS. Cap and Trade：A Critical Review”，National Bureau of Economic Research Working Paper，2013，https：//ideas. repec. org/cgi – bin/get_ doc. pl?urn = RePEc% 3Anbr% 3Anberwo% 3A19338&url = http% 3A% 2F% 2Fwww. nber. org% 2Fpapers% 2Fw19338. pdf.

⑤ Elinor Ostrom，“A Polycentric Approach for Coping with Climate Change”，Policy Research Working Paper Series 5095，The World Bank，2009，https：//openknowledge. worldbank. org/bitstream/handle/10986/9034/WPS5095_ WDR2010_ 0021. pdf.

题、实施减排最有效的机制。①

基于发展经济学视角，气候变化问题因发展而产生，需要通过发展来提升减缓和适应能力，涉及气候贫困、气候移民、粮食安全和生态安全等问题。现行能源结构和技术条件下，碳排放数量和发展水平呈线性关系，温室气体排放是一种基本需求，属于人的基本权益，需要处理好资源的代内与代际配置的公平与效率。代表成果有 IPCC 第五次评估报告第二工作组报告第 17 章《适应气候变化经济学》，该文详细分析了适应的含义、成本和重要领域。②

基于制度经济学视角，应对气候变化需要明确减排责任、规范碳排放标准、达成国际合作协议，形成有序的全球气候治理体系。《联合国气候变化框架公约》指导下的《京都议定书》《巴黎协定》等一系列气候协议为全球气候治理提供了基本准则。

基于福利经济学视角，全球温室气体排放空间的利用，需要一个明确的社会经济运行或分配目标，相关理论基础有帕累托最优、希克斯—卡尔多补偿原理、罗尔斯“最大—最小”原理等。代表成果如郑艳等的《基于气候变化脆弱性的适应规划：一个福利经济学分析》，该文构建起柏格森—萨缪尔森社会福利函数，评估了气候变化背景下中国社会经济脆弱性与经济福利风险，将中国三十多个省份划分为三类适应区，并分别提出适应性路径。③

基于成本收益分析视角，应对气候变化是一个巨大的风险问题。气候变化本身具有不确定性，其对社会经济的影响也具有不确定性，需要以可接受的成本进行气候治理防范气候风险。代表成果是《斯特恩报告》，指出气候变化对应的是一个巨大的风险管理过程，需要在不恶化现有境况的条件下通过减排促使人类未来境况的改善。

基于行为经济学视角，应对气候变化关乎当代和未来减排的行为选择，近年来成为研究气候变化新的理论依据。方虹等从贴现率、社会偏好、非理性行为三方面评述气候变化的行为经济学，认为现实中的人们比传统的经济人显示出较低的自利性，可选择一个稳定、低于平均投资回报率的社会贴现率，在气候谈判中应强调约束机制和非理性行为。④

二　改革开放四十年来的学科发展

国内气候变化经济学学科建设起步较晚，研究力量集中在中国社会科学院、清华大学、中国人民大学等少数研究机构。

中国社会科学院于 2009 年成立城市发展与环境研究所，下设“气候变化经济学研究

---

① William Nordhaus, “Climate Clubs: Overcoming Free-riding in International Climate Policy”, *American Economic Review*, Vol. 105, 2015, pp. 1339 – 1370.

② Working Group Ⅱ Contribution to the IPCC Fifth Assessment Report, “Climate Change 2014 Impacts, Adaption and Vulnerability”, http://www.ipcc.ch/pdf/assessment-report/ar5/wg2/WGIIAR5 – PartA _ FINAL.pdf.

③ 郑艳、潘家华、谢欣露、周亚敏、刘昌义：《基于气候变化脆弱性的适应规划：一个福利经济学分析》，《经济研究》2016 年第 2 期。

④ 方虹、何琦、张芳：《尼古拉斯·斯特恩对气候变化经济学的贡献》，《经济学动态》2015 年第 5 期。

室”，并将气候变化经济学列入理论经济学类别“人口、资源与环境经济学”下的三级学科名录，标志着社科院气候变化经济学学科建设步入正轨的学术建制轨道。经过多年积累，气候变化经济学成为社科院哲学社会科学登峰计划优势学科项目，拥有潘家华、庄贵阳、陈迎等一批知名学者，在气候变化经济学原理、全球气候治理与国际气候制度、低碳经济与低碳城市建设、气候变化影响与适应政策等领域发表了一些具有基础性和战略性的研究成果。自 2009 年起社科院城环所与中国气象局联合发布《气候变化绿皮书》，集合了年度气候变化经济学、气候变化科学研究、气候外交与谈判、应对气候变化政策行动等多领域的前沿研究。①

清华大学低碳经济研究院成立于 2008 年，何建坤、滕飞在减缓气候变化的技术经济分析和碳市场等领域发表了诸多有影响力的成果；清华大学公共管理学院以齐晔教授等于 2011 年以来每年主持发布《中国低碳发展研究报告》，② 2016 年在《自然》杂志发表《中国的后煤炭增长时代》论文，③ 指出中国经济增长已与煤炭消费增长脱钩，逐步走向绿色增长的新阶段。

中国人民大学气候变化与低碳经济研究所，以邹骥教授为代表，围绕低碳经济、气候政策及战略形成一系列研究成果。北京大学国际关系学院从国际关系角度进行气候变化国际谈判相关研究。国家发改委能源研究所开展了减缓气候变化的模型开发、情景预测、战略规划和碳市场建设等工作。中科院科技政策与管理科学研究所和中科院地理科学与资源研究所近年来也开展了气候变化相关研究。

随着我国经济步入新常态、生态文明建设的持续推进，应对气候变化不仅成为国内转型发展的需求，也是中国引领全球生态文明建设、构建全球治理体系的重要体现，亟须夯实气候变化经济学理论和方法的研究，围绕气候治理、低碳发展等新议题催生了一批研究成果。具有代表性的著作有潘家华等编写的《中国生态文明建设年鉴》、④ 国家林业局经济开发研究中心主编的《气候变化、生物多样性和荒漠化问题动态参考 2012 年度辑要》、⑤ 徐华清等编纂的《“十二五”我国温室气体排放控制综合研究》、⑥ 中国 21 世纪议程管理中心主编的《国家适应气候变化科技发展战略研究》、⑦ 中国人民大学气候变化与低碳经济研究所编写的《中国低碳经济发展年度报告》、⑧ 对外经济贸易大学和日本名古

① 王伟光、郑国光主编：《气候变化绿皮书：应对气候变化报告》，社会科学文献出版社 2009—2017 年版。

② 齐晔、张希良：《低碳发展蓝皮书：中国低碳发展研究报告》，社会科学文献出版社 2012—2016 年版。

③ Ye Qi, Nicholas Stern, Tong Wu, Jiaqi Lu, Fergus Green, “China's Post-Coal Growth”, *Nature Geoscience*, Vol. 9, 2016, pp. 564 – 566.

④ 潘家华等主编：《中国生态文明建设年鉴 2016》，中国社会科学出版社 2016 年版。

⑤ 国家林业局经济开发研究中心主编：《气候变化、生物多样性和荒漠化问题动态参考年度辑要》，中国林业出版社 2013 年版。

⑥ 徐华清、郑爽、朱松丽：《“十二五”我国温室气体排放控制综合研究》，中国经济出版社 2014 年版。

⑦ 中国 21 世纪议程管理中心：《国家适应气候变化科技发展战略研究》，科学出版社 2016 年版。

⑧ 中国人民大学气候变化与低碳经济研究所：《中国低碳经济年度发展报告》，石油工业出版社 2011—2012 年版。

屋大学共同发布的《中国低碳经济发展报告》[①] 等。

在方法学上，庄贵阳等编写的《中国城市低碳发展蓝图：集成、创新与应用》系统地介绍了城市温室气体清单编制、城市低碳发展路线图设计和城市低碳适用技术需求评估方法。[②] 王铮等编写的《气候变化经济学集成评估模型》深入介绍了IAM模型的构建和应用。[③]

"十三五"国家重点图书出版规划项目翻译了国外一批优秀的气候变化经济学著作，涉及应对气候变化经济学理论、能源管理、碳交易市场建设、气候融资等主题，如齐晔等译的《尚待何时？应对气候变化的逻辑、紧迫性和前景》、[④] 齐建国等译的《气候经济学：气候、气候变化与气候政策经济分析》、[⑤] 李陶亚译的《缓解气候变化的财政政策：决策者指南》[⑥]、程思等译的《碳市场计量经济学分析：欧盟碳排放权交易体系与清洁发展机制》。[⑦]

总结改革开放以来气候变化经济学的研究内容，郭谁琼、黄贤金对近10年来国内外有关气候变化经济学研究成果作了综述。气候变化经济学是一门研究人类干预气候变化过程中涉及经济过程的学科。当前的研究热点包括气候变化的经济影响、适应措施的成本和收益、国际合作机制和涉及代际公平的折现率选取，在研究方法上，对得到广泛运用的成本收益分析法和碳税机制作了详细的评述。[⑧] 何建坤等认为自德班平台谈判建立了2020年后国际减排制度框架以来，国际学术界掀起了"新气候经济学"研究热点，关注各国新能源技术应用、经济发展方式转变，探索支撑生态文明建设的发展理念和相应的经济学理论与分析方法，寻求经济社会持续发展与减排的双赢路径。[⑨] 未来，气候变化经济学将立足于国内转型发展的背景、着眼于可持续发展的长期目标，将焕发出更强大的生命力。

三 学科发展理论前沿与热点问题

《IPCC第五次评估报告》指出，自20世纪50年代以来观测到的许多变化是前所未有

---

① 薛进军、赵忠秀主编：《低碳经济蓝皮书：中国低碳经济发展报告》，社会科学文献出版社2013—2016年版。

② 庄贵阳等：《中国城市低碳发展蓝图：集成、创新与应用》，社会科学文献出版社2015年版。

③ 王铮等：《气候变化经济学集成评估模型》，科学出版社2016年版。

④ ［英］尼古拉斯·斯特恩：《尚待何时？应对气候变化的逻辑、紧迫性和前景》，齐晔等译，东北财经大学出版社有限责任公司2016年版。

⑤ ［英］理查德S. J. 托尔：《气候经济学：气候、气候变化与气候政策经济分析》，齐建国、王颖婕等译，东北财经大学出版社有限责任公司2016年版。

⑥ ［美］帕里、［美］鲁德·德穆伊、［美］迈克尔·基恩：《缓解气候变化的财政政策：决策者指南》，李陶亚译，东北财经大学出版社有限责任公司2016年版。

⑦ ［法］朱利恩·谢瓦利尔：《碳市场计量经济学分析：欧盟碳排放权交易体系与清洁发展机制》，程思、刘蒂等译，东北财经大学出版社有限责任公司2016年版。

⑧ 郭谁琼、黄贤金：《气候变化经济学研究综述》，《长江流域资源与环境》2012年第11期。

⑨ 何建坤、滕飞、齐晔：《新气候经济学的研究任务和方向探讨》，《中国人口·资源与环境》2014年第8期。

的，温室气体排放及其他人为驱动因子已成为全球气候变暖的主要原因。① 因此，应对气候变化需要持续减排，而减排的力度和阶段安排成为气候谈判的核心问题，依赖于各国减排的成本和收益分析。2015 年巴黎气候大会通过了《巴黎协定》，开启了全球多元气候治理的新局面。如何落实《巴黎协定》的 2℃温升目标，如何维护自下而上自主贡献的减排方案、促进国际减排合作，成为后 2015 时代应对气候变化的核心议题。中国为《巴黎协定》的达成做出突出贡献，主动承担减排责任，积极推进国内低碳转型发展，由此引发低碳城市、低碳产业和低碳消费等多方面的研究和讨论。应对气候变化是一个风险管理的长期过程，明确气候变化对经济社会的风险，将为平衡减排和经济发展提供理论基础。中国作为发展中国家，在减缓温室气体排放的同时更要注重适应能力建设，逐步发挥碳交易等市场机制的作用，促进碳排放达峰目标早日实现。

（一）减排的成本收益分析和路径选择

气候变化经济学利用模型刻画气候变化与社会经济系统的相互作用，计算不同减排方案的成本。张娟认为气候变化评估模型不同的假设条件和模型设定将得出不同的气候政策主张，主要包括 Stern 为代表的“激进派”、以 Nordhaus 和 Weitzman 为代表的“保守派”及以 Acemoglu 为代表的“综合派”，其争论的焦点在于时间贴现因子和特定效用函数设定两大关键假设，以及对不确定性因素以及技术变迁因素的考量，由此在减排目标、减排路线选择上产生分歧。②

针对气候变化分布以及贴现率设定的分歧将产生不同的气候变化政策含义。与气候变化服从瘦尾分布相比，厚尾分布下，气温升高幅度更大、气温升高的概率更大、突破气候系统阈值的可能性更高；低贴现率使未来的损失贴现为较大的限制，从而趋向于当前大幅度减排，高贴现率会将未来灾难损失贴现为一个较小的现值，从而趋向于未来减排。《斯特恩报告》基于气候变化瘦尾分布特征和较低社会贴现率，因此主张当期大幅减排。Nordhaus 采用的成本收益分析法是基于瘦尾分布，主张使用较高的市场贴现率，由此得出渐进式应对气候变化政策。Weitzman 则认为气候变化将以小而不容忽视的概率引起巨大的损失，具有厚尾概率分布特征，并用伽马贴现等方式对纯时间偏好率予以贴现，使得长期贴现率显著下降，据此提出“悲剧定理”，即由于未来投资回报和消费的不确定性，当时间趋于无穷时，气候灾害导致的社会碳成本将趋于无穷。③

刘昌义、潘家华认为，传统的成本收益方法都假定气候敏感性服从标准正态分布，在此基础上设定效用函数和损失函数，等于间接“否决”了高温升情景，低估了未来气候灾难发生的可能性和损害程度。④ 曾惠芳等利用贝叶斯方法对减排的社会支付意愿进行了测算，结果表明无论气候变化服从厚尾分布还是瘦尾分布，气候政策的后验期望效用函数

① IPCC Fifth Assessment Report，“Climate Change 2014 Synthesis Report”，2014，http：//www. ipcc. ch/report/ar5/syr/.

② 张娟：《气候变化的经济学分析：国外研究最新进展综述》，《中国人口·资源与环境》2012 年第 11 期。

③ 李祝平、欧阳强：《马丁·威茨曼对当代环境经济学的贡献》，《经济学动态》2014 年第 9 期。

④ 刘昌义、潘家华：《气候变化的不确定性及其经济影响与政策含义》，《中国人口·资源与环境》2012 年第 11 期。

都是有界的，因此建议采取渐进式减排行动。[①]

（二）气候谈判与全球气候治理

联合国主导下的缔约方大会为全球气候治理提供了平台，气候谈判问题表面是环境问题，实际上是发展问题，全球气候谈判表现为各国为争夺话语权和发展权益而进行的博弈，全球气候治理则表现为跨期国际协同行动。

博弈论和契约理论在全球减排合作的分析中得以广泛应用。荆克迪等通过构建信号博弈模型，将博弈主体对待环境的态度分为强弱两类，分析了减排合作中的问题和解决途径。[②] 张丽华、姜鹏基于“紧缩趋同”理论模型，认为解决多边合作进程中集体行动逻辑困境的最优方案是形成最大公约数，中美在气候博弈中应采取“以行动对行动”和分阶段取得实质性成果的方式来打破合作僵局。[③] 李占一运用合作博弈理论分析了气候谈判中的国家集团的多重博弈和气候治理基金中的联盟博弈。[④] 吕江则从不完全契约理论的角度，指出气候谈判是一个不完全契约的长期缔结过程，是一种对碳排放产权的不完全契约安排，也是对剩余权利的控制。[⑤]

2015 年巴黎气候大会共有 195 个缔约方和欧盟代表参加，会议通过《巴黎协定》，为后 2015 时代全球应对气候变化提供了制度安排。何建坤将《巴黎协定》的特征概括为三点：包括减缓和适应气候变化的全面性；资金、技术、能力建设和透明度等方面的平衡安排；各缔约方都以自主贡献目标的形式提出有力的减排目标。[⑥] 于宏源、余博闻认为《巴黎协定》是多元行为体和关键国家共同推动的结果，其“经济低碳化”和“自愿减排原则”将有效化解“京都困境”。[⑦] 中国在推动《巴黎协定》的达成、推进全球气候治理进程中起着举足轻重的作用。张晓华、祁悦认为中国应将应对气候变化和促进可持续发展打造为在国际舞台上体现正能量的核心领域。[⑧]

尽管《巴黎协定》向全球传递出努力推动实现绿色低碳、气候适应型和可持续发展的有力信号，但其落实仍存在挑战。2016 年联合国环境规划署发布的《排放差距报告》运用情景分析法评估了各领域的减排潜力，并将各国减排政策转化为 2030 年减排

---

① 曾惠芳、李宾、向国成：《基于分布特征视角的气候变化经济政策的贝叶斯分析》，《统计研究》2014 年第 6 期。

② 荆克迪、安虎森、田柳：《国际碳减排合作的博弈论分析》，《西南民族大学学报》（人文社会科学版）2014 年第 6 期。

③ 张丽华、姜鹏：《从推责到合作：中美气候博弈策略研究——基于“紧缩趋同”理论视角》，《学习与探索》2015 年第 4 期。

④ 李占一：《全球气候治理中的国家集团多重博弈研究——基于国际公共品视角》，《湖南大学学报》（社会科学版）2015 年第 3 期。

⑤ 吕江：《破解联合国气候变化谈判的困局——基于不完全契约理论的视角》，《上海财经大学学报》2014 年第 4 期。

⑥ 杨雪杰、刘丹：《巴黎协定：开启应对气候变化新征程——访清华大学低碳经济研究院院长何建坤教授》，《环境保护》2015 年第 24 期。

⑦ 于宏源、余博闻：《低碳经济背景下的全球气候治理新趋势》，《国际问题研究》2016 年第 5 期。

⑧ 张晓华、祁悦：《“后巴黎”全球气候治理形势展望与中国的角色》，《中国能源》2016 年第 7 期。

量，得出2030年预计排放达到540亿—560亿吨二氧化碳当量，远高于《巴黎协定》提出的将全球气温升幅度控制在2℃以内所需的420亿吨。[①] 何建坤指出，如何使各国自主减排行动的贡献与效果与实现2℃ 目标下的减排路径相契合是《巴黎协定》的一大挑战。[②] 巢清尘等则认为《巴黎协定》对各方利益的全面平衡将导致未来遵约细节上的困难。[③]

全球治理体系中，地方政府、政府间国际组织、非政府组织等非国家行为主体的力量逐渐上升。宋效峰认为非政府组织能够对国内国际的气候政策施加影响，超越国家利益局限形成一国的外交软实力，形成新气候伦理，推动全球治理多轨道运行。[④] 罗辉基于认知共同体理论，认为非政府组织在气候治理中的作用体现在推动气候变化问题进入国际政治议程、为国际气候制度设计提供解决方案、参与国际谈判等。[⑤] 庄贵阳、周伟铎强调全球城市气候网络超越了传统垂直型全球治理体系的障碍，推动了气候谈判从零和博弈转变为互利共赢的合作模式。[⑥]

（三）低碳发展方式转型

中国作为第一碳排放大国，走低碳发展之路是应对气候变化和国内转型发展的必然需求。以巴黎气候大会为转折点，城市在全球治理体系中的地位逐渐提升。中国于2010年起启动低碳城市试点，先行先试探索低碳发展路径。因此，经济增长脱钩问题、低碳城市建设成为这一时期国内研究的热点。

秦大河指出，气候变化经济学的核心内容是建立低碳经济发展模式和低碳社会消费模式，涉及低碳经济、低碳技术、低碳生活方式、低碳社会、低碳城市等概念。[⑦] 何建坤认为，各国经济发展方式能否尽快向低碳转型是《巴黎协定》新机制能否成功的关键。[⑧] 谢来辉认为应将碳排放权视为新的权力资源，与国际政治经济学中的结构性权力共同塑造全球气候治理体系。[⑨]

低碳发展的核心在于经济增长与温室气体排放逐步脱钩，在应对气候变化和经济发展

---

① United Nations Environment Programme：The Emissions Gap Report 2016，http：//web. unep. org/emissionsgap/resources.

② 何建坤：《全球气候治理新机制与中国经济的低碳转型》，《武汉大学学报》（哲学社会科学版）2016年第4期。

③ 巢清尘、张永香、高翔、王谋：《巴黎协定——全球气候治理的新起点》，《气候变化研究进展》2016年第1期。

④ 宋效峰：《非政府组织与全球气候治理：功能及其局限》，《云南社会科学》2012年第5期。

⑤ 罗辉：《国际非政府组织在全球气候变化治理中的影响——基于认知共同体路径的分析》，《国际关系研究》2013年第2期。

⑥ 庄贵阳、周伟铎：《非国家行为体参与和全球气候治理体系转型——城市与城市网络的角色》，《外交评论》（外交学院学报）2016年第3期。

⑦ 秦大河：《气候变化与低碳经济》，《杭州》（周刊）2012年第7期。

⑧ 何建坤：《全球气候治理新机制与中国经济的低碳转型》，《武汉大学学报》（哲学社会科学版）2016年第4期。

⑨ 谢来辉：《碳排放：一种新的权力来源——全球气候治理中的排放权力》，《世界经济与政治》2016年第9期。

间取得平衡。王锋构建了包含产品生产、技术研发、新能源生产和温室气体减排四个部门的内生增长模型，运用最优控制理论，研究在化石能源耗竭和气候变化约束下的经济平衡增长路径。① 柳亚琴、赵国浩将二氧化碳减排控制率引入传统的 Cobb-Douglas 生产函数，建立起应对气候变化的最优经济增长模型，利用偏最小二乘回归方法，分别计算出在基准情景和低碳经济发展情景下的最优经济增长率。②

城市是主要的碳排放地，也是减排的主阵地，因而需要加强低碳城市建设，探索低碳城镇化道路。朱婧等运用脱钩概念模型，从能源消费需求和经济发展水平等方面分析了济源市 2030 年不同情境的低碳发展图景，据此得出城市的减排潜力和路径。③ 谢海生等从宏观、建筑、消费、交通和管理五个维度构建了低碳城区评价指标体系，为城市制定低碳城市规划提供了技术导则。④ 刘强等从空间布局、规划、城市建设等方面分析了我国城镇化进程中的高碳排放问题，并从能源消费总量控制制度、低碳空间布局、低碳治理模式等方面提出相应的对策建议。⑤

（四）气候变化风险评估

气候变化风险本身具有复杂性、难以完全量化和动态性等特点，气候变化风险对社会经济的影响则存在跨期性、不确定性。⑥ 分析气候变化对经济增长的影响机制，为资源能源和碳排放约束下选择合理的发展路径提供了依据。

关于气候变化风险评估方法，《IPCC 第五次评估报告》将风险表示为危险性、暴露度和脆弱性三者的函数，并提出四类浓度路径，以此为基础构建社会经济发展框架，开展气候变化对社会经济影响的情景分析。⑦ 潘家华、郑艳认为估算气候风险的经济成本，微观上主要是通过经验数据和统计方法推断气候风险给某一区域特定行业或人群带来的经济损失，如实地调研、计量、环境价值评价法；宏观上借助宏观数据揭示气候风险与经济间的内在关联，如投入产出法、线性规划、CGE 模型等。⑧ 丑洁明等将全球气候变化的社会经济影响区分为市场损失和非市场损失，在研究方法上主要分为两类：一是考虑既定全球温升情况下测算气候变化对 GDP 的影响；二是基于特定碳排放情景，在给定经济发展、

① 王锋：《化石能源耗竭与气候变化约束下的经济低碳转型》，《当代经济科学》2012 年第 3 期。

② 柳亚琴、赵国浩：《应对气候变化的最优经济增长研究》，《中国人口·资源与环境》2014 年第 2 期。

③ 朱婧、刘学敏、初钊鹏：《低碳城市能源需求与碳排放情景分析》，《中国人口·资源与环境》2015 年第 7 期。

④ 谢海生、庄贵阳、周枕戈：《低碳城区评价指标体系》，《干旱区资源与环境》2016 年第 3 期。

⑤ 刘强、李高、陈怡、欧阳慧：《中国低碳城镇化的问题及对策选择》，《中国人口·资源与环境》2016 年第 2 期。

⑥ 谭灵芝、王国友：《气候变化对社会经济影响的风险评估研究评述》，《西部论坛》2012 年第 1 期。

⑦ IPCC：“Working Group Ⅱ Contribution to the IPCC Fifth Assessment Report，Climate Change 2014：Impacts，Adaptation，and Vulnerability，2014”，http：//www. ipcc. ch/publications_ and_ data/publications_ and_ data_ reports. shtml.

⑧ 潘家华、郑艳：《适应气候变化的分析框架及政策涵义》，《中国人口·资源与环境》2010 年第 10 期。

技术进步和适应能力条件下测算气候变化的经济影响。[①]

2015 年秦大河院士主编的《中国极端天气气候事件和灾害风险管理与适应国家评估报告》正式发布，系统分析了中国极端天气气候事件的变化、成因和趋势，评估了气候灾害对我国不同区域和领域的影响，为我国实施风险管理、采取适应性策略提供了指南。[②] 此外，徐廷廷等基于压力—状态—响应模型构建了脆弱性综合评价指标体系，将影响社会经济脆弱性的领域划分为风险度、敏感度和失衡度三个方面，探讨了上海在气候变化背景下的脆弱性时序变化情况。[③] 刘昌义、何为采用面板数据和计量模型剖析了气候变化对收入水平和经济增长率的影响，并进一步从农业、工业、能源、社会等方面分析了气候变化影响经济增长的途径。[④]

（五）减缓和适应气候变化

减缓和适应是应对气候变化的两大途径。《IPCC 第五次评估报告》根据经济及地理因素将全球分为 10 个区域，分析减缓能力和采用新技术能力的区域差异。[⑤] 巴黎气候大会上中国承诺 2030 年碳排放达峰、非化石能源消费比重提升到 20%，学界开始关注中国减排影响因素，并对减排潜力进行估算。何建坤等对我国碳排放情况、分部门减排的技术潜力和成本、碳排放达峰的条件、碳强度下降的关键领域和技术等问题进行了全面评估，为分部门分行业制定达峰路径提供了依据。[⑥] 屈超、陈甜利用 IPAT（人文驱动因素对环境影响的模型，I 代表环境影响，P 代表人口，A 代表富裕程度，T 代表技术估算）模型估算了中国 2030 年二氧化碳排放强度，认为中国可实现巴黎大会上承诺的目标。[⑦] 王喜等运用 LMDI（对数平均迪式分解）模型对我国不同尺度区域的碳排放增长影响因素进行分解，认为我国碳排放总量和人均碳排放空间差异明显，碳排放强度、产业结构、经济发展和人口增长是我国碳排放水平的主要影响因素。[⑧] 万文玉等运用 Theil 指数、空间自相关等方法分析了我国城市居民生活能源碳排放的时空格局演变特征，并利用 STIRPAT（即通过对人口、财富、技术三个自变量和因变量之间的关系进行可拓展的随机性的环境

---

① 丑洁明、董文杰、延晓冬：《关于气候变化对社会经济系统影响的机理和途径的探讨》，《大气科学》2016 年第 1 期。

② 秦大河：《中国极端天气气候事件和灾害风险管理与适应国家评估报告》，科学出版社 2015 年版。

③ 徐廷廷、徐长乐、刘洋：《全球气候变化背景下上海社会经济脆弱性评价研究——基于 PSR 模型》，《资源开发与市场》2015 年第 3 期。

④ 刘昌义、何为：《气候变化与经济增长的关系研究》，《天津大学学报》（社会科学版）2016 年第 5 期。

⑤ 邹骥、滕飞、傅莎：《减缓气候变化社会经济评价研究的最新进展——对 IPCC 第五次评估报告第三工作组报告的评述》，《气候变化研究进展》2014 年第 5 期。

⑥ 何建坤、陈文颖、王仲颖、刘培、温宗国、肖学智、王春峰、巢清尘、邹骥、顾阿伦：《中国减缓气候变化评估》，《科学通报》2016 年第 10 期。

⑦ 屈超、陈甜：《中国 2030 年碳排放强度减排潜力测算》，《中国人口·资源与环境》2016 年第 7 期。

⑧ 王喜、张艳、秦耀辰、姜向亚：《我国碳排放变化影响因素的时空分异与调控》，《经济地理》2016 年第 8 期。

影响评估）模型分析了影响城市居民生活能源碳排放的主要因素，据此针对经济发展水平不同的区域提出差异化的能源消费结构优化措施。①

适应气候变化强调对气候变化作出响应、调整，以减轻气候变化的不利影响。2012年欧洲环境署发布的《欧洲城市对气候变化的适应》，剖析了欧洲城市面临的气候变化挑战和机遇，并从灰色基础设施、绿色基础设施和软措施三方面提出城市应对气候变化的策略。② 发展中国家面临着发展和减排的双重任务，基础设施尚不完善，适应能力建设极为迫切。庄贵阳指出，作为生态脆弱、气候条件复杂的人口大国，中国是遭受气候变化不利影响最为严重的国家之一，并且正处于工业化、信息化、城镇化和农业现代化快速发展的阶段，需要加强适应气候变化的基础能力建设和制度建设。③

城市聚集了大量人口和产业，面临着较高的风险暴露度，围绕城市适应能力建设，“韧性城市”“海绵城市”等一系列概念相继涌现。谢欣露、郑艳从经济支撑能力、社会发展能力、自然资源禀赋、技术适应能力和风险治理能力五个维度构建气候适应能力评价指标体系，分析了北京市各区的适应能力。④ 史军、穆海振分析了上海在城镇化过程中面临的气候变化脆弱性，指出城市规划设计应充分考虑区域气候容量。⑤ 吴丹洁等辨析了雨洪治理、弹性城市、生态城市、低碳城市、低影响开发模式和城市可持续发展等海绵城市的内涵，认为这些概念存在理论递进、相辅相成的关系。⑥ 周利敏将韧性城市的内涵概括为“能力恢复说”“扰动说”“系统说”“提升能力说”四种定义，包括气候灾害韧性、经济韧性、社区韧性、组织韧性和基础设施韧性等层面。⑦

（六）应对气候变化的政策选择

行政管制、配额及碳交易、以碳税为代表的价格机制是减排的三种主要手段。碳税和碳排放权交易作为常用的两类市场机制，哪种手段成本更低更有效是长期以来的争论焦点。

郑爽、窦勇指出理论上碳税具有价格效应、引导效应和财政效应，且实施成本相对较低，但实证表明碳税对国家经济的负面影响大于碳交易。碳交易制度则在减排目标上更明确，能带动环保产业、碳金融服务等相关产业发展，因此建议我国在中短期着眼于建立碳

---

① 万文玉、赵雪雁、王伟军：《中国城市居民生活能源碳排放的时空格局及影响因素分析》，《环境科学学报》2016年第9期。

② 王宝强：《〈欧洲城市对气候变化的适应〉报告解读》，《城市规划学刊》2014年第4期。

③ 《经济新常态下的应对气候变化与生态文明建设——中国社会科学院庄贵阳研究员访谈录》，《阅江学刊》2016年第1期。

④ 谢欣露、郑艳：《气候适应型城市评价指标体系研究——以北京市为例》，《城市与环境研究》2016年第4期。

⑤ 史军、穆海振：《大城市应对气候变化的可持续发展研究——以上海为例》，《长江流域资源与环境》2016年第1期。

⑥ 吴丹洁、詹圣泽、李友华、涂满章、郑建阳、郭英远、彭海阳：《中国特色海绵城市的新兴趋势与实践研究》，《中国软科学》2016年第1期。

⑦ 周利敏：《韧性城市：风险治理及指标建构——兼论国际案例》，《北京行政学院学报》2016年第2期。

交易市场。[①] 杨仕辉、魏守道分析了碳税与碳排放权交易等气候政策的经济环境效应，构建了包含两国政府的两阶段博弈模型，得出两国均选择碳排放权交易政策是最优气候政策组合，但对各国的贸易效应和市场效应存在差异，因此发展中国家加入全球碳交易还需时日。[②]

国家发展和改革委员会在2011年批准七个省市开展碳交易试点工作，并在2017年启动全国碳交易市场，迈出了依靠市场机制激励经济主体减排的关键一步。任松彦等运用CGE模型，分析碳交易试点政策对广东各部门、行业、宏观经济等方面的影响，并对碳交易价格进行模拟。[③] 郑爽等评估了2013—2015年七个试点的实施情况，认为未来应加强立法、强化数据和技术支撑、完善管理制度和监管机制、培育良好的市场环境。[④] 陈欣等运用静态面板模型、动态面板VAR模型等多种计量方法对七个碳交易试点的价格运行进行了分析，认为履约日是碳价波动的重要影响因素。[⑤] 熊灵等对中国的碳交易试点和欧盟以及美国加州的碳交易体系进行了比较，剖析了我国碳交易试点的特征，指出当前试点配额分配机制设计上存在总量过剩、双重计算、拍卖过少等问题。[⑥]

地球工程被视为应对气候变化的非常规选项，在1.5℃的温升目标约束下受到越来越多的关注。陈迎指出地球工程的主要目的是减缓气候变化，也兼有适应作用，关乎全球环境安全。[⑦] 张莹等将地球工程与传统减排技术进行了空间尺度、时间尺度、成本和风险等方面的比较，认为地球工程是替代传统减排措施的备选项，但由于存在“搭便车”和伦理问题，会带来新的治理问题。[⑧]

四 学科发展趋势展望

气候变化经济学诞生于应对气候变化的现实背景，并与可持续发展、生态文明建设的目标相一致，将成为中国特色社会主义经济学的重要领域。展望未来，气候变化经济学学科建设应紧扣时代发展需求，在理论与方法、战略与政策、实践与应用等方面开展创新性学术研究。

第一，加强基础理论研究与应用研究的衔接与整合，体现“中国特色”。以生态文明

---

① 郑爽、窦勇：《利用经济手段应对气候变化——碳税与碳交易对比分析》，《中国能源》2013年第10期。

② 杨仕辉、魏守道：《气候政策的经济环境效应分析——基于碳税政策、碳排放配额与碳排放权交易的政策视角》，《系统管理学报》2015年第6期。

③ 任松彦、戴瀚程、汪鹏、赵黛青、增井利彦：《碳交易政策的经济影响：以广东省为例》，《气候变化研究进展》2015年第1期。

④ 郑爽、刘海燕、王际杰：《全国七省市碳交易试点进展总结》，《中国能源》2015年第9期。

⑤ 陈欣、刘明、刘延：《碳交易价格的驱动因素与结构性断点——基于中国七个碳交易试点的实证研究》，《经济问题》2016年第11期。

⑥ 熊灵、齐绍洲、沈波：《中国碳交易试点配额分配的机制特征、设计问题与改进对策》，《武汉大学学报》（哲学社会科学版）2016年第3期。

⑦ 陈迎：《地球工程的国际争论与治理问题》，《国外理论动态》2016年第3期。

⑧ 张莹、陈迎、潘家华：《气候工程的经济评估和治理核心问题探讨》，《气候变化研究进展》2016年第5期。

发展范式为导向，推动价值基础、发展目标、生产行为和消费选择的全面转型，将供给侧结构性改革与应对气候变化相结合，研究提升气候生产力的理论、方法和政策；重新认识环境库兹涅茨曲线，加强峰值问题的经济学研究，主动引导碳排放转折点早日到达，探讨达峰后的发展路径；将应对气候变化作为建设全球生态文明、构建新型治理体系的切入点，加强气候变化经济学在“一带一路”建设、生态文明建设等重大现实问题中的应用。

第二，促进气候变化经济学与相关学科的合作研究。气候变化经济学的研究对象是“社会—生态复合系统”，既包括社会经济系统，也包括与人类社会密切关联的自然生态环境，属于典型的多学科交叉研究领域。目前不同学科之间的交叉与渗透已呈现出高度的系统化、整体化趋势。积极促进气候变化经济学与生态学、地理学、社会学和政治经济学等学科间基础理论和方法论上的交叉融合，将为学科自身的进一步发展或重大突破提供机遇。

第三，强化广义成本收益分析的定量研究。立足于发展中国家的现实背景，对于时间偏好的设定、能源替代弹性的估计进行经验验证，构建符合中国发展情况的气候变化评估模型；寻找平衡经济发展和生态环境保护的合理权重，建立包含内生技术进步、不确定因素在内的新经济增长模型；完善温室气体排放等统计核算体系，制定分部门分行业分阶段达峰路径，提高国际话语权地位。

第四，密切跟踪国际前沿动态，在理论框架、研究方法和应用上与国际接轨。IPCC第六次评估报告大纲突出了城市系统、可持续消费、跨部门协同、地球工程、应对气候变化与可持续发展目标的联系等议题，以及情景分析、全球盘点、风险评估、全球城市化、适应与减缓的权衡等交叉性问题，为未来中国气候变化经济学研究方向提供了一定的借鉴。

（庄贵阳　薄　凡）

森林生态经济学

森林与耕地、草地、湿地和荒漠相比，可用来评价森林生态服务价值变化的时间序列数据更齐全，加上近些年来森林由木材利用向生态利用转型更为显著，所以最近三年有关森林生态经济学的研究项目更多，研究范围更大，研究内容更深。简略地说，森林生态经济学的研究进展主要集中在森林生态系统服务价值研究、森林生态补偿理论与政策研究、森林康养产业发展研究和森林绿色发展转型四个方面。

一　森林生态系统服务价值研究

森林生态系统服务价值研究主要包括森林生态总资产研究和森林生态资产增量研究。前者旨在为编制自然资源资产负债表提供依据，后者旨在为实施生态补偿政策提供依据。此外，有些学者研究森林生态服务在生态系统服务总量中的份额变化，据此评价森林生态服务价值增长的快慢；有些学者研究森林生态系统自身安全性的变化。当然，森林生态系统服务价值评估研究仍处在不断丰富、完善和扩展的过程中，今后的研究应关注森林生态服务的空间异质性，以及森林生态服务价值评估方法和指标的改进等方面。①

（一）森林生态总资产评价

十八大以来，我国把编制自然资源资产负债表作为推进绿色发展的一项制度安排。构建一套计算生态总资产的方法论是编制自然资源资产负债表的基础性工作。为了给我国编制自然资源资产负债表提供方法论，中国科学院和中国社会科学院组织研究人员进行了联合攻关，并构建了运用净现值法计算森林生态总资产的方法论。具体计算结果如下：我国森林生态资产总价值为698.5万亿元，其中直接价值7.5万亿元，包括林木价值4.5万亿元和林下产品价值3.0万亿元；间接价值691万亿元，其中，气候调节价值量占48%；水源涵养价值量占27%。②

张震采用将蓄积量换算为森林碳汇量的方法和我国历次森林资源清查资料，对森林碳汇量进行了估算并作了经济评价。其结论是目前我国森林碳汇量为71亿吨碳，折合人民币为8800亿元。③

张颖等根据联合国最新国民账户体系和我国第七次、第八次森林资源清查数据，编制

① 张颖、潘静、Ernst-August Nuppenau：《森林生态系统服务价值评估研究综述》，《林业经济》2015年第10期。

② 博文静、王莉雁、操建华、王效科、肖燚、欧阳志云：《中国森林生态资产价值评估》，《生态学报》2017年第12期。

③ 张震：《由森林蓄积换算因子法计量森林碳汇及经济评价的研究》，《上海经济》2017年第1期。

了 2008—2013 年我国森林碳汇经济核算的实物量、价值量账户和森林碳汇资产负债表。核算结果表明：2008—2013 年我国森林碳实物储量年均增长约 2.51%，森林碳价值储量年均减少 0.37%，价值量减少的主要原因是碳汇市场价格下降和疏林地碳汇量减少。2008—2013 年森林碳汇资产净流出量约为 107.62 亿元。受统计标准、分类等因素影响，森林碳汇资产负债表平衡的误差率为 4.35%，小于 5% 的统计要求，由此说明我国现已具备了编制森林碳汇资产负债表的条件。①

刘媛等对 2000—2014 年 15 年国家林业重点生态工程投资量和生态服务价值进行了分析。结果表明，生物多样性保护平均每年占总价值量的 34.2%，涵养水源和保育土壤，分别占 25.1% 和 15.81%，统计结果表明相关系数为 0.991，概率小于 0.05 的各变量之间呈显著相关的水平。天然林保护工程的特征值（或方差）贡献为 4.78，累积贡献率为 53.19%；退耕还林工程方差贡献为 1.758，累积贡献率为 72.72%。研究结果表明，提取的 7 个公因子用于评价森林生态服务的价值总量的平均水平是完全可行的。②

（二）森林生态服务增量评价

张颖等的研究表明，1998—2018 年我国森林碳汇供给增量年均 2.10 亿吨碳，折算成二氧化碳当量，2020 年森林碳汇市场供给量年均 18.50 亿吨二氧化碳。在强制减排背景下，2020 年我国森林碳汇市场交易需求量年均 2.44 亿—3 亿吨二氧化碳。③ 森林碳交易体系的完善，交易量的增多，有力地促进了我国森林碳汇市场的发展。④

陈刚运用“森林蓄积量扩展法”测度了我国 1979—2020 年的森林碳汇量和价值量。研究结果表明，我国森林碳汇量和价值量快速增长，其中森林碳汇量将由 1979 年的 108.32 亿吨增加到 2020 年的 173.78 亿吨。同期，森林碳汇的价值量将由 1083.2 亿美元增加到 1737.8 亿美元（按国家发改委设置的每吨碳 10 美元计算）。⑤

黄敏根据边际效应原理结合森林碳汇的生态属性建立了森林碳汇价值模型。按照这个模型和资产评估市场法推算了江西省的森林碳汇量。结果表明：2010—2020 年期间江西省森林碳汇量增加 3.14 亿吨，年均增加碳汇量 3141 万吨，若以每吨 68.3 元的价位计算，年均森林碳汇增量的经济价值为 21.45 亿元；若以每吨 305 元和 1024.5 元的价位估算，年均森林碳汇增量的经济价值分别为 95.80 亿元和 321.65 亿元。⑥

杨加猛运用因子连续函数法和江苏省 51 个县（市）的样本数据对森林碳储量进行了估算，对影响森林碳储量的社会经济因素进行了探讨。结果表明：2005—2010 年，江苏省森林碳储量由 2590 万吨增加到 4616 万吨。森林面积和林业产值对森林碳储量的影响显

---

① 张颖、潘静：《森林碳汇经济核算及资产负债表编制研究》，《统计研究》2016 年第 11 期。

② 刘媛、付伟、赵俊权、刘俊昌：《中国林业投资与生态服务价值研究》，《生态经济》2017 年第 1 期。

③ 张颖、刘璐：《绿色经济视角下的森林碳汇供给和需求的市场变化分析》，《统计与决策》2016 年第 10 期。

④ 张颖、单永娟：《我国森林碳汇市场供需及贸易情况分析》，《环境保护》2016 年第 5 期。

⑤ 陈刚：《我国森林碳汇经济价值评估研究》，《价格理论与实践》2015 年第 5 期。

⑥ 黄敏：《森林碳汇价值评估模型与实践研究——以江西省森林碳汇经济价值评估为例》，《华东森林经济》2017 年第 1 期。

著为正，地区生产总值和公路里程数对它的影响显著为负，人口因素的影响不显著，提升森林经营水平对提高森林碳储量具有重要作用。①

薛龙飞等根据1988—2013年我国六次森林资源清查数据和森林蓄积量扩展法测算了各地区的森林碳汇量，运用空间计量模型分析了碳汇的溢出效应与影响因素。结果表明：我国森林碳汇量整体呈上升的态势；全国森林碳汇的省域分布的差异具有关联性；森林碳汇存在显著的近邻空间溢出效应。要将森林生态功能的溢出效益充分发挥出来，需要合理制定兼具差异化和协调性的森林碳汇发展政策。②

（三）森林生态服务变动的评价

单永娟等根据我国最新的森林、草原、湿地、荒漠和农田的资源清查数据和统计数据及相关文献，对2003年、2008年、2013年森林等生态系统的碳汇量进行了核算。结果表明，森林、草原、湿地、荒漠和农田生态系统的碳汇量均呈增加趋势，年均增长分别为1.73%、1.21%、4.23%、0.09%和0.7%，③ 碳汇量所占比重分别从2003年的67.25%、7.58%、22.72%、1.20%和1.25%变化为2013年的63.70%、6.82%、27.44%、0.97%和1.07%，④ 即森林、草地、荒漠和农田生态系统的碳汇量份额分别减少了3.55个、0.76个、0.23个和0.18个百分点，分别下降了5.28%、10.0%、19.17%和14.40%，湿地生态系统的碳汇量份额提高了4.72个百分点，提高了20.77%。这一结果对于评价有关政策的绩效具有一定的作用。

石小亮等利用蓄积量法和最新森林资源清查数据计算了我国2009—2013年的森林碳汇。结果表明：2009—2013年中国的天然林和人工林碳储量均呈上升趋势，但由于森林碳汇价格年均减少0.58%，导致森林碳汇总价值年均减少0.13%。人工林的碳储量增速更高，其碳汇总价值仍呈增加态势，年均增加2.81%。⑤

（四）森林生态安全性评价

米锋等应用PSR模型（Pressure-State-Response，即压力，状态，响应模型），从森林生态承载力和人类行为对森林生态系统影响两个角度构建了森林生态安全评价指标体系。采用熵权法和相关年鉴数据对我国大陆31个省（市、自治区）1999—2012年的森林生态安全状况进行评价。在森林生态承载力指标中，资源类指标所占权重最大（0.536），复杂性指标次之（0.188）；森林资源状况是导致各省（市、自治区）之间和各年份之间森林生态承载力差异的最主要因素；人类对森林施加压力的负面影响（0.995）大于管护森

---

① 杨加猛：《江苏省森林碳储量的影响因素研究：基于社会经济视角》，《生态经济》2017年第8期。

② 薛龙飞、罗小锋、李兆亮、吴贤荣：《中国森林碳汇的空间溢出效应与影响因素——基于大陆31个省（市、区）森林资源清查数据的空间计量分析》，《自然资源学报》2017年第8期。

③ 单永娟、张颖、曹先磊：《我国环境经济政策与陆地生态系统碳汇能力变动研究》，《统计与决策》2016年第19期。

④ 单永娟、张颖：《我国陆地生态系统碳汇核算研究》，《林业经济》2015年第6期。

⑤ 石小亮、陈珂、鲁晨曦：《中国森林碳汇服务价值评价》，《中南林业科技大学学报》2015年第10期。

林带来的正面影响（0.005）；大部分省市区的森林生态安全综合评估值呈逐年上升趋势，森林生态系统安全状况趋于改善；宁夏和青海1999年、2004年和2009年三个代表年份的综合评估值均在0.350左右，低于全国平均水平（0.546），需重点关注并采取防止森林生态系统退化措施；森林生态安全状况以森林生态承载力的影响为主，人类行为的影响为辅。为及时防范森林生态安全恶化的风险，需要建立森林生态安全预警机制，[①] 并将森林生态安全指数纳入地方政府常规的统计年报之中，为评价森林生态安全提供依据。[②]

（五）森林生态保障政策评价

周伟等收集和分析了2006—2015年国外关于气候变化对森林的主要影响和森林减缓气候变化的作用的相关文献。结果表明，气候变化会对森林生态系统与森林生产力造成负面影响，给森林经营者造成经济损失。在减缓气候变化影响方面，增加森林生态系统多样性、增加森林碳储量和减少森林碳排放是具有成本优势的措施。土地权属不清晰、当地居民生计水平下降和政府培育碳市场的交易成本过高等，会限制森林减缓气候变化的行动。因此，减缓气候变化的政策目标必须与林农收益最大化的经营目标相一致，方能激励林农供给更多的森林碳汇。[③]

针对退耕还林工程会对我国粮食产量造成多大影响这个人们关注的话题，刘璨利用国家统计数据，对该问题做了定量分析。经验性结果显示：（1）退耕会影响粮食产量，多年来的负面影响甚小；（2）若考虑退耕还林和荒地造林对耕地带来的生态服务，退耕还林工程对粮食产量的影响为正向，但效果依然较小；（3）退耕对东部粮食产量的影响较大，对中部粮食产量影响甚小，对西部地区几乎没有影响。因此，应当继续实施退耕还林工程，并相应地调节区域结构，向西部地区倾斜。[④]

陈秋华等基于DPSIR模型构建森林旅游景区低碳化发展的动力机制模型，通过研究发现，森林旅游景区管理机构会在旅游效益驱动、政府政策驱动及生态环境压力、市场竞争压力的影响下重视森林旅游低碳化的管理，会根据森林旅游资源与环境开发的表征状态采取低碳化发展措施，并获得一定的经济效益、社会效益与环境效益，进而推动政府、旅游者、社区居民等利益相关者作出响应。围绕响应涉及的利益主体，可通过低碳理念的宣传与推广、森林生态资源与环境的保护、森林低碳旅游产品的创新开发、森林低碳旅游技术的推行、政府政策保障、森林低碳旅游人才的引进与培养这六个途径，促进森林旅游景区低碳化发展和运行。[⑤]

姚顺波等对近年来林业生态工程的成本有效性、可持续性、建设机制和管理创新等研

---

① 米锋、谭曾豪迪、顾艳红、鲁莎莎、张大红：《我国森林生态安全评价及其差异化分析》，《林业科学》2015年第7期。

② 杨伶、张大红、王金龙、李亚云：《中国县域森林生态安全评价研究——以5省15县为例》，《生态经济》2015年第12期。

③ 周伟、杜国明、公培臣、高岚：《森林与减缓气候变化的研究进展》，《农林经济管理学报》2015年第6期。

④ 刘璨：《我国退耕还林工程对粮食产量影响的分析与测度》，《林业经济》2015年第9期。

⑤ 陈秋华、林秀治、修新田：《森林旅游景区低碳化发展的动力机制研究》，《福建论坛》（人文社会科学版）2017年第7期。

究文献进行了综述，发现我国林业生态工程存在成本偏高、可持续性隐患、机制不健全等问题。认为采用公私伙伴关系模式可提高林业生态工程的绩效与可持续性。①

刘璨等利用内蒙古自治区和甘肃省的五个国家重点生态功能区和二个省级生态功能区的调研数据，对2008年启动的国家重点生态功能区的财政转移支付政策成效和资金拨付、使用与监管等情况进行了评估。并针对存在的资金测算与分配不合理、生态资金与基本公共服务资金的投放比例不适宜、监测与考评错位等问题，提出了强化制度保障、技术保障和发展转型等方面的政策建议。②

陈伟等利用建造的系统动力学模型模拟 REDD + 框架下不同营林方案产生的碳汇收益，结果表明，稳健的可持续经营方案可使林地经营者获得最大收益。据此提出了设计 REDD + 框架政策，为林地经营者提供碳金融渠道的建议。③

伍敬文等利用实地调研数据分析公众对林木绿地认建认养活动的认知程度及其影响因素，结果表明，知道林木绿地认建认养活动的被调查者仅占被调查者人数的35%；公众主要通过社区宣传和电视广播了解林木绿地认建认养活动，从网络获取信息的较少；公众主体特征对林木绿地认建认养的认知程度有重要影响。④

段伟等用自己建立的 Tobit 模型和甘肃、广西、宁夏和云南四省区的756户样本农户数据，研究了收入多样化和农户对森林依赖性的关系。结果表明：（1）样本农户年均林业收入约占家庭总收入的10%；（2）在控制其他变量的条件下，收入多样化系数提高一个单位，农户林业收入比重降低13%—23%，即农户对森林的依赖程度会随着家庭收入多样化程度的提高而下降。因此，政府可以通过政策扶持和项目扶持使农户实现多样化收入，以缓解森林保护的压力，提高森林质量。⑤

二　森林生态服务补偿理论与政策研究

生态服务的补偿理论与政策研究的开展是源于生态服务具有很大的溢出效应。就个人获得的生态服务而言，供给者得到的森林生态服务要多于其他人；就森林提供的全部生态服务而言，供给者得到的生态服务又是非常有限的。鉴于除供给者外还有很多人享用了生态服务，这些享用者给予供给者适量补偿是合乎市场交易规则的。然而，现实中难以清晰地界定哪些人享用了生态服务，享用了多少生态服务，所以生态补偿的责任通常是由政府来承担的，包括中央政府和受益地区的各级政府。政府补偿的是生态服务的增量，而不是生态服务的总量。生态补偿的标准可以由政府的支付能力来决定，可以由供给者提供的生

① 姚顺波、聂强：《林业生态工程绩效评价与管理创新研究述评》，《林业经济》2016年第12期。

② 刘璨、陈珂、刘浩、陈同峰、何丹：《国家重点生态功能区转移支付相关问题研究——以甘肃五县、内蒙二县为例》，《林业经济》2017年第3期。

③ 陈伟、程宝栋、宋维明：《REDD + 框架下不同林地经营情景的碳汇收益分析》，《林业经济》2016年第11期。

④ 伍敬文、谢屹、丁雪萌、高云飞：《北京市公众对林木绿地认建认养活动的认知现状及影响因素分析》，《北京林业大学学报》（社会科学版）2015年第3期。

⑤ 段伟、刘倩倩、雷硕、温亚利：《收入多样化、森林依赖度和林业可持续发展——以西部四省756户农户数据为例》，《农林经济管理学报》2015年第6期。

态服务增量的实际成本或机会成本来决定，也可以由受益者的福祉增量来决定。现实中的补偿标准大多是综合考虑各种因素后的结果，也可能是相关各方协商或博弈的结果。

我国提出的生态补偿制度与国外提出的生态服务付费制度从定义上看大相径庭，但各国的实际操作并没有明显不同，即国外生态服务付费的主体也是政府。国外提出生态服务付费制度的时间较早，但做的并不多；我国提出生态补偿制度的时间较晚，但做了很多。至今，中国生态补偿的总额超过世界生态补偿总额的 80%。国外的生态服务付费意愿调查针对的是生态服务的受益者，我国的生态补偿意愿调查主要针对生态服务的供给者，同时包括受益者。我国现行生态补偿包括纵向财政转移支付、横向财政转移支付和市场化模式三大类。生态补偿的趋势是：补偿投入力度的增强化、补偿方式的多元化和补偿制度体系完善化。①

森林生态补偿不仅是纠正外部性的手段，也是促进生态资本积累，保障森林生态服务总量不减，增量增加的重要手段。②

（一）森林生态服务补偿标准研究

吴强等将经济发展水平、营林成本、生态区位和林分质量等引入补偿标准模型，应用森林长期定位观测数据和我国大陆 31 省份森林经营成本等基础数据，按效益法和成本法计算了补偿标准区间的上下限，结合皮尔（R. Pearl）生长曲线模型和我国所处的经济发展阶段计算了拟推荐的补偿标准。结果表明：按效益法计算的年均补偿标准上限为每公顷 1605. 90 元，按成本法计算的年均补偿标准下限为每公顷 615. 15 元，拟推荐的年均补偿标准为每公顷 783. 60 元。计算出补偿标准的区间和拟推荐的补偿标准，便于有关部门确定补偿标准时考虑多种异质性要素的影响，便于实现各利益相关方的激励相容。③

幸绣程等以前人编制的生态系统服务价值当量表为基础，结合其他相关文献及统计年鉴数据，计算了西部天保工程区的森林生态服务价值，分析了西部六省公益林生态补偿现状和提高空间。主要结论是：现行的一刀切的生态补偿方式不能满足我国可持续发展的需要，并提出了各地应结合生产能力和政府财政支付能力来制定公益林生态补偿标准的建议。④

陈钦等通过大样本问卷调查数据的计量分析发现，影响生态公益林补偿标准接受意愿的主要因素是生态公益林的禁伐比例（即保护等级）、林龄和树种。据此提出应依据生态公益林禁伐比例（即保护等级）确定补偿标准，并把龄级和树种作为生态补偿标准调节系数的建议，其中，成熟林、中龄林、幼龄林的生态公益林补偿标准的调节系数为 112∶97∶74；杉木、桉树、马尾松、阔叶树和木麻黄的生态公益林补偿标准调节系数为 96∶115∶56∶74∶59。⑤

---

① 谢高地、曹淑艳：《生态补偿机制发展的现状与趋势》，《企业经济》2016 年第 4 期。

② 张媛：《森林生态补偿的新视角：生态资本理论的应用》，《生态经济》2015 年第 1 期。

③ 吴强、张合平：《森林生态补偿标准体系研究》，《中南林业科技大学学报》2017 年第 8 期。

④ 幸绣程、支玲、谢彦明、张媛：《基于单位面积价值当量因子法的西部天保工程区生态服务价值测算——以西部六省份为例》，《生态经济》2017 年第 9 期。

⑤ 陈钦、陈治淇、白斯琴、潘辉：《福建省生态公益林生态补偿标准的影响因素分析——基于经济损失的补偿标准接受意愿调研数据》，《林业经济》2017 年第 2 期。

（二）供给者补偿意愿评价

马奔等基于七省保护区周边社区的农户调查资料，运用卡方检验分析不同类型农户对保护区管理手段的满意度的差异，以及农户满意度和保护态度的相关性。研究结果表明，保护区内外、不同地区、不同收入水平、不同生计类型的农户对保护区的满意度和保护态度都有显著性差异，农户生机对保护区内的资源的依赖性越低，对保护区管理手段的满意度越高，保护态度越积极。该研究成果的政策含义是提升农户的生计策略、改善野生动物肇事补偿机制和构建有利于提高农户对保护区满意度的管理机制。①

黄宰胜等利用非参数估计技术和浙江省温州市236份林农调查数据，得出林农经营碳汇林的平均期望受偿额度为每吨72.34元；② 应用计划行为理论和二元Logit模型分析了林农经营碳汇林的意愿及影响因素。结果表明，林农经营碳汇林的意愿较高，其中承接过碳汇造林项目、享受过造林补贴和了解森林碳汇在减排措施中具有成本优势这三个变量，对林农经营碳汇林的意愿具有显著的正向影响。③ 该研究成果的政策含义是增加碳汇造林项目、发放造林补贴和开展森林碳汇在减排措施中具有成本优势的宣传。

杨小军等根据四川省四个县的192户农户对政府赎买生态公益林最低接受意愿（WTA）的调查资料，建立生态公益林供给曲线，研究政府赎买生态公益林的补偿机制。模型回归结果表明，政府赎买的合同期限和补偿支付方式对农民最低接受意愿（WTA）的影响显著。④

陈建铃等应用绩效棱柱法与专家评分法对生态公益林补偿政策执行效果进行了评价。评价指标包括农户满意度、政府贡献、政策战略、政策流程以及政策执行能力五个方面内容，指标权重以运用层次分析和模糊综合评价法确定。评价结果表明：农户满意度、政府贡献、政策公正、政策公开等评价为“一般”甚至“较差”，是导致现行生态公益林补偿政策效果综合评价结果“一般”的重要原因。⑤

（三）受益者补偿意愿评价

白江迪等利用电力、钢铁与化工三个重点减排行业的企业调查数据和结构方程模型研究了碳汇需求方实施森林碳汇抵消政策的影响因素。结果表明：企业内部动力对实施森林碳汇抵消政策有显著的正影响，路径系数为0.17，其中降低企业减排成本的影响最大，路径系数为0.973；外部激励对实施森林碳汇抵消政策的直接影响不显著，通过内部动力的间接影响显著，路径系数为0.054，其中贷款和进出口优惠政策的影响最大，路径系数分别为0.999和0.99；外部约束对实施森林碳汇抵消政策有显著正影响，路径系数为

---

① 马奔、冯骥、陈俐静、温亚利：《农户对保护区满意度与保护态度分析——基于中国7省保护区周边农户调查》，《生态经济》2017年第1期。

② 黄宰胜、陈治淇、陈钦：《林农碳汇林经营受偿意愿影响因素分析——基于计划行为理论》，《生态经济》2017年第4期。

③ 黄宰胜、陈治淇、陈钦、黄舒婷：《林农碳汇林经营意愿影响因素分析——基于碳汇造林试点地区的实证检验》，《生态经济》2017年第4期。

④ 杨小军、纪雪云、徐晋涛：《政府赎买生态公益林补偿机制研究——基于农民接受意愿（WTA）的调查》，《林业经济》2016年第7期。

⑤ 陈建铃、戴永务、刘燕娜：《福建生态公益林补偿政策绩效棱柱评价》，《林业经济问题》2015年第5期。

0.766，通过内部动力的间接路径系数为0.087，直接路径系数为0.679，其中媒体宣传的影响最大，路径系数为0.922；内部压力对实施森林碳汇抵消政策的影响不显著。企业内部动力对实施森林碳汇政策有正影响，表明政府加强环境管理有利于企业执行森林碳汇政策；企业外部激励对实施森林碳汇政策有正影响，表明政府支持可以激励企业购买森林碳汇；企业外部约束对实施森林碳汇政策有正影响，表明政府引导企业低碳经营有助于发育森林碳汇市场。这些结论可为政府制定针对需求方企业的森林碳汇政策和引导他们购买森林碳汇提供依据。①

文清等运用二元 Probit 模型和云南省五个州市农户调查数据，分析了影响农户生态补偿支付意愿的关键因素及其差异性。研究结果表明：大部分农户愿意为生态服务付费，影响其支付意愿的主要因素是兼业、非农收入比重、政府生态补偿水平、森林生态效益认知、生态环境满意度、政府重视生态环境保护宣传、政策执行力和信息易于获取程度。其中，家庭农业劳动力人数和信息易于获取程度对专业户支付意愿有重要影响，非农收入比重和政府生态补偿水平对兼业户支付意愿有重要影响；兼业、非农收入比重、政府生态补偿水平、信息易于获取程度对传统散户支付意愿影响较大；政策执行力和产业发展程度对种植大户支付意愿有重要影响。②

（四）参与者受益公平性评价

刘浩等研究了退耕还林工程对农户收入不平等的影响，以检验退耕还林工程目标的实现程度，为政府相关部门调整退耕还林工程后续政策及实施其他生态恢复项目提供决策依据。基于四川、河北、陕西等六省（区）15 个案例县 1158 个样本农户 1995—2012 年的平衡面板数据，考虑参与退耕还林工程的总体影响和边际影响，建立样本农户总收入决定方程；以基尼系数、泰尔 -L 指数和泰尔 -T 指数作为衡量收入不平等的指标，采用 Shapley 值分解法对样本农户的总收入决定方程进行分解，系统评估退耕还林工程对农户收入不平等的影响。经验性结果显示：样本农户参加退耕还林工程和退耕还林面积对总收入的影响均为正且在 1% 水平上显著。1999—2012 年，样本农户参加退耕还林工程和退耕还林面积对总收入基尼系数的贡献率呈先升后降的趋势，贡献率最高为 2008 年，参加退耕还林工程和退耕还林面积的贡献率分别为 3.04% 和 4.55%。在变化趋势上，退耕还林工程对样本农户总收入泰尔 -L 指数和泰尔 -T 指数的贡献同基尼系数的贡献基本一致。实施退耕还林工程增加了样本农户的总收入，但拉大了样本农户的总收入不平等。要实现生态恢复、农民增收与分配公平的多赢，在政策设计上必须要有消除生态恢复工程拉大农户收入不平等的措施。③

（五）生态补偿政策评价

薛文等就生态林补偿政策对农户的影响这个主题对八个区（县）的样本农户进行了

---

① 白江迪、沈月琴、龙飞、朱臻、舒斌：《森林碳汇抵消政策实施影响因素的实证研究》，《林业科学》2017 年第 7 期。

② 文清、尹宁、吕明、张皓东、王雨濛：《云南森林生态功能区农户生态补偿支付意愿（WTP）影响因素及差异性分析》，《长江流域资源与环境》2017 年第 8 期。

③ 刘浩、陈思焜、张敏新、刘璨：《退耕还林工程对农户收入不平等影响的测度与分析——基于总收入决定方程的 Shapley 值分解》，《林业科学》2017 年第 5 期。

实地调查，运用回归方法分析和评价了生态林补偿政策对农民收入的影响。并提出了提供补偿标准、完善绩效考核体系、合理配置生态公益林管护人员、提高生态公益林管护人员素质和健全公益林管护人员社会保障体系等建议。①

斯萍等针对调查中发现的自然保护区内的集体林的补偿机制存在标准不科学、客体不全面、程序不健全等问题，从完善补偿对象，调整补偿标准，拓宽生态补偿投入渠道，健全补偿工作程序等方面，对完善自然保护区集体林补偿机制做了系统研究。②

舒凯彤等认为，为促进我国森林碳汇交易，应以PPP模式丰富森林碳汇市场的融资机制，创新基于互联网的森林碳汇的交易模式，同时构建完备的法律体系，降低森林碳汇的交易成本，加强森林碳汇信息平台建设，建立森林碳汇交易中介服务机制。③

刘薇认为森林碳汇市场的形成需要政策和制度引导，但森林碳汇服务的质量和数量难以确定，价值发现的过程不同于一般商品。她通过构建模型，计算出京津冀地区森林碳汇的实物量和价值量，并在分析当前市场的基本情况和存在问题的基础上，提出了推进京津冀森林碳汇市场建设的对策建议。④

张彩燕利用构建的森林碳汇经营主体的收益方程，计算了森林碳汇的最低市场价格；利用能源生态足迹法测算了森林碳汇的影子价格；最后计算了三种买方市场结构下的碳汇价格，并对影子价格和市场价格进行对比。实证研究结果表明：（1）在完全竞争市场中，影子价格等于市场价格；（2）在完全垄断市场和寡头垄断市场中，影子价格均小于市场价格。这个研究结论对政府优化森林碳汇价格具有参考价值。⑤

三 森林康养产业发展研究

森林空气中的负氧离子每立方厘米超过5000个，是普通陆地的10倍。森林环境具有的杀菌和净化空气的功能，有助于人类缓和心理紧张、提高免疫细胞活性等，所以越来越多的人喜欢上了森林旅游。2016年全国各类森林旅游地年接待旅游人数12亿人次，占游客总人数的25%以上。2020年将突破25亿人次。

森林康养是森林旅游的升级版。森林康养的发展有助于普及健康生活，优化健康服务。19世纪40年代，德国创立了世界上第 ·个森林浴基地。德国的森林康养重在医疗环节的健康恢复和保健疗养，被称为“森林医疗”；美国的森林康养重在深度的运动养生体验，日本的森林康养以森林浴为主。2012年，北京率先推行森林康养服务，目前森林康养已在全国大多数省份推广。森林康养是融旅游、休闲、医疗、度假、娱乐、运动、养生

---

① 薛文、贾东东、彭强、袁士保、米锋：《北京山区生态公益林补偿政策对农民收入的影响》，《北京林业大学学报》（社会科学版）2015年第3期。

② 斯萍、谢屹、王昌海、温亚利：《我国自然保护区集体林生态补偿机制研究》，《林业经济》2015年第9期。

③ 舒凯彤、张伟伟：《完善我国森林碳汇交易的机制设计与措施》，《经济纵横》2017年第4期。

④ 刘薇：《京津冀地区基于森林碳汇量的碳汇市场建设研究》，《绿色科技》2017年第1期。

⑤ 张彩燕：《基于买方市场的森林碳汇价格形成机制分析——以北京市化工行业为例》，《陕西林业科技》2017年第1期。

等活动于一体、产业共融、业态相生的产业综合体，是健康产业经营新模式。森林康养对于人的身心健康大有裨益，所以人们对森林康养有较高的认可度。有关调查显示，56.1%的被访者青睐森林养生法，其中72.8%选择森林保健旅游。

森林康养产业市场潜力巨大，将成为国民经济新的增长点。我国目前全年法定休息日已超过110天，随着带薪年假制度的落实和人们对森林康养认识的提高，森林康养将会得到快速发展，预计2025年将形成超万亿元产业链，带来数百万个甚至上千万个就业机会。森林康养产业的健康发展需要各部门联动，制定森林康养产业发展规划，开展试点示范，出台扶持政策，加强人才培养和宣传。[①] 具体有：第一，建立行业规范。包括准入机制，行业标准体系。根据森林康养资源、交通状况、医疗保健和物质保障等指标，对基地进行评级和分类。第二，在考量游客需求的基础上开发森林康养活动项目，打造具有区域特色和国际影响力的森林康养基地，健全的康养医疗健康服务体系，提高游客体验的愉悦感和满意度。第三，建立森林解说和健康治疗师认证体系。定期和不定期开展培训和考核，提供科学、有效的森林养生康复指导。[②]

四 森林绿色发展转型

（一）森林经营目标的转型

刘世荣等对森林生态系统经营的历史、现状和问题作了系统的综述，并基于森林生态系统经营的理念，提出森林经营要从单纯的森林面积数量扩张向提高单位面积森林生产力和森林质量转型，从追求木材产量的单目标经营向包括生态、经济和社会效益的多目标经营转型，从基于林木蓄积的林分经营向基于生态服务的森林生态系统经营转型，从依赖传统经验的经营决策向依靠信息化、数字化和智能化技术的经营决策转型，强调要根据森林景观的时空异质性和动态变化，权衡和协同森林生态系统的多种服务功能；按照森林景观多样性和连通性更好、森林生态系统应对气候变化等外界干扰适应能力更强、森林生态系统与其他生态系统镶嵌的稳定性和永续性更好等要求，发展森林生态系统经营决策支持系统和森林景观恢复与空间经营规划系统。[③]

（二）森林绿色发展的评价

徐萌等构建了包括森林资源可持续性、森林经济增长绿化度、森林社会效益、森林生态效益和森林服务体系五个系统层、10个准则层、51个指标的森林绿色发展指标体系，指标体系的权重由层次分析法（AHP）确定。综合评价结果显示：2012年我国森林绿色发展水平综合得分为1.17，比2009年增加了17%，说明我国森林绿色发展取得了进步。除森林资源可持续性综合评价得分较2009年减少37.5%外，其他四个系统层

---

① 刘拓、何铭涛：《发展森林康养产业是实行供给侧结构性改革的必然结果》，《林业经济》2017年第2期。

② 张胜军：《国外森林康养业发展及启示》，《中国社会科学报》2016年5月16日。

③ 刘世荣、代力民、温远光、王晖：《面向生态系统服务的森林生态系统经营：现状、挑战与展望》，《生态学报》2015年第1期。

的评价得分都高于2009年，其中森林经济增长绿色度得分增加52.5%，上升幅度最大。①

曹娟娟等利用耦合协调模型分析了重点国有林区经济发展效率与生态建设水平的耦合关系。结果表明：在2001—2015年期间，重点国有林区的生态建设水平综合指数和经济发展综合效率都呈递增趋势。龙江森工、吉林森工和内蒙古森工三大森工集团的情形与重点国有林区整体状况一致。重点国有林区和三大森工集团的经济发展效率与生态建设水平的耦合度及耦合协调度均呈缓慢上升趋势，并有走向中高度协调耦合状态的趋势。②

（三）森林绿色发展的贡献

姜霞等以美国农业部经济研究局的经济预测为基准情景，将全球林产品模型（GF-PM）与政府间气候变化专门委员会（IPCC）碳汇估计方法相结合，模拟2015—2030年中国森林资源存量和相应的碳储量、碳汇量，并进行经济增长率为8%的高速增长情景与中高速增长情景的对比。结果显示：中高速增长要比高速增长更有利于森林资源可持续利用和森林生态服务供给的增加，从而促进社会系统和生态系统和谐互动、良性循环。在中高速增长情景和高速增长情景下，中国自主减排承诺中的林业发展目标都能如期完成。2030年，中高速增长情景和高增长情景下的中国森林碳储量将分别达到88.69亿吨碳和86.43亿吨碳，分别比2010年增加36.05%和32.58%。2015年和2030年的碳汇量分别为1.25亿吨碳和1.1亿吨碳，对2030年中国自主减排目标的贡献率分别为4.87%和4.48%。③

（四）森林绿色发展具有不可逆性

陈儒等采用来自17省的1757个农户调查数据，运用Binary Logistic回归模型分析退耕区农户的复耕意愿及其影响因素。结果表明：退耕农户的复耕意愿较低。其中，对政策了解透彻、对工程满意度高的农户复耕意愿较低，退耕农户预期本村发生复耕的比例较低，复耕预期低的农户复耕意愿也低。农户退耕力度越大发生复耕的概率越大。退耕地上的收益和退耕补助是影响农户复耕意愿的重要因素，农户复耕意愿具有明显的地区差异。④ 地区发展水平越高，农户退耕意愿越低。若经济能持续稳定地发展，森林绿色发展就具有不可逆性。

测算了我国森林资源丰富的15个省在2004—2013年间的林业产业集聚水平，利用数据包络分析法（DEA）模型测度同一时期各省林业产业生态效率，并通过计量模型检验了产业集聚对生态效率的影响。研究发现：我国林业产业发展水平较高省份的产业集聚水平及生态效率在研究期均呈不同程度的上升；计量模型回归结果显示，产业集聚带来的外

① 徐萌、陈文汇、刘俊昌：《林业绿色经济发展评价指标体系研究》，《林业经济》2015年第5期。

② 曹娟娟、王玉芳、郭娟：《重点国有林区经济发展效率与生态建设水平耦合关系测度》，《林业经济》2017年第8期。

③ 姜霞、黄祖辉：《经济新常态下中国林业碳汇潜力分析》，《中国农村经济》2016年第11期。

④ 陈儒、姜志德、谢晨：《后退耕时代退耕区农户的复耕意愿及影响因素分析——基于17省1757个农户的调查》，《农村经济》2016年第6期。

部性会促进林业产业生态效率提高。发展经济效益、社会效益双赢的林业产业需要进一步调整林业产业结构、加大对林业产业基础设施投入、鼓励涉林企业进行生产和环保技术革新等。①

（李　周）

① 郑宇梅、高纯一、雷光春：《林业产业集聚水平与生态效率实证分析——基于中国15个省域面板数据的检验》，《经济地理》2017年第10期。

第三篇

论文荟萃

理论经济学与方法

【**文化与储蓄**：基于优势分析的跨国实证研究】

叶德珠　连玉君　黄有光

《金融评论》2015 年第 3 期

12 千字

长期以来，各国在储蓄率上存在显著差异，众多学者从多个角度对储蓄率问题进行了深入的研究。伴随着 2008 年美国次贷危机而凸显出来的东西方尖锐对立的消费—储蓄失衡问题，及其对世界经济发展产生的消极作用，使储蓄率问题再次成为焦点。一个值得注意的现象是，高储蓄率主要集中在东亚儒家思想圈国家，而低储蓄率则主要集中在欧美国家。因此，一个朴素直观的猜想就是文化导致了跨期储蓄行为差异，结论不一，但其相关的理论分析和实证检验仍然非常有限，目前有关文化与储蓄/消费的文献主要集中于对个别国家移民储蓄行为的研究，结论不一。

作为一种跨期决策，储蓄与人们的时间偏好和风险偏好密切相关，这两个偏好在文化指数中的代表分别是“长期取向”和“不确定性规避”，是与储蓄率联系最为直接、最为密切的文化指数。除此之外，其他维度的指数也有可能在不同程度上影响到人们的风险偏好和时间偏好进而间接影响到人们的储蓄决策。该文利用文化指数以及国家和地区宏观经济数据，利用计量经济学方法，对关注的问题进行检验分析，考察了“不确定性规避”和“未来取向”两指数对储蓄率的影响，同时，也希望了解其他文化指数与储蓄率的实证关系，以求全面了解文化影响储蓄的各种途径。

基本结论是：第一，验证了文化对储蓄率国别差异的较强解释力，文化是传统理论文献遗漏的解释储蓄率国别差异的重要因素，这一结论为文化与储蓄研究提供了新的证据；第二，文化能够解释储蓄率国别差异的程度只接近国家个体效应的一半。根据优势分析表明，收入、赡养率等代表传统储蓄理论的解释变量对东西方消费率差异的解释能力较为有限，不可观测的国家个体效应则具有更强的解释力，而文化变量能部分地解释这种国家个体效应，这在一定意义上使得文化对储蓄的影响作用有了更准确的定位，更直观地界定了文化对储蓄率的解释作用；第三，在文化影响储蓄的具体路径方面，代表时间偏好的“长期取向”维度与储蓄率显著正相关，代表风险偏好的“不确定性规避”维度与储蓄率显著负相关。“人本主义”与储蓄率显著负相关，“权力距离”与“男性倾向”与储蓄率显著正相关。

（吴梦真）

【**谁回报了民营企业的捐赠?** ——从融资约束看民营企业“穷济天下”的行为】

王鹏程　李建标

《经济管理》2015 年第 2 期

15 千字

该文主要观点如下：自古以来，“穷则独善其身，达则兼济天下”被多数国人奉为理性的行为准则，也在一定程度上反映了经济活动中行为人自利与利他的边界和条件。对于企业公民而言，履行企业社会责任是“兼济天下”的一种体现，那么作为企业社会责任的最高层次，慈善捐赠应该是企业“达”而后为的义举。然而，目前阶段还尚“穷”的民营企业，面临着严重的融资约束，它们的慈善捐赠行为并没有遵循上述行为逻辑，未达而济天下。表面看，民营企业“穷济天下”的行为是非理性的，但事实真是如此吗？研究企业社会责任的学者们逐渐认识到企业处于由具有不同利益诉求的多元利益相关者所构成的环境中，无法独立于该环境之外而生存这一事实，并从不同角度对企业战略慈善进行了论证。但这些研究或是从市场角度（经济动机）或是从政府角度（政治动机），考察企业捐赠对企业造成的经济影响，很少将两者放入一个框架中进行分析。对于民营企业而言，融资难是其面临的重要问题，捐赠能否帮助民营企业缓解融资约束？如果捐赠能够缓解民营企业融资约束，那么其作用机理是什么样的，市场和政府是否都在其中发挥了作用，谁的作用更大？

针对以上问题，同时考虑政府动机和经济动机，以政治关联和市场关注度作为考察政府和市场路径的调节变量，利用民营上市公司数据，利用计量经济学方法对以上问题进行检验，得出以下基本结论。第一，捐赠有助于民营企业缓解融资约束，民营企业通过“济天下”实现了“善其身”的效果。第二，市场关注度对捐赠的融资约束缓解效应有正向的促进作用，市场关注度越高，捐赠缓解融资约束的作用越强；政治关联显著影响民营企业捐赠与融资约束的关系，表现为与非政治关联民营企业相比，政治关联民营企业捐赠更能够缓解融资约束，政治关联被民营企业作为与政府进行资源交换的渠道。第三，金融发展对于市场和政府作用的影响方向相反，金融发展程度越高，市场关注度对捐赠与融资约束关系的影响越强，政治关联的影响越弱。而随着信贷分配市场化程度的提高，捐赠对融资约束的影响减弱。由于信贷分配市场化在一定程度上更加直接地体现了政府对金融资源的控制，表明与政府进行资源交换在捐赠缓解融资约束上发挥着更为主要的作用。

（王鹏程）

【中等收入陷阱还是中等收入阶段】

华　生　汲　铮

《经济学动态》2015 年第 7 期

18 千字

该文主要观点如下：2007 年，世界银行在《东亚复兴——关于经济增长的观点》报告中首次提出了中等收入陷阱。概念提出后，引起了广泛关注，并吸引了国内很多学者对陷入“中等收入陷阱”的表现、成因以及走出“陷阱”的对策做了大量研究。但实际上，报告并没有给出直接、明确、统一的定义，不同的学者根据报告梳理出了不同的定义。目前文献中讨论的“中等收入陷阱”主要是从三个角度定义的。其一，从横向比较意义上进行论述，即强调中等收入国家与较富或较穷国家相比会出现较慢的增长；其二，从赶超视角来观察一个经济体是否被“中等收入陷阱”锁定进行论述；其三，也是大多数学者的定义，即当人均收入达到了中等收入水平后因各种体制、机制原因，会出现经济放缓或停滞，长期滞留在中等收入阶段。

中等收入陷阱的讨论前提是收入阶段划分，世界银行根据绝对收入划分的低、中低、中高和高收入四类国家的分类阈值一直处于动态调整过程中。而根据世界银行提供的 1961—2011 年 2014 个国家或地区的经济增长数据，低收入国家并未表现出比中等收入国家更快的增长，中等收入国家也未表现出比高收入国家更慢的增长，因此，并不存在跨国比较意义上的“中等收入陷阱”假说。

就赶超意义而言，实际上是用不同国家人均收入与美国人均收入之比的数值范围来定确定低、中、高收入阶段的阈值，这一比值被称为“追赶指数”。用“追赶指数”作为划分标准与世界银行的划分结果差异较大，而且隐含着发展中国家与美国的人均收入在不同阶段都呈现趋同过程。实际是，在不同阶段上“时而趋同”“时而趋异”，既有“中等收入陷阱”，又存在“高收入悬崖”，规律性特征并不明显。因此，赶超意义的“中等收入陷阱”也没有得到广泛认同。

大多数学者实际上把中等收入陷阱等同于中等收入阶段，即只要一国或地区长期停留在中等收入阶段，或者简单地说人均国民总收入没有超越10000美元的阶段，就是处于中等收入陷阱。而人们所描述的中等收入陷阱所暴露出的各种问题并非中等收入国家所独有，在低收入国家中更加普遍。从这个意义上讲，中等收入陷阱可能并不存在，客观存在的是中等收入阶段，所谓的跨越中等收入陷阱就是从中等收入阶段进入高收入阶段的过程。而与几千年的低收入阶段相比，中等收入阶段是短暂的，就更谈不上“陷阱”或“停滞”了。

就中国来讲，其发展过程与已经起飞的“东亚模式”具有很多相似性，但也存在自身的问题，包括：第一，我国依然存在严重城乡二元分割，城市化、市民化程度较低，抑制了人力资本结构升级；第二，没有实现包容性增长，贫富差距不断拉大，而且还缺乏有效的制度安排，调节收入差距和贫富差距；第三，政治体制改革滞后于社会体制转型和经济增长方式转变。从发展经验看，开放的市场经济和有效有为的政府是跨越中等收入阶段的两个必要条件。同时，成功的城市化转型、合理的贫富差距以及激励创新的开放型社会政治体制，也是跨越难以割舍的重要条件。

（杨新铭）

【“共享经济”的知识经济学分析——基于哈耶克知识与秩序理论的一个创新合作框架】

谢志刚

《经济学动态》2015年第12期

18千字

该文认为：近年来随着信息技术、互联网产业的发展，“共享经济”迅速崛起。这种新经济模式以个体消费者之间的分享、交换、借贷、租赁等共享经济行为为基本特征，也被称为“分享经济”。基于哈耶克知识和秩序理论，知识可以划分为“隐性知识”和“显性知识”两种类别，而隐性知识的不同（认知异质性）决定了个体认知模式的差异。个体在经济交往活动中“合作—竞争”收益与认知异质性相关。双方的知识结构越相似，合作的机会越高，合作的收益也越高。个体经济交往活动之中的创新作用也与认知异质性相关，知识结构差异越大的个体越容易引发创新。由此可见，存在社会经济交往活动的倒U形收益函数，即存在着知识结构差异的最适点。

基于此，可以将社会整体层面上的知识与合作秩序区分为三类：第一类为社会知识结构的转变为组织强化方向，此时社会认知异质性过高，强化共识和合作，改变知识结构减少社会认知异质性可以提高社会整体福利；第二类为相反的非组织化方向，表明社会知识结构过于同质化和僵化，社会发展陷入守旧停滞，需要更多地容忍异端，强化知识异质性和创新作用，能够提高社会整体福利；第三类则是知识基础进步带来的社会收益曲线上移。“共享经济”模式可以用第三类解释，即知识基础进步带来的社会收益曲线上移。具体而言，“共享经济”的兴起是以信息技术、互联网、特别是移动互联网的发展为前提条件的。知识基础进步增加了社会经济网络连接，使得个体经济交往机会大大增加；技术进步在社会层面上起两方面作用：一方面，个体能够发现更多潜在的具有同质性的合作伙伴，具有合作可能性的社会知识边界扩展；另一方面，个体发现更多的潜在的异质性的合作伙伴，具有异质性创新机会的社会知识边界也大大扩展。

“共享经济”的出现，是市场经济的深化和广化的新阶段，同时也是经济知识化的过程，符合哈耶克理论预期。而“共享经济”的虚拟化与哈耶克知识秩序理论相符。知识经济的虚拟化趋势是由知识经济学的基本逻辑所决定的。特别需要指出的是，“共享”并非“共享经济”模式的核心特征，强调“共享”容易产生误导。因为，共享经济对产权观念提出了挑战和深化要求，但并非否定产权。共享经济仍然是建立在市场基础之上产权明确的自愿交易，并未舍弃产权或者市场本身。

（杨新铭）

【二元经济作为一个发展阶段的形成过程】

蔡　昉

《经济研究》2015 年第 7 期

19 千字

该文梳理了从斯密、马尔萨斯到刘易斯及至索洛的经济增长思想和理论模型，尝试揭示关于经济增长过程和阶段的不同学说、观点之间的内在逻辑联系。在此分析框架下，借鉴经济史学家挖掘的（虽然是零散的）历史证据，该文发现，如果把人类迄今所经历的全部经济发展划分为：以马尔萨斯陷阱为特征的 M 类型增长，以格尔茨内卷化为特征的 G 类型增长，以刘易斯二元经济发展为特征的 L 类型增长，以刘易斯转折点为特征的 T 类型增长，以及以索洛新古典增长为特征的 S 类型增长。作为一种类型或阶段的 T 类型增长，并不仅仅是在当代发展中国家才可以观察到的特有发展阶段，而是从早期工业化国家到当代发展中国家都经历过的一般发展阶段。这一发现填补了对经济增长历史的理论概括和模型化中的空白，使我们能够将一个更具有一致性的分析框架应用于刻画人类经济发展历史的整体脉络，得出更具有一般性的理论和经验结论。

判断在中西方经济史上，二元经济发展阶段是否存在的关键，在于证明是否存在过一个以劳动力过剩为典型特征的二元经济结构的形成过程。该文通过区分两种不同的人口增长情景，即一方面是马尔萨斯机制决定的人口增长，另一方面是人口转变规律促成的人口增长，发现农业中劳动力的过密化实际上有两种截然不同的类型，由马尔萨斯人口机制导致的劳动力过密化，与二元经济结构的形成毫不相干，只有进入人口转变轨道之后出现的劳动力过密化，才成为一个为后来的二元经济发展创造条件的必要过程。为了论述的需要，我们仅仅把后一种情形，看作传统经济的内卷化过程。

第一，如果仅仅是在马尔萨斯陷阱内产生一个扰动式的人口增长，固然也造成传统经济中劳动投入过密现象，然而，这种情形并非该文意义上的内卷化，因为人口增长模式终究要回到马尔萨斯均衡状态。第二，只有按照人口转变规律突破马尔萨斯陷阱的人口增长，才同时伴随着现代经济增长的出现，因而形成劳动力过剩的传统部门与吸纳剩余劳动力的现代经济增长部门的并存与互动，构成刘易斯所定义的劳动力无限供给条件下的经济发展，或二元经济发展。第三，二元经济发展的成功，最终会导致超出本文描述范围的索洛式新古典增长阶段到来，从而一国的经济发展经历从贫困到富裕的完整过程，无论是早期工业化国家、新兴工业化经济体，还是当代发展中国家。

虽然仅仅作出了相当初步的研究，该文仍然希望在最初确定的目标上有所突破，即从三个方面有所贡献。第一，通过提出格尔茨内卷化（或G类型增长）这个经济发展子类型，并据此概括二元经济形成的历史阶段和机制，使关于经济增长类型和阶段的划分在逻辑上更加完整，为构造一个更加自洽和包容的增长理论铺设了一块必要的基石。第二，既然刘易斯式或L类型增长的普遍存在性在理论和历史逻辑上都获得了一定的显著性检验，二元经济理论理应在学术史上占有更重要的地位。当然，按照这个方向，随后的研究工作仍然是任重道远的。第三，该文提出的分析框架可以作为一个基础，用以整合长期碎片化使用的经济史资料，增加在相同主题上进行研究的互补性，取得更多的学术共识，从而尽可能消除该领域的争论因长期莫衷一是、自说自话所造成的零和性质。

（金成武）

【经济新常态下中国扩大开放的绩效评价】

裴长洪

《经济研究》2015 年第 4 期

27 千字

以贸易投资的数量增长作为“开放红利”的主要标准是过去高速增长阶段以规模速度、扩能增量为特征的发展方式在对外开放领域的折射。在新一轮的对外开放中，如果我们继续沿袭以往对外开放型经济发展的评价思路，即主要以贸易投资增长的幅度和规模作为评价的主要依据，从未来若干年世界分工和贸易投资发展的趋势看，可能并不能得到满意的结果。相反，如果没有以往那种令人炫目的数据，是否就意味着我国开放型经济的发展不成功呢？因此要讨论评价的思路转换问题。该文认为，党的十八大以来，我国对外开放已经形成了一套完整的新思路，从而为如何评价新一轮对外开放的绩效提供了基本依据，目前国家着力实施的对外开放战略蕴含了对外开放的新的价值取向，因此有必要对未来，包括“十三五”期间开放型经济的发展指标作出新的研究。

该文建议在“十三五”规划安排中研究和制定下述指标：

（1）货物出口贸易增长速度的全合理区间，高新技术产品出口的占比以及中国货物出口世界份额上升的预期目标。

（2）扩大货物进口贸易规模和优化结构的指标。

（3）服务贸易发展的指标。发展服务贸易是优化外贸结构的一项重要任务。服务贸易增长快于货物贸易，是一个长期趋势。服务贸易发展战略既要立足于提高某些行业的国际竞争力，缩小逆差；又要容忍某些行业在相当长一个时期内维持逆差。需要设立服务贸易各行业的国际竞争力指标，以检验服务贸易发展的动态趋势。

（4）吸收外商投资的合理增长规模指标。

（5）中国企业对外投资的数量增长指标、投资结构和投资方式指标、对外承包工程完成营业额、中国企业海外雇员数量指标和当地经营业绩指标。指标引导的政策含义是：构建自主跨国生产经营网络、与东道国互利共赢、促进国内经济结构调整和产业升级。

（6）自由贸易区制度创新的指标。

（7）双边和区域合作的自由贸易区发展的指标，特别是设立新议题的自贸区发展的指标。

（8）金砖国家开发银行、亚洲基础设施开发投资银行、丝路基金等国际开发性金融机构的投资项目批准、投入运营的指标。

（9）参与制定各类国际性贸易、投资、金融等规则的指标。

（10）全球责任和影响力指标。

（金成武）

【**“新常态”**：经济发展的逻辑与前景】
李　扬　张晓晶
《经济研究》2015 年第 5 期
25 千字

早在 2002 年，“新常态”一词就已在西方媒体中出现，其经济含义主要指无就业增长的经济复苏，或者西方发达经济体在危机过后陷入长期疲弱、失业率高企的泥沼的状况。在中国，“新常态”一词则与中国经济转型升级的新发展阶段密切相连。2014 年 5 月，习近平总书记在河南考察时首次使用“新常态”概念，明确指出中国经济发展已经进入一个新的阶段。国内和国外的“新常态”概念基本上是相对独立形成的，中国的“新常态”是迈向更高级发展阶段的宣示，它不仅分析了中国经济转型的必要性，而且明确指出了中国经济转型的方向，同时也指出了转型的动力结构。

自本轮全球经济危机以来，发达经济体与新兴经济体均经历了程度不同的经济减速，中国当然也不例外。然而，中国的经济减速既与国际因素和外部冲击（危机导致外部需求大幅减弱）有关，更是中国内在结构性因素发展变化使然。如果说全球新常态主要被描述为新平庸或长期停滞，那么，中国经济新常态体现在增长上的主要特征就是结构性减速。不过，这种因结构变化导致的经济增长速度由高速向中高速的下落，同时伴随着中国经济的总体质量和效益迈向中高端水平。综合而言，如果说全球新常态是对未来世界经济趋势的一种悲观认识，那么，中国新常态则包含着经济朝向形态更高级、分工更细致、结构更合理的阶段演化的积极的内容。

在中国，新常态意味着中国经济迈上了新的台阶，意味着我们对投资驱动和出口驱动增长方式的摆脱，意味着对质量、效益、创新、生态文明和可持续发展的追求，更关注生态文明建设，更重视民生改善，向更具可持续性的轨道过渡。在这个过程中，我们熟知的数量型指标正发生着向下的变化，而我们过去比较陌生且重视不够的质量、效益型指标正发生着向上的变化。与此同时，改革在不断稳步推进。简言之，新常态意味着中国经济“浴火重生”，有待我们积极推进各个领域的改革，切实完成转方式、调结构的历史任务。因此，“引领新常态”，应当成为我们在新常态下的主动行为。新常态所展示的摆脱中等收入陷阱、迈上经济发展新台阶的美好愿景亟须正确的引领，这包括打造创新驱动引擎、在调结构中发挥市场的决定性作用、构筑全面对外开放新格局、向生态环境改善中求增长以及实现包容性增长。

应当清醒地看到，当前世界经济复苏的动力比预期的弱，全球发展的不确定因素较预想的多，而国内经济的下行压力仍在加大，发展中的深层次矛盾也比我们预想的复杂。因此，我国经济向新常态过渡，看起来还需要较长的时间。面对如此复杂的局面，我们一定要保持清醒头脑和战略定力，千万不能对经济运行的速度变化作过度解读而忽视质量效益指标的改善，更不能惊慌失措地采取饮鸩止渴的对策。

（金成武）

【**中国隐性收入规模估计**——基于扩展消费支出模型及数据的解读】
白重恩　唐燕华　张　琼
《经济研究》2015 年第 6 期
24 千字

无论国民经济核算体系如何成熟、稽查方法如何科学，统计得到的收入数据都未必能反映居民真实的收入水平，因为居民出于避税或保护隐私等考虑，总会有意或无意地瞒报收入。而收入瞒报以及与之密切相关的“隐性收入”规模是各国普遍存在且引起广泛关注的话题，并通常认为其在各国经济中均占有不小的规模。与此同时，准确把握居民真实收入分布，是收入分配政策和国民经济核算体系的重要基础。

该文借鉴文献中较为推崇的基于恩格尔定律和个体消费数据的微观方法，在允许所有人群和所有收入来源都可能存在瞒报动机并且瞒报比例并不一定为常数的前提下，首先基于优化决策理论推导出家庭最优收入瞒报的反应函数的具体形式，之后结合半对数二次型恩格尔单方程模型，利用2002—2009年各年城镇住户调查微观数据，重新考察了我国城镇居民的真实收入分布，并据此估算了我国的隐性收入规模。该文发现：首先，基于该文分析框架所得到的居民收入与恩格尔系数之间的相关关系与理论模型结论更一致。其次，居民收入瞒报呈现出总量效应和结构效应特征，亦即收入水平越高，瞒报程度越高；不同收入来源瞒报程度有别，财产性收入的瞒报程度最高，工资性收入次之，经营性收入和转移性收入最低。再次，考虑瞒报因素后，我国以“城镇居民家庭总收入”为标准计算的基尼系数从原始数据中的0.31—0.34上升到了0.45—0.51。最后，居民收入瞒报所导致的隐性收入规模约占我国2002—2009年间相应各年GDP的19%—25%。

该文重新审视了我国国家统计局的城镇住户调查这一备受质疑的调查数据。官方数据相比其他微观调查数据有样本容量大、代表性好、调查过程相对客观以及时间上连续等优点。该文通过选取合适的理论分析框架和经验估计方法对官方数据进行深入解读，结果表明官方数据本身有着非常好的代表性和合理性。该文基于官方数据估计的结果得到了其他文献的印证，如王小鲁（2010）估计了2008年城镇居民家庭的真实收入水平和隐性收入规模，虽然与该文的方法和数据均不同，但其结论却与该文的估计结果非常相似。

（金成武）

【突破经济增长减速的新要素供给理论、体制与政策选择】

中国经济增长前沿课题组

《经济研究》2015年第11期

26千字

立足于发达经济体和追赶经济体增长经验的观察，该文对中国结构性减速时期可持续增长的新要素、新动力及其机制进行了探索，集中体现在对知识部门发生、成长及其主导作用的分析上。文中知识部门的引入，是基于以下事实：发达经济体的有益经验和追赶经济体的阶段跨越均显示，长期增长过程蕴含了两个并行路径——即生产模式的两步跨越和消费模式的两步跨越，且每步跨越都是经济模式的重新塑造和效率增进方式的再调整：（1）生产模式的两步跨越：以标准化、物质资本和通用技术为核心的规模化供给的产生，这是第一步生产跨越，作用是摆脱贫困陷阱；第二步跨越是通过知识、技术创造型平台的建设，突破发展的“停滞”陷阱。（2）消费模式的两步跨越：第一步跨越是经由通用技术生产模式的供给，满足基本物质品和服务品的消费需求；第二步跨越是通过广义人力资本积累，带动以消费为主导的增长路径的生成。在实现第二步跨越时，生产模式与消费模式因为都强调知识过程的重要性，两者一体化的趋势越来越清晰。这个阶段，通过广义人力资本的积累，知识部门和知识过程逐渐生成，并且独立的知识部门以其外溢性，提升通用技术水平、过滤掉低层次产业结构，促进整体经济结构的优化升级，经济内生过程由此建立。

立足于知识部门这个核心概念，该文在结构上重新定义了两部门生产函数，即由通用技术部门和知识生产部门构成的生产模型。知识生产部门被称作为了有效利用广义人力资本而独立存在的部门，这个部门以其内生性、外溢性和主导性，替代通用技术部门成为城市化阶段的创新动力源。通过新函数的定义，该文重新审视了消费在中等收入陷阱突破过程中的地位，认为消费结构或消费模式中归属于广义人力资本的那部分项目，是促成知识部门主导作用的核心成分。

由于受到前期大规模工业化惯性及认识滞后的影响，在经济转型的关键时期，中国经济增长路径依然囿于物质资本主导之中，在向更高级的生产、消费模式升级过程中，也因此遇到不可持续问题。为此，需要纳入新认识，包括：（1）必须有新的知识要素供给和市场制度激励，以便突破传统生产过程的结构性减速；（2）新的消费需求满足，需要建立在知识生产与知识消费一体化过程之中，消费中的广义人力资本是破除消费投资障碍的核心；（3）长期增长过程中存在生产模式升级与消费模式升级的协同性。由此，该文认为，制度变革和知识部门是中国突破中等收入陷阱和实现可持续增长的两个核心保障。

（金成武）

【宏观经济政策如何促进更多更好就业？——问题、证据和政策选择】

蔡　昉

《劳动经济研究》2015 年第 3 期

36 千字

该文主要观点如下：促进就业是政府的责任，因而也是政府制定各类经济社会政策的重要出发点。就包括货币政策和财政政策在内的宏观经济政策而言，一个重要的目标就是促进就业，尽管在不同的国家或者同一国家的不同发展阶段上，促进就业目标的相对重要性可能不尽相同。能否针对一个国家特定发展阶段上特有的国情及其变化情景，与时俱进地选择恰当的宏观经济政策，以达到促进就业的最佳效果，是观察一个国家经济社会发展成效的标志性角度。

改革开放以来，中国取得了高速经济增长和就业扩大的良好成绩，同时中国经济也经历了典型的二元经济发展阶段，从长期处于劳动力无限供给状况下的劳动力就业不足，以及改革及结构调整造成的高失业率，转变到劳动力短缺的新的就业和劳动力市场常态。中国自 2004 年到达刘易斯转折点以来，正在经历经济增长从二元经济到新古典模式的转变，劳动力市场性质和就业趋势，从而政府就业政策重点的变化，形成对就业战略的崭新挑战。总体而言，中国已有的实践已经经历了一系列重要的转型。一方面，从宏观经济政策直接以经济增长速度为目标，间接促进就业扩大的政策取向，到就业目标成为宏观经济政策更重要的考量原则的取向变化。另一方面，中国正在经历着另一个重要的转型，即从创造就业数量为主到更加注重就业质量的政策取向变化，后者伴随着政府从着眼于保护岗位到为劳动者提供更多的社会保护的变化。

对于发展中国家来说，财政政策和货币政策在确保短期宏观经济目标的同时，还面临着为中长期的经济增长及结构调整创造适宜环境的目标。如何把经济增长与就业扩大相结合，是经济发展政策的关注点。中国的经验显示，大多数发展中国家都要经历的二元经济发展，与发达国家所处的新古典经济增长，面临的任务不尽相同，就业问题的性质也是不同的。这方面，中国既有一些成功的经验，也存在着值得总结的教训。中国促进就业的宏观经济政策最重要的演进及其经验，是在人口转变、经济发展、结构变化、体制改革和对外开放的背景下进行的。近年来，在确定了促进就业的最高优先序后，各个部门按照国务院的统一部署，各司其职执行促进就业政策。在未来，宏观经济政策需要从着眼于创造就业总量，转向未雨绸缪地应对结构性失业问题。同时，宏观经济目标要实现从保护岗位到保护劳动者的转变。

（周敏丹）

【中国城市家庭财富水平的影响因素研究】

靳永爱　谢　宇

《劳动经济研究》2015 年第 5 期

31 千字

该文主要观点如下：近些年，关于财富的水平和分布已有一些研究涉及，共同结论是中国的财富不平等在迅速增加。然而，关于财富不平等背后的影响机制，却鲜有研究讨论。在财富积累上，中国与发达国家有截然不同的历史背景和国情。发达国家的家庭很早就在市场经济背景下积累财产，而中国短短几十年经历了不同的经济发展阶段。改革开放以前，在计划经济体制下，私人财产严格受限，全社会处于吃“大锅饭”的平均主义时代。随着改革开放政策的实行，市场经济逐渐推进，社会越来越注重效率，一部分人通过经商迅速富裕起来，积累了大量的财富。与此同时，政治权力对经济地位的作用却并没有被削弱。

在一个社会的快速转型期，市场经济改革反而强化了既得利益者的利益。尽管政治因素和市场因素在现有关于财富问题的研究中讨论得较少，却是社会学中有关中国收入研究的焦点。在收入的影响因素研究中，一般将党员身份和干部身份作为政治资本或再分配权力的代表，受教育水平作为市场特征。一些研究表明，在市场转型过程中，政治资本对收入的作用呈下降趋势，而教育的收入回报率却在上升。那么，关于收入的研究结论是否可以直接应用到财富上呢？作为另外一种形式的经济结果，财富看似是一个可以和收入相互替代、衡量家庭经济地位的指标。但实际上，财富与收入本质上是不同的。收入和财产获取方式和存在形式的差异导致二者的影响因素必然各异，关于收入问题研究的结论无法直接照搬到财产上。在财产成为家庭重要经济地位指标的今天，有必要深入探究其背后的影响机制。

为深入分析中国家庭财产影响机制的独特性，突出财产与收入在影响机制上的不同，研究使用 2010 年中国家庭追踪调查数据，将家庭财产与家庭收入进行并列分析，进而探索政治因素和市场因素在中国城市家庭财产积累过程中的作用。研究结果显示：两大因素都显著影响了中国家庭财产的积累；政治资本对住房资产的影响更大，而市场因素则对非住房资产（包括金融资产、耐用消费品、生产性固定资产）的影响更大；政治资本对财产的影响大于对收入的影响。可能的解释：一是拥有政治资本的家庭从住房私有化改革中获得了极大的利益；二是拥有政治资本的家庭由于体制内的福利使得家庭实际支出更低，财产积累更多；三是拥有政治资本的家庭更可能进行有效的投资，从而使得家庭储蓄更容易转变为家庭财产。

（周敏丹）

【分权、集权与政企合谋】

聂辉华　张雨潇

《世界经济》2015 年第 6 期

13 千字

在过去的几十年里，地区竞争成为推动中国经济快速增长的重要动力之一。然而，地区竞争也带来了很多负面效应，主要表现为地方政府及其官员为了增加本地的财政收入和政治升迁机会，纵容企业采取低成本、不安全、不环保或违反法规的“坏的”生产方式，在推动经济高速增长的同时，也带来了大量的生产安全事故和社会问题，也就是“政企合谋”。在政企合谋过程中，地方政府及其官员得到了经济上的财政税收受益和政治上的升迁机会，企业通过节省成本和逃避管制得到了更高的利润，但是合谋导致的各类生产安全事故和社会问题会给当地居民造成损失，并在一定程度上损害中央政府的权威和利益。从现实案例与已有文献出发，该文提出了三个问题：为什么中央政府（或上级政府）有时会“默许”（或允许、纵容）这种政企合谋的存在？为什么中央政府会对政企合谋进行周期性干预？在集权或者分权下，中央政府防范合谋或者默许合谋有什么不同的结果？

为了回答上述三个问题，该文构建了一个“中央政府—地方政府—企业”的三层博弈模型，假设中央政府面临经济增长和社会稳定的两难冲突，并且中央政府和地方政府之间存在不对称信息。该文刻画了中央政府的均衡合谋契约与防范合谋契约。研究发现：第一，当经济增长的好处超过社会稳定的成本时，中央政府会默许地方政府和企业合谋，这解释了普遍的政企合谋现象，包括矿难、环境污染、逃税等；第二，价格水平、公众偏好、事故发生概率的变化会导致中央政府在防范合谋和允许合谋之间转变，并体现在产量波动上，这解释了中央政府对合谋的周期性干预；第三，与集权（垂直管理）相比，分权（属地管理）在某些条件下更容易导致均衡合谋，并且合谋的产量更高、利益输送更多，但无谓损失更小，因此对中央政府来说，分权弱优于集权。研究表明，减少地方政府对经济增长或 GDP 考核的依赖、提高公众素质以及保护公众对事故进行披露的权利，都有助于中央政府防范政企合谋，从而减少生产安全事故和社会稳定成本；在那些经济增长更为重要的领域，或者合谋难以防范的领域，次优选择是实行属地管理，以便将政企合谋的负面成本降到最低。该文为组织经济学文献中的合谋理论提供了新的思路，丰富了均衡合谋模型在政治经济学问题中的应用；同时也为行政管理体制的研究提供了不同的视角。

（聂辉华）

【改革开放以来中国经济增长动力转换的时空特征】

余泳泽

《数量经济技术经济研究》2015 年第 2 期

16 千字

该文主要内容如下：改革开放以来，中国经济保持了近 10% 的高速增长，创造了举世瞩目的“中国奇迹”，并引起了经济学家的浓厚兴趣和广泛争议。在新古典经济增长理论框架下，增长理论认为要素投入受到边际递减规律的制约，在资源约束下要素投入不可能持续保持经济的高速增长，而只能依靠全要素生产率（TFP）的提升来实现，即使后续对经济增长理论的修正也往往是通过对 TFP 黑箱的进一步挖掘来实现。所以，如果“中国奇迹”的解释中不包含足够的 TFP 内容，那么主流的经济增长理论无疑将面临一场严重的现实危机。如果理论是可以解释现实的话，那么中国经济高速增长的可持续性将面临理论和现实的双重挑战。所以，准确识别和认识中国经济增长的动力来源对于制定长期可持续增长政策事关重要。近期的文献中，大部分实证结果也表明中国经济增长的奇迹更多的是一种表象，要素对经济增长的贡献仍占据主导地位，粗放式经济增长方式背后的隐忧更值得我们注意。已有的研究本身无法对研究所采用的方法进行评价和检验，研究的时限主要集中于改革开放至 21 世纪之初，很少有文献能够对 2008 年金融危机以后的经济增长的要素贡献进行研究和评价。此外，现有大部分成果关注于经济增长动力的时间特征，较少有研究能够深入分析经济增长动力的空间特征。

因此研究从方法调整和数据讨论入手，利用1978—2012年中国的省级面板数据，采用检验后的超越对数生产函数的随机前沿模型，利用两套资本存量核算方法，对中国经济增长动力的来源及其时空特征进行了分析，并对2008年金融危机的四万亿投资政策进行了效率评价。研究结果表明：中国属于典型的投资主导型经济，资本投入是中国经济增长持续稳定的最主要来源，TFP贡献率呈现了逐年下降的趋势；中国经济增长动力由改革开放初期的资本、劳动力和TFP三驾马车平衡拉动，形成了现阶段的资本投入与TFP反向角力态势；区域经济差距主要源于资本投入与TFP双重差异，但TFP差异是最重要因素；四万亿经济刺激政策下中国经济复苏属于典型的“投资主导型复苏”，是以牺牲中国生产率为代价的，TFP在2008年后呈现了断崖式下降，平均拉低了中国TFP达0.23—0.32个百分点。

（彭　战）

【国内双重差分法的研究现状与潜在问题】

陈　林　伍海军

《数量经济技术经济研究》2015年第7期

16千字

该文主要内容如下：改革开放以来，我国仍处在渐进体制改革的进程中，新制度、新政策的出台显得必不可少。如此一来，我国经济学界急需一门能够定量考察制度绩效与客观评估政策效果的研究工具，而客观度量新政策实施对经济体影响的因果动态检验却又非常困难。20世纪80年代以来，国外经济学界兴起了一种专门用于分析政策效果的计量方法——双重差分法（Differences-in-Differences Method）。这种将制度变迁和新政策视为一次外生于经济系统的“自然实验”的研究方法，源于自然科学且思路简洁，估计方法日趋成熟，被西方学界广泛应用于诸多领域之中。

2005年，我国学者引入双重差分法，利用我国农村税费改革最早在安徽省进行试点，其后在江苏、湖南、湖北的部分县进行试点，最后才推向全国的事实，将试点期的税费改革视为一次“准实验”，从而对农村税费改革的政策效果进行了系统的双重差分实证检验，研究具有很强的说服力。同时，该文谨慎地将农村税费改革视为一次“准自然实验（Quasi-natural Experiment）”，并对双重差分法的适用性和稳健性进行细致的“实验前测”，最终才得出判断，认为此研究“是国内文献中首次利用双重差分模型的思路对一项重大政策改革的效果进行评估”。然而，当我国的双重差分法研究进入井喷期后，学界似乎已经把双重差分法等同于两个虚拟变量的简单相乘，而忘却了自然实验才是双重差分的根本，亦忽视了使用该计量模型的诸多基本前提，将一些完全不符合自然实验基本条件的政策冲击视为自然实验，将一些本不适用于双重差分法的样本数据进行回归估计。主要包括内生性、控制组受影响、样本异质性及概念混淆等问题。如果研究者继续忽略现有研究成果所存在的缺陷，而没有采取有效的方法缓解或消除这些缺陷，那么就会对今后的经验研究产生一定的负面影响，甚至使政策评估出现偏差乃至完全相反的结论。

研究根据实验理论与国外双重差分法，剖析了自然实验和双重差分计量模型的主要特征，归纳出双重差分研究所需的基本假设，并提出了经济学研究应用双重差分法时值得注意的系列问题。通过归纳双重差分法的基本应用条件与国内研究现状，发现部分研究出现了内生性、控制组受影响、样本异质性等问题。其中尤以内生性问题较为严重，甚至使部分研究产生了一定的缺陷，所谓的自然实验往往难以成立。同时根据实验理论与相关理论基础，对国内主要研究成果进行分类与评述，并针对所发现的问题提出改良办法。

（白延涛）

【政府补贴对企业新产品创新的影响——基于补贴强度“适度区间”的视角】

毛其淋　许家云

《中国工业经济》2015 年第 6 期

21 千字

为了鼓励企业自主创新以增强市场竞争力，中国政府不断提高对企业的补贴力度。政府补贴是否有助于激励企业进行新产品创新，以及政府补贴的强度是否越高越好？该文旨在评估政府补贴对企业新产品创新的影响，并且探求补贴强度的“适度区间”及其变化趋势。

政府补贴影响企业新产品创新具有以下机理：一方面，政府补贴作为企业总利润的一部分，在本质上可以通过增加企业的收益进而为创新活动提供资金支持，尤其是那些专门针对新产品开发和科研创新方面的专项补贴可以直接地降低企业进行新产品创新的成本和面临的风险，提高企业新产品创新的回报率，进而激励企业从事创新活动的动机。但是，另一方面，在中国当前经济转型背景下，地方政府在财政支出上具有很大的支配权，政府对企业的补贴决定与补贴额度并不完全取决于企业的实际经营绩效与发展规划，相反的，可能更多地依赖于企业与当地政府之间的寻租关系。特别是在补贴收入很高（表现为具有较高的补贴强度）的情况下，企业进行“寻补贴”投资或寻租活动的动机就越强，在这过程中产生的高昂的寻租成本或“寻补贴”投资可能对企业研发等实体投资产生挤出效应，进而抑制企业的创新活动；企业能够通过寻租活动成功地获得高强度的政府补贴，或会极大地弱化通过研发创新进而改善生产效率的方式来获取超额利润的动力。此外，知识产权保护制度的完善与否，也会影响企业通过研发创新提高生产效率和获得超额利润的激励。

实证研究采用基于倾向得分匹配的倍差法与生存分析方法，系统地评估了政府补贴对企业新产品创新的微观效应。研究发现，只有适度的补贴能够显著地激励企业新产品创新，而高额度补贴却抑制了企业新产品创新，补贴强度的“适度区间”且呈现逐年下降的趋势；中介效应模型检验表明，“寻补贴”投资是高额度补贴抑制企业新产品创新的一个重要渠道。该文考察了补贴的创新激励效应在不同知识产权保护程度地区的差异，发现更好的知识产权保护制度强化了补贴对企业新产品创新的促进作用。该文采用生存分析方法研究政府补贴对企业新产品创新持续时间的影响，发现政府补贴在总体上延长了企业新产品创新的持续时间，但主要是体现在适度补贴上，而高额度补贴则倾向于缩短企业新产品创新的持续时间。该文对于补贴政策调整具有重要启示意义，近年来中国政府给予企业的补贴强度不断提高，而研究发现补贴强度的“适度区间”趋于下降，因此政府需要动态地将补贴强度下调至适度区间内，以更大程度地发挥补贴对创新的激励作用。

（王燕梅）

【渐进式改革背景下产能过剩的现实基础与形成机理】

范林凯　李晓萍　应珊珊

《中国工业经济》2015 年第 1 期

19 千字

中国的钢铁、电解铝行业虽然受到严格的产能管制，但严重的产能过剩总是长期反复发生。已有的研究均忽视了渐进式改革背景下钢铁、电解铝这类被政府视为关系宏观经济、关系国计民生却同时具有竞争性行业特性的资本密集型行业中，市场化进程滞后于中国经济市场化进程的特征。这一特征使得渐进式改革过程中，受到原不完善市场经济体制限制的民营企业逐渐显现出成本优势，并不断扩张产能"侵蚀"高成本的国有企业的市场份额，继而引发相对低效率国有企业产能过剩。为避免产能过剩而由中央、地方两级政府共同实施的产能管制政策使得行业市场化进程进一步滞后，并且地方政府为追求当地经济增长而部分放松管制强度，进一步导致更为严重的产能过剩。

该文从渐进式改革的静态和动态两个维度，将中央、地方政府共同施加产能管制过程中存在的利益不一致和信息不对称这一现实制度特征纳入分析框架，论证市场化进程滞后造成的涉及国计民生的资本密集型传统竞争性行业严重产能过剩的形成机理。在提出前提假设的基础上，首先建立基准模型，论证渐进式改革的背景下市场化进程滞后的竞争性行业需政府主动施加一定强度的产能管制才可以避免出现产能过剩；然后考虑中央、地方两级政府"双头"管制中存在的利益不一致和信息不对称，在基准模型上内生产能管制强度，论证在这种管制体制下市场化进程滞后的竞争性行业必然出现产能过剩；最后进一步论证内生行业市场化进程滞后程度，将模型动态化，论证长期而言，市场化进程滞后的竞争性行业将收敛于一个取决于过剩产能淘汰速度和经济市场化改革速度的自然产能过剩水平，产能管制无法改变这个自然过剩水平。

核心结论为：只要中央、地方两级政府共同执行管制的体制不变，则从长期来看，产能管制并不能改变行业的自然过剩水平，反而让产能过剩行业在出现自然产能过剩水平的同时积累大量潜在产能过剩风险。研究表明，产能管制政策需要在产能过剩与国有企业"较强影响力"之间权衡，但单就产能过剩来看，近十余年中用于治理产能过剩的产能管制政策很可能取得了适得其反的效果，要从根本上化解产能过剩需加快产能过剩行业的市场化改革进程。

（王燕梅）

【垄断行业高收入不合理程度研究】

岳希明 蔡 萌

《中国工业经济》2015 年第 5 期

19 千字

公众对目前中国收入差距过大以及收入分配不公表现出极度的不满，其根源在于贪污腐败和垄断行业高收入两个主要因素。在垄断行业高收入中，垄断国有企业高管人员的高薪酬尤其受人瞩目。在过去的十几、二十多年里，动辄几百万甚至上千万的国有金融企业高管人员的薪酬经常是公众对收入分配不满情绪喷发的导火索。因此，在研究垄断行业高收入时，除了工资的行业平均水平以外，垄断行业内部的收入分布以及与其他行业的比较也应纳入考察范围之中。在整个垄断国有企业工资较社会平均工资相对偏高的同时，垄断国有企业内部管理层薪酬较普通职工工资也相对过高的局面。后者实际上也是政府的关注对象和相关政策的调控目标。仔细阅读政府关于国有企业工资管理的文件可知，除了国有企业从业人员整体工资水平之外，国有企业内部高管层与普通职工之间收入的相对水平一直是政策的管控对象。那么，国有企业（包括垄断国有企业）工资管控政策的效果如何呢？这是目前决策层和学术界重点关注的问题。

以往的相关文献从平均收入的角度测量和分析垄断行业高收入中合理与不合理的比重。但如上所述，由于国有企业内部有利于管理层的工资决定机制以及政府相关管控政策失效等缘故，与普通职工相比，垄断国有企业高管层的高收入中的不合理比重可能更高，或者其高收入中的不合理比重可能随着从业人员收入的提高而上升。鉴于垄断行业不同收入水平人群的收入不合理程度有明显差别，要了解垄断行业从业人员的整体收入特征，单一均值分析显然是不够的。该文将关于垄断行业高收入的讨论从以往研究的均值层面拓展到收入分布层面，进而探讨垄断行业低收入、中等收入、高收入水平从业人员的收入合理性。研究发现：垄断行业高收入中的不合理广泛存在于各个收入阶层，且不合理程度随着从业人员收入水平的上升而逐渐加大。这个结论说明，与普通职工相比，垄断国有企业高管人员的高薪酬更加不合理。这就要求政府部门在从整体水平上管控垄断国有企业高收入的同时，应该重点管控管理层的高收入。因此，解决垄断行业高收入问题的根本策略在于区分不同的国有企业类型，实施不同的企业管理模式和薪酬制度。

（覃　毅）

【工业化后期中国经济面临的趋势性变化与风险】

黄群慧

《中国经济学人》2015 年第 2 期

12 千字

改革开放以来，中国经济快速增长有赖于成功地推进了工业化进程。2010 年以后中国进入工业化后期，中国的工业化进程的特征正在发生改变，正在从高速、低成本、出口导向、不平衡发展的“旧常态”向中高速、基于创新的差异化、内外需协调和区域平衡的发展“新常态”转变。这个转变能否实现，事关我国能否顺利走完工业化后期阶段，最终实现工业化。该文试图分析工业化后期阶段中国经济面临的趋势性变化与风险，把握了这些趋势性的变化，认识存在的相应风险，才会对我国工业化后期经济发展特征有深刻的认识，进而有助于制定科学的工业化战略和经济政策。该文认为，工业化后期出现了一些趋势性的变化，在把握和顺应这些趋势的同时我们也面临着相应的风险，需要高度重视和加以防范。这些趋势性变化和风险可以概括为八个方面：一是顺应经济增速放缓的趋势性变化，但不能放任增速下滑出合理的区间，要防范“经济失速”风险；二是在认识到并顺应经济服务化趋势的同时，必须防范“制造业空心化”的风险，当前我国服务业还无法完全替代工业成为经济的主导力量，我国服务业发展战略的重点应是围绕“做强工业”而大力发展生产性服务业；三是顺应产业结构高级化趋势，但要避免“技术升级陷阱”，加大体制机制改革，完善创新生态系统，是我国未来能否摆脱“技术升级陷阱”的关键；四是推进工业化和信息化“两化”融合趋势，直面“新工业革命”带来的竞争风险；五是顺应去产能化趋势要求，同时化解由于去产能化而产生的债务风险；六是顺应供给要素集约化趋势，但要充分认识到要素市场化改革的困难，我国必须深化要素供给市场改革，提高要素供给的质量和效率；七是积极推进向功能化产业政策主导转变，但要避免功能性产业政策的失效风险。产业政策的重点应该是扶持切实的前沿技术和新兴产业，统筹解决新兴技术和前沿技术的研发、工程化和商业化问题，有利于研发、技术标准和市场培育的协同推进。八是顺应我国产业向全球价值链高端攀升趋势，化解来自发达国家和新兴经济体的“双端挤压”风险。

（黄群慧）

【2015—2025 年中国潜在经济增长率预测及政策建议】

李　平　娄　峰

《中国经济学人》2015 年第 2 期

10 千字

2025 年之前是中国经济进一步扩大规模和调整结构的关键时期。该文在综合考虑了未来影响中国经济潜在增长的若干主要因素及其传导机制的基础上，构建了一个系统动力学—计量经济学—投入产出综合经济系统模型，对2025年中国经济规模和结构变化进行了预测。主要研究结论如下：

一是尽管中国经济增长率呈现逐渐下降的趋势，但整体上中国经济仍然能够保持平稳、较快的发展态势。在基准情景下，2014—2015年、2016—2020年和2021—2025年三个时期GDP年均增长率分别为7.6%、6.8%和6.1%。

二是从居民收入上看，在基准情境下，2014—2015年、2016—2020年和2021—2025年三个时期，城镇居民人均可支配收入实际增长率分别为7.6%、7.0%和6.3%，农村居民人均纯收入实际增长率分别为8.5%、7.4%和6.6%；到2015年、2020年和2025年，城镇居民人均可支配收入分别为27946元、39777元和54748元（2010年不变价），分别是2010年的1.46倍、2.08倍和2.86倍；农村居民人均纯收入分别为9018元、13046元和18222元（2010年不变价），分别是2010年的1.52倍、2.20倍和3.08倍。因此，十八大报告中提出的到2020年"实现城乡居民人均收入比2010年翻一番"的收入倍增计划在悲观情景、基准情景和乐观情景下均可以实现。

三是2016—2025年期间，中国的固定资产投资和资本形成的实际增长率将呈现逐步下降的趋势，但2016—2020年固定资产投资和资本形成仍将保持较高的实际增长率。在基准情景中，2016—2020年和2021—2025年两个时期，固定资产投资的实际增长率分别为11.8%和10.5%，资本形成实际增长率分别为10.3%和8.4%。2016—2025年，最终消费实际增长率将呈现逐步小幅提高的发展趋势。

四是从三次产业结构变化趋势看，2016—2025年期间，第一产业和第二产业增加值占GDP比重都将逐渐降低，第三产业增加值占比将逐渐提高。从支出法GDP构成上看，最终消费比重在2016—2025年期间将逐渐提高；资本形成比重在2016—2020年期间继续有所上升，但在2021—2025年期间将开始有所降低；货物与服务净出口比重逐渐降低，对外贸易将基本平衡或有小幅逆差。

以上分析表明：2025年之前是中国经济进一步扩大规模和调整结构的关键时期，面对发达经济体可能低速增长的国际环境以及新增劳动力逐渐减少的国内情况，我国必须加强研发和教育投入，加强知识产权保护力度，提高投入效率和全要素生产率，推进科技进步和制造业的转型与升级；创新投融资模式，着力引入长期权益性社会资本，推进可持续型的基础设施和新型城镇化建设；打破垄断，放松准入，积极发展混合所有制经济，大力发展具有高附加值的现代服务业和高端制造业；促进研发、高端制造业、现代服务业、生态环保、基础设施等领域投资，优化投资结构。

（李　平）

【劳动力市场管制对企业技术创新的影响——基于世界银行中国企业调查数据的分析】

吕　铁　王海成

《中国人口科学》2015年第4期
20千字

劳动力市场管制是否能够促进企业技术创新，或者说，是否能够创造增量的企业价值，是关乎劳动制度取向的基本理论问题。该文基于世界银行2012年中国企业调查数据对这一问题进行了实证检验。结果发现：（1）总体上看，劳动力市场管制提高了企业的技术创新概率；（2）劳动力市场管制对企业技术创新的影响存在结构性特征，即相比产品创新，劳动力市场管制促进企业进行工艺创新的作用更加显著；（3）劳动力市场管制对技术创新的影响存在行业差异，在劳动密集型行业和资本密集型行业中的影响显著为正，而在技术密集型行业中的影响不显著；（4）劳动合同期限存在调节作用，临时雇佣比例的提高会弱化劳动力市场管制对技术创新的增进效应。

经过三十多年的改革，中国计划经济时期所形成的僵化的劳动力市场制度面临严峻的转型压力，公共政策对劳动力市场的保护模式由传统的就业保护转变为失业保护，劳动力市场体系初步形成。然而，经济体制转变的巨大代价是上千万的就业岗位被摧毁，正规就业部门工人下岗大幅增加。尽管中国在应对工人下岗的过程中开始建立和完善劳动力市场制度，但劳动力市场发展发育程度仍然较差，对于劳动力市场的保护模式尚未完全建立起来。改革开放前僵化的中国劳动力市场带来的沉痛代价使相当多的人担心重蹈覆辙。在劳动力市场安全性与灵活性之间寻求平衡是所有国家面临的难题，面对激烈的国际竞争，过去就业保护程度较高的国家（如德国、日本等）都在进行劳动力市场改革以增强其灵活性。到目前为止，所有现代国家都在追求灵活安全的劳动力市场，但没有一个国家找到灵活性与安全性的完美平衡点。当前，中国劳动关系进入矛盾凸显期和多发期，迫切需要加强劳动力市场管制、构建和谐劳动关系，维护好职工的切身利益。另外，中国本土企业自主创新能力不强，关键核心技术和装备主要依赖进口。该文认为，现阶段通过加强劳动力市场管制以构建和谐劳动关系与促进企业技术创新并行不悖。加强劳动力市场管制，非但不会抑制企业创新，反而在某种程度上可以为企业创新发展提供新动力，最终实现企业和劳动者利益的双赢。

研究结论是根据2012年的数据得出并适用于当前劳动力市场制度和技术创新情境的，即劳动力市场管制虽然对企业运行造成一定影响（实际上只要是劳动力市场管制都会造成障碍），但大部分企业认为对企业运行造成的影响处于中等及以下的状况，这也符合当前中国劳动力市场保护的基本情况。因此，当前加大劳动力市场管制力度仍然会有益于技术创新。

（朱　犁）

【最低工资制度的收入分配效应研究——以中国工业部门为例】

翁　杰　徐　圣

《中国人口科学》2015年第3期

20千字

最低工资制度被认为是最能体现社会公平正义的劳动力市场政策，不仅在发达国家得到广泛应用，而且在中国、印度、巴西、南非等众多发展中国家得到实施。主张实施该政策的学者认为，最低工资制度可以使低收入劳动者获得高于市场水平的工资，达到消除极端贫困、改善收入分配格局的目的。而崇尚自由主义市场经济理论的学者则认为，政府对要素市场的价格管制最终会降低要素的配置效率，保护劳动力市场低收入群体的政策意图最后可能演变为对他们的实际伤害。最低工资制度是公共政策领域中最具争议的政策之一，这也是该政策能够长期吸引研究者关注的主要原因所在。

该文从理论上分析了最低工资制度影响资本和劳动收入分配格局的主要作用机制，并认为该制度的实施既可以通过补偿效应和溢出效应提升劳动收入份额，也可以通过淘汰效应和替代效应使收入分配格局向资本方倾斜，因此，最低工资制度影响收入分配的效应是不确定的。该文利用2002—2012年中国工业部门的省级面板数据，研究了最低工资制度影响收入分配的实际效应。结果发现，旨在提升低技能劳动力工资水平的最低工资制度最终却导致了劳动收入份额的下降。最低工资制度有可能会通过淘汰低效率企业而导致就业人数的减少，也可能通过促使企业投入更多的资本实现对劳动的替代，这两者均会导致低收入劳动者群体就业人数的减少和资本深化的加速，最终导致劳动收入份额的下降。最低工资制度改善了一部分劳动者群体的收入状况，却可能是以另一部分劳动者群体的利益牺牲为代价的，这也是此项公共政策的主要缺陷。

近年来，受劳动力市场供求关系逆转和最低工资制度实施力度不断加大等多重因素的影响，中国劳动力市场中低技能劳动力的工资水平实现了快速增长。然而，这样的增长势头是否可以持续？沿海地区一些劳动力密集的制造业企业的关闭、迁移及大规模的“机器换人”行动均表明，要实现低技能劳动力工资水平的不断提高并非一件容易实现的事情。基于劳动生产率和工资之间的直观关系，可以断言，如果企业劳动生产率无法得到提高，劳动者的工资水平就没有提高的可能性。即使政府试图通过提高最低工资标准来推动劳动者工资的增长，这样的愿望也是很难实现的。因此，有必要回到如何提高劳动生产率的层面来讨论问题。从长远看，通过人力资本投资，不断提高低技能劳动力的技能水平和劳动生产率，可能是实现工资持续增长的唯一途径。随着工业部门“机器换人”和资本深化进程的加快，低技能劳动力的可雇佣性问题会随之显现，届时不是工资高低的问题，而是能否实现就业的问题。因此，最低工资标准的提高改变了资本和劳动的相对价格，促使企业调整要素投入决策，加快了资本替代劳动的进程，资本深化导致了收入分配格局向资本方的倾斜。

（朱　犁）

【中国劳动报酬份额问题——基于雇员经济与自雇经济的测算与分析】

张车伟　赵　文

《中国社会科学》2015 年第 12 期

20 千字

要澄清中国劳动报酬份额变化问题上存在的一些误读，就需要使用能够准确反映国民收入分配格局变化的指标。对于中国来说，由于自雇经济部门仍然占相当大比例，如何处理自雇经济收入中的劳动报酬，始终是影响劳动报酬份额变化的关键问题。虽然雇员部门劳动报酬占本部门GDP 份额的核算方法，对已经实现经济正规化或者雇员化的国家来说，能够比较真实地反映国民收入分配要素格局的变化，但到目前为止，中国还没有像大多数发达国家那样有着完整的分别按自雇部门和雇员部门核算的国民经济统计数据，仅仅是在编制资金流量表的部分年份（1992—2011）在全国水平上进行了类似的核算。由于数据不完整，难以勾勒出劳动报酬份额变化的完整画面，因此有必要按自雇部门和雇员部门进一步核算国民经济，从而廓清中国劳动报酬份额的真实变化状况及其含义。

根据国家统计局编制资金流量的国民经济核算方法，分自雇部门和雇员部门重新核算中国的要素和产出规模及其变化，在此基础上观察劳动报酬份额的实际变化，理解其变化的含义及原因。研究发现，1978 年以来雇员经济部门劳动报酬份额变化总体呈现下降趋势。在放松要素替代弹性为 1 的假定条件下，使用生产函数从理论上估算雇员经济部门劳动报酬份额及其变化，显示与实际核算一致的结果。这表明，劳动报酬份额下降有其内在逻辑性，需要从发展方式变化方面寻找原因。进一步估算资本和劳动要素替代弹性，得到小于 1 的结果，这意味着还需从要素价格偏离其边际产出的角度寻找劳动报酬份额下降的原因。与劳动要素价格可能低于其边际产出的情况相比，资本要素获得超过其边际产出的情况也许更严重。因此，改善中国收入分配状况，形成公平合理分配格局，既需要转变经济发展方式，还必须矫正要素价格扭曲，完善要素价格市场形成机制。尤其是在劳动力市场不断完善的情况下，资本市场的改革已经成为形成公平合理国民收入分配格局的关键。

（梁　华）

【劳动力市场与中国宏观经济周期：兼谈奥肯定律在中国】

卢　锋　刘晓光　姜志霄　张杰平

《中国社会科学》2015 年第 12 期

20 千字

“奥肯定律”作为现代宏观经济学的一个标准模型，其实质内容是分析一国宏观经济周期与劳动力市场变动之间的联系，进而揭示一国失业率和实际产出之间稳定的负向关系。近年来，中国经济面临增速放缓的下行压力，然而登记和调查失业率均未出现显著上升，中国 GDP 增长率与官方失业率数据之间，并不存在标准奥肯定律所描述的显著反向关系，这也凸显了奥肯定律在中国的“水土不服”。那么，出现这一现象的根源何在？中国奥肯关系的真实形式又是什么？探究“奥肯定律中国不适”之谜，可以寻找适用于不同发展阶段经济体劳动力市场与宏观波动之间更为一般性的联系方式。

基于对中国宏观经济周期与劳动力市场转型关系的经验观察，提出适用于分析中国转型情况的广义奥肯定律。广义奥肯定律的基本思想是，一国劳动力市场与宏观波动的关联方式，不仅取决于标准模型强调的失业率指标，还受制于不同国家所处的发展阶段，以及农业劳动力转移对经济增长贡献的相对重要性。仅包含失业率变量的标准奥肯模型，适用于已完成劳动力转移的发达国家。适用于更多转型经济体的广义奥肯定律，还应将农业劳动力转移作为关键结构变量，因而可以把标准模型看作广义奥肯定律的特例。利用中国和跨国面板数据的分析发现，对于不同发展阶段的国家，失业率变动和农业劳动力转移都是联系宏观经济周期与劳动力市场的重要变量。就基于中国国情的奥肯关系而言，农业劳动力转移相对其长期趋势的短期变动与宏观经济周期涨落存在显著联系。研究表明，广义奥肯定律有关理论假说以及来自中国的实证分析，不仅解决了采用标准奥肯定律模型难以发现宏观经济周期与劳动力市场变动之间联系的困惑，还超越了标准模型基本假设的限制，加深对现代经济环境下某些宏观经济变量关系的规律性认识。当前我国正处于经济增速放缓阶段，就业政策除了重视失业率指标，还应关注广义奥肯定律所强调的农业劳动力转移与城镇新增就业等数量指标的变动情况，加大对农业劳动力转移的支持力度，并通过实施鼓励创业和促进就业的政策，保证经济社会平稳健康发展。

（梁　华）

【发展混合所有制经济是建设社会主义市场经济的根本性制度创新】

刘　伟

《经济理论与经济管理》2015 年第 1 期

15 千字

积极发展国有资本、集体资本、非公有资本等交叉持股、相互融合的混合所有制经济，是在新的历史起点上全面深化改革，推进社会主义市场经济体制建设及完善的根本性制度创新，既是社会主义基本经济制度的重要实现形式，也是协调和厘清政府与市场相互关系的重要微观制度基础，更是使市场在资源配置方面切实能够起决定性作用的关键环节。现阶段，混合所有制经济的改革和发展重点集中在企业所有制的混合方面，特别是集中在国有独资或控股的大型和特大型企业的产权结构的再混合上。

对国有企业进行混合所有制改革的根本发展目标是为企业提升市场竞争性盈利最大化创造制度基础，选择进行混合所有制改革的范围应以是否能够、是否需要由以往国有企业目标转换到市场盈利目标作为界定原则。首先，无论是央企还是地方国企，只要举办的目的首先是盈利最大化而不是全社会发展和国家总体根本目标为首要，并且所处领域并非“天然”亏损领域，那么就可以考虑进行混合所有制改造。其次，原则上在竞争性或并不是自然垄断性质的领域均可以考虑进行混合所有制经济改革，无论企业本身的规模是大还是小，只要所处的领域是竞争性的即可，其中的国有企业便可以考虑进行混合所有制改革及非国有化改造。

对国有企业进行混合所有制改革的体制目标是适应发展目标要求的，在于使企业在制度和机制上能够适应市场竞争的要求，满足市场经济竞争规则对于企业制度，尤其是对于企业所有制的基本要求。第一，企业在所有制及产权制度上必须具有纯粹的经济性质，而不具有超经济性质。对国有企业进行混合所有制经济改革，必须在产权制度上使之具有纯粹的经济性质，国有不能独资也不能占绝对控股的地位。第二，企业之间产权界区，即所有制上的排他性必须严格。如果以混合所有制的形式，但本质上构成的是资本私有制企业，并以此作为微观基础适应市场机制运行，那就不是制度创新。第三，混合所有制企业内部不同产权和要素所有者之间结合为同一企业的过程，本质上也是一种形式的市场交易过程。因此，混合所有制企业要适应市场竞争机制的要求，其内部的产权结构必须严格界定。

对国有大型和特大型企业进行混合所有制改革，一方面不能从根本上动摇社会主义初级阶段公有制为主体、多种所有制经济长期共同发展的基本制度，只能进一步巩固发展这一制度，使之成为这一基本制度的有效实现形式；另一方面，必须以此保障企业在所有制和产权结构上适应市场经济对于企业制度的基本要求，既保证企业所有权单纯的经济性质，摆脱各种超经济强制，包括政企不分的行政强制，使之可能首先接受市场经济规则约束，又有明确的排他性的产权界区，包括企业之间以及企业内部不同要素所有者之间的权、责、利的界定。社会主义市场经济制度创新的根本正在于此。

（张雨潇）

【产业结构变迁、劳动力市场扭曲与中国劳动生产率增长放缓】

杨天宇　姜秀芳

《经济理论与经济管理》2015 年第 4 期

18 千字

自 2007 年以来，中国的劳动生产率呈现出增长放缓的趋势。与此同时，中国的产业结构也处于急剧变迁的过程中。第一、二、三产业的就业份额和劳动生产率都出现了此消彼长的变化，其中第三产业就业份额最高、上升最快，但同时劳动生产率增长率却最低。这就引出了以下问题：第三产业是不是导致中国劳动生产率增长放缓的原因？在第三产业就业比重不断提高的情况下，如何更有效地刺激中国经济增长？回答上述问题对中国长期经济增长有重要的现实意义，因为第三产业就业比重上升是中国产业结构升级的方向，如果该现象同时又导致了中国劳动生产率增长放缓的话，那就意味着我国经济增长和宏观调控政策的方向、重点需要进行调整。

该文试图在前人研究的基础上，通过数量分析回答上述两个问题。该文建立了一个包含部门效率差异的三部门一般均衡模型，以此来估计中国劳动生产率增长放缓的原因。考虑到中国城乡之间存在着因各种约束（如户籍制度、社会保障制度等）造成的劳动力流动壁垒，故随将劳动力市场扭曲引入模型中。模型同时考虑了两种驱动劳动力转移的力量：一是非位似偏好导致的收入效应；二是部门生产率差异导致的替代效应。在模型中，假定劳动力在部门间的再配置内生于各部门的劳动生产率增长，运用校准方法和数值模拟技术，发现此模型可以较好地拟合中国产业结构变迁和劳动生产率增长的特征事实。利用该模型证明：首先，中国第三产业劳动生产率低速增长是导致总劳动生产率增长放缓的最重要原因，而第二产业虽然面临政府调控的压力，但与第三产业相比，其对劳动生产率增长的拖累作用相对较小。其次，第一产业劳动生产率加速增长以及劳动力市场扭曲程度的下降，都起到了遏制劳动生产率增长放缓的作用。估计结果，如果其他因素保持在2007年水平不变，只有第一产业生产率增长率和劳动力市场扭曲取实际值，则2007—2012年中国劳动生产率仍然能保持高速增长。这些结果意味着，劳动生产率的增长放缓在很大程度上是产业结构变迁带来的。因此，要在结构变迁的背景下刺激中国的劳动生产率增长，也需要采取有针对性的结构性政策。政府可以通过放松服务业进入规制和消除劳动力市场扭曲来提高总劳动生产率的增长率。

（张雨潇）

【“层层加码”与官员激励】

周黎安　刘　冲　厉　行　翁　翕

《世界经济文汇》2015年第1期

15千字

地区竞争是中国过去30年取得高速经济增长的重要因素。引起中国地区之间激烈竞争的原因是财政分权引发的财税竞争和官员的官场竞争（Maskin et al.，2000；Blanchard和Shleifer，2001；周黎安，2004；Li和Zhou，2005；周黎安等，2005；张军，2005）。周黎安（2007，2008）指出政治锦标赛的一个显著特征是官员的激励效应的逐级放大，即所谓的“层层加码”，比如当一个经济增长目标经中央政府提出后，它会沿着地方政府的层级而逐级加码和放大。

该文对中央、省区、市、县多层级之间围绕经济增长目标的“层层加码”现象进行了系统的研究。以各级政府经济发展的五年计划和年度计划为例，利用大量数据揭示了经济增长指标从中央到基层政府的“层层加码”的普遍现象。出现这种层层加码现象的根源在于中国“层层分包”的行政体制和多层级同时进行的官员晋升锦标赛（周黎安，2004，2007，2008）。基于这一理论，结合官员特征和晋升的情况，我们得出一些可检验的假说。

通过官员数据的回归发现，在控制了地区的基本经济特征和官员特征之后，目标增长率的高低与官员的年龄和任期有着显著关系，相对年轻的官员更可能提出更高的增长目标，而任期与目标增长率之间存在一个倒U形关系，在接近离职时达到最高值。这些经验现象和证据表明，在政治锦标赛的模式下，经济发展规划实际上发挥了以增长为竞争指标激励官员的作用；层层加码也使得中国经济运行面临一系列的深层次问题，如过于注重粗放型增长、经济波动性过大、经济数据作假，等等。该文还讨论了“层层加码”现象在中国多层级行政体制中的广泛性以及与中国经济运行的一些重要特征的内在联系。

（李　婷）

【国际经济周期错配、供给侧改革与中国经济中高速增长】

汪红驹　汪　川

《财贸经济》2016年第2期

25 千字

该文主要观点如下：2015 年国际经济周期错配继续演化，具体表现在不同国家经济增长和物价走势分化，以及由此产生的货币政策冲突加重。全球经济走势分化以及全球货币政策的分化加大了国际金融市场波动性，新兴市场国家面临资本流出、汇率贬值的严峻挑战，中国也需警惕国际经济周期错配引发的潜在压力。2015 年中国经济步入“新常态”，通过灵活运用货币金融政策，成功抵御金融风险，财政政策加力增效，经济增长平稳减速，生产部门物价低迷，经济结构不断优化，创新创业提供增长新动力。2016 年是“十三五”开局之年，认识新常态、适应新常态、引领新常态，是当前和今后一个时期我国经济发展的大逻辑。

要加快供给侧改革，保持经济中高速增长。第一，十八届五中全会发布的“十三五”规划建议，首次提出了“创新、协调、绿色、开放、共享”的五大发展理念，为经济转型和供给侧改革提供了理论基础。在五大理念的指引下，政府将在区域、产业、国企、财税、金融、民生等领域推出一批力度大、接地气的改革方案，促进经济转型。第二，“稳中求进”。“稳”就是要继续保持经济中高速增长，确保经济运行在合理区间；“进”就是要通过供给侧改革，创造新供给和新需求，促进经济转型升级，使产业发展迈向中高端水平。第三，“五大任务”即去产能、去库存、去杠杆、降成本、补短板，指明了周期性调整的工作重点。前四大任务直指经济下行阶段周期性调整的艰巨任务，补短板主要是补齐民生、产品、产业方面的短板，强化扶贫、产品和产业升级、农业等领域工作。第四，财政政策加力，发挥托底作用。一是“适当增加必要的财政支出和政府投资”，这意味着财政支出会继续保持较快增长，但力度超出想象的可能性较低；二是“实行减税政策”，而减税属于供给侧改革的措施，着重于降低企业成本和提高企业运营效率；三是“阶段性提高财政赤字率”。第五，货币政策稳健偏向宽松，确保金融市场稳定运行。一是社会总需求仍然偏弱，要在需求侧保持一定的刺激力度；二是配合供给侧改革，为实体经济提供适宜的流动性，降低实体经济融资成本；三是配合结构性财政政策，为各项财政专项债券、地方政府债务、国债发行提供有力的利率环境，同时降低存量债务的压力；四是美联储加息后为应对资本外流，人民币温和贬值；五是在外汇储备和外汇占款规模下降的条件下，创新货币供应新渠道。

（王朝阳　董　萍）

【人口年龄结构转变对经济增长的影响研究】

赵　文　朱旭阳

《城市与环境研究》2016 年第 1 期

18 千字

经济持续增长问题一直为人们所关心，人口因素在斯密的分工论、马尔萨斯的陷阱论和索洛的稳态增长论中都扮演了重要角色，在最近 20 年的宏观经济研究中越来越受到重视。人口年龄结构转变对经济增长的影响既体现在资本要素，也体现在劳动要素，还体现在全要素生产率：第一，人口抚养比下降有利于国民经济保持较高的储蓄率，为资本积累提供了条件；第二，劳动年龄人口持续增长带来了充足的劳动力供给和低成本优势；第三，二元经济结构时期累积的农业剩余劳动力不断转移出来，创造了劳动重新配置效率，成为全要素生产率的来源；第四，其他因人口年龄结构转变的影响，如年轻人更具有创造性，从而推动技术进步。

包括人口年龄结构转变在内的诸多因素都影响了经济增长，评价其对经济增长的影响程度，需要一个包含这些因素的统一研究框架。该文将人口抚养比引入柯布—道格拉斯生产函数，以包括东亚在内的12个经济体为例，从资本平均生产率和雇员工薪水平两个方面论证人口年龄结构转变对经济增长的影响。结果表明，人口年轻化助推了经济增长，但和资本积累、技术进步相比贡献很小。除经济危机等特殊时期，人口因素对经济增长的贡献大多在7%左右，对经济增长的拖累也大多不超过7%。人口年龄结构是难以人为改变趋势的长期变量，国际上应对人口结构变化主要采用两种方式，一是市场自发的工资调整，二是通过再分配调整。在老人和子女各自为家、倾向于通过社会养老而不是家庭养老的社会，往往再分配力度较大，社会保障偏向公平而不是效率。这样的经济体在人口老龄化后，由于劳动报酬水平难以对社会养老需求作出反应，就业率和劳动参与率都难以相应提高。反之，社会保障和就业挂钩，工资水平更容易调节，从而偏向效率。人口老龄化固然会拉低经济稳态增长率，但只要应对适当，仍然可以保持应有的经济增长。在初次分配和再分配之间取得代际平衡，完善劳动力市场机制，尤其是工资调整机制，能够提高就业率和劳动参与率，并最大限度提高经济增长率。

（庄　立）

【政策不确定性对企业投资的异质性影响】

吴一平　尹　华

《经济管理》2016年第5期

15千字

该文主要观点如下：政府官员的更替会带来政策不确定性，新上任的领导人会对经济政策作出重要变动。因此，在领导人更替的时期，经济政策处于高度不确定状态。不确定的经济政策会对微观企业行为产生重要影响。如何准确评估和认识政策不确定性对企业投资行为的影响，是国内外经济学界近年来一直关注的问题。中国作为世界上最大的转型经济体为研究提供了很好的案例。在转型国家，政府所制定的各项政策对企业行为影响的重要性已经被文献所证实。既然政府政策如此重要，那么政策不确定性如何影响企业行为呢？对于转型国家而言，由于缺乏完善的产权保护制度，中央政府换届时期的政策具有高度不确定性，面临上述不确定性时，企业往往会放缓扩张步伐比如降低投资规模。但是，在法律等正式制度缺失的情况下，企业会通过与政府建立密切的政企关系以抵御政策不确定所产生的风险。基于中国目前的具体情况，企业投资行为、政策不确定性和政企关系之间是否存在密切关系？这都亟待深入研究。

已有的研究成果似乎显示我国目前政策不确定性与企业投资行为之间存在相关性，但这些结果并不是建立在非常严谨的计量分析基础上的，所以其结论是否具有“普适性”，还需要进一步的检验。针对以上问题，利用世界银行和中国政府共同完成的2005年中国投资环境调查数据，采用计量经济学方法，对上述问题进行检验分析，得出以下基本结论。第一，随着以中央政府换届度量的政策不确定性程度上升，企业投资显著下降。这个结论在一定意义上说明目前文献中关于政策不确定性与企业投资行为的负相关性结论是成立的。第二，仅对于非国有、总经理为非政府任命、非生产性支出相对较少的企业，政策不确定性对于企业投资才具有显著负面影响。这说明了政企关系强的企业可以通过与政府保持良好关系获得产权保护，增强抵御政策不确定性所产生的风险能力，因而其投资行为不易受政策不确定性的影响。以上计量经济研究的结果证实了政企关系在相当大程度上影响了企业行为，因此，通过制度改革弱化政企关系的影响是未来经济改革的重要方向。

（吴一平）

【认识中国经济减速的供给侧视角】

蔡　昉

《经济学动态》2016 年第 4 期

17 千字

该文主要观点如下：经济增长减速已经成为全球性经济现象，但不同经济体增长减速的具体原因和表现形式却存在明显差异，因此，需要用不同的甚至是截然相反的角度去剖析经济增长加速的本质，进而才能提出正确、有效的政策应对减速。

虽然，中国经济减速在时间上契合了国际金融危机后世界经济整体下行的大背景，但与其他国家相比有着本质的不同：首先，处在不同发展阶段的国家具有不同的增长源泉和潜力，增长速度也自然会表现出巨大差异；其次，中国经济增长率依然高于相同发展阶段的国家，即使与低收入国家相比也高出很多；再次，中国经济增长减速是中国已进入中等偏上收入国家向高收入国家过渡通道的标志。而且，在经济减速的同时，三次产业之间特别是第二产业和第三产业之间增长关系更加符合发展规律；地区之间特别是东中西三类地区之间的增长趋于更加平衡。

需要指出的是，两种分析经济增速下滑的惯性思维容易对中国经济增长减速产生误解：其一，是从经济周期角度解释。该理论忽视了潜在经济增长率变化所反映的发展的阶段性因素，目前经济增长率的下降正是向潜在经济增长率靠近的表现，因此，以周期为立足点的刺激性宏观经济政策势必不能将中国经济拖出下滑通道。其二，是用“回归均值”解释中国经济减速。随着人均收入水平的提高、趋同空间的缩小，经济增长速度减慢是符合一般规律的。但必须认识到，中国经济发展除了符合一般规律，也还有更多不容忽视的独特因素。而且，即使出现减速，目前中国经济增长速度在世界经济中也是处于较高的。

必须摆脱这两种思维的束缚，从供给侧角度考量导致中国经济减速的因素。这些因素包括：劳动力持续严重短缺导致工资增长超过劳动生产率，使单位劳动成本迅速显著上升；新成长劳动力逐年减少，导致劳动者的人力资本改善速度下降；资本报酬递减规律开始发挥作用，投资回报率显著下降；资源重新配置空间缩小，全要素生产率提高的速度相应减慢。

正确认识中国经济减速的原因，并成功应对，不仅关乎中国能否跨越“中等收入陷阱”，实现全面建成小康社会目标，也影响世界经济信息和走向。因此，稳定中国经济增长速度应该从供给侧发力，着眼于提高潜在增长率：一方面保持传统增长动力，即挖掘生产要素特别是劳动力供给潜力，延长人口红利的作用区间。另一方面，推进供给侧结构性改革，启动新的增长动力，即加大人力资本积累的力度并提高全要素生产率增长率及其对经济增长的贡献。具体来看：第一，提高劳动者在高生产率部门的参与率；第二，通过调整生育政策并提高公共服务体系覆盖率，提高总和生育率，均衡未来的人口年龄结构；第三，通过改善教育、培训的数量和质量，保持人力资本积累速度；第四，通过科学经济创新保持经济增长的持续性，同时清楚体制性障碍释放资源重新配置效率的空间，提高全要素生产率。

（杨新铭）

【狭义地解释资本雇佣劳动的经济学说】

左大培

《经济学动态》2016 年第 10 期

20 千字

该文主要观点如下：所谓“狭义的资本雇佣劳动的企业”是指企业法律上的所

有者——最高领导者是该企业使用的资金的供给者，而劳动者因未向企业投入自己的资金，处于受雇佣、被统治的地位。狭义的解释资本雇佣劳动的学说所强调的原因：一个是劳动者没有足够的财产向其所在的企业投资；另一个是劳动者虽然有可以用于投资的财产，但是为规避风险而不向其所在的企业投资。基于这两种原因，劳动者就会受雇于狭义的资本雇佣劳动的企业。

然而，与对有财产的劳动者为什么不向所工作企业出资的解释相比，当代的主流经济学界更关心在一个劳动者集体管理的企业中工作的劳动者为什么不向所工作的企业出资。这是因为，由企业集体持有的资产不是作为个人所有者的财产来交易，会损害劳动者管理的企业中对劳动者投资的激励。虽然，保证劳动者得到投资的恰当回报可以解决这一问题，但由于缺乏跨劳动者的代际承诺且折旧和恰当的风险升水难以解决，使得这种方法并不可行。另外，记录每个劳动者在企业中的投资，并在有要求或在劳动者离开企业（包括退休）时，连带利息一起偿还投资可以解决劳动者管理的企业在投资上的无效率，但这种方法不能解决这类企业在劳动配置上的无效率。这就使问题转向了另一面，即劳动者管理的企业能否由所属的劳动者们管理。如果不能由劳动者集体管理企业，就只能实行资本雇佣劳动。显然，劳动者集体管理的企业存在集体选择的困难，原因在于劳动者的技能异质性和利益异质性大于资本所有者，结果是相比于资本雇佣劳动的企业，劳动者集体管理企业行使控制权的成本更高或者说决策过程的不一致性更强，从而损害企业效率。此外，缺乏劳动者管理的企业成员资格的市场，与集体选择困难一样，也是资本雇佣劳动的原因。允许劳动者们通过可交易的成员资格权将他们在劳动者所有的企业中的成员资格的价值资本化可以克服劳动者集体管理的企业的许多弊病，因此，如果缺乏这样的成员资格市场，就难以建立和有效率地经营劳动者集体管理的企业。

然而，以劳动者集体管理的企业中集体选择的困难来解释资本雇佣劳动，并不能对资本雇佣劳动作出根本性的解释。因为，如果企业可以全债务筹资，集体选择的困难就根本无法解释资本雇佣劳动的企业的统治地位。同样，缺乏劳动者管理的企业成员资格的市场也不能对资本雇佣劳动作出根本性的解释。因为，如果企业可以全债务筹资，缺乏劳动者管理的企业成员资格的市场就根本无法解释资本雇佣劳动的企业的统治地位。因此，无论是集体选择困难，还是缺乏劳动者管理的企业成员资格的市场都只是对资本雇佣劳动的一种狭义的解释。

（杨新铭）

【中国特色开放型经济理论研究纲要】

裴长洪

《经济研究》2016 年第 4 期

27 千字

在我国对外开放的长期实践中，中国共产党提出并创立了“开放型经济”理论，成为中国特色社会主义政治经济学的有机组成部分。它遗传了马克思主义优化培育的基因，深深扎根于我国亿万人民的对外开放的伟大实践，经过广大理论工作者的辛勤浇灌，已经成长为参天大树。它创新了马克思主义世界市场理论和国际分工理论，创新了毛泽东三个世界划分的理论，成为中国改革开放 35 年的基本实践和基本经验的理论总结。它的理论框架包括，完善互利共赢、多元平衡、安全高效的开放型经济体系；构建开放型经济新体制；培育参与和引领国际经济合作竞争新优势；完善对外开放战略布局；积极参与全球经济治理和公共产品供给。体现了我们党的价值观和追求目标作为纲要，该文只是提出了理论的基本架构，尚有大量内容需要研究和充实。在建设和发展中国特色开放型经济理论中，我们能够从西方国际经济学知识体系中借鉴的内容并不多，可以直接为我所用的更少，因此中国经济学者应当有这样的使命感和自信心，我们必须走自己的路，创造中国自己的学术体系和理论范式。但是，中国经济学研究在西方经济学学术体系的强烈影响之下，要想走出一条反映中国特色社会主义经济发展规律的、中国风格和中国气派的理论发展道路，确实任重道远。

中国特色开放型经济理论，作为一个成熟的理性思维，其基本要件是：总结了我国35年对外开放的基本实践和基本经验，揭示了事物发展的客观规律；提出了我们党的价值观和追求目标；规划了未来的行动纲领。35年我国对外开放的基本实践是，不断改革不适应对外开放发展的对外经济贸易体制，全方位、宽领域、多层次努力扩大各种形式的对外经济贸易联系；顺应经济全球化发展趋势，在深度融入世界经济中发展壮大自己，并接受、适应和引领国际经济规则。我们的基本经验是，坚持独立自主、自力更生的方针，又要善于利用两个市场和两种资源；在改革和开放的相互促进中统筹国内国际两个大局；在实施开放战略的行动部署中坚持两种思维，既抓住和利用机遇，又有防范风险和安全意识。我们揭示的客观规律是：经济全球化是资本主义生产方式和世界经济发展的新的历史阶段，我国对外开放和参与经济全球化、必然使我国深度融入世界经济并参与未来开放型世界经济体系的构建，必将促进国际经济秩序朝着平等公正、合作共赢的方向发展，迈向更高层次开放型经济。

（金成武）

【增长跨越—经济结构服务化—知识过程和效率模式重塑】

袁富华 张 平 刘霞辉 楠 玉

《经济研究》2016年第10期

24千字

对于后发国家大规模工业化之后的经济发展，该文认为，城市化和经济结构服务化阶段，是增长能否持续和追赶能否成功的分化阶段。对于像中国这样的转型国家而言，增长可能是非连续的，面临着有待艰苦跨越的知识要素积累门槛。增长非连续意味着原有工业化经验在经济结构服务化阶段失灵，并因此成为增长分化和增长不确定性的来源。经济转型面临着以下三方面的不确定性：（1）宏观层面上，一改大规模工业化时期工业主导效率提升的清晰增长路径，服务业主导的增长容易发生工业/服务业协调失灵，其表现是随着城市化率的上升，工业比重下降的同时伴随着工业的萧条，工业化技术—效率升级道路阻滞。由此，长期效率改进被替换为短期随机波动。（2）产业层面上，服务业比重持续升高，但以知识过程为核心的服务生产化、服务要素化——改善要素配置和要素质量的趋势——不能得到强化，导致服务业转型升级路径无法达成，服务业比重增加的同时伴随着人口漂移和鲍莫尔成本病，服务效率低下。（3）要素供给层面上，作为门槛跨越基石的人力资本—知识消费效率补偿环节缺失，知识生产配置和人力资本结构升级路径受阻。

城市化和经济结构服务化导致了国际经济更鲜明的分化或效率差异。该文的实证分析给出了三种情景：一是以OECD国家“高劳动生产率、高消费能力、高资本深化能力”为代表的高效率模式；二是拉美国家传统服务业和低层次消费结构主导的“走走停停”的不稳定低效率模式；三是日韩在大规模时期未雨绸缪提前15—20年积累高层次人力资本，进而跨越增长门槛的成功转型情景。国际经验对比表明：(1) 经济结构服务化是一种不同于工业化的全新效率模式，服务业比重和消费比重提高不是问题关键，最为根本的是基于知识和高层次（熟练工人和高等教育）人力资本要素积累的消费结构升级和服务业品质提升。(2) 问题不在于投资继续充当经济增长的动力，问题在于发展中国家是否具备资本深化能力，这个资本深化能力，连同消费能力——消费结构升级的促进能力，是实现经济成功追赶的两大动力。(3) 对于像中国这样的超大经济体来说，转型时期也是工业化过程的深化时期，在根本的内生效率机制缺失的情况下，不能盲目强调服务业的规模扩张。因此，中国转型时期也应当视为结构升级的缓冲时期，防止过早的拉美式的去工业化，避免增长震荡风险。

“高劳动生产率、高消费能力、高资本深化能力”这个稳定效率三角的建立，与服务生产化和服务业要素化趋势有关。服务业结构的升级，一方面强调服务业的发展应该注重有利于效率改进的教育、研发、知识、信息、产权等部门的杠杆作用，这些以“知识要素生产知识要素”的部门，是经济结构服务化的主线；另一方面，该文也强调消费的效率动态补偿这一命题。“消费结构升级→人力资本提升和知识创新→效率提升→消费结构升级”这个动态循环至关重要，它是创新和分工深化的基础。

（金成武）

【经济增长差异、生命周期假说和“配置之谜”】

姚　洋　邹静娴

《经济研究》2016 年第 3 期

24 千字

传统的宏观经济理论表明，当一国由于全要素生产率永久性提高而加速增长时，该国倾向于吸引更多的国外资本。但实证结果表明，上述结论只局限于发达国家。对于发展中国家，一国的经济增长率与经常账户余额/GDP 之间常常表现为正相关关系。传统理论无法解释这种“配置之谜”。

该文基于生命周期假说给出了“配置之谜”的一个理论解释，同时在实证上予以证明。在两期 OLG 模型里证明对于任意两个国家，长期增长率更高的国家倾向于有更高的经常账户余额。为了解释发达国家对这个结论的偏离引入了两个因素，即金融市场效率和贸易伙伴国的平均增长率，证明金融越发达的国家或贸易伙伴国增长率越快的国家越有可能产生经常账户赤字。基于 116 个国家 1980—2011 年的数据所做的实证研究表明，无论控制这两个因素与否，在全样本中增长率的提高都会增加一国拥有较高经常账户余额的可能性。在发达国家样本中，这个正向关系只有在控制贸易伙伴国平均增长率的情况下才成立。这说明，发达国家和各自贸易伙伴国之间在增长率方面的差异对于理解发达国家之间的经常账户失衡情况十分必要。

该文之所以会得出与 Gourinchas 和 Jeanne（2013）截然不同的理论预测，很有可能是因为两者不同的模型设定：该文采用的是世代交叠模型，而后者依赖于永久性家户假设。在永久性家户模型中，代表性家户能够准确预测未来将要发生的各种情况，它在其一生的预算约束与整个国家的跨期预算约束重合，因此，模型对于家户的“理性”要求很高。在世代交叠模型中，每一期家户的存活时间有限，因此个人无须考虑国家层面的跨期约束，因而模型对家户的“理性”要求较低。现实情况可能是介于两类模型描述的情形之间。然而，需要强调的是，我们的世代交叠模型除明确给出了增长率较高的国家倾向于输出资本的结论之外，还表明，增长率和经常账户之间在发展中国家当中比在发达国家当中更可能呈现线性的正相关关系，这个结论和 Gourinchas 和 Jeanne（2013）以及 Prasad et al.（2007）的发现是一致的。

（金成武）

【开拓当代中国马克思主义政治经济学的新境界】

顾海良

《经济研究》2016 年第 1 期

12 千字

2014 年 7 月，习近平在主持召开经济形势专家座谈会时指出：“各级党委和政府要学好用好政治经济学，自觉认识和更好遵循经济发展规律，不断提高推进改革开放、领导经济社会发展、提高经济社会发展质量和效益的能力和水平。”2015 年 11 月，在主持以“马克思主义政治经济学基本原理与方法论”为主题的中共中央政治局第二十八次集体学习时，习近平强调：“要立足我国国情和我国发展实践，揭示新特点新规律，提炼和总结我国经济发展实践的规律性成果，把实践经验上升为系统化的经济学说，不断开拓当代中国马克思主义政治经济学新境界。”从“学好用好政治经济学”到发展“系统化的经济学说”，体现了习近平关于马克思主义政治经济学是坚持和发展马克思主义“必修课”，要为马克思主义政治经济学新发展贡献“中国智慧”的思想，也体现了对当代中国马克思主义政治经济学发展提出的新的要求和任务。

当代中国马克思主义政治经济学是马克思主义政治经济学基本原理与中国具体实际相结合的结果。马克思主义政治经济学基本原理，在当代中国的运用中发生着两个方面的重要变化：一是如何科学对待的问题；二是如何丰富发展的问题。当代中国马克思主义政治经济学立足于我国国情和社会主义经济改革的实践，是对这一实践中积累的经验和理性认识的升华，也是在对马克思主义政治经济学基本原理更为宽广视域的研究和运用中，对马克思主义政治经济学时代特色的彰显。改革开放的经济实践是当代中国马克思主义政治经济学的事实依据。

当代中国马克思主义政治经济学形成了诸如社会主义初级阶段、社会主义主要矛盾、经济体制改革、社会主义本质、“三个有利于”、家庭联产承包责任制、先富和共富、社会主义市场经济、国有经济、民营经济、小康社会、新常态、发展理念、对外开放等属于原创性的“术语的革命”，还有更多地属于批判继承性的“术语的革命”。这些自然成为中国政治经济学“系统化的经济学说”的“崭新的因素”，成为当代马克思主义政治经济学中国话语和学术范式的显著标识。

当代中国马克思主义政治经济学既重于吸收和借鉴各种经济学理论的精华之处；又善于摒弃和批判其糟粕之处，在发展中逐渐形成交流、交融、交锋等多种对待方式。当代中国马克思主义政治经济学在决胜全面建成小康社会的经济发展进程中，有着多方面的新发展，蕴藏着“系统化的经济学说”创新的难得的历史机遇。党的十八大以来，按照贯彻实施“四个全面”战略布局的要求，以实现全面建成小康社会为战略目标，在理解和把握当代中国经济关系的趋势性变化和阶段性特征、理解和把握当代国际经济关系变化的特点和趋向中，驾驭新常态经济，继续保持经济持续平稳发展，使中国政治经济学的“系统化的经济学说”得到新的发展。创新、协调、绿色、开放、共享的新发展理念是对新中国成立以来特别是改革开放以来中国政治经济学的理论总结，是对“实现怎么样的发展、怎样发展”这一重大战略问题的新的回答，是全面建成小康社会进程中获得的感性认识的升华。

（金成武）

【以创新的理论构建中国特色社会主义政治经济学的理论体系】

洪银兴

《经济研究》2016 年第 4 期

16 千字

中国特色社会主义政治经济学是马克思主义政治经济学中国化和时代化的成果，是基于中国特色社会主义经济建设的实践提炼和概括的系统化的经济学说。其在阶段性上的学科定位是：在生产关系上属于社会主义初级阶段的政治经济学，在生产力上属于中等收入发展阶段的政治经济学。正因为如此，它保持了在经济学中的主流地位，并且保持了对中国改革和发展的指导思想的理论基础地位。

中国特色社会主义政治经济学的对象扩展到生产力，其任务是建立关于解放、发展和保护生产力的系统性经济学说。对发展和保护生产力的研究可以归结为经济发展理论研究。中国特色社会主义政治经济学对经济发展作出了重大理论贡献。其中包括：中国特色社会主义现代化理论，经济发展方式及其转变理论，科学技术是第一生产力理论，新型工业化和城镇化理论，用好国际国内两个市场、两种资源的开放理论，等等。在经济新常态下，需要寻求发展生产力的新动力，中国特色社会主义政治经济学指出了以下两个新动力。一是创新的驱动力。二是消费的拉动力。在此基础上形成的经济发展的新理念是对我们推动经济发展实践的理论总结。

基本经济制度和基本收入制度是社会经济制度的基本方面。这方面的系统性经济学说构成中国特色社会主义政治经济学的核心内容。中国的市场化改革推动了政治经济学的研究扩展到经济运行领域。基本经济制度的改革和完善，解决了既能充分释放多种非公有制经济活力，又能坚持公有制的主体地位的重大理论和实践问题，是中国特色社会主义政治经济学取得的重大成果。中国特色社会主义政治经济学的经济制度分析的任务，虽然也要分析和界定各种所有制经济的性质，但是着眼点不是不同所有制之间的斗争，而是服从于建设新社会的使命，寻求不同所有制经济平等竞争合作发展的有效路径，寻求劳动、知识、技术、管理和资本等各种要素的所有者各尽其能，各得其所，和谐相处的路径。目的是要使一切创造社会财富的源泉充分涌流，以造福于人民。

中国的市场化改革推动了政治经济学的研究扩展到经济运行领域。社会主义市场经济理论的确立和演进，反映中国特色社会主义政治经济学的理论进展。十八届三中全会明确市场决定资源配置并要求更好发挥政府作用，是社会主义市场经济理论的新突破。

对供求关系转向需求侧和供给侧的体制及相应的改革分析，开拓了中国特色社会主义政治经济学研究的新空间。从体制及改革的角度分别研究需求侧和供给侧的运行效率，反映中国关于经济运行理论研究的深入，将其成果上升为系统化的经济学说，也是中国特色社会主义政治经济学重大进展。

中国特色社会主义经济建设的伟大实践取得了成功，同时经济制度、经济运行和经济发展等领域也形成一系列重大理论创新，将这些成功实践和创新理论系统化就构成中国特色社会主义政治经济学的理论体系。这个理论体系是动态的。中国特色社会主义事业在发展中，新的实践及创新的理论会不断丰富这个理论体系。

（金成武）

【在马克思主义与中国实践结合中发展中国特色社会主义政治经济学】

刘　伟

《经济研究》2016 年第 5 期

16 千字

坚持运用马克思主义政治经济学原理指导中国社会主义经济发展，坚持在中国特色社会主义经济实践中发展当代马克思主义政治经济学，这是建设中国特色社会主义政治经济学的基本出发点。

无论是处在历史上升时期的资产阶级政治经济学，还是代表无产阶级根本利益的马克思主义政治经济学，都是以社会生产关系及其运动作为考察对象，都是为自己所代表的阶级利益及所要求的社会生产方式争辩的，这是政治经济学的根本属性和特征。社会主义政治经济学是研究社会主义生产方式发展运动规律的学说。

中国特色社会主义事业正处在艰苦探索和努力创新的历史进程中，因而特别需要政治经济学的指导；中国特色社会主义的伟大实践，不仅对社会主义政治经济学提出了强烈的需求，而且创造着理论自信。我国经济学理论上的自信真正开始确立源于改革开放的伟大历史实践。改革开放的伟大实践对经济学理论提出了深刻的挑战，也提出了历史性的要求。在回答这一系列的挑战和要求的探索中，政治经济学在中国获得了极大的进展，对中国的实践产生着重要的影响。中国社会主义经济发展前所未有的成就，也支持着中国特色社会主义政治经济学不断深入探索的理论自信。当然，中国特色社会主义事业建设不断产生的矛盾和问题，更形成对经济学的巨大的历史需求，推动其不断发展，对这一系列矛盾和问题回答正确与否，也就成为检验中国特色社会主义政治经济学发展的根本尺度。

中国特色社会主义政治经济学的历史观在于坚持解放和发展生产力的历史唯物主义原则；中国特色社会主义政治经济学的核心命题在于考察如何坚持社会主义市场经济改革方向；中国特色社会主义政治经济学的主要任务在于分析如何调动各方面积极性；中国特色社会主义政治经济学在现阶段的根本目的在于阐释如何防止陷入“中等收入陷阱”。

以习近平总书记为核心的党中央提出的新常态下的“五大发展理念”，是实现穿越“中等收入陷阱”，保持我国社会生产力可持续发展的关键，是关于中国发展实践对中国特色社会主义政治经济学的经济发展理论的重要贡献；而“四个全面”的贯彻则是实现新的发展理念的基本制度保障，是对中国发展实践经验的系统提升。中国社会主义经济发展需要中国特色社会主义政治经济学指导，中国特色社会主义经济实践为开拓当代中国马克思主义政治经济学创造新境界。

（金成武）

【从人口红利到改革红利：基于中国潜在增长率的模拟**】**

陆　旸　蔡　昉

《世界经济》2016 年第 1 期

15 千字

经济学理论通常认为，一个国家长期的经济增长主要依赖于全要素生产率的持续上升。很多学者认为全要素生产率的下降是拉美经济停滞的主要原因。然而，“人口红利”却讲述了另外一个“故事”——全要素生产率即使不再上升，特定经济发展阶段所呈现出的特殊人口结构也能促进经济增长。事实上，中国过去 30 年的持续高速增长，背后离不开人口红利的贡献。而“人口红利”也并非中国独有的现象。日本和韩国也都曾经历这样的阶段。然而，人口结构是随时变化的。2010 年之后，以劳动年龄人口减少和人口抚养比提高为特征的“人口红利”的消失，导致中国潜在增长率不断降低，对中国从“人口红利”向“制度红利”转变提出了严峻挑战。

该文从“人口红利”消失对潜在增长率的影响入手，进而模拟各种可能的改革措施对中国潜在增长率的影响，即“改革红利”。最终发现，中国的改革和经济增长率之间将是“促进”而非“替代”的关系。“改革红利”可以达到1—2个百分点。

在增长核算方程内，通过对制度因素的各种模拟，该文得到如下发现。第一，提高劳动参与率和全要素生产率都可以使潜在增长率上升，虽然对短期和长期产生不同的效应。劳动参与率产生的短期效应更强，而长期效应出现递减现象；相反，全要素生产率产生的增长效应呈现了单调递增的趋势。这说明，中国经济增长将越来越依赖全要素生产率的提高，而不是传统的要素投入，中国经济增长已经进入一个新的阶段。第二，与提高升学率所产生的递减的“增长效应”不同，通过培训增加人力资本，能够显著地提高潜在增长率。如果每个员工每工作10年就可以获得1年的培训和再深造机会，那么中国的潜在增长率将提高0.3个至0.4个百分点。第三，如果各项改革措施都能够发挥作用，那么综合的“改革红利”可以达到1—2个百分点。

当讨论中国改革问题时，一些观点认为中国的改革和经济增长率之间会是一个“权衡”（trade-off）的关系——要想推动改革则需要适当牺牲经济增长速度。然而，通过模拟发现，中国的改革和经济增长率之间将是“促进”而非“替代”的关系。改革也可以影响实际经济增长率，但是生产要素供给和TFP的提高面临着诸多制度障碍，通过改革清除这些障碍将有利于释放要素供给并提高生产效率，最终也能提高潜在增长率。因此，存在的制度性障碍越大、改革越彻底，对潜在增长率的正向影响就会越显著，这也就是所谓的“改革红利”。该文在增长核算方程的框架内，对各种体制改革可能产生的增长效应进行模拟，并比较其“短期”和“长期”效应，进而通过“改革红利”确定改革的优先序。最终回答，在“人口红利”消失后，中国如何才能从“人口红利”向“改革红利”转变以保证长期的可持续增长。

（陆　旸）

【从中国经济发展大历史和大逻辑认识新常态】

蔡　昉

《数量经济技术经济研究》2016年第8期

11千字

该文主要内容如下：自2014年习近平同志提出中国经济发展进入新常态以来，随着认识的深化和实践的发展，新常态理论不断完善和丰富，成为中国特色社会主义政治经济学发展的重要里程碑，对做好全面建成小康社会决胜阶段乃至更长时期的经济工作具有重要指导作用。中国经济发展进入的新常态，既不是一种中短周期波动表现，也不是任何已知的经济长周期现象，而是中国经济发展长期过程的一个新阶段，是中华民族伟大复兴途中一个重要的里程碑。从这个长期的、历史的大视角认识新常态，以其作为经济发展跨阶段的大逻辑引领新常态，需要从供给侧寻找经济增长减速的因素，找准结构性改革的关键领域，对改革推进的方式作出恰当选择，进而赢取改革红利。供给侧结构性改革的针对性和目标，就是通过消除生产要素供给能力和配置效率以及全要素生产率提高的体制性障碍，消除经济运行中不平衡、不协调和不可持续的因素，一方面挖掘传统增长动能的潜力，另一方面开启新的可持续增长动能。分别对户籍制度改革、教育和培训制度改革、延迟退休年龄、减轻企业税负的效果作出假设，即这些方面的改革对于劳动参与率、人力资本和全要素生产率可以产生的正面影响，借此，中国经济通过挖掘传统增长动能的潜力和开启新的增长源泉，就可以实现长期可持续的中高速增长，分别在 2020 年和 2050 年实现党的十八大确立的第一个和第二个“一百年目标”。

研究结合对中国经济发展正在形成的新阶段的研究，试述作者学习习近平总书记对新常态所作的一系列深刻阐述的体会。把中国经济发展正在经历的阶段性变化，分别置于三个视野中进行观察得出新时代经济发展规律。第一，从中国发展的长期历史过程看，新常态是中国发展由盛到衰再到盛的一个历史阶段，认识到这一点有助于我们保持应有的历史耐心和政策定力。第二，从中国经济发展的逻辑着眼认识新常态，进一步增强了转变发展方式和实现增长动能转换的紧迫性。第三，与世界经济呈现的“新平庸”不同，中国经济增长仍然具有巨大的潜力，可以通过供给侧结构性改革实现中高速增长。

（白延涛　焦云霞）

【质量型人口红利对中国未来经济影响评估】

李　钢　梁泳梅　沈可挺

《中国经济学人》2016 年第 1 期

5 千字

目前有不少学者认为中国经济潜在增长率要下台阶，但目前所看到的相关定量分析计算都没有考虑中国今后 10—20 年劳动力素质提升这一因素。数据显示，改革开放三十多年来中国劳动力的素质有了大幅提升。由于近年来中国教育大发展，可以想象今后 10—20 年退出劳动力市场的总体劳动力素质是较低的，而新进入劳动力市场的劳动力素质是较高的；这一进一出，将极大地提高中国劳动力的素质，进而能促进中国经济的增长，我们将这种由劳动力素质提升所带来的经济增长称为质量型的人口红利。从理论上分析，一方面劳动力素质提高将会导致技术进步，提高劳动生产率，从而促进产业升级；另一方面劳动力素质提高后必须要求更高的劳动报酬，促使劳动力成本上升，改变资本与劳动力的比价，从而促使企业采取资本密集型的技术，降低劳动力的使用，这会提高劳动生产率，最终也会表现为产业升级。该文采用 CGE 模型对劳动力素质提高与经济增长的关系进行模拟分析，研究的主要结论是：

（1）劳动力素质的提高将促进经济增长。劳动力素质提高一方面将促进技术进步，另一方面也是有成本的，进而会提高劳动力的工资。研究表明，劳动力素质的提高将会提高经济增长率，并且这种影响是长期的。CGE 模型运行的结果也表明，劳动力素质的提高会促进经济增长：从 2015 年到 2020 年每年提高经济增长率 2 个百分点左右，到 2020 年累计提高经济增长率 10%。

（2）劳动力素质的提高将提升全要素生产率，促进经济增长方式的转变。劳动力素质的提高对经济增长的促进作用是通过提高全要素生产率的方式进行的；也就是说劳动力素质的提高是通过内涵式的增长来实现经济增长，而不是简单地通过外延式扩大来促进经济增长。研究表明，劳动力素质每提高 1%，技术进步就会提高 0.638%。

（3）劳动力素质的提升将提高劳动者报酬在 GDP 中的份额，改变 GDP 分配过度向资本倾斜的局面。有研究发现，从 1990 年开始中国劳动者报酬占 GDP 的比例在不断下降，从 1990 年的 53.4% 降低到 2007 年的 39.74%，降低了 13.66 个百分点；同期企业营业余额占 GDP 的比重却从 21.9% 增加到 31.29%，增加了 9.39 个百分点。而美国等发达国家劳动力报酬占GDP的比例一般在50%以上。劳动者收入占GDP的比例过低，不仅不利于和谐社会的建设，也成为中国一些长期难以解决问题的根源。通过提高劳动力素质来促进经济增长，将会有利于提高劳动收入，从而改变GDP分配过度向资本倾斜的局面。

该文研究表明，考虑到劳动力素质的提升，不能轻言中国经济潜在增长率已经下台阶了，因为虽然中国传统的数量型人口红利在不断减弱，但质量型人口红利会不断增强；质量型的人口红利将进一步推进中国产业结构优化，实现中国产业国际竞争力从数量型向质量型、从粗放型向集约型的战略性转变。

（李　钢）

【中国基础设施建设与供给侧结构性改革】

李鹏飞

《中国经济学人》2016年第4期

10千字

改革开放以来，中国基础设施建设投资持续增长，交通运输、邮电通信、能源供给等基础设施状况大幅改善，为促进经济快速发展发挥了重要作用。同时，也要看到，在经济发展不同阶段，社会生产活动对基础设施的需求是不一样的。在农业生产占主导的传统社会，灌溉和防洪等水利设施，以及水运河道是最重要的基础设施；工业革命之后，规模化生产使得近现代社会对能源动力、交通运输的需求快速增长；信息通信技术革命以来，随着社会生产生活的数字化、信息化、智能化进程不断深化，宽带网络等互联网基础设施变得越来越重要。

2003年以来，中国基础设施建设进入全面快速发展阶段。基础设施投资总量持续增长，但与同期全社会固定资产投资相比，交通、能源、信息基础设施投资增速相对较慢。在基础设施投资构成中，交通运输基础设施投资占比最高，能源基础设施投资占比次之，信息通信基础设施投资占比最低，并且这种分化趋势在近几年变得越来越明显。在信息通信技术广泛应用的背景下，信息基础设施投资增幅小、占比低，在相当程度上妨碍了中国分享信息技术革命带来的技术进步红利。分领域看，中国基础设施建设具有以下特征：一是交通基础设施网络不断完善，但综合交通枢纽和一体化服务发展滞后；二是能源基础设施快速发展，但满足新兴能源需求的能力亟待提高；三是信息通信基础设施建设迈上新台阶，但尚不能有效支撑两化深度融合。

比较中国在交通运输、能源供应、信息通信等基础设施领域与美国、德国、日本的差距，大致可以明确中国主要基础设施存在三大短板：第一，除铁路之外，其他交通基础设施的质量差距明显；第二，电网设施相对不足，服务效率亟待提升；第三，信息通信基础设施亟须全面升级，国际互联网带宽差距尤其明显。

从支撑未来经济社会发展的角度看，整体而言，中国基础设施依然存在总量不足、标准不高、运行管理粗放等问题，特别是在满足社会新兴需求、支撑工业转型升级等方面有较大欠缺。所以，基础设施投资、建设、运营本身就是中国供给侧结构性改革的重要领域。同时，由于基础设施具有明显的外部性和先导性，因此，从供给侧结构性改革的需要出发，今后一段时期，中国要改革投融资体制，提高基础设施投资效率。并且，要以航空和港口基础设施为重点，增强交通基础设施支撑产业升级的能力；通过建设能源互联网，提升能源基础设施对各类新兴需求的适应性；以工业互联网为重点构建新一代信息基础设施，为中国参与新一轮产业竞争提供坚实平台。

（李鹏飞）

【论中国国民经济核算体系 2015 年的修订】

许宪春

《中国社会科学》2016 年第 1 期

23 千字

中国国民经济核算体系是中国国民经济核算工作的标准和规范。它界定了中国国民经济核算的一系列基本概念、基本核算范围、基本分类、基本核算框架、基本指标体系和基本计算方法，是反映中国国民经济运行状况的重要工具。根据这个标准核算出来的一整套国民经济核算数据是经济分析和研究的重要基础，也是经济管理和决策的重要依据。然而，自《中国国民经济核算体系 2002》颁布实施以来，中国社会主义市场经济发展产生了许多新情况。例如，为了更好地发挥技术进步对经济增长的驱动作用，政府和企业不断加大研发（R&D）投入力度；为了推动土地集约化经营，国家允许农村土地承包经营权依法进行流转，农村土地承包经营权流转现象越来越普遍；为了调动企业管理人员和技术人员的积极性和创造性，越来越多的企业将雇员股票期权作为激励员工的一种重要方式；政府在推动经济发展的同时，更加注重改善民生，财政用于教育、文化、医疗卫生等民生方面的支出不断增加；随着城镇化进程的加快和居民收入水平的提高，城镇住房需求不断增长，房地产市场迅速发展，住房租赁市场逐步成熟。

为了适应社会主义市场经济出现的新情况，满足经济管理产生的新需求，提高中国国民经济核算数据的国际可比性，国家统计局参照联合国等国际组织颁布的新标准，基于中国国民经济核算制度方法改革研究的新成果，对中国现行国民经济核算国家标准进行了系统修订，形成了《中国国民经济核算体系 2015》。主要内容包括：引入知识产权产品、经济所有权、雇员股票期权等基本概念，拓宽生产范围、资产范围、消费范围等基本核算范围，细化机构部门、交易流量、资产负债等基本分类，调整基本核算表、国民经济账户、附属表等基本框架，修订总产出、中间投入、增加值等基本指标的定义和口径范围，改进城镇居民自有住房服务价值和间接计算的金融中介服务产出的计算方法等。这些修订集中体现了中国国民经济核算制度改革研究的最新成果。

（梁　华）

【财产流动性与分布不均等：源于技术进步方向的解释】

董直庆　蔡　啸　王林辉

《中国社会科学》2016 年第 10 期

22 千字

当前，我国已步入中等收入阶段，经济增长出现结构性减速，但社会财产分布不均等现象日益严重，财产流动日趋僵化。毫无疑问，过大的贫富差距势必损害经济增长，也影响着小康社会的全面建成。因此，在追求经济增长的同时，更应重视财产格局的变化。提高财产流动性，是解决社会财产分布不均等问题的有效思路。若能在经济增长与财产分配之间引入流动性分析，就可以在思考经济增长和财产分配过程中，进一步考量居民获取财产机会是否均等的问题。那么，财产流动性和不平等的背后是否隐藏某种相互依存机制？处于不同财产阶层的家庭能否以及如何跃迁至其他阶层，财产分布不均等状况最终能否得到改善？现有流动性文献大多关注工资性收入，而非初始财产及财产性收入对贫富差距的影响，也较少通过建模分析流动性对改变经济增长与收入分配差距的作用机制。此外，20 世纪 90 年代以来，技术进步愈加表现出资本偏向性，正在非对称地改变着要素的生产率和要素报酬。这表明，技术进步方向和劳动者异质性能力对财产分配发挥着重要作用，然而已有文献对其所带来的财产流动性和不平等效应鲜有涉及。

针对以上问题，将劳动者能力细分为学习能力和社交能力，构建世代交替模型，探究技术进步方向对财产流动性和分布不均等的影响，结果发现：技术进步方向对财产流动性和分布状况存在显著影响。其中，资本增进型技术水平提升将有助于学习能力占优的家庭财产位次向上跃迁，而使社交能力占优的家庭财产位次下降，并且通过影响劳动者能力，改变财产分布的不均等状况。为此，政府应该重视技术进步方向及劳动者能力变化对财产流动性和分布不均等的影响。一是大力发展与机器软件设备相融合的资本偏向性技术，鼓励企业加快机器设备更新换代和技术升级，通过技术进步方式提高社会财产流动性。二是大力发展各层次的国民教育，提升教育的普及度和入学率，缩小不同阶层劳动者的能力差异。三是完善收入税和转移支付等收入分配制度，提高财产分配的监管力度，破除不同财产阶层自由流动的障碍，从而提高社会平等性。

（梁　华）

【政府制定经济目标的影响——来自中国的证据】

孙文凯　刘元春

《经济理论与经济管理》2016 年第 3 期

11 千字

预期变动驱动经济波动这个想法在 20 世纪 80 年代后更多地受到关注。由于未来的信息引起的经济周期被称为预期驱动的经济周期。一些研究用理论模拟方法研究预期的作用，也有一些学者寻找经验证据来识别预期冲击，但已有研究很少有明确指出可信预期的来源。相比于国外，中国政府对经济有更强的控制力，并且政府每年都会制定经济目标，这些经济目标很容易影响社会各个群体对未来的预期。检验中国政府计划经济目标对实际经济结果影响对于检验预期驱动经济周期的理论有直接贡献。

在中国每年三月初中央政府会制定全国经济发展目标，一月初地方政府会制定本省经济发展目标。研究发现，以实际增长率为因变量、计划增长率为自变量的回归估计得到系数达到 0.92，高度显著。在政府制定目标时，有时候很明确指出“确保”经济增长达到计划目标，有些时候则是指出保持经济增长在计划目标“左右”。将“确保”和“左右”的不同说法分为两个子样本进行回归分析发现，“确保”的年份计划增长对实际增长的影响明显高于“左右”的影响系数。

该文认为政府设定经济目标影响现实经济增长主要来自三个可能途径：一是政府可能按照经济规律正确预测了经济走势；二是政府在制定经济目标后，采用相应的货币政策和财政政策来促成相应目标实现；三是政府制定的目标引导了社会投资，使得其目标自动实现。如果政府正确预计之后增长，那么更可能的是预测最近的一个季度走势。由于公布政府的经济增长目标是在三月初，如果这个预测符合经济自发走势，那么第二季度经济增长率应该更符合政府预计目标。但是数据表明政府预计似乎并不准确。进一步观察发现，当计划经济增长率较高时，第二季度总投资增长率甚至明显出现了下降，这意味着政府计划在短期引导投资有限。但是，政府计划对引导国有企业短期投资有显著作用，表现为国有企业投资增长在第二季度显著提高。由于国有企业投资在三四季度不高，而总投资、外商投资在三四季度提高，意味着在年终为了完成任务指标而可能采取较强的刺激计划，从而最终引导了社会投资增长。从其他指标都可以看到，最终实现计划增长主要依靠政府政策刺激。

使用省级层面面板数据进行上述分析同样发现地方政府设定的经济目标显著促进了当年经济增长。并且对经济目标“左右”“确保”“以上”的不同描述产生了不同的实际效果。我们发现各个 GDP 构成要素都对计划增长有正面反馈，其中，反应最大的是投资增长和政府支出增长。这个结果，尤其是政府支出增长，仍然反映了计划增长对实际增长的影响主要来自于政府的努力。

（张雨潇）

【新常态下我国宏观经济政策框架的重构】

中国人民大学宏观经济分析与预测课题组

《经济理论与经济管理》2016 年第 4 期

25 千字

近年来，在国内外各种趋势性和周期性力量的共同作用下，我国宏观经济指标深度下滑，通缩—债务效应不断发酵，金融风险集中爆发。对此，我国在财政、货币和结构改革等方面采取了一系列“微刺激”政策，并随着经济形势变化而不断加码。但是，不断加码的政策刺激并未能从根本上扭转我国宏观经济形势的恶化趋势。事实上，我国宏观经济政策“微刺激”的效果在过去几年中已经呈现明显的递减趋势。这凸显了对我国宏观经济政策进行再定位的迫切要求，为此需要思考如何调整我国的宏观经济政策框架。

当前及未来一段时间内，对我国宏观经济政策框架所进行的调整，目的不只是应对短期的宏观经济和金融问题，而是要指向长期内更加均衡、更加市场化、更加开放的经济体系中可能出现的宏观经济波动与风险。因此，我国宏观经济政策框架重构的战略定位应该包括短期、中期和长期三个层次。短期，针对已经显露的宏观经济和金融风险，提升和强化维持宏观经济和金融稳定的能力；中期，针对在较长时期持续存在的结构调整、去库存、去产能以及去杠杆等问题，提升应对这些问题相互叠加后可能带来的负面冲击的能力，应对大调整、大变革和大开放战略可能带来的“创造性破坏效应”；长期，针对将会出现的均衡、开放和市场化的经济体系，构建高效的、可持续的和动态一致的宏观经济调控模式和政策框架。

重构政策框架的原则性要求包括：一是政策目标定位。宏观经济和金融稳定性问题凸显，物价稳定、金融稳定和国际收支平衡应该成为宏观经济政策的显性目标。二是财政政策和货币政策的相对分工与定位。财政政策应该减少对市场主导型结构调整路径的直接介入，更多地针对结构调整期必然出现的短期阵痛，为社会福利提供托底；宏观经济和金融稳定性的实现应该更多地依靠货币政策。三是政策操作方式和传导机制。宏观经济政策应该遵循市场化、可预期的操作模式，避免自身成为宏观经济和金融波动的来源；宏观经济政策应该围绕市场机制的作用方向去传导其意图和影响。

从我国的宏观经济和金融现状出发，在具体策略上可以选择国债市场作为突破口，通过改变国债发行规模和方式，推动国债市场的大发展和大开放，以此拓展整个金融市场的深度和开放程度。此外，重构政策框架中还应当有以下内容：配合新常态下的结构调整过程，提升财政政策的短期需求管理能力；高度重视和强化财政因素在金融发展和金融稳定性等问题上的重要性；货币调控模式应该从倚重数量型工具转向倚重价格型工具，同时应该保留调控甚至是管控跨境资本流动的能力和手段。

（张雨潇）

【供给侧结构性改革下的中国宏观经济】

中国人民大学宏观经济分析与预测课题组

《经济理论与经济管理》2016 年第 8 期

25 千字

2016 年上半年中国宏观经济在持续探底中开始呈现企稳的迹象，表明中国宏观经济并不存在“硬着陆”的可能。2016 年出现了一系列值得关注的新现象，充分说明了中国宏观经济运行依然面临四大方面的问题：一是供给侧结构性改革的着力点还没有完全找到；二是稳增长政策并没有缓解宏观经济深层次问题；三是短期产出与中期潜在产出的负向强化机制、超国民收入分配所带来的“消费—投资”困局、实体经济与虚拟经济相对收益下滑所带来的进一步“脱实向虚”等三大新难题已经成为中国宏观经济摆脱持续探底困境的核心障碍；四是当前宏观经济的短期企稳构建在大规模政策宽松和泡沫化房地产复苏之上，还没有形成持续复苏的基础。2016 年下半年中国宏观经济难以持续上半年企稳的态势。本轮“不对称 W 型调整”的第二个底部将于 2016 年年底至 2017 年年初出现，并呈现出强劲的底部波动的特征。根据模型预测，2016 年中国 GDP 增速为 6.6%，CPI 为 2.3%。2016—2017 年是中国实施供给侧结构性改革的关键期，“大改革”+“更为积极的财政政策”+“适度宽松的货币政策”+“强监管”，必须要有可操作的抓手和可实施的方案，各类改革方案和政策措施必须作出新的调整。

第一，把握目前中国经济持续回落的逻辑，把改革与调控的落脚点切实放到投资收益预期逆转、劳动力生产率回升之上，积极构建短期扩大需求与中期提升潜在增速相契合的政策包。第二，抓住当前经济不断探底所带来的“大破大立”的大改革时机，重新寻找到供给侧结构性改革的着力点和实施的抓手。第三，进一步强化从世界经济运行的角度来认识供给侧结构性改革与需求管理政策的作用，不仅要明确供给侧改革在增量调整中的主导作用，还要认识到其在存量调整中的关键作用。第四，在增量改革的基础上，通过供给侧结构性改革强化存量调整的力度，盘活存量、清除宏观经济运行的各种毒瘤是中国经济转型和复苏的关键。第五，从战略层面认识到当前以及未来经济成功转型升级的核心是充分调动各级精英阶层的积极性，在稳增长的基础上积极构建起新的激励相容的动力机制。第六，充分利用中国政府在体制和财政空间的优势，财政政策要更加积极有效，进一步扩大财政赤字，全力配合更为主动、更为全面的供给侧结构性改革。第七，根据新时期的要求全面重构货币政策。第八，持续关注房地产市场复苏态势，当前的房地产调控政策应该及时作出调整。第九，持续关注去产能背景下就业市场的压力。

（张雨潇）

【寻租如何伤害了经济增长？——基于人才误配置视角的研究】

李世刚　杨龙见　尹　恒

《世界经济文汇》2016 年第 6 期

12 千字

近年来中国加大了对腐败的打击力度。然而，当前反腐与经济下行并行的事实似乎指向“反腐有损经济增长”的结论。因此，有必要对腐败与经济增长的关系作深入分析。现有讨论腐败对经济增长影响的文献并没有得到一致的结论。Leff（1964）的理论研究表明，腐败可以成为经济增长的润滑剂，Lui（1985）运用一个均衡排队模型表明，贿赂可以最小化排队者的平均时间成本。一些企业层面的经验研究（Vial 和 Hanoteau，2009；Wang 和 You，2012；黄玖立和李坤望，2013）也发现腐败对经济增长存在积极影响，因为腐败（贿赂）可以帮助企业绕过政府的不利管制。但是，相对于这些腐败对经济增长具有积极作用的文献，绝大多数研究均发现腐败对经济增长的影响是消极的，其作用机制包括：阻碍创新、扭曲政府支出结构、降低政府支出效率等。该文讨论寻租活动损害经济增长的一个重要机制：人才误配置。近些年，针对中国人才在地区、行业和企业间误配置的研究开始涌现。但讨论人才在公共部门与市场间误配置的文献还极少。到目前为止，还没有文献从人才误配置的角度研究寻租对中国经济增长的影响。

该文试图建立理论模型讨论寻租活动通过人才误配置伤害创新和经济增长的机制，并尝试从数量上评估寻租—人才误配置—经济增长这一机制的相关性。利用中国经济数据对模型参数进行校准，数值模拟结论如下：（1）寻租导致人才浪费，进而造成经济增长损失，尤其在精英参与寻租的情况下，经济增长损失将是灾难性的；（2）给定总租金份额，经济增长率与寻租者规模之间呈倒U形关系；（3）除了人才浪费，个体还会为有限的寻租职位展开竞争，这将造成社会资源的极大浪费；（4）创新回报结构和租金分配结构会影响寻租活动对个体的吸引力。这些结论为当前流行的“反腐有损经济增长”的观点提供了反面证据。同时，研究表明，中国经济要实现从要素驱动向创新驱动的转变，必须改善激励环境，引导聪明的大脑进入生产性、创造性的企业部门，而非分配性的寻租部门。

（李　婷）

【高官落马遏制腐败了吗？——来自震慑效应的解释】

王贤彬　黄亮雄　徐现祥

《世界经济文汇》2016 年第 2 期

23 千字

中共十八大以来，中共中央打出了一系列反腐“组合拳”，坚持“老虎”“苍蝇”一起打，这种高压反腐取得了显著的成效，一大批贪污腐败官员因此落马。腐败高官落马很可能能够遏制广泛存在的腐败动机与行为。其机理在于：一方面，由于省部级高官的贪污腐败很可能通过各种关系网络形成与发展，是众多基层贪污腐败的催化剂与保护伞，因此打击省部级高官贪腐可以遏制与其关联的其他腐败官员的违法行为；另一方面，省部级高官处于政府官员集团的金字塔上层位置，其行为和动向，对于下层众多官员具有向导与信号作用。在经验数据上，高官落马是否能够显著遏制腐败，究竟通过何种链条实现遏制腐败的效果，是该文的核心问题。

该文搜集统计了历年中国大陆各省区省部级高官落马的信息资料，构建了1998—2011 年省区面板数据，通过实证发现，高官落马显著地抑制了可观测的贪腐程度。当年的高官落马并未显著影响腐败程度，但之前的（上年、前年和大前年）的高官落马显著降低了腐败程度。这意味着，高官落马对腐败活动形成了一种具有时间延迟性的遏制作用。该文基于实证分析，将高官落马遏制腐败重点归因于高官落马形成了一种威慑效应，使得地方官员减少了腐败与违纪活动。在实证检验中还发现，高官落马不是由于地方的高腐败程度所导致的，因此高官落马后的腐败程度下降不是此前的集中反腐败行动的结果，而更可能是震慑效应的效果。同时发现，地方高官落马，具有不可忽略的外溢效应，抑制了周边省区的腐败程度。这意味着当某一地区出现高官落马时，其他周边地区将感应到这种震慑效应。然而高官落马并未显著降低那些籍贯地与任职地不同的官员的籍贯地的腐败程度，这间接表明了震慑效应的发挥，具有条件性与边界性，需要基于一定程度的经济和政治联系。

（李　婷）

经济史

【人口增长下的粮食生产与经济发展——由史志宏先生的清代农业产出测算谈起】

彭凯翔

《中国经济史研究》2015 年第 5 期

16 千字

该文主要观点如下：在讨论中国经济的历史变迁时，一个基本的变量是人地比例，这成为各种学说立论的出发点。人地比例影响经济发展的一个重要渠道即是粮食生产。然而，传统中国的粮食生产到底处于何种水平？传统中国的经济是否因此而陷入“糊口”状态？在缺乏可靠统计数据的情形下，因所用资料不同、所持假设不同，学者们往往得出大相径庭的结论。

有鉴于此，史志宏先生在其清代 GDP 估算的课题中对清代的农业——尤其是粮食生产——进行了新的测算。史先生对亩产量的估计直接基于大量的亩产事例，得出的结果相比以往研究具有更强的统计意义；其对耕地面积的估计则更充分地考虑了隐漏等问题，较以往估计当更接近真实；而且，其估计了清代多个关键时点上的粮食生产指标，既有助于理解清代经济状况的变化，也为构建历史 GDP 的时间序列提供了极大便利。这些无疑是对中国经济史研究的基础性贡献。

但史先生对人均占有粮食等指标的估计则受复种指数、要素投入结构等因素的影响，仍有存疑之处。特别是，因为清前期人口的大幅增长，人均占有粮食在清中期至 20 世纪 50 年代当是有所下降的，但下降幅度很可能被高估了，对其解读更可能是过度了。同时，这一高估并不能直接用来说明清中期以前的亩产量是否高估了。而且清中期以后的下降未必能直接解释为农业乃至整个经济的衰退，它可能是手工业效率提高、要素投入调整的结果。

农业生产的测算是个既有吸引力又有挑战性的任务，在剥除了不同口径间的表面差异后，历史学者通过大量亩产事例得到的估测其实存在很强的内在一致性。唯须注意的是，这种支持是截面上的，而非时序上的。目前的估计中真正坚实地基于亩产事例的也仅是对某些时期、某些地区而言的，由于各研究的方法均是简单算术平均，要推及全国和整个时期，实际上是非常困难的。因为亩产会因气候条件、土地等级、要素投入等的不同而改变，要由事例平均出各时各地的亩产，就需要每个时期和地区都有随机抽取的大样本数据。当数据的分布并不均匀时，更有效的方法或许是采用回归分析之类的手段，在控制土壤、气候等因素的条件下估计出各时各地的平均亩产。应该说，在现有的学术积累下——特别是加上史志宏先生的亩产事例数据库后，是有可能将亩产和气候、土地等数据匹配以进行这类分析的，这是令人期待的。

（高超群）

【清代农业生产指标的估计】

史志宏

《中国经济史研究》2015 年第 5 期

30 千字

该文主要观点如下：近年来，随着计量方法在中国经济史研究中的广泛使用，越来越多的研究者深刻认识到由于连续、可靠数据的缺乏，计量方法的使用受到严重制约，特别体现在中国古代经济史的研究中。大部分时候，研究者们甚至很难对历史上的经济状况作出较为准确的描述。为了解决这一问题，国内外许多研究者都在深入挖掘、整理连续性数据，建立长时段历史数据库。尝试通过这种基础数据的建设，来对中国经济的长期发展进行准确描述，并在此基础上展开与别国的比较，进而总结中国内在的经济发展规律和逻辑。借助新的方法和工具，近年来这一努力取得了较大的突破和进展。

中国社会科学院经济所史志宏研究员长期致力于清代农业的研究，他经过整理和考订上千种清代文献和档案，选定顺治十八年（1661）、康熙二十四年（1685）、雍正二年（1724）、乾隆三十一年（1766）、嘉庆十七年（1812）、道光三十年（1850）、光绪十三年（1887）和宣统三年（1911）总共八个时间节点，分别对该年中国的耕地面积、粮食亩产量和总产量、粮食产值以及包括经济作物生产在内的整个种植业的产值和包括林牧渔业在内的农业总产值等项农业生产指标作出量化估计。在此基础上，他认为清代是中国传统农业发展的最高峰。一方面，传统农耕区土地的更充分开发利用和农耕区向山区及边地的扩张，大大增加了中国的耕地总量；另一方面，原来只在部分地区应用的诸如轮作、间作、套作、复种多熟等充分利用耕地的先进农作制度，以及与传统精耕细作农业相联系的包括土壤耕作、选种育种、田间管理、施肥、灌溉等都在内的精细农艺技术在主要农耕区大面积的普遍推广，进一步提高了粮食的平均亩产量。这两方面的因素大大增加了粮食的总产量，养活了清代迅速增长的数量空前的庞大人口。但从生产效率上考察，清代的农业却不是历史上最高的。清代农业在劳动生产率以及一系列按人口平均的农业指标，如人均耕地面积、人均粮食占有量等方面，都低于传统农业历史上曾经达到的高点，而且从变化的趋势上观察，至少从 18 世纪中期以后就一直在不断恶化。

（高超群）

【近代中国民间金融契约整理与制度解析】

李雨纱　张亚光

《经济科学》2015 年第 6 期

12 千字

民间金融的契约文书作为史料有着特殊的价值，其分布地域广泛，时间跨度久远，涉及内容多元，能够系统地反映近代经济社会生活的方方面面。该文通过对民间契约文书，尤其是典当和借贷契约文书的微观案例研究，间接描绘了近代民间金融的形式和生态。而该文对民间契约文书的统计分析，则有助于从整体的角度把握近代民间金融的制度架构。这不仅对中国近代金融史有重要的补充意义，亦足可为当今中国的民间金融问题提供有益的历史经验。

该文基于 1644—1949 年清至民国年间 485 份民间借贷和典当契约文书中所整理的数据，通过微观案例研究与描述统计分析相结合的研究方法，考察了包括本金、利率、借期、抵押、中保人、借贷双方关系在内的因素对于民间借贷的微观影响，并以土地抵押借贷为例，基于纳什议价模型构建了近代私人借贷模型，解析了清代至民国年间民间金融活动的市场机制，从而再现了近代中国民间金融活动的生态。

研究结果表明，民间借贷的双方通常存在一定的血缘或地缘关系，借贷关系中的信息是基本对称的，贷款人对借款人的品德、能力、资本、资金用途和项目风险状况具有基本完全的信息；近代民间借贷活动多与农业生产、生活习俗相关，其风险主要为农业生产活动的自然风险和由于契约执行风险，因此，近代借贷活动大量地采取了中保人、抵押等机制作为上述风险的应对；近代民间金融活动存在明显的市场分割现象和信贷配给现象。中国的家庭体系赋予了亲属在资产向社会公众出售前的优先购买权，而民间私人借贷在契约执行方面缺乏有效保证，中保人机制和借贷双方个人特征（如财产、身份等）的约束，是信贷配给的可能原因。总的来看，在近代中国，由资金需求者的熟人网络组成的金融市场和由早期金融组织组成的金融市场共同扩大了近代金融市场的资金供应量，是中国近代金融市场发育的显著特征。

（于小东）

【社会网络、连锁合约与风险规避：近代东北乡村无息借贷合约机制的考察】

李　楠

《中国经济史研究》2016 年第 1 期

14 千字

民间借贷作为非正规金融的重要组成部分，对发展中国家农民获取短期资金平滑其消费与投资具有重要的意义。然而现有关于民间借贷的研究对广泛存在于乡村社会的无息借贷以及债务减让行为缺乏足够的理论和实证研究。该文利用近代东北地区乡村调查数据对近代中国乡村社会中普遍存在的无息借贷合约选择机制进行考察。

该文使用的数据为 20 世纪 30 年代伪满洲国实业部临时产业调查局所做的“农村实态调查”，样本涉及 37 县 41 村 1700 农户，其中 1232 个农户有借贷记录，无息借贷的比重为 39.3%。该文使用 Probit 模型考察社会网络、连锁合约以及借贷过程中的风险规避对农户是否选择无息借贷合约的影响。模型设定如下：

$$\Pr(r_i \neq 0 \mid \ = 1) = \beta_0 + \beta_1 kinship_i + \beta_2 friend_i + \beta_3 linkage_i + \beta_4 mortgage_i + \beta_5 borrow_i + \beta_6 term_i + \beta_7 outside_i + \gamma X_i + \varepsilon_i \cdots (1)$$

这里被解释变量为农户是否选择有息借贷合约，如果是有息借贷 r_i 等于 1，如果选择无息借贷 r_i 等于 0。方程等号的右边均为解释变量，其中：为识别社会网络的影响，这里将社会网络分为亲属关系、朋友关系两类，分别用 $kinship_i$ 和 $friend_i$ 表示。亲属与朋友关系均为虚拟变量，即如果借贷双方为亲属或朋友关系为 1，如果否为 0。连锁合约关系则用 $linkage_i$ 表示，也设定为虚拟变量，即如果借贷双方是生产合约关系 $linkage_i$ 为 1，否为 0。由于合约执行风险程度难以度量，这里采用借贷时是否有抵押（$mortgage_i$）、借贷金额（$borrow_i$）、借贷期限（$term_i$）、是否为村外借贷（$outside_i$）等进行衡量。在这些变量中，除借贷金额和借贷期限为连续变量外，是否有抵押（有抵押为 1）与是否为村外借款（为村外借款为 1）均为虚拟变量。此外，为了保证回归结果具有稳健性，模型中还控制了一些与无息借贷合约相关的控制变量。这些控制变量主要涵盖三个方面：一是与借贷合约自身特征有关的变量，包括借贷用途、是否有借贷凭证、借贷的形式等；二是与农户家庭特征相关的控制变量，包括非农劳动力比重、农户家庭规模、农户拥有土地财产数量、户主年龄等；三是由于农户所在乡村地域特征也将会对合约选择产生一定的影响，因此农户所处乡村特征也进行了控制，主要包括乡村规模、村庄年龄、距离县城、大城市的距离、县城距离铁路线的距离、土地基尼系数、地区虚拟变量等。最后，β_i、γ_i、ε_i 分别为待估计系数和随机扰动项。

研究发现：在近代中国传统乡村社会

中，以血缘、亲友关系构建的乡村社会网络，生产过程中形成的连锁合约以及农户对借贷合约执行风险的控制程度是农户选择无息借贷的重要决定因素。其中血亲网络与其他社会网络生产关系相比在无息借贷合约选择中更具有稳定性，而所有因素中借贷合约执行风险控制最为重要，特别是借款规模大小、借款时间长短具有最重要意义。传统社会无息借贷的产生不仅是乡村社会网络与生产过程中连锁合约的必然结果，更是合约风险规避的客观选择。

（王小嘉）

【新旧叠加：中国近古乡都制度的继承与演化**】**

包伟民

《中国经济史研究》2016 年第 2 期

15 千字

该文主要观点如下：中国帝制国家出于统治地方与征取赋役等目的，历代都十分重视对基层管理组织的建构。唐末以来，作为联户组织的乡里体系不断蜕化，经过北宋前期的乡管制，到熙宁年间逐渐形成以乡为税率核算单位、以保甲为基层管理组织的乡都制。与此同时，传统的“里”则基本蜕化成为地名，其涵盖范围大者用以指称某一地域，范围小者则指称某一具体聚落，这一历史过程可归纳为地域化与聚落化。这一归纳的主要论据，出于存世宋元地方志记载之“乡村”绝大多数仍作“乡—里”区划编排，而同时期乡村实际运作之中的基层管理体系，则为乡区之下保甲制，或简称乡都制。但随着制度蜕化，基层管理体系从联户组织走向地域组织，实属常规。从（宝祐）《重修琴川志》到（至正）《金陵新志》，能够简略梳理出一条基本的演变路径，这是自唐末以来乡村基层组织的第二轮地域化，及至宋末元初才基本完成。而乡都制的地域化现象，在不同地区是迟疾有异、参差不齐的，如亳州蒙城县、明州（庆元府）象山县，与徽州祁门县等地都保的地名化，就是明确的提示。事实上，由于人口总是持续增长变异，规范化的国家制度与不规则的聚落相互间匹配也总是困难重重，更由于国家基层行政能力总是有限，中国古代乡村基层管理组织的不断蜕化，是一种规律性现象。历朝遂多见不断整理、甚至不得不重新构建之举。新旧制度的层层叠加，本来已经相当复杂，各地“乡原体例”等因素的影响，也使得国家制度似乎在每一个州县都有着自己特定的版本，历史文本与实际制度运作之间，常常存在着令人困惑的落差，这一切，都导致了主要由地方志书所反映的、中国古代乡村基层管理组织无与伦比的“复杂”现象。

此题的意义在于：存世宋元地方志关于“乡村”的记述极其复杂，区划名称有乡、里、村（邨）、社、都、保、管、坊、耆和团等多种，它们相互之间的编排更令人眼花缭乱，其中不少为各地实际运行之中的基层管理组织，更多则属于经过从唐末到元末前后两轮地域化过程沉淀下来的、已经蜕化了的某种地域或聚落之名，今人唯有将这些复杂的文献记载梳理清楚，才有可能准确地重构关于近古时期乡里组织的史实。如何依据近乎言不及义的历史文本，来梳理出不同时期大致可信的制度框架，无疑是一项极具挑战意味的工作。然而，经过这样的梳理所展现的不同时期国家基层实际的行政运作，以及国家与社会之间互动的鲜活画面，正是史学研究工作可能带给史学研究工作者的巨大回报。

（丰若非）

【干旱区近代水利危机中的技术、制度与国家介入——以河西走廊讨赖河流域为个案的研究**】**

张景平　王忠静

《中国经济史研究》2016 年第 6 期

19 千字

该文主要观点如下：讨赖河干流发源于祁连山高山冰川，出山后中游进入酒泉盆地，继续向北穿过夹子山，下游流入金塔盆地汇入黑河。讨赖河流域戈壁、沙漠广布，为典型的“无灌溉即无农业”的干旱地区。以往水利社会史研究对象多以水利系统运行良好为常态，发生纠纷为异常事件。而在讨赖河流域为代表的干旱地区，传统水利技术无法克服的水资源短缺已威胁到民众的基本生存，由此产生持续的社会动荡，乃是地方社会的常态。国家和社会如何解决此类持续的水利危机，形成了独特的历史经验。

讨赖河流域可利用的水资源为干流及洪水河支流的出山径流，当地称为山水，以及山水渗入地下复涌而出的泉水。18 世纪中叶已形成了中游干流、洪水河流域与下游金塔盆地三个利用天然地表径流的山水灌区，以及支流临水河、清水河流域的泉水灌区。到 20 世纪初，由于干旱和人口增加，水源格局发生显著变化，山水被上游尽可能地截留；泉水不足转而分取山水。因之产生上下游之间的“流域性水权”和“灌区内水权”两种问题。民国初年，甘肃省政府企图以行政权力强制为上游酒泉和下游金塔均水，引起两方强烈的对抗。下游痛恨上游对水资源的垄断，上游疑忌下游不能分担渠首坝工的沉重负担。省政府只出政策，既没有技术手段解决坝工问题，也没有人力弹压暴乱。20 世纪 40 年代，借抗战开发西北之机，国民政府拨付相对充足的经费，通过甘肃水利林牧公司，利用现代水利技术在金塔盆地修建鸳鸯池水库；同时也派遣水利技术人员整理渠道，试图开辟新的水源、降低民众的水利负担。但下游水库在未解决均水原则时面临无水可蓄，整理渠道遭到民间水利组织掣肘。1949 年以后，新中国政府一方面大力投资于水利工程建设，重修渠道，建设大小水库；一方面挟土改镇反之势横扫旧的水利组织，重新建立了受薪的水利管理系统和有偿用水制度，国家当仁不让地成为讨赖河流域水权的拥有者和流域内用水权的裁判者。

讨赖河流域近代水利危机的最终解决，有以下几点启示：一是干旱地区水利危机的解决必然以引入现代水利技术为前提；二是干旱地区全流域、持续、高烈度的水利危机要求国家介入；三是国家力量如何利用现代技术，所得到的结果完全不同；四是通过政府对社会的全面控制才确立了“国家拥有水权”这个非传统的观念；五是水权制度是人与自然博弈的结果，因此水利技术对于水权制度有基础性的塑造作用。

（王小嘉）

财政与税收

【财政学研究的不同范式及其方法论基础】

马　珺

《财贸经济》2015 年第 7 期

23 千字

该文首先回顾了 20 世纪中期之前财政学在全球的发展简史，然后分别介绍了财政学两大研究范式（配置范式和交易范式）的形成、各自的特色、方法论基础和国家观念上的差异。在配置范式财政学中，财政是作为社会工程师的改造对象，研究的实质是基于配置范式的经济学，将新古典一般均衡分析方法应用到财政决策及其结果的分析。在交易范式财政学中，国家被理解为社会成员交易互动的结果，研究的实质是基于交易范式的经济学，将交易经济学方法应用于对公共部门中个人交易行为的分析。

接着，该文对当前由两大范式衍生出来的三种相互联系又各不相同的财政学知识体系进行了说明。第一类是传统的配置范式财政学，主要由三大部分构成：一是政府的作用，即从福利经济学基本定理出发，推导出市场失灵，引入对政府部门及其干预合理性的分析；二是政府收入和支出的微观分析，主要运用微观经济学原理，通过分析个体对税收和公共支出的反应，来研究不同税收和公共支出的福利效果；三是财政联邦主义，即政府间关系经济学分析。第二类是公共选择视角下的财政学，其主要特色是关注实际的财政决策过程，并进而关注决策规则，反对福利经济学的最优分析，试图打开财政决策过程的“黑箱”；同时，它认为不存在一个客观的标准，可以用来判断社会资源配置和收入分配的最佳状态，对于效率和正义的追求应局限在规则层面。第三类是社会治理理论视角下的财政学。该文认为这是至今最为接近交易范式财政学本源的理论尝试。在社会治理理论视角下，财政学以一种社会理论的形式出现，研究人们以何种方式实现自我治理，故又称为社会理论财政学。该理论认为，社会存在多种互动领域或场合，全面的社会理论应涵盖市场理论、财政理论以及社会协作。政府作为社会成员在其中互动的相互关联的若干领域之一而存在。财政活动是其中以交易的形式发生的互动，而不是外部干预者从事的选择。财政分析的重点是交易的发生及其过程，而不是均衡状态，其结果是开放而非封闭的。

最近十余年以来，中国财政理论界新理论、新方法的引进可谓日新月异，但仍需要有一个关于学科发展的总脉络作为参照，该文关于“两大范式、三种财政学”的总结，从方法论的角度建立了一个可供选择的参照系。多年来，作为财政学研究的主流范式，配置范式财政学在科学化、形式化的道路上越走越远，但财政学研究的现实感却并未因此更加充分。如果我们认同在配置范式之外，财政学还应当关注更广义的“治理”问题，那么财政学者除了埋首于配置范式下的既有理论和技术细节，还要对财政学的性质及其发展方向有批判性的新认识。

（王朝阳 董 萍）

【中国金融业“营改增”路径的现实选择】

杨 斌 林信达 胡文骏

《财贸经济》2015 年第 6 期

21 千字

对金融业征收标准增值税是世界性难题，对金融业如何进行“营改增”也是中国进行中的“营改增”改革面临的最大难题之一。该文综述了世界各国金融业税制的研究成果和实践经验，认为制定金融业的税收政策和税制改革方案，应当遵从包括金融业在内的服务业发展规律及其税收中性原则；并以银行业为例，分析了中国金融业以及市场竞争格局的特殊性：一是中国金融业特别是银行业的主体是大型国有银行；二是与一些发达国家的金融体系相比，中国金融业具有更高的垄断性；三是利率非市场化。该文通过建立单一双层博弈模型，说明金融业垄断的特性，论证金融业并不存在税负过重的情况，提出中国金融业“营改增”应遵循中性原则和保持原税负不变原则。

中国目前增值税是建立在“以票管税”基础之上的。因此，标准增值税能否在金融业推行，要看在金融业推行凭发票抵扣进项税额方法的可能性及其成本高低。金融业营改增的难点在于：第一，对金融业按标准型增值税征税难以推行，因为金融业不仅包含真实资源使用而获得的收入，还包括因承担风险而获得的风险酬金；无法像普通商品交易那样按一个时点确定销项税额和进项税额；进项税与销项税无法一一对应。第二，金融业推行标准型增值税的奉行成本较大，表现为金融业务系统面临升级改造的压力，发票的开票成本问题，以及金融业推行增值税的学习成本问题。因此，无论从制度设计还是具体执行的角度看，凭发票抵扣进项税额的标准型增值税的现实可操作性都非常差。

由于无法在金融业推行凭发票抵扣进项税额的方法，在金融业推行标准增值税不可行。如果非要在金融业推行增值税，这个增值税只能采用账簿法，即通过账簿法确定税基，按照单一税率对特定税基课税，不予进项税额抵扣，金融服务接受者也不能就其购买的金融服务获得进项增值税抵扣。建议解决方案是按账簿法计算税基，对利差（净收入）征税能够合理地缩小税基，体现增值税对增值部分征税的精神实质；同时适当提高税率至 9%，保持原税负不变。这一方法有利于保持目前产业竞争格局，对经济发展震荡小，有利于保持社会稳定，改革成本较低。

（王朝阳 董 萍）

【地方政府财政自主度与地区金融扩张——来自农村税费改革的证据】

郭 峰

《金融评论》2015 年第 2 期

13 千字

过去近二十年，中国金融的快速扩张已经成为不争的事实，但政府，特别是地方政府在刺激金融扩张中扮演了何种角色，却仍需要进一步探究。其中，尤为重要的是要探讨地方政府的财政状况对辖区金融扩张的影响。为扭转中央财政能力弱化的局面，1994 年启动的分税制改革，却让地方政府面临财政能力弱化、事权责任不变的窘境，产生了一系列的后果。该文讨论了分税制改革之后，地方政府财政自主能力下降对地区金融扩张的影响。

1994 年分税制改革之后，地方政府的财政自主能力下降，从而可能促使地方政府更多依赖金融资源，过多地干预辖区金融，刺激地区金融扩张。此外，地方政府财政资源不足时，其自身也会更多地通过各种手段向金融机构融资。然而，严谨地、科学地检验地方政府财政自主度对地区金融扩张的影响并非易事。首先，现有研究对财政分权指标的选择尚未取得一致意见，不同分权指标实际上代表了不同的逻辑。其次，财政分权的内生性问题也一直没有得到有效克服，与金融扩张不是外生于区域经济发展和政治经济体制一样，财政分权程度也是一个内生性很强的变量，因此常用的研究方法往往无法令人信服。幸运的是，2000 年前后开始农村税费改革逐渐分批分次推广，其对基层政府财政的影响就是一个明显的集权化过程，而且具有较好的外生特征，从而为我们开展实证研究提供了很好机会。该文利用农村税费改革导致县市政府财政自主度发生外生变化这一“自然实验”，比较令人信服地证明我国地方政府财政自主度的下降刺激了地方政府对辖区金融的干预，导致地区金融扩张。

地方政府的这一行为具有深远的后果。一方面，地方政府干预推动信贷资金向本区域集聚，金融资源发挥财政资源的替代作用，而金融财政化本质上等价于地方政府实现了一定的货币创造功能，从而干扰了中央货币政策的有效性。当前，地方政府从地方金融中汲取资源的主要平台已经演变为以“土地财政”为偿债背书的“地方融资平台”，不仅干扰金融机构的市场化运作，也进一步将地方政府嵌入到经济运行当中而不可自拔。另一方面，随着金融机构改革的深入推进，传统的国有金融机构运行越来越商业化，地方政府对其控制力下降。在此背景下，地方政府投入很大的兴趣推动其能控制的地方金融机构的设立和发展。尽管地方金融机构的大量设立有助于打破银行业由国有大型商业银行主导的垄断局面，促进银行提升经营效率。然而，由于地方政府对地方金融机构深度干预，从而地方金融机构对银行效率的促进作用就被稀释。具体在县域层面，2006 年年底，也就是刚刚在全国范围内免除农业税之后不久，中央就出台政策鼓励在县域成立仅限于在本县市经营的“村镇银行”，使其成为地方金融机构的最新代表。

（郭　峰）

【寻租、财政补贴与公司成长性——来自新能源概念类上市公司的实证证据】

魏志华　吴育辉　曾爱民

《经济管理》2015 年第 1 期

15 千字

财政补贴是政府财政支出的一个重要方面，是政府维护经济稳定、优化资源配置、实施产业政策从而扮演“扶持之手”的一种重要手段。近年来，中国上市公司获得了越来越多的财政补贴。据统计，2013 年沪深两市 2000 多家上市公司中有近 95% 获得了财政补贴，补贴总额超过 1000 亿元。巨额的财政补贴其实施效果如何，一直备受各界广泛关注。另一方面，与财政补贴金额节节攀升相对应的是，我国财政补贴政策在实施过程中的违规问题较为突出。《国务院关于 2013 年度中央预算执行和其他财政收支的审计工作报告》披露，2013 年仅部分省市向引资企业安排的不合规财政补贴就高达 1261.64 亿元，而其中暴露出来不少贪污腐败现象。可以说，在中国这样一个转型经济大国中，如何提高财政补贴使用效率、规范和完善财政补贴制度，已成为一个值得深入探讨的重要课题。

该文以中国 A 股市场 117 家新能源概念类上市公司 2010—2012 年的数据为研究样本，基于寻租和公司成长性的视角，实证检验了财政补贴的影响因素以及经济后果。研究发现，寻租行为有助于上市公司尤其是民营上市公司获得更多的财政补贴，但财政补贴对于提高民营和国有上市公司的成长性都没有发挥积极作用。进一步研究表明，财政补贴虽然对上市公司尤其是民营上市公司加大研发投入产生了显著的正向影响，但无论是对民营抑或国有上市公司而言，财政补贴都没有推动公司增加资本支出。寻租以及财政补贴资金使用缺乏效率可能是导致财政补贴难以推动上市公司成长与发展的两个主要原因。

该文提出了以下政策建议：第一，财政补贴应合理、适度。谨慎、科学地制定财政补贴政策，不仅可以为地方财政减负，还将有利于增加市场竞争的公平性，最终提高财政补贴效率。第二，应进一步完善财政补贴政策的法律法规。长期以来，我国财政补贴政策的执行缺乏明确的法律法规进行约束，这为官员设“租”和企业寻租提供了空间。只有将政府财政补贴的“权力”关进制度的“笼子”，实现财政补贴的公平、公正、透明，才能真正提高财政补贴效率。第三，企业应更有效地利用政府财政补贴来为自身发展注入动力。企业必须依法而非通过投机取巧甚至寻租等手段来获取财政补贴，同时获得的财政补贴资金也应按规定合理使用，使财政补贴政策落到实处，这也有助于提高财政补贴效率。

（魏志华）

【论完善税收制度的新阶段】

高培勇

《经济研究》2015 年第 2 期

19 千字

随着时间的推移和国内外经济社会环境的变化，税收制度领域面临的问题和矛盾也在蓄积和派生。许多问题和矛盾难以在现行税收制度框架内破解，必须启动新的规模更大、影响更为深远的税制改革。随着国家治理现代化的推进，完善税收制度的方向定位发生了根本性变化。在以往的基础上，完善税收制度被拓展为至少包括如下两层意义的复合概念：其一，在现行税收制度的框架内，通过各种零敲碎打的修补性调整，使其不断趋于完备和成熟。其二，针对现行税收制度，通过系统性、全局性的改革行动，使其发生趋于完备和成熟的整体变化。概念层面的这一变化，事实上将完善税收制度引入了“常态”：作为一个永恒的主题，完善税收制度演变为一项经久不息的、与中国经济社会发展如影随形的持续性工作。

在新的历史起点上，面对中国发展与改革的新形势以及推进国家治理体系和治理能力现代化的新任务，完善税收制度的方向定位已经发生了重大变化：跟上全面深化改革和国家治理现代化的进程，将税制调整动作和税制改革行动的落脚点放在税收制度的现代化上——“建立与国家治理体系和治理能力现代化相匹配的现代税收制度”。

由“适应市场经济体制”到“匹配国家治理体系”，从“建立与社会主义市场经济体制相适应的税收制度基本框架”到“建立与国家治理体系和治理能力现代化相匹配的现代税收制度”，围绕完善税收制度方向定位的这一重大而深刻的变化，标志着中国的税收制度调整和改革进入了一个新的历史阶段。告别传统意义上的完善税收制度思维和操作而走上现代税收制度的构建之路，是这个新阶段提交给我们的全新课题。

从现代国家治理与现代税收制度之间的关系出发，该文在系统评估现行税收制度格局功能和作用“漏项”的基础上，围绕以增加自然人直接税为主要着力点，以现代税收征管机制转换为配套措施两个方面政策主张，全面分析了建立现代税收制度的全新思维和操作路线。

在当前的中国，随着发展进入新常态，改革进入攻坚期和深水区，完善税收制度也进入了一个新的历史阶段。我国税收制度正在向形态更高级、功能更齐全、作用更完整、结构更合理的阶段演化。我们应当也必须历史地、辩证地认识我国完善税收制度的阶段性特征，准确把握我国税收制度调整和改革的新常态，以不同于以往的、主动适应并引领新常态的一系列行动，把完善税收制度的着力点落实在逼近建立现代税收制度的方向上。

（金成武）

【中国的实际经济周期与税收政策效应】

黄赜琳　朱保华

《经济研究》2015 年第 3 期

23 千字

该文在标准 RBC 模型中同时引入政府支出冲击、资本和劳动所得税率冲击，分析知道了外部技术冲击和财政收支冲击对产出、资本、劳动、消费和投资产生了不同程度和不同方向的微观效应，使得这些变量的波动水平发生变化，进而对中国经济增长和社会福利产生宏观效应。该文的主要结论是：首先，引入财政冲击的可分劳动与不可分劳动 TRBC 模型都能解释 70%以上中国经济波动的特征事实，而可分劳动 TRBC 模型的预测结果更贴近实际情况，能够对中国的就业波动作出更合理的解释，有助于解决“生产率之谜”问题。在财政冲击中，政府支出冲击加剧了中国实体经济波动，而税收冲击对经济波动的影响并不显著。

其次，对劳动收入和资本收入的减税将促进经济增长，降低资本收入税率抑制居民消费增长而促进投资、资本和劳动供给的增加，降低劳动收入税率将促进居民消费、投资、资本和劳动供给的增长。相对于资本收入税率冲击，劳动收入税率冲击对主要宏观经济变量的影响更大，影响时间也更持久，劳动收入税比资本收入税的政策效果更强。

最后，资本收入税率与社会福利呈正相关，劳动收入税率与社会福利则呈负相关。在技术冲击和财政冲击的共同作用下，税收政策调整的福利效应具有非对称性特征。不仅劳动收入或资本收入的单一税率变动的社会福利呈现出非对称性，两种税率的同向变动或反向变动的福利效应也具有非对称性。两种税率的同向变动具有放大社会福利的作用，两种税率的反向调整具有削弱社会福利的作用。由此说明政府通过结构性税率调整调控经济的可行性和合理性，在一定程度上佐证了中国政府的结构性税收调整的方向正确性。

该文对 2008 年以来我国实施的结构性减税政策提供了重要的理论依据，研究结论对当前我国税收政策调控有很强的指导意义。以资本和劳动收入税率为代表的税收冲击不会明显加剧中国经济波动，而两种税率对宏观经济增长和社会福利影响是不一致的。因此，政府可根据不同经济形势的要求制定有利于经济发展的税收政策。不管是对资本收益还是工资征税都不利于经济增长。当经济面对不利冲击导致产出水平有下行风险时，政府降低资本或劳动收入税率将激励生产者更多地使用资本和劳动，从而减税可以在一定程度上扩张产出并熨平经济波动，反之亦然。但是，对资本收入减税会导致较小的福利损失，而对劳动收入减税则会提高社会的福利水平。因此，当出现经济过热和投资需求过于旺盛情况，政府适当提高资本收入税率有利于抑制投资和经济总体的过快增长，还能带来部分福利收益。而针对当前我国经济增长出现衰退，同时存在消费需求不足时，政府可以考虑选择更加敏感的税种进行调节，适当降低劳动收入税率不仅能在一定程度上促进宏观经济增长，还能刺激居民消费增长，并带来较大的社会福利改进。而在选择结构性税收政策调控时，多种税收对经济增长与福利影响的综合作用情况相对复杂，政府在制定具有“稳定经济增长和结构优化相结合”特点的结构性减税政策时，则应充分考虑各种税收之间可能存在的抵消或放大作用。

（金成武）

【转移支付与地方政府间财政竞争】

李永友

《中国社会科学》2015 年第 10 期

19 千字

如何更好发挥地方政府作用，是中国地方政府治理的核心命题。为调动地方政府的积极性，中国不但建立了财政分权体制，而且通过相对绩效考核机制，在地方政府间引入竞争机制。改革开放以来的经验证实，分权体制和竞争机制对经济增长发挥了积极作用。然而，中国转移支付制度的特殊之处在于，所有地区既是转移支付的贡献者，又是转移支付的受益者，贡献和收益对地方政府财政竞争可能有完全不同的激励。由于不对称财政分权体制缺乏有效的制度安排，在中国其他一系列制度的共同作用下，竞争机制造成了扭曲的政府行为，对粗放增长方式和地区经济失衡的延续有很大影响。在财政分权体制框架内，如何通过机制设计，矫正地方政府间的无序粗放竞争行为？回答这一问题，不仅需要充分认识地方政府间竞争的两面性，更要了解形成地方政府粗放低效竞争的激励结构及其机制。

基于中国县级截面数据，利用空间系统估计方法，通过在标准财政竞争模型中引入中国特殊转移支付机制，以研究平衡预算约束下，转移支付融资与分配机制对相邻县之间财政竞争策略的影响。结果表明：第一，基于与德国、澳大利亚等国的实证发现不同，中国相邻县财政竞争不仅受到工具间同期交互效应的影响，还受到转移支付机制的影响。第二，中国转移支付整体上并不具有协调地方政府间财政竞争的作用。因为在控制了区位、经济水平等因素影响后，无论是对财政竞争工具的直接效应，还是通过影响反应函数斜率对财政竞争工具的间接效应，中国转移支付机制都在整体上强化了地方政府间的税收竞争。第三，尽管作为中国转移支付重要组成部分的一般性转移支付，对地方政府间税收竞争有显著的弱化效果，但因其所占比重较低，无法从整体上矫正地方政府的竞争行为。因此，作为大国分权治理的重要机制，不同的转移支付机制会形成不同的激励结构，这要求中国创新转移支付机制，以重构政府间竞争的激励结构。

（梁　华）

【分权体制、地方征税努力与环境污染】

踪家峰　杨　琦

《经济科学》2015 年第 2 期

13 千字

自改革开放以来，中国经济飞速发展，创造了中国奇迹，取得的成绩令世人瞩目。但与此同时，伴随着经济的高速增长，中国的环境问题也日益突出。中国现行体制下的地方政府行为已成为关注的焦点，地区间的引资竞争会对地方政府的税收征收行为带来很大的影响，进而会对本地及其他地区的环境污染排放水平产生影响。该文从环境财政联邦主义的视角出发，通过结合我国的实际国情，以中国特有的分权体制为研究背景，从地方政府的税收征收行为入手，解释其对环境污染的影响，并讨论中国当前财政体制与官员晋升机制可行的改革方向。

在理论模型构建层面，借鉴已有研究，结合我国的实际国情，通过引入税收征收努力度变量来构建理论模型，同时考虑中央政府与地方政府以及污染的溢出效应，构建包含生产者、消费者、地方政府和中央政府四个部门的一般均衡模型，在两级政府框架内，研究中国地方政府税收征收行为对当地投资水平与环境污染产生的影响及其带来的溢出效应。在实证分析层面，采用的是中国 271 个地级市 2003 年至 2010

年的面板数据，通过构建实证模型检验中国实际税率与污染排放之间的关系。

该文在一个同时包含地方政府和中央政府的两级政府框架内，构建四部门一般均衡理论模型，并采用详实的实证分析，刻画了在中国特有体制下，地方政府税收征收行为对当地环境污染水平的影响及其溢出效应，不仅为理解中国普遍的环境污染问题提供新颖视角，丰富当前研究文献，对中国环境污染的治理问题也具有现实意义。研究结论为：地方政府“为增长而竞争”的行为导致了为增长而污染的现象，政府主导型的经济导致了政府引致型的污染。在中国式财政分权与官员晋升体制下，降低污染排放量、提升环境质量的关键在于：转变经济增长方式，改革现有的财政体制，将污染控制纳入官员的晋升考核机制中，实施更为科学的相对绩效评估，逐步减轻 GDP 在考核地方官员绩效时的权重。

（于小东）

【**财政学** 300 **年**：基于国家治理视角的分析】

刘晓路　郭庆旺

《财贸经济》2016 年第 3 期

15 千字

党的十八届三中全会《决定》中将财政作为“国家治理的基础和重要支柱”，使得国家治理与财政的关系成为学术界的关注热点。在现代主流的西方财政学教科书中，财政通常仅被认为是政府为了弥补市场失灵而采取的纠正手段，因此其职能、规模、绩效都取决于经济的运行状况，几乎不讨论财政与国家治理之间的关系。这种经济视角的财政定位，若简单地与国家治理相互对应，则有将国家治理简化为经济管理之嫌。

该文区分了“社会中心观”与“国家中心观”这两种国家治理观的差异。在谈到国家治理时，该文采用的是“国家中心观”的治理理念。在不同的时代、不同的地域，国家治理与财政之间的关系有不同的表现形式。以政府的财政活动为研究对象的财政学，内容也会因此而有所不同。从这种变化中探究财政学研究的一般规律，有助于构造适合我国国情的财政学理论体系。该文将财政学的历史划分为三个时期，在这三个时期中财政学分别作为三个学科的组成部分而得到发展。第一个时期是官房学时代（1727—1825），国家治理观念为秩序国家，财政状态为国家财政；第二个时期是政治经济学时代（1825—1928），倡导法治国家，采用市场财政；第三个时期为经济学时代（1928—），国家治理观念为民主国家，财政状态为社会财政。

在历史回顾的基础上该文提出以下观点：第一，财政学的发展是一种演化而不是一种进化。在三个不同时代、三个不同国家（地区）中发展出来的三种财政理论，即“国家财政”“市场财政”与“社会财政”，更适合被看作是三种并列的、适应不同国家态势的财政形态，而不是相继而起、以新代旧的进化过程。不要将当前的主流财政学作为财政学发展的唯一范式，而是应当从“国家财政”“市场财政”与“社会财政”中求同存异，共同汲取营养。第二，财政学有必要引入更多的政治学与社会学的相关内容与分析方法。官房学时代的财政学，极其重视国家的作用，奠定了财政学的政治学基础；政治经济学时代的财政学，强调国家要顺应经济规律，构建了财政学的经济学基础；经济学时代的财政学，主张财政要依据民意，满足社会需要，形成了财政学的社会学基础。当代财政学的发展应当融合三个学科的相关合理内涵，而不仅限于经济学的研究范式。第三，中国财政学的发展必须适应中国的国情。财政学这样一门应用性的学科，发展的根本动力在于能否回应现实的需要。

18 世纪的普鲁士、19 世纪的英国和 20 世纪的美国，财政制度与政策都不同，这和当前我国财政制度与西方发达国家不同没有本质的差别。既然在前述国家中都孕育出了独特的财政理论，适应中国国情的财政理论探索与实践也会产生出具有中国特色的财政学。

（王朝阳　董　萍）

【本轮财税体制改革进程评估（2013. 11—2016. 10）（上、下）】

高培勇　汪德华

《财贸经济》2016 年第 11、12 期

42 千字

该文明确界定了现代财政制度应具备的基本特征，以此为基本标准，深入到财税体制的各个子领域，依次评估了本轮财税体制改革所涵盖的三方面内容。一是预算管理制度改革。目标是建立“全面规范、公开透明”的现代预算管理制度，改革进展可归结为：现代预算管理制度的若干基本理念得以确立；以四本预算构建的全口径政府预算体系得以建立，预决算公开透明取得一定成效；多项具体制度改革有序推进；地方政府债务管理体系及风险预警制度得以建立；推出税收优惠政策规范方案，但中途搁浅。其主要问题有：四本预算的统筹综合尚不到位，新《预算法》未能彻底攻破“土围子”；公开透明还需强化顶层设计；表外信息有待丰富；地方债管理制度设计尚需优化；预算和财政管理基础尚有待夯实。二是税收制度改革。目标是建立“公平统一、调节有力”的现代税收制度，改革取得的进展主要有：营改增全面推开，资源税改革顺利推进，消费税征收范围逐步拓展，税收征管体制机制改革已经启动。其主要问题是直接税和间接税改革的行动规模和频率不均衡，营改增、资源税改革已陆续启动，但个人所得税、房地产税改革则基本未有实质进展。三是财政体制改革。目标是发挥中央和地方两个积极性，改革进展推进相对滞后且成效尚待观察，主要原因在于围绕此议题的改革内容设计尚不够翔实、具体，财政体制改革的具体方向尚未明晰，围绕改革的具体操作方案尚未在中央和地方之间达成广泛共识。作为一个整体的财税体制改革，以上三方面改革尚不够均衡，亟待协调推进。

本轮财税体制改革的支撑性和基础性作用逐步显现，但需加力增效。财税体制改革支持、推动其他领域改革的大致清单包括：支持司法、教育、科技等领域改革，支持供给侧结构性改革，支持“三农”领域改革，推进政府投资体制改革；存在的问题主要是经验不足、力不从心，规律尚待把握。最后，该文提出了进一步推进财税体制改革的政策建议：第一，夯实基础，完善设计，进一步推进预算管理制度改革；第二，做好公共沟通，加快直接税改革，推进税收法治化进程；第三，完善地方债制度，加快社会保障制度改革，防范财政风险；第四，尽快明晰财政体制改革具体方向；第五，落实专家和社会参与机制，以公开透明推进改革落地；第六，开展大数据等技术创新对财税体制影响的前瞻性研究。

（王朝阳　董　萍）

【关于财政学的学科属性与定位问题】

安体富

《财贸经济》2016 年第 12 期

18 千字

研究财政学的学科属性与定位问题，对财政学的学科建议具有重要意义。教育部在高等学校的学科分类中，一直将财政学列入经济学科（应用经济学），这曾为大家所接受。但目前在财政学界，许多专家学者对此提出了质疑。该文认为，财政学的学科属性与定位取决于财政的性质

(本质)。财政属于宏观经济，与国民经济各个部门都有着密切关系，其重要性是毋庸置疑的，但这不能成为财政（学）从经济（学）中独立出来的根据。从学科分类来看，将财政学从经济类学科中独立出来，成为一级学科甚至超一级学科，是不太可能的。在西方国家，财政学甚至不是一门专业和学科，仅是一门课程，但财政(学)的地位绝不低于我国。财政学从来都是经济学的重要组成部分，这可以从西方经典经济学专著中得到证明。

随着经济社会的发展，学科之间的交叉越来越频繁和深化，而交叉学科的属性是由主体学科的性质所决定。由于财政分配的主体是国家，财政学被称为是典型的“政治经济学”，但它的本体是经济学，因此政治经济学仍属于经济学范畴。财政学与法学、管理学、社会学等之间存在着密切关系，应从多角度、多学科交叉的方法来研究财政问题。

财政学研究财政政策与财政制度，并不能以此否定财政学的经济学科属性，就如同经济学包括经济政策和经济制度的内容，但不能否定其经济学科属性一样。关于财政是经济基础还是上层建筑的争论，该文认为财政是一种“特殊的经济范畴”，因为财政的本质属性是经济范畴，但由于它与国家又有本质联系。对于“财政是国家治理的基础”，可从以下几个方面来理解。第一，财政是国家治理的财力保障，是其经济基础。财税作为经济范畴体现着国家在经济上的存在；财税是国家存在的物质基础。第二，财政是国家治理的功能保障。财政发挥的是国家治理的“重要支柱”的功能，这种功能是财政职能的表现，是由财政的本质是经济范畴所决定的。第三，财政是国家治理的制度保障。财政体制改革和财政制度建设，反映着政府与市场、政府与社会、中央与地方之间的关系，涉及政治、经济、社会、文化和生态文明等各个方面，其重要性是显而易见的。当前我国进入了经济发展新常态阶段，面临着许多新的问题与挑战，从制度上看，这些都与现行财政体制存在漏洞，改革不到位、不适应有关。可以说，财政体制与制度同经济社会的关系是一荣俱荣、一损俱损，密不可分。

（王朝阳　董　萍）

【资源禀赋差异与地方政府支出偏向】

徐琰超　柳　荻　杨龙见

《金融评论》2016 年第 4 期

15 千字

地区资源禀赋差异化导致地方官员面临不同的激励和约束。文章考察了有效竞争条件下的地方财政行为，着重分析了转移支付对异质性地方政府支出结构的影响。理论分析表明，中国实行自上而下的政府官僚治理模式，经济增长表现越好的地区的官员越可能获得升迁。资源禀赋丰裕的地区增加政府生产性支出所带来的 GDP 增量较大，随着无条件转移支付的不断增加，资源禀赋丰裕地区的政府官员为了追求政治晋升，倾向于扩大政府生产性支出，提高地区经济发展程度；对资源禀赋匮乏地区的官员而言，增加政府生产性支出所带来的地区 GDP 增量较少，政治晋升的可能性也更小，新增转移支付用于政府行政开支和福利性支出的倾向就越大。地方官员一方面可以通过扩大行政开支增加腐败、公务消费和构筑本地政治网络资源等方式提高私人效用，另一方面增加福利性支出将使官员赢得本地居民更多的支持。这是导致资源禀赋不同的地区表现出不同的财政支出偏向的重要原因。

该文的经验研究部分利用中国 1998—2006 年的县级财政数据对上述理论命题进行了验证，计量结果显示：随着无条件转移支付的增加，资源禀赋丰裕的地区较资源禀赋匮乏的地区，会将更多的无条件转移支付投入到生产性支出上；资源禀赋匮乏的地区较资源禀赋丰裕的地区，会将更多的无条件转移支付用于提高政府公务开支和福利性支出。不同方式的敏感性分析进一步支持了上述结论。

分税制改革以来，中央财权逐渐集中，地方政府的“事责”逐渐增加，转移支付不仅弥补了地区财力缺口而且平衡了地区财力差距。但是，中国自上而下的政府管理模式，加上中国各地区资源禀赋存在较大的差异，最终造成了资源禀赋不同的地方政府表现出不同的财政支出偏向。资源禀赋匮乏的地方会将更多的财政资源用于行政成本，这不仅浪费了财政资源，而且可能造成地方官员利用财政资金构筑地方政治网络，通过腐败和公务性消费等方式变相提高自己福利；资源禀赋相对丰裕地区的官员，为了政治升迁，会将更多的财政收入投入到生产性支出方面，忽视福利性公共物品的供给，导致地区财政支出结构次优。

该文首次考察了异质性政府的支出结构偏向问题，初步探讨了地方官员有效激励与支出结构之间的规律，发现了制度激励下地方政府支出偏向异化的证据。针对地方官员的绩效考核需要因资源禀赋而异，“一刀切”的政绩考核制度会扭曲地方政府的支出结构，不利于财政预算约束的调整。文章的结论有助于重新审视现实中地方政府职能的“缺位”和“越位”现象。该文认为，高效率的财政体系需要充分考虑不同地区的资源禀赋状况，弱化乃至消除有效竞争不足带来的负向激励，从而保证财政支出结构的优化配置。需要说明的是，该文只是在整体上呈现了资源禀赋与财政支出结构偏向之间的相关性，从政治周期的角度来看，文章的研究还有可以拓展的空间。比如，地方官员的个体特征是影响财政支出结构的关键变量，囿于数据限制，文章无法分离出官员情感因素、治理能力、任期对本地财政支出结构的干扰。随着数据的丰富和地方政府行为理论的完善，纠缠其中的各种因素将会逐步分离开来。

（徐琰超）

【软预算约束与中国地方政府债务违约风险：来自金融市场的证据】

王永钦　陈映辉　杜巨澜

《经济研究》2016 年第 11 期
22 千字

政府债券市场在金融体系的有效运行和资源配置中发挥着重要的作用，债券的违约风险也是最近的全球性金融危机和欧债危机的核心问题。中国地方债的违约风险也是近年来举世瞩目的问题。由于数据的不透明性和中央—地方关系的复杂性，对中国的地方债违约风险的估算一直难以取得进展。该文选取了从金融市场这个独特的角度来估算地方债的违约风险，将城投债的收益率价差分解成流动性价差和违约价差两部分，并通过货币政策变动、实际有效汇率变动和金融危机这些对于地方政府而言外生的冲击来进一步识别因果关系。该文发现，地方政府层面的违约风险并没有被定价，而中国经济的整体违约风险则被正确地定价了，这反映了金融市场将地方债视为国家债的共识；这意味着中国的地方债存在严重的软预算约束。我们的发现具有以下直接的政策含义。

第一，中国并没有形成一个有效率的地方债市场。在发达国家的金融体系中，地方政府的层面的信息都会被正确地定价，收益率价差会反映地方债的异质性违约风险，从而可以对地方政府的行为形成一种强有力的市场约束。中国的地方债市场的收益率价差基本上没有反映地方层面的信息，这对整个金融体系的定价效率和资源配置必然造成严重的扭曲。在发达经济体，政府债券作为一种可以保值和充当抵押品的安全资产，会提高金融体系的运行效率；中国的政府债反而降低了中国金融市场的效率。因此，未来金融改革的一个重要内容是形成一个有效的政府债券市场。

第二，中国的地方债存在严重的软预算约束问题。地方债市场缺乏定价效率的根源是地方债面临的软预算约束，金融市场预期到中央政府最后会纾困，就不会将地方政府的违约风险考虑进去。这种软预算约束现象不仅存在于中国的地方债市场，也存在于中国的其他金融市场（如公司债市场和证券化市场）。政府的隐性担保会对经济和金融体系的有效运行造成损害，美国政府的隐性担保导致了近期美国的次贷危机并引发了全球性金融危机。当然，中国的地方债违约风险问题未必会引发美国式的金融危机，但还可能会以降低资源配置效率和降低经济增长速度为代价。由于软预算约束，地方政府在发债时并没有将债券对经济体和金融体系的负外部性考虑在内，在均衡中会有过多的债务；2012年中国经济中所有债务的应付利息，首次超过名义GDP的增量，中国经济的增长率也首次低于8%，以后更是逐年回落，中国经济2012年以来整体风险的上升在我们的实证中也得到了验证。

第三，地方债设计中的关键是硬化地方政府的预算约束。金融市场中交易的城投债为未来中国地方政府债券的设计提供了一个“实验”。如果不消除地方政府的软预算约束，未来的地方政府债券市场将如城投债市场一样面临着软预算约束，不仅不会改进地方政府的融资体系和金融体系，反而会增加更多的扭曲和金融风险。硬化地方政府的预算约束需要中央政府切实的承诺，如通过立法的形式规定地方政府的债务上限和惩罚措施、债务重组的程序和破产机制等，这方面有很多国际经验值得学习。只有硬化地方政府的预算约束，地方政府债券的市场才会起到约束地方政府行为的作用；也只有硬化了地方政府的软预算约束，评级体系和地方政府的资产负债表和信息披露才会起到真正的作用。这样，地方债市场和金融体系的定价效率才会提高。

（金成武）

【投资建设性支出还是保障性支出——去杠杆背景下的财政政策实施研究】

吕　炜　高帅雄　周　潮

《中国工业经济》2016年第8期

25千字

该文主要观点如下：非金融企业部门杠杆率水平较高是目前中国经济亟须解决的重要问题，政府出台了包括“去产能、去库存、去杠杆、降成本、补短板”等在内的一系列供给侧结构性改革措施。然而，在当前供给侧结构性改革的背景下，政府的“去杠杆”政策虽然能够降低经济体系遭受金融冲击的风险，但也可能会加大经济进一步下行的压力。“去杠杆”和“稳增长”是两个相对矛盾的目标，如何协调“去杠杆”和“稳增长”之间的关系成为一项难题。现有研究认为“去杠杆”和“稳增长”两个目标之间难以平衡，并且在“去杠杆”和“稳增长”的取舍问题上难以形成一致观点。主要原因在于忽略了以下重要事实：第一，忽略了中国企业的杠杆率存在结构性特征的事实。不同类型的企业，尤其是国有企业和民营企业之间的杠杆率水平存在显著的差异。第二，大多基于货币政策的视角研究“去杠杆”和“稳增长”之间的平衡问题，忽略了财政政策所能发挥的重要作用，尤其是不同类型的财政支出对“去杠杆”和“稳增长”两个目标的不同影响。第三，只强调“去杠杆”对控制金融风险的作用，忽略了提高企业的杠杆利用率也能在一定程度上起到相同的效果。

该文通过构建包含资本密集度差异、纵向产业关联以及有限竞争金融市场等特征的动态随机一般均衡模型研究发现，政府投资建设性支出扩张时，产业链上游的国有企业的杠杆率水平快速大幅上升。而产业链下游的民营企业的杠杆率水平则先大幅下降、后微量上升；政府保障性支出扩张时，产业链下游的民营企业的杠杆率水平快速大幅上升，而产业链上游的国有企业的杠杆率水平则表现为温和上涨。当前，中国国有企业的杠杆率水平整体较高而民营企业的杠杆率水平整体较低，且民营企业投资需求不振。提高产业链下游的民营企业的杠杆率水平能够促进民营企业投资需求增加，并带动产业链上游的国有企业的产能利用率提高，但不会造成国有企业的杠杆率水平大幅增长。而且，产能利用率的上涨会提高国有企业的杠杆利用率，从而降低国有企业的债务违约风险。因此，在当前供给侧结构性改革的背景下，政府要同时实现“去杠杆”和“稳增长”的政策目标就需要在控制、降低国有企业杠杆率水平的基础上，优化财政支出结构，实施以保障性支出为核心的财政扩张政策。

（覃　毅）

【财政转移支付结构与地区经济增长】

马光荣　郭庆旺　刘　畅

《中国社会科学》2016 年第 9 期

20 千字

改革开放以来，中国经济实现了长达三十多年的高速增长，但区域发展不平衡的问题日益突出，中西部地区仍然存在规模较大的贫困人口。为了促进地区间公共服务均等化和经济均衡发展，中央对地方特别是中西部贫困地区的财政转移支付规模越来越大，同时还提出改革转移支付结构，增加一般性转移支付的比重，清理、整合、规范专项转移支付。对贫困地区加大一般性转移支付，可以更直接地增加地方公共物品的供给，缩小地区间政府的财力差距，但只有通过促进贫困地区经济增长，提升其“造血能力”，才能从根本上有助于区域间均衡发展。因此，我们需要评估转移支付对地区经济增长的效果，特别是由于在均等化程度和资金用途限制上的制度差异，一般性转移支付和专项转移支付对经济增长的效果可能存在明显不同。

考虑到转移支付的内生性问题，基于 1997—2009 年县级层面数据和中央对国家级贫困县资格的划分，采用断点回归方法，估计一般性转移支付和专项转移支付对地方经济增长的影响，即当其他条件保持不变时，一个地方获得额外一单位转移支付可带动本地 GDP 的增长量大小。结果显示：两类转移支付资金对短期及长期的地方经济增长都有正向作用，但是专项转移支付拉动经济增长的效果大于一般性转移支付。由于促使地方政府提供更多公共物品，专项转移支付对私人投资的吸引效果大于一般性转移支付，进而对地方固定资产投资增长的拉动作用也明显大于一般性转移支付。这表明，具有更高的财力均等化程度、更少的资金使用限制的一般性转移支付，在促进公平的同时，也可能产生“鞭打快牛”的效果，导致一定的效率损失，弱化了转移支付资金对经济增长的正面作用。因此，我国在完善转移支付制度、调整转移支付结构时，应当在促进地区间财力均等化（“公平”）和经济增长（“效率”）之间适当权衡。在加大对贫困地区的转移支付力度时，应配套建立激励、约束和监督机制，防止一般性转移支付比重增长过快、均等化程度过高，从而避免地方政府对一般性转移支付资金的低效率使用和过度依赖。

（梁　华）

【财政压力、税收征管与地区不平等】

陈晓光

《中国社会科学》2016 年第 4 期

19 千字

政府税收征管能力是国家繁荣的重要基石。同很多发展中国家一样，我国政府的税收征管存在着征管力度偏弱、地区间征管及执行迥异等问题。从地方财政压力（或财政收支不平衡）的角度来看，我国财政压力大的地区一般也是落后地区。而地区间税收征管力度的差异，会造成企业有效税负的不同以及税基的转移，进一步降低落后地区的经济发展水平，从而加剧区域经济不平等，并损害财政支出水平以及财政支出均等化的经济基础，即出现“越穷越征税、越征税越穷”的“乘数效应”。基于微观数据的可得性以及相关政策的外生性变化，在分析“乘数效应”形成的若干环节中，有两个问题值得关注：第一，税基的下降是否真的会导致地方财政压力加大，以及企业税负水平的提高。第二，如果经济水平落后的地区面临更大的财政压力，并实施更严格的税收征管，那么在多大程度上税收征管的因素加剧了我国的区域经济不平等。

利用 2005 年全国取消农业税作为准实验，采用双重差分法，识别区县级财政压力对当地税收征管力度的正向因果关系及其参数；将地方政府预算约束纳入地区间垄断竞争理论模型，以阐释财政压力和税收征管对地区经济水平差异产生的“乘数效应”机理，并对由此导致的地区间经济水平差异扩大程度进行分析和测算。结果表明：第一，我国地方政府广泛存在“以支定收”现象，无论是增值税还是企业所得税，税收征管强度都会在地方财政压力变大时增强。受取消农业税费改革冲击越大的区县，其制造业企业的税收负担增加越多。地方加强企业所得税征管的主要手段，在于打击企业低报利润与所得税偷逃，而非提高企业所得税有效税率。第二，地区间企业竞争程度越高，税收征管力度受地方财政压力影响越大，而这种压力差异会通过税收征管的“乘数效应”，使地区间人均 GDP 差异进一步扩大。因此，我国各级政府应严格税收征管并完善地区间转移支付制度，尤其是将地方财政支出、地区间转移支付以及税收征管三方面的改革予以配套并同步进行，才可能在一定程度上缓解地区间税负差异与经济不平等。

（梁　华）

【中国宏观税负政策偏向的经济波动效应】

杨灿明　詹新宇

《中国社会科学》2016 年第 4 期

20 千字

宏观税负水平反映一国纳税人税收负担的轻重，以及政府参与国民收入分配的程度，也在一定意义上代表社会资源在公共产品和私人产品之间的配置关系。因此，宏观税负问题始终是税收政策的核心。宏观税负水平合理与否，对于保证政府履行其职能所需的财力，以及发挥税收的经济杠杆作用有着重要意义。制约中国宏观税负水平的因素有很多，当前主要面临着保持“税负稳定”和满足“财政支出需求刚性增长”的双重压力。在税收收入方面，宏观经济潜在增速下降与周期性放缓并存，财政收入预算转向预期性、结构性减税等一系列财税政策组合拳的实施，以及税收收入弹性的持续下降，都使得税收增长前景不容乐观。若继续保持“税负稳定”，则会增加税收收入“断崖式”下降的风险。在财政支出方面，加强基础设施建设，促进社保、科教等社会事业的健康发展，助推供给侧结构性改革，以及保持宏观经济稳定，都需要综合运用税收、补贴等政策工具，对财政支出需求形成刚性增长压力。

在潜在增速下降与周期性放缓并存的宏观经济背景下，中国的宏观税收政策何去何从，是偏向“税负稳定”目标而压缩财政支出，还是偏向满足“财政支出需求刚性增长”目标而放宽“税负稳定”约束，抑或是兼顾“保持税负稳定”与“财政支出需求刚性增长”的双重政策目标？通过扩展的动态随机一般均衡模型，重点分析宏观税负政策偏向的经济波动效应及其影响机制。结果发现：对中国经济波动的周期特征模拟及其方差分解结果表明，宏观税负是影响中国经济波动的重要因素。在不同的宏观税负政策偏向下，主要宏观经济变量的波动幅度和趋于稳态所需时间存在显著差异。“盯住税负稳定”偏向于长期的供给管理加剧短期波动，“盯住支出需求”偏向于短期的需求管理扩大工资和就业的波动，“盯住双重目标”模式较好地融合了税收政策的供给管理和需求管理效应，从而对主要经济变量表现出更好的稳定效应。分税制改革以来，中国事实上实行的更加偏向于支出需求增长的“盯住双重目标”模式，一定程度上促进了该时期经济波动“大稳健”趋势的出现。

（梁　华）

【财政收支关系与赤字的可持续性——基于门槛非对称性的实证研究】

杨子晖　赵永亮　汪　林

《中国社会科学》2016 年第 2 期

21 千字

财政收支关系与赤字的可持续性一直是政府宏观调控关注的核心问题。自金融危机爆发和政府大规模“救市”以来，伴随着各国财政风险的不断累积，如何既保障财政安全运行，又有效地削减赤字规模已成为未来政策当局面临的重要挑战。为应对国际金融危机的冲击，世界各国相继采取扩张性政策，赤字规模显著攀升，中国财政赤字同样呈现跳跃式增长。而伴随着新常态下经济增速放缓，中国财政收入在 2014 年进入拐点，其增长率重返个位区间并创近 20 年来新低。作为熨平经济周期波动的基本工具，积极的财政政策必将导致未来财政收支缺口的扩大以及债务规模的进一步增加。因此，现阶段结合中国实际经济条件，对政府收支的驱动关系以及财政赤字的可持续问题展开深入研究，有助于正确理解并把握好财政赤字未来的演变轨迹，进一步完善我国财政风险预警机制，提高宏观调控决策的科学性与系统性。

使用动量一致门槛自回归等非线性模型，对中国财政收支的非对称驱动关系展开研究，并在财政改善与恶化的不同状况下，分别考察政府收支的非对称性调整，进而对财政赤字的长期可持续性进行分析。从体制区间效应的角度，进一步论证财政收支长期驱动关系。研究发现：第一，中国财政支出与财政收入存在门槛协整关系，政府收支的自我修正机制，使得中国财政赤字具有长期可持续性，但只有在财政状况持续恶化、赤字增长过快的情形下，政策当局才会对财政收支进行适应性调整。第二，中国长期存在着“支出驱动收入”的作用关系，现阶段赤字性政策的实施可能使得税负与国债规模在未来进一步攀升。即便赤字增长没有超过 4.38% 这一自动调节门槛值，也需要在宏观调控中把握好政府的合理支出，防范过度扩张的赤字规模加剧财政失衡的风险。特别是自国际金融危机爆发以来，我国缺乏有效监管的地方政府融资平台债务规模急剧膨胀，隐性的财政风险正在不断凸显，这就有必要通过政府预算会计制度的改革，理顺财政收支关系，并建立有效的预警机制，以避免因财政风险累计而导致的财政紧缩效应，进而削减在养老、医疗、教育等民生领域的公共投入。

（梁　华）

【财政支出与产业结构变迁】

严成樑　吴应军　杨龙见

《经济科学》2016 年第 1 期

11 千字

伴随着中国经济增长的历程，中国经济的一个重要特征是产业结构变迁，即大量的劳动力从农业部门流向非农业部门。劳动力跨部门流动使得生产要素配置优化，这可以部分解释改革开放以来我国经济增长的奇迹。该文从财政支出的视角探讨我国产业结构变迁的动力，为理解产业结构变迁问题提供了一个新的视角。这对于促进我国经济结构优化，经济增长提质增效具有较为重要的理论和现实意义，对于广大发展中国家如何更好地实现经济转型也具有较为重要的参考价值。

该文构建了一个包含财政支出的产业结构变迁模型，假设经济中包括农业财政支出、非农业财政支出和福利性财政支出，并分别考察了不同类型财政支出作用于产业结构变迁的传导机制。理论模型分析表明，生产性财政支出和福利性财政支出都有利于农业部门劳动力份额下降，这是因为生产性财政支出通过提高农业部门和非农业部门的全要素生产率促进劳动力由农业部门向非农业部门流动，福利性财政支出通过提高人们对非农产品的消费需求，引致更多的非农产品供给和就业。在此基础上，该文通过实证分析考察了财政支出对我国产业结构变迁的影响。实证分析表明，生产性财政支出和福利性财政支出都有利于促进劳动力由农业部门向非农业部门流动，这强化了该文的理论假说，行政性财政支出使得农业部门劳动力份额上升。

该文的创新之处主要体现在如下三个方面：1. 研究视角方面，从财政支出的视角研究产业结构变迁动力；2. 构建了包含财政支出的产业结构模型，从理论上阐述了生产性财政支出和福利性财政支出影响产业结构变迁的传导机理和作用效果，丰富了相关文献研究；3. 运用地级市层面的数据，克服了省级层面数据观测值偏少的问题，通过静态面板数据模型和动态面板数据模型考察生产性财政支出和福利性财政支出对我国产业结构变迁的影响。

（于小东）

货币与金融

【互联网金融：成长的逻辑】

吴晓求

《财贸经济》2015 年第 2 期

18 千字

互联网金融是一种新的金融业态。该文从互联网金融的基本内容、运行结构、理论基础、风险特点、监管标准以及替代边界等角度出发，探究其生存逻辑、理论结构及监管准则。该文将互联网金融定义为具有互联网精神、以互联网为平台、以云数据整合为基础而构建的具有相应金融功能链的新金融业态。广阔的市场空间是互联网金融生存的必要条件，而金融功能与互联网技术特性在基因层面上的匹配是其生存和发展的充分条件和逻辑基础。互联网金融可以进一步优化金融的“资源配置”功能；改善现行的以商业银行为主体的支付体系，更便捷地提供支付清算服务，使金融的支付清算功能效率大幅提升；并且进一步完善了“财富管理（风险配置）”的功能；对改善金融之“提供价格信息”的功能有积极影响，从而使价格信息更丰富、更及时、更准确。理论层面上，互联网金融既有传统金融相近的理论基础，更有自身独特的理论结构，包括金融功能理论、“二次脱媒”理论、新信用理论、普惠金融理论、连续金融理论。

互联网金融大体可分为第三方支付、网络融资、网络投资、网络货币这四类，其风险因形态或业务线的不同而有所不同。但互联网金融本质上仍是金融，其不同形态所隐含的风险与现有商业银行和资本市场等所隐含的风险相类似；同时，互联网金融是一种基于“二次脱媒”后的新的金融业态，其风险源发生了某种转型或变异，风险类型更加复合。互联网金融的内核性风险更多地表现于透明度风险，外置风险则更多地表现于技术和系统安全性，风险的叠加性相对明显。因此，互联网金融监管准则的基石标准应是透明度，外置标准是平台技术安全等级，目的主要是保证互联网金融体系内资金的安全、信息的真实和运行的有序。互联网金融的发展趋势不可逆转，其所具有的云数据、低成本、信息流整合、快捷高效率，无疑会对传统金融业态带来严重挑战。但是，这种挑战有的是带有颠覆性的、此长彼消式的竞争，具有替代性趋势；有的是彼岸相望、相互促进式的竞争，彼此难以替代。在互联网金融的渗透、竞争和撞击下，中国金融将呈现如下基本趋势：现行金融模式和运行结构会发生巨大的变革，金融功能的效率会大大提高，金融服务的结构化功能将不断完善，金融将从大企业金融、富人金融向普惠型金融转型。

（王朝阳　董　萍）

【金融排斥、金融包容与中国普惠金融制度的构建】

何德旭　苗文龙

《财贸经济》2015 年第 3 期

20 千字

为了解决金融排斥、深入推进包容性发展、实现经济成果共享，各国从不同层面推进普惠金融的发展。对于中国而言，这一理念与中国所提倡的“包容性发展”“和谐发展”等战略思想一致。当前我国普惠金融制度发展状况仍有不尽如人意之处，主要依赖国家政策的扶持和政府的推动，尚未形成一种更具效率的金融包容性机制。关于普惠金融制度的研究文献也尚未形成规范的理论体系，漏洞、错误时有所见。该文从经济发展战略、金融制度结构、金融市场结构、社交网络关系、风险管理约束等角度对金融排斥进行了梳理，认为要厘清普惠金融的含义与实质必须区别清楚几个概念，即普惠金融区别于财政转移支付、社会贫困救助和小额信贷。普惠金融并非泛泛地救助弱势群体，普惠金融应该界定为金融公平，其核心问题是，是否完全根据项目未来收益及风险管理准绳下公平选择资金项目，是否植根于市场规律。

普惠金融体系不仅仅是一个小额信贷、助学贷款或三农贷款之类的资金借贷问题，它包括具备一定功能的普惠金融制度结构体系、普惠金融交易主体体系和普惠金融市场体系。普惠金融应当具备的功能是突破现有的金融风险管理瓶颈，为对社会发展有价值、有贡献的资金需求提供一种公平的融资机会，且这个机会的成本和传统的信贷成本偏离不多。普惠金融产品服务体系应能够有效反映并满足被排斥群体的金融需求，但并非是万能的。普惠金融功能在主流金融和政策性金融中都有所体现，既表现为主流金融制度革新下金融公平与包容的提升，又体现为政策性金融服务对象的扩展与包容，但其更主要的精髓在于构建一个公平、自由、开放、法制、效率的金融制度体系。

如何深入发展普惠金融制度，取决于如何解决金融排斥而又不违反“金融规律”。金融排斥产生的原因在于政策导向排斥、现有信用评估方法的缺陷、风险管理水平约束、金融交易平台公平程度较低、社会关系排斥等。在政策决心解决金融排斥的前提下，普惠金融发展趋势主要表现在后几个问题的解决，而解决这些问题的基础是法律制度和信用水平，主要包括：法律基础、市场规则与普惠金融制度的构建，制度变革、市场选择与普惠金融制度的构建，技术革新、风险信息与普惠金融制度的构建，金融分权、市场进出机会与普惠金融制度的构建，资源优化、渐进式改革与普惠金融制度的构建。

（王朝阳　董　萍）

【谁在为小微企业融资：一个经济解释】

李华民　吴　非

《财贸经济》2015 年第 5 期

18 千字

时下主流观点认为，不同的金融机构及其代表的融资方式（期限结构）在对不同性质的企业的信贷上各具比较优势，即不同规模的金融机构有着自己相对适应的业务边界。2008 年以来，大银行机构表现出了面向小微企业融资的积极取向，为小微企业融资的金融机构格局出现逆转，上述主流观点之实践异象恒定。该文对小微企业融资结构变迁的经济解释是：第一，有关小微企业融资的政策偏好与法规环境的改良；第二，银行机构的利润结构的备战性调整，利率规制松动带来了银行机构面向小微企业融资的利润空间的膨胀；小微企业融资的风险可控程度提高；资金“脱媒”要求大银行机构战略性调整其信贷结构；可贷资金的边际收益分布；第三，贷款技术改进大幅度降低贷款成本；第四，信贷流程以降低成本、信息增透与风控增强为出发点，从而在为小微企业提供信贷服务的同时，保证风险控制和增加利润。

针对解决小微企业融资难的问题，该文提出如下政策建议。第一，传统理论范式强调的大小银行机构与大小企业“门当户对”之天然格局并不符合市场规律。没有相应的公平竞争、监控体系、法制结构以及“信用文化”等基础，即便推出了新的民营银行，一方面难以良好运转，另一方面不过是给大企业增添一个资金供应园地而已。第二，在现阶段银行信贷技术高速发展的基础上，小微企业所特有的高风险、信息不对称和建构关系成本高等特质所导出的劣势，往往都可在一定范围内被新的信贷技术所抵补，一些在过往经验研究中被证实有着重大影响的因子及理论范式，在现今普遍推广并不断革新的信贷技术和异变的经济大环境下，大多丧失了说服力，突破原有理论范式对于我们重新审视并解决小微企业融资难问题，意义重大。第三，小银行机构同样偏好于规模经济，增设小银行机构并非能够解决小微企业融资难题，尽管该政策能够为民间资本提供可选择渠道。第四，小银行机构的增设，的确可以释缓小微企业的融资困境，但这种融资的净增量无法以规模经济为支撑，因此在小微企业融资格局中，将增设小金融机构作为“补充”小企业融资缺口的工具或许更为适宜。第五，大银行机构的小微企业融资服务的开拓或许是缓解小微企业融资难题的最佳措施。基于此，该文所蕴含的政策价值在于，国家政策要求大银行机构增加对小企业融资规模，并为小微企业融资提供相应的制度激励，是中国解决小微企业融资问题的最有效路径。

（王朝阳　董　萍）

【金融市场结构、融资成本和货币政策传导】

李良松　傅　勇

《金融评论》2015 年第 4 期

13 千字

近年来，在物价平稳、经济下行压力较大和货币信贷条件总体宽松的情况下，实体经济一直存在融资难融资贵问题，引发广泛关注，甚至被认为是经济发展进入新常态的一个特征。该文通过建立理论模型，分析在中国利率市场化尚未完成的情况下，不同利率之间的传导机制；并通过经验数据，分析了贷款利率、信托和民间融资成本的影响因素。研究发现，除贷款基准利率外，理财产品利率也是融资成本的重要决定因素；在贷款利率管制放开后，融资结构和贷款市场竞争程度对融资成本的影响显现。

在中国经济下行风险较大的情况下，出现的融资难融资贵是一个比较复杂的问题。该文研究认为，要提高央行政策利率对拆借利率和债券利率的传导效率，必须要降低金融机构获得央行流动性的成本，此外，可能还需要进一步完善目前的流动性供给机制。为增强政策利率对贷款利率和其他融资成本的传导效果，降低融资成本，可考虑采取如下措施：一是 2015 年适时降息有助于降低融资成本。央行政策利率是社会融资成本的主要参考指标，若经济下行压力加大到一定程度，需要央行下调政策利率。二是进一步规范同业业务，消除不合理套利空间，使其他同业业务利率能够尽可能趋近同业拆借利率，同业拆借利率走向足以显著影响同业业务。三是监管机构采取切实措施进一步规范商业银行理财业务。随着利率市场化的深入推进，商业银行为绕过利率管制和更加主动地对负债端进行管理，发行了大量理财产品，使得融资成本上升，其中不可避免包含一部分“无风险溢价”（由刚性兑付等引起）。监管机构采取措施规范理财产品市场，如打破刚性兑付等，降低无风险收益率，有助于降低社会融资成本。四是进一步发展直接融资和引进民营金融机构。利率管制完全放开以后，其他因素对贷款利率的影响逐渐显现，社会融资结构中贷款占比下降以及四大行贷款份额下降都有利于推动贷款利率和信托融资成本下降。因此，政府有必要进一步加快发展直接融资方式。引入更多的民营金融机构，提高贷款市场乃至整个金融市场的竞争程度，也有助于增加信贷供给，降低融资成本。同时，加快货币政策向价格型调控转变，确定央行短期操作目标利率、在央行公开市场操作中纳入更多的非银行金融机构、提高货币政策透明度，也有助于增强政策利率对社会融资成本的传导效率。

（李良松）

【国有银行不良资产为什么特殊？——兼评相关文献】

张　杰

《金融评论》2015 年第 6 期

22 千字

国有银行的不良资产问题曾被国内外经济学家长期关注，但长期以来学术界对既有相关文献鲜有梳理和评述。大致地说，国内偏重制度视角的经济学家在不良资产的特殊性问题上存在不少共识，但对特殊性本身的理解则见仁见智。改革启动不久，就有国内学者敏锐地发现国有银行的不良资产属于国家负债的“金融方式”；一些文献由国家融资切入几乎触到了不良资产形成的真正源头；另有文献认为不良资产是国有银行为寻求财政补贴最大化过度提供信贷而形成的一种“局部均衡”；还有文献基于双重债务融资格局认为不良资产是一种金融支持均衡，进而确认其长期存在的逻辑合理性。无论如何，这些文献为人们重新认识不良资产的特殊性提供了一些可贵角度。透过这些角度，人们可能发现，国有银行的不良资产并非想象中那么可怕，它或许是一整套金融制度设计的有机组成部分。

在主流银行理论看来，银行的不良资产是金融资源配置效率低下的表现，不过，这种判断并不完全适用于国有银行体系。对于一般商业银行，处置不良资产通常是银行自身的“私事”，但对于国有银行来说，化解不良资产则属牵扯经济金融运行全局的“公事”。商业银行不良资产与整体金融体系之间的联系是无机的，资产处置几乎不存在外部性。相比之下，国有银行体系的不良资产因牵扯到金融支持逻辑而与经济改革进程建立了有机联系，因此具有显著的外部性。单从一家国有银行的资产负债表看，不良资产无疑意味着风险与损失，但若着眼于改革与增长的宏观进程，加总起来的不良资产则在很大程度上变身为“金融补贴”。可以说，在中国经济改革与增长最为艰难的时刻，国有银行体系通过不良资产分担了巨额的改革成本。在不少情况下，出于整体经济金融改革进程的需要，还不时在国有银行体系的账面上刻意“保留”一部分不良资产。此时，不良资产就与银行自身的经营效率无关，而体现为一种金融制度均衡。

国有银行不良资产还是国家以风险承诺换取金融资源跨时配置的结果。对于中国的经济成长进程，20 世纪 70 年代末期以来的三五十年是一个千载难逢的“战略机遇期”。将其他时期的经济金融资源集中配置到这一时期，“把钱用到刀刃上”，现值最大，意义非凡。事实证明，在财政举债机制一时难以修复的条件下，由国家出面建立国有银行体系，将未来相当长一段时期的金融资源借到现在来用，无疑是一种最优的金融制度安排。如其不然，像部分主流学者一直坚持的那样，等到将来市场条件成熟了再按照市场规则配置这些金融资源，效率可能更高，国有银行的账面上也就不会有那么多的“不良资产”。可问题是，到那时，经济发展的重要机遇可能已经完全丧失。

（张　杰）

【中央银行公告与资产价格反应——基于双因素模型的实证分析】

张成思　陈紫琳

《金融评论》2015 年第 1 期
13 千字

基于中国的实践积累，我国货币政策的目标实现开始向多元化发展。宏观调控市场资产价格的目标实现，不再单一地依靠货币政策的实际行为，也期望央行的信息传达能对市场预期产生正确的引导。1996 年 6 月起，在每季度货币政策委员会会议之后，中国人民银行均会在官方网站上发布会议决议。自 2001 年起，中国人民银行定期对外公布季度《中国货币政策执行报告》，并于 2004 年开始发布公开市场操作的公告，对外公布具体的公开市场操作时间、操作类型以及相关详细信息。这些举措都说明了我国中央银行近年来越来越重视货币政策沟通，不仅是因为货币政策沟通使得货币政策更加公开透明，也因为它可能具备辅助调整市场价格的潜力。货币政策沟通对于美国等发达市场的重要性在学术上已得到实证支持，但文献对中国货币政策沟通的研究却没有一致的结论。因此，市场对中国货币政策沟通的价格反应以及如何更好地进行货币政策沟通是个亟待深入研究的课题。

早期文献使用一维变量来衡量货币政策公告对市场资产价格的冲击，但 Gurkaynak 等（2007）对美联储货币政策公告的研究发现这种方法不足以反映全部的市场价格反应。针对以上问题，通过对回购利率在人民银行公告影响日的日变动数据进行主成分分析，发现中国的货币政策公告亦存在即时因素和预期因素两种影响渠道。即中国人民银行公告对市场的影响无法用单一变量完全捕捉，需要从即时因素和预期因素两方面来衡量人民银行公告的影响。市场对即时因素的反应显示货币政策决议或重要经济数据的发布会对市场产生有效的短期引导。在公告发布后一周左右，市场资产价格会依照货币政策的目标方向发生显著的变动。从市场指数来看，央行发布宽松的货币政策决议公告或景气的经济数据，会导致未来一周股票市场价格的上涨以及债券收益率的下跌；反之，央行发布紧缩的货币政策决议公告或不景气的经济数据，会导致未来一周股票市场价格的下跌以及债券收益率的上涨。这说明中国人民银行公告这一货币政策沟通工具可以达到调整短期市场价格的目的。然而，市场价格对预期因素的反应表明央行公告在中国市场被视为短期信号。一般性的人民银行公开市场操作等公告对债券市场价格的影响在三个月后出现反转。在无重大货币政策变动的前提下，中国投资者倾向于认为市场价格有均值回归的趋势，认为超预期的货币政策变动或央行操作会在一个季度内消化完毕，长期价格水平的一致预期不会随某个单一政策公告内容而改变。

（张成思）

【通缩机制对中国经济的挑战与稳定化政策】

张　平

《经济学动态》2015 年第 4 期
15 千字

该文主要观点如下：自 2012 年 3 月到 2015 年 3 月，生产者价格指数（PPI）连续 36 个月同比增幅为负，PPI 增幅持续为负虽然没有传递到 CPI 并造成物价指数全面下跌，进而触发整个国民经济进入通货紧缩通道，但生产部门的通货紧缩已经是不争的事实。而且，如果不及时遏制生产部门的通货紧缩，由 PPI 向 CPI 传递只是时间问题，而一旦“逆向循环”效应持续，对经济造成的冲击将是非常严重的。伯南克（1996）的“金融加速器”理论对通货紧缩的传导机制给出了解释。其原因是存在信息不对称，在资本市场上企业外部融资成本（利率）和融资规模取决于企业资产负债表（企业净值）情况。在经济处于景气周期时，企业经营状况好，资产负债表信息优质，企业的低成本融资需求可以得到充分满足；而一旦经济下滑，企业营利能力下降，企业自身资产负债表恶化，相应的抵押物估值下降，而外部金融部门根据企业经营情况会提高融资溢价或降低融资规模，引起企业投资规模收缩，导致经济进一步恶化。

就国内情况来看，生产部门已经陷入通货紧缩，负面作用也在显现：首先，作为企业融资成本的实际利率已经提高，信用收缩正在出现，这一点在小企业中更加明显；其次，在经济下行期，企业净资产回报率下降，加之实际利率上升，导致净资产回报率低于实际利率的状况；最后，企业资产负债表直接受到通缩冲击，资产净值开始下降，金融部门对企业的“逆向选择”开始显现，而企业则容易出现“道德风险”，同时地方政府融资平台的债务成本被动提高，风险不断累积，并开始向金融部门传递，从而进一步加剧了金融风险。

要应对通缩机制对我国经济稳定增长的挑战，应该实施“逆周期”的稳定化政策进行调节，特别是财政部与人民银行共同协调推进我国地方政府的“资产购买（置换）”计划，修复地方政府的资产负债表，同时进行金融财政体制转型，积极推动“软预算”部门（包括国有企业、事业单位和地方政府）改革，配合区域发展三大战略，促进经济增长进入健康状态。

（杨新铭）

【**融资流动性与系统性风险**——兼论市场机制能否在流动性危机中起到作用】

吴卫星　蒋　涛　吴　锟

《经济学动态》2015 年第 3 期

17 千字

从理论上说，投资者追求资产安全性并不会带来市场流动性紧张的局面，更不会由金融机构流动性危机演化成银行业系统性危机。因为，金融机构可以通过同业拆借或质押回购市场等来缓解流动性短缺。但是，现实却是处于流动性短缺的金融机构往往不能通过同业拆借和质押回购等市场操作缓解流动性危机。通过实证分析商业银行融资流动性与系统性风险之间的关系，可以发现，二者相互促进，呈现出了螺旋式增长的结构。这是出现上述理论与现实相背离的原因。

首先，非流动性融资的增加会增加系统性风险，提高其他原本流动性充裕银行面临的风险，是这些银行不愿为较高的资金收益而拆借资金，面对增加的风险。同时，商业系统性风险的增加会进一步增加融资非流动性，使面临流动性短缺的商业银行更难从同业拆借市场获得流动性。其次，质押回购方式融资非流动性同样会增加系统性风险，而且在流动性较差的环境中同样较难通过质押式回购方式来获得融资。另外，通过质押式回购方式融资虽然缓和了金融机构的流动性危机，却增加了金融机构之间风险传染和金融市场上的折价销售，进而增加了系统性风险，而系统性风险反过来增加质押式回购方式融资非流动性，在市场情况不佳时恶化了金融机构质押回购方式的融资环境。

这就意味着，当流动性出现危机时，商业银行无法简单通过提高融资价格来实现银行间的流动性拆借或者通过质押来获取融资。有鉴于此，当银行面临融资流动性紧张局面时，必须由监管机构打破这种流动性短缺的恶性螺旋式增长，而最直接的政策就是对银行业实行流动性注入或常备借贷便利，降低银行业的流动性紧张局面，进而降低银行业的系统性风险。就商业银行而言，一旦出现系统性流动性不足，应尽快识别并避免以同业拆借或质押式回购等进一步促进流动性短缺的方案，而应寻求政策或者说货币当局（中央银行）的支持，以化解可能出现的流动性危机。

（杨新铭）

【大数据思维在金融学研究中的运用】

蔡庆丰　郭春松　陈诣之

《经济学动态》2015 年第 3 期

20 千字

该文主要观点如下：随着技术进步和数据梳理能力的提高，将大数据运用到金融学的时代已经到来。大数据所具有的大容量和非结构化特征，使金融学突破了传统数据分析的局限，提高了计量检验分析结论的可靠性和说服力，拓宽了金融学的研究领域、研究视角和研究思路。

在数据量上，由小样本到大样本转变的影响主要体现在两个方面：其一，解决了小样本分析容易产生的内生性问题，使原有结论的稳健性得到加强。关于天气与资本市场关系以及内在机制研究，金融市场中的性别差异研究等在这方面表现得最为明显。其二，发现了小样本研究未能发现的研究结论，而且使原有结论的显著性发生改变。如月球运动会影响股市表现的研究结果被普遍接受，改变了原来研究认为二者无关的结论；又如，推翻了被普遍接受的关于知情交易概率会影响资本市场收益的研究，越来越多使用大数据的研究结论支持知情交易并不影响市场收益的观点。

在数据结构上，由单一的结构化数据向多元化非结构化数据（结构化数据、文本、图像、音频、视频等）的转变的影响主要表现为：一是丰富了传统金融学研究的内容。如原有对 CEO 的研究集中于个人特征和特质对上市公司的影响，当前已经开始转向感情状况、心理特征、早年经历、管理和领导才能、参军经历、外貌形象等的研究上来。二是加强了金融学与其他学科间的联系。例如，行为金融学把心理学与金融学相结合，研究球迷心态与股票市场的影响；又如，把神经学数据引入金融学以观测投资者神经元活动进而解释其投资行为的差异，借用现代物理学的建模方法解决金融学模型的发展瓶颈。

此外，金融市场的媒体效应，网络数据运用也是近几年研究的新领域。前者证实了上市公司的相关媒体报道、市场短期动量效应以及长期反转效应之间存在着系统性关联；后者则通过各类投资者在互联网等虚拟空间中留下的各种痕迹，抓取投资者个体特征、行为特征、情绪波动以及投资者关注点变化等结构化和非结构化信息，揭示投资者行为与资本市场之间的关系。而其中，情绪变化捕捉和外貌形象的量化识别是近期金融学领域运用大数据研究的热点。

（杨新铭）

【经济增长进程中金融结构的边际效应演化分析】

张成思　刘贯春

《经济研究》2015 年第 12 期

26 千字

对于金融结构与经济增长关系的理解和认识，关系到金融体系格局的合理设计问题，更关系到国家金融体系改革的重大战略规划问题。该文基于新古典经济学视角，首先从理论层面阐释了最优金融结构形成与经济增长的内在形成机制。理论分析阐明，在经济发展的不同阶段，存在动态演化的最优金融结构与实体经济相匹配。进一步演化轨迹分析结果显示，最优金融结构可以是“市场主导型”，也可以是“银行主导型”，而这取决于经济环境、产业结构等国别差异。同时，由于同一国家不同时期及不同国家同一时期之间存在异质性，因此最优金融结构也是动态变化的。此外，当不存在制度因素等意外冲击条件下，社会平均利润率规律将在金融市场资本与金融中介资本之间自由支配，进而形成适度的金融结构，否则最优金融结构将发生偏离，经济发展偏离最优增长路径。基于此，该文认为不存在何种金融体系绝对最优的命题，而是哪种金融结构更适合于特定时期一国实体经济的发展状况和阶段。伴随着金融服务的提供和金融法律体系的完善，满足实体经济特定阶段产业结构需求的不同金融制度安排之间的比例构成了最优金融结构。

在理论分析基础上，该文构建了考察金融结构与经济增长关系的分析框架，并以股市交易总额与金融机构贷款总额的比例构成作为金融结构的代理指标，运用1996—2012年间中国29个省区的面板数据实证检验了不同经济发展阶段金融结构与经济增长的关系。面板分位数回归的结果显示，金融结构对经济增长的影响显著为正，即金融市场在金融体系中相对重要性的上升有利于经济的快速发展。我们还按照中国的现实情况，进一步将中国东、中、西部地区分别归为经济发展的初级、成长和成熟阶段，并展开实证检验。结果显示，在不同经济发展阶段，金融结构的边际效应呈现阶梯式的倒U形动态演化趋势，表明结构性变化的存在。值得指出的是，该文发现中国金融服务水平与经济增长之间显著负相关。出现这种现象的原因可能在于，中国长期以来都是银行主导型的金融体系，金融服务主要集中于大型国有企业，但是相当数量的大型和国有企业生产效率较低。同时，金融服务类型与经济发展的需求不相匹配，中小企业融资困难，所以导致金融服务的经济效应在计量估计上表现为抑制效应。

可见，进一步深化金融体系改革，特别是加快推进金融服务类型的改革，是中国金融改革的顶层设计中需要考虑的重要内容之一。结合中国的产业结构特征，通过改革来缩小现实金融结构与最优金融结构的偏离度，进而促进经济的快速发展。在经济转型发展中，传统的技术和产品模仿模式不断向原创的技术研发和产品创新调整，对于金融市场的需求越来越大。此时，传统的“银行主导型”体系无法有效满足产业结构升级的需要，因此如何提升金融市场在金融体系中的相对重要性显得尤为关键。一方面，放开金融市场管制，并构建完善、有效的资本市场体系，以充分发挥金融市场对经济增长和转型升级的积极推动作用。另一方面，在金融资源有限的前提条件下，可以考虑建立富有弹性的金融制度和信用制度，实现金融资本在金融市场和金融中介之间的自由转移。同时，为缩小区域经济的差异，地方政府应因地制宜，结合自身的客观条件制定出符合自身地区发展的差异化路径。例如，在经济较落后的西部地区，金融结构调整对经济增长的边际促进效应明显高于中部地区和东部地区，加大证券市场的改革力度，以实现与东部地区和中部地区的经济“追赶”效应。

（金成武）

【中国人口年龄结构变动对居民内生储蓄的影响研究】

马树才　宋　琪　付云鹏

《中国人口科学》2015年第6期

18千字

该文通过扩展连续世代交叠模型所构建的居民内生储蓄函数，分析了人口年龄结构变动对居民储蓄的影响。理论分析表明，少儿人口抚养比和老年人口抚养比与居民储蓄率均呈U形动态关系。然而，对中国省际动态面板数据模型的实证分析却发现，中国少儿人口抚养比对居民储蓄率存在U形的非线性影响，这与理论分析结果相一致。当前中国少儿人口抚养比正处于拐点附近，1998—2004年处于U形曲线拐点右侧，2005—2013 年在拐点左侧，说明少儿人口抚养比下降对居民储蓄存在先抑制后促进的影响。究其原因，是由于中国父母受传统观念的影响，为子女当期及未来教育投资减少自身消费、增加预防性储蓄，从而对居民内生储蓄产生较大影响；老年抚养比与居民储蓄率存在倒 U 形关系，与理论模型的分析并不一致，这是由于理论模型中没有考虑老年人口的遗赠、利他动机等因素所致。当考虑到社会保障体制改革等因素后，会发现老年人口抚养比与居民储蓄率的倒 U 形关系是合理的。当前中国老年人口抚养比正处于倒 U 形曲线拐点左侧，伴随人口老龄化速度的逐渐加快，其与居民储蓄的正相关关系正不断加强，老年人口抚养比上升才是影响居民储蓄率并致使其居高不下的重要原因。1998—2013 年的静态分析表明，老年人口抚养比对居民储蓄的影响远大于少儿人口抚养比，老年人口抚养比每增加 1%，居民内生储蓄上升 0.107%，而少儿人口抚养比仅使居民内生储蓄上升 0.035%。尽管少儿人口抚养比对居民储蓄有影响，但远小于老年人口抚养比对居民储蓄的影响，从而造成总人口抚养比对居民储蓄的影响也呈倒 U 形非线性关系。目前，中国总人口抚养比正处于倒 U 形曲线的左侧，所以随着人口老龄化的逐渐加剧，居民热衷储蓄的现象还将持续。此外，惯性因素、持久收入、财政支出和养老保险亦对居民内生储蓄有较大影响，持久收入、财政支出和养老保险每增加 1%，居民内生储蓄分别增加 0.016%、0.206% 和 0.106%。因此，该文认为，在中国人口老龄化加剧的背景下，应努力改变居民储蓄偏好，积极引导、改善中国民众自古有之的“节俭、谨慎”的消费习惯，减轻家庭和社会抚养负担，提高社会保障水平，增加财政支出，从而增强居民抵御教育、医疗、养老等不确定风险的能力，降低居民预防性储蓄，使之转化为扩大内需、促进经济增长。

（朱　犁）

【中国影子银行界定及其规模测算——基于信用货币创造的视角】

孙国峰　贾君怡

《中国社会科学》2015 年第 11 期

21 千字

近年来，中国影子银行业务快速发展，成为金融体系中不可忽视的组成部分。影子银行的功能是为实体经济提供信用。从微观主体的角度看，货币创造型融资和货币转移型融资的最终结果，都是企业或个人可用资金增加，其效用相同。但从宏观角度看，基于货币和信用与宏观变量的相关性差异，有必要区分融资是通过货币创造实现的信用，还是仅仅以货币为媒介、表现为货币转移的信用。自信用货币制度建立以来，就有影子银行的踪迹，在历史上很多次经济危机和金融危机中，都存在游离于传统信用货币体系之外的金融机构和工具。因此应重点分析影子银行是否创造信用货币。发达经济体的影子银行主要体现为信用货币的转移行为，需要重点从参与实体、实施活动和创新市场等角度进行分析。而关于中国的影子银行，则需重点关注其对实体经济的融资功能和金融风险问题。

基于信用货币创造的视角，以银行资产负债表为分析工具，理论剖析中国影子银行的信用行为机制，并用扣除法对其规模进行测算，研究发现：第一，中国影子银行业务包括银行通过资产创造负债的会计手段创造信用货币所形成的银行影子，以及非银行金融机构通过货币转移途径扩张信用形成的传统影子银行。两者的区别体现在其信用行为机制不同，对金融总量的影响也不同。第二，银行影子实质上是银行的信贷业务，由于银行部门在信用活动中仍然占据主导地位，导致中国银行影子规模较大，在信用货币创造中占比较高，对经济运行和社会财富分配都会产生重大影响。因此，有必要明确划定银行扩张资产创造信用货币的边界，对商业银行和非银行金融机构实施差别监管，进而构建面向整个影子银行业务的广义宏观审慎管理框架，使之和监管部门的微观审慎管理等其他政策相结合，共同形成完整的影子银行管理的法规体系。

（梁　华）

【收入、房价与金融稳定性——源自异质面板门槛模型的解析】

沈　悦　郭培利

《经济科学》2015 年第 6 期

13 千字

房地产作为银行贷款的经常性抵押品，其价格波动对各国金融稳定的重要性毋庸置疑。目前业界形成两种对立的观点：一是价值抵押理论，认为房价上涨可以提升金融稳定性。二是价值偏离理论，认为房价上涨会破坏金融稳定性。对于我国城市众多、财富差距较大的特殊国情，不同收入城市内房价与金融稳定性的关系具体如何？每个城市究竟该以哪一观点作为经济发展的指导？怎样才能更科学合理地对三者关系进行判定？

基于以上考虑，该文设计了理论分析，发现收入不仅对城市房价、金融稳定性都存在着直接影响，作为关联纽带也间接作用于二者关系，因而采用我国 35 个大中城市相关异质面板数据构造了线性固定效应和非线性门槛模型，将房价对金融稳定性的影响在不同收入城市中进行了实证检验。其间创新性地以门槛模型获取的收入门槛值分类数据，进行了房价与金融稳定性关系在异质样本间的非线性结构解析；并构建了房价对均衡值的偏离指标来分析房价与金融稳定性的关系，与房价同比波动指标的影响进行对比，克服一般文献中单一角度论证欠周密的不足。

通过线性和非线性估计的对比研究，发现无论房价偏离还是房价波动对金融稳定性的影响均显著存在收入门槛效应，且从房价对均衡值的偏离分析存在双门槛值，从房价的同比波动分析存在单一门槛值。而且，无论房价偏离还是房价波动，在中、低收入水平下均支持“房价上涨破坏金融稳定性”的价值偏离理论；跨越门槛值进入高收入水平后则支持“房价上涨提升金融稳定性”的价值抵押理论。该文使用不同测度方法分析的房价偏离和房价波动对金融稳定性作用程度差异较大，后者为前者的 5—9 倍。同时发现收入水平、人口密度是驱动我国房价偏离的重要因素，并且非线性门槛模型下房价偏离对金融稳定性的影响效应被证明相对最稳定和可靠。

（于小东）

【中国的杠杆率与系统性金融风险防范】

马建堂　董小君　时红秀　徐　杰　马小芳

《财贸经济》2016 年第 1 期

28 千字

该文主要观点如下：2008 年金融危机以来，我国非金融企业和政府部门的杠杆率整体呈上升趋势。尽管与发达国家相比，我国名义杠杆率不高，但潜在风险并不小。一是存在较多隐性债务，二是债务增长偏快。当前金融监管的首要任务，是在保持经济长期稳定增长的同时，标本兼治，逐步并有效地重组和化解债务，切实防范和化解系统性金融风险。

随着我国由计划经济向社会主义市场经济转型，以及银行体系和金融市场的发展，我国经济杠杆率上升有金融深化引致的宏观变化成分。但杠杆率的过快上升，与以下几个因素也密切相关：一是融资方式单一，过度依赖间接融资；二是资金使用效率偏低；三是产能过剩，导致资金无效占压；四是货币信贷政策过度工具化。中外金融发展史表明，金融危机的背后是去杠杆危机，本质上都是信用危机。高杠杆率给我国经济带来的风险，具体表现为流动性风险与偿付性风险、金融失衡风险、实体经济倒闭风险和社会不稳定风险。

在经济下行和资产贬值的压力下，前期经济高增长阶段积累的高杠杆率风险将逐步暴露。同时，经济下行又增加了去杠杆的难度。财政收入减少后，减支还债将导致总需求进一步萎缩。要应对这一矛盾和挑战，需要处理好稳增长和防风险的关系。稳妥化解我国系统性金融风险的对策建议如下：第一，通过债务重组缓解短期偿债压力，包括调整债务期限结构，即尝试债务直接展期或借长债还短债；调整债务利率结构，即用低利率负债替代高利率负债；调整贷款来源结构，即由国外债务替代国内债务；试行债务打折，为企业财务调整赢得时间。第二，通过金融体系再造，建立多层次金融服务体系，包括加快发展多层次直接融资体系，如尽快推进主板市场 IPO 由核准制转为注册制，连接并规范新三板和股权交易市场，完善并发展股权众筹模式，建立各层次资本市场之间的转板机制；构建多层次间接融资体系，如进一步降低民营银行准入标准，基本放开利率管制，更好地实施《中国存款保险条例》；利用债转优先股去杠杆；发展资产证券化业务；积极稳妥发展夹层融资。第三，深化实体经济改革，增强实体经济活力，包括采取多种方式化解过剩产能，按照“消化一批、转移一批、整合一批、淘汰一批”过剩产能的原则，建立健全防范和化解过剩产能长效机制；增强企业活力，提高资金使用效率，如推进活力不足的国有企业退出竞争性领域，支持创新型企业发展，企业进一步完善预算制度，提高资金使用效率。

（王朝阳　董　萍）

【构建基于消费者—金融产品关系生命周期的金融消费者保护体系】

何德旭

《财贸经济》2016 年第 4 期

21 千字

国际金融危机后，作为国际金融监管改革的一项重要内容，金融消费者保护受到空前重视和强化。该文认为，应当基于消费者—金融产品关系生命周期，探析金融消费者权益遭受侵害的根源，在此基础上形成完善的金融消费者权益保护体系，多措并举、有机结合、突出协同，以有效捍卫金融消费者权益。

一般而言，消费者与金融产品的关系生命周期可划分为四个阶段，在不同的阶段，金融消费者受侵害的情形也存在巨大的差异。第一阶段是搜索金融产品，希望获取某一新金融产品的消费者可能会对金融产品及其提供者展开调研。第二阶段是获取金融产品。从实践来看，消费者在制定金融产品购买决策之前，很少能从金融产品提供商或其中介处获取推荐信息，且即便消费者得到相关的推荐，也依然可能作出错误决策。第三阶段是持有金融产品阶段，消费者持有产品，期限因产品而异。一些金融产品有确切的期限（如个人贷款、按揭或信用卡），而另一些金融产品的期限则不确定（如银行账户或股权投资）。第四阶段是金融产品到期或（自愿或非自愿）被清偿。

从全球经验来看，即便没有误售和不当销售，购买多种类型的金融产品或服务对消费者仍然构成巨大挑战：一是消费者并不了解金融产品特别是较新的金融产品和服务，故很少购买，缺乏经验；二是金融产品和服务可能非常复杂，风险难以评估，特别是长期金融产品和服务；三是零售金融市场的消费者没有或鲜有讨价还价能力。因而，金融消费者的保护肩负双重任务，即在保护金融消费者的同时，着力于提升消费者的金融素质。覆盖消费者—金融产品关系生命周期的金融消费者保护体系，至少应包含以下主要内容：金融消费者权益保护机构；主动干预式金融监管与鼓励竞争；信息披露与风险提示；金融机构行为规范；争议处理机制；金融消费者退出机制；金融教育；金融消费者保护立法。

基于覆盖消费者—金融产品关系生命全周期的考量，该文建议重点从以下思路来建立和完善我国金融消费者保护体系：一是开展全国金融知识普查，全面评估消费者金融素养差异；二是开展金融消费者权益侵害调查，推进我国金融消费者权益保护法制建设；三是逐步完善多元化金融消费纠纷解决机制；四是设计实施旨在减少消费者行为偏差的信息披露制度；五是建立多层次的金融消费者教育体系；六是自律与监管相结合，规范金融机构经营行为；七是从消费者利益出发促进有效竞争。

（王朝阳　董　萍）

【论发展中国家的通货膨胀、汇率变动与贸易增长】

贺力平　马　伟

《金融评论》2016 年第 6 期

14 千字

20 世纪 80 年代以来，发展中国家作为一个整体其经济增长呈现出三大特点：经济增长率高于发达国家，贸易部门扩张的规模和速度超过发达国家，但平均通货膨胀率也较高。已知贸易扩大有利于经济增长，但为何贸易较快增长可发生在较高的持续性通货膨胀条件下？而且，为何较高的持续性通货膨胀未能引起实际汇率升值从而妨碍贸易增长？这显然是需要理论解释和经验检验的问题。

该文认为，持续性的国内通货膨胀及其预期导致公众对外汇资产的需求相应地增长，其增长速度可超过国内通胀，即出现实际汇率贬值或者说购买力平价在长时间中得不到满足；在实际汇率贬值的条件下，贸易部门相对国内非贸易部门较快增长，并伴随贸易顺差（对外净资产增加）；在这个过程中，公众事实上选择了贸易品作为国内通货膨胀的对冲物品，外汇资产替代了国内资产。该文通过扩展的货币替代模型来进行分析。在加入了适应性通胀预期后，该模型结论是，当出现货币政策扩张和通胀上升时，国内居民增加对外汇资产偏好，并由此推动本币持续贬值，其贬值程度不再受到购买力平价的限制即同时出现名义贬值和实际贬值；进而，实际汇率贬值改善贸易部门的相对价格条件，促使贸易部门获得“额外”的增长动力。对 24 个重要发展中经济体 1980—2015 年的年度数据进行计量检验的结果表明，多数国家的实际汇率贬值程度（以市场汇率与购买力平价的偏离程度来表示）与国内通货膨胀之间存在显著相关性；出口与 GDP 比率、贸易平衡与 GDP 比率以及贸易总额与 GDP 比率这三个贸易指标的变动与实际汇率贬值程度之间也存在显著的相关性。这也表明，实际汇率的持续贬值带来了贸易部门的较快发展。但是，该文并不认为持续性实际汇率贬值是发展中国家在过去三十多年中较快贸易增长乃至经济增长的必要和充分条件。也不认为发展中国家在经济增长进程中应当刻意追求实际汇率贬值甚至刻意制造持续性的通货膨胀。如果贸易部门相对快速的增长获益于实际汇率贬值，从更加长远的角度看，这也意味着贸易增长乃至经济增长在一定程度上具有不平衡性和不可持续性。“不平衡性”指贸易部门相对于国内其他经济部门的较快增长。“不可持续性”指当汇率变动在后续的经济过程中逐渐向均衡汇率回归，贸易增长曾有过的“额外”动力势必递减。发展中经济体在追求持续经济增长的进程中需要更加重视非汇率和非货币政策的领域。

（贺力平）

【城镇化、金融杠杆与经济增长】

马　勇　李　振

《金融评论》2016 年第 3 期

17 千字

历史经验表明，城镇化是一国经济现代化的必经历程，同时也是推动经济增长的重要力量。目前，中国正处于城镇化加速推进、金融深层变革与经济转型的关键阶段，正确理解和处理城镇化、金融杠杆以及经济增长三者之间的动态联系与规律，对于成功实现经济转型和金融改革发展具有重要的理论价值和实践意义。总体来看，现有关于城镇化、金融支持和经济增长关系的研究，要么主要讨论城镇化对经济增长的影响，要么主要分析如何通过金融支持促进城镇化发展，少有研究系统地探讨三者之间的动态关系。特别是对于城镇化进程中的金融支持问题，现有研究大都集中于定性分析和判断，少有研究从实证角度考察二者之间的关联关系。从理论上看，城镇化进程中的金融支持并非简单的线性关系，而是面临如下的“收益—风险”交替关系：一方面，通过大规模的金融资源投入，确实可以通过加速投资等效应显著地促进城镇化进程；另一方面，如果金融资源的投入过度，不仅会导致资本的边际收益下降，还可能面临金融杠杆过高所导致的种种问题。因此，从实证角度对城镇化、经济增长以及这一过程中的适度金融支持（金融杠杆）问题进行考察，不仅有助于从理论上弥补现有研究的不足，而且对实践中的政策制定也有所助益。

基于上述考虑，该文使用 143 个国家 1983—2012 年的面板数据，对城镇化、金融杠杆和经济增长之间的动态关系进行讨论，并在此基础上结合中国的实际进行简要的应用分析，得出以下基本结论。第一，城镇化和经济增长之间呈现出显著的倒 U 形关系，当城镇化率达到 60%—63% 时，经济增长可能出现拐点，此后随着城镇化率的增加，经济增速将出现下降。第二，在城镇化进程中，金融杠杆水平过低或过高都会对经济增长产生负面影响；而当金融杠杆位于合理水平时，则会对经济增长产生促进作用。从 2009 年开始，中国城镇化进程中的过度金融杠杆对经济增长的不利影响可能已经开始显现。从国际比较来看，中国目前的金融杠杆水平也在总体上处于高位，应该予以重视。第三，根据拐点区间的平均值和上限，并根据 2007—2012 年中国城镇化率的年均增速推算，中国的经济增长很可能在 2019—2021 年进入拐点区域。这意味着，2013—2018 年城镇化率的提高仍将表现为对经济增长的促进作用；但在 2019 年之后，随着城镇化率越过“拐点”区间，城镇化对经济增长的推动作用将出现明显下降。基于上述结论，中国应科学看待城镇化推动经济增长的客观规律，同时前瞻性地加强金融杠杆的动态管理，尽可能争取在经济增长“拐点”到来之前完成经济转型升级和金融深化改革，用新的经济增长点和稳健的金融体系来抵御可能出现的经济和金融风险。

（马　勇　李　振）

【银行业监管：一般理论及实践发展】

周莉萍

《金融评论》2016 年第 5 期

36 千字

该文系统评析了银行监管理论和实践的演变脉络和内在逻辑。理论方面，主要回顾了银行业监管的两大基本问题：为什么要监管银行业，以及如何监管银行业。在经历了自由银行业这一无监管的短暂历史时期之后，几乎所有国家和地区都对现代银行业实施监管，而且，政府“有形之手”的作用越来越强，监管机构越来越专业。以“谁来监管”作为基本理论研究出发点，“政府之手”发挥的主要作用包括：一是统一发钞权，二是消除负外部性，保护公共利益，三是稳定币值，四是提高银行业的资金配置效率，五是维护政府自身利益。采用何种方法监管银行业？金融史研究显示，一是限制商业银行分支行；二是管制利率；三是存款准备金制度；四是资本监管；五是设定银行准入的特许权；六是构建银行倒闭与清算制度；七是存款保险制度。基本研究结论是：在特定的历史阶段，依据经济发展需要和金融体系存在特定的问题，金融监管当局权衡利弊，侧重不同的监管动机，从而强化监管或放松监管。

实践方面，各国银行监管虽然制度迥异，但自经济全球化尤其是金融全球化以来，国际银行监管制度却相当统一，大致构建了资本充足率、流动性风险监管等长效机制。国际社会构建资本监管制度的依据主要是历史实践，在总结银行危机的基础上，巴塞尔委员会于1988年发布巴塞尔协议Ⅰ，2004年发布巴塞尔协议Ⅱ，2010年发布巴塞尔协议Ⅲ。其内在的演变逻辑是，逐步从巴Ⅰ、巴Ⅱ的微观审慎监管，过渡到巴Ⅲ的宏观审慎，同时推出系统重要性金融机构监管作为宏观审慎的辅助性制度。从另一个视角来看，在传统银行业机构不断变化的背景下，国际社会还逐步形成了机构监管、功能监管（或行为监管）。国际银行业监管实践印证了前文观点，即最优监管体制和规则主要取决于监管动机。

作为全球标准化的银行监管内核，巴塞尔协议保证了基本的公平和公正。除此之外，在现实中，对各国银行业经营影响最大的还包括各国国内及跨国之间实行的经济、金融政策。目前，我国的银行监管制度框架以巴塞尔协议为原型，结合国内实践和监管历史，大致形成了资本监管制度、流动性风险监管制度、贷款拨备制度等。同时，国内金融体系目前处于结构转型的关键时期，商业银行面临的竞争和生存环境已经迥异，影子银行等不断挑战分业监管，银行监管当局必须转变机构监管理念，深入研究功能监管和行为监管来应对金融混业，该文提出了若干政策建议。

（周莉萍）

【中国金融体制在经济增长中的作用——生产性效率对资源配置效率的替代】

黎贵才　卢　荻　刘爱文

《经济学动态》2016 年第 3 期

18 千字

该文主要观点如下：20 世纪 70 年代末，中国开始对传统的单一银行体制的金融模式进行了以市场化为导向的金融体制改革。20 世纪 90 年代以后，伴随着中国经济融入世界市场步伐的加速，中国金融体制改革的步伐也在加快。尽管市场化是中国金融体制改革的总体趋向，但时至今日，中国的金融体制仍然是一个混合模式。依然存在着许多较强的非市场因素，如政府干预、国有银行在金融系统的主导地位、银行冲动行为，等等。从新古典金融自由化的视角看，这种混合体制必然是无效率的。然而，改革开放近 40 年来，中国经济一直保持高速增长说明中国的金融体制没有阻碍中国的经济发展。

对 1999—2012 年中国省（自治区、直辖市）际工业间的生产要素（包括劳动力和资本）流动，以及各省（自治区、直辖市）内部工业部门全要素生产率增长对整个工业部门全要素生产率增长影响的研究发现：中国工业部门全要素生产率的增长主要来自于以内部增长效应为主体的生产性效率，而不是由劳动流动效应和资本流动效应所构成的资源配置效率。后者尽管大多数年份为负，但从绝对值看，相对前者而言几乎是可以忽略不计的。因此，从中国的金融体制特征与增长效率关系来看，中国的金融发展虽在一定程度上抑制了资源配置效率，但却提升了生产性效率，而且后者的提高足以弥补资源配置效率的下降，从而促进整体效率的提升。之所以新古典金融自由化理论不能解释中国的高增长之谜，是因为预算软约束理论的核心假定是金融体制稳定，而这与现实并不相符。虽然软预算约束降低了资源配置效率，但不稳定的金融体制的重要作用在于促进了生产性效率的提高。

需要指出的是，以国有银行主导的中国金融体制带有“收放式”的商业循环特征，在促进经济增长的同时，也引发了经济的剧烈波动。例如，20 世纪 90 年代后半阶段曾出现的信贷收缩是国有银行市场化行为的正常反应，而 2008—2010 年空前的信贷扩张则是政府为应对全球经济衰退所引起的需求不足而采取的积极举措。这就需要决策者更加审慎的协调政府干预与金融体系制度安排之间的关系，维持短期稳定和促进经济长期发展，权衡资源配置效率和生产性效率，以更好地发挥金融体制的正面效应。

（杨新铭）

【**货币政策预期与通货膨胀管理**——基于消息冲击的 DSGE 分析】

王　曦　王　茜　陈中飞

《经济研究》2016 年第 2 期

22 千字

2008 年金融危机之后，我国货币政策从极度宽松到适度紧缩再到适度宽松，几度转换。然而对于其管理通货膨胀的效果和方式却一直有很大争论。货币政策的有效性亦受公众对未来货币政策的预期的影响，然而国内学术界对该问题一直有所忽视。这应该是研究难度的原因。关于预期和预期行为的研究，尤其是一般动态均衡框架下的预期行为研究一直是宏观经济学的一个难点。

该文首先构建了一个同时包含预期与未预期货币政策冲击，以及黏性价格调整机制的新凯恩斯 DSGE 模型，在“总供给—总需求—货币政策规则”的框架下从理论上刻画两类冲击的作用。在实证分析方面，结合现有文献，综合使用校准和贝叶斯方法估计我国 DSGE 模型的参数，细致考察了公众政策预期行为的期限结构特征，模拟输出预期与未预期的货币政策冲击对我国通货膨胀的作用，并进行了模型优度比较和稳健性检验。得出：（1）经济主体消息预期行为的最优刻画为提前一个季度，即公众对货币政策冲击的预期呈现出短视的特征；（2）区分预期与未预期货币政策的一般均衡模型要明显优于未进行预期区分的模型，尤其是在经济动荡时期；（3）对于管控通货膨胀而言，两类货币政策冲击的作用效果都较为明显。特别地，预期到的货币政策冲击比未预期到的货币政策更为有效。

应用部分，首先对货币政策管控通货膨胀的作用进行了量化评估。综合使用了无条件方差分解和历史分解两种方法，其中无条件方差分解还对比了不考虑预期冲击模型的表现。方差分解和历史分解的应用，再次证明了预期货币政策冲击的作用远大于未预期货币政策冲击的作用，也再次表明了考虑预期冲击的模型相对于普通模型的优越性。

该文研究得出了关于我国管控通货膨胀和改进货币政策操作的一些新结论：（1）我国货币政策预期冲击的效果要远强于未预期冲击；（2）与美国相比，我国货币政策的调控力度更大、持续性更小且存在轻微超调；（3）我国货币政策的特征源于经济主体的短视预期以及央行货币政策的不连贯性。

主要创新和贡献为：（1）对我国货币政策预期和未预期冲击进行区分，利用新凯恩斯 DSGE 模型，讨论两类冲击对通货膨胀的作用及其特征；（2）通过国别比较和模型变换，更加鲜明和深入地探讨我国经济结构和预期特征，阐释两类冲击作用异同的根源和机制；（3）通过规范分析，有依据地提出了我国货币政策的系列改进方向，包括增进货币政策透明性和平稳性等，并对央行沟通的必要性提供了充分的理论与实证支持。

政策启示是：（1）央行应通过沟通等形式引导公众预期以增强政策效果；（2）尽力避免相机抉择式的政策制定方式，保持货币政策的持续性；（3）货币政策应言行一致。概言之，我国货币政策应该更加透明、连贯和可信。

（金成武）

【适应性学习与中国通货膨胀非均衡分析】

范从来　高洁超

《经济研究》2016 年第 9 期

19 千字

中国经济在进入新常态的相当长时期内，可能会面临较大的潜在通胀压力。一方面，劳动力等要素价格大幅上升极易引发成本推动型通货膨胀；另一方面，尽管强制结售汇制度已经取消，但国际收支结构失衡导致的国内货币投放依然很高。新常态下的中国经济实际上面临着经济下行和通货膨胀的双重风险。在中国经济转向增速换挡、结构调整和前期政策消化的三期叠加阶段，转型升级和保增长成为今后一段时间宏观调控的主要任务，政策的推出也将更加重视结构效应和刺激效果。这就为央行前瞻性的管理好通货膨胀、防止价格的非理性上升增加改革的政策成本提出了更高要求。随着市场化程度不断加深，公众前瞻性决策行为对经济运行的影响愈发突出，货币政策要有效实现物价稳定的功能就必须考虑微观主体的预期形成机制。

该文立足于公众预期的有限理性，将三种适应性学习过程引入混合新凯恩斯菲利普斯曲线，构建刻画通货膨胀非均衡运行机制的动态模型。使用 2001 年一季度至 2015 年三季度实际数据估计参数的基础上，遴选出合意的学习模型。模拟分析发现：（1）在适应性学习预期下，通货膨胀运行呈现出非均衡特点；（2）降低通胀预期和通胀惯性在通胀驱动机制中的影响力可以有效抑制均衡通胀，通胀惯性的影响力度大于通胀预期；（3）公众预期的理性程度提高有助于降低实际通胀对均衡的偏离度。

该文的政策含义在于：（1）央行应通过预期管理引导公众形成合理的学习机制，以降低实际通胀对均衡水平的偏离，从而可以在一定限度内控制通胀波动。在短期，需要规避政策调整的短视化倾向、完善货币政策信息披露机制（“授之以鱼”）；在长期，则须提高国民的受教育程度、增强公众对经济状况的理性判断力（“授之以渔”），以维持较小的学习速率从而促进实际通胀向均衡水平收敛。（2）均衡通胀水平内生于整个经济体系，受到很多既有偏好和制度因素的影响，因而稳定物价的货币政策不能局限于预期管理，货币政策必须配合其他政策和制度建设共同发挥效力，并且均衡通胀的调整过程是缓慢的，其调控效果短期内难以立竿见影。（3）稳定物价的货币政策应该从两个层面开展：第一，设法通过降低通胀预期和通胀惯性的影响力以抑制均衡通胀；第二，设法提高公众预期的理性程度以获得一个较小甚至最优的学习速率，从而最大程度降低实际通胀对均衡水平的偏离。

（金成武）

【企业部门的货币持有与中国货币化率的变动——来自微观层面的经验证据】

王宇伟　范从来

《中国工业经济》2016 年第 7 期

29 千字

该文主要观点如下：改革开放以来，中国的货币化率（M2/GDP）总体上一路走高。尤其在近几年，该指标经过持续增长，已明显高于大部分市场经济国家。不少人将此现象称为“货币超发”，事实上，货币供给和货币需求是“硬币的两面”。货币量的形成虽源于央行的货币投放，最终却表现为经济主体的持币行为，即货币需求。引起中国宏观货币需求变动的真正原因可能隐藏在微观主体的持币行为中。企业是研究微观主体持币行为的最佳选择，利用企业数据为宏观货币需求的变动寻找微观基础既有必要性，也有可行性。

该文将中国的总量货币从经济部门角度进行了分解，并重点研究了企业部门的货币需求。研究发现，从宏观层面的数据看，2009 年以前，企业部门 M2/GDP 和总量 M2/GDP 的走势高度一致，企业部门和住户部门是总量 M2/GDP 变化的主要原因，政府部门的贡献较低；2009 年以后，企业部门 M2/GDP 和总量 M2/GDP 的走势发生明显偏离，住户和政府部门对中国货币化率的上升贡献明显，而企业部门在其中的贡献明显下降。企业部门显然不是 2009 年后中国货币化率上升的原因。利用中国上市公司 2007—2014 年的数据对企业的货币需求函数进行实证检验，为上述现象提供了微观层面的解释。实证结果显示，样本期内企业的货币需求呈现明显的规模经济特征。20 世纪 90 年代以来，行业结构和所有制结构的调整、金融市场的发展、货币政策等因素共同影响了中国企业部门的货币需求，并使该部门 M2/GDP 逐渐由上升转变为下降趋势。企业部门的货币持有能解释 2009 年以前总量 M2/GDP 的变动，但对 2009 年后该指标的再度上升没有明显贡献。据此推论，在货币增速持续下滑的背景下，不能将近年中国货币化率的攀升仅仅归因于货币总量的“超额”增长。企业部门 M2/GDP 的下降和政府部门 M2/GDP 的飙升，意味着脱离实体经济的货币资金被大量闲置于政府部门，GDP 因此增长乏力成为货币化率上升的直接原因。

研究结论显示，需求管理政策对企业部门的刺激效果日渐式微，供给侧结构性改革是未来的主要方向。当前中国宏观经济步入增速换挡和动力转换时期，在这样的背景下，单纯依赖财政和货币政策已难有作为。经济结构失衡是中国宏观经济目前面临的核心问题。在结构扭曲的前提下，财政和货币政策刺激出的可能是过剩产能的投资需求。这样的总需求上升不仅不具备可持续性，甚至还会恶化结构扭曲的程度。推动基于供给侧的结构性改革，引导金融资源重回实体经济已刻不容缓。

（王燕梅）

【中国货币资产间的替代弹性估计——兼论简单加总货币量在中国的适用性问题】

杜浩然　黄桂田

《经济科学》2016 年第 4 期

11 千字

货币资产间的替代或互补程度，对货币当局准确把握货币总量及合理使用政策工具调控经济运行具有重要意义。货币资产加总的合适度量、货币需求方程的稳定性、金融媒介发展的影响等重要宏观问题都受到货币资产替代性或互补性的影响。当前，中国人民银行使用的货币供应量数据是简单加总的货币量，应用这种简单加总方法的前提是，不同货币资产间具有一对一的完全替代性——即相互的替代弹性恒为常数。问题的关键在于，这种简单加总货币量的前提是否成立？

目前国外对于货币资产间替代弹性的研究已逐步展开，然而，对中国的货币资产需求系统却缺乏研究。而对中国货币资产间的替代性进行估计和分析，是决定要否修正货币量加总方法的前提。该文基于Barnett（1980）研究货币资产需求微观基础的分析框架，通过需求系统分析最广泛使用的Rotterdam模型、LA－AIDS模型、FD－LA－AIDS模型和PIGLOG模型，运用迭代似不相关回归（ITSUR）估计方法及消费者理论约束条件，计算得到中国货币资产间的替代弹性，主要结论包括：第一，通过对模型必需的理论约束进行检验，发现在所选模型中只有PIGLOG模型满足必需的对称性约束和齐次性约束。因此，运用PIGLOG模型估计得到的参数计算弹性是适合中国条件的。第二，运用PIGLOG模型的估计参数，得到了中国货币资产的Allen替代弹性和Morishima替代弹性。长期静态的结果显示，不同货币资产的替代程度存在很大差异，具有不同的替代和互补属性和程度。第三，就替代弹性的动态特征而言，中国货币资产间的替代程度具有较强的系统性波动。无论是均值检验，还是计算显著不完全替代的百分比，均发现中国的货币资产不具有完全替代性，因此长期以来使用简单加总货币量的理论前提是不具备的。

该文的结论显示，中国的货币资产不具有完全替代的特性，因此当前央行运用的简单加总货币量不具有理论基础。而Divisia货币总量考虑了由于持有成本变化导致货币资产间的替代或互补特性，以及这种特性的系统性波动。因此，研究在欧美等国已启用的Divisia货币总量指标是否在中国适用就具有紧迫感。

（于小东）

经济发展与城镇化

【中国房价预警指标体系构建与变动趋势预测】

倪鹏飞　杨　慧　张安全

《城市与环境研究》2015 年第 1 期

18 千字

该文主要观点如下：房地产业的健康发展对经济增长和民生改善具有重要影响，房价变化不仅影响房地产市场的稳定与健康发展，而且关乎宏观经济增长和社会稳定。然而，学术界对房价走势预判一直存在着十分激烈的争论，不仅影响了市场主体的预期和决策，而且影响了宏观调控政策的制定。构建科学、合理的预警指标体系是房价走势判断和预警的重要前提和基础。1998 年，中国房地产业在取消福利分房和实现住房货币化分配政策的情况下逐渐转向市场化，包括全国性的中国房地产指数、全国房地产开发业综合景气指数（简称国房景气指数），以及地方性的上房指数、武房指数等各种房地产指数开始出现并不断发展完善。其中，国房景气指数是当前经济社会广泛引用的权威指数，已经成为政府、企业、购房者及学者判断房地产市场发展状况的重要指标，但因其编制方法的局限性，不能清晰地反映先行、同步及滞后等不同指标变化对指数造成的综合影响。

除了公开发布的权威指数外，学术界对于房地产市场预警指标体系也做了大量的研究，但仍存在忽视房地产价格预警研究、对预期指标及宏观环境指标等房地产影响因素备选指标关注度不够、房地产先行预警指标筛选方法不科学、实证检验中对房地产景气及趋势判断的方法不科学等问题。针对这些问题，采用时差相关分析法对影响房价的备选指标进行先行、同步和滞后分类，从备选指标中筛选出六个先行指标构建房价预警指标体系，并采用熵值赋权法对各项指标赋予权重，进而将其合成为房价预警合成指数，对房价趋势进行预测判断。根据实际房价指数与预警合成指数的变动趋势可以判断，中国房价存在一年左右的短周期波动：2011 年处于复苏和扩张期，2012 年转入收缩和衰退期，2013 年又进入复苏和扩张期，2014 年则为收缩和衰退期。总体来看，该文构建的预警合成指数较为准确地判断了一年期左右房价的变动趋势，即上一年房价预警合成指数预测结果与下一年实际房价变动趋势基本一致，这充分说明房价预警指标体系与合成指数是判断房价变动趋势的重要方法，可作为预测房价变动的有效工具，并为制定科学、合理的房地产宏观调控政策提供支撑。根据房价预警先行指标的合成指数走势，保持目前微重刺激的政策，2015 年房价能够出现降中趋稳的合理走势，不刺激和强刺激都不利于房地产价格和房地产市场的稳步发展。

（庄　立）

【特大城市的环境治理：技术张力与边界刚性**】**

潘家华

《城市与环境研究》2015 年第 3 期

16 千字

该文主要观点如下：特大城市的环境承载能力显然是一个绝对量的概念，尤其是水资源量、土地面积等，但也具有相对量的内涵，尤其是技术进步导致的效率提升，使得单位资源量所能承载的人口数量得以提高。因而，城市的环境治理在于技术张力和边界刚性约束之间的平衡。一方面，城市环境治理需要提升技术水平，舒缓环境容量边界的刚性约束；另一方面，还必须尊重自然，确保环境质量满足宜居和可持续的目标，接受自然边界的刚性约束。

在农业文明社会，自然环境容量的规定性限制了城市空间和人口规模的扩张，具体表现在自然气候条件所决定的自然生态系统生产力、地形地貌的适宜性、公共服务设施的能力和就业容量等方面。技术创新和工业化生产则突破了环境承载能力对城市边界的规定性，规模和聚集效应提升了城市的效率，使得城市规模不断扩张，特大城市的数量也不断增加。技术的革命性突破表现在：第一，工业化生产能提供大量的就业岗位；第二，基础设施的建造和运营技术使城市的空间效率得到提高；第三，城市污染物和废弃物治理技术的发展，能够提升控制城市环境污染的能力；第四，工业技术使农业生产率得以大幅提高，并减少了自然灾害的影响和制约。一方面，技术支撑城市的规模扩张和运行，突破城市自然环境空间的容量规定性，主要体现在技术的倍数效应、技术创新使边际资源得以商业利用的增量效应和技术创新对环境资源的替代效应三个方面；另一方面，技术创新对环境容量的扩张也存在一定的局限性，对一定规模的城市运行和可持续能力具有抵消或负面效应，主要表现在技术的反弹效应、自然资源消耗的加速效应和极限效应三个方面。正是由于技术的反弹效应、加速效应和极限效应，特大城市的规模扩张和运行才受到边界刚性的制约。这种刚性包含自然、经济和社会刚性，分别源自城市环境容量的极限制约、成本约束和对生活质量要求的社会偏好选择。

特大城市的环境治理有许多可选的技术途径，但这些技术选择的实际效果受到环境容量的刚性约束和社会偏好的制约。特大城市环境的有效治理需要考虑技术以外的途径，寻求社会经济和制度上的改革创新：第一，需要根据边界刚性明确特大城市的功能定位；第二，需要考虑自然刚性的极限约束；第三，需要考虑经济和社会刚性，强调城市宜居性；第四，需要通过立法手段实现技术的科学理性选择和拓展。

（庄　立）

【中国城镇化中的“放权”和“地方化”——兼论县辖镇级市的政府组织架构和公共服务设施配置】

顾朝林

《城市与环境研究》2015 年第 3 期

21 千字

小城镇是推进新型城镇化的重要组成部分，然而其发展缺乏土地、规划、建设、财政等要素配置功能，教育、医疗、文化、科技、商贸等公共服务水平也不高，无法支撑城镇的持续健康发展。国际上，西方发达国家兴起了治理模式改革的浪潮，发起了重塑政府、再造公共部门的新公共管理运动，尤其是对地方城市行政体制进行了大刀阔斧的改革，其大趋势是市场化和简政放权。该文从改革中国城市制度（即设置县辖镇级市）出发，探索基于行政区和社会经济自治体兼顾的中国特色城市制度框架，从“放权”和“地方化”两个方面破解中国城镇化进程中的不可持续难题。

推进县辖镇级市设置和国家行政区划调整改革，不仅扩大了原有县区内非县城的重点镇和特色镇的经济发展事权，强调了政府与社会共同管理城市的思想，而且保持了县级行政区数量和界限稳定，使区域性自然资源、环境保护、公共安全等得到保障，同时将教育、医疗、科学研究等公共服务保留在县级事权内，避免了新城市服务水平下降的风险。这不仅可以有效促进城镇化进程，破解城镇化过程中人口大量涌入城市、城市病蔓延、农村凋敝等难点问题，还可以保持县的范围和数量稳定，避免因镇升级为市引起的社会和经济动荡。县辖镇级市一旦设置，城市政府运行就会产生维持性支出、经济性支出和社会性支出等城市公共财政支出。为了提高城市公共财政支出的效率，必然选择小政府的配置模式，强化政府的服务职能。在借鉴国内外小城市事权划分经验的基础上，该文依据《中华人民共和国城乡规划法》《城市规划编制办法》《镇规划标准》《山东省百镇建设示范行动示范镇规划编制审批管理办法》，以青岛小城市培育试点的平度市南村镇为例进行县辖镇级市政府组织和公共服务设施配置案例研究，强调把政府做不了、社会能做的交给社会；政府能做、社会也能做的，社会力量成长起来后同样交给社会，然后由政府向社会、企业购买公共服务的思想。当然，城市公共服务设施引入市场机制不能简单等同于企业化，还应该关注构建消费型社会等问题。

（庄　立）

【地价、房价和城市空间结构】

丁成日　牛　毅

《城市与环境研究》2015 年第 4 期

19 千字

地价与房价的关系是决定中国房地产市场的关键因素之一。从国际经验来看，既有由于严格控制土地开发导致的高房价案例，也有高涨的土地价格对房价上升影响不大的案例。理论上，土地作为住房供给的要素投入之一，其价格上升对住房价格的影响取决于住房需求的弹性系数和住房供给的弹性系数。当要素价格上涨时，如果住房需求价格是富有弹性的，住房开发商将承担成本上升的主要部分；如果住房供给价格是缺乏弹性的，消费者承担成本上升的主要部分。从中国一线城市的住房市场和房地产开发市场来看，预售制、巨大的社会储蓄（包括闲散资本）以及社会文化的影响使得目前住房需求表现出刚性特征。从房地产开发项目和巨大的投资回报率来看，房地产市场的供给也是价格非弹性的（特别是在住房价格上升的时期）。因而，不能够简单地得出要素价格（地价）的上升将全部或大部分地转嫁给消费者的结论。

该文采用北京市 1999—2003 年的土地出让和房地产交易数据，估计了北京住房价格的空间变化趋势和住房生产函数。北京房价与地价的空间变化规律与城市经济理论预测一致，土地—资本替代弹性系数与西方城市的估计值在同一个值域内，从而验证了土地需求是派生需求的理论，即土地是住房生产函数的一个投入要素。因而土地价格受住房价格的影响，随着到城市中心距离的增加，房价不断下降带动地价以更快的速率随之下降。该文进一步通过估计的北京住房生产函数模拟分析了北京房价上升对地价的影响，模拟结果表明，房价的不断上升促使投资者和开发者形成房价会持续走高的预期，从而进一步抬升土地价格，只有当房价得到一定控制之后，土地价格才会得到抑制。如果以控制房价为目的来抑制土地价格，一方面政策有效性值得怀疑，另一方面也会增加政府对土地市场的干预，进一步加深土地市场的扭曲，不利于土地资源的有效利用和分配。应提高房地产开发的市场化程度和竞争性，使房地产业的投资回报率趋同于其他经济部门和行业；通过取消房屋预售制，让开发商而不是消费者承担开发风险，避免开发商绑架政府和银行，从而引导房地产市场健康有序发展。

（庄　立）

【中国城镇工资结构的变化：1988—2008】

夏庆杰　宋丽娜　Simon Appleton

《劳动经济研究》2015 年第 1 期

41 千字

在过去的几十年中，中国经历了快速经济增长时期，但与此同时收入差距也在不断扩大。在传统观念上，转型时期收入差距的扩大被认为是经济效率增加的必然结果，对于在改革前强调均等化收入分配的中国更是如此。然而，不断扩大的收入差距可能干扰经济运行，引发利益受损者的不满，进而产生不稳定因素。关于中国转型时期收入差距和不平等的研究很多。其中，大多数关于工资收入的分析都使用传统的回归方法，并主要针对均值（或中位数）意义上的工资差距。这种方法有所欠缺，因为工资收入不平等是由整个工资收入分布决定的，而不仅仅是分布的均值或中位数。同时，既有文献对于所有收入群体长时期收入不平等来源的深入分析也较为欠缺。

基于此，该文使用四轮跨越二十年的 CHIP（中国家庭收入调查）数据和分位数回归方法以及 MM 参数反事实分解方法（Machado & Mata，2005），对工资收入不平等进行了分解。MM 方法将工资收入不平等归于两种来源，一种是工资结构的变动（即分位数回归的协变量系数，简称"工资结构效应"）；另一种是决定收入的自变量本身的变化（如工人的个人特征、生产特征、工作特征等的变化，简称"构成效应"）。此外，该文还进一步分解出各解释变量及其他因素（如工作经验、性别、是否党员、种族、所有制、职业和产业部门等）的工资结构效应和构成效应。研究发现，在 1988—1995 年和 2002—2008 年两个时期里，城镇职工工资收入不平等显著扩大，这主要归因于工资报酬结构的变化。分位数回归结果包括不同分位点上的教育和工作经验回报、性别工资差距和党员工资溢价及其变化，以及所有制、职业、产业部门等对工资收入的影响及其变化等。在 2002—2008 年这一时期，教育和工作经验回报的下降使收入趋于平等化，而导致工资差别的其他因素，如性别、职业、所有制、产业部门、省份等都扩大了收入差距。性别、白领与蓝领、制造业与其他产业部门间工资差距持续上升。该文的主要贡献在于：首先，考察了工资差距在整个工资分布上的变化，而不是只聚焦于工资差距在工资分布均值或中值上的变动；其次，估计了工资支付结构的变动以及就业分布的变化影响城镇工资收入不平等的程度。

（周敏丹）

【剥离收入效应和替代效应——对城镇女性市场参与变化的解释**】**

吴要武

《劳动经济研究》2015 年第 4 期

35 千字

回顾 20 世纪发达国家劳动力市场所发生的变化，最突出的特征莫过于：女性劳动参与率持续上升，而男性劳动参与率则出现了轻微下降，劳动参与率的性别差距缩小。这一现象被视为女性社会地位得到改善、走向性别平等的重要标志之一。新中国成立以来，无论城乡，女性就业率和男性就业率之间的差距都远低于发达国家和其他发展中国家；然而，改革开放以来，劳动参与率的性别差距开始拉大，中国城镇女性的劳动参与率出现了显著的下降；2012 年以来，中国经济进入增速放缓阶段，增长动力开始变得不足，寻找劳动力资源也成为紧迫的现实任务。在此情况下，提高女性劳动参与率就成了一个可行的政策建议方向。那么，提高女性的劳动参与率是切实可行的干预措施吗？该文从城镇家庭面临的经济环境变化进而改变其成员“市场—家庭”的选择行为入手，分析女性劳动参与率变化的微观基础，探讨进一步利用女性劳动力资源的可能性。

该文使用1982年、1990年和2000年全国人口普查数据的微观样本和2005年全国1%人口抽样调查微观数据，利用计划经济向市场经济转型这一社会经济背景，将城乡分割体制被打破视为一个自然实验，把城镇劳动力市场工资水平提高产生的替代效应和收入效应分解开来，解释城镇有配偶女性市场参与率下降的原因：工资提高带来的收入效应使她们选择更多的照料家庭，从而引起了其市场参与率的下降。该结论的政策含义在于：第一，女性市场参与下降是环境和禀赋变化以及家庭成员偏好调整的共同结果，而并非女性就业地位恶化，也不能由此轻易得出劳动力资源没有得到充分利用的结论；第二，女性投入家庭劳动而引起市场参与减少是一个理性选择的结果，要想提高女性的市场参与以增加劳动供给，需要在家务劳动社会化方面增加公共服务的供给并改进质量，实现对家庭内劳动的有效替代；第三，为提高年轻母亲的市场参与，同时又不降低生育率，需要增加社会照料等公共服务的供给和设计更有弹性的退休政策；第四，对劳动力市场的正规化，要在综合考虑负面影响的前提下慎重推进。

（周敏丹）

【基础设施的城乡收入分配效应】

刘晓光　张　勋　方文全

《世界经济》2015年第3期

18千字

该文考察了基础设施的城乡收入分配效应，探讨了基础设施缩小城乡收入差距的原因和机制。近年来，中国基础设施建设快速发展，取得了重要成就。大量研究文献从不同层面说明了基础设施建设对于提高经济效益、降低交易成本从而促进经济增长的重要意义。然而，基础设施作为一项公共品对经济增长的贡献成果是否为所有人平等共享，学界并未取得一致的结论，尤其是基础设施在改善收入分配方面的效果，已有的研究还很不足。

该文集中考察基础设施对缩小城乡收入差距的作用。在中国，城乡收入差距既是收入不平等的重要测度，也是总体收入不平等程度提高的主要原因。改革开放以来，随着经济快速发展，中国城乡居民收入水平不断提高，但与此同时，城乡收入差距也呈现出持续扩大的趋势。居民收入的城乡差距扩大及其成为整体收入不平等的主要构成因素，不仅是制约未来经济平衡增长和影响社会稳定的重大现实问题，也构成了新的理论难题。在这一背景下，分析基础设施的城乡收入分配效应具有特别的意义。基础设施作为经济体工业化、城市化的重要产物，表征着产业和人口聚集带来的社会保障公共品需求—供给的程度以及居民生活成本的变化。从这个意义上看，基础设施的丰裕程度最终也反映了跨部门、跨地域和跨期流动劳动力的转移成本的变化。由于基础设施水平的提高是降低转移成本的一个重要途径，它很可能通过降低转移成本而促进农业劳动力的转移，进而起到缩小城乡收入差距的作用。

该文首先构建一个引入基础设施与劳动力转移成本的一般均衡模型，分析基础设施与劳动力转移和城乡收入差距的关系。通过理论分析表明，基础设施的提高有利于城乡收入差距的缩小。在此基础上，进一步论证了基础设施缩小城乡收入差距的作用机制，即通过促进农业劳动力向非农部门转移，提高农村居民收入，进而缩小城乡收入差距。理论模型表明，基础设施水平越高，则劳动力转移的成本越小，劳动力的流动越充分，在此过程中可以更大程度地实现要素价格的均等化，使城乡收入差距得以进一步缩小。

基于此，该文采用中国 1992—2010 年省级面板数据对上述理论模型结论进行检验，分析基础设施水平与劳动力转移和城乡收入差距的关系。考虑到所考察的核心变量很可能受到空间相关性的影响，从而采用空间计量模型进行回归分析。基准分析发现，交通和通信基础设施均可以带来显著的收入分配改善效果，即具有缩小城乡收入差距的作用。进一步分析表明，基础设施可以同时提高农村居民收入和城镇居民收入，是一种帕累托改进，且对农村居民收入的提升作用更为显著，因而总体上可以缩小城乡收入差距。该文还对基础设施缩小城乡收入差距的影响机制作了进一步分析，发现基础设施能够有效促进农业劳动力向非农部门转移，从而提高农业部门边际劳动生产率和农村居民收入，进而缩小城乡收入差距。

（刘晓光）

【中国新型城镇化进程中的金融支持影响研究】

熊湘辉　徐璋勇

《数量经济技术经济研究》2015 年第 6 期

17 千字

该文主要内容如下：改革开放以来，中国的综合国力稳步提升，经济保持高速发展。然而，中国的城乡差距日益拉大，省份之间的城乡差距、贫富差距日益明显，中国经济增长的均衡性受到威胁，中国社会发展、经济发展受到制约。城镇化是减少城乡差距、降低贫富差距的有效途径。党的十八大和中央经济工作会议明确提出走新型城镇化的道路，并对我国新型城镇化发展进行了顶层设计和总体部署。新型城镇化是指坚持以人为本，以新型工业化为动力，以统筹兼顾为原则，推动城市现代化、城市集群化、城市生态化、农村新型城镇化。新型城镇化过程中的基础设施建设、公共服务供给、农村劳动力转移等都需要大量资金的支持，仅靠政府财力难以满足如此巨大的资金需求，金融支持不足严重制约着我国城镇化建设。那么，在我国城镇化发展的过程中为什么省份差距在逐渐扩大？哪些指标能够反映新型城镇化的水平？哪些金融因素对新型城镇化建设影响较大？哪些措施能够在提高我国新型城镇化水平的同时缩小省份之间的差距？

研究采用空间计量方法，利用我国 31 个省份 2004—2013 年面板数据研究金融因素与新型城镇化发展水平的关系。通过测度 2004—2013 年新型城镇化七个相关指标，将因子分析法、主成分分析法结合，对新型城镇化指标进行空间自相关检验，建立新型城镇化水平的综合评价体系。采用空间面板模型，从金融规模、金融效率、金融结构三个方面设定指标来测度中国 2004—2013 年 31 个省份金融因素对新型城镇化建设的影响。结果表明，中国城镇化水平整体提高的同时区域差距进一步加大，金融支持是影响新型城镇化水平的重要因素。在未来发展中，应通过加大金融机构对城镇化建设中基础设施的投入，增加城乡一体化产业融合资金支持，改善金融机构对城镇化的服务水平等途径，实现中国新型城镇化水平的提高和可持续发展。

（白延涛）

【中国城镇化的进程与前景展望】

魏后凯

《中国经济学人》2015 年第 2 期

10 千字

1. 中国城镇化的演变历程

（1）波浪起伏时期（1949—1978）。这一时期又可分为六个阶段：一是 1950—1953 年的恢复和稳步推进阶段；二是

1954—1955 年的停滞阶段；三是 1956—1960 年的城镇化大冒进阶段；四是 1961—1963 年的反城镇化阶段；五是 1964 年的恢复性增长阶段；六是 1965—1977 年的停滞和衰退阶段。

（2）稳步推进时期（1979—1995）。这一时期随着改革开放的不断深入和工业化的快速推进，中国的城镇化水平稳步提升，从 1977 年的 17.55% 提高到 1995 年的 29.04%。

（3）加速推进时期（1996 年之后）。1996—2013 年间城镇化水平平均每年提高 1.37 个百分点，远高于 1950—1977 年平均每年提高 0.25 个百分点和 1978—1995 年平均每年提高 0.64 个百分点的速度。

2. 中国城镇化的基本特征

（1）城镇化起点低、规模大、速度快。中国 1980 年城镇化率仅有 19.4%，比世界平均水平低 20.0 个百分点。2013 年中国城镇化率提高到 53.73%。世界城镇化率由 30% 提高到 50% 平均用了 50 多年时间，而中国仅用了 15 年。

（2）城镇化水平呈现明显的地区差异。东部和东北地区城镇化水平较高，而中西部地区较低；东部地区城镇化加速较早，中西部地区加速较晚，东北地区推进速度较慢。

（3）城市群已成为城镇化的主体形态。近年来，中国已进入到一个以城市群为载体的群体竞争新时代，城市群已经成为中国推进城镇化的主体形态和吸纳新增城镇人口的主要载体。

（4）城镇化成为经济发展的重要引擎。中国改革开放以来的经济快速增长，与城镇化的快速推进紧密相连。快速城镇化带来了大量的投资和消费需求，促进了内需扩大和经济增长。

3. 中国城镇化面临的主要问题

中国改革开放以来城镇化的快速推进是建立在外延式的粗放发展模式之基础上，发展中不平衡、不协调、不可持续问题突出。当前中国城镇化主要面临着五大问题：一是城镇化推进的资源环境代价大；二是城镇化建设过度依赖土地扩张；三是城镇化进程中两极化倾向严重；四是农业转移人口市民化进程滞后；五是各地城镇建设缺乏特色和个性。

4. 未来中国城镇化趋势展望

当前，中国城镇化率已越过 50% 的拐点，今后城镇化的速度将逐步放慢，由加速推进向减速推进转变。总体上看，东部和东北地区已进入城镇化减速时期，其城镇化速度将逐步放慢；而中西部地区仍处于城镇化加速时期，是未来中国加快城镇化的主战场。未来推进城镇化建设，必须坚持速度与质量并重，把着力点放在全面提高城镇化质量上。为此，必须坚持大中小城市和小城镇协调发展，综合考虑城镇承载能力和人口吸纳能力，合理引导农业人口有序转移，推动形成以城市群为主体形态，各地区各具特点，不同规模城镇合理分工、协调发展、等级有序的城镇化格局。

（韩　磊）

【中国主要城市化地区测度——基于人口聚集视角】

江曼琦　席强敏

《中国社会科学》2015 年第 8 期

21 千字

作为我国第一次颁布实施的中长期国土开发总体规划《全国主体功能区规划》，是我国未来科学开发国土空间的行动纲领和远景蓝图。这一规划虽然设计了我国未来将形成的 21 个主要城市化地区，但并没有给出定量的界定指标和标准。这就使得规划的实施缺乏明确的目标，也难以对规划方案的科学性和实施的可行性加以评判。城市化地区在城市与城市化研究中是一个基础性的概念，但在国内学术界基本属于新的模糊概念。参考国际上发达国家和地区的经验，鉴于城市行政地域范围对于反映城市发展实际状况的不足，城市实体地域能更多地反映城市特征，也能更好地体现城市化的内涵。由于中国城市行政地域范围的比较笼统、模糊，已有的基于城市公共设施服务状况划定城乡界限的办法仍属于定性判断，缺乏定量指标，无法进行规范化统计。

为了客观、准确地反映我国城市发展的真实国情，基于人口聚集的新视角，通过一定人口密度下连片聚集的人口规模划定城市实体地域空间，特别是以区（县）为基础单元的城市实体地域空间范围，探讨我国主要城市化地区发展状况及其演化特征。结果表明：第一，我国主要城市化地区具有高度聚集的特征。第二，城市行政地域范围与基于聚集视角的主要城市化地区的空间分布存在较大差异。第三，10年来我国人口大规模向主要城市化地区聚集，但其面积扩大快于人口增长。第四，主体功能区规划中设计的主要城市化地区范围过大、现状聚集性较差等不足，不利于我国集约紧凑型城镇化发展模式的实施。

（梁　华）

【二元经济中宏观经济结构与劳动收入份额研究】

李稻葵　徐　翔

《经济理论与经济管理》2015 年第 6 期

10 千字

当前对中国经济结构调整进度的研究大多数认为中国宏观经济结构中仍存在较严重的结构失衡现象，结构调整进度比较缓慢。通过系统地分析对外贸易和消费数据，该文发现中国宏观经济结构已经呈现比较明显的改善，内外部结构失衡现象同时开始缓解，具体表现为贸易顺差占 GDP 的比重趋稳和消费率的迅速回升。

该文结合最新的统计数据和实证分析，重点论证了收入分配结构和需求结构二者之间的关系，也进一步验证了关于劳动收入份额带动可支配收入份额上涨并进一步带动居民消费率的上涨和外部失衡缓解的结论。该文使用二元经济发展模式的分析框架，分析宏观经济结构和劳动收入份额，通过构建理论模型描绘了二元经济下劳动收入份额的演变规律，提出影响劳动收入份额演变的重要因素。

该文发现，结构改善的关键动力是剩余劳动力转移进入后期和劳动收入份额的回升。这一趋势性变化是与中国宏观经济的二元经济特征密切相关的。通过计算在第二、第三产业工作的劳动力数量和城镇劳动力数量之间的差距，还发现这两类劳动力数量之间有大约 1.46 亿的劳动力缺口。这部分劳动力缺口由我国的农村转移劳动力——农民工大军所填补。在 2014 年，我国尚存 2.4 亿农业劳动力。在当前的农业技术水平下，劳动力继续转移的空间比较有限，按照劳均耕地法估计需要的农业劳动力人数后，可以推算出我国尚存的剩余劳动力在 0.5 亿—1 亿。因此可以认为，我国的劳动力转移已经进入了中后期，劳动收入份额可能已经开始进入上升轨道。

该文对于宏观经济结构研究的贡献主要有三点：第一，改进了之前使用的估算消费率的办法，通过这一办法可以更为准确地把握我国的宏观经济结构。第二，从理论和实证上解释了消费率的 U 形反弹，发现 2007 年至 2011 年这段时间消费率的上涨中有超过 2/3 源自劳动收入份额的上升。劳动收入份额上升本身也会导致贸易顺差的缩减，也间接促进了外汇占款的减少。第三，重新建立了二元经济下劳动收入份额的决定模型，描述了劳动力转移的不同阶段劳动力市场的主要特征，分析了决定劳动收入份额 U 形反弹的关键因素。

（张雨潇）

【晋升竞争与工业用地出让——基于2007—2011年中国城市面板数据的分析**】**

杨其静 彭艳琼

《经济理论与经济管理》2015年第9期

15千字

通常情况下工业化是发展中国家，尤其是发展中大国实现现代化的必经之路。因此，新中国成立之初就颁布了《土地改革法》(1950)，公开宣示中国的土地制度要为“新中国的工业化开辟道路”。改革开放之后，地方政府依据《中华人民共和国土地管理法》(1986) 等法律法规而获得了征收、开发、投资和出让土地的权力和享有土地所有权、占有权、使用权、利益分配权。与此同时，1994年分税制改革使得地方政府的财权与事权不匹配，导致那些面临巨大晋升压力的地方政府官员往往会违规廉价出让工业用地，并以此作为参与招商引资竞争的最便捷有力的工具。

为了验证上述推断，该文从中国土地市场网收集整理了2007—2011年公示的每宗工业用地出让结果信息，并由此获得了城市政府出让工业用地的面板数据。统计分析发现，尽管中央发布了《国务院关于加强土地调控有关问题的通知》(2006.08.31) 并明确要求从2007年1月1日开始“工业用地必须采用招标拍卖挂牌方式出让”，但全国范围内平均而言，地方政府以协议方式出让工业用地的宗数和面积占比却分别高达26%和22%。更重要的是，利用空间计量经济学工具的实证研究发现，那些省内经济实力相近的城市，尤其是经济强市之间存在着土地引资的恶性竞争，即竞相扩大工业用地的出让规模和协议出让比例。不仅如此，实证分析还发现市委书记的个人禀赋特征也会影响地方政府的工业用地出让行为。具体而言：(1) 与其他市相比，那些由省或中央机关下派的市委书记当政的市政府出让工业用地的协议面积占比和协议宗数占比分别大约低7个和6.2个百分点，尽管该市工业用地出让面积和招商引资宗数并不会发生显著变化。(2) 虽然年轻（小于57岁）的市委书记并不会对城市工业用地出让面积和宗数产生显著影响，但却会显著地增加协议出让工业用地的面积和宗数占比。这说明，那些更具晋升潜力的是地方政府领导具有更大的晋升压力，在土地引资竞争中更敢于冒险违背中央禁令。这些实证结果都暗示辖区间土地引资竞争在很大程度上是地方领导晋升竞争的产物，因此，抑制地方政府恶性竞争，促进中国经济健康平稳发展，有必要修正对地方政府官员的业绩考核体系。

（张雨潇）

【现阶段经济增长与就业关系研究】

刘 伟 蔡志洲 郭以馨

《经济科学》2015年第4期

14千字

中国经济增长转入新常态，较改革开放以来的长期年均增长率有明显放缓（由10%左右下行至7%左右)，另一方面，中国的工业化和城市化水平又正在迅速提升，农业劳动力向非农产业（即第二和第三产业）的转移在加快，同时，非农产业中的结构调整也对再就业提出新的要求。在这种背景下，如何使经济增长保证充分就业的目标，就成为新时期我国经济增长的重要任务。

该文通过结构分析的方法研究经济增长和就业之间的数量关系，并在此基础上探索如何改善我们的经济发展目标。文章运用全国经济普查数据对中国各大产业的增长和就业进行了分析，将结构变化与总量变化的分析相结合，预测了中国产业结构和就业结构变化的长期趋势。通过计算就业弹性和每增长一个百分点的增加值及GDP所带来的就业（尤其是非农就业），对我国现阶段经济增长与就业之间的数量关系进行研究，探索了现阶段如何在产业结构升级的基础上推动经济增长和实现充分就业。

该文的主要学术价值在于：(1) 指出经济增长与就业的关系受到市场化、工业化和城市化进程的影响，发展中国家由于经济发展目标和经济发展水平与发达国家不同，因而经济增长目标和就业目标也不相同，不存在一定适用于一切条件的增长——就业定律。经济学界对奥肯定律的运用存在着绝对化的倾向。(2) 以往研究中关注焦点往往是总量数据，但对中国而言，由于产业结构升级的加速，各个产业的增长对于就业的贡献是不同的，该文重点研究了这种变化对于各个产业发展长期趋势的影响，并在此基础上再对增长和就业二者之间的总量关系进行研究，分析结论有更强的现实依据。(3) 利用就业弹性和每一个百分点所带来的就业增量这两种不同的方法进行研究，结果表明：我国经济每增长一个百分点所带来的非农就业（尤其是第三产业就业）是缓慢提高的，另外一方面，从劳动力供给来看，我国的劳动力总量已经逐渐进入了平稳发展阶段，目前每年的增量正在逐渐减少，不久将进入总量逐渐减少阶段。所以，7%以上的经济增长率是我国现阶段充分就业不受到严重影响的重要条件。

（于小东）

【婚姻对女性工资的影响：升水还是诅咒？——来自中国家庭收入调查的证据】

陈 昊

《世界经济文汇》2015 年第 2 期

14 千字

婚姻对女性劳动力的就业和工资存在何种影响一直是学界感兴趣的话题。大量经验和事实证据已经表明单身女性更难获得理想工作，而婚姻将大大提高她们获得工作的概率，这就是女性劳动力市场上存在的“婚姻升水”（marriage premium）现象。然而其入职后的工资待遇是否仍然存在“婚姻升水”却不乏争议。理论上说，并没有任何一种机制足以证明“婚姻升水”将在女性入职后消失，因此女性工资应该与就业本身同样存在“婚姻升水”。然而基于中国居民微观数据进行的实证研究却得出了不同结论。Hughes 和 Maurer-Fazio（2002）在对中国城镇居民样本进行的实证研究中发现，结婚使女性与男性的工资差距大大增加，即婚姻不仅没有“升水”反而带来了“诅咒”。龚斌磊等（2010）则更加确定地指出，性别导致的收入差异体现为结婚使男性工资提高而使女性工资降低。

该文对已有文献的研究成果为如下三点：第一，详细区分不同的婚姻状态和类型对女性工资的影响。第二，比较了城镇居民和流动人口之间存在的差异。第三，以往对工资成因的分析往往由于存在无法观测的技能因素造成受教育水平变量难以克服的内生性问题，因此该文结合模拟手段观察婚姻对女性工资随机系统的冲击。第四，也是最为重要的一点在于研究中考虑了对年龄和婚姻状况的共同影响。

该文利用 2002 年、2007 年和 2008 年中国家庭收入调查（CHIP）数据，并辅以蒙特卡罗模拟考察女性婚姻对工资性收入产生的影响。研究发现：城镇女性工资存在“婚姻升水”，而流动女性工资存在“婚姻诅咒”。此外，“婚姻升水”和“婚姻诅咒”的存在必须依赖“婚姻存续状态”，初始婚姻行为并不足以保证“婚姻升水”和“婚姻诅咒”效应持续。蒙特卡罗模拟响应面函数冲击发现，随着工资内生自我强化效应的增强，婚姻对女性工资的影响将从“诅咒”转为“升水”。

（李 婷）

【**高学历女性**：城市婚姻市场上的弱者?】
吴要武
《城市与环境研究》2016 年第 3 期
22 千字

随着城镇化水平的稳步提高，绝大多数新增劳动年龄人口会进入城镇劳动力市场。那些接受了高等教育的年轻人，不仅会进入城市劳动力市场，也主要进入城市的婚姻市场。因接受高等教育推迟了进入婚姻市场搜寻，使高学历群体尤其是高学历女性的婚姻问题成为社会关注的对象。

对超过一定年龄阶段的高学历女性来说，继续搜寻和退出婚姻市场两种选择都可能出现。该文使用近几次人口普查和抽样调查数据以及妇女社会地位调查数据，对比分析了城市和农村婚姻市场上不同受教育群体婚姻状况的变化。结果表明：第一，高学历女性在婚姻市场上呈现出的特征化事实为延迟结婚，而不是不婚。过了适婚年龄的高学历女性的有配偶比例之所以更低，她们较高的离婚率是重要的贡献因素。第二，接受了高等教育的女性和男性都更偏好与受教育水平相等的异性结婚，传统的匹配模式由男性和女性共同维护着，婚姻市场的黏滞性很难被打破。需要注意的是，对城市高学历女性婚姻选择的研究结论是建议性的：人口普查或抽样调查的汇总数据无法严格区分高校扩招前后接受高等教育的队列并设计出“控制组”和“干预组”；无法识别研究生群体是先完成教育再进入婚姻市场，还是结婚后再接受研究生教育；扩招后的高学历适婚女性数量已赶上甚至超过了男性，通过延长搜寻时间来维持传统婚配模式不再可能，“延迟结婚”的结论在多大程度上适用于扩招后的高学历群体需进一步探讨。

“不婚”是城市高学历女性自我选择的结果：一方面，对婚姻的预期收益更高会降低匹配成功率，导致“高学历剩女”现象增加；另一方面，高学历女性有更广泛的社会关系网络和更强的搜寻能力，其对婚姻的依赖较弱。真正的弱势群体是农村的低学历男性，他们不仅在婚姻市场上缺少竞争力，而且受到城市婚姻市场变化的“挤压”，成为受剥夺者。农村无配偶人口的性别比失衡，无论是年龄跨度，还是失衡的幅度都远高于城市。有婚姻经历的农村男性不仅遭遇更高的离婚概率，离婚也会在更早的年龄阶段到来。经历了离婚冲击的农村女性可以很快再婚，农村男性则更难重新建立家庭而处于无配偶状态。各级政府在加大教育投资的同时，要积极关注中西部落后地区和农村地区，防范中小学生辍学，真正实现高中阶段的教育普及。这不仅会使农村孩子有能力面对未来的劳动力市场，也将降低他们在婚姻市场上的脆弱性。

（庄　立）

【**中国工会与劳资关系调节职能**——基于1853 篇工会实践报道的研究】
胡恩华　张毛龙　单红梅
《经济管理》2016 年第 11 期
15 千字

该文认为，随着中国社会经济转型不断深化，劳资关系各主体的利益诉求出现多元化，劳资矛盾和劳资冲突进入多发期，构建和谐劳动关系问题引起关注。其中，作为员工利益的代表，工会组织的改革转型备受瞩目。但现有文献多从外部视角讨论中国工会的整体作用是否存在，或集中关注工会与企业或工会与员工之间的单线关系，而未深入中国工会系统内部探究其在政府、社会、企业、员工等各方力量关系网络中到底在做哪些事情，导致目前对中国工会实践的维度划分以及各个维度具体内涵和外延的理解不尽一致，存在分歧或模糊地带。基于上述背景，有必要对中国工会实践概念展开规范的质性探讨，结合现实情况厘清有关概念的具体内容和相关维度；同时，通过多角度的量化分析展现出中国工会实践的不同分布状态和特点，为了解中国工会的实际情况提供更直观的证据。

利用定向爬虫技术，在中华全国总工会网站上采集并整理了2012年1月到2015年8月中国各级、各地工会的1853篇工作动态报道，通过对这些资料的编码和归纳，界定中国工会实践的概念范畴和具体维度，在此基础上对样本资料展开维度、层级和地域视角下的定量统计和对比分析。研究发现：（1）中国工会实践包括维护行为、关怀行为、提升行为、参与行为、建设行为等五个具体维度，与国外工会以维护自身会员权益为第一要务的特点相比，中国工会的工作实践呈现出主动谋求社会整体福利、平等维护弱势员工权益、提升员工的综合素质和工作积极性等多元化的特征；（2）中国工会实践中的维权行为和参与行为过少，其维护员工基本权益的行为尚无法适应当前复杂劳资关系形势的现实需求，且工会系统内各层级工作实践的分布趋势基本一致，统一设计、逐级沿袭的官僚组织特征仍然明显；（3）各个省份之间工会实践的分布情况既有相似又有不同，反映了中国工会在各个地区的转型发展呈现不均衡性，但整体上是一个渐进的发展过程；（4）中国工会，特别是基层工会的独立性虽然亟须增强，但中国工会并不像人们质疑的那样无所作为，其多元化的工作模式更容易形成良性循环局面，从而在劳资关系管理实践中发挥积极作用。

该文利用具有一定时间跨度、覆盖各个层级及省份的工会工作报道来探索并呈现中国工会实践的实际情况，较为全面地呈现中国工会近年来工作开展的真实状况。

（张毛龙）

【中国的“城市蔓延之谜”——来自政府行为视角的空间面板数据分析】

秦　蒙　刘修岩　李松林

《经济学动态》2016年第7期

23千字

该文认为：改革开放以后，我国城市化进程显著加快，但大多数城市的空间扩张明显快于人口增长，学界称这种城市区人口密度不断下降的现象为“城市蔓延”。城市蔓延会带来自然资源浪费、经济增长减缓等负面效应。所以，有必要探明城市蔓延现象的成因，对其采取有的放矢的控制措施。与发达国家相比，中国城市蔓延的典型事实具有其特殊性，其中政府的土地出让和城市规划对城市空间结构的塑造至关重要。这里，地方政府的深层动机表现为：获取财政收入和促进经济增长。为了验证这两种动机，该文借助DMSP全球夜间灯光数据和LandScan全球人口分布数据，计算了国内共计264个地级市、直辖市在2004—2013年的城市蔓延指数；用城市财政缺口（盈余）占GDP比重的变化值来反映当地政府面临的财政压力；而用空间权重矩阵来反映地级市的相互影响，矩阵元素值越大代表两个地市间的潜在竞争越明显，鉴于县级政府同样具有城市规划和土地出让决策权，而用一个地级市内区县（含县级市）的数量来表示。此外，该文还将实际人均收入及其二次项、城市人口规模、人均道路面积和单位土地的农产品价值等作为控制变量引入实证模型。基于SDM空间杜宾模型，用2004—2013年全国样本的年度面板数据估计发现：城市蔓延存在地市间的正相关影响，说明地级市由于经济增长和招商引资动机而竞相出让土地；区县数量与城市蔓延指数呈正相关，表明区县之间的竞争关系也是推高整个地级市蔓延程度的重要动力；而地级市层面上的财政缺口加大不会推高城市蔓延度。在将样本分为东中西三大地区后，分地域样本的回归结果虽然没有发生明显变化，但地级市下属区县（含县级市）数量在东部显著为正，却在中西部不太显著，可能是因为东部县域经济更发达，区县级层面上的土地出让竞争比中西部更明显。结果通过了稳健性检验。实证结果意味着，各地应该增加科技和人力资本投入，减少地区经济增长对土地资源的过分依赖；并充分发挥市场力量在资源空间配置上的主导作用。

（杨新铭）

【我国公共医疗服务受益归宿及其收入分配效应——基于入户调查数据的微观分析】

李永友　郑春荣

《经济研究》2016 年第 7 期

24 千字

20 世纪 90 年代以来，降低健康不平等，消除决定健康水平的社会经济因素，使弱势群体健康得到持续改善，一直是许多国家公共健康政策和公共健康战略核心目标。公共医疗服务在中国能否消除不同收入群体健康不平等和因病致穷、因病返贫现象，成为矫正社会现金收入分配差距的重要手段，关键取决于谁从公共医疗服务中受益。

中国政府一直非常重视医疗卫生事业，尤其是改革开放后 30 年。然而就在中国医疗条件因政府投入获得极大改善的同时，由于医疗资源配置发生严重偏向，看病难看病贵问题反而变得异常突出。同时在走向医疗服务市场化过程中，由于缺乏有效财政投入模式和引导机制，医疗服务行为也高度扭曲，过度医疗现象非常普遍。面对因病致贫或返贫等一系列社会问题，中国政府在 2009 年启动了新一轮医疗改革。

该文在受益归宿分析框架下，基于 CFPS 2008—2012 年入户调查数据和保险价值法，对公共医疗服务受益归宿及其收入分配效应进行估计。结论表明，中国新医改后，扩大的医疗保险覆盖面和更高的医疗服务保障能力，不仅提高了公共住院服务受益分配累进性，而且实现了一定程度的正义性，使最穷收入分组成为新医改后公共住院服务的最主要受益群体。公共住院服务受益正义分配使中国家庭间收入分配基尼系数下降了 5—7 个百分点。然而，新医改后，中国公共住院服务受益再分配存在两个明显特征：一是严重偏向最穷收入分组的成本分担显著弱化了公共医疗服务收入再分配效应，使中国家庭间收入分配基尼系数上升 2—3 个百分点；二是尽管新医改后，中国公共住院服务受益分配一定程度上更加偏向最穷收入分组，但其产生的再分配效应不是发生在最穷与最富两个收入分组之间，而是发生于前 80% 收入分组之间，后者造成 2010 年和 2012 年中间 60% 收入分组从公共住院服务中受益不足总收益的 30%。换句话说，新医改之后，医疗服务受益再分配不是发生在穷人和富人之间，而是发生在穷人和次穷人之间。显然这与中国在医疗领域存在的问题并不一致。在中国，医疗资源配置主要问题不是次穷人获得太多，而是富人获得太多，所以中国医改真正要解决的医疗服务分配公正问题，是要将富人过度占用的医疗服务分配一部分给穷人。只有这样，才能进一步提高公共医疗服务矫正收入分配的作用，实现医疗服务更加公正的分配。

（金成武）

【外来移民是否真的损害本地人工资报酬？——移民及其异质性影响的理论与实证研究】

魏下海　董志强　林文炼

《劳动经济研究》2016 年第 1 期

38 千字

该文主要观点如下：中国自改革开放以来，快速的工业化和城市化发展促进了劳动力的大规模迁移流动。大规模外来移民的涌入如何影响了迁入地劳动者的工资报酬，不仅是迁入地政府关心的现实问题，也是劳动经济学界颇受争论的焦点话题。目前学术界对于外来移民影响的研究尚未得到一致结论，为数不多的以中国为案例的研究文献一致认为，移民的影响效应依赖于移民和本地劳动力是替代还是互补关系。然而，在现实中，移民和本地劳动力的关系并不能笼统地说“替代”或“互补”，需要更细致的分析。移民和本地劳动力都是异质的，某一类移民的流入，对于本地同类劳动力会存在替代性竞争，但是在专业化分工生产体系中它对于本地其他类型的劳动力却是一种联合的生产要素，会改变其他类型劳动力的边际生产力。从而，某类移民进入对本地劳动力工资率的影响，是建立在对本地不同劳动力具有不同影响基础之上的。移民对本地人总的工资率效应，是对本地所有类型劳动力工资率影响的加权。

基于上述思路，通过建立一个存在两种类型劳动力分工生产的理论模型，以刻画外来移民影响本地劳动力工资率的经济逻辑：即在专业化分工生产下，移民对本地劳动力工资率的影响，取决于移民劳动力结构、本地劳动力结构和要素产出弹性，并且不同类型的移民对本地劳动力工资率的影响方向是不同的。基于 2005 年全国 1% 人口抽样调查数据，采用城市—职业分组的经验研究支持了该文的理论预期，结果显示：中国城市的外来移民对本地劳动者工资的影响显著为负，平均而言，移民每增加 10%，本地劳动力工资就下降 2.8%；移民流入对于城市本地低端劳动力（低技能者、受雇者等）的影响是负的，但对城市本地高端劳动力（高技能者、创业者等）的影响不显著；高端移民（高技能者、创业者等）的流入将会促进本地劳动力工资率水平的提升，而低端移民（低技能者、受雇者等）的流入则会降低本地劳动力工资率水平。此外还发现，不同户籍、不同迁移时期、不同迁移原因的移民，对本地劳动力工资率的影响也存在显著差异。

（周敏丹）

【医疗保险的全局效应：来自中国全民医保的证据】

陈秋霖　傅虹桥　李　玲

《劳动经济研究》2016 年第 6 期

24 千字

医疗保险如何影响医疗服务使用、医疗费用以及医疗资源分配，一直是卫生经济学和卫生政策关注的重点话题。从需求方看，由于医疗保险降低了医疗服务的边际价格，患者对医疗服务的需求会增加，进而导致医疗费用上涨；从供给方看，由于医疗保险扩大了医疗市场的份额，医疗机构和医生通过技术创新或诱导需求提供治疗服务和药物供给的动机增强。前者可能会导致需求层面的静态道德风险，后者则可能会导致供给层面的动态道德风险。目前大多数国内外文献主要研究医疗保险对需求方的影响，这类研究主要是利用患者数据或入户调查数据，利用随机实验或自然实验等方法，探究医疗保险对患者医疗服务使用以及医疗费用的短期影响或静态影响；然而，由于这类研究普遍采用个人需求层面的数据，因而容易忽略医疗保险的动态效应。后续一些国外的研究发现，医疗保险对医疗技术使用、医疗资源供给以及医疗创新具有显著的长期影响，从而可能会对医疗费用增长产生长期影响。

不同于以往文献仅仅利用入户调查数据研究医疗保险的局部静态效应，该文利用全国 90 家公立医院在 2004 年至 2011 年的运行数据，研究了中国实施全民医保的全局效应。由于在实施全民医保政策（2006）之前，各地区医疗保险覆盖率存在差异，因此不同地区受全民医保政策的影响程度不同。该文利用这一自然实验，采用双重差分模型（DID），比较了不同地区的公立医院的医院服务量、医疗费用以及资源供给在实施全民医保政策之后的变化趋势。研究发现：第一，实施全民医保提高了医疗服务的使用量；第二，全民医保大幅度增加了医疗总费用，特别是药品费用和检查费用；第三，全民医保刺激了医院床位数增加和固定资产投资。以上结果表明，医疗保险对患者行为和医疗服务供给方会同时产生影响。这一发现有助于我们加深对医疗保险作用机制、中国医疗费用快速上涨机制的理解，对控制医疗费用过快增长具有政策启示意义。

（周敏丹）

【福利国家积极劳动力市场政策的类型化及其改革取向】

林闽钢　李　缘

《劳动经济研究》2016 年第 4 期

30 千字

该文主要观点如下：近年来，福利国家转型的结果最显著的取向便是福利国家“激活化”转向社会投资型国家。相应地，福利国家的社会政策也出现了“积极化转向”，它着重发展那些致力于“事先预防”而非“事后修复”的社会政策。政策支出以一种积极的“投资性”形式体现，比如积极的劳动力市场政策、教育和培训，而非消极的“补偿性”形式。劳动力市场政策是福利国家重要的政策领域和关键的政策工具。随着福利国家的改革，劳动力市场政策也出现积极转向。但是，这种积极化转向并不意味着福利国家的积极劳动力市场政策是一致的。相反，不同的福利国家其侧重点是不同的，由此产生了不同的积极劳动力市场政策组合形式。通过分析发现，福利国家积极劳动力市场政策的发展趋势是：“重返劳动力市场便利”类政策越发重要，“防止人力资本耗散”类政策逐渐失去重要性，而“人力资本投资”类政策则居中。

已有的将积极劳动力市场政策纳入福利体制分析的研究，多将其作为其中一个自变量，很少将不同的积极劳动力市场政策分别作为自变量进行考察。在方法使用上，多集中在多元回归、主成分分析等方法。聚类分析已被证明是区分福利体制最广泛使用且有效的方法。因此，该文从积极劳动力市场政策类型化这一新的视角分析福利国家和福利体制，将多样化的积极劳动力市场政策分别作为自变量进行考察。通过确立“人力资本投资”“防止人力资本耗散”和“重返劳动力市场便利”三个政策类型构成福利国家体制划分的自变量，运用层次聚类和 k 均值聚类的分析方法，将经济合作与发展组织（OECD）21 国划分为三个群进行研究，并选择代表性国家分析发现：“边际型”国家在积极劳动力市场中扮演边际性角色，以澳大利亚为代表，积极劳动力市场政策支出水平低，拥有成熟的准市场机制；“人力资本投资型”国家尤其注重培训的作用，以芬兰为代表，广泛的跨部门合作且将职业教育和职业培训结合是其重点；“重返劳动力市场便利型”国家则努力实现就业激励，并同时提供高质量的公共就业服务，以德国为代表，在权利与义务并重的前提下构建了完善的工作搜寻制度和“有序竞争”机制。

（周敏丹）

【用“以人民为中心的发展思想”破解民生领域难题】

蔡　昉

《劳动经济研究》2016 年第 3 期

16 千字

该文主要观点如下：思想是实践的指南，理念是行动的先导。党的十八大以来，以习近平同志为总书记的党中央，开辟了治国理政的新境界，开创了党和国家事业发展的新局面，领导全国人民取得了经济社会发展的新成绩，根本上在于遵循了习近平总书记系列重要讲话中阐述的新理念、新思想和新战略。其中，作为创新发展、协调发展、绿色发展、开放发展和共享发展五大发展理念之一的共享发展，集中地体现着以人民为中心的发展思想，引领了民生领域的新实践，也将进一步推进全面建成小康社会目标的实现。体现在习近平同志系列重要讲话，以及党的十八大以来治国理政的新理念、新思想、新战略中的“以人民为中心的发展思想”，理论上渊源于唯物史观和党的根本宗旨，也得到改革开放成功实践的检验；以民生领域的理论和政策问题为研究对象的劳动经济学，坚持这一发展思想至关重要。

劳动经济学坚持“以人民为中心的发展思想”，就是要从劳动力市场、城乡就业、劳动关系、社会保障、收入分配和新型城镇化等分析视角入手，研究如何实现共享发展。唯其如此，这个经济学分支才能够成为马克思主义政治经济学或中国特色社会主义经济学的组成部分。在从劳动经济学学科的角度着眼，就一些重要和热点话题进行研究时，需要坚持从马克思主义政治经济学的正确方法论出发。首先，着眼于战略和历史视野、辩证分析方法、忧患意识和底线思维，把近期和长远视角有机结合，才能准确认识和把握当前民生领域问题的性质，在保持历史耐心与战略定力的同时，应对面临的近期、紧迫挑战。其次，具体问题具体分析是马克思主义活的灵魂。因此，坚持问题导向，并与全面建成小康社会宏伟目标相统一，也应该成为中国特色劳动经济学的方法论基础。

该文结合学习体会，尝试从全面共享发展的角度，从就业的总量、质量与结构变化，居民收入的初次分配和再分配手段，公共服务的绝对水平和均等化程度，新型城镇化的需求侧和供给侧效应几方面，认识和阐释民生领域面临的问题和挑战，按照构建中国特色社会主义经济学的要求，揭示在劳动经济学领域进行理论创新的方向。

（周敏丹）

【收入导向型多维贫困测度的稳健性与敏感性】

张　昭　杨澄宇　袁　强

《劳动经济研究》2016 年第 5 期

26 千字

该文主要观点如下：减少并最终消除贫困，已逐步成为世界各国的共识。2015 年 9 月，联合国可持续发展峰会通过了由 193 个成员国共同达成的《2030 年可持续发展议程》。在这个纲领性文件中，共包括 17 项“可持续发展目标”，其中消除贫困被排在第一位。在中国，实现“现行标准下的农村贫困人口脱贫，贫困县全部摘帽，解决区域性整体贫困”，成为“十三五”期间改善民生的重点，也是全面建设小康社会的重要目标。近年来，贫困领域的理论在不断发展。对贫困问题的考察已从单一的收入或消费维度走向多维视角，个体在健康、教育及生活水平等领域的被剥夺也被纳入到贫困的范畴。从多维视角考察贫困问题，不仅可以借助非收入属性精准识别贫困个体，还可以深入分析致贫原因，为相应的减贫政策提供参考。

国外不少学者对多维贫困的测度和分析进行了研究，由 Alkire 和 Foster（2011）开发的 A－F 多维贫困分析方法已成为多维贫困测度和减贫政策评估的主流方法。该文针对该方法在识别中可能出现的“虚假贫困”现象，以及多维测度导致减贫政策精准实施难度加大等问题，在 A－F 多维贫困分析框架基础上，将多维视角下的福利评价和中国现行的收入导向贫困标准结合起来，提出了收入导向型多维贫困测度方法。相比而言，新的方法既考虑了收入维度评价贫困的主导地位，也兼顾了多维视角下的福利评价。结合中国家庭追踪调查（CFPS）2014 年的调查数据，测度了农村地区的收入导向型多维贫困，并通过非参数 Bootstrap 方法，检验了收入导向型多维贫困的稳健性。结果表明，首先，中国农村地区的收入导向型多维贫困表现出了较强的区域差异，西部地区的收入导向型多维贫困指数对总体贫困指数的贡献率达到一半以上，但这种差异更多地体现在数量的差异上，收入贫困个体在其他维度遭受剥夺的差异并不是很大；其次，尽管收入维度在收入导向型多维贫困中居于主导地位，但有无收入的不确定性对指数的稳健性影响不大，即增加收入维度波动的程度，收入导向型多维贫困指数依然表现出较强的稳健性。此外，敏感性检验表明，该指数对收入维度剥夺临界值（收入贫困线）的变化相对于 A - F 多维贫困指数表现出较强的敏感性，这有利于比较分析处于不同收入贫困程度下的群体在多维视角下的特征。对收入导向型多维贫困的考察，具有以下两方面启示：一方面，收入导向型多维贫困的视角为中国现行标准下减少和消除贫困的政策规划提供了参考；另一方面，收入导向型贫困为不同收入贫困标准下多维贫困的比较分析提供了方向。

（周敏丹）

【中国城镇化发展效率和制度创新路径】

李 平 李 颖

《数量经济技术经济研究》2016 年第 5 期

15 千字

该文主要内容如下：中国经济正式进入“新常态”。“中高速”“优结构”“新动力”是“新常态”的主要特征，其核心是经济质量的提升，这标志着国家经济建设的主要任务已从经济规模的简单扩张和经济总量的持续增长转变到通过产业布局优化调整促进各类要素资源高效集约配置，提高经济发展整体质量上来。在这一进程中，城镇化是核心驱动力。改革开放以来，虽然在市场经济机制的作用下，生产要素的流动性有了极大提高，资源要素向城市工业部门的转移集聚推动了城镇化进程的快速发展，但由于各种制约因素持续存在，中国的城镇化是不全面、不协调的。2014 年 11 月，李克强总理在国家博物馆参观人居科学研究展时指出，我国 94% 的人口居住在东部 43% 的土地上，但中西部也需要城镇化。要研究如何打破“黑河—腾冲线”规律，统筹规划、协调发展，让中西部也能分享现代化。要全面推进新型城镇化，必须明确当前城镇化的效率水平及其影响因素，并采取相应对策，现有研究没有从深层次上揭示中国城镇化发展进程区域间不均衡问题和城镇化效率长期受阻的根本原因，也未提出系统性的解决方案。“西疏东密”可能正是东部沿海在地理上和经济上所具有的“宜居性”的体现，但这还不能作为中西部城镇化总体效率低下的根本原因。

为此，研究通过对中国 132 个地级以上城市规模分布的对数正态、帕累托、齐普夫分析，比较东部和中西部城镇化效率的差异，分析影响城镇化效率的主要因素，进而指出落实新型城镇化战略的关键是改革现有制度安排，促进人口充分流动，实现城市规模的最优分布。通过分析跨越六个年代时期内的东部地区和中西部地区城市规模分布的变化，揭示东部地区和中西部地区城镇化进程和城镇化效率的内生影响因素。结果显示，制度因素对城镇化效率的制约程度极为显著，新型城镇化战略有序推进的关键并不是大规模的城镇化开发，而是创新相关的制度安排，制度的灵活性和适应性是落实新型城镇化的前提。弱化二元结构、城乡结构的制度安排，增强人口和要素的流动性和发展的开放性，才是推进新型城镇化、实现共同富裕之根本路径。因此，未来区域城镇化的制度创新应当以提高城镇化效率为路径，只有城镇化效率提高，才能最终提高城镇化率。

（白延涛）

【新型城镇化发展与产业结构变迁的经济增长效应】

孙叶飞　夏　青　周　敏

《数量经济技术经济研究》2016 年第 11 期

17 千字

该文主要观点如下：改革开放以来，中国经济高速增长，年均增长率超过 9%，创造了一系列中国奇迹，与此同时中国经济发展也面临着产业结构调整、结构性减速、“中等收入陷阱”和城市病等一系列棘手问题。2015 年中国经济增长率为 6.9%，为近 25 年来最低增速，经济发展速度由高速增长向中高速增长转变。这样的一种经济新常态激起了一系列有关中国经济发展的争论。中国经济发展过程中廉价的农村劳动力是中国经济迅速崛起的重要动力，但是这种廉价劳动力供给不会无限延续，近年来出现的“民工荒”现象已经暗示着中国经济发展过程中“人口红利”的消失。“刘易斯拐点”的到来，势必会抑制原有劳动密集型产业的经济增长点。中国经济已步入“结构性减速”时代，经济发展前期由工业化迅速发展所带来的“结构性加速”福利已经消失。伴随着产业结构不断升级，劳动力由第二产业向第三产业转移，而不同产业间劳动生产率存在一定程度的差异，因此导致了中国经济增速放缓。而产业发展与城镇化发展又相互依存。产业是城镇发展的支撑，而城镇发展又加速了产业集聚，因此，推进新型城镇化发展，将“产城协同”作为经济发展的一种新模式，对于新常态经济下提高生产率，提升经济发展的质量与速度具有重要意义。

研究利用全局主成分分析法和改进 Moore 指数，分别对新型城镇化水平和产业结构变迁指数进行测算，并在经济增长的空间相关性分析基础上，构建空间自回归模型、空间效应分解模型和面板门槛模型，实证检验了新型城镇化发展与产业结构变迁的经济增长效应。研究显示，新型城镇化通过发挥其“选择效应”优化产业结构、提升企业生产率，有效促进了经济增长；中国经济发展的“结构红利”因产业结构变迁而减弱，导致中国经济发展出现“结构性减速”现象，但产业结构变迁的经济增长效应仍存在；实现产城联动，发挥新型城镇化与产业结构变迁的“协同效应”，对于缓解经济发展过程中的“结构性减速”问题，促进中国经济增长具有积极作用；新型城镇化发展与产业结构变迁的经济增长效应因产城关系的阶段性不匹配而存在“门槛效应”。

（白延涛）

【新常态下中国城乡一体化格局及推进战略】

魏后凯

《中国农村经济》2016 年第 1 期

20 千字

当前，中国经济发展已经进入了新常态。在新常态下中国城乡一体化格局呈现了新的特点和趋势，并面临新的机遇与挑战。可以说，目前中国城乡一体化已经进入适应新常态的全面推进新阶段。在这一新的发展阶段，推进城乡一体化需要有新思路、新机制和新举措。特别是如何充分发挥市场调节与政府引导相结合的双重调控作用，全面激发各市场主体的内在活力和创新动力，有效促进城乡要素自由流动、平等交换和均衡配置，构建适应新常态的新型城乡关系和可持续的城乡一体化长效机制，从而推动形成以城带乡、城乡一体、良性互动、共同繁荣的发展新格局，使农村居民与城市居民共享现代化成果，实现权利同等、生活同质、利益同享、生态同建、环境同治、城乡同荣的一体化目标，将是新时期推进城乡一体化的重点和难点所在。

利用中国数据经过细致的统计分析发现，在中国经济进入以“增速减缓、结构优化、动力多元、质量提升”为基本特征的新常态后，城乡一体化格局已呈现出新的趋势，即城镇化增速和市民化意愿下降，城乡收入差距进入持续缩小时期，要素从单向流动转向双向互动，政策从城市偏向转向农村偏向。新常态是一把“双刃剑”，既给城乡一体化发展提供了良好机遇，也将推进城乡一体化面临严峻挑战。这种挑战包括：农民增收和市民化难度加大，“农村病”综合治理刻不容缓，资源配置亟待实现城乡均衡，城乡二元体制亟须加快并轨。当前，中国已经进入全面推进城乡一体化的新阶段。在新常态下，全面推进城乡一体化需要采取系统集成的一揽子方案，而不能采取零敲碎打的办法。当前重点是全面深化城乡综合配套改革，构建城乡统一的户籍登记制度、土地管理制度、就业管理制度、社会保障制度以及公共服务体系和社会治理体系，促进城乡要素自由流动、平等交换和公共资源均衡配置，实现城乡居民生活质量的等值化，使城乡居民能够享受等值的生活水准和生活品质。

（苏红键）

【“乡—城”人口迁移对城镇劳动工资的影响研究】

刘昌平　花亚州

《中国人口科学》2016 年第 2 期

16 千字

发展中国家的工业化和城市化进程总是与劳动力从传统农业部门向现代工业部门的转移相伴相随。近年来，市场经济模式在解放人们传统思维的同时，也撬动了户籍管理制度等限制人口自由流动的政策障碍，流动就业人员、农民工等群体在这一时期迅速壮大，形成巨大的“乡—城”人口迁移浪潮。该文测算了中国“乡—城”人口迁移对城镇平均劳动工资造成的影响，并基于劳动力异质性假定，运用固定替代弹性函数分别对城镇高技能劳动力、低技能劳动力及退休人员的收入水平受到的影响进行分析。研究结果显示，人口迁移对城镇各类劳动者收入水平都存在负效应，其中低技能劳动力工资和退休人员基础养老金受到的冲击最大，而高技能劳动力工资仅有小幅度的下滑，由此助长了不同劳动群体的收入差距。另外，农村转移人口带来的影响是多方面的，其在改善城镇地区人口结构的同时，也给各类劳动者工资水平带来不同程度的负效应。农林牧渔业、住宿及餐饮业等劳动技能较低的行业受到的冲击最大，每年因人口迁移而遭受的工资降幅接近 9%；科学研究、教育、金融等劳动技能较高的行业受到的影响较小，工资下降幅度不到 0.5%；由于退休人员的基础养老金直接与社会平均工资挂钩，其受到的负效应同样显著，达到 7.5%。因此，人口迁移也在一定程度上导致城镇不同类型劳动者之间收入差距的扩大。

该文认为中国应积极推进就地城镇化战略，为社会资本在乡镇投资创造条件，中央政府应在宏观层面为资本进入农村和小城镇开辟绿色通道，特别在土地划拨和税收方面给予优惠，创造良好的投资环境；地方政府在认真履行中央各项优惠措施的基础上，应以更加开放和负责的态度为资本流入创造条件，有条件的可以通过发行地方债等方式拓宽融资渠道，力争形成当地的产业基础，发挥规模效应和集聚效应。同时要鼓励农民自主创业，培养创业意识、提高创业能力、拓宽创业渠道，是农民自主创业成功的关键，这些也离不开政府的支持。此外，不必局限在农林牧渔等传统行业，诸如旅游、住宿、餐饮、食品加工等同样可以作为理想的选择。此外，还需加大农村基础教育投入力度，缩小城乡收入差距。由于中国长期的城乡二元结构，优质的教育资源聚集在城市，造成农村人口在平均受教育年限、劳动技能的培养和眼界及思维的开拓等方面与城镇劳动力存在巨大差距，这不仅限制了农村劳动力的择业范围，更直接影响了其收入水平。因此，配合就地城镇化发展模式，加大农村地区基础教育的投入力度，力争从根本上改变中国农村教育资源匮乏的现实困境，避免城乡教育水平的差异对劳动收入能力的长期影响。

（朱　犁）

【非重点普通本科院校与高职院校的教育回报率比较研究】

杨伟国　唐聪聪

《中国人口科学》2016 年第 4 期

13 千字

随着经济发展的深入，高等教育结构性矛盾日益突出，当前的人才结构体系已然不能与经济发展和产业升级的步调相匹配。大学生作为中国人力资本投资的重要成果，自 1999 年大学扩招后，大学毕业生就业遇到了前所未有的压力。与此同时，高职院校的毕业生在市场上却大受欢迎。在此背景下，高校转型问题不断被提上日程。该文使用“中国企业雇主—雇员匹配数据调查”的 2013 年雇员数据，从“教育回报率”角度对职业应用型院校与非重点普通本科院校进行实证比较分析。结果发现，教育回报率仍然是随着教育水平的提高而增加，但非重点普通本科院校与高职院校的教育回报率之间的差异要低于其他相邻层次教育水平之间的差异。若考虑就业等因素，二者间的教育回报差异会产生变动。因此，在择校时需要考虑就业问题对教育回报率的影响，另外，国家推动部分院校或专业向应用导向型转型有利于匹配市场供需结构，缓解这一困境。

基于实证研究结果，该文认为，从国家角度来讲，高校转型有助于调和高等教育结构性矛盾以适应经济结构调整。中国具有世界上规模最大的高等教育体系，国内高等院校众多，倘若不加以有效区分建设很容易造成人才的培养定位趋同，形成在某些行业或领域“人才扎堆”供大于求的现象，造成部分毕业生无法顺利就业。因此，国家应该推动高等教育体系的分类建设，推动部分高校或专业进行转型，对接劳动力市场供求关系，这有利于缓解就业难问题及一些领域的人才缺乏问题。从高校角度来讲，主动转型有利于树立自身特色，缓解“低投档低就业”问题。近年来，一些高等院校，尤其一些三本院校，面临的“低投档低就业”的问题仍然未能得到解决。如果此类高校能够合理利用劳动力市场的需求结构，专注于职业应用型的人才培养方向对接市场，将有利于保证学生未来的就业，同时也有利于高校树立自己的特色，保持学校的长期良性发展。从学生家长的角度看，高校转型促进了高校体系结构优化更有利于学生家长在非重点普通本科与高职院校之间作出合理选择。当面临选择时，学生和家长更多地关注教育回报而忽略了就业因素，许多家长或学生更愿意选择有着本科之名的三本院校，而不倾向于选择职业型高校。由于工作收入与学历水平紧密相关，所以目前仍然是学历越高含金量越大。因此，在选择院校时仍然需要权衡高职院校的毕业生与非重点普通本科院校（尤其是知名度和影响力都靠后的三本院校）毕业生的未来就业和教育回报问题，而转型后的高校给学生家长们提供了一个好的选择。

（朱　犁）

【上海市居民就业地迁移研究——基于手机信令数据的分析】

王 德 朱查松 谢栋灿

《中国人口科学》2016 年第 1 期

14 千字

近年来，空间信息技术的迅速发展使大数据成为城市研究的重要数据来源和研究热点。大的开放数据为观察大批量微观个体在城市空间的行为活动提供了低成本、便捷的机会，手机信令数据是其中重要的方面。手机信令数据是移动运营商通过数量庞大的基站连续不断地追踪手机用户的空间位置、状态等信息，实现对手机用户活动比较全面完整的记录。手机信令数据的原理是移动通信系统将服务区分割成许多小区，每个基站对应一个小区并有小区识别码，当手机与通信系统联系时，就会记录小区的识别码，当手机用户进入另一个新的小区时，移动通信系统也会对手机所处的小区位置进行更新，从而对手机用户的空间轨迹有相对完整的记录。与人口普查或交通出行调查等数据相比，手机信令数据具有的优势是可以获取长时段的大样本数据并进行追踪，同时人群覆盖广，获取成本低、方式简便。手机信令数据具有对用户空间位置信息连续、全面的记录，不仅能分析就业的空间分布，而且能够研究就业的空间迁移。

就业的空间分布及其迁移是城市人口与就业变化的重要内容。该文以 2011 年、2014 年上海移动用户的手机信令数据为来源，从总体特征、大区、街镇三个层面对上海市域人口就业的空间迁移进行分析。结果发现，上海市域就业仍主要集中在中心城区，由核心区和远郊区向中心城外围区、近郊区集中，而未显著疏散到郊区新城。从大区而言，就业由核心区、远郊区向中间地带集中，核心区（黄浦区）和远郊区就业数量减少，内城区、中心城外围区、近郊区就业数量各有少量增加，各区就业大进大出特征明显，尤其是中心城外围区、近郊区。街镇尺度的就业迁移更加细化了就业向中心城边缘区集聚的特征，中心城区北部、中心城区南部及西外环外侧形成三个就业增长的主要区域；西部内外环间街镇及横贯中心城区东西的街镇，是就业减少的主要区域。就业的空间迁移反映了上海中心城区就业主要疏散到中心城区外围区、近郊区，并未疏散到郊区新城。就业是常住人口迁移的主要原因，若要培育市域多中心结构，必须将中心城区疏散的空间战略落实到就业岗位的疏散，将就业岗位由中心城区向近郊区和郊区新城疏散，切实增强郊区新城的就业吸引力。另外，研究证明了利用手机数据开展城市人口的就业地迁移是可行的。

（朱 犁）

【中国特大城市的人口调控研究——以上海市为例】

张车伟 王智勇 蔡翼飞

《中国人口科学》2016 年第 2 期

13 千字

特大城市的人口调控在中国乃至全世界都是一个难题。城市人口规模过大引发的各种社会问题有很大的相似性。在中国，无论是特大城市还是超大城市，都是外来人口聚集的重点区域，城市人口的膨胀均因外来人口流入引起。随着中国城镇化进程的加快，特大城市的人口问题越来越突出，迫切需要充分认识特大城市存在的人口问题，制定相应的调控政策。

上海市是中国经济、金融、贸易和航运中心，不仅在全球资源配置和国际竞争格局中的地位至关重要，而且其经济发展关系到中国经济转型和产业升级。该文以上海市为例，分析其人口发展状况、存在的问题，指出人口调控应遵循人口发展变化的内在规律，并结合产业结构调整、经济发展趋势和城市发展阶段等因素来进行，而不应简单地以人口规模为调控目标。该文在借鉴国内外经验的基础上，提出特大城市的人口调控应以结构优化为主要目标，应立足中心城区的问题，放眼整个上海都市圈解决问题。指出上海市人口调控应主要在市域内进行。由于上海的人口问题主要表现为结构性问题，人口调控应以结构性指标作为调控的目标和抓手。年轻化和高素质的劳动力队伍是大都市不断创新和保持竞争优势的关键。在上海人口规模已经相对稳定的形势下，优化人口结构将成为上海实现“四个中心”的定位和全球科技创新中心的当务之急。另外，上海人口调控不应设置总量目标，而应通过优化人口空间布局，改善人口结构，实现人口与经济社会发展之间的匹配平衡。调控应设置结构性指标作为手段，重点解决中心城区人口过密问题，通过统筹上海都市圈的产业布局、经济活动和公共服务引导人口合理聚集。

建议：（1）上海市应采取不同圈层实施差别化产业布局政策，带动人口空间结构优化。因为人口分布是产业集聚的结果，产业布局的再调整才是优化人口空间结构的治本之策。上海都市圈各圈层具有不同比较优势，实施差别化的布局政策有助于实现经济效益最大化。（2）优化公共服务资源配置，引导人口有序流动。上海中心城区人口增长过快、人口密度过高的重要原因是其集聚了华东地区乃至全国最优质的公共资源，这些公共资源对人口流动形成巨大的“向心力”。因此，解决中心城区人口过密的关键在于从“硬件”和“软件”两方面优化公共资源配置。（3）强化人才培养与引进，打造人才聚集高地。上海现代化国际化大都市的建设势必需要一大批高素质人才，因此，一方面应借产业转型升级的契机聚敛人才。通过大力发展战略性新兴产业，实现“产业吸引人才、人才促进产业”双向良性互动。另一方面，通过改革人才制度和打造各种平台招徕人才。应完善人才发展规划、改革人才管理机制及相关性法律法规制度，打破人才流动的隐性壁垒。建设高端人才发展平台，扶持创新创业孵化器、企业博士后流动站建设，为人才引进和创新创业创造良好环境。

（朱　犁）

【工资差异与劳动力流动对经济的影响——以上市公司行业结构和产出为视角】

柏培文　张伯超

《中国人口科学》2016 年第 2 期

14 千字

由于二元经济结构、户籍、体制和制度等因素的存在，在中国劳动力市场上存在明显的行业分割和行业垄断，不同行业之间劳动力工资存在的差异，使不同行业的劳动力没有得到有效和合理配置，直接影响不同行业的发展和行业结构的调整，也影响社会的整体产出增长。该文以中国上市公司为研究对象，考察行业间工资差异引致的内在劳动力流动，以及在实现均衡工资状态下劳动力流动对行业结构和产出的影响。研究结果显示，上市公司各行业间存在的工资差异会导致行业劳动力的内在流动，在行业实现均衡工资的情况下，信息技术业、交通运输业、水电煤业、专用设备制造业一直处于劳动力流入状态，而农林牧渔业、纺织服装皮毛行业、批发零售业、食品饮料制造业、石油化工制造业则多表现为劳动力流出状态。其他行业劳动力流动方向不确定。在各年中，2002 年劳动力流动占比较低，2007 年劳动力流动占比增高，2011 年则又出现下降。由于劳动力的流动，一些传统行业和污染性行业受到限制和压缩，一些技术性行业、生物行业和垄断经营行业得到发展，从而优化了行业结构，也使三大产业结构得到升级调整。劳动力的流动再配置提高了社会总产出。

该文提出以下政策建议：（1）采取有效措施，降低行业工资差异。应推进市场化改革，从根本上打破行业分割和行业垄断，消除劳动力流动障碍；应积极推行各行业的岗位最低工资制度；从立法上限制国有垄断企业员工过高工资。（2）促进资本的自由流动。中国物质资本在行业间的流动性并不充分，其在行业间的自由进入和退出作用并没有得到真正发挥。因此，要加快完善中国资本市场，促进资本在行业间合理自由流动，达到既提高资本的配置效率，又可以叠加劳动力流动和再配置的效应，实现扩大行业结构调整和促进产出增长的效果。（3）加大传统产业的转型，限制污染性产业的发展，促进劳动力释放和转移。一是加大对农林牧渔业物质资本投入和科学技术投入，提高农林牧渔业的生产效率，推进农林牧渔业劳动力的转移；二是对传统的劳动密集型行业采取网络化和智能化改造，推动行业升级转型；三是提高环保标准，限制石油化工制造业中污染企业的发展。（4）推进技术性行业的发展，开放垄断经营行业的准入门槛，同时适当减免公共服务业有关税费，提高行业的资本收益。

（朱　犁）

【中国城市医疗卫生体制的演变逻辑】

杜　创　朱恒鹏

《中国社会科学》2016 年第 8 期

21 千字

计划经济时期，中国医疗卫生事业取得了巨大成就。中国迅速建立起基层卫生组织，形成了城乡三级医疗网络；逐渐控制住各类传染病，消灭了鼠疫、霍乱、天花。新中国成立前居民预期寿命在 35 岁左右，1981 年提高到 67.9 岁；新中国成立前婴儿死亡率高达 200‰，1981 年降到 34.7‰。那么，这些成就是在怎样的医疗卫生体制下取得的？半个多世纪以来，该体制又经历了怎样的演变过程，背后的逻辑何在？如何认识今天医疗卫生领域出现的诸多问题，回归计划经济体制是不是深化医改的良方？

以城市地区为重点，借鉴并整合激励理论中的互补理论、任务冲突理论以及公共财政等理论，分析上述三个相互关联的问题。该理论框架认为，医疗卫生体制要为一系列问题提供整体性解决方案，不能顾此失彼。这些问题包括实现服务供给中多重任务的激励平衡、权衡医疗保障中的效率与风险、解决医疗卫生服务中的任务冲突和正外部性等。因此，良好的医疗卫生体制具有以下特征及演变逻辑：一是体制内部各要素不是随机出现的，彼此具有很强的互补性，使整体绩效大于部分之和；二是医疗卫生体制要与外部环境相适应，外部环境变了，体制变迁不可避免；三是不同类型医疗卫生体制，其各自的组成要素不能混搭，因为它们之间存在着相互冲突。在对中国城市医疗卫生体制演变的实证研究后发现，新中国成立后形成的城市医疗卫生计划体制与当时的外部环境相适应，且内部各组成要素之间协调互补。这是计划经济时期我国医疗卫生事业取得一系列成就的体制背景。改革开放以来，整体社会经济制度走向市场体制，人口特征与疾病谱显著改变，居民收入水平显著提高且差距拉大，医疗卫生人员素质普遍提高，外部环境这些不可逆转的变化，内在地要求城市医疗卫生事业走出传统计划体制，转型势在必然。在此期间发生的诸多问题，源于体制转变期的冲突，是渐进式改革难以避免的。因此，深化医改不能以“改革”之名退回传统计划体制，而是应该逐步完善新体制，使其既与整个社会经济环境相适应，又能实现体制内部要素间的协调互补。

（梁 华）

【老年劳动力增加会影响年轻劳动力的就业率吗？——延迟退休对劳动力市场影响的一个考察角度】

张志远 张铭洪

《经济科学》2016 年第 3 期

16 千字

中国的退休年龄政策已经实施多年且未有系统性的改变。面对日益严峻的老龄化问题，中共中央十八届三中全会《关于全面深化改革若干重大问题的决定》明确提出“研究制定渐进式延迟退休年龄政策”，但关于是否应延迟退休的争论仍分歧较大。争论的焦点之一在于是否会导致老年劳动力增加挤出年轻人工作岗位，致使年轻人就业率下降。这也是政策制定过程中必须慎重考虑的问题。国外相关实证文献对该问题观点和结论差别较大，且已实施该政策的多为发达国家，在经济制度、养老制度、福利水平、文化习俗等方面与我国迥异，结论不具有可移植性。而我国延迟退休政策尚未实施，无法直接检验其对年轻劳动力就业率的影响。因此，该文的研究意义在于寻找到一个合理的视角去探索这一问题，为政策的制定提供借鉴和参考。

由于延迟退休所带来的最明显的效应在于老龄劳动力的增加。通过考察不同老龄劳动力就业水平对年轻劳动力就业率的影响可以在一定程度上了解延迟退休对劳动力市场可能造成的影响。通过这一视角，利用动态面板数据进行回归。结果显示，总体上老龄劳动力就业比重增加有助于促进年轻劳动力的就业率，且该促进作用主要是来源于高学历老龄劳动力的增加，而低学历老龄劳动力的增加对年轻劳动力的就业率并没有显著的影响。

该文新义在于：（1）利用 Welch 指数计算了年轻劳动力和老年劳动力之间的职业替代性，并表明这两部分群体之间的职业替代性较差。（2）采用滞后一期且年龄段相应延后的老龄劳动力就业比重作为核心解释变量即老龄劳动力占比的工具变量，并详细论证了该工具变量的外生性和排他性约束条件。结果表明，该工具变量能较好地解决核心解释变量的内生性问题，提高回归结果的稳健性。（3）与以往文献不同，在考察老年劳动力增加对年轻劳动力就业率的影响时，不仅考虑了总体老年劳动力就业比重提升所造成的影响，且进一步区分了高学历和低学历老年劳动力就业对年轻劳动力就业率的不同影响，发现高学历老龄劳动力的增加有助于年轻劳动力就业率的提升，而低学历老龄劳动力的增加对年轻劳动力的就业率没有显著影响。此结论为政策的制定提供了较有价值的参考。

（于小东）

【独生子女与多子女养老模式研究】

孙文凯 王乙杰

《经济科学》2016 年第 3 期

13 千字

中国已经进入老龄化社会，老年人口抚养比不断增大、家庭规模不断下降。目前，对养老问题的担忧已越发热烈，其中养老金余额不足问题最受关注。从家庭经济的视角看，我们需要考察家庭养老模式如何能够弥补社会养老的不足。特别是，从 20 世纪 80 年代初至今已经历时三十余年，独生子女逐步进入养育父母的年龄。独生子女养老会面临比以往多子女养老更大的压力，因为他们缺少兄弟姐妹与自己分担养老负担。这样，中国的人口结构变化也可能会导致家庭养老问题更突出。结合这些现象，该文观察独生子女与多子女家庭养老方式的差异，主要以是否与父母同住这一养老模式为分析对象，分析同住的家庭分布、驱动因素以及福利影响。研究发现：相比多子女家庭，独生子女家庭更多地选择同住养老模式；自利生命周期理论能够解释中国的同住养老现象；社会习俗特别是对男性养老责任的要求有显著促进同住的作用。同住养老模式对老年人福利并没有显著影响，是一种至少不差的养老选择。

从这些微观结论出发，可以讨论其对中国的宏观意义。第一，随着独生子女不断增加，对家庭规模有两个效应，一方面，独生子女增加会降低家庭规模；另一方面，从养老的角度看，它又会提高家庭规模，因为独生子女与父母同住比例高。综合看对平均家庭规模影响取决于子女年龄，当子女更多步入成年甚至养老年龄时，独生子女反倒可能抑制家庭规模进一步小型化。第二，目前同住为主的家庭结构反映了社会养老的不发达，反过来说，这样的家庭养老模式的发展，将减小社会养老负担。家庭养老的发展将减弱养老金不足带来的负面影响。第三，家庭规模减小速度下降可能导致对住房需求量增速下降。不考虑城镇化等新增需求原因，独生子女与父母同住会降低家庭数量从而降低住房需求量，对房地产市场会产生一定负向需求冲击。第四，家庭规模可能的逆向发展，有可能影响宏观的消费需求。家庭规模扩大可能促进耐用品的使用频率，从而降低耐用品市场的消费需求，进一步降低宏观的消费需求。

（于小东）

【**中国居民贫困代际传递**：空间分布、动态趋势与经验测度】

卢盛峰　潘星宇

《经济科学》2016 年第 6 期

13 千字

近些年来，屡见不鲜的“贫二代”“富二代”以及“二代民工”等现象折射出中国贫困代际传递问题已经日趋严重。这些现象表明中国贫困人群已具有一定的稳定性，并形成了阶层和代际转移，从暂时贫困走向长期贫困和跨代贫穷。若不改变这一状况，贫困将成为一种很难改变的社会结构，贫困群体向上流动通道也将被堵塞，不利于社会公平与和谐发展，并成为集结多种社会矛盾的根源。该文从空间分布、时间趋势等角度定量评估和测度中国贫困代际传递性状况，这是设计政策干预的前提，对打破中国日益明显的阶层固化和增进社会公平具有重要的现实价值。

从理论价值来看，该文采用 1989—2011 年“中国营养与健康调查（CHNS）”九次微观入户调查数据，利用 ArcGIS 地图和收入流动矩阵等技术分析了中国贫困代际传递在时间上的动态趋势和地理上的空间分布，并证实测度了贫困的代际传递的程度。研究发现：从时间趋势上看，我国贫困的代际传递性十分严重，但是值得庆幸的是这种延续性在 1989—2011 年存在弱化的趋势；同时区分父亲和母亲效应，两者呈现的差别不大。在空间分布上，就全国而言，中部和西部地区贫困代际传递性较强；从省内角度来看，省内较为贫困的地区贫困代际传递性更高。在此基础上，测度了中国居民代际收入弹性系数，父亲和子女的贫困代际收入弹性最高可达 0. 4287，母亲和子女的贫困代际收入弹性可达 0. 4199，说明我国贫困代际传递性依然较强，纵向的公平程度仍然需要继续提升。

从政策含义来看，中国贫困代际传递严重，如何通过政策干预切断这种不平等的代际传承，需要引起社会关注。从财政资金分配上，应继续加强对中部和西部地区的扶贫支持，增加中西部贫困地区的公共服务质量；对地方政府而言，偏向于本省较贫困的地区政策倾斜依然是必要的；从政策设计上，通过精准瞄准低收入和贫困群体，政府“转移支付—公共服务”等一揽子政策的实施十分必要。

论文的学术价值和创新之处主要体现在：第一，从空间分布、时期趋势及定量测度等方面全面考察了中国长跨期的贫困代际传递的基本状况；第二，进一步测算和甄别了父亲和母亲效应，及父子、母子贫困代际收入弹性的相对大小；第三，通过以多年收入均值代替单年收入及年龄选取来克服确保子辈在自己相对成熟的劳动力市场期间等方式，实现代际收入弹性系数更加稳健估计。

（于小东）

【宏观经济形势变化对高素质人才就业的异质性影响——基于北京大学2008—2014届毕业生就业数据的经验研究】

谭　娅　封世蓝　龚六堂

《世界经济文汇》2016年第6期

18千字

随着中国经济步入“新常态”，经济增速放缓、经济结构变动、人口红利消失带给中国的劳动就业和人力资本战略以新的挑战和机遇。从金融危机前夕的2007年至2013年，虽然中国就业总人口仍维持绝对增长的趋势，就业人口年增长率在0.4%上下浮动，不过从2013年开始，中国劳动年龄人口开始绝对减小，这意味着我国依靠劳动力资源丰富、劳动力成本低廉的“传统人口红利”支撑经济高速增长模式已经难以为继。而同时，大规模受过高等教育的劳动力进入到中国劳动力市场之中，截至2013年年底，毕业后进入劳动力市场的本科生和研究生总数达到310万人，而2008年仅为158万人，五年间高素质人才的新增供给量翻了一番。2011—2013年的每年进入劳动力市场的本科生、硕士生、博士生年均增长率分别为8%、13%和3%。劳动供给的绝对减少和高素质人才供给的快速增加，预示着中国发展不可能长期依赖“人口红利”，必须转到以知识、技能等人力素质提高推动经济内生增长的道路上来。

高素质人才就业是“新常态”下中国人口资源强国战略实施的重点，关乎中国结构转型成败，同时，“新常态”下宏观经济形势反过来也会对高素质人才就业产生影响。该文旨在关注宏观经济形势对高素质人才就业的作用机制。从就业质量和就业数量两方面入手，构建了一个衡量专业与行业相关程度的客观指标，并基于北京大学2008—2014届本、硕、博毕业生的就业数据，分析了宏观经济形势对不同教育层次劳动力的差异化影响。实证研究发现，宏观经济形势对本科、硕士、博士毕业生就业的影响程度存在较大差异，面对经济增速逐渐放缓带来的劳动力需求负向冲击，本科生和硕士生的就业数量没有受到显著影响，博士生的就业数量反而有所提升；在产业结构变化带来的劳动力需求结构变化影响下，博士生就业增加相对更多；经济增速放缓、生活和住房成本上升等经济压力使本科生相比于硕士、博士生的专业—行业相关度降低更多。

（李　婷）

【为买房而离婚——基于住房限购政策的研究】

范子英

《世界经济文汇》2016年第4期

15千字

近十年来，中国的经济结构发生了急剧的变化，城市化率每年稳步增加1个百分点，相应的大城市房价水平也在快速上升。与经济结构变化相伴随的是，中国的婚姻和家庭结构也在急剧改变，从2002年每7对结婚中有1对离婚，到了2012年则变成每4对结婚中有1对离婚；最后，更加值得引起注意的是，在离婚数上升的同时，复婚也在增加，2002年仅有6.8万对夫妻在离婚后选择与原配偶复婚，2012 年的复婚数上升至 23 万对。中国的离婚状况在短时间内发生如此剧烈的变化，是一个非常值得研究的问题，但是在既有的文献中，却很少有学者对中国的离婚背后的原因进行探究。

该文基于中国 2010 年住房市场的“限购”政策作为自然实验，该制度对部分家庭构成了收入冲击，减少了他们潜在的投资收益，与婚姻匹配质量无关，因此是一次外生的政策冲击，能够将收入冲击与婚姻匹配质量的效应剥离出来。这次的限购政策只针对其中部分城市，将限购的主体直接与户籍制度挂钩，并且根据家庭已经拥有的住房套数采取不同的限购措施。基于中国全部地级市的数据，采用了倍差法（Difference - in - difference，DID）的实验设计，区分了市区和郊县以及“N + 1”和“1 + 1”两种限购模式的差异，研究发现限购所造成的收入冲击导致了 4.5% 的离婚增加，并且这些为买房而选择的离婚主要是为了突破“1 + 1”模式的限购政策，而不是为了降低利息负担或缓解首付比的流动性约束。

（李　婷）

农村发展与农村经济

【中国粮食安全状况评价与战略思考】

张元红　刘长全　国鲁来

《中国农村观察》2015 年第 1 期

15 千字

粮食安全是全球关注的焦点问题之一。在中国，粮食安全更是关系到国计民生的头等大事，保障国家粮食安全，牵涉到经济发展、国家自立和社会稳定的大局。中国既是一个农业生产大国，也是一个粮食消费大国，中国粮食安全也会对世界粮食安全乃至国际政治经济关系产生极大影响。中国政府和领导人一直都十分重视农业生产和粮食安全。习近平主席多次强调粮食安全的重要性，并且指出“我们自己的饭碗主要要装自己生产的粮食”“粮食安全要靠自己”“要坚持立足国内”，这些观点表明了中国政府在粮食安全问题上的基本态度和战略取向。

粮食安全概念最早由联合国粮农组织提出，之后，这一概念的内涵界定随着认识的发展不断调整。国内外学者从不同侧面对粮食安全问题进行了扩展研究。联合国粮农组织主要以营养不良发生率为基础发布世界粮食安全报告，美国农业部依据家庭或个人的问卷调查信息对粮食安全状况进行评估，我国学者也提出了多种粮食安全评估指标。但是，大多数指标体系并不能充分反映国际公认的粮食安全内涵，也很少考虑远期的粮食安全前景。该文紧密结合国际公认的粮食安全框架与中国粮食安全的特殊性，构建包括供给、分配、消费、利用效率、保障结果、稳定性、可持续性和调控力等多个维面的指标体系，特别是引入粮食安全可持续性指标，对营养摄入不足人口比重、储备率等关键指标进行重新估计，以图更加全面地反映中国粮食安全的现状、趋势和问题。该文研究发现，第一，中国粮食安全当前处于较高水平，主要指标大都好于世界平均水平，个别指标接近甚至超过发达国家平均水平。第二，近年来中国粮食安全水平不断提升，与其他国家相比，中国粮食安全改善进度更快一些。第三，中国粮食安全保障有多重优势，特别在粮食自给率、人均热量和蛋白供给等方面表现突出。第四，中国粮食安全面临的主要问题是营养结构不合理、环境可持续性较差等。根据评价结果，该文提出了针对性的政策建议。要进一步提高中国粮食安全水平，需要取长补短，主要是在保障粮食生产能力、稳定粮食产量的基础上，调整产出结构、转变生产方式，更多关注环境友好和可持续发展，同时加强需求管理、减少不合理消费和损耗、适当降低储备率。

（张元红）

【“歧视性”新农合报销比例对农村劳动力流动的影响】

易福金　顾熀乾

《中国农村观察》2015 年第 3 期

14 千字

新型农村合作医疗制度（以下简称“新农合”）自 2003 年试点并相继大范围推广以来，政府在政策上给予重点扶持，保障了新农合制度的顺利推行。实施 10 年以来，新农合在一定程度上降低了农民的医疗卫生支出，改善了基层的医疗服务条件，有效地提高了农民的基本医疗服务水平。但是，新农合的另一个主要特征是采取了“歧视性”的报销比例政策：它要求农民在户籍所在地缴费，并鼓励农民在当地卫生医疗机构看病、报销。对于异地就诊的情况，大多数地方的新农合虽然原则上允许，但是却对其报销补偿设置了复杂的手续和较低的补偿标准。

与新农合推广同步，从 2004 年开始部分沿海经济发达地区开始出现“用工荒”：由于大量农民工选择返乡务工，因此很多企业开始出现“招工难”的困境。尽管很多学者都认为城乡收入差距是农村劳动力流向城市的动因，然而在这样的背景下，近年来沿海企业“用工难”的情况并没有因为这些地区工资的提高而得到有效缓解。该文试图从农村社会保障的角度，尤其是新型农村合作医疗报销制度设计的角度去探索影响农村劳动力流动的可能因素之一。在数据搜集和整理过程中，我们发现从 2007 年开始各地的新农合报销补偿标准也在逐年提高。以河南省为例，从 2007 年到 2012 年，县内定点医院的住院补偿比例从 45% 提高到了 90%，而县内和省外三级及以上定点医院的报销比例差距一直维持在 30%—40%。县级单位内新农合报销补偿标准的大幅提高在促使农民选择基层医疗服务的同时，也提高了县内医疗卫生服务的竞争力。在医疗支出不变的情况下，报销补偿标准的提高对农民医疗支出的减少有显著的影响，这也就增加了农民外出务工的机会成本，因此可能会在一定程度上抑制农民工外出务工的积极性，同时县内和县外报销比例的差异，也有可能加剧农民工在进行务工地点选择时更加偏好在本县务工或本市务工。

该文通过 2007—2011 年农村固定观察点样本的分析，从新农合医疗报销比例的变化和“歧视性”的地区化差异等特征解释了近些年来跨省务工规模降低的可能原因，展示了从社会保障服务角度来分析劳动力流动的可行性视角。研究首先发现新农合县内报销比例的提高有助于提高农民本地化就业的倾向，但是兼有“歧视性”特征的报销政策同时也导致了原本跨省务工农村劳动力回流。总体而言，报销比例变化导致的农村劳动力外出务工意愿增加和外省务工劳动力回流等作用的抵消导致了新农合报销比例对农民收入影响不显著的结果。

（梁　华）

【农地流转公积金制度设想初探——基于农户农地流转意愿视角】

文龙娇　李录堂

《中国农村观察》2015 年第 4 期

18 千字

为试图解决农地市场化流转中的农业适度规模经营政策激励与农民转出（退出）农地的生存保障问题，该文探索性地提出农地流转公积金制度设想。梳理国内外已有公积金制度特征发现，它所具有的资金互助、政策性金融服务与突出保障功能等制度优势对解决农地市场化流转中的政策激励与保障不足问题具有一定适应性，基于此提出农地流转公积金制度的概念。农地流转公积金是由国家、集体和农户三方共同缴存的农地流转储蓄保障金，这部分资金主要是从国家财政收入、村集体产权收益和农户土地承包经营权市场流转收益或家庭收入中按一定比例提取，并定期缴存在农户的农地流转公积金账户中。该账户由专门机构代为管理，其资金主要用于农地流转、农地适度规模经营与农户基本生存权利的保障，其资金所有权归农户。这一制度设想的主要目的是通过采用财政政策与金融政策相结合的手段，构建农地转入、转出的双向保障机制，以促进农地市场化流转。

已有相关文献在制度分析层面，未将公积金制度优势引入农地市场化流转的政策激励与农民生存保障问题的解决之中；在实证分析层面，较少从农户农地流转意愿的微观视角来探讨相关制度设想可行性。针对上述不足，利用 9 个省（区、市）496 户农户样本数据，采用 Gologit 模型，分析农地流转公积金制度设想条件下农户转入、转出农地的意愿及其影响因素，得出以下主要结论。第一，农地流转公积金制度设想中针对农地转入方和转出方的激励与保障内容符合多数农户的利益诉求。第二，户主年轻、有农地经营借贷需求、参加了农业保险与农民专业合作社、家庭农业收入占比较高或处于经济发展水平较高地区的农户，农地流转公积金制度设想条件下具有较高农地转入意愿程度的可能性更大。第三，户主文化程度为初中和高中及以上、户主从业领域为兼业和非农业、没有过农地流转行为、没有参加农民专业合作社、家庭农业收入占比和家庭劳动力占比较低、认为社会保障水平较高、所在村到附近城镇的距离较近的农户，农地流转公积金制度设想条件下具有较高农地转出意愿程度的可能性更大。

（文龙娇）

【多元主体、庇护关系与合作社制度变迁：以府城县农民专业合作社的实践为例】

赵晓峰　付少平

《中国农村观察》2015 年第 2 期

16 千字

新型农民专业合作社的发展问题是当前学界关注的热点问题之一。其中，合作社的制度设置与制度变迁问题尤其为学界所关注。许多学者都将异质性的社员结构看作是影响合作社产权制度安排、治理结构设置、管理机制构建的决定性因素，进而分别从核心社员与普通社员之间的资源禀赋条件、委托与代理关系等不同层面去分析异质性的社员结构的形成机制及其影响效应。研究发现，核心社员掌握着合作社核心制度的安排权，普通社员的合作权利受到损害，“大农”与“小农”之间的收益分配不公平问题比较突出。

该文试图推进有关合作社制度设置与制度变迁问题的讨论，深入剖析合作社发展的社会机制问题。合作社是国家顺应农村经济社会形势发展的客观需要，主动调整与农民之间经济关系和社会关系的必然产物。但是，在中央政府与普通农民之间存在着地方政府、农村能人和外来企业等中间群体，他们的参与及其相互作用必然会对合作社的制度变迁产生影响。因此，该文一方面将研究单位上移到县域，以府城县农民专业合作社的实践为例展开经验分析。这里的“域”强调在一个时空范围内地方政府、企业、农村能人和普通农民等多元参与力量在彼此不同的位置之间存在着某种网络关系特征，它不仅是一个运作的空间，也是一个不断争夺的空间。场域中各种位置的占据者利用种种策略与技术来保证或改善他们在场域中的位置，不断在场域中展开斗争；另一方面将研究重心放在分析经济行动与社会网络的关联机制上，致力于揭示合作组织与合作制度变迁的社会机制。

沿着这样的研究思路，该文构建了“多元主体与庇护关系”的分析框架，通过对合作社发展中多个利益主体及其行为逻辑的分析，讨论了不同利益主体之间的关联机制，系统地对现阶段合作社的发展机制进行了阐释性研究，在此基础上剖析了当前合作组织与合作制度呈现出复杂现实局面的社会性、结构性因素。研究发现，地方政府、企业、农村能人与普通农民等利益主体在合作社的发展中通过不断的互动与博弈形成了错综复杂的庇护关系，构建起渐趋稳定的庇护关系网络。这种关系网络具有相当强的对外排斥功能，既在某种程度上扭曲了中央政府的政策目标，又不利于从根本上保护普通社员的合作权益，成为阻碍合作制度创新的结构性力量。农民专业合作社的可持续发展，需要在新一轮合作组织与合作制度的变迁过程中，通过使用各种政策工具，打破庇护关系网络的束缚、削弱庇护型社会结构的影响、调整国家与农民之间的连接机制、重塑各个利益主体的行动逻辑来实现。

（赵晓峰）

【关于农村集体产权制度改革的几个理论与政策问题】

中国社会科学院农村发展研究所“农村集体产权制度改革研究”课题组
《中国农村经济》2015 年第 2 期
13 千字

该文聚焦于农村集体产权制度改革中需要解决的一些重要问题，从理论、法律法规、政策和实践几个层面进行探讨。该文首先对集体所有制的历史渊源与演进进行了梳理，认为新中国成立后在农村推行的集体所有制，借鉴了苏联的理论和实践探索。但与苏联不同，中国的集体所有制是在土地私有的基础上发展起来的。改革开放之后，随着工业化、城镇化进程的推进与城乡统筹、基本公共服务均等化战略举措的逐步落实，改革开放前农村集体所有制具有的基本功能所依托的经济社会基础都已先后发生了变化，农村集体所有制成为中国特色社会主义初级阶段的一种特殊所有制形态，农村集体经济理论成为中国特色社会主义初级阶段理论体系的重要组成部分。该文随之剖析了农村集体产权制度改革中的若干现实问题。关于农村土地集体所有权权能如何实现的问题，关键是要农民成员真正拥有所有权，所有权的权能应是集体成员共同意志的体现。改革的思路应是将集体土地所有权从“虚置”到“做实”，探索不同类型土地、不同农村地区土地所有权权能的不同实现形式，消除集体土地所有权的“异化”。关于解决集体成员个人权利与财产权利之间的矛盾问题，改革的思路应是将农村集体经济组织的单个成员权利转化为以农户为单位的成员权利，将集体经济组织中农户成员的土地承包经营权和其他集体资产权利固化到某一个时点，使成员权利与财产权利相统一。关于农地确权、确股与确地之间的关系问题，农地确权是赋能的前提。确股应该是在确地基础上的延伸，即农户先有明晰的对承包地的产权，再基于意愿自愿选择入股实行土地股份合作。关于农地承包权与经营权之间的关系问题，在尊重农民意愿的前提下，可以因地制宜地发展多元化、混合型的各种农业经营模式，工商企业长时间、大面积租赁和经营农户承包地的模式不应该成为中国农地经营模式的主流。关于保障农户宅基地用益物权及重构农村社区集体组织的问题，农村宅基地制度的改革方向是在确保农民住有所居的前提下，赋予农民宅基地更加完整的权能，并积极创造条件，将其逐步纳入城乡统一的建设用地市场。在这个过程中，关键问题是如何保护和增进农民作为集体土地所有者的权益。要警惕用搞运动的方式剥夺农民土地的倾向，不能剥夺农民作为用益物权人对承包地和宅基地依法享有的财产权利，违背农民意愿搞大拆大建。城乡一体化后，村庄从原住民的共同体走向开放的社区和人员流动的居住地，社区集体的概念将发生本质性的改变。需要进行农村基层组织与治理制度创新，用新的农村基层治理机构来把各方面的利益关系理顺。最后，从顶层设计与基层探索相结合的角度，提出了农村集体产权制度改革的路径与方向。

（张晓山）

【中国特色农业现代化：目标定位与改革创新】

张红宇　张海阳　李伟毅　李冠佑

《中国农村经济》2015 年第 1 期

13 千字

该文主要观点如下：进入 21 世纪以来，中央提出了"三农"工作重中之重的战略思想，确定了工业反哺农业、城市支持农村的基本方针，强农惠农富农政策体系逐步建立健全，农业发展的政策环境不断改善。"四化同步"战略的实施，则意味着中国农业现代化进入了新阶段，开始了新征程。农业现代化能否实现可持续，不仅关系到农业自身，更直接影响到中国能否顺利跨越"中等收入陷阱"。当前和今后一个时期，必须立足全局着眼长远，探索走出一条中国特色农业现代化道路，不断健全城乡发展一体化体制机制，加强农业支持保护，促进农业转型升级，更好地支撑经济社会健康发展。

与农业现代化先行国家不同，中国特色农业现代化有着特殊的内涵，主要表现为以小规模经营为基础，具有发展中大国特征，采用多元化发展模式，需要实现"四化同步"发展。当前，中国推进农业现代化的外部环境日益复杂，工业化、信息化、城镇化、国际化的深入推进，都对推进农业现代化提出更高要求；同时，农业内部也在发生明显变化，资源环境约束趋紧、质量安全风险增加、农业市场竞争力薄弱等难题相互交织，大大提升了农业发展的目标，增加了农业发展的难度。由基本国情农情所决定，中国建设现代农业要以确保粮食安全为核心，把握"一个定位、两大目标、三项任务"，即找准大国农业定位，明确数量和质量两大目标，重点完成保供给、促增收、可持续等三大任务。加快推进中国特色农业现代化，一方面需要不断加大制度创新力度。土地制度应推进承包地"三权"分置，保障农户承包权，放活土地经营权；经营制度应坚持家庭经营的基础性地位，大力发展农业社会化服务组织，充分发挥集体经营、合作经营、企业经营的功能作用；科技制度应建立有利于先进实用科技成果涌现和科研成果推广应用的制度；金融制度应完善激励约束机制，明确不同农业产业金融创新突破口，完善抵押资产变现处置机制，健全农业保险管理体制；人力资本制度应实行职业农民准入制度，强化职业农民教育培训，建立高素质人才回流农村机制。另一方面需要不断改善政策调控。建立农业投入稳定增长长效机制，强化农业基础设施和农业基本公共服务；探索实行"价补分离"的目标价格补贴政策，开展农产品目标价格保险试点，不断完善农产品价格形成机制；继续增加农业补贴总量，健全和完善补贴政策工具和操作办法，重点增加生产性补贴、针对新型经营主体的补贴，整合资金渠道和补贴项目，提高政策实施效率。

（李冠佑）

【家庭农场和专业农户大规模农地的"非家庭经营"：行为逻辑、经营成效与政策偏离】

尚旭东　朱守银

《中国农村经济》2015 年第 12 期

12 千字

该文主要观点如下：近年来，随着城镇化深入推进、农村劳动力大量转移，农业经营遭遇"种地无力、增收乏力"等困境。为应对这一形势，不少地方政府较为趋同的认识和做法是加快土地流转、发展规模经营、培植有实力且愿意务农的主体。一时间，伴随土地流转应运而生的家庭农场和专业大户不断涌现，并或多或少地得到当地政府的支持。作为市场主体，当粮价预期稳定时，家庭农场和专业农户增加收益的最有效途径是扩大经营规模。然而，随着规模扩张，主体劳动力结构发生偏离，由主要以家庭劳动力为主向大量依靠雇工转变。规模扩张后，大量依靠雇工的模式很难通过保障土地产出率保持亩均收益，由此也推动了家庭农场和专业农户在经营行为上表现出“非家庭经营”的某些逻辑、表征和结果。家庭农场和专业农户大规模农地“非家庭经营”的成效怎样？能否契合主体初始行为逻辑？能否“合意”政府保障粮食安全、发展适度规模经营的政策初衷？种种疑问值得思考。这使得聚焦家庭农场和专业农户大规模农地“非家庭经营”问题，在深入推进农业供给侧结构性改革的当下，格外具有时代意义。

家庭农场和专业农户之所以偏好大规模农地“非家庭经营”，其行为逻辑旨在通过劳动生产率的提高实现总收益的大幅提升。然而，这样的行为选择可能不得不面临结果的背离。表现在，现实中预期要素节约和规模收益目标很难实现，大规模农地“非家庭经营”所追求的农机化耕种收、雇工式经营、农资采购低价等无力弥补“大规模农地流转溢价”和“刘易斯拐点下雇工工资棘轮效应”所带来的要素成本上升。同时，一些经营中的相关问题，例如雇工效率低下、监督成本上升等，又加重了这一不利，成为家庭农场和专业大户大规模农地“非家庭经营”行为的“墨菲定律 + 马太效应”。此外，土地产出率下降所导致的收益降低容易诱致主体行为选择向依靠规模扩张进而寻求政府补贴倾斜，这又偏离了政府支持其发展进而保障粮食供给安全、发展农业适度规模经营的政策初衷，极易增大主体经营风险，加重地方政府政务和财政负担。主体行为选择背后，有其现实成因。表现为主体为追求高收益，借用工业化生产理念发展规模经营是内因；生产技术升级、农机装备换代、社会化服务逐步健全等客观条件的具备也为主体尝试大规模农地“非家庭经营”提供了技术保障和模式选择。更为重要的是，地方政府对家庭承包经营基础性地位与发展现代农业有效途径在认识上的某些误区，一定程度上也助长了此类问题的频发和多发。

（尚旭东）

【农村非正规金融、农户内部收入差距与贫困】

张 宁 张 兵

《经济科学》2015 年第 1 期

13 千字

非正规金融始终是中国农户融资的重要渠道，正规金融基于风险的考虑，使得农村受到信贷配给的农户多为低收入农户，那么，基于血缘、地缘和业缘的农村非正规金融是否如正规金融那样嫌贫爱富？其是否可以通过为穷人提供金融服务，从而缓解贫困及农户内部收入差距的扩大？在农户内部收入差距呈扩大趋势的背景下，以及相关学术研究缺乏的前提下，对该问题的讨论具有重要的理论和现实意义。该文的结论显示：道义小农属性使得非正规金融市场上生活消费借款通常不收取利息，而理性小农属性又使得生产投资借款一般收取高利息，且借入零息非正规借款的多为低收入农户；基于社会网络，农村非正规金融主要服务于低收入农户，一个村的非正规金融发展规模对该村基尼系数以及贫困人口占比的增长具有显著的抑制作用，而对收入最低五分之一农户纯收入占比的增长具有显著的促进作用。

该文的理论价值在于：基于微观视角，根据“金融发展与企业家精神”理论，结合我国农村金融二元结构特征，以及中国农户的道义小农和理性小农属性，论述了非正规金融对农户内部收入差距及农村贫困的影响。从政策含义的角度，该文的研究结论肯定了农村非正规金融对农村社会和谐发展的积极作用，因此，在未来的农村金融改革中，中国应该充分考虑非正规金融的积极作用，加快非正规金融的合法化进程，给予农村非正规金融更明晰的发展定位与政策支持。同时，促进正规金融与非正规金融的合作，充分利用非正规金融的社会网络优势和正规金融的资金规模优势，降低农村金融市场服务门槛，为低收入农户提供经济机会，从而缓解农村贫困及农户内部收入差距的扩大。

该文的学术价值和创新之处主要体现在：1. 利用农户调查数据，通过分析非正规金融借款的利息、用途及资金流向，从微观层面探讨了非正规金融对农户内部收入差距与贫困的作用机理；2. 从村层面，利用面板数据实证检验了非正规金融对贫困及农户内部收入差距扩大的缓解作用。

（于小东）

【从穷人经济到规模经济——发展阶段变化对中国农业提出的挑战】

蔡　昉　王美艳

《经济研究》2016 年第 5 期

20 千字

该文把农业发展划分为三个阶段：(1) 解决食品供给问题的阶段；(2) 解决农民收入问题的阶段；(3) 解决农业生产方式问题的阶段。与经济发展的一般阶段划分相呼应，并且参照各国农业发展的共同规律，作出中国农业发展总体上已经完成解决食品供给问题和解决农民收入问题的阶段，正处在解决农业生产方式问题的第三个阶段的判断。适应中国经济发展阶段的变化及其要求进行的增长方式转变，构建一个经营有规模、生产有效率、服务靠社会、竞争有优势、产业能自立的现代农业生产方式，是中国农业发展现阶段的主要任务，并且具有十分的紧迫性。

改革开放期间，中国农业走过了不平凡的发展道路，既有力支撑了同一时期的高速经济增长，也在国力增强后得到了来自工业和城市的慷慨反哺。该文揭示，随着中国经济跨越刘易斯转折点，资源禀赋发生了根本性的变化，农业中机器替代劳动力越来越普遍，资本劳动比显著提高。然而，由于狭小土地经营规模的制约，农业中也开始出现资本报酬递减现象，成为效率进一步提高从而赢得市场竞争力的障碍。另外，以农业产业特殊论为代表的传统观念禁锢了农业发展的政策思路，使中国农业开始走向过度依赖补贴和保护的道路，补贴和保护终究无法替代生产方式的现代化，中国农业正面临着严峻而紧迫的挑战，农业发展新阶段的任务迟迟不能破题。该文尝试从理论上对不利于构建现代化农业生产方式的传统观念予以澄清，从经验上揭示中国农业因规模不经济而面临的困境，从政策上建议通过改革，破除土地制度和户籍制度等妨碍土地经营规模扩大的体制性障碍。在激励机制和市场信号正确的前提下，遵循生产要素相对稀缺性从而相对价格的变化，农民作为生产方式现代化的活跃且富于创造精神的经营主体，完全能够自行选择适当的技术结构和要素投入结构。然而，现行土地制度和户籍制度等仍然设置着诸多的体制性因素，妨碍土地经营规模的扩大，成为农业生产方式与工业化、信息化、城镇化同步实现现代化的障碍。因此，相关领域的制度变革和政策调整，不仅本身可以产生提高潜在增长率的改革红利，还为解决农业下一个发展阶段的任务解除制度束缚。旨在构建中国特色现代化农业生产方式的政策努力，应该成为供给侧结构性改革的逻辑组成部分。

（金成武）

【中国农业发展的中长期展望】

魏后凯　韩　磊

《中国经济学人》2016 年第 4 期

10 千字

改革开放以来，中国农业发展取得了巨大成就。第一，粮食安全保障能力进一步增强。2004 年以来，粮食产量持续稳步增长，2015 年人均粮食产量达到 452.08 公斤，连续六年超过国际公认的 400 公斤安全线。第二，农业生产持续快速发展。2004 年以来，农林牧渔业增加值平均增速为 4.65%，主要农产品供给充足。第三，农业综合生产能力显著提高。2004—2015 年，农业基础设施进一步完善，全国有效灌溉面积增加 21.9%，节水灌溉面积增加 55.1%；农业科技支撑水平显著提升，全国农业机械总动力增加 71.8%，科技贡献率提高到 56%；农业生产集约化程度不断提高，新型经营主体快速发展。第四，农业经济结构不断优化，粮经饲统筹、种养加一体、农牧渔结合的现代农业经济结构正在逐步形成。

在农业发展取得显著成效的同时，长期粗放式经营积累的深层次矛盾也逐步显现，中国农业发展正面临众多前所未有的挑战。一方面，中国农业的主要矛盾已经由总量不足转变为结构性矛盾，农业产能结构性过剩问题逐渐凸显，具体表现为玉米、棉花等农产品库存过高，而大豆和食糖等农产品进口依赖程度较大。另一方面，中国农产品对国际市场的依赖程度明显提高，农产品进口依存度从 2001 年的 6.4% 增加到 2012 年的 13.4%，2015 年仍保持在 12% 左右。此外，近年农药、化肥及其他生产资料被无节制地大量使用，使得土壤和水环境污染问题日益严重，农业已经成为中国最大的面源污染产业。

未来中国的农业发展不单纯是追求农产品数量，而应在保障供应的基础上以提高竞争力为核心，实现更高质量、更有效率、更加安全的可持续发展，使农业真正成为具有竞争力、能够富民的绿色产业。从中长期看，未来中国农业发展将呈现三大趋势：在城镇化快速推进的背景下，中国农业劳动力转移将减缓，土地规模化经营将加速；粮食供求保持紧平衡，但可以通过完善农业基础设施、提高科技创新能力以及建立新型农业经营体系等释放新潜力来提高粮食综合生产能力；在资源与环境硬约束的压力下，转变农业生产方式、推进农业绿色转型将成为中国农业发展的新趋势。

在新形势下，全面推进农业转型升级需要实行综合配套改革，并采取多方面的政策措施。一是要加大农业污染治理力度，大力发展生态农业和有机农业。对于化肥和农药的污染问题，不仅要分阶段、分区域进行总量控制，而且要通过技术和结构优化来提高使用效率。二是要围绕市场需求优化供给总量和供给结构推进农业供给侧结构性改革，扩大有效供给、增强供给灵活性。三是从补贴领域和力度方面调整和创新农业补贴政策。一方面要分阶段将粮食价格和种粮直补转移到农业基础设施中去，另一方面要对不同规模的经营主体采取有差别的补贴方式，同时还要理顺农产品价格形成机制，弱化和取消部分农产品的托市收购政策。

（韩　磊）

【农村小微金融“内部化悖论”的案例分析】

高　俊　刘亚慧　温铁军

《中国农村观察》2016 年第 6 期

12 千字

客观来看，根植于熟人社会的小微金融，由于更贴近或发轫于农村社区，而能够较好地适应农民“时间急、频率高、额度小”、抵押物缺乏、非生产性融资等资金需求特征。与外部的商业性金融和政策性金融相比，内生于熟人社会的小微金融往往具有更低的农村金融准入门槛、市场交易费用以及根植于社区的低成本贷款等多重在地化制度优势，因而应该能够实现较好的经济和社会绩效。但从近年的调查看，农村小微金融组织客观上面临着诸多发展困境，实际运行效果也不尽如人意。

该文在回顾以往研究的基础上，提出农村小微金融的发展困境源于"双重悖论"：第一重是"合法化悖论"，第二重为"内部化悖论"。前者主要体现在制度效率较高的非正规小微金融在"正规化"之后制度效率下降，对此学术界已经有过充分讨论；后者形成于当前农民合作组织及政府普惠政策的"精英俘获"特征渐趋强化的现实背景下。该文以 SY 合作社资金互助部为例对"内部化悖论"进行实证分析，认为合伙制小微金融能够内部化交易成本却因不能内部化外部性风险而只能转化成组织解体的制度风险。究其根源，在农民已经成为分散细碎的小规模经济主体的条件下，任何外部主体进入乡土社会都面临与之交易成本过高的难题。而由掌握多样化要素资源的核心成员主导垫付前期组织成本的方式，可以相对低成本地构建"交易内部化"的再组织化基础，借助他们的熟人社会网络以及乡土的社区规范等方式解决农村金融领域普遍存在的因信息不对称导致的道德风险和逆向选择问题。但是，此后在寻求信贷业务扩张的过程中，以个人经济理性为主要出发点的农民合作组织核心成员，追求正规金融所不能覆盖的优质客户的逐利性过程与经济下行条件下外部性风险不断累积的过程是同步的。这种合伙制自身是无法化解外部性风险的，只能将组织风险按照权利和义务对等的原则分散成个人风险，最后转化成"组织结构离散化、甚至解体"的制度风险。

该文提出"通过以重构合作制为基础的组织创新和制度创新破解'双重悖论'"的政策建议。认为需要顺应当前生态文明发展阶段的重大战略转变及时作出适应性调整，抓住农村地区所有在地化生态资源、文化资源、社会资源等有可能被"重新定价"的历史机遇，借此形成分散兼业化小农的普惠"合作制"基础。其中绝大部分增值收益有可能通过在地化资源的产业纵向整合被"小农村社制"成员所共同分享，形成乡村"公共财"，作为内部化处置外部性风险的财产基础，以此化解"内部化悖论"。

（刘亚慧）

【土地冲突：公共权力失范与农民的权力建构】

陈　明

《中国农村观察》2016 年第 3 期

20 千字

通过对土地冲突的历史比较可以发现，在土地冲突发生、演化的机制组合中，有一种因素处于枢纽地位，即与土地权利运用相关的政治力量。这往往构成了土地冲突从无到有、从小到大、从局部到整体扩散的直接触发因素。当前很多土地冲突都呈现出与历史上相似的样态：冲突的确是围绕利益之争，但利益之争仅仅是土地冲突的必要而非充分条件，利益之争并不必然带来冲突。冲突的焦点或许是围绕土地增值收益的分配，但其直接的触发因素往往是基层政府的权力失范。面对失范的权力，农民也会选择在现有的政治框架中寻求对自己有利的权利支援与之相抗衡。总体来看，相关研究对土地冲突中公共权利行动的讨论比较充分，但是，对冲突另一方也就是农民的权利抗争着墨不足，特别是对于两种权利对抗的性质缺乏理论层面的探讨。

文章以典村"卖地"冲突、乌坎事件和 S 村征地冲突三个个案为表述对象，对当下土地冲突中公共权利的失范与农民的权利建构进行了分析。研究表明，在农村土地的资本化和市场化运作中，特定公共权利难以受到约束，这激发了农民利用集体行动、村民自治和话语表达来建构权利的冲动。当然，所谓农民的权利建构实际上只是一种在法律框架内寻求支援的借力行为，表面上看具有“权力对抗”的性质，实则没有任何反体制属性，而且也往往难以取得维护自身合法利益的效果。基于以上认识，土地冲突的化解或者说规避要从以下两个方面着力：一方面是加强对公共权利的约束，另一方面是更好地落实法律赋予的村民自治权利。前一个方面意在从根本上消除土地冲突产生的根源，而后一个方面如果能够做好，则意味着即便发生冲突，也能够将冲突控制在村庄场域和协商领域的双重约束之下，从而在客观上减少秩序风险。该研究明晰了土地冲突中权利行动的一般逻辑，并为土地冲突与政治秩序之间包容性方案的设计提供了理论基础。

（陈　明）

【习近平绿色发展新思想与农业的绿色转型发展】

于法稳

《中国农村观察》2016 年第 5 期

11 千字

该文主要内容如下：中共十八届五中全会提出了“创新、协调、绿色、开放、共享”的发展理念，成为未来中国实现可持续发展、全面建成小康社会的系统性指导原则。习近平总书记对绿色发展进行系统思考，并逐渐形成了系统、完善、全面的“两山思想”。它们的产生具有鲜明的时代背景：一是严峻的资源环境形势。改革开放以来，中国经济社会发展取得了举世瞩目的成就，与此同时，也付出了生态破坏、环境污染等巨大代价，特别是水资源污染、耕地占用与污染、森林资源破坏等。二是农业生产中化学投入品的过量及低效利用导致的面源污染。三是广大居民对优质安全农产品、优美生态环境的需求日益增加。

习近平总书记绿色发展新思想，具有丰富的科学内涵，涵盖了发展理念、发展领域、发展方式、发展路径、发展政策等各个层面。不但是中国共产党执政理念的提升，更是在新的历史条件下马克思主义与中国实践相结合的创新；不但为中国推进生态文明建设、全面建成小康社会指明了方向，而且为全球实现可持续发展提供了范例和经验。绿色发展体现了认识的新高度、认识的新焦点、理念的新飞跃、理论的再提升、路径的新选择、方式的新跨越以及机制的再创新等特征。

针对中国农业发展所面临的资源与环境的双重约束，必须在习近平绿色发展思想的指导下，尽快实现中国农业的绿色转型发展。首先，从关乎中华民族自身健康延续的战略高度，充分认识农业绿色转型发展的重要性。其次，厘清农业绿色转型发展的关键问题，即绿色转型的内容、绿色转型的方式、绿色转型的主体、绿色转型的机制等。第三，加大水土资源保护力度。即以“三条红线”为原则，切实保护农业生产对水资源的需求，同时加大污水的治理，减少水污染；以土地生产率为准则，确保 18 亿亩耕地红线；以提高土地生产率和农产品质量为目标，加强污染土壤的生态修复，改善耕地质量。第四，根据绿色发展的要求，对农业生产资料生产行为、农业生产主体的行为进行规范；同时应重构循环型生态农业生产体系。第五，注重农业生产技术的生态风险评估。随着农业科技投入的日益增加，科研人员研发的农业新技术也越来越多，应建立并强化农业生产技术的生态风险评估机制，以降低农业技术造成重大负面影响的风险。

（于法稳）

【农业供给侧结构性改革背景下的新农人发展调查】

农业部农村经济体制与经营管理司课题组
《中国农村经济》2016 年第 4 期
12 千字

该文主要观点：新农人作为农业领域创业的重要力量，已经成为推进农业供给侧结构性改革的先行者，引起了各方的关注。如何准确界定新农人的概念和内涵？如何全面认识和评估新农人群体的发展现状？制约新农人发展的因素有哪些？新农人未来发展方向如何？这些问题都亟待深入研究。

针对这些问题，农业部经管司课题组在全国范围内开展问卷调查，并在北京、浙江、安徽、江西、四川、重庆六省市以座谈和访谈的形式进行了实地调查。通过问卷数据分析和案例研究，对新农人群体进行了全面评估，得出以下基本结论。第一，新农人主要是指秉持生态农业理念，运用互联网思维，以提供安全农产品、提高农业价值为目标的农业生产者和经营者。第二，新农人普遍比较年轻、学历较高，多是跨界创业，从业时间较短，主要集中在城市周边。第三，新农人与传统农民的区别主要在于，有新思维、新理念、新的营销手段、新的组织形式和新的知识。第四，新农人从身份构成来看，包括大学生创业型、农民工返乡创业型和跨界创业型；从组织形态来看，可分为个体经营型、合作经营型和企业经营型；从生产经营方式来看，可分为自产自销型、单纯销售型和综合型。第五，新农人既在用地、融资、用工等方面遇到比其他新型农业经营主体更严重的困难，同时还有着家庭不理解、社会不认可、对农业不熟悉等自身的一些特殊问题。第六，新农人规模会不断扩大，作用和影响力将更加凸显，并且由于新农人发展良莠不齐，在市场激烈竞争中将逐渐分层分化，一些对困难估计不足、准备不充分、盲目乐观，缺乏应对挑战能力和实力的，就可能昙花一现，被迫选择退出；一些志向坚定、规划长远、勤于学习、善抓机遇的，将会走得更稳健更久远，逐渐成长为推进农业现代化建设的一支生力军。建议引导新农人与其他新型农业经营主体融合发展，落实相关扶持政策，加强对新农人的指导服务，要善于运用互联网思维和方式指导农业农村工作。

（贺　潇）

【中国农业发展的战略失误及其矫正】

党国英
《中国农村经济》2016 年第 7 期
17 千字

该文主要观点如下：中国基本解决了百姓的吃饭问题，但为此付出的成本很高，而如果改革更为深入，这个成本是可以降低的。土地制度缺陷全面影响农业经济效益，农业经营组织政策失误降低农业资本效率，劳动资源配置缺陷降低农业劳动生产率，这是中国农业发展所面临的基本问题。提高中国农业竞争力，必须确立农村改革新战略。

一项成功的经济战略必须满足两个基本要求，一是核心目标必须具有长期瞄准价值，二是实现目标的手段或路径对核心目标的实现具有促进作用。以往中国农业发展的核心目标是主要农产品的数量增长，未能注重农产品价值构成的成本下降。主要农产品成本过高，由国家财政维持农产品高价格的支撑力一旦崩塌，数量保障将会丧失，这是中国农业发展面临的严峻挑战。既往土地制度、财政支农制度、农业经营组织制度及农村劳动资源调节制度等方面的改革未及要害或进展缓慢，是中国农业发展战略扭曲变形的基本原因。

今后的农村改革应扎实推进土地承包关系长久不变政策，并注意在确权颁证改革中形成“起点公平”的格局；通过深化国家土地管理体制改革降低城市房价，使农业转移人口举家进入城市，为土地流转和农业规模经营水平提高创造条件；调整农民合作社发展政策，让农户分享农业产业链收入；调整财政支农政策，重点支持大宗农产品无公害生产。

（党国英）

【农地确权、交易含义与农业经营方式转型——科斯定理拓展与案例研究】

罗必良

《中国农村经济》2016 年第 11 期

19 千字

该文主要内容如下：中国农地制度正在发生两个重要的政策性转变：一是通过农地确权不断提升农民对土地的产权强度，二是在产权稳定的前提下推进农地的流转与集中，改善农地规模经济性，加快农业经营方式转型。已有文献集中讨论了农地确权对农户生产性行为的影响，但大多忽视了对确权所隐含的产权交易含义的研究。产权界定能够激励产权主体的生产性努力，但不必然诱导产权交易。同样，农地确权也并不必然促进农地的流转集中与规模经营。第一，农地确权能够强化农户对土地的产权强度，但会进一步增强其身份权利与人格化财产特征，进而加大禀赋效应。第二，农户的禀赋效应具有明显的状态依赖性。农户以农为生、以农为业、以地立命的生存状态以及在位控制情结所导致的较高禀赋效应，成为土地流转的重要约束。由此，土地流转市场不是单纯的要素流动市场，而是一个具有身份特征的情感市场。第三，农户的禀赋效应具有显著的对象依赖性。禀赋效应的差序格局，意味着土地流转市场并非一个纯粹的要素定价市场，而在相当程度上是一个关系型的“歧视性”市场。

按照科斯定理，不同的产权安排隐含着不同的交易成本，因此，用一种安排替代另一种安排是恰当的。问题是，在已经确权即产权固化的情形下，如何降低产权运作的交易成本，显然是科斯没有完成的工作。针对产权主体与产权客体不可分的交易约束，有必要拓展科斯定理，即：当存在交易成本时，如果不能经由产权的重新调整来改善产权配置效率，那么，通过产权的进一步细分及迂回交易与之匹配或许是恰当的。通过产权细分、迂回交易及其有效匹配，能够在尊重农民土地人格化财产特征的前提下，实现农业的规模经济与分工经济。基于四川省崇州市“农业共营制”的案例研究表明：通过引导农户合作，建立土地股份合作社，能够形成农地产权的迂回交易机制；通过产权细分，建立农业职业经理人队伍，能够形成企业家能力的迂回交易机制；通过分工深化，建立生产性外包服务体系，能够形成农业服务的迂回交易机制。三大机制的匹配拓展了农户获取服务规模经济性与分工经济性的可能性空间。因此，以土地“集体所有、家庭承包、管住用途、盘活产权、多元经营”为主线的制度内核，有可能成为中国新型农业经营体系的基本架构。

（罗必良）

【气候变化对中国粮食生产的影响——基于县级面板数据的实证分析】

陈　帅　徐晋涛　张海鹏

《中国农村经济》2016 年第 5 期

12 千字

农业是受气候变化影响最直接、最脆弱的部门，而在气候变化的诸多影响中，农业生产首当其冲。中国政府始终坚持立足国内实现粮食基本自给，把切实保障国家粮食安全放在各项经济工作的首位；与此同时，中国气候变化的速率却又明显快于全球，甚至快于北半球的平均水平。因此，准确判断气候变化对中国粮食生产的影响具有很强的政策导向性。

气候变化对粮食生产影响的议题属于交叉学科，农学和经济学对此都十分关注。农学研究的优势在于精确的实验参数，但对人类行为和社会经济影响的解释力有限。经济学方法则基于人类理性行为，通过构建土地价值指标或借助于农作物单产来衡量农业生产，但该领域的经济学实证策略仍在探索演进，其模型预测的长期能力也受到质疑。学术研究结论的不确定性给中国应对气候变化的决策带来了困难。有鉴于此，该文旨在前人研究的基础上，基于高质量的数据，采用最新的经济学实证分析方法，科学地判断气候变化对中国粮食生产的影响，为政策制定者提供源自经济学领域的学术参考。

该文基于1996—2009年中国县级层面农作物产量、灌溉、气象和社会经济数据，并结合不同地区农作物的生长周期，构建空间残差模型，实证考察了气候变化对中国水稻和小麦生产的影响。研究发现：气温、降水和日照等气候变量对中国水稻和小麦单产的影响都存在“先增后减”的非线性关系，存在最优拐点。预计到本世纪中期，气候条件将越过最优拐点，对中国水稻和小麦生产产生明确的负面影响；不仅如此，由于非线性关系的存在，气候变化在未来的长期危害将会急剧增大。到本世纪末，气候变化将导致中国水稻单产降低2%—16%、小麦单产降低3%—19%。

该文的研究结论揭示了两方面的政策含义：其一，明确气候变化对中国粮食生产的负向影响，意味着应对气候变化的政策至少在农业部门存在潜在的收益；其二，发现气候变化与粮食生产之间存在非线性关系，则呼吁及早出台积极有效的气候政策，越晚行动难度越大。

（陈　帅）

【失地农户收入流动及其影响因素分析】

丁士军　杨　晶　吴海涛

《中国人口科学》2016年第2期

13千字

随着中国工业化和新型城镇化发展的加速推进，农村耕地被征用情况日益普遍，失地农户越来越面临着收入差距和不均等问题。从动态的视角（征地前后）考察失地农户的收入流动，剖析失地农户收入流动现状和影响因素，对妥善处理失地背后隐含的经济补偿和生计重建问题，促进低收入农户的收入向上流动以及保障失地农户长期收入提升与生计发展、推进新型城镇化具有重要意义。征地使农户失去了赖以生存的土地，其收入创造和生计转型问题已成为转型时期农村社会稳定和经济持续发展的重要议题。一些地区的征地补偿政策往往能给失地农户带来较好的补偿，给农户带来一定的收入增长，但这种收入增长是否可持续，需要考察失地农户收入的动态变化与流动性。

该文利用位于中部地区的江西九江和湖北襄阳农户调查数据考察了失地农户收入流动性及其影响因素。结果发现，研究地区外出务工和参加非农生产活动的低收入组农户和中等收入组农户的收入更可能向上流动；劳动者较高的受教育程度有助于高收入组农户收入的向上流动，而财产性收入比重下降对高收入组农户的收入流动有负向影响；在所有组别的失地农户中，经济和健康风险都会带来其收入向下行方向流动。总体上看，研究地区土地被征收后，农户的收入流动性呈现出明显的组间和地区差异，低收入组农户的收入向上流动的可能性更大，而中等和高收入组农户的收入则更可能会出现一定程度的向下流动。不同收入组农户收入流动性影响因素也存在较大差别。那些收入更容易向下流动的较低收入农户往往具有户主没有外出务工、兼业程度较低、劳动力人数较少、失地程度较高、遭遇过经济风险和遭受过区域自然灾害等特征。另外，中部地区失地农户收入流动性存在不同流动方向模式；不同收入分组的失地农户收入流动性存在显著差异；家庭禀赋特征及风险因素等对不同收入分组失地农户收入流动的影响也存在显著差异。九江和襄阳都是中部地区重要的农业、工业生产地区和交通重镇，地理位置的不同和征地用途的不同对失地农户的补偿和收入流动有不同的影响。九江位于长江中游交通枢纽，有良好的生产条件，国家级的九江经济技术开发区的征地补偿水平较高，这些都给中等收入组和高收入组失地农户带来了更大的向上收入流动性。这些发现对同类地区失地农户收入保护具有重要政策意义。

（朱　犁）

【互联网覆盖驱动农村就业的效果研究】

周　冬

《世界经济文汇》2016 年第 3 期

15 千字

互联网及移动互联网为代表的新媒体在各国经济发展过程中逐渐发挥着积极且重要的作用。但是新媒体的区域发展并不平衡，其不均衡不仅体现在国家间的显著差异，而且在一个国家内部的不同地区也存在显著差异。互联网覆盖的地区间差异又进一步带来了地区居民收入、就业等社会经济表现的差异。根据历年中国互联网络发展状况统计报告，我国城乡网络覆盖率差异有扩大趋势。考虑到现有城乡网络覆盖空间差异的加剧会拉大城乡生活水平差距的可能性，如果中国政府旨在改善农村生活水平和平衡区域发展，那么在落后地区推广互联网和移动互联网十分重要。方晓红（2002a，2002b）开始强调中国“新农村”建设中的新媒体信息传播职能的重要性。随后相关文献就新媒体是否能在农村建设中发挥积极作用进行了理论和描述性分析。然而针对互联网覆盖对农村经济的影响及探讨其影响渠道的相关实证研究文献几乎空白，该文从理论和实证角度综合研究新媒体对农村发展的影响，从互联网及以移动互联网为代表的新媒体角度出发，研究其对农村居民就业多元化及收入改善的影响，为新农村建设和发展渠道提供证据。

基于全国性微观调查数据的实证研究结果，使用 2005 年和 2013 年混合横截面数据进行有序 Probit 模型估计分析，发现互联网在农村地区的推广和使用可以显著促进农村非农就业，相对于从不使用互联网的群体而言网络用户在就业阶梯上从待业往务农和非农就业上爬的概率更大。越经常性使用互联网的群体，对他们非农就业的边际正影响就越大，并且更为显著。其次伴随网络经济的发展，互联网使用频率对非农就业的边际影响 2013 年比 2005 年更大。同时经常使用互联网可以开发农民多种就业的可能性，使得他们的工作数量提高，就业日趋多元化，收入来源种类变多。结合我国城乡互联网覆盖现存差异和地区发展不均衡的现状，政府应加大乡村和西部地区互联网基础建设和推广，充分发挥新媒体在农村经济中的积极作用。

（李　婷）

产业经济与企业管理

【企业员工持股的制度性质及其中国实践】

黄速建　余　菁

《经济管理》2015 年第 4 期

15 千字

该文主要观点如下：企业员工持股制度具有经济激励与社会治理的双重制度属性。作为一种经济激励性的制度安排，员工持股制度是利润分享制度的一种形式；作为一种促进和改良社会治理的民主管理制度，员工持股制度是员工参与企业治理的一种制度安排。

在实践中，员工持股计划具有多种多样的实现形式。实行员工持股，并不意味着员工必然能分享到企业剩余。同理，员工持股制度并不必然是促进员工参与公司治理和民主管理。只有设计合理的员工持股计划，才能对员工起到正面的经济激励作用。对员工利益起决定性影响的，始终是企业的经营成败。在经营成功的企业中，员工通过持股计划可以分享到企业的利润增量；而在经营失败的企业，参与持股计划的员工可能不得不面临“分享”企业亏损的尴尬境地。员工持股计划的本质，是使员工工资水平与企业业绩水平相关联，它从根本上改动了固定工资制度，在给员工分享企业利润增长收益机会的同时，也给员工带来了工资收入波动的风险。

从中国实践来看，推行员工持股：第一，要紧密结合企业自身的发展实际需要。第二，有效的员工持股方式，不仅没有标准模板，还应该结合企业发展不同阶段的动态需要而发生变化。第三，员工持股制度，在我国情境下，更多被视为一种经济激励制度，它并不像美国 ESOP 计划那样表现为一种面向广泛的员工群体的福利制度。第四，中国企业较多地将员工持股视为一种经济激励性的制度安排，而不是促进和改良社会治理的民主管理制度，员工持股对促进员工参与公司治理和民主管理的作用不够明显。第五，我国企业实行员工持股，推动员工的劳动者角色与投资者角色合而为一时，应坚持“广泛参与”“突出重点”又“相对均衡”的实践方针。第六，员工持股制度有其有限的适用性问题。

对中国的未来实践，建议如下：第一，如果没有像美国那样一种员工的经济利益长期化的体制机制作依托，中国不具备为企业员工持股提供系统性的政策激励的制度基础。第二，在促进员工持股的长期性的体制机制没有建立起来之前，对员工持股的激励政策，应主要靠市场主体之间的自愿协商。第三，要遵循规范操作、强化公司信息披露和倡导员工参与民主管理的方针。第四，在规范操作和严格信息披露的前提下，放开对公司高管或员工持股数量或持股比例以及公司业绩条件等各方面因素的限制。第五，国有企业宜于在推行混合所有制改革时实施员工持股。第六，建议研究发布指引性政策，帮助和引导实行员工持股的企业不断完善股权结构和规范公司治理。

（黄速建　余　菁）

【中国国有企业混合所有制改革与企业投资效率——基于留存国有控股制和高管政治关联的分析】

张祥建　郭丽虹　徐龙炳

《经济管理》2015 年第 9 期

16 千字

该文主要观点如下：十八届三中全会提出要通过混合所有制来进一步深化国有企业改革，以提高企业效率和竞争能力。在国有企业探索混合所有制改革的过程中，基于股票发行民营化（Share Issuing Privatization，SIP）的部分民营化是一种重要的方式，而改制后“留存国有控股制”和“高管政治关联”是政府干预企业投资行为的两种渠道。那么，留存国有控股制和高管政治关联到底能对企业投资效率产生什么样的影响？其内在影响机制如何？在新一轮国有企业改革中，是否应该继续推行部分民营化模式？政府和市场的边界如何进行动态调整以实现资源配置效率的优化？这些问题都亟待深入研究。

现有研究表明，单一因素对企业投资效率主要表现为负面影响，无论是留存国有控股制还是高管政治关联，都损害了企业投资效率。然而，如果把单一因素合并成双重因素，是否会对企业投资效率产生意想不到的效果呢？针对以上问题，以实施股票发行民营化（SIP）的国有企业为样本，采用 Heckman 两阶段最小二乘法，对以上问题进行检验分析，重点检验了双重因素对企业投资效率的作用，并从资源配置倾斜效应揭示了其内在机理，得出以下基本结论：在国有企业通过 SIP 实施民营化改革后，留存国有控股和高管政治关联双重因素能够对企业投资效率产生与单一因素完全不同的效果。具体而言：第一，留存国有控股制带来的“政策性负担效应”降低了企业投资效率，主要是因为行政干预扭曲了企业投资行为，使企业承担了过多的政策目标和社会目标，损害了企业的投资效率。第二，存在高管政治关联的企业表现出“政治依附效应”，造成政府干预行为的盛行，使企业投资规模偏离最佳水平。第三，相对于单一因素而言，留存国有控股制和高管政治关联双重因素有助于缓解单一因素对投资效率的负面影响，主要是由政府主导下的“资源配置倾斜效应”造成的。可见，在国有企业实施 SIP 后，留存国有控股制和高管政治关联是政企关系中的两大核心因素，通过资本配置倾斜效应影响着企业投资效率，并传递到对整个国民经济运行活力和发展质量的影响。该文的研究能够为不断深化的国有企业改革提供实证支持，特别是对治理结构设计和政企关系协调方面具有一定的指导意义。

（刘　潇）

【新生代员工的工作动力机制及组织激励错位对创造力的抑制】

杨　涛　马　君　张昊民

《经济管理》2015 年第 5 期

13 千字

该文主要观点如下：新生代员工成长在我国经济结构和家庭结构双重变迁的时代背景下，大数据时代的洗礼和多元文化的融合深刻地塑造了新生代与前辈们迥然不同的气质与价值追求。考虑到新生代员工价值观形成背景的时代特殊性、国家的创新驱动战略以及企业转型升级、创新发展的迫切性，研究新生代员工的价值认知过程和工作价值需求，探索驱动和激励他们创造性开展工作的内在动力机制，无疑具有十分重要的理论价值和实践蕴意。

如何有效激励员工行为是企业管理的永恒话题。已有研究表明，组织激励体系满足员工工作价值需求，是激活内在动机进而提升创造力的内在传导机制和有效路径。然而，激励与行为之间犹如横亘一个“薛定谔黑箱”，使得众多学者难以在二者之间建立清晰的关系，组织激励能否有效驱动员工工作行为的理论纷争已经持续近40年，却仍然难以弥合。观点的尖锐对立导致理论发展的停滞，也让管理者在企业的实际管理运营中无所适从。浪漫主义学派基于自我决定理论，认为人的生命意义在于追求自我实现，但奖励内蕴的控制性会侵蚀个体的自我决定感，产生“显性激励的隐性激励成本”，弱化内在动机，抑制个体创造力。功利主义学派则基于习得性勤奋理论，认为奖励传递了组织认同个体有效工作行为的信息，可以缓解人们对努力的通常性厌恶，增强个体对工作活动的控制感、胜任感和愉悦感，进而促进个体创造力。因此，亟须从理论上厘清奖励双重性发挥作用的边界条件，进而沿着“组织激励体系→工作价值感知→内在动机→创造力”的演进脉络，深刻揭示本土情境下新生代员工的工作动力机制和传导路径。

针对以上问题，该文系统研究了本土新生代员工的工作动力机制以及现有组织激励体系是否与其工作价值需求匹配。结果表明：(1) 总体而言，本土员工的工作动力表现为外在动机驱使，跨样本比较显示，内在动机远弱于美国员工。Kruskal-Wallis秩和检验显示，内在动机随代际年龄增加呈下降趋势，新生代员工的内在工作动机最强。(2) Wilcoxon检验显示，组织激励体系明显滞后于新生代员工的工作价值需求，错位激励引发动机偏转。(3) 进一步的多项式回归与响应面分析显示，组织激励供给与新生代员工工作价值需求匹配时能够显著提升创造力，背离则抑制创造力。

研究结论揭示，错位激励导致内在动机偏转在某种程度上应为我国创造力缺失买单。新生代员工正处于工作角色定位和工作价值观尚未固化的黄金时期，现有的激励体系尚不能满足新生代员工的工作价值追求，变革薪酬激励模式和塑造柔性激励环境，引导新生代员工自觉抵制外部诱惑对内在动机的侵蚀，必须提到企业的重要战略议程。

（杨　涛）

【政府扶持与新型产业发展——以新能源为例】

周亚虹　蒲余路　陈诗一　方　芳

《经济研究》2015年第6期

24千字

政府对产业的干预在我国经济发展的各个阶段都能见其踪影。当前转型经济时期，政府仍将引导部分产业的发展。新型产业作为经济新常态下最重要的创新驱动来源，还关系到社会对绿色环保的需求，受到政府的大力扶持。该文的关注点在于，政府采用传统的补贴供给端的扶持政策，能否起到引导新能源等新型产业自主创新和健康发展的作用。从已有文献看，关于政府扶持的讨论以传统行业为主，而对需求市场尚不成熟、科技含量要求较高的新型产业政策的机制缺乏相应的研究。该文试图在这方面进行探讨，分析新能源政策的作用，检验现有供给端的扶持政策在企业层面的效果。理论部分通过构建基于新型产业特征的企业行为反应模型，将促进生产和补贴需求的两类政策纳入评价范畴，分别讨论了这两方面政府政策的作用；实证部分采用上市公司样本从新能源企业的营利能力和研发投入等方面检验理论结果。该文主要发现：(1) 产业起步阶段，政府补助能带来新型产业营利优势；(2) 产业扩张后，政府扶持难以有效鼓励企业进行更多的研发投入，后果是同质化产能过剩。因此，激励原始创新和转向需求培育可能是未来新型产业政策调整的方向。

该文认为政府对新能源等新型产业扶持政策可以有两方面调整：(1) 创新层面：新型产业需要政府通过激励，实现产业原始创新成果驱动的内生增长。具体来说，通过加强专利保护、增加创新奖励等方式提高单位创新成功的收益；集中国家研发力量，实现先进科技成果对提高产业研发成功率的作用；在有效甄别企业类型的基础上，通过研发专用性补助以及严格的资金监管制度，将产业技术进步落实到行业中的研发型企业。(2) 需求层面：新型产业也需要政策的支持与配合。新型产业普遍的产能过剩现象表明：如果无法实现需求及市场容量的扩增，政策的扶持也往往只会带来竞争过度的不利局面。未来政策的努力方向必须落在培育社会需求和鼓励差异化产品生产之上。

(金成武)

【中国城市制造业就业对服务业就业的乘数效应】

袁志刚　高　虹

《经济研究》2015 年第 7 期

20 千字

过去三十几年，中国经济增长过度依赖于投资和出口，内需增长乏力。这是我们当前所面临的一个严重的结构性问题。而服务业发展滞后是抑制中国内需增长的一个重要原因。服务经济是后工业化经济的典型特点，其发展在现代经济增长中发挥着重要作用。进入 21 世纪以后，世界发达国家无一例外地进入或者早已进入服务型经济，服务业就业不断扩张，新增就业几乎全部来自于服务业。随着工业化的完成以及制造业吸收就业能力的下降，中国未来的就业创造，尤其是低技能劳动力的就业，也将越来越需要依靠服务业就业的扩张来带动。因此，理解服务业就业的创造对促进中国经济向服务型经济转型，解决内需不足的结构性问题具有重要意义。

该文使用 2004—2013 年的《中国城市统计年鉴》和 2000 年中华人民共和国第五次人口普查的数据，考察了城市制造业就业变化对本地服务业就业变化的影响，以及制造业就业乘数效应在不同城镇化水平和城市规模的地区之间的异质性。使用工具变量的方法，估计结果显示，城市制造业就业的上升会显著促进本地服务业就业的增加。平均来说，城市制造业就业每增加 1%，会带来当地服务业就业 0.435% 的上升。相比于生产性服务业和公共服务业，生活性服务部门的获益程度最大。而由于较低的市场化程度以及劳动力流动性，公共服务业就业扩张的幅度相对最小。此外，该文还发现，城镇化水平和城市规模会对制造业就业乘数效应的大小产生影响。只有在城镇化以及城市规模达到一定水平的地区，制造业就业才会显著促进本地服务业就业的增长。而在城镇化水平较低，或者城市人口规模不足的地区，制造业就业的增加难以对服务业就业产生显著的溢出效应。

当前的中国经济正面临增长从依靠投资、出口推动，向依赖于内需的结构性转变，经济体也正逐步从工业化时代步入后工业化时代。因此，服务业将成为中国未来吸收就业的重要力量。该文的研究说明，尽管地方政府可以通过发展制造业来推动本地服务业就业的增长，但是，这种政策的效果在很大程度上取决于城镇化和其他发展政策的配合。地方性经济发展政策是否有效的关键在于城市经济能否充分利用经济集聚带来的好处。但是，在户籍制度的制约下，中国的城镇化进程一直大大落后于工业化。而对于走什么样的城镇化道路，优先发展大中型城市还是中小城镇，学界和政策界均存在争论。该文的研究说明，城镇化发展的滞后以及城市集聚的不足，抑制了制造业就业对服务业就业的溢出效应，从而抑制了服务业吸收就业的能力。中国经济在未来要实现转型，必须在鼓励制造业发展的同时，调整城市发展的战略，降低劳动力向城市，尤其是大中型城市流入的限制。此外，对公共服务业来说，提高市场化程度，减少垄断，开放私人资本、外国资本在公共服务领域的投资，将有利于公共服务供给的增加及就业的扩张。

（金成武）

【中国制造业出口复杂度的提升和制造业增长】

李小平 周记顺 王树柏

《世界经济》2015 年第 2 期

18 千字

进入 21 世纪以来，国际贸易的研究重点开始由出口数量向出口质量转变。出口复杂度的提升对经济增长的影响成为学界新的研究热点。能力理论认为经济增长是一个国家生产（或者出口）更复杂产品的过程；一国的经济发展或腾飞之路取决于其生产复杂产品的能力，那些专注于生产更复杂产品的国家，其经济增长也会更快。自改革开放以来，中国经济快速增长，已经成为仅次于美国的世界第二大经济体。与此同时，中国积累了越来越多的生产各种复杂产品的能力，出口复杂度也得到极大提升。国家在“十二五规划”中明确提出了“外贸发展从规模扩张向质量效益提高转变”的战略目标。因此，研究中国出口复杂度的具体变化及其对经济的增长效应具有重大现实意义。同时，在制造业层面中国政府提出的要从“制造大国”向“制造强国”方向转变的思路，本质上也反映了从“数量”向“质量”转变的逻辑。那么，能力理论是否能够在中国制造业层面得到体现呢？中国制造业出口复杂度的变化对行业增长有何种作用呢？出口复杂度的提升能否支撑中国制造业从“大”向“强”转变呢？这是当前学界亟须回答的重要问题。

该文首先采用反射法和适合度法对中国 26 个制造行业出口复杂度进行了测算，得到下列结论：不同类型制造业部门的出口复杂度的演变存在分化特征。劳动密集型行业出口复杂指数较低，但存在稳步提升的发展趋势。这显示出我国在小商品制造业上的优势，但易受到外部市场的冲击。资本与技术密集型行业出口复杂度指数较高，但趋于下降。这些都反映了中国要素禀赋的特征与当前经济发展阶段的特点。该文使用 1998—2011 年中国制造行业的数据实证检验了制造业出口复杂度的提升对行业增长的影响，得出下列结论：（1）行业出口复杂度指标的高低是衡量该行业在国际上竞争水平高低的重要指标。同时，制造业出口复杂度的提升是行业增长的重要推动力。（2）尽管制造业出口复杂度的提升对行业增长具有促进作用，但不同类型制造行业受到的影响不同。重工业、同质性行业和中等技术行业的增长受其出口复杂度提升的影响显著，而轻工业、异质性行业和低等与高等技术行业增长受其出口复杂度提升的影响较小。

（李小平）

【我国新能源战略的重大技术挑战及化解对策】

罗来军 朱善利 邹宗宪

《数量经济技术经济研究》2015 年第 2 期

17 千字

该文主要内容如下：新能源的开发与利用已经成为世界各国普遍重视的问题，这不仅是能源问题、经济问题，而且还涉及环境安全、社会安全等问题。能源短缺状况日益严重，随着全球经济的发展，全社会对能源的消耗量日益增加，到目前为止，人类主要的能量来源还是地球长期以来把太阳能通过动植物转化为化学能存储和积累的煤炭、石油、天然气之类的能源。但是，随着人类生活水平的进一步提高，目前已经探明的传统化学能的储量，对现有能源消耗的支持只能维持几百年。与此同时，传统能源消耗对气候和环境的危害已让地球承载不起。传统能源的获取往往只是从开发的便捷性和经济成本上考虑，没有注意和较少注意到能源资源的有限性和对地球环境造成的持续干扰性和破坏性。工业革命以来，人类活动排放的温室气体明显增加，工业排放、二氧化碳排放量大，使大气中温室气体的浓度上升，全球气温变暖，严重危害和影响了自然生态环境的平衡和社会发展的稳定。近百年来，人们科技和信息化水平的提高，加快了全球能源资源的利用率，使全球资源与环境问题日益突出，能源的开发面临着新的问题和挑战，严重影响了全球经济的发展，尤其是给发展中国家经济带来了更严峻的考验。

为了能够有效地解决能源紧张的问题，减少对自然环境的破坏，维护生态稳定，清洁、可再生、污染小的新能源的需求也随之越来越明显。发展低碳经济是应对气候变化的重要甚至是唯一的举措，而新能源是低碳经济的主要内容。为此，该文通过统计数据，分析了我国能源消费的基本状况与典型特征，发现我国的节能减排形势较为严峻，新能源发展面临重大技术挑战。建议依据能源技术的最新发展以及未来趋势，对能源使用进行综合的、长远的战略决策与顶层设计；切实推进新能源产业的科技发展，重心放在核心技术和关键技术等高新技术环节；提升新能源管理水平，依据新能源客观规律和技术属性建立科学决策机制；积极开展国际合作，在积极利用国外先进技术的基础上大力促进我国的自主创新和技术进步；以此化解我国发展新能源技术的挑战。

（白延涛）

【知识产权保护与中国工业创新能力——来自省级大中型工业企业面板数据的实证研究】

刘思明　侯　鹏　赵彦云

《数量经济技术经济研究》2015 年第 3 期

18 千字

该文主要内容如下：自改革开放以来，特别是 20 世纪 80 年代以来，中国依靠人口红利、土地红利、政策红利以及较低环境规制成本等低成本比较优势，在全球经济一体化的背景下，积极参与国际价值链体系分工，带动了工业的迅速发展，创造了举世瞩目的经济发展成就。然而，在传统低成本优势逐步丧失、资源环境约束日趋强化以及国际环境发生深刻变化的背景下，我国经济主要依靠要素驱动的粗放型发展模式已经难以为继，经济增长方式的转型迫在眉睫。对此，党的十八大报告中充分强调了经济发展方式转变的重要性和紧迫性。工业是国民经济的重要构成主体，也是转方式、调结构的重点和难点，中国经济转型在很大程度上取决于工业能否成功转型，而加快工业转型升级的关键在于提高创新能力。作为鼓励新知识生产的一项重要制度安排，知识产权保护政策对一个国家或地区技术创新和经济增长的影响得到了日益广泛的关注。

与加强知识产权保护有利于发达国家技术创新所达成的高度共识所不同的是，关于强化知识产权保护是否能够促进发展中国家创新能力的提升至今仍然是一个备受争议的议题，继而在一定程度上困扰着发展中国家知识产权政策的制定。那么，知识产权保护对我国工业创新能力的影响效应如何？其影响效果在不同创新水平下是否存在差异，特别是知识产权保护对关乎我国工业“由大变强”的核心技术能力的提升究竟会产生怎样影响？在此背后，知识产权保护又是通过何种影响渠道和作用机制对我国工业技术创新产生作用的？

研究基于 2000—2010 年我国省级层面的大中型工业企业面板数据，运用系统 GMM 估计方法，在考察知识产权保护技术创新效应的基础上，进一步研究其对我国工业创新能力的影响渠道，并且对创新水平差异下知识产权保护的影响效应和作用渠道进行对比分析。结果显示，知识产权保护与新产品和专利产出均存在倒U形关系，但超过95%的样本位于拐点左侧，强化知识产权保护能够加快我国绝大多数地区工业创新能力的提升。同时，知识产权保护对发明专利的促进作用要显著大于实用新型和外观设计专利。对其影响渠道的进一步研究还表明，强化知识产权保护在激励企业自主研发、提高国外技术引进效果、促进FDI知识溢出等均发挥了正向作用，并且知识产权保护对企业自主研发的引致作用在发明专利中尤为明显，从多个层面证实了知识产权保护在当前我国工业创新能力特别是核心技术能力提升中的积极作用。

（白延涛）

【中国产业结构升级能缩小城乡消费差距吗?】

徐 敏 姜 勇

《数量经济技术经济研究》2015 年第 3 期

19 千字

该文主要内容如下：改革开放以来，中国经济保持快速增长，国内生产总值年均增长 9.8%，同期世界经济年均增速只有 2.8%，创造了经济发展史上的新奇迹。一直以来，出口、投资和消费被认为是创造中国经济“奇迹”的源泉，更被形象地比喻成拉动中国经济增长的“三驾马车”，但是依赖出口的外向型经济易受到国际经济形势的影响。受美国金融次贷危机和欧债危机的冲击，2012 年中国货物贸易进出口总体增速就出现回落，比 2011 年进出口增速回落 16.3 个百分点，而国内投资驱动力量减弱，可持续发展力不足。2012 年中国经济结构调整取得积极进展，从投资、消费和净出口结构来看，最终消费对经济增长的贡献率为 51.8%，内需成为中国经济增长的主要动力。与此同时，由于城乡二元经济结构的存在，导致城乡发展差距不断扩大，中国农村与城镇的消费水平差异依然很大，统计数据显示，2012 年中国城乡消费比（城镇居民消费水平/农村居民消费水平）为 3.24，城乡消费差距不仅对未来中国经济的增长产生阻碍，也将对人们的幸福感和和谐社会的构建产生不利的影响。因此，如何缩小城乡消费差距成为现阶段研究的重点和热点。此外，随着中国市场经济体制改革的逐步深化，区域经济合作日益密切，空间上的依赖性逐渐增强，但由于中国各地区经济发展策略和资源禀赋各异，区域之间出现发展失衡等现象，因此在充分考虑空间依赖性的基础上，从省际视角着手分析我国城乡消费差距的空间差异及影响因素，对缩小城乡消费差距，实现城乡协调发展以及对践行“内需拉动”经济增长具有重要的现实意义。

研究采用 1993—2012 年中国 30 个省、自治区、直辖市的面板数据，运用空间面板计量经济模型从时间维度和区域差异视角探讨产业结构升级对城乡消费差距的作用机理。研究表明，中国城乡消费差距存在显著的空间集聚性，产业结构升级能有效缩小城乡消费差距，但在不同时期、不同区域，作用效果存在差异。1993—2002 年产业结构升级拉大城乡消费差距，而 2003—2012 年“减缩”作用显著，且有正向的空间溢出效应；东部产业结构升级对城乡消费差距影响不显著，但有正向的空间溢出效应，中部拉大城乡消费差距；西部缩小城乡消费差距，存在负向的空间溢出效应。城镇化发展、政府行为等缩小城乡消费差距，经济开放水平和城乡收入差距等拉大城乡消费差距。

（彭 战 白延涛）

【互联网时代的商业模式创新：价值创造视角】

罗 珉 李亮宇

《中国工业经济》2015 年第 5 期

19 千字

在互联网时代，颠覆了以往的商业模式，传统的价值链中以供给为导向的商业模式正在逐渐走向消亡，以需求为导向的互联网商业模式和价值创造正在出现。互联网时代的社群平台具有极强的生命力，是商业模式创新的坚实基础。虽然厂商与消费者在共创价值的过程中，消费者会分享一部分价值，但由于突破了能力边界，产品的内涵和外延获得极大提升，其价值创造的能力获得了几何倍数的增强。互联网思维对于商业来说是一次划时代的革命，经济运行核心已经从计划经济的政府和市场经济的厂商转向互联网经济下的顾客。

针对这种情况，该文提出了互联网时代商业模式概念并对它的关键要素如社群、平台、跨界、资源聚合和产品设计进行了描述；讨论了商业模式的主要隔离机制已经由技术研发转为社群平台，并在此讨论基础上提出了互联网时代的商业逻辑——社群逻辑下的平台模式。然后，基于社群平台模式，从价值创造的视角出发，讨论了互联网经济与传统工业经济价值创造在载体、方式与逻辑的差异。最后，从租金的角度分析商业模式的内在驱动力，并对不同时代下企业经济租金的几种形式——彭罗斯租金、李嘉图租金和熊彼特租金的变化作出了解释。在此基础上，阐述了互联网时代连接的重要性，指出连接满足了顾客深层次的需求，进而揭示了互联网时代的商业模式追逐的目标。

该文认为，随着社群平台的进一步发展，在未来价值载体的发展上传统的供应端与消费端会得到极大的融合，供应端将成为两端沟通的平台提供商，而产品的设计乃至生产将由供应端与消费端共同决定。互联网时代的厂商面对的环境已经发生了重大改变，价值创造的方式、商业模式的创新和租金获取方式也发生了变化，而背后的原因有三：第一，过去供方的单向输出流动被供需双方的双向交换流动替代；第二，社群替代以前的技术和渠道成为异质性资源；第三，提升价值的方式发生了改变，从以前增强产品的使用价值变成了强化对产品使用价值的感知，强调顾客体验，并且衍生出了新的租金——连接红利。而在这次变革中，经济增长的方式也从斯密增长转变成了熊彼特增长。

（覃 毅）

【中国制造业的核心能力、功能定位与发展战略——兼评《中国制造 2025》】

黄群慧 贺 俊

《中国工业经济》2015 年第 6 期

19 千字

该文主要观点如下：未来中国制造业发展面临深层次困境和挑战，在诸多的瓶颈和问题之中，“行为”层面的技术学习难度、“绩效”维度的生产效率和“环境”层面的外部冲击三个因素是未来十年中国制造业发展所面临的最为根本性的挑战：生产率增速下降已经成为当前及未来中国制造业发展面临的最为严峻的问题；中国的制造业技术在成熟阶段锁定的现象比较突出，技术学习难度不断加大；“第三次工业革命”有可能对中国传统的比较成本优势形成根本性的冲击。

美、日、德、韩等工业强国的制造业核心能力既是其制造业快速增长的动因，同时也伴随着其制造业扩张（投资扩张和市场扩张）不断演进和强化，即核心能力和产业规模同步提升。与这些发达工业国家相比，产出总量已居世界第一的中国制造业，其核心能力的结构性特征到底是什么？与美、日、德、韩等工业强国相比，中国制造业的优势主要体现在模块化架构产品和大型复杂装备领域，前者如工程机械、家电、电子消费品，后者如通信设备、高铁、核电装备和水电装备等，而在一体化产品领域（包括轿车、数控机床等具有一体化产品架构的机械行业和制药、化工等制造一体化的流程型行业）以及工业基础件等，既具有一体化特征又需要前沿科技支撑的核心零部件领域相对缺乏优势。

在“十三五”及未来以强调产业质量能力提升产业发展战略重点的大背景下，制造业的功能定位也要发生重大调整。工业部门尤其是制造业，其在国民经济中的作用更加表现为创新驱动和高端要素承载功能。制造业作为技术创新的“土壤”，其主要功能不再是集聚资本和创造就业，而是通过促进新技术的创新和扩散，提高经济增长效率，并在这个过程中创造出更多高质量的工作岗位，同时制造业对服务业的拉动作用仍在增强，这种作用集中表现为生产性服务业的规模扩张和质量提升，实际上是围绕“做强工业”展开的。

制造业功能定位的转变，决定了未来制造业指导思想从“结构优化主导”转向“能力提升”主导。未来中国制造业核心能力提升的可能方向，一是通过架构创新和标准创新加强将一体化架构产品转化为模块化架构的能力，缩短或者破坏产品生命周期演进的一般路径；二是针对国外技术与中国本土市场需求不匹配的机会，充分利用中国的市场和制造优势，不断提升复杂装备的架构创新和集成能力。以这样的学术理解为评价标准，《中国制造2025》本质上仅仅是一个政策力度更大的传统产业政策，而没有从根本上回答中国制造业“往何处去”和“如何去”的问题。

（王燕梅）

【从业人口年龄结构对中国工业经济增长的贡献度研究】

刘传江　黄伊星

《中国人口科学》2015年第2期

14千字

不同年龄劳动者具有不同的生产率进而对经济增长的贡献度不同是一个共识，蕴含在年龄结构中的生产率结构将最终反映在经济增长的表现上。改革开放以来，中国经历了快速的工业化，产业结构体量从“一、二、三”已经逐渐变化为“二、一、三”，1993—2011年，工业行业增加值占国内生产总值都保持在40%左右，但2012年以来，中国经济出现下滑迹象，第二产业对总体经济增长的拉动保持最高的贡献率，尽管如此，第二产业的就业人口却是三次产业中最少的。劳动力要素对工业经济增长的贡献率具有一定的研究价值，尤其是探索年龄结构因素在中国工业经济中的作用、生产率随年龄的变化路径以及对中国工业经济的作用更具有重要的意义。

该文通过分析2009—2010年中国工业经济各子行业得出以下结论：（1）年龄因素对中国工业经济有明显影响；（2）以增长率贡献衡量的工业经济劳动生产率随年龄呈现两端下沉的非常规倒U形，生产率在25—29岁组呈现负贡献效应，随后较快提升，在40—44岁组达到最高峰，随后缓慢下降，在55—59岁组显著为负，此后又有缓慢回升；（3）中壮年劳动者贡献了最大的工业经济增长率，人力因素很可能是促成中西部工业经济增长高于东部的原因之一，其中，中壮年劳动者更高的比重很可能直接贡献了更高的工业增长率，而年轻劳动者的作用并不明显。研究发现，中国工业经济的高年龄段从业者存在较大的生产潜力，年轻组同样存在亟待发掘的潜在生产率。在由人口老龄化引致的劳动力供给从过剩向短缺转变的现状下，对生产率的提高将是中国关注的重点。激活潜在生产率也是突破中国工业经济增长上行压力的解决方法之一。尽管工业经济仍占中国经济总量接近一半的比重，国家统计局的数据显示，工业增加值的增长率近两年开始明显下降，2013 年较上年增长约 5.5%，为过去 10 年的最低值，而 2012 年前这一增长率保持在 10% 以上。对资源、资本要素的利用效率是过去政策关注的重点，而事实上人力资本要素还存在较大的开发空间，良好的政策激励能够使该空间的内部效应尽可能地发挥出来，修正特定年龄段的增长贡献的异常，实现更高的生产效率。研究显示，进入高年龄段后，生产率并不是绝对下降的，其经济增长贡献潜能很可能促进而不是抑制工业经济增长，延迟退休年龄的方案至少为这样的机会提供一个前提。延退政策同样作为一种激励，可能对高年龄组，甚至其他年龄组的生产率产生影响，进而反映在工业经济的表现上，而这种影响在目前看来是不确定的。

（朱　犁）

【高校扩招对创新效率的政策效应——基于准实验与双重差分模型的计量检验】

陈　林　夏　俊

《中国人口科学》2015 年第 5 期

18 千字

该文为检验高校扩招对创新效率的政策效果，采用 1998—2011 年 29 个内地省份与香港、台湾地区的面板数据，结合 DEA-Tobit 计量模型和双重差分法展开回归分析。结果表明，从政策冲击看，高校扩招对内地省份的创新效率产生了一定的消极影响，扩招后内地省份的创新效率将会由于政策的冲击而下降约 35.7%；从持续效应看，扩招政策的产物“新大学生”在高等教育人口中比例越高，该地区研发人员的平均创新效率就越低。从效率维度看，高校扩招对中国的技术创新产生了一定的负面作用。同时，高校扩招对创新总产出具有明显的激励效应。这意味着高校扩招的政策效应兼具积极性和消极性，其综合效应难以用“好”或“坏”进行评价。发展中国家对于高等教育的目标，往往是“先重量再重质”。如果今后政府能够改变这种“先重量再重质”的政策导向，通过教育政策、就业政策、财政政策等方面的调整，使高等教育逐步获得“质”的提升（如大学毕业生的创新能力、综合素质），从而解决当前的大学生就业率与工资偏低、收入不平等加剧等问题，最终实现中国高等教育“质与量”的双赢。对高校扩招政策进行更长远的规划，显然是今后体制改革和政策调整的重点任务，有待职能部门和学术界的共同努力。

一直以来，“学而优则仕”的科举制度使中国社会有着学历崇拜的传统，人们往往会把秀才、举人、进士等“学历”与文化素质、社会地位等价起来。然而，高等教育年招生数从 1998 年的 108.4 万人逐年攀升至 2012 年 688.8 万人。十几年来的高校扩招为中国制造了数千万的高学历“人才”，这些毕业生有的留在高校任教制造更多的高学历“人才”，有的则进入科研机构挤占工作岗位。本来各种学历、各种专业的人才各居其位，使中国的技术创新能力得以迅速提升。但 1999 年后每年毕业的数百万大学生，使科研岗位的学历要求出现了严重的“通货膨胀”，甚至出现了偏好于“211”“985”高校的学历歧视。该文的经验证据恰恰证实了扩招后培养出来的“新大学生”的创新效率低下，扩招前培养出来的中等学历人员（普通大学毕业生）的创新能力，并不低于扩招后的高学历人员（重点大学毕业生）。因此，该文认为，唯学历论的人才评价标准理应进行修正，国家更应重视人才的综合素质和科研岗位的差异化绩效评价，也只有这样才能在各行各业中走出愈演愈烈的学历崇拜误区。

（朱　犁）

【中国企业高管薪酬差距研究】

方　芳　李　实

《中国社会科学》2015 年第 8 期

19 千字

公司高管薪酬水平的高低，直接反映了社会收入分配结构的状况，并成为社会公平的一个方面。近几年，学术界和媒体不断呼吁对垄断行业收入分配制度加以改革，对高管过高薪酬加以限制，这也引起了中央高层的重视。中央关于国企高管限薪政策的不断出台，反映了对国企高管高薪“不合理”现状判断的认定，也意味着国有企业高管薪酬决定机制与非国有企业决定机制可能存在差异。并且，基于公开信息披露，经过上市公司层层遴选出来的“优质”企业群体，理应有更好的条件将自身与同等公司对标，以更客观地对管理者业绩进行评价。但已有研究显示，上市公司中并没有广泛运用相对绩效评价。

利用 2005—2012 年中国上市公司数据，对企业之间高管薪酬及其差距的变动趋势，以及背后的决定因素进行分析。研究发现：第一，企业之间高管薪酬具有较大的差距，在多数年份甚至高于企业间一般员工的工资差距。第二，2005—2012 年期间，企业之间高管薪酬差距呈先急剧扩大、后逐渐缩小的波动。第三，影响高管薪酬差距变动的主导因素是少数金融企业高管薪酬水平的大起大落。导致高管薪酬差距扩大的主要因素，既有企业规模的不同，也有企业盈利水平的差异，还有区域差异，更有行业之间的差别。其中，部分企业高管薪酬的过快增长是主要推动因素；而导致高管薪酬差距缩小的主要因素，则是政府对国有企业高管的限薪政策。第四，国有上市公司高管薪酬的决定机制与非国有公司有着明显差别，但是两者都经历了高管薪酬差距的大起大落。国有企业更多地将高管薪酬与企业盈利联系在一起，这反映了国有企业管理方式中“绩效挂钩”的特点；而非国有企业更多地将高管薪酬与企业规模联系起来。国有企业高管薪酬的决定机制以及公司治理结构，并没有在缓解高管薪酬过快增长和缩小薪酬差距方面，发挥应有的作用。

（梁　华）

【垂直管理与属地管理的监管绩效比较：基于事中监管的博弈分析】

尹振东　桂　林

《经济理论与经济管理》2015 年第 4 期

11 千字

近年来，中国经济在持续快速增长的同时，也产生了食品与生产安全问题频发、环境污染加剧等问题。为解决这些问题，中央改革了市场监管体制：从 1999—2004 年，将税务、工商、质检、煤监和国土等部门从属地管理改革为垂直管理，以减少执法中地方政府的干扰，保证监管部门独立依法监管；从 2008 年以来，中央又分别把食药监、工商和质检部门从垂直管理改成属地管理。针对监管体制的改革实践，我们需要研究哪种监管体制更容易激励企业依法生产，并推动监管部门正确行使监管职能？如何实现监管权力的纵向最优配置？

现实中的各类安全与污染问题，很多都是因为企业在生产过程中违规生产造成的，所以研究如何加强对企业生产过程中的监管，即事中监管，是非常重要的。该文主要从事中监管的视角，运用动态博弈和信息经济学的方法构建地方政府、地方监管部门和企业相互博弈的理论模型，比较两种监管体制下因监管部门对税收的不同偏好而引起的监管努力和监管效果的差异。研究发现：（1）当监管部门抽查到违规企业时一定严格执法的情况下，被抽查到的违规企业会被关停，这降低了增长和税收，而属地管理下的监管部门更在乎增长和税收，因此与垂直管理相比，属地管理下的监管部门监管努力相对较小，监管动力不足，导致属地管理体制下有更多的企业违规生产。(2) 当监管部门抽查到不合格企业可以合谋时，不合格企业由于不整改需要上交更多的税收，在属地管理下监管部门可以获取税收增量，更愿意合谋，而垂直管理下监管部门无法获取税收增量，所以会索取更大的贿赂，这又事前阻止了企业选择坏的生产方式，会激励更多的企业选择好的生产方式。（3）对于监管努力，与属地管理相比，垂直管理下监管部门索取贿赂较高，这提高了监管收益，但是垂直管理下不合格企业数目相对较少，这又降低了监管收益，两种效应相互抵消，加总的结果使得两种体制下监管努力的相对大小是不确定的。（4）与垂直管理相比，属地管理体制下的税收总量较大，经济增长速度较快。

研究表明，针对当前的环境污染和安全问题，中央应该对主管的监管部门建立垂直管理体制，以此激励企业依法生产。而且，中央在大幅度取消事前审批事项的同时，如果要改进和强化事中监管，应该选择垂直管理体制。

（张雨潇）

【营商制度环境为何如此重要? ——来自民营企业家“内治外攘”的经验证据】

魏下海　董志强　张永璟

《经济科学》2015 年第 2 期

18 千字

在权力加市场的转型体制中，企业家的面孔是多重的——他们既是开拓创新的能手，也是投机人脉的巧匠；他们积极从事生产性活动，也积极从事寻租等非生产性活动。不同的营商制度环境，企业家在生产性和非生产性活动的相对报酬是不同的，促使企业家会对其时间进行适应性调整。在良好的商业制度环境中，政策更稳定、司法更公正、政府更有效率、财产更有安全保障，企业家生产性活动的相对报酬将会提高，因此他们将增加经济活动时间并配置更多精力在生产性努力上；反之，恶劣的营商制度环境，会导致企业家减少经济活动时间，并且在非生产性努力上配置更多精力。这是从 Baumol 关于制度与企业家才能配置的理论中可以得到的命题。

该文用 2008 年度中国民营企业调查数据和世界银行营商环境项目数据匹配，从经验上考察了城市营商制度环境与民营企业家的时间配置，结果确认了制度环境对企业家时间配置行为的显著影响。营商制度环境更好的城市，企业家经济活动时间更长，并且在有限的经济活动时间中，配置到生产性的“内治”时间占比更高，配置到非生产性的“外攘”时间占比更低。即便考虑内生性问题和异常样本点，上述结论也是稳健的。分不同子样本的估计则表明，营商制度环境对企业家时间配置的影响，对服务业的企业家时间配置的影响甚于制造业，对于非创新企业的企业家时间配置的影响甚于创新企业。

该文研究的学术和现实意义是明显的。在学术上，该文从企业家时间配置的视角对 Baumol 关于制度环境与企业家才能配置理论进行了检验，为这一理论提供了支持性的经验证据。在现实方面，该文的研究将深化人们对转型期中国企业家行为的理解，这也为促进企业家提高生产性努力的政策设计提供重要线索。比如，政府可以瞄准营商软环境指数的具体内容（企业开办、物权登记、信贷获取、保护合同履行等）来改善辖区内制度和政策质量，塑造更好的营商制度环境，以鼓励企业家的生产性努力。这不仅有利于城市经济发展，也符合更广泛的社会利益。

（于小东）

【中国制造业进入壁垒、市场结构与生产率】

夏纪军 王 磊

《世界经济文汇》2015 年第 1 期

13 千字

市场进入壁垒是决定市场结构与绩效的重要因素，也是完善市场机制的一个重要政策变量。在各类形式的进入壁垒中，沉没成本是最为重要和常见的一种（McAfee et al.，2004）。Sutton（1991）认为：沉没成本所形成的进入壁垒是决定市场结构的重要外生变量；Hopenhayn（1992）发现：沉没成本与均衡时生产率临界值成反比，沉没成本越高，整个行业生产率水平越低；同时沉没成本的变化会对厂商进入和退出带来两种相反的效应：价格效应和选择效应，整个产业内厂商数量或市场结构取决于这两种效应的净效应。Balasubramanian 和 Sivadasan（2009）在分析美国制造业的市场结构影响因素时发现：沉没成本变化所带来的价格效应要大于选择效应，即沉没成本与市场集中度正相关。

该文基于产业演化模型，利用中国工业企业数据库 1998—2007 年全部国有及规模以上的企业数据，研究进入壁垒对中国制造业市场结构与行业生产率的影响，理解行业生产率提升的来源及其内在机制。重点研究了沉没成本和以国有经济比重度量的行政性进入壁垒对市场结构和生产率的影响机制。研究发现，沉没成本和行政性进入壁垒的降低显著提高了行业生产率，同时行业沉没成本的降低提高了市场竞争性，降低了市场集中度，但行政性进入壁垒对市场结构的影响并不显著。通过企业的进入退出分析以及行业生产率的分解，行政性进入壁垒降低对行业生产率的提升作用主要来源于三个方面：国有企业的进入退出是一个优胜劣汰的过程，国有企业自身的生产率持续提高，对总体生产率增长的平均贡献率为 13%；行政性进入壁垒的降低，减少了非国有企业的进入成本，高效非国有企业的进入提高了行业生产率；随着国有经济比重降低，偏向国有企业的政策扭曲减少，降低了行业生产率差异度，整体资源配置效率显著提高。

（李 婷）

【新能源产能过剩的原因分析与调整思路——以太阳能、风能为例】

王 蕾

《城市与环境研究》2016 年第 3 期

20 千字

该文主要观点如下：新能源是相对传统常规能源而言的，指在新技术基础上加以开发利用的能源，包括太阳能、风能、生物质能、地热能、海洋能、核能等多种能源形式。近年来，中国新能源产业的产能不断扩大，远超国内应用规模和国外进口需求。新能源产业不同产业链环节产能过剩的现象及其形成机制各有不同，制造环节的产能过剩通常采用产能利用率来识别，利用环节则通常采用发电厂的设备利用率。但中国新能源产业的产能利用率和设备利用率数据只零星出现在一些协会的研究报告中，缺乏完整的统计数据，也就无法直接利用这两个指标来判断新能源产业产能是否过剩。现有研究对中国新能源产能过剩的判断依据主要集中在产业集中度低、设备供过于求、弃风弃光现象严重、企业生产效率低等四个方面，尚未形成统一的判断依据。

从产量产能和市场结构来看，新能源制造业市场结构趋于合理，产能利用率有所提高。但也存在发电设备利用率持续下降、弃风弃光现象仍然存在、太阳能和风能发电基地外输通道建设滞后、电力投资方向与新能源电力发展不匹配等问题。虽然国家陆续出台多项政策治理新能源产业的产能过剩，但实施效果并不如预期。在低碳发展要求与高碳发展现实相互交织的特殊背景下，国家政策引导和传统能源企业主导的发展思维并不符合新能源产业的发展规律：第一，“减排”压力倒逼中国的新能源产业发展；第二，新能源开发模式应符合新能源的特征，政策与市场的背离实际上是化石能源体系与分布式光伏系统不兼容导致的必然结果；第三，开发主体的目标与国家新能源发展目标在现有体制下并不相容，发展新能源缺乏内在动力和主动性；第四，传统化石能源企业的许多经营方式并不适合新能源的市场发展要求；第五，新能源更加适合满足多元化的能源需求。促进新能源产业健康发展，首先需要认清新能源“分布范围广、能量密度低，输出波动大”的特点，改变既已形成的发展模式，同时需要清除制约新能源健康发展的制度和组织障碍：第一，树立新能源产业发展的新思维；第二，变革电力系统以适应新能源的发展；第三，修订相关法律以保障新能源发展；第四，调整体制机制以促进新能源市场的成熟；第五，打破行业进入壁垒以建立兼容性、扁平化的电力市场。

（庄　立）

【产能过剩与企业多维创新能力】

夏晓华　史宇鹏　尹志锋

《经济管理》2016 年第 10 期

16 千字

产能过剩是中国当前经济发展过程中存在的突出问题，其严重干扰着国民经济正常运行。中国的产能过剩具有一般性，同时也具有特殊性。中国产能过剩的一般性体现为产能过剩是基于正常的经济周期而产生。对此，经典的经济理论可以解释。这包括，资产专用性所带来调整成本在一定程度上抑制了企业削减过剩产能；保持一定水平的过剩产能是一种有效的威慑应对潜在进入者的重要手段。中国产能过剩的特殊性则突出地表现为，产能过剩多发生于竞争性行业且构成一种长期现象；部分行业产能极度过剩与投资力度持续加大并存、传统行业产能过剩与高技术行业产能不足并存，产业政策的作用效果有限。对此，西方经典的经济理论难以给出满意解释，但同时为中国经济理论创新提供了历史机遇及丰富的研究素材。研究者们尝试扎根于中国经济元素，力图来回答导致上述产能过剩特殊性的原因。这些原因可以归结为投资者基于对前景产业的共同知识与判断所形成的投资“潮涌”、辖区竞争规则下政府的不当干预。

该研究旨在从创新能力不足或缺失这一视角来解释中国的产能过剩，反过来即论证创新能够有效地消除过剩产能。基于2012 年世界银行组织调研、收集整理的中国企业经营环境调查数据，将创新进一步细分为产品与服务创新、工艺创新、组织创新及营销创新，考察了上述四类创新在消除过剩产能中的作用。研究发现：第一，有创新的企业面临的产能过剩问题不严重；创新越多的企业面临的产能过剩问题越不严重。这一结论表明，企业创新能力增强是消除过剩产能的重要途径，激励企业创新是化解过剩产能的重要政策抓手。第二，目前阶段企业进行产品服务创新及工艺创新的去过剩产能效果有限，而组织创新与营销创新则具有显著功效。这一结论表明，产能过剩企业需要各有侧重地发展不同类型的创新能力，目前阶段需要在组织与营销创新方面做足功课、补齐短板。第三，目前中国国有企业之所以面临更为严重的产能过剩问题，创新能力不足是一大重要原因。这一结论意味着，各界需要高度重视国有企业创新能力提升，以有效实现国有企业提质增效、消除过剩产能双重目标。

（尹志锋）

【本土领导者权力及其在企业不同阶段的演变】

张 琳 徐立国 席酉民

《经济管理》2016 年第 1 期

14 千字

该文认为领导者要通过影响他人来完成工作，而权力就是一种能够对他人产生影响的能力，因此，权力成为领导研究领域中不可忽视的重要话题。为了深入探究领导者权力，学界对权力来源进行了细致地划分，经典的分类有两种：French 和 Raven（1959）将权力划分为法定权、强制权、奖赏权、专家权、参照权五类；Bass（1960）则将权力分为职位权力和个人权力两类。领导者权力体现在与被领导者的互动过程中，具有强烈的动态性和过程性。然而，纵观国内外权力研究，多沿用以上两种经典分类，采用实证方法对各种权力类型进行静态分析，忽略了不同情境中领导者权力的独特性和动态性，导致我们对特定情境中领导者权力及演变缺乏系统理解。中国改革开放三十多年发生了翻天覆地的变化，企业及其领导者所处的社会环境日趋复杂多变，这为深入探讨本土情境中领导者权力的独特性和动态演变提供了机遇：变化的环境不仅使领导者产生独特的权力来源和表现形式成为可能，并且导致领导者影响他人的权力随着环境的变化而产生变化。

该文聚焦于本土领导者在剧烈变化的内外部环境中权力的独特性和演变规律，采用建构扎根理论研究方法，基于对本土企业 W 领导者 X 的个案分析，探索了本土领导者在企业不同发展阶段的权力来源及演变。研究发现：第一，领导者 X 在企业发展过程中表现出的四种主要权力：魅力权、人情权、法定权和声誉权，其中人情权和声誉权具有显著的本土特征。人情权是领导者在矛盾中表现善良，拉拢人心而形成的权力，反映出领导者对他人产生的感情控制和束缚。声誉权包括领导者个人荣誉、企业荣誉、企业形象塑造和媒体舆论关注四个方面，拓展了西方研究中仅关注领导者个人声誉的维度。第二，四种权力在企业不同发展阶段所占比例和发挥作用不同，进而形成了领导者权力整体特征显著不同。领导者 X 权力运用经历了从“发挥魅力，以情动人，广得人心”（创业阶段）到“基于实力，盛享荣誉，行业尊重”（成长阶段）再到“理念描绘，多元发展，强制执行”（成熟阶段）的演化过程。第三，该研究从组织内外部环境和领导者个人特征两个维度解释了领导者权力演变的原因，即领导者在特定的情境中会表现出什么样的权力，取决于企业在特定发展阶段面临的主要问题，以及领导者自身应对这些问题时表现出的特质和行为风格。

（张 琳）

【制度压力、高管特征与公司环境信息披露】

肖 华 张国清 李建发

《经济管理》2016 年第 3 期

14 千字

我国经济高速发展的三十多年，立法者、客户、地方社区、公共机构、环保压力团体等越来越担忧公司活动所带来的环境恶化问题。为了更好地进行环境治理，我国政府正在探索鼓励公司披露环境信息的方法，表征公司环境活动的环境信息披露也在全球盛行。公司普遍面临的一个严峻问题是，如何应对披露其经营活动所带来环境效应的各种制度压力。一些研究企图识别激励或抑制公司披露环境信息的因素，其中特别强调外部制度压力、内部背景因素和公司特征。公司为了应对外部制度压力而需要恰当地披露环境信息，而公司高管层在披露环境信息时需要权衡利弊并进行多方博弈。国内外诸多研究已经检验了制度压力如何影响公司环境信息披露，但在影响的方向和程度方面仍然未获得一致结论。该文基于制度理论建立理论框架，描述强制性、规范性和模仿性同形制度压力对公司环境信息披露的影响以及高管特征对这种影响所发挥的调节作用，相应提出四个研究假设并选取了2012—2013年4830个A股公司年度样本进行检验。研究发现，强制性、模仿性同形制度压力都显著正向影响公司环境信息披露，规范性同形制度压力负向影响公司环境信息披露，公司高管的性别、年龄、教育水平、任期在同形制度压力对公司环境信息披露的影响中发挥了调节作用。

在我国环境恶化问题越来越令人担忧的大背景下，公共政策已经开始反映在持续的经济转型与更好的环境治理之间均衡的需要，例如十八大报告、《中央关于全面深化改革若干重大问题的决定》《国务院关于加强审计工作的意见》《生态文明体制改革总体方案》《十三五规划》等。这些公共政策表明，“建设资源节约型、环境友好型社会，建设生态文明、美丽中国、实现可持续发展”已经成为中国全面深化改革的共识和人们的共同观念，预示着我国将进一步提升环境治理力度、加大环境信息的公开程度，建立健全政府、企业、公众共治的环境治理体系成为当务之急。该文的研究结果意味着，在我国，政府与监管部门颁布的一系列环保法规制度、大量存在发挥积极作用的环保NGO、行业领头羊对CSR和GRI报告指南的实践等，可能已经为公司披露环境信息带来强制性、规范性、模仿性同形制度压力，并且公司高管特征还在其中发挥调节作用。因此，我国环境治理既需要综合运用强制性、规范性、模仿性同形制度压力对公司的环境信息披露进行积极引导，又需要结合公司高管的特征建立恰当的激励机制促进公司采取积极的环保理念和环保实践，以提升环境治理效果，为改善生态环境总体质量作出贡献。

（张国清）

【协调成本与经济增长：工业化与信息化融合的视角**】**

谢　康　肖静华　乌家培　方　程

《经济学动态》2016年第5期

22千字

该文认为：协调成本分为可观测和不可观测两部分，直接测量不可观测的协调成本是困难的，但可以通过交易费用与交易效率的反向关系来间接测量交易费用。其中，交易效率可以通过随机前沿生产函数的思想进行分析，因为作为经济变量的交易费用具有非平稳性。从工业化与信息化融合的角度看，协调成本是由经济结构内生的，基于技术效率的工业化与信息化融合思想，反映了内生于经济系统中的交易效率，进而反映了社会协调成本高低。

分省数据的实证研究表明，协调成本下降对经济增长的作用存在阈值，即二者呈倒U形关系。在不同的经济增长方式下，协调成本下降的作用也不同。由此可见，经济增长方式选择等外生因素是很重要的。另外，技术和制度创新的作用在于缩短协调成本迂回路径或加快迂回速度而实现收益递增。由于协调成本与经济增长呈现倒U形关系，统一了现有关于协调成本与经济增长的关系的研究，即协调成本随经济规模的扩大而上升和协调成本不总是随着经济规模的扩大而提高，呈现近似倒U形结构。

鉴于协调成本与经济增长的关系以及经济增长模式选择的重要性，在研究和制定中国制造2025、“互联网+”行动计划等国家经济发展战略时要充分考虑两化融合对于协调成本的作用。这是因为，中国制造2025和“互联网+”行动计划等重大战略的理论基础和政策依据就在于此。

因为，工业化与信息化融合可以有效降低国民经济中的协调成本，且服从协调成本与经济增长关系的主要特征。推进工业化与信息化深度融合，有助于理顺协调成本与经济增长之间的结构关系。另外，由于协调成本的下降对经济增长的作用呈现“倒 U”形，因而一国经济增长不会随着协调成本的下降而持续下去，在不同的经济发展阶段，需要主动转换经济增长的主动力来维持长期增长的态势。因此，理论上跨越中等收入陷阱有两种战略选择：一是在出现阈值前尽快跨越中等收入阶段，二是通过各种内生和外生因素延迟阈值的出现。其中，技术进步和制度创新是两种有效的延迟阈值出现的激励要素。

（杨新铭）

【产能过剩、中央管制与地方政府反应】

杨其静　吴海军

《世界经济》2016 年第 11 期

20 千字

自 20 世纪 90 年代以来，重复建设、过度投资、产能过剩等问题反复在中国出现。相应地，中央不得不频繁采取各种严厉的产能管控措施，但政策效果往往差强人意。虽然国有企业预算软约束和发展中国家投资的潮涌现象是导致该现象的重要因素，但中国特殊的“政治集权 + 经济分权”是该现象更为基础的体制因素。在该体制下，一方面中央将发展和管理地方社会经济事务的主要职责分权给地方政府，尤其是市县级地方政府，并相应地赋予其大量的经济和行政资源；另一方面，中央掌握着地方官员的政绩考核与人事任免权，并由此在地方官员之间形成某种基于经济增长业绩的晋升竞赛。这就诱发了地方政府之间激烈的招商引资竞争，尤其是对那些投资规模巨大的项目近似疯狂的渴望。

为了证实该假说，该文利用 2007—2012 年间全国各地工业用地出让的微观数据构造了一个包含 260 个城市 127 个行业的“年—城市—行业”的工业用地出让数据库。以国务院发布《关于抑制部分行业产能过剩和重复建设引导产业健康发展若干意见的通知》（2009. 09. 26）作为一次政策自然实验，该文采取 DID 方法的回归分析发现：（1）在 2010 年之后，相对于产能不过剩行业，所有的产能过剩行业，尤其是那些未受管制的产能过剩行业的城市工业用地出让宗数增势更明显；（2）更为重要的是，虽然那些受管制行业的城市工业用地平均出让宗数的增势受到抑制，但却并未显著下降，更没有减少为 0；（3）违规向受管制行业出让工业用地的程度在城市政府之间存在显著差异，而这些差异并不能被城市本身的一些重要禀赋特征所解释，但却与城市领导，尤其是市委书记的年龄、任期、来源等个人特征变量密切相关，即那些更有晋升压力的市领导更有动力违规出让工业用地；（4）财政压力对城市违规出让工业用地无显著影响，但是城市上一年的非房地产投资越大，则违规向受管制行业出让工业用地的宗数就会显著下降。

上述研究表明，在中国特殊体制下，即便这些行业已处于产能严重过剩状态，市场力量也很难在短期内改变地方政府的行为，以至于必须依赖中央的产能管制措施。然而，晋升压力迫使地方政府想方设法突破中央管制措施而使政策效果大打折扣。该文的贡献在于，从城市政府向受管制行业违规出让工业用地的角度考察了中国产能过剩问题和宏观经济周期波动的政治经济学机理。

（杨其静）

【产业结构优化升级改进生态效率了吗?】

韩永辉　黄亮雄　王贤彬

《数量经济技术经济研究》2016 年第 4 期

20 千字

该文主要内容如下：产业结构和生态环境的关系，是环境经济学领域的重要议题。当前，中国生态环境问题越发突出，资源能源过度消耗、环境污染隐患凸显。现有生态环境已经难以承受工业进一步粗放增长所带来的损害和污染，生态环境与经济活动之间的关系还需调整。实际上，经济增长与环境保护共融的关键在于产业的耦合协调与技术创新，在发展中国家则更为具体地体现为产业结构的优化升级。生态效率与产业结构密切相关，经济增长的资源集约和环境友好程度取决于构成经济总体中各个产业的集约程度和产业结构特征。现有文献未有专门针对该问题的深入探讨。由此，深入研究产业结构优化升级和生态效率的内在关联机理，并从这种关系中寻找促进经济发展方式转变的产业结构调整方向和产业政策取向，具有重要的理论和应用价值。

为此，通过构建省域 Bootstrap-DEA 生态效率指数及产业结构高度化和合理化指数，采用广义动态空间动态面板模型，考察区域产业结构优化升级对生态环境的影响机制，包括对本省份的影响和对其他省份的影响两个方面，从本地效应和区际互动双重视角分析产业结构优化升级对省份生态效率影响的驱动机理和作用效果。研究发现，产业结构高度化既能提高本省份的生态效率也能提高其他省份的生态效率，即存在本地和外部双重正面效应；而产业结构合理化对生态效率则更多体现为正外部效应。从异质性上看，经济发展水平的提高，更加有利于合理化本地正面效应以及高度化双重正面效应的发挥；合理化和高度化与环境规制的相互作用，更有利于本省份生态效率的提高。

（彭　战　白延涛）

【中国产业政策与企业技术创新】

余明桂　范　蕊　钟慧洁

《中国工业经济》2016 年第 12 期

23 千字

产业政策作为国家对产业形成和发展进行干预的各种政策的总和，在世界各国得到长期且广泛的运用，但关于产业政策的有效性，学术界和实务界一直存在争议。从实证角度检验产业政策实施的长期效果，梳理其作用机制是一个亟须研究的工作。中国是一个推行产业政策较多的国家，产业政策实施的影响涉及国民经济的各个方面。然而，中国产业政策能否促进企业的创新是一个难以简单判断的问题。一方面，理论上，产业政策对企业技术创新可能存在促进和抑制两种截然相反的效应；另一方面，实证研究中，衡量产业政策具有一定难度。现有少数文献尝试通过解读国家颁布的产业政策法规，定义产业政策激励虚拟变量来综合考察产业政策的影响。同时，由于实证分析中可能存在的时序性和遗漏变量等问题，仅利用产业政策激励虚拟变量很难很好地建立产业政策与企业技术创新之间的直接联系。此外，产业政策实施的手段有很多，包括直接干预手段、间接诱导、信息指导等，究竟产业政策是通过何种渠道来影响企业创新，也需要进行清晰地梳理和实证检验。

为解决上述问题，该文利用《中华人民共和国国民经济和社会发展第十一个五年规划纲要》对鼓励行业规划的调整，采用混合回归和双重差分估计检验产业政策对企业技术创新的直接影响。检验发现，产业政策能显著提高被鼓励行业中企业的研发投入和发明专利数量，并且产业政策与企业发明专利数量的正向关系在民营企业中更显著。这说明，产业政策可以促进企业创新，尤其是民营企业的技术创新。另外，相对于一般鼓励，产业政策对重点鼓励行业中企业的技术创新影响更大。进一步地，该文从产业政策的实施手段出发，构建了产业政策对企业技术创新影响的理论框架，并尝试对理论框架中的信贷机制、税收机制、政府补贴机制以及市场竞争机制进行实证检验。研究发现，产业政策能够通过信贷、税收和政府补助和市场竞争四种机制促进重点鼓励行业中企业的技术创新，尤其是民营企业的技术创新。同时，产业政策能够通过市场竞争机制促进一般鼓励行业中企业的技术创新，但是信贷、税收和政府补贴机制的作用不显著。该研究发现为政府进一步深化改革，逐步消除民营企业面临的各种政策歧视，采用合理的产业政策手段来推动产业结构优化升级、促进经济增长方式转变提供一定的依据。

（覃　毅）

【国有企业的过度投资及其效率损失】

孙晓华　李明珊

《中国工业经济》2016 年第 10 期

28 千字

在中国经济快速增长过程中，产能过剩的现象日益突出，成为制约经济发展方式转变和产业结构调整的桎梏，而过度投资是造成产能过剩的直接原因。由于在经济社会发展中的特殊贡献和地位，国有企业的投资倾向更为强烈。那么，国有企业的确存在着过度投资吗？其与地区经济增长和生产效率损失之间的关系如何？该文利用 2003—2014 年中国 31 个省区国有工业企业数据，对此问题给予了明确回答。

在地方政府干预导致国有企业过度投资的制度背景下，该文测算了 2003—2014 年国有工业企业的过度投资水平，通过构建包括三个单方程的联立方程模型，实证检验了国有企业过度投资、地区经济增长和生产效率损失之间的互动关系，进而选择差分内差分方法考察 2008 年国际金融危机背景下政府一揽子经济刺激计划的政策效果，得到如下结论：其一，在地区政府的干预下，国有企业过度投资的现象普遍存在，2008 年后趋于严重，2008—2011 年达到高峰；且市场化改革进程越缓慢的地区，政府干预越多，地区经济增长对国有企业及其投资的依赖性也就越强，从而过度投资状况更为明显。其二，地方政府干预动机越强，该地区国有企业的过度投资问题越突出，而国有企业的过度投资对地区经济增长具有显著的正效应，但同时也带来了生产效率损失。其三，为应对 2008 年国际金融危机出台的一揽子计划激化了国有企业的过度投资行为，虽然保证了经济持续稳定增长，却加重了国有企业的自身效率损失。

该文对“十三五”时期将要重点推进的国有企业改革形成了较强政策启示，要抑制国有企业的过度投资行为以及由此带来的产能过剩问题，需从政府、市场与国有企业“三管齐下”：一是改变针对地方党政领导班子和领导干部的传统政绩考核标准，市级以下行政单位应逐渐弱化硬性经济指标，强调就业、环境保护和社会稳定等民生指标，在根本上消除地方政府鼓励微观企业投资的动机。二是从创新政府干预方式上入手，摆脱地方政府与国有企业之间的行政隶属关系。三是放开部分垄断行业的进入壁垒，深化国有企业改革，转变“固化存量、优化增量”的部分改制而非整体改制思想，真正卸下“僵尸企业”的面具，实现国有企业与中国新型工业化的良性互动发展。

（王燕梅）

【由“拨改贷”到“债转股”——经济转型中企业投融资方式的变迁（1978—2015）】

董志凯

《中国经济史研究》2016 年第 3 期

21 千字

该文主要内容如下：企业是国民经济

的细胞与市场活动的主体，是社会生产力和经济技术进步的主导力量，决定着经济的发展。20世纪70年代末以来，我国的经济体制由计划经济向市场经济转型，随着经济转型的阶段性发展与国内外经济环境变化，企业投融资方式多次变迁。总的趋势是在社会主义市场经济的总目标下，尊重企业作为投融资主体的权益与责任，调动企业的能动性，提高国有资本运行效率。1978—2015年，我国企业投融资方式经历了"拨改贷""贷改投""债转股""引进来"与"走出去"等诸多方式，朝着逐步明晰投资主体权益、拓宽投融资渠道的方向变迁。这一过程可以划分为三个阶段。

第一阶段1978—2000年。首先，通过"拨改贷"扼制了计划经济时期的"投资饥渴症"，拉开了投资信贷体制改革的序幕。截至1985年，所有国家投资项目全面实行"拨改贷"，实现了观念的突破和转变，在投资领域破除了"大锅饭"，开始树立商品经济观念。其次，通过"贷改投"对"拨改贷"改革进行调整与深化。为缓解实行"拨改贷"后部分企业出现的资不抵债等问题，将一些未还的贷款作为国家投入企业的资本金。最后，实施"债转股"，为股份制开路。作为实现国企三年脱困的重要手段，1998年国务院全面实施"债转股"，这也开拓了国有企业直接融资渠道，使社会资金进入国企，为我国企业股份制改革奠定了基础。

第二阶段2001—2012年。进入21世纪后，投融资体制改革取得新进展。一是党和国家正式文献中明确提出了资本金的理念，由管资产、管资金向管资本过渡。2003年，中共十六届三中全会通过的《中共中央关于完善社会主义市场经济体制若干问题的决定》进一步确立企业的投资主体地位，实行谁投资、谁决策、谁收益、谁承担风险。随后国家有关部门相继制定配套文件，初步形成企业投资项目核准制的基本框架。二是推行"引进来"与"走出去"并行的跨国投资战略。我国加入WTO之后，对外开放要实现更高层次、更多维度、更多联动的开放新格局，对企业投融资提出了新的要求。2003年以来，中央财政对基础产业领域的重要国有企业给予了重点支持，一大批国有企业海外上市。2008年以来，为应对国际金融危机的冲击，国家先后出台一系列政策措施，推动了投资的较快增长。2012年，中共十八大要求全面提高开放型经济水平，促进了多种创新方式走出去开展投资。

第三阶段2013—2015年。随着中国经济发展进入新常态，企业投融资面临新的变迁与发展。2013年11月，中共十八届三中全会通过《中共中央关于全面深化改革若干重大问题的决定》，要求适应经济全球化新形势，在新常态下提高经济运行质量。为此，必须充分利用社会资金，完善资本市场，发展混合所有制经济。这对企业投融资体制与方式改革提出了新的要求，具体体现为：拓宽融资渠道，放宽市场准入，降低融资成本；"引进"投资向纵深发展；"走出去"开拓投融资新领域；提高管理层与决策层投融资能力。

（王姣娜）

【中国产业结构升级与人力资本提升】

张车伟　高文书

《中国经济学人》2016年第4期

11千字

近年来，中国经济发展进入"新常态"，经济增长进入下行区间，经济结构深入转变。在新形势下，劳动者的技能无法适应产业结构的变化已成为中国就业的主要挑战。中国要保持经济中高速增长，实现产业顺利转型升级，关键是要加快人力资本积累，提高劳动者的素质。

1. 中国的经济增长与产业结构升级

改革开放以来，中国经济持续高速增长。1978 年至 2015 年，中国的国内生产总值（GDP）实际增长了 30.1 倍，年均增长 9.6%。伴随经济的高速增长，中国的产业结构不断升级。这突出表现在，第一产业占 GDP 的比重不断下降，第三产业占 GDP 的比重不断上升。中国的产业结构变化有三个关键的时间节点：第一个节点是 1985 年，这一年第三产业占 GDP 的比重首次超过第一产业；第二个节点是 2012 年，该年份第三产业占 GDP 的比重首次超过第二产业，成为国民经济中最重要的产业部门；第三个节点是 2015 年，第三产业占 GDP 的比重首次超过 50%（为 50.5%），第三产业已占国民经济的半壁江山。

2. 产业结构升级过程中劳动力素质的变化

由于不同的产业部门，其劳动者的素质即人力资本水平存在很大差异，因此产业结构升级带来的就业结构变化，必然对劳动力素质产生直接影响。从现有的数据看，2001 年到 2014 年，中国全部就业人员的平均受教育年限在波动中逐年增加，由 2001 年的 8.2 年增加到 2010 年的 9.1 年，2014 年进一步提升至 9.9 年。可以说，中国整体人力资本水平在快速提高。

在三次产业中，第一产业就业人员的人力资本水平是最低的。在过去的十多年里，第一产业就业人员的人均受教育年限从 2002 年的 6.8 年提高到 2014 年的 7.8 年，提高了一年。第二产业就业人员平均受教育年限显著高于第一产业就业人员。2001 年到 2014 年，中国第二产业各行业的就业人员的人均受教育年限平均从 9.8 年提高到 10.8 年。第三产业就业人员的人力资本水平，在三次产业中是最高的。从 2002 年到 2014 年，中国第三产业就业人员的平均受教育年限从 11.5 年提高到 12.2 年。

3. 中国经济持续增长的人力资本需求

中国未来的人力资本需求会不断增长，而且主要集中在第三产业。由于中国的新增劳动力数量已经开始下降，就业人员规模增长也基本停止，因此未来的人力资本需求将主要依靠提升劳动者的受教育程度来解决。在未来的 10 年，中国全体就业人员的平均受教育年限需要提高 1.1 年。近些年来，人力资本研究日渐主张用人的技能来直接测量人力资本。参照 OECD 的国际成人技能调查并结合被调查地区的实际情况，中国社会科学院人口与劳动经济研究所课题组设计了《成人基本能力测试》问卷以直接测量被访者的实际人力资本状况。问卷测试包括阅读能力、数学能力等。课题组于 2016 年 3 月在河南省按严格的随机抽样原则调查了 767 名劳动者。调查表明，各产业间人力资本水平差距较大，第一产业人力资本水平相对最低，第二、第三产业人力资本水平相对较高但行业间差距仍然存在。从阅读能力看，全体被访者的阅读能力测试平均仅为 5.7 分（总分 17 分），阅读正确率只有 33.6%。从数学能力看，整体被访者样本的数学能力测试平均分为 3.91 分（总分 12 分），数学能力测试平均正确率只有 32.6%。可见，中国劳动者的人力资本水平堪忧，突出表现为阅读能力和数学能力的薄弱。

4. 中国提升人力资本的对策建议

首先，加大力度提高劳动者的技能。通过采取各种手段，比如保障基础教育的投入、加大公共教育包括非义务教育阶段中技能训练的投入等，提高人们的阅读能力、数学能力以及使用信息技术解决问题的能力，从而提高劳动力素质及人力资本的培育。

其次，继续提高人均受教育年限。中国仍需要加大国家对教育的公共性投入，尤其是加大公共教育中技能训练的投入，以提高劳动者素质。要进一步普及高等教育。从中国经济社会的长期发展需要看，进一步普及高等教育仍是必由之路。高等教育发展速度只能加快而不能减慢。

再次，完善人力资本培训的内容、方法与机制。为了全面提升就业人员的劳动力素质和进行有效的人力资本培育，应该从内容、方法与机制等方面完善人力资本培训。

（高文书）

【工匠精神与工业文明】

李海舰　徐　韧　李　然

《中国经济学人》2016 年第 4 期

10 千字

根据《中国制造 2025》的时间表和路线图，为了实现从低端制造业迈向高端制造业的转型，2016 年 3 月国务院总理李克强在《政府工作报告》中首次提出要弘扬工匠精神："鼓励企业开展个性化定制、柔性化生产，培育精益求精的工匠精神，增品种、提品质、创品牌。"

经过初步归纳研究，"工匠精神"可以从六个维度加以界定，即：专注、标准、精准、创新、完美、人本。其中，专注是工匠精神的关键，标准是工匠精神的基石，精准是工匠精神的宗旨，创新是工匠精神的灵魂，完美是工匠精神的境界，人本是工匠精神的核心。

1. 专注，围绕某一产业、某一行业、某一产品、某一部件，做专做精、做深做透、做遍做广、做强做大、做久做远。创业之初，针对自身核心优势，不断深耕细作、精雕细琢、精益求精，即聚焦、聚焦、再聚焦，坚持、坚持、再坚持。兴业之中，针对产品痛点、难点，日之所思、梦之所萦，耐住寂寞、慢工细活，踏踏实实，一以贯之。概括而言，专注包括长期专注、终生专注、多代专注。

2. 标准，做标准是做企业的最高境界。标准包括：员工标准、现场标准、流程标准、设备标准、技术标准、安全标准、环境标准、产品标准等。以流程标准为例，把复杂问题简单化，把简单问题数量化，把数量问题程序化，把程序问题体系化。流程标准形成体系以后，自驱动性、自增长性、自优化性、自循环性，即自运行性，轮回上升。海尔集团首席执行官张瑞敏指出，把简单问题无限次重复下去就是不简单。华为技术有限公司总裁任正非谈到，有了标准，首先僵化、固化，然后再去优化。专注体现的是一以贯之，标准体现的则是一丝不苟。

3. 精准，精准包括：精准研发、精准制造、精准营销、精准物流、精准服务。不仅每一区段都要做到精准，而且整个过程都要做到精准。就每一区段而言，精准最高目标为：研发做到与用户零距离交互、制造出的产品做到没有缺陷、营销时能使库存为零、物流优化为零时间、服务实现零抱怨。就整个过程而言，第一次就做对、每一次都做对、层层做对、事事做对、时时做对、人人做对。

4. 创新，创新是"工匠精神"的灵魂。创新既包括迭代式创新，也包括颠覆式创新；既包括微创新，也包括巨创新；还有跨界创新等。

5. 完美，完美是专注、标准、精准、创新的自然产物和综合体现。完美，即把产品做得像艺术品一样精美、精致，以此实现从质量制造向"艺术制造"的转型。

6. 人本，"工匠精神"的核心在人。产品是人品的物化。过去，产品、人品是分离的；现在，产品、人品是合一的。正如海尔集团首席执行官张瑞敏所言，所谓企业就是"以心换心"，即用员工的"良心"换取顾客的"忠心"。打磨产品的过程，就是打磨自己的内心。个人内心升华的过程，就是产品质量提升的过程。

工匠精神是人类文明的基础，工匠精神不仅过去，而且现在乃至将来，都会在人类文明发展的历史长河中发挥重要作用。

（李海舰）

【工业赶超与经济结构失衡】

张　斌　茅　锐

《中国社会科学》2016 年第 3 期

19 千字

改革开放以来，中国政府调整经济发展战略：一方面采取渐进的市场化改革和对外开放措施，利用国内外两个市场的力量发展经济；另一方面运用复杂的政策组合扶持工业部门。在市场与政府的双重力量下，中国的工业快速赶超西方大国，并在三十多年的发展中相继成为世界工厂、全球最大的制造业国和最大的出口国。但在实现工业快速赶超的同时，中国的经济结构出现了巨大变化。政府对工业部门提供的优惠政策是中国经济运行中重要的特征事实，这些政策会影响企业决策和资源配置，也势必影响经济结构。相比于发展阶段相似的国家，中国的储蓄率和投资率更高，工业增加值在 GDP 中的占比更高，外贸顺差在 GDP 中占比也持续较高。这些异常的经济结构引起了社会各界对资源配置效率和增长可持续性的广泛担忧。尽管与中国 20 世纪 50 年代初采取的工业赶超战略不同，但改革开放以来的经济发展战略为了实现工业现代化，仍广泛存在着不顾统筹兼顾、综合平衡，偏爱和支持工业部门发展的理念，一些支持工业部门发展的政策仍影响着资源配置的合理性。

在一个两部门世代交叠模型中引入扶持工业部门的政策组合，研究政府之手对经济结构主要指标如储蓄率、资本真实边际回报率以及资本与劳动在工业与非工业部门间分配结构的影响。结果发现：在平衡增长路径上，工业扶持政策有三个方面的长期影响。第一，刺激资本和劳动力流向工业部门，提高工业部门的相对资本存量和产出；第二，减少消费者对工业和非工业品的最终消费，提高储蓄率；第三，压低资本的真实边际回报率。数值模拟结果显示，如果政府采取歧视非工业部门发展、刺激工业部门发展这一政策组合，即在政府对非工业部门“压”又对工业部门“推”的政策环境下，若基础设施建设投资占 GDP 的比重匀速上升，则储蓄率减速上升、资本边际回报率减速下降；当政府增加相当于 GDP 10% 的额外工业品需求时，如投资基础设施建设，会导致储蓄率上升 2.6 个百分点，资本真实边际回报率下降 0.4 个百分点。

（梁　华）

【中国工业企业无利润扩张之谜】

何　青　张　策　田昕明

《经济理论与经济管理》2016 年第 7 期

18 千字

近些年中国微观经济层面出现了一个怪现象：经济增长在逐步放缓，企业的营利能力变得越来越差，但是企业仍在不断地进行扩张，同时伴随着不断提升的融资成本和居高不下的财务杠杆。按照传统经济学的逻辑，当企业营利能力下降时，会减少投融资行为，政府为提振经济会采取宽松的货币政策，引导利率下行从而降低企业融资成本，这一现象完全与之相背离。中国工业企业在营利能力没有保证的情况下迅猛的进行扩张，这一违背经济学理论的情况为什么会在中国如此普遍地出现？至今没有人直接给出答案。

该文通过研究发现解决营利能力与业务增长的矛盾的关键是中国经济中存在的扭曲行为。在中国，财政政策与货币政策从来不分家，经常是财政“指到哪”，货币“打到哪”，尤其在历次稳增长政策中，资源配置更显现出强烈的政策导向。即向建材、铁路、能源、有色等短期对经济拉动力强的产业倾斜，向中央政府和地方政府直接控制的国有企业倾斜，刺激其进行投资，拉动地方经济增长。其具体的操作方式可以通过政府担保向目标企业提供优惠的贷款利率，或是以地方政府的投融资平台（城投公司）作为投资主体，由地方财政直接进行补贴。无论是优惠贷款还是财政补贴，都是通过政府行为强制干预企业的投融资行为，影响企业对未来成本和收益预期的判断，造成企业对资金成本不再敏感。受政策支持的企业不顾融资成本盲目扩张，对利率呈现出不敏感；不受支持的企业难以以低廉的成本融资，甚至融不到资金，其资金的需求无法反映到利率中去，弱化了利率指标的市场信息和货币政策的有效性。而扩张中会累计巨额的债务，如果在营利能力没有保障的情况下，势必不断依靠再融资的过程，进入典型的“存量”吃“增量”的过程。

该文建议，执行宽松的货币政策时机很重要，尊重经济周期运行的基本规律，避免无法被实体经济吸纳的货币蔓延形成资产泡沫进而对系统性安全造成冲击。要避免宽松政策对经济结构造成的扭曲和资源的低效配置，减少盲目扩张，“宽货币，紧财政，控信用”可能是更为有效的政策组合，政策着眼于避免系统风险、盘活存量资金，而资源配置交给市场完成。

（张雨潇）

【再论产业化创新：科技创新和产业创新的衔接**】**

洪银兴

《经济理论与经济管理》2016 年第 9 期

11 千字

目前，我国科技创新成果已经进入世界前列，但产业水准总体上还处于中低端。从产业类型看，发达国家在高科技领域占据更大份额，在新经济领域我国还没有跟上发达国家前进的步伐。再从全球价值链分析，我国的产业只有规模的优势，没有价值链的优势，高科技产品的中国制造部分处于价值链低端。我国的科技创新成果与产业水准之间这么大的差距，主要因素是产业创新能力不足，根本原因是科技创新与产业创新之间缺少衔接，科技创新成果没有充分转化为现实的生产力。

基于科技创新与产业创新的关系以及两者脱节的现状，有必要提出并强化产业化创新的概念。产业化创新介于科技创新和产业创新之间，是两者的桥梁。产业化创新不只是一个概念，更是一种机制，是一种合力。产业化创新有两种方式：产学研协同创新和科技创业。产学研协同创新的内涵，不是企业、大学和研究机构之间的机构意义的协同，而是产业发展、新技术、新产业人才的培养和研发新技术的功能协同。激励产业化创新的机制不只是激励创新，还要激励协同。科技创业是越过了孵化和研发新技术阶段，通过创办企业的方式进行产业化。科技创业的资本是以科技创新成果体现的知识资本、以创业家体现的人力资本和以风险投资体现的物质资本的集合。知识资本和人力资本对创业起着决定性作用，尽管物质资本不可或缺。

产业化创新的最终落脚点是创新成果（技术和产品）的产业化。无论是产学研协同创新还是科技创业，目标都是要实现孵化和研发的新技术的产业化。创新成果产业化涉及两个方面：一是采用新技术的产业迅速达到规模；二是充分实现新技术的潜在价值。这两个方面都依赖于有效的商业模式创新。商业模式创新可以界定为：企业利用科技创新成果，适应市场环境所作的市场关系、市场行为和相应的经营组织架构的调整，目标是使创新成果的市场价值最大化。虽然，不同的新技术可能有不同的商业模式。但对创新者来说，目标是发挥先行者优势，所要创新的商业模式需要从以下方面考虑：首先，实施有效的知识产权战略。其次，抢先占领市场，并锁定顾客。第三，及时将先进技术转化为标准。第四，新产业的成本控制问题。第五，新产业形成集群和范围经济。依靠产业化创新、科技创新和产业创新形成一种合力和互动的机制，不仅能有效解决科技创新目标导向，还能有效解决科技创新成果的及时转化，大大加快产业创新的进程。

（张雨潇）

区域经济与可持续发展

【我国交通基础设施对区域旅游经济发展影响的空间计量研究】

张广海　赵金金

《经济管理》2015 年第 7 期

13 千字

交通基础设施是区域旅游经济发展的重要条件，对其进行投资建设，历来是政府的重要职责，尤其是改革开放以来，我国已经形成了相对完善的水、陆、空综合交通体系。到 2012 年年底，我国铁路营运里程达 6.6298 万公里；公路营运里程达 423.7508 万公里，其中，等级公路营运里程为 360.96 万公里；内河航道营运里程为 12.5 万公里；航空定期航线为 2457 条，其中，国际航线为 381 条。交通基础设施对我国区域旅游经济发展作用如何？各类交通基础设施对我国区域旅游经济发展的影响程度又如何？从促进旅游业快速发展角度，我国交通基础设施建设今后的发展对策是什么？针对这些问题，在综合考虑多维要素对我国区域旅游经济发展的协同作用的基础上，运用定量方法，系统地分析了铁路设施、高速公路设施、一级公路设施、二级公路设施、内河航道设施、民用航空航线等对我国区域旅游经济发展的作用，对客观认识和指导我国交通基础设施的建设及其对区域旅游经济发展的作用，具有非常重要的现实意义。

基于此，该文分析了我国区域旅游经济发展的空间依赖性，通过外生的空间权重矩阵，引入了空间滞后因变量和空间滞后旅游产业水平，分别构建了铁路设施、高速公路设施、一级公路设施、二级公路设施、内河航道设施、民航航线对区域旅游经发展影响的空间计量模型，从全域和局域两个角度，对其进行了空间计量回归。研究结果表明：（1）我国区域旅游经济发展水平存在显著的空间依赖性；（2）全域范围内，铁路设施对我国区域旅游经济发展的作用不显著，二级公路、民航航线、一级公路、高速公路、内河航道设施均对我国区域旅游经济的发展产生影响，作用系数依次为 0.7010，0.4992、0.4532、0.0695、0.0212；（3）局域范围内，对于铁路设施，仅西藏和青海的作用系数通过了显著性检验，其余五种交通基础设施对区域旅游经济发展的作用表现出了显著的空间变异性：西部地区旅游经济的发展对除内河航道以外的各种交通基础设施的反应均比较敏感；东北地区的一级公路对其旅游经济发展的促进作用最大；长三角地区的民航航线条数对其旅游经济发展的促进作用较强，一级公路和内河航道设施的促进作用为中等水平；除北京市的高速公路设施对其旅游经济发展的促进作用处于中等水平外，京津冀地区旅游经济的发展对各种交通基础设施的反应均较弱；对华中地区而言，除一级公路设施对区域旅游经济发展的促进作用较弱外，其余各种交通基础设施的促进作用基本处于中等水平。在此基础上，该文对不同区域提出了相应的发展建议。

（张广海）

【环境管制、污染治理生产率与中国工业环境全要素生产率的提高】

梁泳梅　董敏杰

《中国经济学人》2015 年第 4 期

12 千字

该文探讨了环境管制对于中国工业的污染治理生产率进而对环境全要素生产率的影响。对已有相关文献的梳理和总结可发现，就环境管制对生产率的影响而言有三种观点：“不利论”“双赢论”与“综合论”。“不利论”认为，环境管制增加了企业生产成本，降低了企业的利润及生产效率；“双赢论”认为，从动态角度看，环境管制可能会导致环境水平提高与企业竞争力同时提升的“双赢”结果；“综合论”则认为，环境管制对生产率有何种影响取决于多种因素，环境管制对生产率的影响结果是不确定的。

该文基于构建同时考虑投入、合意产出以及非合意产出（即环境变量）的效率损失函数，使用序列 DEA 方法，测算了 2001—2008 年中国的污染治理生产率，结果发现：第一，考察期内污染治理生产率对工业环境全要素生产率的提高贡献明显，前者对后者的贡献约为 40%。第二，从效率提高与技术进步的角度看，污染治理生产率的提高基本来源于污染治理技术的进步。第三，在污染治理生产率中，COD 治理生产率的贡献大致占 2/3，SO_2 治理生产率的贡献大致占 1/3。第四，分区域看，东部地区、东北地区、中部地区与西部地区的区域差异较为明显，东部地区的工业环境全要素生产率明显高于其他地区，尤其在污染治理技术进步方面，东部地区往往扮演“先进者”的角色，其他地区更多的是扮演“学习者”的角色。

随后，该文利用面板数据探讨环境管制强度及其他相关因素对污染治理生产率的影响。发现环境管制对污染治理效率与生产率并不一定造成不利影响，而是存在着“U”形影响，拐点大致位于 3.8%—5.1%：当污染治理成本占工业增加值的比重高于 3.8%—5.1% 时，环境管制可能有利于提高污染治理效率与污染治理生产率，进而提高工业环境全要素生产率。分不同的环境管制手段来看，2001—2008 年期间，市场型规制工具并没有对污染治理效率与生产率产生正面作用，命令控制型规制工具总体上有利于提高污染治理效率与生产率；环保部门管理能力有利于提高污染治理效率与生产率，但公众压力污染治理技术与生产率没有显著影响。环保科技投入、环保产业的发展在考查期内对污染治理技术与生产率的影响也还不明显。

从测算结果来看，加强环境保护、加快推进生态文明建设的确有利于推动经济向集约、高效、循环、可持续的发展方向转变。目前中国的工业发展能够承受相当严格的污染防治管理，中国需要进一步依靠大力发展节能环保产业来推进污染治理技术的进步。

（梁泳梅）

【自然资源资产负债表：在遵循国际惯例中体现中国特色】

史　丹

《中国经济学人》2015 年第 4 期

12 千字

实现经济社会环境的协调发展已成为共识，国际社会为检验和核算这种协调程度进行了广泛探索，其中，最有代表性的是联合国综合环境经济核算（SEEA2012）。世界上一些国家根据本国国情，分别制定了一些适用本国的核算方法，我国有关部门也进行过一些尝试。2013 年，中国共产党十八届三中全会提出建设生态文明，实现“五位一体”发展战略，探索编制自然资源资产负债表等战略性措施，这极大地推动了相关学术研究和实践探索。

中共十八届三中全会提出编制自然资源资产负债表，在相当程度上是为了限制政府的不合理行为，规定政府合理开发利用自然资源的责任和义务，促进经济社会环境的协调发展。从这个目的出发，自然资源资产负债表具有其独特的功能，而绿色 GDP、环境经济核算体系（SEEA 2012）并不能完全满足这一特殊需要。

该文对国内有关自然资源资产负债表研究文献进行了搜索和整理，从文献的数量和研究内容看，国内对自然资源资产负债表的研究处于起步阶段，已发表的研究文献不到百篇，研究的内容与问题主要集中在对自然资源资产负债表编制的目的与意义的理解、国际经验与编制的方法等方面的内容。对于自然资源资产负债表的性质的理解基本上有三种：第一种是从自然资源核算的角度理解自然资源资产负债表。第二种是从资产负债表和环境会计的角度理解自然资源资产负债表。第三种是从审计的角度理解自然资源资产负债表。

该文认为，中共十八届三中全会提出编制自然资源资产负债表，是把自然资源资产负债表作为推进生态文明建设的宏观管理工具，是一个制度创新。自然资源资产负债表的编制要融合不同学科的理论和方法，借鉴国际惯例，满足宏观政策管理的需要。以资产负债报表的形式表现自然资源开发利用和保护状况，但在指标的核算方法上要尽量采用 SEEA 2012 的方法，而不局限于资产负债表以产权为基础的核算范围。

编制自然资源资产负债表涉及自然资源核算、开发利用与生态环境保护、自然资源的定价等一系列工作，因此编制自然资源资产负债表不是一项简单的技术工作，也是一次制度变革。制度建设是推进自然资源资产负债表的编制工作的基础，具体包括四个方面：建立自然资源产权登记和用途管制制度，健全国家自然资源资产监督管理体制，实行自然资源有偿使用和市场交易制度，建立自然资源资产统计评价新制度。

第一，最基础的是产权制度和用途管制制度，形成了对自然资源和生态环境空间的最基础的保护，使所有自然资源、生态空间尽可能由所有者或责任人去管理。第二，从规范日常监督管理的角度，对自然资源资产保护的相关主体，包括资产所有者、监督者、环境监测者、保护执法者、保护执行者和社会舆论监督提出了要求，使自然资源和生态环境资产的使用监督和治理保护有体制机制方面的保证。第三，从经济价值和市场交易角度，对自然资源和生态环境的使用、治理和补偿提出了要求，期望通过经济手段来实现资源环境的有效使用和资源环境的节约、循环使用。第四，从统计、审计、评价、考核、责任追求、损害赔偿等角度提出了要求，期望通过这些技术办法和手段形成自然资源和生态环境管理的闭环，实现以考核和追究责任来促进资源环境的有效管理和治理。

编制自然资源资产负债表中应注意以下的问题：一是明确自然资源资产负债的目的，服务政策需要。二是要最大限度地遵循国际惯例，尊重科学规范。三是基层单位以编制实物量为主，先易后难。四是在坚持试点的同时，要加快理论研究。推进自然资源资产负债表的编制需要理论与实践协同创新。

（史　丹）

【中国区域工业生产效率、环境治理效率与综合效率实证研究——基于 RAM 网络 DEA 模型的分析】

王兵和　罗佑军

《世界经济文汇》2015 年第 1 期
20 千字

改革开放以来，工业在整个中国国民经济中占据绝对主导地位，但是工业也是资源消耗和环境破坏的主要产业。要实现中国工业又好又快的发展，在提高工业生产的同时减少对环境的污染，就需要准确分析目前工业的生产效率以及环境治理效率，找出无效率来源，从而有针对性地改善生产和治理过程。

由于数据包络分析（Data Envelopment Analysis，DEA）不需要价格信息、无须对生产函数作先验假定、不需要假设无效率的概率分布等优点，大量的学者运用 DEA 方法对中国工业效率进行了研究。早期的研究大多集中于传统的工业效率的测算，这些研究忽略了能源消耗和环境对生产的约束，但随着资源环境问题的日益恶化，如果无视这些约束，则会扭曲对社会福利和经济绩效的评价，从而误导政策建议。一些学者认识到忽视资源环境约束的不足，将资源环境约束纳入到效率的分析框架中对中国工业的效率进行研究。然而，即使是具有同一网络结构和同样数据，由于评价的视角不同，可以有多种网络 DEA 模型。综合 RAM 和网络 DEA 的优点，Maruyama（2009）提出了 RAM 网络 DEA 模型，该模型具有非角度、非径向、传递不变性的特点，可以用来计算工业的整体效率和各生产阶段的效率。

该文运用基于 RAM 的网络 DEA 模型对 2001—2010 年环境约束下中国区域工业生产效率、环境治理效率和综合效率进行了测算和分解，并对影响生产效率、环境治理效率和综合效率的因素进行了实证研究。试图从以下三方面对现有文献进行拓展：（1）拓展 Maruyama（2009）的模型，在 RAM 网络 DEA 模型中考虑非合意产出；（2）用修正后的模型测算中国 2001—2010 年各地区工业综合效率，并将综合效率分解为生产效率和环境治理效率；（3）对影响中国区域工业效率的因素进行实证分析。

研究结果表明：研究期间中国工业平均综合效率取得了增长，“十一五”期间的增速快于“十五”期间；大西北地区的工业综合效率最高，黄河中游最低，东部沿海地区的工业综合效率增长速度最快；各地区的工业生产效率均高于环境治理效率，污染治理投资不足、已有的投资未得到有效利用是导致环境治理阶段效率较低的原因；地区发展水平、信息化水平、要素禀赋结构以及研发投入对工业综合效率有显著影响，有效地利用治理污染投资、促进自主创新、推动工业化和信息化的融合是提高工业效率的重要手段。

（李　婷）

【基于污染物排放的京津冀大气污染治理研究】

安树伟　郁　鹏　母爱英

《城市与环境研究》2016 年第 2 期

20 千字

近年来，大气污染越来越成为影响城市与区域发展的重要问题，京津冀地区尤为严重。当前，京津冀大气污染问题的相关研究主要包括雾霾的成因分析及治理途径两个方面。雾霾成因的研究大体围绕气象环境条件与污染物大量排放展开，具体包括气象环境条件、污染物排放以及两者共同作用导致的区域传输。已有研究更多从技术视角解释了京津冀的大气污染问题，但大气污染涉及多个方面，单纯技术角度的分析存在一定的局限性。京津冀大气污染治理的研究一方面集中在污染治理机制的构建上，另一方面则侧重于技术层面的分析。

该文在已有研究的基础上，重点分析京津冀污染排放与能源结构、产业结构之间的逻辑关系，从新的视角探讨该地区的大气污染治理。从 SO_2 排放情况来看，2005—2014 年，无论是京津冀地区的排放总量还是分地区排放量，都在持续降低，但河北的比重很高且呈上升趋势。就 $PM_{2.5}$ 浓度而言，京津冀地区总体和分地区的 $PM_{2.5}$ 平均浓度都在降低，河北下降幅度最大，但仍高于北京和天津，空间上呈现出北优中差南劣的特征，越靠近河北的重工业集中区，空气质量越差。河北省作为京津冀的主要能源生产基地，且以煤为主的能源生产结构为其高耗能高排放产业发展提供了合理解释。河北省的能源生产和消费总量均远超京津，能源利用效率远低于京津；在能源消费结构方面，河北省传统能源如煤炭、焦炭等的消耗比重很高，是京津冀尤其是河北省高污染排放的直接原因。河北作为京津冀空气污染区域传输的主要来源地，治理任务最重，但是综合经济实力却最弱，相应的环保支付能力亦很有限。通过向河北转移工业所换取的环境质量改善仅仅是短期的，靠行政手段疏解北京"非首都功能"并不能从根本上解决京津冀的大气环境污染问题。就短期政策安排而言，要保持现有政策的连续性，继续做好大气污染联防联控，把北京"非首都功能"疏解与河北污染企业向外转移或关闭结合起来，从根本上降低污染物的排放总量。一是要建立大气污染联防联控机制，二是要积极降低污染物排放总量。就长期战略选择而言，只有技术进步才能确保短期政策效果的巩固和京津冀的可持续发展。这就需要运用经济和法律等手段，提升环境规制强度，在大气污染治理中引入市场机制，以保障市场在促进技术进步中的基础性作用。

（庄 立）

【区域大气污染联防联控是否取得了预期效果？——来自山东省会城市群的经验证据】

杨 骞 王弘儒 刘华军

《城市与环境研究》2016 年第 4 期

17 千字

该文主要观点如下：改革开放以来，中国的城镇化和工业化步伐加快，能源消耗迅速增加，大气污染日益严重，中国已成为世界上大气污染最严重的国家之一。在经济、环境等多种因素的共同作用下，大气污染的区域性、复合型特征日益突出，使得按照行政区划边界的"属地管理"模式与大气污染物跨区流动之间的矛盾不断加剧，建立区域大气污染联防联控以形成协同治污合力成为大气污染防治的必然选择。在实践层面，京津冀、长三角、珠三角等重点区域已经相继建立了大气污染联防联控机制。尽管区域联防联控已经成为中国重点区域防治大气污染的新举措，但其效果仍有待检验，明确该举措的实施效果对于完善联防联控机制进而实现区域空气质量的整体改善具有重要决策价值。

已有研究长于从地理学视角揭示大气污染的时空分布规律，对建立大气污染联防联控机制的必要性给予了充分论证，但就区域大气污染联防联控机制实施效果而言，尚未给予严谨的计量经济论证。针对这一问题，以山东省城市群七个地级市为例，基于其空气质量指数以及六种分项污染物的日报数据，运用双重差分法实证检验区域联防联控机制的实施效果，得到如下结论。第一，尽管区域联防联控机制实施以来山东省空气质量有所改善，但双重差分检验结果并不显著；第二，不同污染物的检验结果存在一定的差异，大气污染联防联控机制的实施显著降低了二氧化硫、一氧化碳和二氧化氮的浓度，细颗粒物和可吸入颗粒物浓度的双重差分项估计系数均为正且都没有通过显著性检验，而臭氧浓度在联防联控机制实施后显著上升。区域大气污染联防联控没有取得预期效果的原因在于大气污染治理及空气质量改善的长期性、参与成员的"搭便车"行为、强有力协调机构的缺失、联防联控制度建设不完备以及合作治污能力不足等。因此，完善区域联防联控机制、避免陷入“集体行动困境”是未来完善区域联防联控机制的重点，可以通过“选择性激励”，构建完善的奖惩机制解决联防联控区域内各成员的“搭便车”行为。此外，还必须尽快在实施大气污染联防联控的区域内建立具有权威性和领导力的协调机构，负责制定具体的大气污染联防联控计划和具有约束力的政策法规，加强组织和协调力度，协调好区域内各成员的利益。

（丛晓男）

【生产性服务进口复杂度及其对制造业增加值率影响研究——基于“一带一路”18省份区域异质性比较分析】

杨　玲

《数量经济技术经济研究》2016年第2期

18千字

该文主要内容如下：经济新常态下，我国构建“一带一路”倡议，是依托合作理念、依靠多边机制、借助区域交流平台，打通我国与亚欧美及全世界开放格局的国家战略。“一带一路”建设拓宽了贸易范围，优化了贸易结构，欲寻找新的经济增长点并力求贸易平衡。在原有货物贸易主导的基础上进一步延伸，发展服务贸易，其中为制造业提供投入和产出的生产性服务贸易至关重要。

制造业作为一国国民经济的支柱产业，是各国或地区经济增长的中坚力量。加快“一带一路”18省份经济增长，关键要实现各地制造业升级目标。但目前我国仍然频发“一台机床几千万元，利润仅千元”“一吨钢利润0.27元，四吨钢仅相当于一瓶矿泉水”的事件。造成这一困境的关键问题是我国同质化制造业产能过剩，制造业低端化发展造成增加值率过低。如何破解我国制造业质量下降、利润下滑、升级乏力的难题？面对纷繁复杂的国际形势，借助“一带一路”倡议，加快生产性服务进口贸易配置全球资源，对加快我国制造业升级意义重大。增加值作为衡量经济体增长质量的指标，是常住单位生产过程创造的新增价值和固定资产的转移价值，相当于评估企业、行业绩效的度量指标，是投入与产出的比率，用来测度企业或产业部门的运营绩效。采用增加值率分析制造业生产效率，虽然没有单独考虑资本、劳动力、人力资本等生产要素对效率提升的贡献水平，但可以测度制造业营利能力，是综合反映制造业升级的有效指标之一。

研究着眼于进口贸易在经济全球化背景下可以更好实现资源有效配置，通过构建非竞争性投入占用产出模型以及增加值矩阵，重点测度“一带一路”18省份进口生产性服务复杂度以及对“一带一路”相邻18省份中的西北省份、西南省份、东北省份、重庆以及沿海省份制造业增加值率的现状，采用投入产出法实证研究。研究发现：沿海五省处于要素驱动、资本驱动过后第二波创新驱动过渡期。西北六省制造业尚处于第一波增长期。东北三省和重庆效应尚不显著。避免“一带一路”倡议下“运动式”增长，优先发展地区特色、优势制造产业，升级效果更显著。

（白延涛）

国际经济与国际贸易

【中国出口在全球价值链中的位置演变——基于增加值核算的分析】

张定胜　刘洪愧　杨志远

《财贸经济》2015 年第 11 期

28 千字

随着通信技术的进步、物流成本的下降、贸易壁垒的降低以及世界各国的制度变革，生产的全球化趋势已经由产业间渗透到产业内，界定产品的国籍也变得非常困难。大部分产品都包含多个国家的增加值，理应贴上“世界制造”的标签。在此背景下，传统的基于进出口总量的贸易核算方法不再能够有效反映一国出口对 GDP 的贡献、行业竞争力及在全球价值链中的位置，甚至存在相当大的误导。

该文利用世界投入产出表，基于两种最新的贸易增加值分解方法，从垂直专业化率及其构成部分的变动趋势、国外增加值来源及各国（地区）的占比变动、各国（地区）在中国出口中的相对贡献程度，新显示比较优势指数四个角度，综合考察了中国出口在全球价值链中的位置及其随时间的变化趋势。研究发现：第一，自 2000 年以来，相对于最终产品，中间产品出口的垂直专业化率（包括其构成部分）更高且其增量更大，并呈现明显的行业差异。虽然中国进口了更多的中间产品，但同时也出口了更多技术密集度高的中间产品。第二，在中国出口的国外增加值来源中，发达国家（特别是中国周边的发达国家和地区）的份额在不断降低，而发展中国家和资源型国家的份额在不断增加。这说明中国对加工贸易的依赖程度在下降，对国外要素市场的利用正在加强。实际上，中国已经在世界范围内配置劳动力、土地和自然资源等以组织生产，参与全球价值链的广度在不断加强。第三，中国出口中来自发达国家的增加值与发达国家出口中来自中国的增加值两者之间的比率在下降，但对于发展中国家，该比率的变化趋势正好相反。这说明中国在发达国家出口中创造增加值的能力正在加强，且为发展中国家贡献增加值的能力也在增加。第四，基于增加值计算的新显示比较优势指数表明传统制造业在全球价值链中的位置在提升，且知识密集型行业在全球价值链中的位置也有所改善。因此该文从行业国际竞争力的角度，再次证明中国出口在全球价值链中的位置已经得到提升。这不仅说明中国产业整体竞争力的增强，也暗示着中国出口产业结构的转型。随着中国经济进入新常态，进出口增速也将相应降低，粗放式地依靠提高出口总量拉动经济增长的传统方法将不再有效。在此情况下，正确评估各行业在全球价值链中的位置，培养一批具有相对竞争优势的高技术行业将是中国对外贸易的必经之路。

（王朝阳　董　萍）

【国际贸易的成本分析：视角与方法】

杨青龙　张为付

《财贸经济》2015 年第 3 期

17 千字

针对笔者“全成本塑造比较优势”的

命题，夏先良（2011）在《论国际贸易成本》（以下简称夏文）中，认为这是对国际比较优势规律的误解，对此，笔者已撰文对“国际贸易的全成本观”进行了进一步的澄清和解释。但与此同时，笔者对夏文中的基本主张和观点也存有一些商榷意见。夏文力图将马克思经济学的基本思想贯穿和运用于国际贸易的成本分析中，认为比较优势和交换规律等都应该基于生产过程和生产成本提出，从而交易成本不能构成比较优势的成本基础，并且比较优势的真正基础是相对国际劳动生产率差异，或者相对国际要素资源禀赋差异等。

马克思经济学是一种开放的理论体系，其理论和学说是“相对真理”而非“绝对真理”或“终极真理”。马克思经济学的理论内核和方法论元规则是“社会存在决定社会意识”，除此之外的一切命题都可能随着时代的变迁而被修正或发展。在社会分工日益深化细化并出现产品内分工的背景下，“社会存在”与马克思经济学创立之初已经发生了较大变化，为此必须对马克思经济学的若干学术观点进行修正或拓展，以适应时代的发展。笔者从夏文的分析起点入手展开全面剖析，发现夏文在对“流通创造价值与否”“何为成本、何为‘全成本’、何为贸易成本”“国际价值规律与国际比较优势规律的关系”等方面的认识与客观现实尚存在一定偏差。

该文通过充分考虑国际分工与贸易活动的新动向，经过严格的逻辑推理，得出了如下基本认识：第一，价值是“客体以自身的属性满足主体需要和主体需要被客体满足的效益关系”。国际贸易活动作为马克思经济学中的流通环节，不仅影响价值实现，而且参与价值创造。第二，经济学中的成本是使用或耗费资源要素的过程中所不可避免的最高代价。从内涵看，“全成本”是使用或耗费一切资源要素的代价总和；从外延看，“全成本”是以生产成本、交易成本、环境成本和代际成本等为子系统的动态开放系统。贸易成本与交易成本存在一定的交叉重叠但不完全等同，贸易成本是对应于制造成本的概念，交易成本则是对应于生产成本的概念。第三，不宜人为将国际价值规律与国际比较优势规律割裂开来。实际上，国际比较优势规律决定国际价值规律，国际价值规律反作用于国际比较优势规律。在生产成本的基础上充分将交易外部性、空间外部性和时间外部性内在化之后构造的“全成本”范畴既是一种机会成本，也是一种国际（必要）成本，它是衔接“国际比较优势”与“国际价值”的纽带和桥梁。

（王朝阳　董　萍）

【进口类型、行业差异化程度与企业生产率提升】

余淼杰　李　晋

《经济研究》2015 年第 8 期

23 千字

该文讨论了进口对差异化行业的企业生产率的影响，通过使用中国企业层面产出数据与海关贸易数据，得出如下结论：第一，基于对中国制造业企业数据的分析，中间投入品进口和最终产品进口均有助于提高企业生产率。第二，在差异化行业分析中，发现对于差异化较大的产品行业而言，进口对于企业生产率的影响非常小。但是，对于同质性产品行业来说，进口将有助于企业生产率的提升，因此，市场发展倾向于增加进口。该文从企业生产率的角度，对于“本地市场效应”现象进行了一定程度的解释。第三，为了解释进口对于不同行业的企业生产率产生的差异化影响，考虑到较高市场集中度对企业技术研发具有促进作用，但对于市场竞争具有削弱作用，将进口产品差异化程度与市场集中度指数的交叉项引入回归模型。结果发现，对于同质性产品行业，较高的市场集中度弱化了进口对于企业生产率的促进作用，说明进口竞争效应对于同质性产品生产率提升更重要。对于差异化较大的产品行业，较高的市场集中度提升了进口对于企业生产率的影响，说明进口技术外溢效应对于差异化程度较大的产品生产率提升更为重要。第四，进一步的回归结果，尽管进口的技术外溢效应对于差异化较大的行业有正向促进作用且非常显著，但是影响系数非常小。这说明中国企业的研发占利润比例较低、研发转化为生产率的效率仍然很低，同时，也解释了为什么进口对于差异化较大的产品行业的企业生产率促进作用较小。第五，对于同质性行业应该尽量开放，鼓励进口，促进行业竞争，以提高企业生产率；对于差异化较大的行业应当鼓励技术转化，有效利用进口产品的特性，提高科研和学习能力，以提高企业生产率。

这一结论具有很强的政策性意义。从国际层面看，长期的国际贸易顺差使中国在国际贸易中处于不利的位置，人民币面临升值的压力，反倾销、反补贴等国际贸易争端不断增加，中国对外贸易政策屡受质疑。如该文所述，增加进口不仅有助于改善国际关系，同时能够提升中国企业的生产率，对于国际贸易地位的改善和经济的可持续增长具有重要的意义。从国内层面看，同质性产品行业通常具有较高的国有份额以及占有较大的市场份额，例如采矿和石油行业，而差异化较大的行业大部分是中小型民营企业，例如鞋、包等行业，市场份额较低且研发能力不强。据此建议：首先，考虑开放集中度高的同质性行业，鼓励市场竞争，充分发挥同质性产品行业的进口竞争效应对于企业生产率的促进作用。其次，降低这些行业中企业的市场份额，较高的企业份额会降低进口的竞争效应对企业生产率的增进效果。最后，通过培训或者技术支持，帮助差异化较大的行业（尤其是中小型民营企业多的行业）实现研发和技术进步，提高进口对这类行业的技术外溢效果。

（金成武）

【中国式出口的价值创造之谜：基于全球价值链的解析】

刘维林

《世界经济》2015 年第 3 期

21 千字

中国是全球最大的货物贸易国，且在技术结构上已接近于高收入国家。这种贸易规模与技术水平的并行高速增长现象很难通过传统的贸易理论得到解释。按照现有基于出口产品价格的统计方式，不仅夸大了中国的贸易规模，并且由于加工贸易多发生在电子通信设备等高技术领域，也使得中国的贸易结构严重高估，导致中国出口承受了国际上大量的指控和压力。以上这些矛盾和争议在很大程度上来自于传统统计方法的误导，在全球价值链的背景下，如何准确地测算中国从国际贸易中所获得的实际收益？如何判断中国在全球价值链分工体系中的嵌入程度和结构特点？是否庞大的贸易总量给中国带来了相应的贸易收益和分工地位的提升？这些对于澄清国际上对中国出口模式的误解以及产业和贸易政策的制定至关重要。

该文在 Koopman 等（2012）方法的基础上，识别了加工贸易和一般贸易的不同进口投入特征，并且考虑了二者在服务性中间投入使用上的差异，提出了一个更准确的出口价值结构测算方法。同时基于产品架构与功能架构的全球价值链双重嵌入框架，首次区分了国外附加值中的产品和服务构成，得出更为精确的估计结果，为全球价值链提供了一个量化评估的手段。该文对投入产出表与海关贸易数据库进行匹配，并利用国家外汇管理局发布的运输业和保险业进口数据进行了服务部分的调整。通过二次约束规划的优化求解得到区分加工贸易和一般贸易的非竞争型投入产出表，以此为基础得出各项附加值的测算结果。发现中国出口的国内附加值率在考察期内总体处于53%—56%，国外附加值主要来自于直接进口，但国内价值链正在逐渐延伸。价值链嵌入主要基于产品架构，产品进口占绝大部分份额，服务进口比重虽小但上升幅度很大。越是技术复杂度较高的产业对进口关键零部件的依赖程度越深，中国的实际贸易利得、贸易结构与按照出口额测算的结果存在很大差距。

建议：首先，对中国贸易数据的解读应立足于全球价值链的分工特征，政策制定必须基于中国实际的价值创造能力，避免误判。第二，不应简单排挤加工贸易强行推进“腾笼换鸟”，而应着力提高国内配套能力，加快向高水平、精加工转变。第三，在制定价值链攀升策略时，应从产品架构中寻找与主价值链相关联的附属价值链，形成对重要产品模块的掌控。第四，提升服务进口的技术含量，着重引进具有高溢出性、高关联性及有助于推动自主创新的服务产品和高端环节，服务于中国制造业的转型升级。

（刘维林）

【异质性企业与全球价值链嵌入：基于效率和融资的视角】

吕　越　罗　伟　刘　斌

《世界经济》2015 年第 8 期

23 千字

全球经济一体化和通信信息技术发展催生了国际生产分割、全球采购、外包、公司内贸易等新型的生产和贸易模式，促使全球价值链（Global Value Chain，简称GVC）在各国之间不断延展细化，并逐步塑造了国际分工与贸易的新体系（Gereffi，1999；Humphrey 和 Schmitz，2000）。传统的“国家制造”已经转变为“世界制造”，“货物贸易”也已变成“任务贸易”（Escaith 和 Inomata，2011）。这一新趋势挑战了国际贸易理论对企业国际化的认识，在“世界制造”的时代，企业不再提供全部产品，仅仅负责其中的一个或部分任务，其出口（或产出）价值包含来自从国外进口的中间投入品，自身创造的增加值仅构成其中的一部分——可能是很小的一部分。因此，除继续用出口分析企业的国际化，还应该对企业在全球价值链中的参与程度予以更多的关注。

结合国际贸易理论对企业异质性的最新关注，该文将探讨效率、融资等常见的异质性因素与企业参与全球价值链的关联。一方面，试图证明，企业在全球价值链中的参与程度存在较大差异，且这种差异与企业的其他异质性因素存在内在联系，而非现有 GVC 分析框架所假定的那样——企业只从事价值链的一个任务，其 GVC 嵌入程度取决于模型设定的价值链细分程度，而企业的 GVC 位置取决所选任务在价值链中的位置；另一方面，将通过估计企业效率和融资与全球价值链参与度之间的相关性系数的方向和大小，为后续构建异质性企业参与全球价值链的理论模型提供经验证据。

主要结论如下：第一，企业效率改善将促进其在全球价值链中嵌入程度的提高，融资约束则会阻碍其在全球价值链中的参与程度。第二，对于连续出口型企业来说，融资约束对企业在全球价值链的嵌入程度没有显著性的影响。但对于第一次出口的企业，融资约束对其垂直专业水平具有显著的负面效应。第三，效率和GVC 嵌入的确存在 U 形关系，企业效率水平对价值链嵌入的促进作用存在重要的“阈值”。但进一步深入分析后，发现样本企业中效率对价值链嵌入的积极作用是普遍存在的。此外，加入效率和融资约束的交叉效应后，该变量对企业的价值链嵌入度有显著的负向作用。结果还表明，如果企业面临较为严峻的融资约束时，效率对企业在全球价值链中参与程度的积极作用也会受到一定程度的挤压。第四，总体上来看，融资约束更容易受到外部环境和经济体制的影响，强化或者削弱了对企业参与价值链程度的影响，效率因素对企业参与全球价值链的促进作用对外部环境的敏感度相对较低。

（吕　越）

【出口价格、出口质量与生产率间的关系：中国的证据】

樊海潮　郭光远

《世界经济》2015 年第 2 期

17 千字

传统的同质性产品质量模型（生产率异质性企业模型）认为高生产率的企业具有低的边际生产成本，从而产品定价也较低；最新的异质性产品质量模型则认为，高生产率的企业会选择使用高品质的投入品，生产高质量的产品并以更高的价格出售到发达国家。对中国而言，其数据究竟是符合同质性产品质量模型抑或异质性产品质量模型？如果更符合后者的话，是否适用于任何类型的企业？而不同类型的企业是否存在产品质量与定价上的差异？此外，如何筛选企业产品出口质量异质性较大的产品和行业？这些产品和行业是否更支持异质性产品质量模型？这些问题同政府决策息息相关，对这些问题的研究也具有较大的政策及现实意义。

针对以上问题，该文在 Johnson（2012）的框架下，分析了企业产品出口质量、出口价格与生产率之间的关系，提出了两种影响出口价格的效应。其一，质量效应，即产品出口质量与生产率呈正相关；其二，生产率效应，即去除质量因素后的产品出口价格与生产率呈负相关。出口价格与生产率的关系依赖于这两个作用相反的效应：当产品质量具有异质性时，质量效应占优，产品出口价格与生产率呈正相关；当产品质量具有同质性时，生产率效应占优，产品价格与生产率负相关。

基于高度细化的外贸产品海关数据和制造业企业生产数据进行的实证研究表明：第一，相较国有企业，外商独资和中外合资企业，特别是外商独资企业，其产品质量较高，产品出口价格也较高。该结果表明，与国有企业相比，外商独资企业和中外合资企业，特别是外商独资企业，在获得母公司及别的子公司的技术支持方面具有优势。这意味着为了提高中国企业的国际竞争力，提升中国企业产品的技术、质量水平，政府应该加强与国外企业的交流与合作，拓展已有合作与合资模式的同时，不断探索更新、更有深度的合作模式。第二，分产品分行业的分析表明，在产品质量差异幅度较大的产品和行业内，产品出口价格、出口质量与生产率之间的正向关系更加显著。这一结论表明，为了实现中国出口贸易从“数量、价格优势”向“质量、效益优势”转变，政府应当引导企业进入产品质量差异幅度较大的行业，进行研发创新，以更好地优化资源配置，实现经济转型与产业升级，形成以技术、品牌、质量、服务为核心的出口竞争新优势。

（樊海潮）

【国际人才流入对中国出口贸易影响的实证分析】

魏　浩　陈开军

《中国人口科学》2015 年第 4 期

15 千字

目前，国际人才跨国流动的趋势日益明显。国际人才流入会通过交易成本降低效应、交易信息获取效应、交易契约履行效应促进东道国出口贸易的发展。该文基于2001—2011年中国29个省份的面板数据，实证分析了国际人才流入对中国出口贸易增长的影响。结果发现，国际人才流入促进了出口贸易的增长。从整体上看，以来华留学生为代表的国际人才流入促进了全国及三大地区的出口总额增长。国际人才流入对不同地区的不同贸易方式出口的影响存在一定的差异。研究结果表明，国际人才流入是影响出口贸易的重要因素，为了缓解中国出口面临的困境，政府必须高度重视国际人才流入。在激烈的国际人才竞争背景下，为了大规模吸引国际人才来华留学、工作，促进中国出口贸易的发展，应重视以下问题。第一，高度重视国际人才要素在出口贸易中的作用。在以往的经济发展过程中，中国政府特别重视国际资本要素对经济发展的促进作用，通过利用外资以弥补国内资本不足、技术水平低下等问题，但是，经过30年的发展，中国经济条件发生了较大的变化，根据经济全球化发展的最新变化，未来在继续提高利用外资质量的同时，应高度重视国际人才的作用，充分发挥国际人才流动对商业信息流动、国际货物贸易流动的促进作用，确保出口持续稳定增长。第二，国际人才吸引计划要具有战略性。中国对外贸易出口面临的挑战之一是出口对发达国家市场的依赖过高、与发达国家之间的贸易摩擦急剧增加。发达国家是中国出口的主要市场，短期内是不可改变的，为此，国家实施了巩固发达国家市场、开拓发展中国家市场的贸易战略，这种战略既可以确保中国出口贸易稳定发展，又可以避免与已有主要贸易伙伴国之间的关系进一步恶化。基于此，中国不仅要从发达国家吸引更多的人才，进一步巩固出口贸易在发达国家市场的地位，也要重视从新兴发展中国家吸引人才，依靠这些国际人才，开拓新兴发展中国家市场，使之成为中国出口的新增长点。进一步增加针对北美地区、欧洲地区、拉美地区的奖学金名额，提高奖学金的支持力度，扩大这些地区来华留学生规模。第三，制定有效吸引留学生类国际人才的策略。增加高等教育的资金投入，构建针对来华留学生的课程体系，提高高等教育的国际化水平；修改完善相应的规章制度，让更多的优秀来华留学生毕业后有机会留在中国就业；借鉴加拿大、澳大利亚、韩国、印度等国家的做法，结合中国的国情，针对吸引国际留学生等国际人才修改国籍法（如允许双重国籍）；加快文化产品出口平台和基地的建设，完善国际宣传网络的规模和质量，通过大量出口文化产品、增加国际宣传，让更多的国际留学生了解中国。

（朱　犁）

【超越要素价格扭曲的新“外向型”发展战略——基于二元边际分析与产品内分工双重视角的实证研究】

雷　达　张胜满

《经济理论与经济管理》2015年第7期

14千字

通过要素市场价格扭曲促进外围国家贸易和经济增长，是第二次世界大战之后东亚经济模式的主要特征之一。一种观点认为，价格扭曲是政府动员资源优先发展出口产业的一种能力表现。东亚一些经济体即使在不具备比较优势的历史条件下，也能够参与国际分工，获取全球化红利，促进本国经济增长。另一种观点则认为，战后东亚经济的高速增长不过是以低效高投入为代价的高增长，并由此衍生出了对要素价格扭曲持批判态度的三种观点。第一种，与要素价格扭曲相关的出口产品由于缺乏比较优势基础，必然依赖政府的价格补贴、结汇优惠、税收减免等方面的扶植，这在国际市场形成了不公平的竞争。第二种，政府在经济领域所具备的扭曲要素价格、动员资源发展出口产业的能力，在政治层面容易滋生腐败现象，导致一国经济失去持续增长的动力。第三种，这种模式很难突破人口、资源环境的约束瓶颈，经济增长最终会出现下滑的拐点。

对东亚模式持批判态度的三种观点，从历史的视角看存在明显的错误。首先，外围国家政府动员资源培育本国优势产业，这在欧美发达国家经济起飞阶段并不罕见。至于贸易争端，实质是国别之间贸易利益分配的公平性问题，而在处理这一问题时，现行的国际经济秩序并没有一个公认的评价标准和体系。其次，政治领域中的种种负面现象并非出口导向型国家所特有。对于落后的外围国而言，政治体制的完善比经济制度的改革要复杂和困难，因此，多数成功崛起的外围国家都选择了经济发展先于政治体制改革的发展战略。第三，历史上发达的欧美国家也曾遇到过人口、资源、环境的约束问题，他们通过国际产业转移，只是在国别意义上解决了这一问题，而要彻底解决这一问题，并不在于减少出口导向型国家的生产，而是改变现有的生产方式和不合理的国际分工体系。

正是基于上述认识，该文认为应该用发展经济学的历史分析逻辑，对以要素价格扭曲为特征的传统外向型发展战略进行评价。该文借助新—新贸易理论的分析框架和前沿的 GVC 分析方法，考察中国要素价格扭曲的动态变动过程，以及对出口企业的边际影响和对相应产业在国际价值链中分工地位的影响。研究发现，我国要素市场存在严重的负向扭曲，扭曲制约了企业出口的扩展边际，但促进了出口的集约边际。企业产品内分工地位的提高及其与要素价格扭曲的交互作用会显著促进扩展边际的增长，对集约边际的影响则不显著。新时期“外向型”发展战略有其合理性，前提是不断提高企业分工地位，而非继续依靠要素市场价格扭曲。

（张雨潇）

【进口服务贸易、技术溢出与全要素生产率——基于47个国家双边服务贸易数据的实证分析】

陈启斐 刘志彪

《世界经济文汇》2015 年第 5 期

17 千字

技术溢出是国际贸易研究的核心问题之一。自从 Coe 和 Helpman（1995）开创性地分析了技术的跨国溢出以来，很多学者对该问题进行了深入研究，取得了较为一致的结论：通过国际贸易、外商投资以及跨国人才流动可以实现技术的跨国溢出。但是这些研究存在一个明显的缺陷——忽视了服务贸易在全球知识扩散中所起的作用，服务品的知识含量更高，服务贸易应当存在更为强烈的技术溢出效应。但是由于早期服务贸易在国际贸易中的份额较低以及服务贸易自身统计上的缺陷，服务贸易引致的全球技术溢出一直是国际贸易中的空白。

为了弥补现有研究的不足：该文利用 2000—2011 年 47 个国家 25944 组双边服务贸易数据，测算了进口服务贸易的技术溢出强度，并分析进口服务贸易的技术溢出与全要素生产率之间的关系。另外，Francois 和 Reinert（1996）的跨国研究表明：经济发展水平会影响服务贸易额，因此，发达国家和欠发达的国家通过进口服务贸易带来的知识溢出必然存在差异。鉴于此，该文将样本划分为 OECD 国家和非 OECD 国家，研究进口服务贸易技术溢出的异质性，结果发现：第一，在控制服务偏好之后，进口服务贸易的研发溢出可以显著提升东道国全要素生产率，促进作用主要源于对技术效率的改善。第二，发达国家之间的服务贸易引致的溢出效应高于发达国家对发展中国家的技术溢出，这说明服务贸易技术溢出效应与货物贸易技术溢出存在异质性。第三，发达国家之间的技术溢出主要体现在对技术进步率的提升上，这是一种高级形态的溢出效应。由于产权制度不完善以及人力资本相对不足，进口服务贸易对发展中国家的全要素生产率促进作用并不显著。我国在参与全球服务贸易时，要主动降低贸易壁垒、提高产权保护力度、完善市场规制，强化服务贸易技术溢出对我国生产率的促进作用。

（李 婷）

【中国区域在全球价值链中的作用及其变化】

倪红福 夏杰长

《财贸经济》2016 年第 10 期

25 千字

全球价值链分工体系不但在国家之间深入发展，而且延伸一国之内，形成了国内价值链，尤其是对于地大物博、区域差异较大的中国更为明显。然而现在有关全球价值链的全球投入产出模型测度方法一般基于国家层面。如果我们仅局限于分析全球价值链中国家与国家之间的关系时，这种基于国家层面的研究已经足够。但是对于一国之内区域差异较大的国家（如中国），全球价值链不但可以在国家之间布局，而且可以在一国区域内延伸。即使一国之内的某一次区域没有直接与世界其他国家发生联系，但是由于一国区域之内的国内价值链，通过向国内其他出口区域提供中间产品而间接参与了国际价值链。为了更好地分析国内价值链和国际价值链的联系，以及各区域的地位和作用，仅从国家层面的国际价值链，或者从一国之内的国内区域价值链单方面的分析都可能存在不完善之处。

该文在构建嵌入次区域的全球投入产出表基础上，拓展了增加值出口和总出口增加值分解方法，即拓展了 TiVA 和 WWZ（2013）分析方法，并利用 1997 年、2002 年和 2007 年嵌入中国区域的全球投入产出表，对中国各区域在国内和国际价值链中的地位和作用进行了动态分析。研究结果表明：第一，中国各区域的增加值贸易存在较大差异。传统总值贸易统计高估了中国各区域的贸易顺差，甚至一些区域出现传统总值国际贸易顺差，而增加值国际贸易逆差的情形。第二，中国内陆区域通过向沿海区域提供中间产品而间接实现增加值出口。传统总值贸易统计数据一般高估了沿海区域和低估了内陆区域的对外贸易贡献。第三，国内区域经由不同的渠道参与全球价值链。沿海区域主要经由国内价值链生产最终产品直接出口到国外而参与全球价值链。而内陆区域主要经由国际价值链向国外提供中间产品而间接参与全球价值链。这说明中国各区域处于不同的发展阶段，通过发挥自己的比较优势和专业化不同的生产阶段任务而参与全球价值链。第四，加入 WTO 后，中国各区域垂直专业化程度快速上升，且沿海区域垂直专业化程度高于内陆区域。但垂直专业化程度上升的结构因素各异，内陆区域主要是由与国内其他区域的垂直专业化联系加强而导致的，而沿海区域主要是由与世界其他国家的垂直专业化联系加强而引起的。

通过分析得到以下几点启示：（1）鉴于国内价值链对于中国融入全球价值链发挥着重要作用，中国应进一步促进国内价值链的健康发展，降低各区域之间交通运输和信息传输成本，减少地方保护主义，促进国内区域一体化发展。（2）中国各区域融入全球价值链的程度和方式都存在较大差异，在制定相关政策时，需要因地制宜，尽量发挥各区域的比较优势，促进各区域积极融入全球价值链。（3）完善嵌入中国区域的全球投入产出表的编制方法和数据，如进一步扩展嵌入中国省份的全球投入产出表。

（王朝阳　董　萍）

【风险偏好、投资动机与中国对外直接投资：基于面板数据的分析】

王永中　赵奇锋

《金融评论》2016 年第 4 期

17 千字

目前，中国已成为全球重要的资本输出国。作为一个发展中国家和国际投资领域的后来者，中国的对外投资主要分布于发展中国家，特别是一些自然资源丰富的国家，如苏丹、伊朗和委内瑞拉等。相对于发达国家，发展中国家的经济基础大都较为薄弱、法律制度不够健全，甚至一些国家还经历了长期的政局动荡。这给中国海外投资带来了巨大的不确定性风险。近年来，中国企业海外投资屡次因东道国的政治、社会和经济风险因素而遭遇挫折，引发了国内外的强烈关注。一些研究显示，与发达国家跨国企业的对外投资行为形成鲜明反差的是，中国企业偏好到制度质量较差、国家风险水平较高的国家去投资，如苏丹、津巴布韦、委内瑞拉、安哥拉、伊朗、缅甸等。

为考察中国对外投资与东道国投资风险之间的关系，该文利用 2004—2013 年中国对 115 个国家的对外直接投资数据，运用面板固定效应模型，分析东道国的政治、经济和金融风险，以及市场寻求、资源寻求和战略资源寻求等投资动机对于中国对外直接投资的影响。该文的结论认为：第一，东道国的政治风险、经济风险、金融风险变量的估计系数均显著为负，表明中国对外直接投资总体上偏好政治、经济和金融风险较高的国家；分国家类型看，中国资本偏好投资于政治、经济风险较高的发达国家和发展中国家，对东道国金融风险的偏好不明显。第二，中国对外直接投资总体上具有明显的市场寻求和资源寻求动机，以及一定程度的战略资产寻求动机，但效率寻求动机不明显；分国家类型看，中国资本对发达国家的投资具有明显的市场寻求、资源寻求和战略资产寻求动机，对发展中国家的投资除市场寻求动机显著外，资源寻求动机和战略资产寻求动机均不显著。第三，东道国与中国的进口、出口及其外资开放度变量的系数基本上显著为正，东道国的工资、法治变量的系数正负向不稳定、统计不显著。

在当前“一带一路”建设和国际产能合作的逐步推进、全球经济增长不确定性风险显著上升、中国面临的国际地缘政治环境日趋复杂的时代背景下，中国企业对外直接投资面临着诸多风险与挑战，如政局动荡、经济波动、制度障碍、政策变动、文化冲突、国家安全审查、地缘政治阻力等。为应对这些风险和挑战，“走出去”的中国企业应提高海外风险的识别、预警和处置能力，做好项目投资前的尽职调查和投资风险研究，以及项目运营期间投资风险的动态监测和应急预案，以尽可能地将风险降至合理的水平。国内的行业中介机构、研究机构和政府部门，要顺应中国企业加快“走出去”的潮流，加大海外投资风险研究的投入力度，健全海外投资风险评估体系和预警机制，降低企业对外投资的盲目性和不确定性。同时，中国政府宜适当加快双多边投资协定和自由贸易协定的商签步伐，充分调动全方位经济外交的力量，为中国企业对外投资保驾护航。

（王永中）

【出口与企业生产率关系的新检验：中国经验】

张　杰　张　帆　陈志远

《世界经济》2016 年第 6 期

20 千字

针对全球最大的发展中国家同时也是最大的对外贸易国——中国而言，如何认识和理解出口企业生产率之间的关系，自然也就成为国内外研究者关注的重点和热点之一。众多文献也针对出口和中国企业生产率之间的关系从不同角度进行了实证研究，试图发现和解释具有中国“特色”的出口与企业生产率的相互关系。然而，从国内外既有文献的研究结果来看，出口究竟对中国企业生产率造成何种影响效应以及其中可能的作用机理，并未得到可靠且系统的回答。而且，相关研究中仍然充斥着种种的矛盾甚至对立的结论。

按照我们的思考和理解。既有文献的研究结论存在的矛盾之处，可能是与以下三个方面的问题是紧密相关的。首先，对企业全要素生产率的科学测算。事实上，我们已经充分认识到，出口和企业生产率之间关系的检验结果的差异，很大程度上是与采用不同测算方法所得到的企业全要素生产率的准确与否存在很大关系。科学地选择生产函数中的状态变量与外生控制变量加以估计，是保证该研究结果可靠性的基础。其次，对进口因素的考虑。Altomonte 和 Békés（2009）、Muûls 和 Pisu（2009）等研究均指出，在未考虑企业的进口活动而估计出口的生产率溢价的情形下，极有可能导致高估或扭曲出口对企业生产率的作用效应。最后，是否忽略出口贸易方式差异的影响。已有文献在研究出口与生产率关系时并没有区分直接贸易方式与间接贸易方式。Ahn 等（2012）的研究指出，贸易中间商的存在对于促进出口活动相当重要。他们的理论模型表明，生产率最低的企业选择不出口，生产率较低的企业会选择通过贸易中间商进行间接出口，而生产率最高的企业的选择直接出口。有鉴于此，我们有必要考虑不同贸易方式下出口与生产率的关系。

在充分学习和借鉴既有文献的基础上，该文尝试在研究方法以及研究视角方面进行改进：首先，借鉴了 Kasahara 和 Rodrigue（2008）、Kasahara 和 Lapham（2013）的生产率测算方法，将 OP 估计框架拓展成包含企业进出口决策的估计框架，从而力求较为准确地估计了企业全要素生产率；其次，考虑了中国情景下出口贸易方式两种不同典型类型的划分：直接出口与间接出口的划分以及一般贸易，加工贸易与混合贸易的划分，力图从契合中国现实问题的角度来展开研究；最后，力图在统一的计量框架下，既运用多元选择概率模型，也利用改进的 PSM-DID 方法探究出口与生产率之间的相互作用关系，重新检验出口对中国企业生产率的作用效应。基于以上诸方面的考虑和改进，与既有文献对比，该文得到的独特经验有两个方面：首先，从自我选择效应的角度来看，总体层面上中国企业的出口活动中并不存在明显的自我选择效应，从事加工贸易和间接贸易企业的出口活动中也不存在明显的自我选择效应，但在从事一般贸易、混合贸易以及直接贸易企业的出口活动中存在明显的自我选择效应。其次，从出口中学习效应的角度来看，总体层面上中国企业的出口活动中并不存在明显的出口中学习效应，从事加工贸易和间接贸易企业的出口活动中也不存在明显的出口中学习效应，在从事混合贸易以及直接贸易企业的出口活动中存在相对微弱的出口中学习效应，而在从事一般贸易企业的出口活动中存在相对明显的出口中学习效应。这些发现，既为该研究领域增添了新的证据，也提供了与既有文献不同的发现，同时，拓展了对中国情景下出口和企业生产率之间相互作用关系的新认识。

（张　杰）

【中国出口企业阶段性低加成率陷阱】

黄先海　诸竹君　宋学印

《世界经济》2016 年第 3 期
22 千字

长期以来“低质量、低价格”是我国出口产品的标签，出口价格不仅显著低于国外同类产品，甚至普遍低于内销产品。由于理论上难以解释，国内学术界对“中国企业低价出口之谜”的解读更多转向现实层面。但是，仅基于经验研究的解读，不仅缺少微观机制支撑，而且忽略了一个重要问题：“低质量、低价格”是企业由不出口转向出口下的内生最优选择，并且与企业所处的生产率阶段相关联，即低加成率只是出口企业面临的阶段性陷阱，当生产率跨过该阶段时，企业将内生选择“高质量、高价格”。这是该文对“中国企业低价出口之谜”更具理论解释力的新解读。

基于扩展的 M－O 模型，该文对出口企业的阶段性低加成率现象作出了理论解释。低加成率出口企业正是较低生产率水平下，最优出口产品质量选择所带来的一种阶段性现象。理论研究发现：控制企业出口行为，企业加成率与生产率成正相关；出口企业生产率在“低加成率陷阱”区间时，出口行为会导致加成率下降。反之则会提高企业加成率；引入产品质量进行了模型扩展，其经济逻辑在于：出口企业在外国市场面临“竞争加剧效应”和“质量升级效应”叠加，是否提升产品质量取决于两种效应相对大小。根据扩展 M－O 模型，可得企业加成率与产品质量正相关，企业加成率与出口行为的关系由最优产品质量选择决定；较高生产率企业在出口市场表现为“质量升级效应”大于“竞争加剧效应”，会提高其加成率水平。反之，较低生产率企业出口会降低其加成率水平。

基于中国工业企业数据的经验研究结果显示：（1）企业加成率与生产率成正相关；（2）中国出口企业普遍处于“低加成率陷阱”区间；（3）出口企业加成率关于生产率呈“U 形”曲线关系，约 25% 的企业已跨越“低加成率陷阱”；（4）东部企业的“质量升级效应”更强烈，中部企业“质量升级”意愿居中，西部企业“质量升级效应”最弱；（5）劳动密集型行业更多地处于“低加成率陷阱”，而技术密集型行业负向影响相对较弱；（6）港澳台和外资企业低加成率效应更显著。

该文的政策含义是：（1）鼓励企业技术创新，予以奖励和功能性补贴；（2）优化产业政策，积极引导技术密集型的新兴产业出口；（3）落实“中部崛起”和“西部大开发”战略，增强中部和西部企业的质量提升意愿；（4）优化外资引进模式，从战略角度出发引入生产率较高、营利能力较好的外资企业。

（诸竹君）

【进口竞争与中国制造业企业的成本加成】
钱学锋　范冬梅　黄汉民
《世界经济》2016 年第 3 期
27 千字

企业的边际成本加成，即价格与边际成本之比，其大小通常度量了企业的市场势力和贸易利得。近年来，大量国外研究强调了贸易开放对企业成本加成的促进竞争效应，即贸易开放导致进口竞争增加，迫使国内企业面临更大的竞争压力进而降低成本加成，并缩小成本加成离散度。与此同时，中国在进口领域的逐步贸易自由化，正深刻影响着企业的市场行为与绩效。然而，现有关于中国进口贸易的研究大多聚焦在进口贸易对全要素生产率和经济增长的促进作用方面，其对反映企业市场定价能力的边际成本加成的研究却寥寥无几。

该文在采用会计法和 Edmonds 等（2012）方法对中国制造业企业的成本加成进行测算的基础上，利用 1999—2007 年中国工业企业数据库、CEPII-BACI数据库和WTO关税数据库数据，同时使用关税和进口渗透率两个指标，考察了进口竞争对中国制造业企业成本加成的影响。依赖混合OLS回归和各种稳健性检验，发现进口竞争对中国制造业企业的成本加成有显著的负向影响，进口竞争越大，企业成本加成越低。但长期内，进口竞争的负向影响逐渐消失。该文还考察了企业类型差异和行业异质性下，进口竞争对中国制造业成本加成的不同影响。关税降低带来的进口竞争对外资企业成本加成的影响大于本土企业；而进口渗透率带来的竞争对外资企业成本加成的影响却小于本土企业。此外，进口竞争对不同集中度行业的成本加成也存在差异化的影响。在集中度低、竞争程度较强的行业，企业迫于激烈的进口竞争，而不断进行技术创新提高生产率以抢占市场份额，因此，进口竞争对成本加成有显著的正影响。在集中度高、竞争程度低的行业，大多企业具有垄断性，进口竞争会对这类企业的垄断利润具有显著的负向影响。最后，中间投入自由化引致的竞争能够带来多样化效应，促进企业成本加成的提高，而加工贸易企业受到的进口竞争影响要小于一般贸易企业。

在中国贸易自由化背景下，该文研究进口竞争对企业边际成本加成的影响具有重要的实践意义。首先，从开放的视角补充和丰富了现有关于中国企业成本加成的相关研究，为国际贸易领域企业成本加成相关研究提供丰富的中国经验。其次，强调从企业成本加成的角度理解中国贸易发展实践的新渠道，全面评估中国贸易利得。在诸多文献已经强调了贸易条件、贸易增加值、企业生产率、产品质量、产品技术复杂度等宏微观层面的贸易利得之后，从企业成本加成的角度进一步丰富人们对中国来自开放进程中的贸易利得的理解。最后，对于理解并解决国内市场的高物价现象提供可借鉴的政策参考，即进一步实现贸易的自由化以提升国内竞争水平，降低企业的成本加成，制约企业的垄断定价能力。

（钱学锋）

【中国对外直接投资如何影响了企业加成率：事实与机制】

毛其淋　许家云

《世界经济》2016年第6期

21千字

中国政府在2001年提出了实施“走出去”战略，并将其写入《国民经济和社会发展第十个五年计划纲要》。在“走出去”战略的引导下，越来越多的中国企业走出国门，在海外市场寻找商机，积极参与国际竞争和融入全球经济。该文在此背景下研究中国对外直接投资（OFDI）对企业加成率的微观影响和作用机制。企业加成率反映了企业将价格维持在边际成本之上的能力，能否保持较高加成率是企业动态竞争能力的重要标志之一，通过研究对外直接投资与企业加成率之间的关系，可以回答诸如对外直接投资是否提升了企业竞争能力等问题。这不仅有助于客观评估中国对外直接投资的成效，而且还能为下一步如何更好地实施“走出去”战略提供有益的政策启示。

该文利用2004—2007年中国工业企业数据库与对外直接投资企业统计数据库的合并样本，采用基于倾向得分匹配的倍差法进行实证研究，得到如下基本结论。第一，对外直接投资显著提高了企业加成率。第二，OFDI对企业加成率的影响可能存在一年的时滞，随后它对企业加成率的提高具有显著的促进作用并且随着时间的推移呈递增的趋势。第三，投资高收入国家OFDI对企业加成率的提升作用要明显大于那些投资中低收入国家的OFDI，另外，研发加工型和多样化型OFDI对企业加成率的影响程度也相对较大。第四，OFDI 一方面促进了企业进行新产品创新，而新产品创新降低了需求弹性，进而有利于企业制定更高的价格；另一方面，OFDI 提高了企业的生产效率，而生产效率的提升倾向于降低企业的边际生产成本。正是在这两种机制的综合作用下，OFDI 最终对企业的成本加成定价能力产生显著的促进作用。上述结论意味着，我国政府应当进一步加大力度鼓励和引导企业"走出去"对外直接投资，通过融入全球生产网络、整合全球经济资源来进一步提升我国企业的经营绩效和市场竞争力。此外，为了更好地发挥 OFDI 对企业加成率的促进作用，一方面从投资目的地选择来看，要积极引导更多有条件的企业向发达国家或地区进行对外直接投资，以充分吸收和获得世界最先进的技术和知识；另一方面要特别重视鼓励和引导企业进行技术寻求型对外直接投资，这类 OFDI 在技术创新上能够掌握主导权，可以有效利用全球研发资源来获取先进技术，并通过逆向技术溢出来促进母国企业进行新产品创新和提升生产效率，进而在更大程度上提高自身的成本加成定价水平和实现动态竞争能力的提升。

（毛其淋）

【出口贸易、工业碳排放效率动态演进与空间溢出】

王　惠　卞艺杰　王树乔

《数量经济技术经济研究》2016 年第 1 期

16 千字

该文主要内容如下：自 2005 年《京都议定书》正式生效以来，世界经济"低碳化"的大趋势已初步形成，碳减排已成为世界各国必须要正视的现实问题。我国政府明确表示支持发展低碳经济，并郑重承诺 2020 年单位 GDP 的 CO_2 排放比 2005 年下降 40%—50%。随着我国城市化和工业化的快速发展，能源消耗和 CO_2 排放与日俱增，我国已成为仅次于美国全球 CO_2 排放增量和能源消费最多的国家，鉴于此，我国政府陆续出台一系列节能减排、应对环境恶化、实现绿色可持续发展的举措。值得注意的是，我国正处于工业经济转型的关键时期，受工业结构、技术条件、资源禀赋等多种因素的影响，工业经济增长依旧具有高排放、高能耗特征，工业碳排放是人为碳排放的主要源泉，也将是我国政府关注碳减排工作的重心。从减排的思路来看，工业碳减排主要存在两种思路：一是减少碳排放相对量；二是改善碳排放效率。相比较而言，后者通过结构调整和技术进步在经济发展与碳减排之间寻求平衡，是低碳经济发展的关键，也是我国碳减排承诺的要义所在。那么我国省际工业碳排放效率处于何种水平？是否存在地域差异？有哪些因素影响工业碳排放效率？这些因素对工业碳排放效率产生怎样的影响？研究和回答这一系列问题对于促进我国工业经济绿色增长具有现实的指导意义。

研究以 2003—2012 年我国 30 个省级经济单元为研究对象，从技术进步视角出发，利用包含非期望产出的 SBM 模型测算各省份工业碳排放效率，运用非参数 kernel 密度估计方法研究各省份出口贸易和工业碳排放效率的动态演进过程，构建空间杜宾模型进一步考察出口贸易对工业碳排放效率的影响。研究结果表明：我国东部地区的工业碳排放效率最高，依次为中部、西部地区和东北综合经济区；核密度曲线展现出口贸易整体处于上升态势，工业碳排放效率呈现双峰趋同；在考虑空间因素后，出口贸易对本地区的工业碳排放效率改善产生促进作用，但对其他地区的工业碳排放效率增长产生抑制作用，也有碍于所有地区碳排放效率的提升。

（白延涛）

【论经济全球化 3.0 时代——兼论“一带一路”的互通观念】

金 碚

《中国工业经济》2016 年第 1 期

26 千字

该文主要观点如下：工业革命和市场经济的必然趋势是经济全球化，当前，世界正在兴起第三次经济全球化浪潮，进入经济全球化 3.0 时代。中国在经济全球化 1.0 时代国运衰落，在经济全球化 2.0 时代寻求复兴，必将在经济全球化 3.0 时代占据重要国际地位，发挥影响全球的大国作用。经济全球化并非天生美好，全球化利益的实现依赖于一系列现实条件，这些条件主要包括：物质技术状况和基础设施条件、地缘利益格局和市场势力结构、国际制度安排即全球治理结构等，其中，国际制度安排对经济全球化的影响更具有决定性意义。在经济全球化 3.0 时代，国际竞争的本质是“善治”，而不是武力和霸权。最重要的是成为充满创新活力国度，从而体现出经济体的生命力、竞争力和创造力。所以，中国在经济全球化 3.0 时代的地位将取决于如何从曾经的“高增长引领世界经济”转变为未来的“善治与活力引领世界经济”?

在经济全球化 3.0 时代，世界各类经济体的利益处于相互渗透、绞合和混血的状态，虽然矛盾难以避免，但更具包容性和均势性的全球发展，符合大多数国家利益。尤其是对于利益边界扩展至全球的世界大国，维护经济全球化发展的新均势同各自的国家利益相一致。所以，利益关系错综复杂和矛盾冲突难以避免的经济全球化 3.0 时代，深度的结构性变化使得世界主要竞争对手之间的利益相互交叉重合，“共生”“寄生”关系日趋深化，在客观上向着“利益共同体”的方向演变，有可能成为具有比以往的经济全球化时代更加和平（较少依赖军事霸权）的竞争方式和融通秩序的全球经济一体化时代。

作为最大的发展中国家，中国有条件将经济全球化理念升华为“全球化均势发展”和“全球化包容发展”的理念，“一带一路”构想中的互通观念与经济全球化 3.0 时代要求相契合，可以为“一带一路”相关国家乃至更多国家所接受。这有可能最大限度地接近人类利益共同体的理想，并使人类利益共同体理想具有现实可行性。这一理念不仅可以为经济学理论和地缘政治理论所支持，占据理论高地；而且，也占据了人类发展的道德高地，体现经济全球化 3.0 时代的新观念。

（王燕梅）

【中国应对跨太平洋伙伴关系协定的策略】

李春顶 John Whalley

《中国经济学人》2016 年第 1 期

12 千字

历经五年的谈判，包含 12 个成员的跨太平洋伙伴关系（TPP）协定最终于 2015 年 10 月 5 日正式达成一致。中国作为全球第二大经济体，却被 TPP 排除在外。有观点认为，协定的签署将会对中国产生较大的负面冲击。另外，TPP 力图构建形成新的国际经贸规则，中国的缺席将导致未来的新规则无法体现中国的诉求和需要。

我们对 TPP 的内容提出三个方面的判断。第一，协定没有包括中国在贸易协定谈判中的核心利益主题。对中国而言，贸易协定的主要关切是具有保障性的市场准入，以及如何消除贸易的干预和保护，这些议题没有包含在 TPP 内容中。

第二，当前的协定条款并非如宣称的高标准和进取的 21 世纪贸易规则。其中很多内容仅仅是重述了 WTO 的条款。TPP 规则的重心仍然是货物贸易领域，服务与农产品贸易的开放缺乏实质进展。TPP 协定确实囊括了最新涌现的一些贸易问题与跨领域问题，包括互联网与数字经济、国有企业在国际贸易和投资中的角色、企业获益于贸易协定的能力，以及其他一些议题。但是这些新的规则在贸易协定中并非第一次出现。贸易自由化部分的内容同样乏善可陈。

第三，协定仍需经过各成员国国内的审批。虽然 TPP 协定谈判已经结束并达成一致，但尚需成员国各自的国内批准，该协定仍然面临着需要 12 个国家逐一批准的挑战。

基于以上判断，中国可以从四个方面制定应对措施。第一，推动促进现有区域和双边自由贸易区的发展，构建中国的自由贸易区版图。中国现有自由贸易协定多数是双边协定，应该加快多边区域贸易协定的谈判。同时，中国已经与多个 TPP 成员国签署了自由贸易协定，应加快这一步伐，与 TPP 成员国开始就签署双边协定进行谈判。

第二，与美国沟通协商双边自贸区的谈判。中美作为全球最大的经济体，尽管困难重重，确有可能在未来启动自由贸易协定的谈判。谈判的过程中，美国所提出的关切有可能超越关税问题，并涉及货币操纵及其对贸易盈余的影响，以及国有企业及其对贸易所产生的影响。中国的谈判目标则有可能聚焦于美国市场准入的保障以及美国对于外国收购与投资所采取的限制措施。

第三，如果要加入 TPP，应尽快启动谈判工作。如果中国有意在未来加入 TPP，就应抢在别的国家之前尽早提出加入 TPP。参与 TPP 的国家越多，面临的谈判会越复杂和困难。

第四，推动进一步的国内改革与开放以适应高标准和新规则的挑战。TPP 将促使中国利用国际贸易规则来推进国内改革，包括国有企业改革、体制改革等。国外竞争对中国国内市场所造成的压力，将倒逼和促进国内产业提高生产效率。

（李春顶）

【中国贸易利益评估的新框架——基于双重偏向型政策引致的资源误置视角**】**

钱学锋　毛海涛　徐小聪

《中国社会科学》2016 年第 12 期

22 千字

理解和认识中国的贸易利益，不能忽略中国开放型经济中存在的各种政策引致型资源误置所导致的贸易利益损失。中国的贸易发展，是在严重的国有偏向型政策（state favoritism）和出口偏向型政策（export favoritism）这一“双重偏向政策”的背景下推进和实现的。而这一双重偏向政策都在不同程度上影响着资源配置。一方面，在国内市场上，行政垄断对竞争性领域中低效率国有企业的长期保护，扭曲了资源在国有企业和私有企业之间的最优配置；另一方面，在出口市场上，政府对出口企业又给予出口补贴、出口退税等鼓励出口的政策。这种出口偏向型政策降低了各类企业出口的生产率门槛，引致资源在国有企业和私有企业之间及其各自类别内部实现重新配置。因此，探寻内外市场双重偏向型政策相互作用下的资源配置效应，是全面认识和理解中国的贸易利益，并推动中国贸易改革和转型的前提。

将国有偏向型政策和出口偏向型政策这一“双重偏向型政策”，嵌入企业异质性贸易模型，构建包含私有和国有两类企业的产业内资源误置与贸易模型，分析表明：双重偏向型政策导致在国有和私有企业之间以及整体经济层面都出现了资源误置，即国内市场上行业内因行政性垄断带来的国有企业和私有企业之间的资源误置，以及出口市场上整体经济层面的资源误置。这又进一步减少了一国来自贸易的生产率收益与贸易福利，最终降低了一国的贸易利益。结合中国贸易发展实践的数值模拟显示：中国由此产生的来自贸易的生产率损失为 5.67%—16.54%；在两国贸易对称和非对称框架下，中国来自贸易的福利损失为 24%—40% 和 0.96%—1.35%。进一步的福利分解发现，偏向型政策引致的资源误置导致中国来自贸易福利的损失，主要源自于人均产出减少、贸易条件的恶化与消费者可消费产品种类的下降。因此，贸易转型和改革必须同时纠正内外市场上同时存在的偏向型政策，从而消除经济中的资源误置、提高资源配置效率，并最终恢复和达到开放应有的贸易利益。

（梁　华）

【全球技术进步放缓下中国经济新动能的构建】

中国人民大学宏观经济分析与预测课题组

《经济理论与经济管理》2016 年第 12 期

16 千字

我国经济增长率在 2011 年之后出现逐步放缓。这里面既有短期冲击的原因，也有长期潜在增长率从 8.3% 持续下滑到 2015 年 6.5% 的影响。由于我国政府负债率相对较低，国有资产规模庞大，宏观政策工具施展的空间较大，所以短期经济冲击并不构成严重的风险。但是，长期潜在增长率持续下降却对未来我国持续发展构成严重挑战。如果不能扭转潜在增长率的下滑态势，将潜在增长率维持在合理的区间，我国就可能陷入中等收入陷阱，面临着较为严重的失业等经济社会问题。为此，我国需要找到新的长期增长来源，为实现两个一百年目标，维持持续发展提供新动能。

借鉴国际经验和我国的技术创新的潜在优势领域，我国需要积极实现以下方向的新旧动能转换：由技术模仿转向技术前沿创新，由人口数量红利转向人口质量红利，由政府主导的基础设施投资转向技术创新导向的民间资本设备投资，由数量扩张为导向的农业产业化和工业化转向以质量提升为导向的农业现代化和深度工业化，由外需的数量扩张转向攀升国际价值链的新型开放和提升国内居民消费水平，由数量提升的城市化转向城市群一体化为代表的深度城市化，由改革红利转向结构性改革红利。从世界前沿来看，当前并没有爆发新的技术革命，还是处在 IT 革命的深化时期。我国正好适逢其时，当前的主要技术进步领域也体现在 ICT 领域。从增长提高全要素生产率的角度，有两个新动能，一个是 ICT 本身制造技术的深化，另一个是 ICT 技术的应用，包括产生新数据的经济使用和对传统行业的改造，即新业态。

实现新旧动能的转换，最重要是要加大改革力度，重塑微观创新主体，正确处理政府与市场的关系，缩小政府的职能范围，将更多领域的资源配置交给市场，政府从经济发展方向的引领者走向支撑者。将适应技术模仿追赶型的经济治理模式改革为适应前沿创新的经济治理模式。以下几个方面需要特别注意：再次调整政府和市场的边界，缩小政府职能范围，建立创新导向的市场机制；改革金融领域，放松企业的外部融资约束；推动资源、土地等要素价格改革；将以规模为导向的产业政策转向关注市场失灵；改革教育和劳动市场，提升劳动供给质量；进一步强化产品标准和市场监管，提升产品品质；建设高效能国家创新体系。

（张雨潇）

【对外直接投资与企业出口行为——基于微观企业数据的经验研究】

王　杰　刘　斌　孙学敏

《经济科学》2016 年第 1 期

16 千字

近年来，随着全球价值链的重构，国际分工模式也发生了重要变化，“中国制造”的快速发展使得中国成为世界第一大出口国。然而，“繁荣”的背后却存在着巨大的“隐忧”，出口产品附加值较低以及出口贸易的不稳定性成为中国对外贸易发展之路上亟待解决的问题，这些问题也深刻说明我国出口企业依然处于全球价值链的低端环节。与此密切相关的一个事实是，在出口贸易日益增长的同时，中国企业的对外直接投资也蓬勃兴起，而且随着中国“走出去”战略的实施，走国际化经营的道路也已经成为大量企业拓展海外市场的重要途径，中国企业正通过对外直接投资全方位融入国际市场参与全球竞争。在这一背景下，深入研究我国对外直接投资的贸易效应具有十分积极的现实意义。

已有研究文献结论的形成都是基于对外直接投资对行业、地区或企业出口规模影响的分析，并没有对企业出口贸易结构（包括出口产品质量、价格等）和贸易稳定性（出口持续时间）的进一步分析。基于此，该文从微观企业层面考察对外直接投资对我国企业出口贸易结构的影响，并进一步验证对外直接投资是否有利于延长企业出口持续时间。该文创新之处在于：第一，运用倾向评分匹配法（Propensity Score Matching，PSM）从出口产品质量、价格、数量以及出口目的地等多个维度计量检验了对外直接投资对企业出口贸易结构的影响；第二，引入生存模型深入考察了对外直接投资对企业出口持续时间的影响，并且进一步分析了对企业出口到特定目的国持续时间的影响。从企业出口贸易结构到贸易稳定性逐步深入考察了对外直接投资的贸易效应，对我国企业对外直接投资和贸易结构调整均有着重要的意义。

该文研究结果表明：第一，对外直接投资有利于企业出口产品质量、产品价格、出口数量以及出口地理范围的广化。第二，对外直接投资降低了企业退出出口市场的风险率，有利于延长企业出口持续时间，增强了出口企业与特定出口目的国的贸易稳定性。因此，实施“走出去”战略对于改善我国企业出口表现具有重要的启示意义。

（于小东）

第四篇

海外看中国

【在家办公有效吗？来自中国的实验证据（Does Working from Home Work? Evidence from a Chinese Experiment）】

Nicholas Bloom，James Liang，John Roberts，Zhichun Jenny Ying

The Quarterly Journal of Economics，Vol. 130，No. 1，2015，pp. 165－218.

研究背景/目的：

美国和欧洲在家办公（又叫远程办公）的频率迅速上升，而且已经从低技术水平工种扩展到管理层和软件工程师等不同职业。美国的研究表明在家办公提高了员工绩效，但还是存在对偷懒的担忧，这引起了携程高管的兴趣。于是，作者与携程合作进行了有关在家办公的首次随机田野实验，以携程为例研究了在家办公的效率和机制问题。

研究方法：

携程对在家办公进行了为期9个月的实验，以上海呼叫中心为主要场所，两者的硬件设备和管理程序基本一致。实验对象是249名有意愿在家办公并且具备一定条件的员工，比如雇佣期在6个月以上，有单独的房间可以工作，能上网等。其中，131名奇数日期出生的员工为实验组，一周四天在家办公，一天在办公室办公；其余的为控制组，在办公室办公。控制其余条件，不同的只是工作环境和通勤时间。然后收集绩效、劳动力供给、减员、晋升、员工工作满意度、详细人口统计学信息和对该实验的态度调查等数据，并对在家办公的绩效进行了双重差分（DID）处理。

主要结论：

（1）在家办公者的绩效迅速提升，9个月内提高了13%。其中9%来自减少了工作内容转换所花费的时间，比如减少休息时间和提前下班；其余4%来自在家工作者提高了打电话的效率。如果考虑到员工的学习能力和重新选择，在家办公能够将员工绩效提高到22%。

（2）在家办公的员工流失显著下降，比控制组低50%。在家工作者还显示出更高的工作满意度和对该实验更加积极的态度。

（3）在家办公的好处是节省交通时间和成本，提高工作效率，但缺点是缺少监督和交流学习，使晋升机会下降50%。通勤时间超过120分钟的员工参加试验前后的绩效差异明显，而在家办公者的绩效与婚姻状况、子女、教育和雇佣期没有显著的联系。

（4）在家办公似乎并没有对控制组员工产生溢出效应。比较控制组和携程在南通相似条件下的呼叫中心的员工绩效，即使他们有意愿在家办公，但没有被幸运地抽中进行试验，也并没有绩效下降的迹象。

（5）携程根据实验结果估计推广在家办公的制度可节省每人每年2000美元的成本，并且使全要素生产率（TFP）提高30%，但这项制度的效果因企业性质而异。

（整理者：张建英）

【**增长、污染与预期寿命：**来自中国1991—2012年的证据（**Growth，Pollution，and Life Expectancy：China from 1991－2012**）】

Avraham Ebenstein，Maoyong Fan，Michael Greenstone，Guojun He，Peng Yin，Maigeng Zhou

American Economic Review，Vol. 105，No. 5，2015，pp. 226－231.

研究背景/目的：

过去二十年，中国经济以前所未有的速度增长，期间人均收入变成原来的十倍，而预期寿命只增加了5.4年。近年来，中国预期寿命的提高主要是因为贫困人口的减少和公共卫生设施的改善减少了婴幼儿的死亡率。因此成年人健康水平提高的幅度就更小了。反观韩国和日本，其经济增速只有中国的一半，但死亡率却比中国下降得更快。为何中国在经济高速增长的同时没能显著改善居民健康？原因可能是空气污染使心肺疾病的死亡率大大提高。作者用中国的市级微观数据验证了这一解释。

研究方法：

作者从中国统计年鉴收集GDP和人口数据，从中国疾病监测系统（DSPS）收集各大类疾病的死亡率数据，从中国环境年鉴和中国环境质量年度报告整理出TSP、PM_{10}、NO_X、NO_2和SO_2等空气污染物数据。对数据的处理包括：（1）由于统计数据不连续，对人均GDP的缺失数据用GDP的增长率进行估值；对污染数据缺失，根据84个监测点的有效污染物的关系（TSP中37%是PM_{10}，NO_X中75%是NO_2）来估算缺失的TSP、PM_{10}、NO_X和NO_2。（2）根据204个监测点与样本城市之间的距离加权来分配空气污染物。监测点与城市中心距离大于150km的权重取0，小于25km的权重取1，在25—150km的权重取两地距离的倒数。（3）根据DSPS观测的19组年龄死亡数据，按年龄调整出寿命表，进而计算预期寿命。使用到的数理模型包括一阶差分模型和面板模型。

主要结论：

作者使用一阶差分方法证实了城市人均GDP与预期寿命存在稳健的正相关关系，而且经济增长对不同疾病死亡率的影响存在显著差异。中国近二十年的经济高速增长显著地降低了非心肺疾病的死亡率，但并没有减少心肺疾病的死亡率。这是因为公共卫生状况和医疗设施条件的改善，控制了传染病的蔓延并减少了婴幼儿的死亡率。而面板模型的回归结果表明空气污染与预期寿命呈负相关关系，长期暴露在颗粒污染物之下会导致心肺血管疾病的死亡率上升。

尽管中国经济的高速增长与健康水平的提高紧密相关，但环境的恶化和污染的加重在一定程度上抵消了这种积极作用。鉴于空气污染对人类福祉的潜在威胁，未来亟须用准实验研究方法探讨该研究结论的有效性，借助该方法还可以更好地理解污染物的变异来源。

（整理者：张建英）

【中国退休消费之谜（The Retirement Consumption Puzzle in China）】

Hongbin Li, Xinzheng Shi and Binzhen Wu

The American Economic Review, Vol. 105, No. 5, 2015, pp. 437－441.

研究背景/目的：

基于Modigliani和Brumberg的生命周期假说的平滑消费理论认为，理性消费者的消费情况取决于其一生的收入预期，消费者以其拥有的总资源为约束条件，力求实现一生消费的平滑。在发达国家，大量数据和文献发现，人们的消费水平会在退休后发生显著下降的“退休消费之谜”，这是与平滑消费理论相矛盾的。然而，由于流动性约束和养老金不足的原因，这项假设几乎没有使用来自发展中国家的数据进行检验。以中国退休政策研究为背景，作者发现将中国城市家庭调查数据与断点回归方法相结合可以检验中国是否存在“退休消费之谜”。

研究方法：

（1）该文使用了2002—2009年的中国城市家庭调查数据（China's Urban Household Survey, UHS），这一数据具有三个特点：一是包含每项家庭支出的具体信息，有效地区分了与工作相关的支出、家庭的食物支出、娱乐支出和其他非耐用品支出；二是更新速度快，每年更新部分样本，每三年更新全部样本；三是调查范围广，覆盖中国所有省份。该文选取了中国不同地区和不同经济发展程度的九个省市（北京、辽宁、浙江、安徽、湖北、广东、四川、陕西、甘肃）作为样本。

（2）该文基于中国四个部门的强制性

退休政策，借助断点回归方法（RD）来研究中国家庭消费情况与退休之间的因果关系。政府部门、公共部门、国有企业（SOE）和集体所有制企业（COE）的强制性退休政策：男性为60岁，女性为55岁。文中家庭的退休状况取决于丈夫的退休状况。

（3）作者通过检验其他变量（包括丈夫受教育年限、少数民族、家庭规模、住房面积和妻子退休状况）和60岁退休比例的跳跃的相关性，证明了断点回归方法的有效性。

（4）为防止将退休前和退休后的消费情况混淆，该文剔除了丈夫为60岁的家庭数据。为更好地研究与工作相关的支出、食物支出、娱乐支出和非耐用品持续性支出在丈夫退休前后的变化情况，该文剔除了教育和医疗保险的支出。

主要结论：

实证分析发现，退休会使家庭的非耐用品消费显著下降20%，使与工作相关的支出显著下降33%，食品支出显著下降12%，娱乐支出下降则不显著。下降的主要原因包括与工作相关的开支减少、食品消费由在外进行转变为在家进行两方面。其中后者主要是由于家庭内部食品消费价格更加低廉并且退休群体有充足的时间在家准备食品导致的。在剔除了这三项支出之后，作者发现退休并未对其他非耐用品消费造成显著影响，即平滑消费理论针对其他非耐用消费品仍然成立。这些结果均可以由包含家庭生产的扩展生命周期模型解释。因此作者认为中国不存在真正的“退休消费之谜”。

此外，过去的一段时间内，中国的老龄人口一直在快速增长，政府是否需要采取措施以提高老龄人口的福利一直存在争议。作者认为该研究结果可以为这个话题提供一些参考。

（整理者：王树森）

【交换条件：中国市场准入条件下的技术资本转移（Quid Pro Quo：Technology Capital Transfers for Market Access in China）】

Thomas J. Holmes，Ellen R. McGrattan，Edward C. Prescott

The Review of Economic Studies，Vol. 82，No. 3，2015，pp. 1154–1193.

研究背景/目的：

20世纪70年代以来，众多发展中国家普遍实行交换政策，该政策要求跨国公司通过技术转移来换取市场准入。在中国，对跨国公司的调查表明交换政策已成为隐性政策，且其政策要求正在不断增加。该文将交换政策引入到多国动态一般均衡模型中，使用来自中国专利的微观证据来设定对技术转让协议条款的关键假设，并使用中国外来直接投资（FDI）的宏观数据来估计关键的模型参数。该文使用扩展的多国一般均衡模型来量化中国交换政策的影响，并证明中国交换政策显著影响了全球创新和福利。

研究方法：

（1）该文通过引入交换政策所构造的外商直接投资（FDI）多国动态一般均衡模型的一个关键概念是技术资本，即跨地区使用的非竞争性资本，并构造了一个强度余量用于测量转移的技术资本规模。另外，该文设定了一个基于中国专利微观数据的关键假设：产权交易仅限于中国境内。为保证假设的有效性，该文构建了一套独特的中国专利数据集（即外国专利和国内专利分别编目）来确定中国专利产权的边界。

（2）该文通过交换政策和东道国对FDI的利润税异同点来量化交换政策经济效应。两者的共同点是都扭曲了投资决定，而且都需要外国公司向东道国政府支付报酬。两者的不同点是在利润税的情况下以现金支付，在交换条件下以技术资本支付。

两种支付有着本质区别。在利润税情况下，外国公司依旧拥有管理技术；而在交换条件下，管理被移交给国内企业，这种方式对生产率有着显著影响，但从国外公司转移到国内公司时在有效管理方面的损失可能抵消提高的生产率。该文的分析中考虑到了这种损失。

（3）该文使用定量模型进行福利分析，并估算1990—2010年中国的技术转移程度。该模型中有六个经济体：中国、美国、西欧、日本、BRI（包含巴西、俄罗斯和印度）、其他国家。关键模型参数包括发达经济体所面临的交换政策、管理FDI全面开放程度的国家政策和国家水平的全要素生产率（TFP）。我们选择参数以调整1990—2010年的数据和模型，其中包括发达经济体对中国FDI的相对流入，对每个国家的FDI的总体流入以及每个国家的相对GDP水平。该模型允许不同经济体、不同产业之间存在不同的技术资本和政策参数。

主要结论：

（1）中国交换政策对自身产生了正面影响（大致相当于消费的5%），对发达国家的福利产生了负面影响（大致相当于消费的0.4%）。除了消费上的影响外，交换政策也显著提高了中国技术资本使用比例。因此，交换政策不仅提高了中国的福利，也实现了中国政府本土创新的目标。这个结果促使中国更加坚持该政策。相比之下，美国和西欧在一个所有国家都遵守交换条件的世界比任何国家都不遵守交换条件下情况更糟。

（2）未来研究有两个方向：一是对该文模型引入许可证协议来解释技术转移，使用贸易统计中的特许权使用费来测算技术流入，而非FDI；二是研究如何规范使用交换政策，并使用该模型来计算中国在条件改变的政策下的激励。

（整理者：王树森）

【资本控制与中国最优货币政策（Capital Controls and Optimal Chinese Monetary Policy）】

Chun Chang，Zheng Liu，Mark M. Spiegel

Journal of Monetary Economics，Vol. 74，2015，pp. 1－15.

研究背景/目的：

中国目前的资本管制、有管理的浮动汇率制度以及持续的经常账户的盈余使得中国的货币政策在稳定宏观经济时面临很大挑战。在多数有关最优货币政策的研究中，大多在动态随机一般均衡模型（DSGE）框架下进行。但是标准的DSGE模型并没有考虑如上的“中国特征”。此外，国际金融危机重燃了学界对于资本管制的研究兴趣。有些学者认为，在一国金融系统尚显脆弱时，资本管制有利于缓解过度国际资本流动对于经济造成的冲击；而晚近的一些实证研究却对资本管制的有效性提出了质疑。该文在DSGE框架下，考虑资本管理和盯住汇率制度等约束对于中国货币政策的影响，同时在同一框架下，利用反事实估计尝试评估相应的金融自由化政策对于福利的影响。

研究方法：

该文构建了带资本管制和盯住汇率制度约束的DSGE模型来研究中国的最优货币政策。经济中存在四个部门：代表性消费者，最终品生产部门，中间品生产部门和央行。其中，代表性消费者选择消费（C）、持有货币余额（M）、劳动供给（L）和持有国内债券（B）及国外债券（B^*）量来最大化终生期望效用；最终品部门使用劳动和中间品进行生产，生产出的产品用于消费、中间投入品和出口；中间品部门运用国内产品和进口品进行生产；而央行部门通过发行货币或者证券来购买外汇以稳定盯住的汇率，且央行的最优货币政策为最大化代表性消费者效用。最终品市场为垄断竞争，其余市场均为完全竞争。此外，为了符合中国实际情形，国内债券与国外债券为不完全替代，消费者持有国外债券存在额外成本，且国外投资者不可持有中国债券。在以上模型设置下，考虑市场出清时央行的最优货币政策以及在最优货币政策下，外部冲击的动态反馈机制。最后，在同样框架下衡量三种反事实的金融自由化政策改革对于宏观经济的影响：（1）放松资本管制，（2）浮动汇率，（3）同时放松资本管制和汇率。

主要结论：

（1）在存在资本管制、盯住汇率以及央行的相应冲销干预下，中国的最优货币政策面临冲销成本与国内价格稳定之间的权衡与取舍。此外，模型表明，面临来自国外利率的冲击时，最优反应要求央行减少冲销干预，从而导致货币政策的放松和通货膨胀的增加，这与国际金融危机时的情形相似。

（2）三种反事实的金融自由化政策改革的参数校准结果表明，虽然放松资本管制或者浮动汇率都有助于宏观经济稳定和增进社会福利，但是部分放松资本管制和浮动汇率制度的结果是最优的。

因此，该文结果表明，在实际中，即使中国对已有的金融体制进行部分的自由化改革（放松资本管制或者浮动汇率）也有助于提高央行在应对外部危机时的能力和宏观经济稳定。

（整理者：王晓星）

【中国购房限制、房地产税与房价的反事实分析（Home-Purchase Restriction，Property Tax and Housing Price in China：A Counterfactual Analysis）】

Zaichao Du，Lin Zhang

Journal of Econometrics，Vol. 188，No. 2，2015，pp. 558－568.

研究背景/目的：

中国政府近年来采取了一系列政策来遏制房价的飞涨，其中，购房限制和房地产税政策是最重要和最具影响的两项政策。自2010年5月起，北京市开始实行购房限制：禁止居民家庭购买两套以上的住房，禁止非居民家庭购买一套以上的住房。自2011年1月起，上海市和重庆市开始征收房地产税：上海市对2011年1月28日之后家庭购买的第二套及以上住房征收房地产税；重庆市主要对高档住宅征收房地产税。

购房限制和房地产税政策引起了全国范围内的激烈讨论，该文主要研究两个问题：（1）购房限制是否可以被房地产税政策所替代；（2）上海市和重庆市的房地产税征收方案哪一个更加有效。

研究方法：

（1）该文首先构建一个对照组，对照组中的城市是没有实行购房限制或房地产税的，然后使用对照组城市的房价来估计北京市、上海市和重庆市的反事实房价年增长率（假设北京市、上海市和重庆市没有实行购房限制或房地产税的情况），最后通过比较三座城市的实际房价年增长率和反事实房价年增长率来测算购房限制和房地产税政策分别对房价的影响程度。

（2）对照组城市的选取原则：因为中国大部分大城市都实行了购房限制，所以北京市和重庆市的对照组城市都是中等规模且没有实行购房限制的城市；由于上海市房价是受到购房限制和房地产税政策的双重影响的，而该文主要研究房地产税政策对上海市房价的影响，故上海市的对照组城市是那些与上海市同一时间实行购房限制且没有征收房地产税的城市。

主要结论：

（1）从2010年5月到2011年11月，如果没有购房限制的话，北京市房价的年平均增长率是16.97%（反事实房价年增长率），而这一期间北京市房价的实际年增长率是9.28%。因此，购房限制使北京市房价的年增长率降低了7.69%。从2011年2月到2012年11月，重庆市的房地产税政策使房价年增长率下降了2.52%，但是上海市的房地产税政策并没有对房价产生显著影响。

（2）根据中国家庭金融调查（China Household Finance Survey，CHFS）和重庆市财政局的微观数据，北京市有31%的家庭受到购房限制的约束，重庆市有10%的家庭需要缴纳房地产税，而上海市只有0.6%的家庭需要缴纳房地产税。因此，基于该文的分析，得到下列结果：第一，购房限制比房地产税政策更加有效。如果政府想要抑制房价的增长，至少在短期内购房限制就不能被房地产税政策所替代。第二，重庆市的房地产税方案比上海市的房地产税方案更加有效。

（整理者：王树森）

【**中国动态劳动需求：**公有制企业与私有制企业的目标（**Dynamic Labor Demand in China：Public and Private Objectives**）】

Russell Cooper，Guan Gong，Ping Yan

RAND Journal of Economics，Vol. 46，No. 3，2015，pp. 577－610.

研究背景/目的：

1994年中国修订了《劳动法》，用劳动合同制取代之前的终身雇佣制。此举打破了所谓的“铁饭碗”，增加了劳动力的流动。许多研究都尝试分析这一政府政策产生的效应。从数据上来看，2006年的一项调查显示，在国有企业中几乎所有雇员都签订了劳动合同，受《劳动法》的保护；而私有制企业签订比例最低，企业主对于劳动力去留拥有更多决定权。而从理论上来说，分析该政策的效应需要预估个人和企业部门对于政策的反应。许多研究采用的是求解代理人的有约束的目标函数最大化问题，根据求得的政策函数来预测政策的效果。但是对于如中国和欧洲的一些社会主义国家来说，大型的公有制部门的存在又给分析增加了另外一个维度，即需要预估政府政策对于公有制企业的影响。分析此类问题的主要难点在于如何刻画公有制企业的最大化问题：公有制企业的目标函数和约束条件分别是什么？该文的目标即在于通过研究中国公有制企业与私有制企业的动态劳动需求来尝试解答这一问题。

研究方法：

该文的分析主要集中于研究中国公共部门和私人部门当中的制造业企业，使用数据的时间范围从2005年到2007年。如研究背景所述，由于不同所有制企业的劳动合同签订比例不同，可能导致企业间的劳动力调节成本和企业目标的不同。该文首先建立了贝尔曼方程来讨论公有制企业和私有制企业的动态最优化问题，其中不同所有制企业目标函数的关键差异在于公有制企业的目标函数中包括社会目标（如稳定就业和创造工作岗位等）。不同的劳动力调节成本通过一次函数和二次函数来体现，并且在不同的劳动状态和所有制企业中也有所不同。接着，该文采用了模拟矩估计法（Simulated Method of Moments，SMM）来估计劳动力的调节成本和企业的目标函数，该方法要点在于利用企业劳动投入、产出及劳动生产率的关键时刻节点来估计动态最优化模型中的参数。该方法的优点在于可以从备选的目标函数中挑出最符合实际数据的目标函数，也是该文的重要创新点所在。最后，该文对所得到的结果进行了敏感性分析和稳健性检验，强化了文章结论。

主要结论：

（1）该文采用通关建立贝尔曼方程和模拟矩估计法（SMM）估计出了公有制企

业和私有制企业的劳动力调节成本，结果显示，所有企业都面临着固定线性劳动力解约成本和二次项调节成本。其中公有制企业的二次项调节成本比私有制企业更大，并且工作时长变化的成本对于公有制企业来说也更高，这一点对于它们的劳动需求有重要影响。

（2）该文发现不同所有制类型企业对未来目标收益的折现率也不相同，其中国有企业的折现率最小，私有制企业折现率接近集体所有制企业，且均大于国有企业。在存在劳动力调节成本时，雇佣劳动力类似于企业的一种投资，因而折现率对企业雇佣决策很重要。

（3）具体到公有制企业的目标函数，该文的结果表明公有制企业的预算软约束并不会影响企业的劳动需求。

因此，尽管该文并没有任何具体的政策干预，但是很显然任何政策分析都需要评估企业对政策的反应。

（整理者：王晓星）

【**社会认同与不平等：**中国户籍制度的影响（**Social Identity and Inequality：The Impact of China's Hukou System**）】

Farzana Afridi，Sherry Xin Li，Yufei Ren

Journal of Public Economics，Vol. 123，2015，pp. 17－29.

研究背景/目的：

当下，大量文献研究指出包括中国在内的新兴经济体中经济不平等现象与日俱增。在中国，自1978年改革开放后收入差距即开始不断扩大。同时也有学者将个体的社会认同感引入理论经济模型之中，结果表明社会区隔可以形成“被排斥”的个体避免有偿经济活动的均衡，从而有可能加剧也已存在的经济不平等。而对中国而言，我国特有的户籍制度人为地制造了个体间的社会区隔。这一制度自1949年建国起即开始实行，根据户籍所在地将户口分为城市户口和农村户口。城市户口拥有者在就业、教育、住房和医疗等多方面较农村户口拥有者享有优势。同时家庭户籍可以在代际之间进行传递，因而城市儿童从出生起就比农村儿童享受到更为优质的资源。资源分配的不平等会导致个体身份和心理社会认同感的不平等，并最终有可能形成社会区隔，加深中国当下贫富差距程度。该文即是在前人的研究基础上，试图探讨中国这种人为制造的社会认同的不平等（通过户籍制度）是否扩大了中国的收入不平等差距。

研究方法：

该文主要采用Harrison和List（2004）提出的模拟田野实验的方法来研究存在激励性任务的情形下，制度造成的个体身份差异会如何影响他们的行为表现以及最终所得报酬在不同身份群体中的分配状况。为了引入外生的身份差异性变化，该文借鉴了心理学上“启动效应”（priming effect）的方法。具体来说，该文将具有不同户籍的北京市小学的学生随机分配到实验组和控制组中。在实验组中，通过问卷调查来获悉各学生的户籍状况并在实验前告知被试者；而在控制组中被试学生均不知道彼此之间的户籍类型。同时每个实验回合对于被试完成任务所采用的支付方式也有所不同，分为计件工资制度和比赛制度。为了消除不可观测因素以及与户籍不相关的实验干预对于被试者所造成的影响，准确刻画出户籍与被解释变量之间的因果效应，该文采用了双重差分（DID）的方法，即对两组同一户籍类型被试者表现的差异进行再比较，这样可以将无关效应差分掉，留下所要考察的因果效应。最终该文得到了72个回合共计418名学生参与的样本，在剔除不合意样本后，该文的结果分析基于61个回合366个学生样本。最后，该文对所得结果进行了稳健性检验。

主要结论：

（1）该文主要通过模拟田野实验的方法研究了中国户籍制度造成的个体社会身份认同感的差异对于个体表现的影响。结果显示，在支付方式计件工资制度下，个体户籍的差异显著地降低了农村户籍学生在实验中的表现，并且农村户籍学生最终所得报酬也会下降。而在比赛制的支付方式下，户籍的这种影响并不显著，这说明竞争可以缓和户籍造成的这种分化效应。

（2）该文的研究主要在于考察城市内部不同户籍状态所造成的影响，而已有研究着重分析户籍制所造成的城乡间的差距。因而该文拓宽了已有的研究视角，表明我国行政性户籍制度造成的个体社会认同差异会加剧当下的经济不平等状况。因此，即使在像中国这样的种族同质的社会中，几十年的行政性的社会区隔政策（户籍制度）也会对个体的社会认同感产生巨大影响，并最终影响个体的自身行为。

（整理者：王晓星）

【中国转换成本和存款需求（Switching Cost and Deposit Demand in China）】

Chun-Yu Ho

International Economic Review, Vol. 56, 2015, pp. 723－749.

研究背景/目的：

已有研究表明，在银行存款市场上转换成本是维持银行与储户之间长期存储关系的重要因素，因为一般来说，储户从当前开户行转向新的银行会由于搜寻新存储银行以及面临提前终止已有存款契约合同遭到惩罚等因素而产生转换成本。转换成本的存在也使得储户在存款市场上对于银行定价的敏感性降低且更关心银行特征的变化。对于我国的银行业来说，随着自身中介服务的逐渐展开，非利息收入对于银行收入的贡献度开始上升，因而银行的定价则成为银行增加收入的关键所在。与此同时，我国银行存款市场的分配效率和竞争性则更为重要，因为银行是我国金融机构中的主体，为我国经济增长提供了大量的资金支持。从理论上来说，一旦转换成本对于储户行为产生显著影响，那么当下常用的静态需求模型便不再精确，可能会对需求价格弹性和储户对于银行特征的支付意愿产生估计偏差。该文即是通过建立一个动态需求模型来估计储户的存款需求和转换成本，以及评估转换成本对于储户银行选择意愿及银行定价的影响。

研究方法：

该文首先主要借鉴 Gowrisankaran 和 Rysman（2012）的方法，建立了一个存款需求的动态结构模型来估计储户的转换成本及转换成本对于储户银行选择、需求价格弹性和银行定价的影响。模型中包括银行和储户两方，其中银行提供不同的产品服务且服务特征随时间而变化；而储户分为两种类型：当前存在于存款市场中的储户及潜在进入存款市场的储户。储户具有前瞻性，根据其从不同银行服务中获得的效用来选择存款银行。在位储户在改变其存款银行时，会产生固定的转换成本，而潜在储户在进入存款市场选择银行时并不会产生成本。在通过建立贝尔曼方程求解出了上述动态模型的最优解之后，接着基于我国 1994—2001 年各省的四大国有制银行存款市场面板数据，计算出了我国储户的偏好、具体转换成本以及短期和长期需求价格弹性。最后该文还采用了一个动态寡头模型进行了反事实估计，来评估转换成本对于银行定价的可能影响，并对所得结果进行了相应的稳健性检验。

主要结论：

（1）该文主要通过建立动态模型来考察中国银行业存款市场上的转换成本对于储户偏好、需求价格弹性和银行定价的可能影响。该文的分析结果表明，储户更偏好于选择分网点与职工多的银行进行存款。

当储户选择改变其之前的存款银行时，面临的转换成本大概是其存款价值的0.8%。

（2）储户的长期需求价格自弹性与交叉弹性比短期的都要大，这说明转换成本可以部分地解释静态需求模型中的低需求价格弹性。

（3）为了分析转换成本对于银行定价的可能影响，该文运用了动态寡头模型进行反事实估计，结果显示转换成本的存在能够有效增加银行业之间的竞争性，从而降低大银行的垄断地位。

因此，该文对于银行存款市场所存在的转换成本的讨论，一方面可以为银行从业者对其更好地进行服务定价有指导作用，另一方面当储户面临不同水平的转换成本时有助于政策制定者来评估银行定价的竞争性。

（整理者：王晓星）

【**加工贸易、关税减免与企业生产率**：来自中国企业的证据（**Processing Trade, Tariff Reductions and Firm Productivity: Evidence from Chinese Firms**）】

Miaojie Yu

The Economic Journal, 2015, Vol. 125, Issue 585, pp. 943 -988.

研究背景/目的：

贸易自由化对于企业生产率的影响是有关实证贸易研究的重要主题之一。最初，贸易经济学家主要关注对最终产品的关税减免产生的相关影响，而晚近的研究则开始转向考察进口中间投入品关税减免的效应；且研究结果通常表明进口中间投入品减税效应更能促进企业生产率提高。但是已有研究受限于数据可得性，基本上均在行业层面上量化关税减免效应，存在一定的不足和缺陷。该文得益于中国丰富的企业生产和贸易数据，首次尝试深入到企业层面探究关税减免对于企业生产率的影响，这是对已有文献的重要补充。中国作为全球第二大经济体和最大的贸易出口国，出口是中国经济快速增长的强劲动能之一，该文也是从企业层面考察贸易改革对企业生产率进而对中国整体生产率的影响。最后，在中国的贸易类型中，加工贸易是重要的一种，自20世纪90年代以来份额快速增长，目前占比已超过一半。中国政府通常会对加工贸易的进口中间品给予税收优待以鼓励企业从事加工贸易。但学界目前鲜有文献研究贸易自由化与加工贸易之间的关系。该文也利用中国加工贸易企业相关数据研究关税减免对于企业生产率的影响。

研究方法：

为了考察贸易自由化对于企业生产率的影响，该文主要依赖三个分散的面板数据集：关税数据、企业层面的生产数据和产品层面的贸易数据。关税数据来自WTO和贸易分析和信息系统数据库（TRAINS），企业层面生产数据来自国家统计局的年度调查，产品层面贸易数据来自中国海关总署。由于该文数据来自不同数据库，因此经过匹配和筛选后，得到2000—2006年76823家大型贸易企业作为该文的研究样本。接着，该文首先运用扩展的Olley和Pakes（1996）测算出样本企业的全要素生产率（TFP），其次作者构建了基于企业层面的进口中间投入品关税指数和最终品关税指数，并同时构建了产业层面的关税指数作为结果对比。最后，以TFP作为被解释变量，关税指数作为关键解释变量，构建了固定效应的面板数据模型进行估计并得到结果。该文在构建关税指数时会由于企业生产率与关税的反向因果和企业从事加工贸易的自选择行为产生内生性问题。该文通过构建时间不变权重的关税指数、工具变量法和Heckman两步法来解决内生性问题，从而使得估计结论更加可信。同时作者也对结果做了稳健性检验。

主要结论：

（1）该文主要基于中国大型贸易企业层面的生产和贸易数据，考察了进口中间投入品关税减免和最终品关税减免对企业生产率的影响。实证结果表明，与其他国家关税减免效应不同，中国最终品的关税减免带来的加工贸易企业生产率提高幅度要大于进口中间投入品的减免，这主要是由于中国对于加工贸易企业的特殊关税待遇。

（2）当进口中间投入品的份额增加时，关税减免对于加工贸易企业生产率的提高效应会减弱。

（3）该文运用 Domar（1961）的权重将企业生产率加总到整个经济体层面的生产率，发现进口中间投入品和最终品关税减免总计对于全经济体生产率增长的贡献程度至少达到 14.5%。

该文作为首篇利用企业层面关税数据探究贸易自由化对于中国加工贸易企业生产率的影响，丰富了对于中国特殊关税改革对加工贸易企业经济影响的认识。

（整理者：王晓星）

【抓大放小：中国国有企业的变革（Gasp the Large，Let Go of the Small：The Transformation of the State Sector in China）】

Chang-Tai Hsieh，Zheng（Michael）Song

Brookings Papers on Economic Activity，No. 1，2015，pp. 295 –366.

研究背景/目的：

从 20 世纪 90 年代末开始，中国国有企业发生了戏剧性的变革：小型国有企业私有化或被关闭；大型国有企业公司化改造，并在政府的引导下合并成大型工业集团；政府建立了一系列新的大型国有企业。鉴于过去二十年中国工业革命的一个中心特征是国有部门的衰落，故学术界关于中国经济增长背后驱动力的研究有两种不同的观点：第一，国有企业改革导致资源的重新分配，进而促进了私营部门的发展，而私营部门在生产率方面的优势又促使总体生产率快速提高，使得中国经济快速发展；第二，中国的经济增长是由“国家资本主义”所驱动的。虽然很多国有企业被关闭或私有化，但如今，中国最大的公司大部分是在国家控制之下。该文使用中国工业调查的企业层面数据来衡量国有企业改革对总体生产率增长的影响，从而提供这个辩论背后的证据。

研究方法：

该文使用 1998—2007 年中国工业调查的企业层面数据来分析国有企业改革过程中国有企业的规模、所有权、全要素生产率、劳动生产率和资本生产率的变化情况，发现：（1）被关闭的国有企业一般都是规模较小、资本生产率和劳动生产率都很低的企业；（2）国有企业的劳动生产率与私营企业的劳动生产率差距较小；（3）国有企业的资本生产率明显低于私营企业的资本生产率。该文构建了一个具有异质性的垄断竞争标准模型，并使用该模型来量化中国经济增长背后的多元因素的影响，其中假设资本总供给是具有弹性的，总体产出是个体产出的常替代弹性生产函数（CES）总和。

主要结论：

（1）该文发现在私有化和幸存的国有企业中，劳动生产率和全要素生产率（TFP）都有所提高，但两类国有企业的资本生产率增长趋势不同。新建立的国有企业与私营企业相比，劳动生产率与后者相同，资本生产率明显低于后者，全要素生产率及其增长速度明显高于后者。

（2）1998—2007 年，被关闭和私有化的国有企业对工业部门的总增长贡献率略高于 3.2%。这是被关闭和私有化的国有企业的资源再分配以及私有化的国有企业的生产率的提高造成的。这段时期，生产率提高和幸存的国有企业的剩余劳动力的释放对总增长的贡献率超过13%，新的国有企业的建立对总增长的贡献率超过7%。

（3）根据福利效应分析：如果在国有企业的高全要素生产率没有使资源配置恶化的情况下，那么国有企业改革对2007年总产出的贡献率是20%。但是，如果资本总供给不变，那么国有企业的高全要素生产率会使资本配置恶化，从而使资本净产出可能出现负值。同样地，如果国有企业的劳动边际产出较低，高全要素生产率也可以通过将劳动力从劳动边际产出高的私营企业转移到其他部门，从而降低总产出。另外，我们关于“抓大放小”的福利效应的分析是基于一个特殊模型，故福利效应可能随着模型的不同而不同。因此，尽管该文提供了一些有启发性的证据，说明公司治理的变化、私营企业和其他国有集团之间的竞争以及国有集团之间的资产再分配可能是国有企业所观察到的变化的重要驱动力，但证据远非决定性的证据。

（整理者：王树森）

【医疗保险对家庭储蓄影响的异质性：来自中国农村的证据（**Heterogeneity of the Effects of Health Insurance on Household Savings: Evidence from Rural China**）**】**

Diana Cheung, and Ysaline Padieu

World Development, Vol. 66, 2015, pp. 84-103.

研究背景/目的：

伴随着中国向社会主义市场经济转轨，传统医疗体系随即崩溃。在2003年中国推出了旨在覆盖农村居民的新型农村合作医疗，后来的研究发现，不确定的医疗保健会增加个人的储蓄水平。就平均而言，新农合降低了农户的储蓄率。该文将新农合研究的范围扩大到健康之外，有助于研究中国医疗保险对预防性储蓄的影响。由于缺乏关于新农合参与微观经济层面的家庭储蓄相结合的数据，该文利用“中国健康与营养调查”的大量数据，建立家庭消费支出和储蓄的关系，探索新农合对中国农村所有收入群体家庭储蓄影响的异质性。

研究方法：

该文运用OLS（最小二乘法）回归来控制一系列社会经济、人口和地理这些储蓄的决定因素。由于新农合的参与是自愿的，作者进一步使用IV（工具变量）回归控制潜在的不利选择。最后，在不同的样本上使用倾向得分匹配（Propensity Score Matching）的方法来检查结果的鲁棒性。该文以参加家庭为实验组，未参加家庭为对照组，用OLS和IV来进行估计，最后使用倾向得分匹配（PSM）来检验实验结果的鲁棒性。

主要结论：

该文旨在估计新农合对农村居民家庭储蓄的影响：（1）OLS和IV估计显示，较高收入的参与者倾向于减少他们的储蓄。这表明新农合降低了中等收入参与者的收入风险，使他们降低了预防性储蓄。（2）最贫困的家庭不受新农合的影响。新型农村合作医疗制度难以解决贫困家庭的借贷约束。扩大医疗金融援助的覆盖范围将改善财政保障，从而使最脆弱的家庭受益。（3）最富有的参与家庭不受该计划的影响。这个结果可以解释为，即使没有参加新农合，这些家庭也可以得到医疗保健。（4）新农合不影响最富裕受教育家庭的储蓄行为。受过教育的人往往更多地了解健康和预防，更多地获得有关健康保险的信息。（5）发现没有从其他健康项目中获益的最富裕家庭倾向于减少储蓄。

该文指出尽管有多项有力的证明来验证结果，但对于新农合对家庭储蓄的影响持谨慎态度，原因：（1）通过比较自愿参与者和非参与者，评估新农合对家庭储蓄的影响。由于新农合实施的内生性，作者在分析过程中排除了不引入新农合的区域。

这是因为新型农村合作医疗最初是在比较健康的、基础设施较富裕的区域引进的。(2) 评估短期影响，因为作者的研究是在引入新农合三年后进行的，时间较短。(3) 对新农合造成的家庭储蓄的影响程度的推断保持谨慎。

（整理者：刘昭炜）

【国内市场一体化与区域经济增长——基于1995—2011年的中国经验（Domestic Market Integration and Regional Economic Growth—China's Recent Experience from 1995 - 2011）】

Shanzi Ke

World Development, Vol. 66, 2015, pp. 588 - 597.

研究背景/目的：

改革开放之前，中国实行封闭的计划经济体制，国家经济分为多个区域经济体系，每一个区域经济体都形成了相对独立的工业体系。这些分割的区域经济导致了国家经济的低效。市场化改革和私有制从根本上改变了这种经济格局。市场一体化可以推动国家和地区实现规模经济、比较优势和技术引进。但是，随着中国越来越积极地参与世界市场，研究人员发现中国的国内市场却一直处于分割的状态。因此，研究中国国内市场的分割和区域经济增长已经成为一个活跃的学术研究领域，也引起了政策制定者的极大关注。

早期的研究探讨了国内市场开放与区域经济增长之间的关系，但很少有人研究国内市场开放的内生性问题，即国内市场开放与区域经济的规模和增长之间的交互效应。市场保护的内生性机制在早期的研究中要么是理论假设，要么是间接分析，很少有人对中国区域内生性市场整合进行直接研究。

研究方法：

该文假定国内市场开放等同于区域市场一体化。首先，建立一个连续的时间序列（包括1995—2011年30个省的13种价格指数），并使用该时间序列构造一个衡量每个省对全国其他地区的市场开放程度的强化指标。其次，根据早期研究，引入TFP、国有企业份额、人力资本、政府支出（包括教育投入、科技研发投入、生产性支出等）等变量，构造关于经济增长和国内开放的变量方程组。最后，通过经济计量方法探讨1995—2011年中国经济转型时期国内市场开放与区域经济的规模和增长之间的关系。

主要结论：

(1) 通过经济计量分析表明，国内市场开放显著地促进了区域经济增长，区域经济的规模和增长也反过来促进了中国市场一体化。四种区域模式显示，国内市场开放对中部地区的区域经济的影响比其他三个地区更大。东部和中部地区的区域经济对市场一体化的反馈效应大于西部和东北部地区。国内市场开放和区域经济增长也取决于其他重要的体制和区域因素：一是国有企业的普遍存在导致受更多保护的区域市场和较低的生产效率；二是行政支出浪费甚至没有实现预期目标。

(2) 政策建议：第一，国内市场开放有利于区域经济，市场开放与区域经济在大多数省份是相互促进的。因此，区域政府必须退出对竞争性市场活动的直接参与，并充分利用国内市场一体化和经济增长的趋势。第二，东部地区具有全国最发达、外向型的区域经济，但在国内市场开放方面滞后于中部地区。东部省份必须促进国内市场一体化，尤其是在面临不确定的国际市场时更要如此。第三，中部区域往往更多地受益于国内市场一体化，但较不发达的区域经济使其在国内或国际方面的贸易受限。中部省份可以利用国内和国外市场作为重要参考来发展与其比较优势相匹配的产业。第四，在西部地区，国内市场一体化与区域经济没有密切的联系，地处内陆和较不发达的区域经济对西部省份参与国内和国际市场产生了不利影响。在过去的十年里，西部大开发战略帮助西部地区获得了资本、技术和专业人才。西部地区必须充分利用区域基础设施和生产技术的优势，培育具有比较优势的产业。第五，若干制度因素是国内市场一体化和区域经济增长的重大障碍，中国应该坚持深化国有企业改革，促进私营部门发展，减少政府非生产性支出。

（整理者：王树森）

【退耕还林对农村家庭生计多样性的影响（The Sloping Land Conversion Program in China：Effect on the Livelihood Diversification of Rural Households）】

Zhen Liu，Jing Lan

World Development，Vol. 70，2015，pp. 147 – 161.

研究背景/目的：

环境保护与乡村贫困的矛盾关系饱受关注与讨论。由于缺乏收入来源，农村人口长期依赖于对自然资源的过度开发，而环境退化则会加剧农村家庭的贫困程度。因此，学术界提出提高农村生计多样性是解决贫困与环境保护难题的关键。在不断增长的环境保护压力和公众日益提高的保护意识作用下，中国政府在 20 世纪 90 年代末启动了退耕还林计划，并在 2007 年进行了相应调整。显然，退耕还林计划的实施对于农村家庭生计产生了重大影响，大量实证研究对于退耕还林的政策价值和效果进行了研究，但大部分集中于讨论收入变化或者是收入分配变化。该文集中关注退耕还林计划实施后农村家庭生计多样性的变化，力图探究退耕还林计划是否是提高生计多样性的重要政策干预因素，并为改进退耕还林政策提出建议。

研究方法：

该文分析数据源于国家林业局 2004 年至 2010 年的入户调查结果，数据时间跨度从 1995 年到 2010 年，共计 19616 个观察样本，覆盖了四川、陕西、广西、河北和江西五省。该文以逆赫希曼指数检测农村家庭生计多样性的变化情况，以 HDI 作为家庭收入多样性指数。然后进行干预效应分析，将样本分为实验组与对照组，或称为参与家庭与未参与家庭，在此基础上构架双重差分模型 DID，以更好地对比不同家庭在退耕还林计划实施前后的变化情况。同时由于使用了家庭数据，为了了解动态面板数据特征，该文还将样本分为低中高三种收入人群，并分别对全部样本和三种收入人群进行了固定效应和随机效应回归。

主要结论：

（1）数据分析结果显示，由于参与非农活动和非农收入提高，在退耕还林实施后，所有家庭无论参加与否家庭生计多样性都相应提高。值得注意的是，平均干预效应分析显示，参与退耕还林的家庭收入来源更为多样，且各收入组成更加平衡。

（2）对退耕还林两个不同政策阶段的影响效应波动情况进行了分析。结果显示，新的政策阶段提高了参与者的信心，愿意将家庭人力资源禀赋转向非农就业。尽管补贴减少但对政策效果影响有限。表明政策制定者实现了以最低机会成本保障政策成功性与可持续性。

（3）数据分析同时表明，退耕还林提高了不同收入家庭生计多样性的异质性。流动性约束更大的家庭更易受到政策影响，这与退耕还林政策的减贫目标相符合。而高收入家庭则说明如果类似于土地流转市场等制度性阻碍可以消除，退耕还林政策将会产生更多正面效应。而基于家庭属性和资源禀赋的分析，该文提出应该注重基础设施的投资。

（整理者：郑　宁）

【中国成长的阴暗面：社会资本的衰落和经济繁荣时期的幸福感（The Dark Side of Chinese Growth: Declining Social Capital and Well-Being in Times of Economic Boom）】

Stefano Bartolini and Francesco Sarracino

World Development, Vol. 74, 2015, pp. 333 - 351.

研究背景/目的：

伊斯特林悖论是指经济增长是否会导致更高的福利。但不可否认的是随着时间的推移，社会资本与主观幸福感的关系比经济增长更为紧密。以前的研究大多集中在发达国家，对发展中国家的研究很少。我们发现中国是这个话题实证研究的关键，因为它占世界人口的很大一部分，如果有一个国家的经济增长应该为人民的福祉起到相应的作用，那就是中国。该文利用“世界价值观调查”的数据，调查了长期主观幸福感及其短期变化，通过实证探索预测中国福祉下降的趋势。

研究方法：

该文通过分析中国中下层社会的福祉来确定经济增长的赢家和输家。作者采用了 Blinder-Oaxaca 方法将幸福感随时间和收入的变化分解为两部分：一部分由每个变量的禀赋变化解释；另一部分由人们的偏好变化解释。作者的目标是通过量化生活满意度的变化来预测中国社会福祉的走势。使用 Blinder-Oaxaca 能够观察最初和最后一年之间的福利差距，并且确定生活满意度回归因子的水平和系数随时间变化的程度，从而解释福祉的变化。

主要结论：

研究表明，长期来看，社会资本的发展趋势比经济增长更重要。作者发现，福祉下降的强大驱动力似乎与中国人对物质价值观的日益增长的定位密切相关。社交能力下降和收入的比较在中国人的生活和价值观中的作用越来越大，这是幸福感下降的核心。经济增长不仅对平均幸福感产生了令人失望的影响，而且增加了收入阶层之间的福利不平等。

1990—2001 年中国平均生活满意度损失主要集中在中下阶层。收入增加的同时，对金融不满情绪的高涨也使他们对生活满意度产生负面影响。2001—2007 年期间，财政不满情绪的缓解预示着平均生活满意度的部分恢复。在这两个时期，生活满意度变化的不均衡分布不利于下层阶级。

总结 1990—2007 年间，中国上阶层的生活满意度增长 2.7%。但是中下阶层的生活满意度分别下降了 3.4% 和 14.1%。社会资本日益贫穷，特别是对于下层阶级来说，是经济财富增长的阴暗面。该文的研究对两个普遍的观点产生了严重的质疑：(1) 增长对发展中国家的福祉更为重要；(2) 社会资本是只有富国才能负担的奢侈品。但是，我们却发现相反的情况：社会需求似乎对居住在发展中国家人民的福祉至关重要。中国似乎与发达国家有惊人的相似之处。过去几十年来中国人的生活满意度和美国人幸福感的下降是相似的，所以我们发现社会资本的下降和人们相互比较的增加在此起着至关重要的作用。总之，社会资本的下降似乎是发达国家和发展中国家伊斯特林悖论的核心。

（整理者：刘昭炜）

【精英招聘与政治稳定：废除科举考试的影响（Elite Recruitment and Political Stability: The Impact of the Abolition of China's Civil Service Exam）】

Ying Bai, Ruixue Jia

Econometrica, Vol. 84, No. 2, 2016, pp. 677 - 733.

研究背景/目的：

经过 1300 多年的发展，科举制已经成为中国古代选拔政治人才和社会精英最重要的途径。科举制不仅影响政府官员的能力，也影响人才流动、配置和普通民众对社会流动性的看法。1905 年 9 月，科举制被突然废止，选拔人才的主要方式也随之转变为不那么透明的制度。长期以来，学者们认为精英阶层的进入通道在维持社会秩序方面起着至关重要的作用，但相关的实证研究证据并不多。该文研究了人才选拔制度改革的一个重要政治影响：科举考试的废除是如何促进中国 19 世纪末 20 世纪初的革命运动，从而加速了 1911 年清朝覆灭的。该文还为人们进一步理解科举制废除与政治不稳定之间的关联机制提供了理论依据。

研究方法：

（1）该文利用府层面的人均学额来测度科举考试以及在 1905 年前后废除科举制对参与革命组织的影响。作者首先使用双重差分法（DID）作为基线估计策略来比较科举考试废除前后学额对革命参与的影响以及人均学额和 1911 年革命起义运动的相关性。其次将 1899—1901 年间的义和团运动作为安慰剂进行检验，以及通过这段时期其他历史事件的影响，证明了结果确实与科举制废除存在相关关系。为了解决内生性问题，作者对学额使用了地理和历史特征（学额制度之前考试成绩的短期变化）的工具变量，发现 DID 的主要结果在使用工具变量后仍然成立。

（2）该文在研究废除科举制与革命参与度之间的联系机制时以社会主要参与者为依据提出了四种假说，分别为“国家能力”假说、“精英资格”假说、“精英抵抗”假说和“现代人力资本”假说。并通过收集 262 个府的面板数据（包括 1900—1906 年各府学额、人口、城镇化程度、副省级及以上官员来源信息）、革命者数据（1900—1906 年主要革命组织中来自 152 个府的 1304 名登记的革命人士）和起义数据（使用日本 1911 年新闻中有关中国各地发生起义的空间分布的详细地图来构建虚拟变量）来验证哪种假说更符合实证结果。

主要结论：

作者根据当时社会变迁中的主要角色，针对渴望进入精英的阶层、已经进入精英的阶层、现代人力资本和国家能力四个维度提出了四种假说，发现实证结果与“精英资格”假说最为相符。科举制的废除可能通过两种主要方式影响那些试图通过科举考试进入精英阶层的群体：一是减小了他们进入更高社会阶层的期望；二是当他们停止学习而选择反叛时参与革命的机会成本降低。

作者将清朝 1644—1904 年间的进士和来自各府副省级及以上官员的数量对各府的学额进行回归，同时将科举时期的新晋进士以及科举之后政府选拔的有国外教育背景的人才（授予他们类似于进士头衔）数量对学额回归，回归结果表明学额确实影响到人才向上流动的期望，科举制被废除后学额的重要性显著下降。根据实证检验，作者构造了一个关于强调向上流动期望的革命参与模型，证明了废除科举后学额更高的府的平民更有可能参加革命，还提出了社会资本增强学额影响的预测。

（整理者：王树森）

【出口的国内增加值：理论和中国的实证（Domestic Value Added in Exports：Theory and Firm Evidence from China）】

Hiau Looi Kee，Heiwai Tang

American Economic Review，Vol. 106，No. 6，2016，pp. 1402 – 1436.

研究背景/目的：

过去 20 年，全球生产分工的不断细化使出口企业减少了对国内生产要素投入的依赖。但中国是一个例外，它不仅全球价值链参与度高，而且还不具有大多数国家出口的国内增加值下降的趋势。如果是因为国产要素的生产成本不断增加，就意味着中国产品的竞争力在下降；如果是因为出口商对进口材料的国产化替代所致，则意味着中国的产品越来越有竞争力。原因究竟何在？理解了中国出口产品的国内要素投入不断增加的原因，对其他国家的发展政策也具有重要的借鉴意义。

研究方法：

该文使用2000—2007年海关和企业调查数据分析中国日益增长的出口国内增值率（简记为DVAR），衡量的是出口收入中由国产要素带来的价值增值的比率。首先，用标的企业的DVAR的加权平均值衡量产业和总体的DVAR，这种方法不同于投入产出表法的是考虑了企业异质性，而且还可以进一步计算总体估计的标准误，进而对DVAR的上升趋势进行统计检验。然后，采用超越对数成本函数模型检验是不是出口结构、企业生产成本和要素份额的改变导致了中国日益增长的DVAR。

主要结论：

（1）中国出口的DVAR在2000—2007年期间从65%增加到70%。研究发现，出口的DVAR的增长趋势与2012年Koopman等人基于投入产出表的研究（简记为KWW12）结论一致，只是该文还考虑了企业异质性，对加工贸易出口的DVAR的估计值明显比KWW12的大。投入产出法主要分析大企业，而大企业转口贸易比率高，所以出口的DVAR低，这可能扩大了该研究与KWW12研究结论的差距，于是根据中国投入产出表的标准，重新选择标的企业计算DVAR，研究表明企业异质性足以解释该研究与KWW12研究结论的差距。

（2）导致中国出口的DVAR上升的原因是国产要素对进口材料的替代。基于企业数据的研究发现，无论在投入要素的数量还是品种上，个体加工出口商逐渐用国产代替进口。而工资上涨导致的成本上升、中国出口结构向高DVAR行业转移，或是企业同时出口多种DVAR的商品等，都无法解释这一时期中国出口的DVAR的上升趋势。

（3）导致中国出口商品的要素投入国产化替代的原因是21世纪初开始的贸易自由化和外商直接投资自由化。研究发现，中国日益增长的外商直接投资和进口要素关税的不断下降，导致了2000—2007年绝大多数国产要素的价格降低。就整个加工行业和该行业的大多数产业而言，国产要素对进口要素的替代弹性估计值从1.9到6.6不等。如此高的替代弹性解释了更低的国内要素价格导致了中国企业乃至整个出口的DVAR显著上升。

综上，国产要素对进口材料的替代导致了中国出口的DVAR的上升，意味着中国减少了中间投入部门的进口依赖，增强了产品竞争力。这也就表明中国正向全球价值链的上游转移，由此对世界贸易和全球经济产生重要影响。

（整理者：张建英）

【贸易引致的技术变革？中国进口对创新、IT和生产率的影响（Trade Induced Technical Change? The Impact of Chinese Imports on Innovation，IT and Productivity）】

Nicholas Bloom，Mirko Draca，John Van Reenen

The Review of Economic Studies，Vol. 83，No. 1，2016，pp. 87－117.

研究背景/目的：

学界上演了一场关于全球化影响发达国家经济的激烈辩论。直到2008年大萧条到来以前，中国的出口以15%的年均增速持续增长了近20年，由此成为这场辩论的中心。中国贸易的发展不仅降低了制造业的生产成本，而且导致了更快的技术变革。而且无论是创新还是新技术的使用都会提高生产率。由此，该文分别研究了进口竞争对企业内的技术升级效应和企业间的技术分配效应；用更具代表性的微观企业数据证实了低工资国家的贸易竞争对技术变革的影响。

研究方法：

该文使用 12 个欧洲国家 1996—2007 年的企业面板数据，考察了中国进口竞争对技术变革（用专利、信息技术和全要素生产率衡量）的影响。实证模型分别分析了技术升级的企业内集约边际效应和通过选择效应进行技术升级的企业间扩展效应。其中遇到的一个难题是不可观测的技术冲击也可能影响技术变革。为了解决这个内生性问题，该文在模型中考虑了中国 2001 年加入世界贸易组织和后来纺织品和服装协议中取消了大部分的贸易配额这一政策变化的影响。这些部门的技术含量相对较低，受到技术冲击的影响也小，但在样本期内仍有 31000 多项欧洲专利。这样就可以直接将因配额放松引起的中国进口竞争增强与预期企业可能在 2001 年以前建立了相关政策引起的中国进口增强相分离。样本数据主要来源于 Bureau Van Dijk（BVD）、Harte Hanks、European Patent Office 和 UN Comtrade data 等数据库。

主要结论：

（1）在技术升级的集约边际，中国进口竞争增加了现存企业的创新。中国进口竞争参与度越高的企业创造了更多的专利、提高了信息技术强度、提升了总体竞争力。

（2）中国进口竞争导致企业技术变革增加和企业间的就业人口向技术更加先进的企业转移。这种对企业内部效应和企业间效应的作用大小相当，占到 2000—2007 年欧洲技术升级的 14%。如果考虑中国进口的离岸贸易，比例将会更高。

（3）中国进口竞争减少了低技术企业的就业量和生存概率。中国进口竞争的加剧导致了非熟练工人就业人数和比例的下降。在面对中国进口竞争时，低技术企业的专利数或全要素生产率减少速度和退出市场的速度比高技术含量的企业快得多。

（4）研究还发现其余发展中国家的进口竞争对技术变革的影响是类似的，而发达国家进口竞争对技术变革的影响很小，几乎为零。

（5）样本期内用专利和信息技术衡量技术变革时，与中国进行贸易的成本逐渐降低，这意味着国外产品生产商使用中国的中间品投入进行生产将会有利可图。

（整理者：张建英）

【中国财政扩张的长期影响（The Long Shadow of China's Fiscal Expansion）】

Chong-en Bai，Chang-tai Hsieh，Zheng（Michael）Song

Brookings Papers on Economic Activity, 2016, pp. 129 – 165.

研究背景/目的：

2008 年国际金融危机以后，中国提出了一项价值 4 万亿元人民币的财政刺激计划，用于 2009 年和 2010 年的基础设施项目。很多人认为这项计划对阻止世界范围内的经济萧条进一步恶化有重要意义。该文有两个目的：其一，分析中国为这项财政刺激计划融资的制度细节。其二，这项财政刺激计划结束后对中央政府的融资选择进行评价。

研究方法：

该文首先描述了中国在这项财政刺激计划实施前，持续 20 年高速增长背后的关键的制度特征。其次，在描述表外金融机构的增长之前，先列出了该项计划的核心事实。最后，利用这些机构的样本数据以及中国工业调查的企业数据，为该项财政刺激计划的融资制度的影响效应提供微观证据。

主要结论：

（1）2008 年以来，中国经济发展的特点是总量增长速度放缓，投资率增加，经常账户盈余下降，以及地方政府的表外债务增加。所有的这四个事实可以理解为以表外支出给2009—2010年财政刺激计划融资的制度结果。

（2）这项财政刺激计划实际上是金融的部分自由化，它由表外金融机构（又称地方融资工具，记为LFVs）提供资金，一种典型的做法是地方政府转让土地所有权给表外金融机构，然后表外金融机构以土地作为抵押向银行和影子银行（信托产品）贷款，或者发行债券，通过这种方式集资可以使地方政府规避金融管制。

（3）地方政府花费的表外支出占2014年和2015年GDP的11%，其中2.4%用于地方基础设施项目，8.6%用于基本的私营商业项目。总的效果是，资本配置的总效率恶化，而且在其他条件不变的情况下降低总的经济增长率。

（4）自2010年底财政刺激计划结束以来，这些表外金融机构一直在增长；他们每年的支出约占GDP的10%，用于商业项目的比例越来越大。长期以来，地方政府利用表外金融机构融资可能永久地降低总生产率和GDP的增长率。由地方政府行为驱动的中国财政扩张带来的长期影响很可能是导致中国经济增长放缓的重要原因。

（5）地方政府债务的增加和经常账户盈余的下降完全是同一制度变迁的两个结果。因此，很难既赞扬其外部盈余的调整又谴责其表外债务的上升。令人担忧的是，表外金融机构也许已经改变了特别优惠制度运行的方式。那么，表外融资背后强大的政治力量，以及对终止这一资金来源的短期后果和对中国未来经济增长的不利后果的担忧，都可能使将来撤销表外金融机构变得非常困难。

（整理者：张建英）

【道路建设与农业专业化：基于中国农村的实证研究（**Road to Specialization in Agricultural Production：Evidence from Rural China**）**】**

Yu Qin，Xiaobo Zhang

World Development，Vol. 77，2016，pp. 1－16.

研究背景/目的：

发展中国家农村贫困人口远离市场，以自给自足的农业为主要生活手段。因而，道路建设被认为是解决空间贫困陷阱问题的重要方式。对于政策干预来说，有关农村道路建设影响的缜密研究十分必要。但是，目前对于农村道路建设投资回报的研究较少，而且大都集中于总体水平，缺乏对于家庭层面的分析。同时，由于难以获得时间序列数据，目前研究主要依赖于截面数据，导致内生性问题。该文通过分析贵州省18个偏远自然村三轮固定样本调查所获得的数据，尝试以农业生产模式和要素投入变化为切入点，论证道路建设对于农业专业化的正向作用。

研究方法：

该文数据来源于2004年、2006年和2009年三年的入户普查，包括目标村庄通车情况及变化，不同类别家庭农业收入份额变化，非农收入变化情况，家庭规模、耕种面积和家庭成员担任干部人数等。然后以家庭农业专业化、每亩化肥投入货币数量、雇佣劳动力支出构建因变量Yi，t，其中农业专业化以赫芬达尔指数HH评估。自变量包括三年内家庭通路变化情况和控制变量，如耕种面积、家庭适龄劳动力数量、家庭规模等，构建方程，以差分法检验系数的显著性，并进行了鲁棒性检验。

主要结论：

（1）数据分析确证，在中国偏远山村，道路建设对于农业生产，特别是对于农业专业化和适中的要素投入应用有着正向且显著的影响。自变量交通情况的改善，导致因变量中化肥使用数量增加，雇佣农业劳动力增加，农业收入提高，农业专业化水平改善。

（2）道路建设提高农业专业化的原因，在于交通状况的改善可以提高市场化水平，因此可以扩大贫困农村地区具有比较优势的农产品生产规模。在具有更好道路条件的自然村，农户农作物种植种类因此减少，化肥购买量提高，雇佣劳动投入增加。因此农业收入，特别是现金收入得到提高。

（3）但是，交通状况的改善，对于非农业收入并没有显现出明显影响。可能原因是贵州地区的农村富余劳动力在2000年前后已经大部分竭尽，因此农民的非农收入主要是外地汇款，不受交通情况变化影响，且外出打工的决定受到当地基础设施建设变化影响较小。

（4）虽然，该文论证了道路建设对于提高偏远农村农业专业化水平的正向作用，但是该文认为这并不意味着需要构建连接所有自然村的道路系统，原因在于越是偏远地区的道路建设，其边际成本会远大于收益，需要在收益成本分析的基础上决定是否进行道路建设。

（整理者：郑 宁）

【**增长中的中国营养摄入减少：**家庭异质性是否重要？（**Declining Nutrient Intake in a Growing China: Does Household Heterogeneity Matter**?）】

Jing You, Katsushi S. Imai, Raghav Gaiha

World Development, Vol. 77, 2016, pp. 171 - 191.

研究背景/目的：

中国家庭的收入增长已经持续近30年，但是低卡路里消耗和低营养摄入与贫困的急剧下降同时存在，这与传统思想不符。而且已有的跨国研究也表明增加收入对营养摄入有积极影响。为什么中国的收入增长没有转换成更高的营养摄入，这是该文研究的核心问题。考虑到近年来中国家庭饮食结构的转变，以及食品价格波动可能影响家庭的营养摄入，该文基于家庭异质性研究收入增长对营养摄入的影响。目的是为中国以及其他发展中国家制定改善营养和食品安全的政策措施提供参考依据。

研究方法：

研究基于多层级的分层抽样和问卷调查方法，数据来源于1989—2009年的八次中国健康与营养调查，最终使用的样本量为2368户城市家庭和3919户农村家庭。实证方法采用的是非平衡面板的四分位固定效应模型和混合截面回归模型。模型以家庭层面的宏量营养元素（脂肪、碳水化合物和蛋白质）以及卡路里的消耗，家庭异质性（核心变量是人均收入），物价及其波动为核心变量；控制了家庭掌握的均衡营养方面的知识、饮食模式、生计模式和地区特征等。

主要结论：

（1）2004—2009年的调查研究发现，随着收入的持续增长，中、高营养摄入水平的农村家庭倾向于减少宏量营养元素摄入，尤其是脂肪；而低营养摄入水平的城市家庭倾向于消耗更多碳水化合物和蛋白质。这种家庭收入增长和低营养消耗并存的现象可能是由城乡家庭营养摄入结构改变所导致的。但是研究发现，以家庭成员是否存在营养不良或肥胖来定义营养状况，城乡家庭营养摄入结构的不平衡并没有因为家庭收入的增长而改善。

（2）家庭总收入增长对农村营养摄入有负向影响。研究发现，虽然家庭平均收入水平上升，但肉、蛋等价格的上涨和波动会减少农村家庭的营养摄入，而谷物的价格由于政府的监管，相对稳定，并不会显著改变来自谷物的这部分营养摄入。

（3）作者认为收入增长对营养摄入的

正向影响，或者说收入对营养不佳的减少效应，是很弱的。而且食物价格波动和老龄化等因素很容易抵消这种微弱的收入效应，可能导致更多的城市家庭营养摄入不足。该文后面有关营养不佳和肥胖的补充研究证实了这一结论。因此，收入增长模式和不断上涨的食物价格及其波动能够解释中国收入上涨与营养摄入下降共存的悖论。

（4）对城市而言，更有利于营养不佳家庭的收入政策在一定程度上会增加其营养的摄入，缩小家庭间的营养不平等。对农村来说，作物收入的增长至关重要；而且促进地区发展的政策也有利于改善农村家庭的营养摄入。对于城乡人口来说，稳定家庭收入和减轻食物价格飙升的政策将会有利于改善中国家庭的营养状况。

（整理者：张建英）

【暂时性贫困、贫困动力机制与贫困脆弱性——基于中国农村平衡面板数据的实证分析（**Transient Poverty, Poverty Dynamics, and Vulnerability to Poverty: An Empirical Analysis Using a Balanced Panel from Rural China**）**】**

PAtrick S. Ward

World Development, Vol. 78, 2016, pp. 541 – 553.

研究背景/目的：

中国改革开放的成效饱受国内外关注。从贫困人口变化来看，改革开放是巨大的经济奇迹，中国贫困人口从 1978 年的 30% 下降到 2000 年的 3%。但以收入差距来看，改革开放的减贫成效有限，中国无论城乡都出现了日益增大的收入不平等现象。这种矛盾急需新的替代方案去评估改革的实际成效，以便于指导政策制定和改革实践。同时，大部分研究参数对于贫困都是事后检验，缺乏事前检验。该文认为传统指标贫困人口数对收入差异作用有限，提出将长期性贫困和贫困脆弱性作为新的切入角度，然后在分析中国农村平衡面板数据的基础上，对改革减贫效果进行系统分析，并对建设和谐社会提出了初步建议。

研究方法：

该文数据来源于中国居民健康与营养状况追踪调查（CHNS），由中国疾病预防控制中心营养与食品安全所与美国北卡罗来纳大学人口中心合作。平衡面板数据从 1991 年到 2006 年的五次调查中抽取，覆盖江苏、山东、河南等七个省份，共计 375 户。该文以家庭收入未来低于预先设定贫困线的概率为标准，以平衡面板数据作为连续性随机变量，认为家庭贫困脆弱性取决于具体收入分配，特别是预期实际收入和其方差，并构建家庭实际收入概率密度函数，以量化家庭遭受收入贫困的脆弱性大小，以确定到底是收入水平或收入差异，抑或是预期收入造成了贫困脆弱性。

主要结论：

（1）研究样本表明，改革开放后，长期性贫困和结构性贫困不断降低，贫困脆弱性也因此下降。到 2006 年时，大部分贫困样本都是因为不可估计因素而导致的暂时性贫困。虽然研究使用的是平衡面板，但与总体中国发展观察结果相符合。

（2）该文将传统的贫困脆弱性 50% 修正为 33.3%，并发现所有样本的贫困脆弱性随着时间发展都呈下降趋势，但在空间和时间上存在不同。造成贫困脆弱性的原因有两点，分别是过低的预期收入和过高的收入差异，并且贫困脆弱性随着收入差异增大而增大。此外，脆弱家庭与非脆弱家庭也具有特征上的不同。贫困脆弱家庭相比较下，实际收入和预期收入更低，收入差异更大，并且收入来源更为单一，特别依赖于农业，家庭成员相对年轻，资产拥有水平较低。但户主性别在两种家庭中并没有显示出明显区别。

（3）样本分析并无法回答为何政策及

改革无法成功解决暂时性贫困。

（4）建议构建和谐社会不仅是解决收入不平等问题，同时还应该解决发展中所出现的社会冲突。实现个体福祉发展，特别是降低失业率，进而降低个体的贫困脆弱性，比和陌生人进行收入比较更有意义。

（整理者：郑　宁）

【**构建增长的阶梯**：中国的政策、市场和产业升级（**Constructing a Ladder for Growth：Policy，Markets，and Industrial Upgrading in China**）】

Loren Brandt，Eric Thun

World Development，Vol. 80，2016，pp. 78－95.

研究背景/目的：

在发展中国家，拥有国内大市场的本土企业具有独特的发展优势：低端市场为其避免外国竞争提供了“天然”屏障，而高端市场则鼓励外国公司的本地化活动，并为产能建设开辟渠道。令人奇怪的是，在努力促进本土企业发展的同时，国家政策常常限制它们的融资机会和能力，导致本土企业的升级进程被搁置。为了厘清中国的政策与市场增长和产业升级的关系，该文比较了中国三大制造部门——汽车、重型建筑设备和摩托车的政策环境以及发展结果，发现尽管庞大的国内市场为它们提供了相似的机会，但只有建筑设备部门实现了市场增长和产业升级。该文要具体分析的是政策是如何塑造这些市场的增长和分割的，以及这种分割是如何影响这些部门的升级和创新的。

研究方法：

该文使用质量阶梯的概念来构建理论分析框架；从供给侧和需求侧展开了广泛的案例研究。首先，使用产品质量指标将整个行业进行市场分割。对于建筑设备，使用轮式装载机代表低端部门，用挖掘机代表高端部门。就汽车和摩托车而言，发动机尺寸与中国市场的产品质量和先进性有很好的相关性。因此，将1.6升及以下排量的汽车视为低端车，1.6—2.5升的视为中端车，超过2.5升的视为高端车；将100CC及以下排量的摩托车视为低端车，110—125CC的视为中端车，150CC及以上的视为高端车。然后，用质量阶梯的框架来衡量部门升级。质量阶梯由不同的国内细分市场组成，当国内企业具有在一个部门中连续不断地获得比外商投资企业更多需求和更高质量产品市场份额的能力时，该部门在质量阶梯上的位置就上升了，也就意味着产业升级发生了。市场增长和分割的数据主要来自工业年鉴和行业报告；产业升级是通过评估企业和部门内部能力建设的程度，以及确定每个部门的关键升级挑战来衡量的，数据来源于对每一个部门的主要公司及其主要供应商的采访。

主要结论：

在三个行业中，只有重型建筑设备部门已经迅速缩小了与跨国公司在关键细分市场的差距，赢得了市场份额；但是汽车和摩托车企业仍然存在很大差距，而且差距还在扩大。因为建筑设备部门相对宽松的供给和需求政策有助于确保所需的市场细分和机会；汽车部门在市场准入、所有权、技术转让、关税与非关税壁垒等方面受到各种管制约束；而摩托车部门则居中。

该文认为，质量阶梯的每个环节对中国本土企业在日益严格的市场细分中与先进国家的企业成功竞争的能力起着至关重要的作用。低端市场为本土企业提供了一个避免国外竞争的“孵化空间”；高端市场为外国公司的本地化活动和本土企业的升级提供了动力。这一过程的结果是，本土企业和外国公司的密切合作培育了国内经济发展的新动能和创新。但是，受限制的需求和供给政策经常无意间限制了本土企业升级的机会，无论是通过获得产业升级（供给方）所需的专门知识、投入和资源升级，还是通过获得升级的激励（需求方）升级。因此，中国的政策应该寻求以一种中立的方式支持市场的增长，并允许多种形式的进入和技术转让，通过更好地促进企业创新来满足市场需求。

（整理者：张建英）

【工资增长、土地占有与中国农业机械化（Wage Growth, Landholding, and Mechanization in Chinese Agriculture）】

Xiaobing Wang, Futoshi Yamauchi, Keijiro Otsuka and Jikun Huang

World Development, Vol. 86, 2016, pp. 30 - 45.

研究背景/目的：

近年来，中国农业机械化迅速发展，突出表现为农业机械租赁和机械化服务的快速增长。与此同时，随着非技术劳动力工资水平在过去10年快速增长，大量劳动力离开农村前往城市，对农业生产形成挑战。目前，中国农业生产以劳动密集型的小规模家庭生产为主，在农业土地禁止买卖、土地碎片化的情况下，机械化如何替代劳动力，以及实际工资增长如何推动农业生产实现规模经济是该文研究的方向。据此，该文在分析中国农地面板数据的基础上，尝试厘清土地流转、农业机械化投资和机械化服务需求三者间的作用机制，及其与工资增长的互动关系。

研究方法：

该文分析数据来源于中国科学院农业政策研究中心2000年与2008年的两轮调研，包括河北、辽宁、浙江、四川在内6个省份的1200个家庭参与了调研过程，除去受地震影响的两个村庄外，所有村庄在2009年的调研都进行了跟踪回访。该文的核心假设是：中国工业化进程提高了实际工资水平，由此而来的压力迫使农户更多选择机械化服务以替代人力，并使农户选择扩大经营面积。该文选择利用一阶差分方程来减少未知固定误差的影响，分析土地流转、机械化服务需求和工资增长的影响，核心解释变量是村级实际工资增长，包括农业收入与非农收入，农业劳动力短缺情况则以非农收入占比和移民率表示，并研究农作物收入情况以分析机械化服务与土地变化的潜在互补关系。

主要结论：

（1）从整体来说，中国农业机械租赁和机械化服务快速发展，大大推进了农业机械生产的进程。数据分析结果显示，非农收入增长将导致自耕土地和租用土地面积增长，提高农业机械投资和机械化服务使用水平。对于相对较大农户来说，这种增益效果更为明显。

（2）农户受教育水平与土地面积、机械化投资则成反比关系。对于教育水平相对较高的家庭来说，更多土地将会被租赁出去从而减少了经营面积。在初始土地分配相对平均的情况下，教育是造成农户土地占有情况不同的重要原因。

（3）机械化服务需求随着农业收入增长和移民率提高而提高。但由于机械租赁市场和服务市场的活跃，农业机械投资并不会受到工资增长的明显影响。通过对农作物收入一阶差分方程的分析，该文发现土地租赁和机械化服务需求有互补关系，因此扩大土地租赁面积和完善农业机械租赁市场将提高大农场的经营效率。

（4）基于以上结果，该文基本确证其核心假设。为了充分利用工资增长对农业机械化和土地面积的正向作用，该文建议提高中国农地流转灵活性，以实现规模经济，才能保持中国农业的国际竞争比较优势。

（整理者：郑　宁）

【中国的制度适应性：经济条件变化下的地方发展模式（**Institutional Adaptability in China: Local Developmental Models**

under Changing Economic Conditions)】

Xiaoxiao Shen, Kellee S. Tsai

World Development, Vol. 87, 2016, pp. 107 - 127.

研究背景/目的:

早在20世纪70年代末，中国开始经济体制改革的时期，地方发展模式就已经在政治经济中出现。特别是苏州、温州和东莞等地在改革的前30年都取得了巨大的经济增长，其享誉全国的发展模式为其他城市所认识和效仿。然而，苏州、温州和东莞的地方政府对国内和全球经济状况的巨大变化反应全然不同，21世纪初的国际金融危机对三地产生了不同程度的影响。因此，该文试图解释为什么以前表现良好的发展模式在重大经济冲击中的表现和恢复能力会存在差异。而且，分析地方的制度适应性，找出促进或阻碍地方经济治理中影响这种适应性的因素，能够为了解当地在正常时期和波动时期的发展模式的变化以及表现提供更细微的认识。

研究方法:

首先，利用全国经济普查数据和地方统计数据分析苏州、温州和东莞三地的经济绩效和危机处理能力，度量指标有人均GDP、工业总产值、固定资产投资总额、利用外资总额和专利授权总量等，通过观察这五个指标2004—2010年的走势来比较。其次，通过阅读相关文献来梳理制度适应性、结构禀赋论和代理中心论等概念内涵；其中制度适应性被定义为在关键节点上地方政府转型与经济环境变化相匹配的程度；结构禀赋论认为制度适应性受自然禀赋和历史遗留、外部资源和机会以及财政状况的影响；而代理中心论认为积极和有能力的地方领导、对新政策思想的开放程度以及国家政策的执行能力是影响制度适应性的核心因素。最后，对苏州、温州和东莞等三地不同官僚机构的政府官员和代表性的民营企业家进行了深入的实地访谈，了解了当地的发展路径和制度适应性特征，对地方制度适应性的变化作出了分析和解释。

主要结论:

地方政府在其发展经验中的制度适应性的变化是决定其在国际金融危机中表现的关键因素。比如，苏州在危机前将重点转移到促进技术密集型产业的发展上，该地的地方发展状态在多个阶段适应了动态的经济环境，成功地维持了其竞争优势。温州在危机到来时坚持原有的经济模式，通过把私营企业打造成当地经济增长的引擎，在改革初期取得了较好的效果。但是不恰当的干预方式使温州的危机处理能力变弱，导致制度转型失败。东莞依靠吸引外资、发展出口导向型经济打造的地方创业型发展模式非常成功，但由于制度改革来得过晚，导致东莞的制度适应性也十分有限。

研究发现，地方的制度适应性可能受到结构禀赋的制约，但地方领导人是否有能力认识并提前采取积极行动应对不断变化的挑战是影响重大经济冲击下制度适应性的关键因素。制度适应性越强的地区，其领导人往往受过良好的教育，雄心勃勃，对发展战略持进步看法，对地方发展政策有执行力；这些地方的领导人更愿意调动上级政府的资源，也更容易晋升。

最后发现，在动态环境中，促进某一特定时期经济发展成功的因素有可能成为以后的发展障碍。比如东莞的发展模式在改革初期和国际金融危机时期表现迥异。

（整理者：张建英）

【人口外流对公共事务集体行动的影响：基于中国农村的实证研究（The Effects of Migration on Collective Action in the Commons: Evidence from Rural China）】

Yahua Wang, Chunliang Chen, Eduardo

Araral

World Development, Vol. 88, 2016, pp. 79 – 93.

研究背景/目的：

准确识别影响公共事务治理及集体行动的因素是学术界长期关心的问题。在过去30年中，在大量研究的基础上，学者们提炼出了大约30个影响因素。但是，在汗牛充栋的研究成果之中，鲜有关于人口外流与公共事务集体行动的研究。人口外流作为城市化的重要表现，在各大发展中国家中都普遍存在，而中国快速城市化进程所伴随的大量人口外流则为研究这一问题提供了绝佳的案例。大量人口从农村迁移到城市是否会对村民公共事务集体行动产生负面效应，是该文的核心问题。据此，该文以农业集体灌溉行为作为研究切入点，实证检验了人口外流对于公共事务集体行动的影响和内在影响机制。

研究方法：

该文分析数据来源于清华大学中国农村研究院2012年的调查数据，共覆盖18个省份的74个村庄，总计1780个家庭。值得注意的是，分析数据覆盖了村庄和家户两个层次。在此基础上，该文根据奥斯特罗姆学派制度分析与发展（IAD）框架构造变量列表，选择集体行动可能性作为因变量，结合两种主流研究方法，以虚拟变量的方式表示集体灌溉行为的程度，以人口外流程度作为自变量，在控制大量相关变量的基础上进行实证检验。该文较好地解决了内生性和选择性偏误问题，计量分析结果也通过了细致的稳健性检验。

主要结论：

（1）在控制灌溉类型和相关变量的基础上，计量分析支持该文假设，即劳动力外流对于农村集体灌溉行为具有显著的负面影响。据此，认为这可以部分解释改革开放以来中国农村集体灌溉行为减少而地下水使用显著上升这一现象。

（2）虽然人口外流或劳动力外流是影响集体行动的重要因素，但它只是间接发生作用，劳动力外流的负面效应需要通过文献综述频繁提及的变量产生影响，包括领导力、社会资本、社区归属感、经济异质性和资源依赖程度等。

（3）离市镇距离、地形等变量具有与人口外流相似的作用，特别是水资源紧缺情况和离灌溉系统距离与集体行动呈现曲线关系，中等程度的缺水情况和距离最有利于产生集体灌溉行为。而更好的村庄治理水平等有助于提高参与集体灌溉的可能性。因此提高村庄治理水平是在自然环境短期难以改变的情况下，改善农村集体灌溉情况的重要政策选择。

（4）在农村向城市人口迁移加剧的压力下，该文的发现对于广大发展中国家同样具有意义，可以解释发展中普遍存在的村庄基础设施、自然资源和生态系统恶化等问题。

（整理者：郑　宁）

【污染你的邻居：中国实施减排政策的意外结果（**Polluting thy Neighbor: Unintended Consequences of China's Pollution Reduction Mandates**）**】**

Hongbin Cai, Yuyu Chen, Qing Gong

Journal of Environmental Economics and Management, Vol. 76, 2016, pp. 86 – 104.

研究背景/目的：

过去30年，中国经济的快速增长伴随着严重的环境污染，河流污染尤其严重，500个监测河段中，可饮用的只有28%，有1/3已经无法正常使用。2001年，中国政府首次把环境保护和污染减排列入“国家战略目标”；计划到2005年年末全国污染物排放减少10%，并将减排工作列入各省官员的绩效考核。但从1991年到2005年，中国的河流水质并没有提升。该文研究2001年中央政府实施污染减排政策后对各省河流下游县水污染的影响。

研究方法：

作者考察了1998—2008年中国24条主要河流沿线县域的工业活动，采用三重差分法（DDD）研究了中央政府实施污染减排政策对沿河县的水污染生产活动（用水污染行业的工业增加值和企业数量度量）和企业区位选择（用水污染行业的新增企业数量度量）的影响。假定X省和Y省相邻，X有相邻两县A和a，Y有相邻两县B和b，且A、B和a、b分别相邻；一条河穿过X、Y、A和B，Y在下游。该方法的三个步骤：（1）将A县域内水污染行业和非水污染行业的生产活动和企业区位选择的差异与B县域内的同种差异进行比较（第一次双重差分 DID_1），得到的是行业差异和污染减排政策的选择差异；（2）将a县域内水污染行业和非水污染行业的生产活动和企业区位选择的差异与b县域内的同种差异进行比较（第二次双重差分 DID_2），得到的是行业差异；（3）比较 DID_1 和 DID_2 的结果就得到省级政府应对污染减排政策所带来的下游效应的大小。

主要结论：

（1）自2001年以来，河流最下游县的水污染活动比同省其余同类县高20%。这种由减排政策实施带来的省级政府减排工作重心偏离河流下游的现象叫下游效应。作者还发现下游效应在2001年以前非常弱，这也解释了中央政府加强环境保护后水质还是得不到改善的原因。

（2）省级政府的第一目标是经济增长，第二目标才是污染减排，当两者冲突时，往往会优先发展经济。而且他们只关心自己辖区内居民的福利，因此，在面对中央政府的减排压力时，选择重点治理辖区内河流中上游的污染问题，而放松河流下游企业的污染排放，这种战略污染对策能达到减少污染和增加产出的目的。另外，中央政府采用的简陋的污染检测技术和权力下放的管理模式也给了省级政府很大的自由。如果不考虑省级政府的战略污染对策，随着中央政府不断加大环保力度，省级政府“搭便车”的动机和扭曲污染分配的行为还是会增加。

（3）中央政府对地方政府的直接监督能有效地控制其受“搭便车”激励带来的污染选择行为，尤其是在各省边界的县。另外，在评价地方政府官员时，结合下游省份的反馈，也可以减少其采用战略污染对策的动机。

（整理者：张建英）

【**森林损失、货币补偿和延迟再种植：**不可预测的林地使用权在中国的影响（**Forest Loss, Monetary Compensation, and Delayed Re-planting: The Effects of Unpredictable Land Tenure in China**）】

Stephen W. Salant, Xueying Yu

Journal of Environmental Economics and Management, Vol. 78, 2016, pp. 49-66.

研究背景/目的：

当前，中国已经成长为世界木材消费大国，需要不断进口木材以满足其经济发展各方面的需要，所以中国正在努力通过大规模国内植树造林来增加国内木材供应量。在过去的65年里，中国的林地使用权在私有产权和乡村产权之间发生了不可预测的变化，其变化的不确定性扭曲了拥有林木种植权的个人的采伐决策，降低了中国森林的产出价值。因此，了解这种不确定性变化背后的政策以及这种政策引发的后果对政府接下来的决策尤为重要。该文通过分析个人的采伐决策，构建定量分析模型来估测这种政策对森林产出的影响。

研究方法：

（1）如果政策环境稳定的情况下，真实环境下树木的净值可能会在未来某一时刻或某段时间被放弃，这部分价值称为机会成本。该文使用Faustmann的模型来评估这些机会成本。Faustmann 模型认为一个家庭会最大限度地使用林地以获得最大利润：以给定的固定价格为例，如果让树木再生长一年的价值等于损失的利息，那就最好是采伐树木，因为不仅要把木材的销售推迟一年，而且还要把未来收获的净收入推迟一年。

（2）将不确定性引入 Faustmann 模型，使用泊松随机过程来描述灾难性的事件，研究自然灾害的风险会如何影响林农的采伐决策。研究结论为：如果自然灾害的风险增加，那么较早砍伐树木是最理想的。

（3）该文的两个基本假设：一是当树木被摧毁时林农无法获得保险赔偿；二是林农可以立即重新种植。这两种假设不适合许多自然灾害，因为林农往往会因树木损失而得到保险费，而有些灾害（如石油泄漏、化学泄漏或核事故）需要相当长的不确定时间间隔才能重新种植，因此该文的模型通过引入损失后的期望补偿率和重新种植时可能发生的风险率作为外生参数，推广了标准模型。

主要结论：

（1）如果林农发现林地被征用的可能性较高时，他们会延长树木的生长周期而非缩短。在中国，鉴于被征用时树木的大小作为征用补偿的依据，所以，补偿的大小决定了林农是否延长树木的生长周期。其次，如果仅把林地被征用时的树木的净价值作为补偿的依据，那么林农只能得到补偿的贴现价值而非全部价值。最后，调整后的模型可以用来评估中国所获得的潜在收益（当林农认为其林地被征用的可能性较小时）。

（2）当林地使用权一直属于林农时，政府补偿被重新解释为防范森林火灾等灾难的保险支出。另外，如果林农因所面临的不确定性而无法获得充分补偿，那么林农会不可避免地缩短树木的生长周期（符合 Reed 的理论，此时的政府补偿是由灾难发生时树木的净价值决定）；如果林农因所面临的不确定性而得到充分补偿，那么林农的行为决策将符合 Faustmann 的理论。

（整理者：王树森）

【职业教育对发展中国家人力资本发展的影响：中国的证据（The Impact of Vocational Schooling on Human Capital Development in Developing Countries: Evidence from China）】

Loyalka Prashant, Huang Xiaoting, Zhang Linxiu, Wei Jianguo, Yi Hongmei, Song Yingquan, Shi Yaojiang, Chu James

World Bank Economic Review, Vol. 30, No. 1, 2016, pp. 143 – 170.

研究背景/目的：

目前，一些发展中国家正在通过职业教育和培训（VET）来促进人力资本的发展和加强经济增长。但是，很少有证据证明发展中国家的职业高中（职高）教育有助于学生获得特殊技能和一般能力，尤其是跟学术高中（普高）教育相比。该文的目的是了解职高教育是否真的有助于中国人力资本的发展。首先，需要考察接受职高教育和普高教育对普通学生辍学率、数学能力和计算机技能的影响。其次，需要考察接受职高教育和普高教育对弱势（低收入或低能力）学生的辍学率和技能水平的异质性影响。最后，试图考察参加职高是否会导致学生数学能力和计算机技能的绝对增长。

研究方法：

该文考察了中国陕西和浙江两省的高中教育，对两省人口最多的 7 个市，以及下面 75 个县的职高和普高共计 243 个班的 10071 名学生进行跟踪调查，分别于 2011 年 10 月和 2012 年 5 月进行。实证研究分为三步：第一步，进行最小二乘（OLS）分析，以考察参加职高或普高的选择与学生成绩之间的关系，同时控制住可能混淆这种关系的影响因素，如性别、年龄、户口类别、是否迁移、兄弟姐妹、父母是否在家、父母教育程度、收入水平等。第二步，进行工具变量（IV）分析，以检验参加职高或普高的选择与学生成绩之间的因果关系。以中考成绩是否低于升学分数线为IV，如果学生的成绩低于本县中考升学分数线，IV取1，否则取0。由于各县的中考差异，我们控制了县级固定效应。第三步，进行粗化精确匹配（CEM）分析，用来分离与基线特征相似的职高学生和普高学生样本，以此来估计学生数学能力和计算机技能的绝对增长。

主要结论：

工具变量法和匹配分析的结果表明，相比于普通高中，读职业高中计算机专业不仅没有提高学生的计算机技能，反而大大降低了学生的数学能力（降低了0.30个标准差）。异质效应估计还表明，读职高增加了学生辍学率（增加了3个百分点），特别是弱势（低收入或低能力）学生的辍学率。最后，匹配分析的结果表明，职高计算机专业学生的数学能力绝对下降（下降了0.42个标准差）。

总的来说，相比于普高，参加职高不仅对学生的特殊技能没有显著的积极影响，而且还对一般能力有相当大的消极影响。这种影响在低收入学生和低能力学生中十分明显。如果将这一研究结果推广到其他省份和专业，那么，推广职高教育未必能对中国人力资本的发展作出预计的贡献。相关部门加强教育监督与协调，将教育资源投入到能够转化为学生技能提升的教育模式或学校也许是解决这一问题的可行办法。

（整理者：张建英）

【**中国森林生态系统服务的货币估值**：文献综述和研究展望（**Monetary Valuation of Forest Ecosystem Services in China: A Literature Review and Identification of Future Research Needs**）】

D. D'Amato, M. Rekola, N. Li, A. Toppinen

Ecological Economics, Vol. 121, 2016, pp. 75 - 84.

研究背景/目的：

中国存在大量有关森林生态系统服务货币估值的国内研究，但现有的对货币估值研究的评价却存在系统性偏差。其中最明显的偏差体现在概念研究，以及区域层面或全球层面的经验研究所面临的问题和挑战，生态系统服务的模糊分类，方法论和有效性问题，以及货币估值对未来研究的启示和应用等方面。该文的贡献在于为中国森林生态系统服务的货币估值方面的经验研究提供系统性的梳理。重点是评估研究方法之间的差异；强调不同生态系统服务类型货币价值的变化；对未来研究需求的讨论。鉴于货币估值过程中诸多技术和概念上的局限性，我们认为以货币形式表示的生态系统服务价值可以作为一个工具，来讨论生态系统服务在人类社会和经济福祉中所发挥的重要作用，以支持有关开发与可持续利用资源的政策讨论，尤其是在新兴国家的背景下。

研究方法：

该文的研究思路借鉴了Khan等人（2003）的方法，包括提出研究问题、确定相关研究、评价研究质量、汇总研究证据以及解释研究发现。核心假设是，现有的以英文发表的同行评议论文代表着中国在该方面研究的最高水平。因此，从科学网站（Web of Science）收集2000—2012年间同行评议期刊上有关森林（天然林、人造林和城市林）生态系统服务货币估值的英文文献。检索的关键词包括以下组合："生态系统服务"或"环境效益"；"经济价值"或"货币估值"或"非市场价值"；"中国"或"中国的"；"森林"或"人造林”等。首先，排除了研究森林以外的其他生态系统的论文。其次，只收集了为一种或多种生态系统服务提供货币估值的论文，以及为生态系统的位置和规模或者研究方法提供信息的论文。最后检索到 12 篇符合要求的论文，涉及 72 个森林生态系统服务。

根据千年生态系统评估将各项服务分为供给服务、调节服务、文化服务和支持服务，该文还增加了“其他服务”，以表示更广泛的社会经济效益所附带的生态系统服务。对于原文献不是按这种方法分类的进行重新命名。该文主要以分析调节服务类型为主，它又可以分为水文服务、碳储存、土壤保护和养分循环四类。

文献使用的估价方法主要有市场价格法、成本法、条件价值法和利益转移法等。该文还借助发表年将当地货币估值或美元估值转化为国际美元估值：$IntUSD = [LCU \times (PPP2013/PPPt)]/PPP2013$，$IntUSD = [USD \times (GDPdefl.2013/GDPdefl.t)]/PPP2013$；其中，*IntUSD* 表示国际美元；*LCU* 表示当地货币；*USD* 表示美元；*PPP*2013 表示 2013 年的购买力平价；*GDPdefl.* 2013 表示 2013 年的 *GDP* 通货膨胀率；*t* 表示发表年份。

主要结论：

研究结果表明，国内文献受到难以归类的生态系统服务和方法不一致的影响。森林生态系统服务的货币价值观不断变化，以及研究方法的差异可以部分解释这一现象。今后的研究可以从加强版或者更标准化的方法论方法中获益，借鉴国内评论文章中所采用的相关方法和指标，以及国际经验和概念文献中所提出的见解和解决办法。森林景观养护的特殊政策与不断建立的商业种植园为中国货币估值的研究提供了重要机遇。未来应该致力于评估生态系统服务在土地利用变化时的边际价值，以及不同利益相关者之间收益流的变化。

（整理者：张建英）

第五篇

著作选介

【国际服务贸易政策研究】

赵　瑾等

中国社会科学出版社 2015 年版

556 千字

十八届三中全会以来，随着上海、广东、天津、福建四个自贸区的相继建立，中国已经由 36 年前以制造业为核心的对外开放，步入了以服务业为核心的对外开放新时代。当代国际最新研究表明：在全球贸易总出口中服务业增加值的占比（46%）已超过制造业（43%），几乎占出口增加值的一半；服务业与服务贸易在经济增长和就业中发挥重要作用。同时，在全球热议的工业 4.0，即由德国引领的以智能制造为主导的第四次工业革命中，物联网和服务网在制造业中拥有巨大的创新潜力，如果成功地将基于网络的服务整合进工业 4.0，将极大地扩展这种潜力。那么，新时期中国对外开放重点的变化，即服务业的对外开放能否在制造业服务化趋势中促进产业结构转型升级并实现“中国制造 2025”？中国服务贸易的大发展能否创造贸易竞争新优势，在新常态下促进我国经济的稳定增长和扩大就业？

站在世界看中国，从中国在全球服务业和服务贸易发展中所处的国际地位看，中国是全球服务贸易大国而非强国。（1）2014年中国服务业增加值在 GDP 中的占比为 48.2%，不仅低于 2012 年世界平均水平 70.2%，而且低于同年低收入国家的水平 49.1%；（2）2014 年中国服务贸易在 GDP 中的占比为 6%，不仅低于 2012 年世界平均水平的 11.8%，而且低于同期低收入国家水平 14.32%；（3）2014 年中国服务贸易进出口总额在全球占比 6.19%，是全球第二大服务贸易国，第五大服务贸易出口国，但同时也是全球最大的服务贸易逆差国，2014 年服务贸易逆差额高达 1600 亿美元。

站在中国看世界，近十年来，全球服务贸易发展的基本格局正在发生重大变化，发达国家正在重塑国际服务贸易规则，推动全球新一轮服务贸易自由化。（1）国际服务贸易的增速高于 GDP 和货物贸易增速。（2）发展中国家服务贸易出口增速超过发达国家，正在改变以发达国家为主的国际服务贸易利益格局。（3）亚洲的崛起正在改变欧洲在全球服务贸易发展中的绝对优势。（4）发达国家通过 TPP、TTIP、TISA 谈判正在重塑全球国际贸易投资规则，特别是由美国、欧盟、澳大利亚主导，23 个 WTO 成员参与的国际服务贸易诸边谈判（TISA 谈判），正在加快推动全球新一轮的服务贸易自由化。

三十多年来，中国对外开放的重要经验是把握和顺应世界大势，在统筹好国内国际两个大局中，谋划有中国特色的社会主义发展道路。在全球新一轮服务贸易自由化的浪潮中，中国如何应对？在中国新一轮服务业对外开放中，如何加强监管，保障国家经济安全？在中国经济新常态下，如何增强服务业出口能力，实现 2020 年服务贸易进出口额突破 1 万亿美元大关的新目标，继续发挥贸易对经济增长的拉动作用？

面对中国经济发展面临的诸多难题，该书从全球和国别两个层面开展了研究。

在全球层面上，研究了全球服务贸易发展的基本格局与新特点，全球服务贸易壁垒的主要手段、行业特点和国家分布，以及 WTO 国内规制改革与国际服务贸易自由化发展新趋势，力求在把握当代全球服务贸易发展的大势中，抓住新一轮服务贸易自由化浪潮的历史机遇，推动中国在“十三五”期间实现服务贸易的跨越式发展。

在国别（地区）层面上，选取了美国、德国、英国、法国、日本、印度、新加坡、加拿大、澳大利亚、中国香港 10 个服务贸易大国（或地区），通过重点分析各国（地区）服务贸易发展的历史演变和主要特点、服务贸易自由化、服务贸易管制措施、服务贸易管理体制等内容，旨在为中国稳步推进服务业的对外开放，建立完善的服务贸易管理体制和有效的监管机制等提供参考和借鉴。

该书认为，全球服务贸易的基本格局正在发生重要变化，“十三五”时期，我国应抓住机遇，实现服务贸易跨越式发展。(1) 我国应抓住全球服务贸易高速增长的机遇，实行制度创新，扩大服务业开放水平，以服务贸易的高速增长确保外贸的稳定增长，拉动中国经济转型升级。(2) 我国应抓住国际服务贸易利益格局变化的新机遇，积极、主动、全方位地参与全球新一轮服务贸易规则谈判，把握服务贸易发展的主动权。(3) 我国应抓住国际服务贸易结构优化的新机遇，重点促进新兴服务业的发展。(4) 我国应抓住国际服务贸易进出口地区差异性机遇，针对不同市场制定不同的贸易政策，精准扩大服务贸易进出口。(5) 我国应抓住国际服务业不均衡发展的机遇，在引进外资和对外投资中，重点开展与欧洲的国际合作，精准对接发达国家服务业对外扩张和产业转移。

借鉴美、德、英、法等大国发展服务贸易的经验，我国应扩大服务业开放，加快创新服务贸易发展的体制机制。一是确立“服务先行”的出口策略，将大力发展服务贸易上升到国家战略层面；二是实行有选择的、渐进式、多层面的服务业开放政策，夯实服务贸易发展的产业基础；三是建立服务贸易监管体系，在开放中实行适度保护，确保国家经济安全；四是实施服务贸易促进政策，扩大服务贸易出口；五是建立完善的服务贸易管理体系和协调制度；六是吸引和培养高素质人才，提高服务贸易的国际竞争力；七是建立完善的服务贸易统计体系。

（赵　瑾）

【中国外汇储备管理优化论】

石　凯　刘力臻

中国社会科学出版社 2015 年版

230 千字

外汇储备管理，本质上应处理好储备资产的规模和结构问题。面对汇率波动、利率变化、潜在投资损失和货币政策失效风险，储备资产安全状况甚为堪忧，迫切需要建立一套具有中国特色的外汇储备战略管理体系。该书正是在这样的背景下对储备管理关键问题展开的全面讨论，旨在探索一套具有理论基础、现实性、可操作性强的外汇储备管理战略。该书从功能论出发构建了外汇储备适度规模的动态评价标准，并探讨了外汇储备币种结构调整的动态最优路径问题；在公开信息有限的情况下，借助多种渠道开展数据挖掘，探索了中国外汇储备可能的资产分布和投资期限结构；将资产负债协同管理理念引入中国外汇储备投资管理过程；提出了外汇储备优化管理的“二维（战略和战术）、三层（短期、中期和长期）”构想。

首先，从四个方面入手探讨外汇储备规模管理问题：在小国开放模型基础上，借助纯粹符号约束的脉冲响应分析方法，实证分析了外汇储备累积对宏观经济的影响；从功能论出发，借助经验分析、保险合同模型、小国开放模型和历史分析方法，对用于满足交易性、预防性、保证性和管理性需求的外汇储备适度规模标准展开讨论；分析了外汇储备与主权财富基金的关系；探讨了中国外汇储备规模优化调整的途径。研究表明：外汇储备累积有助于改善外部融资条件，在一定程度上引起短期外债对长期外债的替代，有助于提高国内产出，确实形成了一定短期通胀压力，但对降低失业率起到了积极作用；应以“8.1 个月进口 + 短期外债的 1.91 倍 + 实际利用外资的 15%”作为标准对中国外汇储备规模的适度性进行动态评价；“发行特别国债购买外汇储备向中投公司注资”可以成为中国外汇储备规模管理的“常态化”操作模式。

其次，从“实然”状态、“应然”结构及优化调整路径三方面探讨了外汇储备币种结构管理问题：综合美国财政部 TIC 报告和国际货币基金组织 COFER 数据，探索了中国外汇储备的可能币种构成；在 MV 分析框架下，借助 DCC-GARCH 模型模拟收益率的时变相关关系，计算了具有最小方差风险的外汇储备最优币种结构；使用动态优化方法构建了外汇储备币种结构调整的最优路径。研究发现：中国外汇储备可能由 60%—65% 的美元、25%—30% 的欧元、5%—7% 的英镑及 3%—5% 的日元资产构成；疲弱的美元以及过高的美元资产比重已成为外汇储备风险的重要来源；按动态最优路径将部分美元资产转换为日元可以有效降低风险，切不可盲目减持欧元。

再次，透过资产分布和期限结构两个视角探讨了外汇储备投资管理问题：综合国际货币基金组织 GDDS 模板、中国国际投资头寸表和美国财政部 TIC 报告，参考 Brazil 外汇储备资产构成，剖析了中国外汇储备的可能资产分布和投资期限结构；借助 Aizenman-Glick 模型和 Stackelberg 模型的基本思想以及 CIR 平方根模型，分别探讨了外汇储备在低风险和高风险资产间以及在长短期债券间的配置问题；同时，探索了中国外汇储备资产结构优化调整的方向。研究表明：中国外汇储备可能由 95% 的证券、2% 的货币和存款以及 3% 的其他金融工具构成；证券资产由 90% 的长期债券、1% 的短期债券以及 9% 的股权组成；外汇储备中的股权投资仍显不足；外汇储备对美国国债的投资不存在市场择时问题；为提高投资效益，应当对外汇储备进行“分档”管理。

复次，深入探讨了中国外汇储备与对外债务的协同管理问题：一方面，分析了中国外债结构，讨论了外汇储备和外债协同管理的必要性；另一方面，以固定收益投资组合管理理论为基础，探索了免疫策略和现金流匹配策略在中国外汇储备投资管理中的应用。研究发现：外汇储备和外债协同优化对中国经济稳定发展至关重要；从期限结构和币种构成来看，2012 年 6 月末中长期外债占 25.08%，短期外债占 74.92%；美元债务占 77.77%，欧元债务占 7.51%，日元债务占 6.99%，其他债务合计占 7.73%；国家外汇管理局应根据目标外债的久期调整储备资产久期，同时应权衡储备资产现金流和外债现金流。

最后，从短期、中期和长期三个层面以及战略和战术两个维度，提出了中国外汇储备优化管理的战略构想：在短期对策方面，应建立战略外汇储备风险管理框架、制定适度规模的动态评价标准、按照动态最优路径调整币种结构、完善委托经营体制、构建结构优化指数、完善以风险管理为核心的外汇储备管理体系；在中期战略方面，要坚定不移地推进以超额外汇储备支持战略物资储备制度建设、积极参与东亚外汇储备库建设、尽快研究以过剩外汇储备充实养老金的途径和方法、拓展外汇储备投资类别，实现国家资源的全球战略配置、有限参与欧洲救助计划；在长期战略方面，应稳步推进人民币国际化、加紧变“存汇于国”为“藏汇于民”、努力实现内外经济均衡发展以及中国与世界经济再平衡。

该书的理论价值和现实意义：探索适度规模的动态评价标准，为实现外汇储备“分档”管理奠定了现实基础；明确币种结构调整的方向和最优操作路径，为美元贬值过程中的币种结构管理提供了具体指导；讨论“分档”管理制下资产配置和投资期限结构优化问题，为外汇储备投资管理提供了理论支持；探讨免疫策略基础上外汇储备与外债的协同管理问题，为保证中国经济安全提供了参考；在结构优化基础上，构建有中国特色的战略外汇储备管理模式，为化解巨额外汇储备管理困境提供了重要抓手。

（石　凯）

【**制度与人口**——以中国历史和现实为基础的分析】

王跃生

中国社会科学出版社2015年版

1230千字

无论从中国历史上看，还是就现实而言，中国人口的发展演变深受不同形式制度的影响。人口的变动主要体现在人口数量、人口分布和人口结构方面。人口数量与婚姻、生育和家庭等人口行为有关，人口分布则是迁移流动的结果，而人口结构有多种体现，其中人口年龄结构和性别结构最为显著。该书集中探讨制度与人口数量、分布、结构和秩序的关系，考察制度对人口行为的制约、调整和引导作用，分析制度与人口行为的因果关系，弄清制度对人口行为的积极作用和消极后果。通过借鉴历史上制度对人口积极作用和消费表现，评估当代正在实施的与人口有关政策性制度的效果，探寻改进制度设计的途径，使人口行为沿着大众所期望的方向发展。中国当代正处于深刻的社会转型过程中，人口的城乡变动、区域变动剧烈，户籍管理中有诸多不适应现代社会发展的做法，家庭养老方式受到冲击，社会养老保障制度有待完善。考察已有制度对人口的制约方式、作用和问题，将有助于当代与人口有关的制度在制定、改进和完善过程中减少盲目性，进而使社会转型比较平稳，避免或降低社会冲突。

该书从五个方面考察制度对人口行为和人口发展的影响。一是对人口数量增长具有促进作用的制度。它包括：男嗣传承制度、财产诸子均分制度、推崇大家庭制度、家庭养老制度、宗族制度、父母为子女主婚和操办婚事制度、早婚制度、同姓同宗不婚和近亲不婚制度、一夫一妻制度、社会救济制度和重农制度。二是对人口增长具有制约作用的制度，其中主要有赋役制度（表现在清中叶“摊丁入亩”制度实施之前）、女性婚嫁厚妆奁制度、男性婚娶高财礼制度、溺婴制度、现代避孕药物和技术推广制度、计划生育制度、晚婚制度、教育制度和社会养老保障制度。三是对人口分布具有作用的制度，主要为迁移制度、户籍管理制度。四是对人口结构具有作用的制度。包括溺婴习俗和当代社会出现的妊娠期间性别选择性流产做法（这虽不是制度但却与男孩偏好惯习有关）、计划生育制度等直接对人口年龄结构和性别结构产生作用，而重农政策则对人口职业结构具有直接影响。五是对人口秩序具有作用的制度，主要是政府通过户籍制度约束人口行为，进行身份控制等。上述制度对人口的影响方式有多种，有的直接作用于人口本身，有的则通过间接方式影响人口行为。同时，这些制度还具有交互影响特征。即在同一时期，促使和抑制人口发展的制度并存。就总体而言，近代之前，制度的主流表现是促使人口增长，而在当代（特别是20世纪70年代至2016年）以直接控制人口增长的政策性制度成为主流。考察制度与人口关系的现实意义在于，政府主导的政策和法律在贯彻过程中，常受到惯习的制约，增大制度落实的成本。该书将努力找出以一种用新制度矫正旧制度的途径。

该书的创新之处主要体现在以下方面：一是从历史和现实相结合的视角考察与人口有关的制度形成、发展演变、实施效果，既将特定制度的基本脉络梳理清楚，同时又不拘泥于具体阶段分析。二是将宏观视野与微观认识结合起来。宏观视野体现在注意从总体上把握制度与人口的关系表现和特征，又力求避免宏观分析中常有的“空疏”现象。对特定时期的制度实践的认识，除了使用常见的资料外，注意引入惯习和个案，由此对具体制度对民众行为的制约程度有所把握。三是将对人口行为有直接影响的制度与间接性制度结合起来。中国的制度实践表明，直接针对生育、迁移流动的政策和法律对人口的数量变动和空间分布具有影响，而传统时代的赋役制度、当代社会的生产资料所有制变更通过改变民众的生存条件、财产支配方式影响人口行为，其对人口数量和分布的作用程度甚至超过直接性制度。只有抓住这一点，才能对制度与人口关系的认识更全面。

该书主要使用历史学、人口学、社会学的分析方法，同时借用了制度经济学的概念体系。以历史上制度与人口关系的认识作为研究的基础，对特定制度形式的源流、演变进行考察，弄清研究对象的过程，把握事件的前后承继关系，借用不同学科方法进行交叉研究。

中国历史和现代社会中，与人口有关的制度形式多样，其对人口数量、结构和分布发展的影响深远。该书将多种制度纳入分析之中，避免了以往研究仅从政策或法律认识制度的不足，努力呈现多样性制度对人口行为的影响，由此拓展人们对制度与人口关系的认识。该书是系统分析制度与人口关系的著作，将不同类型的人口制度融合在一起，形成了比较系统的知识体系。中国当代是政策性人口制度的重要实践年代，所取得的成就为世人瞩目。但人口控制政策在实施过程中也遇到很大的阻力，民众以变通方式应对，人口性别比在一些地区大幅度上升就是其表现之一。导致这种现象的原因与民间社会传统性制度仍在发挥作用有关，该书的研究将有助于认识不同制度交织在一起对人口发展的作用，全面把握一种政策的落实有可能产生的副作用，进而采取有针对性的措施，改进和完善已有制度。

（王跃进）

【**中国人口合理分布研究**——人口空间分布与区域协调发展】

张车伟等

中国社会科学出版社2015年版

398千字

人口合理分布是区域协调发展和国土开发格局优化，是关系到国家长远发展重要战略性问题。人口的分布与人口的流动与区域的协调发展是一个有机联系的过程。要搞清楚人口分布的结果，必须从分析人口分布、人口流动、产业集聚和经济布局的互动关系着手。该书考察了我国人口分布历史过程，探讨人口流动与分布格局的变动对地区发展的影响，探索人口合理布局的评判标准，指出促进区域协调发展和实现人口均衡的路径选择与政策导向。该书主要内容分为五个部分：

第一，考察了新中国成立以来，我国人口分布的历史变动、现状、基本规律和发展趋势。我国人口集中分布在华北、华中、华南的平原地区和巴蜀盆地等地区。中国人口区域分布呈现极大的不平衡，主要表现为东密西疏；平原盆地地区多，山地、高原地区少；农业地区多，林牧业地区少；沿江、临海、沿路地区多，交通不便的地区少。人口分布的这种不平衡状况是在漫长的历史发展过程中逐渐形成的。一方面，人口分布受到自然环境的约束，人类的生产、生活活动会改造自然环境；另一方面，产业格局也受到人口分布的影响，经济发展又会带来人口迁移，从而改变人口分布。

第二，全面分析改革开放以来地区差距的变动。地区差距既是诱导人口流动的基本动力，也是人口流动和集聚的结果，考察地区差距变动有助于更深入地理解人口流动方向和人口分布变动。书中考察了人均产出、人均收入和人均消费三个指标的差距变化。测算结果显示地区差距指数呈现倒“U”形的走势：1978—2000年间，变异系数迅速提高，2000—2005年间，该系数经历了一个较为稳定的变化阶段，2005年以后开始有所下降。从三个指标的比较来看，人均GRP差距指数总体上最高，人均收入和人均消费地区差距交替领先，2001年后，人均收入差距超过了人均消费。这种现象同样也表明收入差距调节力度不够。

第三，分析了人口流动、产业集聚对地区发展格局的影响。地区差距从空间上看表现为人口与产业分布的不匹配，因此研究不匹配是审视地区差距的一个新视角。该书通过构造测度不匹配程度的指数，描绘了我国人口与产业不匹配程度的现状与变化趋势；并在分析不匹配形成机理的基础上，提出了三个可能导致其扩大的研究假设。通过实证分析发现，人口与产业不匹配程度会随着经济发展呈现出先升后降的变化趋势，在此过程中，人口迁移壁垒、资本边际产出变动差异对不匹配扩大起到了推动作用，而国家区域协调发展战略在阻止其扩大方面发挥了一定的作用。

第四，探讨了城镇化格局变动与人口合理分布的关联。中国的城镇化率已经突破50%，成为名副其实的城镇化社会。城镇在聚集产业创造财富的同时，也日益成为大多数民众生活的家园。通过对城镇化格局的变动考察，并借鉴国际前沿的研究成果，提出城镇人口合理分布的标准，并依次评判中国各区域人口分布的合理性，以及未来的发展方向。利用不同来源数据研究发现，中国城镇化格局变化主要表现为：“镇”人口扩张对城镇化作用不断增强，人口聚集“市化”和“镇化”共同驱动特征；城镇人口向东部地区集聚趋势未发生根本改变；城市群吸引人口和经济聚集能力不断增强，正成为推动城镇化的重要力量。基于城市人口规模与位序关系的Zipf律发现，中国目前城市人口规模越大城市人口扩张速度越快，同时城市人口分布逐渐收敛于Zipf律，人口在不同规模城市间的分布正趋于合理；但华中地区大城市发育不足，华南地区中小城市发育不足，其他地区基本呈现向Zipf律收敛的趋势。因此，不同空间维度城镇化发展面临的问题与任务是不同的，应实施有差别化的促进政策。

第五，研究了人口、经济的聚集与实现区域均衡发展的路径选择。从空间上来看，人口与经济分布不匹配程度直接度量了地区差距，基于这一视角，重新审视了改革开放以来地区差距的变化，研究其变化的内在机制，探讨实现区域发展再平衡的路径选择。通过把地区差距分解为人口聚集和经济聚集程度变化的相对差异，发现中国的区域差距主要由经济聚集度变化所决定，人口聚集度变化往往处于从属地位，但随着人口流动壁垒的降低，其对缩小地区差距的贡献在不断扩大。通过观察各国人口与经济匹配度的变化，估算了不匹配度变化的合理区间，在此基础上对31个省级行政区进行了类型划分，探讨了不同类型地区实现区域经济再平衡的路径选择。

（蔡翼飞）

【减贫进程中贫困人口能力形成的产权分析】

李晓红

中国社会科学出版社2015年版

340千字

该书是贫困研究领域具有相当前瞻性的成果。研究内容覆盖了“十九大”提出的“扶志扶智”领域的主要问题，并在国务院印发《“十三五”脱贫攻坚规划》之前（2016 年 11 月 23 日印发），即明确区分了贫困地区和贫困人口的自我发展能力，并聚焦减贫进程中贫困人口的能力形成问题。该书提出了贫困与反贫困的产权分析范式。认为贫困人口之所以贫困，是由于他们的产权特征所决定；减贫干预实际上是对减贫资源产权的重新界定。因此，影响减贫效率和减贫终极目标的关键就是：减贫资源是否被正确地界定到贫困人口所需要的领域，以及贫困人口的产权实现能力。

贫困与反贫困的产权分析范式包括五个层次的内容。

第一层次：贫困与反贫困分析的两大逻辑起点。即反贫困实际上是对减贫物资产权的重新界定，以及产权贫困导致能力贫困。

第二层次：贫困与反贫困的产权属性分析。贫困与反贫困的产权属性，最终必然表现为物的产权、人力资本产权以及两者的结合特性。

第三层次：贫困与反贫困的产权贫困特征分析。总体来看，贫困人口的产权贫困特征可以区分为人力资本初始性产权贫困、生产性、分配性、交换性和消费性产权贫困。

第四层次：减贫含义。扶贫是对减贫资源产权的重新界定，其减贫含义指向减贫物资的界定方式和领域；生产性、分配性、交换性产权的减贫含义，指向具体的资源产权怎样界定才有利于减贫，以及如何增加已有资源产权的价值；人力资本产权贫困与消费性产权贫困的减贫含义，都指向怎样增加贫困人口的人力资本以及其人力资本产权如何实现的领域。

第五层次：减贫目标。减贫的最终目标是形成贫困人口的自我发展能力，这从产权分析的视角来看，就是贫困人口的产权维护能力。根据产权分析的逻辑，产权维护能力包括初始产权的增值能力、新增产权的保值和增长能力、矫正不合理产权安排的谈判能力等。

运用贫困与反贫困的产权分析，可以将产权贫困区分为初始性产权贫困、分配性产权贫困、交换性产权贫困与消费性产权贫困。

初始性产权贫困是典型的生产性产权贫困，包括因为物质生产条件匮乏或者恶劣导致的生产性产权贫困，以及由于贫困人口人力资本不足导致的人力资本初始性产权贫困。初始性产权贫困在物质条件方面，主要表现为农业生产条件恶劣、生态脆弱、自然灾害频发等不利于农业稳产高产的自然条件和环境因素；在人力资本产权的初始性贫困方面，则主要表现营养不良、身体素质不高、受教育程度低、技能缺乏等；对于留守儿童来说，人力资本产权的初始性贫困还包括与父母自由分离带来的低社会化问题。抑制和消除初始性产权贫困，是减缓和消除贫困的关键。

分配性产权贫困在宏观层面，表现为公共资源分配中贫困人口的产权劣势地位。包括三种情形：贫困地区的公共资源少，在分配公共资源时，由于贫困地区的话语权小和负责分配公共资源的工作人员的知识和能力约束，导致公共配置失当，造成贫困地区客观上的分配性产权贫困。在中观层面，分配性产权贫困主要是指资源开发利用中贫困人口产权的劣势地位。包括需要农民转让其生产性产权的谈判力不够，在资源开发过程中对新增产权的分配权利缺失，不能分享开发收益的分配性产权贫困。在微观层面，主要表现为贫困家庭在可得家庭资源一定时，合理分配使用家庭资源的能力不够。

交换性产权贫困是指贫困人口不能通过交换实现财富增值，主要包括两种情形：一是初始性贫困，即缺乏用于交换的产品和服务。二是交易环节的交换性产权贫困，即由于交易条件和环境的约束，使得这些产品或者服务难以市场化。交换性产权贫困对于消除贫困至关重要。交换性产权能否实现关系到生产性产权贫困的瞄准的意义，分配和消费性产权贫困的消除，以及初始性产权贫困的加剧。

消费性产权贫困主要包括两种情形，一是贫困人口可以消费的物品和劳务数量小。二是因为知识约束，不能正确地消费已有物品和服务。分析表明：

（1）转型增长中的能力贫困始于产权贫困。（2）初始产权与交换产权是减贫与能力形成的关键。因此，该书在生产性产权贫困方面提出增量扶贫、市场扶贫和改革扶贫思路；在人力资本产权贫困方面，提出均衡城乡教育资源和杜绝留守儿童现象等思路；并对交换性产权贫困、分配和消费性产权贫困方面提出建议。

该书对减贫中的社会资本作用进行了尝试性探讨，提出了政府反贫困进程中社会资本作用的供求和产出分析框架；并对其产出进行了分析；探讨了供求分析框架和产出分析框架对相关领域研究的启发和应用前景。

（李晓红）

【新兴经济企业成长路径研究：商业模式的视角**】**

龚丽敏

中国社会科学出版社 2015 年版

243 千字

改革开放以来，一些中国企业经历了前所未有的成长。细究这些高速成长的故事，也许会发现一个惊人的事实，即这些企业的高速成长，大都不是通过核心技术的突破来驱动成长的。山寨战略、模仿起家，不仅体现在中小企业，大企业和知名企业也都是这么经历过来的。抛开可能涉及的知识产权问题，这些企业为什么能实现成长？它们是如何随时间一步步成长起来的？

该书通过回顾企业成长的研究文献发现，对企业成长潜在质性差异的关注亟待加强。大量研究不过是将成长作为“输入”和“输出”，将其过程看成一个黑箱，这是对企业成长内部情况时间维度的忽视。其次，企业成长研究仍然主要遵循技术发展为主的传统逻辑。直到近期对技术创新之外成长动力的呼吁，研究者才逐渐开始关注商业模式作为企业成长驱动因素的解释。但商业模式研究本身还处于范式前的混乱阶段，因此采用商业模式视角来解释企业成长之前尚需对商业模式研究进行系统梳理，以奠定理论基础。

该书聚焦于我国制造企业发展，旨在发现和解释转型经济中制造企业成长的独特驱动因素和路径。回答了以下问题：商业模式是一个具有理论潜力的构念吗？如果是，那么它该如何发展？新兴经济制造企业不同阶段的商业模式如何驱动企业成长？新兴经济制造企业的商业模式与成长之间如何共演？

该书明确了商业模式构念及其特征，并指出了商业模式对战略管理研究领域的重要意义。提出采用架构方法来对商业模式构念及其相关研究进行理论化的建议。基于社会网络方法的文献分析结果发现，以商业模式为主题的研究仍处于新理论阶段，且尚未形成明确的发展流派。尽管如此，该书鉴别了研究的三个主题脉络：对商业模式概念和要素的探讨、创新创业领域的研究以及战略领域的研究。当然这些脉络不是割裂的，而是相互关联的，其研究结果很可能实现相互增强，并最终完善商业模式研究的理论基础。

在明确商业模式构念的基础上，该书在新兴经济制造企业情境中进行了商业模式要素验证和修改工作，论证了新兴经济企业商业模式的四个要素，即价值主张、能力、价值链环节以及渠道，并强调了要素特性在商业模式研究中可能产生的重要作用。基于此，该书针对手机行业两家企业天宇朗通和宇龙酷派的纵向对比案例研究表明，在新兴经济情境下，原创创新式商业模式和山寨式商业模式都能在政策环境放松时带来企业成长，但后者对成长的作用更明显。而当技术发生跃迁时，山寨式商业模式显然不能适应这一技术环境的变化，会带来企业成长的停滞甚至失败；而原创创新式企业也很难跟上国际先进技术发展的要求，转而进入破坏式创新商业模式，在一定程度上保持技术优势并迎合新兴经济广阔市场需求，从而带来企业成长。

对我国转型升级较为成功的正泰集团的纵向案例研究，展示了我国制造企业在“抄袭—模仿—创新”过程中，不同发展阶段商业模式与企业成长的动态匹配关系，展示了企业成长过程中，商业模式演化的前因和后果，并从商业模式角度呈现了我国制造企业“起步—转型—升级”的内在动力。具体地，正泰从最初连模仿都算不上的家庭作坊，到购买部件开始组装模仿低压电器产品的山寨式商业模式，过渡到生产成套设备的破坏式整合商业模式，再到成为太阳能电池板生产商的高技术领域原创创新式商业模式。

该书案例中天宇朗通、宇龙酷派以及温州低压电器的正泰集团的故事代表了我国企业商业模式的三种不同形态。尚未发生技术跃迁之前，天宇和正泰类似，都是破坏式整合商业模式，以模仿作为企业发展第一步，都是市场主导型的商业模式。尽管 Luodeng（2011）将天宇朗通总结为进入模仿—创新道路的中国企业案例，但研究结果显示，天宇朗通在发展的第一阶段的确如此，但技术跃迁阶段完败。其失败在于没有意识到市场需求的变化并对商业模式进行调整。宇龙酷派早期从特殊利基市场切入的做法与西方主流企业类似。

在理论上，该书有助于厘清商业模式构念及其对战略管理研究视野的拓展，提出了新兴经济中小企业成长的整合要素解释，为多种非技术创新成长方式提供了理论支撑。在实践上，该书提出了商业模式作为技术创新之外的企业发展新思路，从而避免了企业不同业务之间商业模式“一刀切”，也避免了企业不同发展阶段的商业模式固化问题。这表明，新兴经济企业在成长过程中对商业模式的修正可能是企业实现转型升级的关键之所在。此外，商业模式视角也要求管理者不再局限于企业边界而是以商业生态系统为边界进行重要战略决策的基础。

（龚丽敏）

【颠覆暴利——互联网思维下的金融创新**】**
曾德超　张志前
社会科学文献出版社 2015 年版
297 千字

自互联网金融概念提出以来，特别是 2013 年“余额宝”推出以后，产业界、学术界，甚至是监管部门，不断创新观念、勇于探索、形成合力，共同推动互联网金融蓬勃发展。如何看待这场金融变革，是每个关心金融业未来的人都在思考的问题。该书从金融人士的视角研究互联网时代的金融创新，全面系统地介绍了我国互联网金融的产生背景及原因，深入阐述了互联网金融的内涵、原理和特征，梳理了互联网金融的基本理论，分析了互联网金融的各种业态和运营模式，介绍了互联网企业和金融企业的应对策略。该书还对互联网金融存在的风险和监管进行了研究，对互联网金融未来的发展前景进行了展望。

该书主体结构分成三大部分。第一部分是互联网金融的背景及理论阐述，包括从第一章到第三章的内容，主要阐述互联网金融的来源及背景、互联网金融的内涵、互联网金融的基础设施。电子商务发展、传统金融变化、跨界融合引发的创新等因素引发互联网金融在中国的发展。互联网金融的内涵并不复杂，但有其特质，已经形成了一定的业务模式。网络支付的功能得到进一步优化，电子信用体系重塑了金融信用。第二部分是互联网金融的主要业务模式及应用领域介绍，涵盖从第四章到第九章的内容，主要介绍 P2P 网贷、众筹、互联网小额贷款、互联网货币、互联网财富管理、互联网证券等业务模式及传统金融机构的应战、互联网巨头的经典案例。P2P 网贷乱象丛生，众筹模式渐渐清晰，网络小贷成为信贷新模式。比特币、社区币、山寨币等互联网货币出现并对传统货币带来冲击，其监管势在必行。互联网个人财富管理兴趣，规模快速增长，余额宝等各类互联网“宝宝”竞争激烈，银行开始出现变革。互联网证券起于青萍之末，证券公司、基金公司迎来新机遇，众筹和 P2P 带来互联网证券新风险。传统金融对互联网金融开始阻击，四大银行全线出击，中小银行奋起直追，保险公司不甘落后，网上信托蠢蠢欲动，其他金融跃跃欲试。阿里、腾讯、百度、京东等互联网巨头纷纷介入金融业务。第三部分是互联网金融的发展趋势与监管，包括第十章和第十一章，主要介绍互联网金融的发展趋势及互联网金融的风险和监管。互联网金融在实现自我创新与革命的同时，通过重构金融信用体系、再造金融资源配置正在颠覆传统金融业务。互联网金融有其独特的风险，有必要对其实施金融监管，可以借鉴发达国家的互联网金融的监管经验，构建中国互联网金融监管体系。

互联网金融的兴起打破了金融业的互联网化进程，也改变了素有暴利行业之称的金融市场格局。传统金融业遇到了来自互联网的前所未有的冲击和挑战，不得不压缩利润空间，参与新的竞争。金融界必须作出全面的调整才能应对。互联网金融把金融界带入了改革的深水区，除了商业模式的变革，还要有思想观念的更新。

我国金融业从 20 世纪 90 年代开始运用互联网技术，网上银行、网上证券交易、网上基金直销业务等网上金融业务已经非常成熟。但在此之前，我们并没有互联网金融的概念。直到 2012 年，互联网金融的概念才被提出。2013 年，以阿里为代表的一批互联网企业推出了余额宝等系列金融产品和服务，实现了互联网企业对金融机构的逆袭，互联网金融迅速升温。这是互联网技术发展的必然结果，也是我国金融创新和发展的必然产物。

随着互联网技术的发展，许多服务业的表现形式开始向信息流转化，服务业的形态也随之改变。信息的交融导致许多行业交叉、跨界与融合，行业的界线变得模糊，并形成了大服务的概念，任何一个行业可能都不会再像以前那样单纯，而是呈现某种复合形态。互联网金融就是互联网与金融业相结合而产生的复合形态。我们可以称其为混血儿，也可以称之为转基因产品。

技术的创新总会带来金融的创新。由于互联网具有“开放、平等、协作、分享”的精神，使得互联网金融也拥有“开放、平等、协作、分享”的精髓，互联网金融业务也具备了透明度更高、参与度更高、协作性更好、中间成本更低、操作更便捷等一系列特征。但是，互联网金融并没有改变金融的本质属性。作为投融资的中介，金融的核心是风险管理。加强对互联网金融的监管，防范和控制金融风险依然是非常必要的。

我国互联网金融发展中还存在诸多问题，理论界对互联网金融还存在种种争论，但不可否认的是，我国现有的金融体系与发达国家相比还有很大差距。金融服务所覆盖的范围和金融效率都还不尽完善，这给了互联网金融生成、发展、壮大的土壤。发达国家因有较为完善的金融体系，互联网金融的发展反而不易。而与此同时，国内金融市场还没有完全开放、利率受到严格管制，使得国内金融业具有令人羡慕的高回报。这也是互联网企业介入金融业的一个诱因。

在国际上，从20世纪后半期美国信息技术革命的历程来看，发达的金融体系有力地助推了一大批中小科技企业的创新，使美国始终居于新技术革命的前沿地位。技术的创新也推动了美国金融的创新，使美国的金融业保持领先水平。由此可见，金融改革及金融效率提高是经济转型中极为重要的一环。发展互联网金融对促进消费和中小企业发展都有积极意义。借助互联网金融推进我国金融改革也是中国金融发展的必然趋势。

（史晓琳）

【金融国策论】

时吴华

社会科学文献出版社 2015 年版

310 千字

当前金融研究和实践过于强调金融技术化，导致金融研究与政治研究脱离，进而造成金融在国家治理层面战略形成和布置上的缺失。为了研究解决这个问题，该书从国际政治经济新格局和国内政治经济“新常态”出发，以全新的角度看待和阐释金融，把金融与政治紧密结合，将金融与国家、金融与战略、金融与政治的关系抽丝剥茧地解析出来，同时从国家治理的新角度提出全新的中国金融体系构建。该书跨越金融、经济、立法、外交、情报、宣传、网络管理多个领域，涉及多个部门，从国家策略层面进行金融实务解析和理论建立，宣告了全新的政治金融学的问世。“金融与颜色革命”“金融与反恐”“构建内应力量—金融战略主动”等章节都旨在创新，为提高国家治理能力提供金融思维的新视角。

该书提出，研究中国金融问题应有三个目的：一是巩固党的执政基础和维护国家安全；二是服务于国家经济建设；三是服务于国际战略。并对金融及与之关联的现实国际战略等社会重大关切问题提出了新观点和新概念，抛却了过去金融作为专业系统的“技术外衣”，指出随着社会演变和历史进步，在现代社会，金融就是新战场和新武器，是新时代国家安全和战略的必争高地，而国家利益永远是金融服务的最终目的，必须据此构建符合国家发展阶段的、符合社会发展方式的、符合人民需求的金融战略。

金融是国际竞争的焦点，谁掌握了金融权，谁就控制了世界。金融系统是大国运筹的协调枢纽，金融方略是大国战略的关键手段，金融国策是现代化国家治理的核心内容。美国的金融战略已经渗透到政治领域，是全方位的，组织完善、配套到位。相比熟于金融治国的美国，中国对金融战略高度认识还不够，全国性金融战略机构缺失，导致内政外交、立法行政不能够统筹规划，组合出击。以金融在未来没有硝烟的国际战争中的重要地位来看，中国可设立一个与国家安全工作领导小组、中央财经领导小组并列的金融战略领导小组。

货币竞争的背后绕不开政治和外交的角力。随着国家综合实力增强和国际利益面扩大，中国的国际金融话语权意识逐步高涨，诉求也日益强烈。尽管暂时还难以撼动西方国际金融话语权的强势地位，但应坚定不移地有序推进对国际金融话语权的争夺。人民币国际化的终极目标不仅仅是中国拥有自己印刷世界流通货币的权力，而是真正成为国际资本体系的重要一员。

中国需要加强金融体系的改革和完善，进一步增强国际竞争力。金融体系改革是金融体系发展壮大的基础，是人民币国际化的前提条件。中国应从自身条件出发，清晰定位金融发展战略，厘清中国到底需要什么样的金融体系，并在体制效率、市场深度、创新能力上深化改革，大力推进完善建设金融市场的举措。

互联网行业未来会成为新的基础设置，国资大量注入是国策。同时，互联网时代是“大众创业、万众创新”的好时代，从金融角度看，加大互联网新兴企业在境内上市，实现利益共享，是个好主意，既保护国家利益，鼓励企业创新创业，又造福于民。

“三行战略”（金砖国家开发银行、亚洲基础设施投资银行、上合组织开发银行）、“丝路基金”的大框架为金融国际战略奠定了良好基础，指明了方向，目前部分机构尚在草创阶段，能否下好这盘大棋，需要大量具有丰富实践经验和国际金融背景的人才。往往丰富的实践经验才能指出关键性细节问题并解决。

金融监管是国策战略体系关键一环。监管不与时俱进会严重滞后中国金融的发展。监管应立足中国实际，不盲目跟随所谓的国际规则，这需要监管层有学贯中西、有海内外金融机构履职经验的人才，这样有利于中国监管走上理论自信、监管自信的道路。随着互联网信息技术发展和金融自身的发展要求，以及利率市场化的推进，金融混业经营会成为趋势。中国现行的“一行三会”模式已经显露出多头监管容易发生的监管真空和监管重叠的问题。应该顺应金融创新发展要求，从机构性监管向功能型监管，从分业向综合监管转变，成立“国家金融监管委员会”。同时，监管也要跟上“互联网 +”的发展速度。

商业社会互联网化进程加速，实体经济线上化、虚拟化程度不断加深，在此过程中衍生出多种新的商业模式和经济业态，为产业链顶端的金融互联网化打下了基础，也加速了互联网金融发展的步伐。面对新兴信息技术、金融服务模式创新此起彼伏，传统的监管工作模式、人员团队、技术支持和知识结构已经应接不暇，导致他们无法跟上互联网速度来看透世间变化，并以监管者的身份出现在互联网金融野蛮生长的汪洋大海中。与互联网公司动辄投巨资进入研发系统，高薪聘请精英团队不一样，监管部门的信息技术、人员薪酬都跟不上信息化时代金融监管所需要的速度。同时立法薄弱也是国内监管乏力的原因之一。立法是弥补监管不足的方法。

在非传统安全的地位日益上升的今天，金融安全的重要性越来越凸显出来，成为国家安全的核心与焦点。在经济金融领域，两国交战已经不见国界，不见硝烟，不见厮杀，但后果却异常严重，可以瞬间倾国倾城。在和平时期，金融安全风险甚至威胁国防和军队建设。在经济全球化、金融全球化、流通信息化的今天，世界变得越来越开放，我们要用更开阔的视野来理解金融，用更全面的眼光来看待国家安全，必须把保障金融安全放在首位，把金融安全上升到国家战略。

（史晓琳）

【转型与发展：从保险大国到保险强国（2015）**】**

朱进元　殷剑峰主编

社会科学文献出版社 2015 年版

473 千字

我国正处于经济转型期、民生需求释放期、社会矛盾多发期和巨灾风险上升期，政府面临很大的经济管理和社会管理压力。随着政府改革转型，如何确保在简政放权的过程中社会管理不出现空白和缺位，如何利用市场机制建立公共服务供应体系，都是我们面对和亟待解决的重大课题。该书基于这一背景展开对中国保险事业发展的研究，从中国商业健康保险发展影响因素与路径探讨、小额贷款保障保险的机理、现状和前景、互联网时代的中国保险业发展、保险财富管理内涵与实践研究、个人税型养老保险系统的构建等方面展开分析，提出了“新常态”下有益于中国保险业发展的一些建议。

从保费规模上看，我国已经成为世界排名第四的保险大国，但中国保险行业仍处于初期发展阶段，保险深度与密度等指标均低于世界平均水平，“大而不强”是现阶段的主要特征，我国还远不能称作保险强国。中国寿险业发展相对弱于非寿险的现状值得警惕，应重点推进个人税延型养老保险，继续大力推动责任险、商业健康保险、小额贷款保证保险和财产保险等非寿险的发展，并加快国家养老保障体系的建立。“互联网+”时代还应加强大数据技术在保险领域的应用，并加强保险业监管和立法改革，为我国从保险大国迈向保险强国提供根本保障。

责任保险是一种市场化的风险管理和社会管理机制，能够通过事前风险预防和事中风险控制降低侵权事件的发生率，能够用经济杠杆和多样化的责任保险产品化解民事责任纠纷，这种特征使得责任保险在政府改革转型中大有可为。在医疗责任、环境污染、食品安全等领域，责任保险可以发挥在事前风险预防、事中风险控制、事后理赔服务等方面的功能作用，用经济杠杆和多样化的产品化解民事责任纠纷，成为转变政府职能的抓手，成为创新社会治理的有效机制。服务业越发达的地区，责任险越发达。随着我国产业结构的调整，服务业在经济中的比重将显著上升，这将有利于责任保险的发展。我国发展责任保险，应完善顶层设计，探索发展模式；完善医疗责任保险试点工作；完善环境污染责任保险试点工作；完善食品安全责任保险试点工作。

基本医疗保障民营化是影响大国商业健康保险发展的重要因素。把补充医疗保障业务作为商业健康保险的长期发展方向有可能是误导性的。保险公司在提供基本医疗保险产品时，其运营机理与传统商业健康保险大不相同。我国发展商业银行保险，应配合医改顶层设计，重新审视商业健康保险发展方向；设立中国医改实验区，探索保险公司经办政府基本医疗保障业务的可复制模式；在高端医疗领域，形成与医疗机构合作新机制；优化健康保险税收政策。

目前我国发展小额贷款保证保险的主要困难有信用环境不够完善、政策支持力度不高、覆盖范围比较有限、保险公司动力不足、借款人投保意愿低、银保合作不足、产品设计不合理等。应坚持商业可持续原则，改革社会信用环境，向保险公司开放征信系统，进一步做好征信工作。加强信用中介机构建设，加强对信用知识的宣传教育，建立借款人失信惩戒机制。加强数据平台建设，提高财政税收政策支持力度，完善风险补偿机制，搭建服务平台，鼓励保险公司利用再保险或资本市场分散风险，落实好代位追偿权，平衡保险机构与商业银行之间的利益关系。改进保险销售模式，采取差别化费率。实行比例赔付，适当拓展借款期限，逐步将资金用途拓展至消费性资金用途，与其信用增级措施形成联动，简化理赔程序。

税延型养老保险能够增强养老保险体系的可持续性，有助于积极应对人口老龄化的压力，有助于引导培养社会公众强制储蓄和自我保障，有助于解决整个社会养老保障基金储备不足的问题。中国开展税延型养老保险，要充分发挥保险公司的优势基础，在机制设计上要突出长期强制储蓄的目的，持续加强对参与保险公司的监管力度，始终把税收优惠公平性作为开展税延型保险的重要前提。

“新保险国十条”将提升财产保险对经济社会的影响，有助于国家治理能力的提高，有助于经济发展和转型升级。保险资金进入资本市场可以降低资本市场对其他资金的依赖，保险资金投资国债能促进国债市场的发展完善，保险资金投资股市有助于股票市场的稳健发展。应加快财产保险基础建设，鼓励财产保险公司创新发展承保业务，在深入分析市场回报和风险的基础上，引导保险企业提高保险资金营利水平，理顺审慎监管与市场创新的关系，建立良好的财产保险监管体系。

“新常态”的经济发展、监管变化和技术动力同时驱动中国保险行业发展，中国保险业即将迎来黄金发展期，推进中国从保险大国向保险强国转变。其中大数据对保险行业的影响最具颠覆性、革命性，“改良”与“改革”并重，是建设现代保险服务业的重要抓手。未来市场将呈现与大数据密切相关的特征，即可保风险池转移并缩小，保险产品更加多元化。互联网保险成为下一个热点，数字生态系统建设势不可当。保险公司可按照诊断现有数据能力、制定数据策略、构建数据能力、寻求突破机会四个步骤逐步推进大数据战略落地。监管机构必须从行业层面推动数据保护、基础设施建设立法保障、监管创新等工作，才能保证整个保险行业数据应用的规范和有效。

（史晓琳）

【人民币国际化】

张　斌等

社会科学文献出版社 2015 年版

221 千字

美国金融危机的关键教训之一是当前国际货币体系对单一储备货币的过分依赖。未来国际货币体系改革的重要方向之一是国际储备货币多元化，在这一背景下，人民币国际化被寄予厚望。近年来的人民币国际化进程有两个支柱，一是使用人民币作为贸易结算货币，二是以香港为代表的离岸人民币市场发展。人民币国际化的进程超出了此前的预期，人民币国际化带来的后果备受争议。人民币国际化仍面临着不少障碍，特别是僵化的人民币汇率形成机制和资本项目管制。

该书是中国社会科学院经济研究所组织的系列图书之一。重点是研究作为国际大都市的上海，在经济、产业结构转型时期未来发展和创新的新思路，特别是对于人民币国际化相关问题进行解读。该书紧扣中国经济发展脉络，结合我国当前实际情况进行前瞻性分析，通过厘清人民币国际化进程的基本事实，理解人民币在岸和离岸市场之间的互动关系，借鉴其他货币离岸市场发展的经验，从而对近年来人民币国际化进程取得的经验和教训作出客观评估，并为进一步完善人民币国际化相关政策发挥参考作用。

全书包括两篇，共九章。第一篇为人民币在岸与离岸市场协调发展研究。其中第一章论述离岸市场发展及其对在岸市场影响的理论与国际经验，包括离岸市场与货币国际化、离岸市场发展的国际经验与教训、离岸市场发展对在岸市场的影响、在岸市场的应对措施等内容。第二章论述人民币在岸与离岸市场的发展与互动，内容涉及对人民币离岸、在岸市场的已有研究、人民币跨境业务的最新进展、香港离岸人民币市场的发展与现状、在岸外汇市场的发展与交易逻辑、人民币贸易结算和离岸人民币市场发展是否加剧短期资本流动、CNH 和 NDF 以及 CNY 的联动关系研究。第三章提出人民币离岸市场与在岸市场协调发展的政策建议，包括在岸市场与离岸市场发展的政策建议回顾、对在岸与离岸市场协调发展的一揽子建议。

离岸市场的定价机制，已经由被动地、单纯地接受在岸市场的影响，转而成长为能够与在岸市场形成互动的市场力量。由于这一互动机制以国际经济环境的重要变化为背景，这种互动局面是否能够持续还需要进一步跟踪和观察。从中期来看，一种可能的结果是，随着国际金融市场环境恢复平稳，离岸市场对在岸的影响将变弱；而在岸市场对离岸市场的影响则继续占据主导地位。为使在岸与离岸市场协调发展，应当加快改革，形成以市场供求为基础的人民币汇率形成机制；审慎对待资本项目开放，保持离岸市场与在岸市场之间的适度隔离；加快在岸金融体系改革；谋求建立全球金融规则，为在岸与离岸市场协调发展提供有利外部条件。

第二篇为人民币跨境清算指标体系研究。其中第一章为国际清算与结算体系的介绍与比较，介绍了支付、结算、清算的概念。环球同业银行金融电信协会、美国的支付清算体系、泛欧自动实时总额结算特快转账系统、日本支付清算体系、主要发达经济体支付清算体系的比较，人民币支付清算体系。第二章阐述了主要国际金融中心建设与跨境清算体系，包括主要国际金融中心发展历程、纽约和伦敦国际金融中心的发展对上海的启示、上海成为国际金融中心和清算中心的潜在优势、上海国际金融中心建设的措施。第三章分析了人民币国际化的进展，分别从国际收支平衡表的框架、国际货币职能角度来看人民币国际化。第四章回顾了货币国际化驱动因素的文献，涉及货币国际化长期驱动因素、结算货币决定因素、储备货币决定因素、货币国际化短期驱动因素。第五章研究人民币跨境套利指数，内容涉及人民币国际化指数综述、人民币跨境套利指数。第六章研究人民币跨境清算指标体系，包括人民币跨境清算系统现状、人民币跨境结算指标体系、人民币跨境结算出现的主要问题，并提出了政策建议。

从 2009 年 7 月我国启动跨境贸易人民币结算试点至今，人民币国际化取得了长足的进展，其中的重要标志就是人民币跨境贸易清算额快速增长。由于目前境外的离岸人民币市场尚处于发展初期，人民币在境外使用渠道非常有限，人民币国际支付清算业务主要为跨境支付业务。与之相应，我国人民币跨境清算渠道也仅仅支持跨境支付业务，尚未形成严格意义上的人民币国际清算系统。跨境支付业务处理主要采取境外清算行模式、境内代理行模式和境外机构人民币结算账户模式。目前我国跨境人民币结算主要有代理行模式、清算行模式以及 NRA 账户模式。

该书编制了跨境支付结算体系的法律和监管框架指标和跨增收支付系统的安全性、可靠性、有效性指标，以测试当前人民币跨境结算基础设计的进展程度。前者包括现有法律框架下的核心法律概念、中央银行对审查支付系统的法律权力两部分。后者包括流动性风险、运营商/日内流动性提供者面临的信用风险、系统弹性与业务连续性、效率、访问规则与政策五部分。

自 2009 年以来，人民币跨境支付结算的基础设施从无到有，发展迅速，为人民币跨境贸易和投资搭建了一个跨境公路。但是这一体系目前主要是以清算行为主导，是暂时性过渡系统，在法律基础、监管框架、支付效率还存在较大缺陷。为解决这些问题，我国应短期推广清算行模式，中长期逐步弱化清算行垄断地位；进一步提高跨境支付清算效率；建立人民币跨境支付清算系统，完善清算系统股东与会员结构治理方案，由央行牵头，金融机构参与共同运作的跨境人民币清算，其服务范围不断扩大，构建高效、精确、安全的市场化的清算业务系统。

（史晓琳）

【中国粮食安全评论（第一卷）】

李国祥等

社会科学文献出版社 2015 年版

190 千字

粮食安全不仅一直困扰着中国人民，而且也是世界关注的经常性话题。中国是个经济社会快速发展的发展中国家，国际影响力日益提升，幅员辽阔、人口众多、可利用替代资源有限、环境保护压力比较大、土地承载力有限。受到农业资源约束和粮食消费增长以及居民食物消费结构升级影响，中国将长期面临粮食紧约束，粮食进口规模不断扩大。中国经济社会正处在全面转型新时期，这些因素都将影响中国粮食生产和消费。中国长期高度重视粮食生产，新时期中国粮食实现连续多年增产。随着中国在世界经济地位的提升和对外开放的深化，中国粮食安全问题越来越成为人们关注的话题。20 世纪 90 年代中期“谁来养活中国”的讨论、2008 年国际上提出的有关中国是全球粮价暴涨和世界粮食危机的引擎的命题，反映了中国粮食安全形势的话题对世界舆论的影响。中国粮食安全状况越来越受到世界瞩目。

该书是“国家安全战略研究丛书”之一，属于“十二五”国家出版规划项目。该书全面分析了中国粮食生产、消费和进出口的变化与现状及其主要影响因素，展望了中国粮食供给与需求的未来一般趋势，对中国农业生产经营组织、粮食市场结构、粮食价格、耕地等资源约束、国家粮食安全政策进行了客观的评论，提示出中国过去主要立足发展国内粮食生产养活了自己，未来中国保障国内粮食安全的封闭环境会打破，需要积极参与国际分工和承担全球粮食安全义务，适当调整中国的粮食安全战略。中国人口规模扩大、城镇化推进和居民生活水平提高带来了粮食需求总量增长和结构变化。与粮食需求相适应，中国主要通过提高粮食生产能力和调整粮食品种结构和区域化布局，实现了粮食供给数量上的高度自给。中国经济发展，农业比较劣势不断显现，但是通过稳定和完善农户家庭经营制度、实施农业补贴和价格支持政策、推进农业科技创新，以及最严格耕地保护等法律、经济和行政手段，中国粮食生产不断发展。中国未来尽管外汇储备充足，粮食进口能力很强，但是中国仍然会在农业国际化加深的同时主要通过发展现代农业保障自身粮食安全，并为全球粮食安全继续作出贡献。

全书共十章，第一章“概论”介绍了国内外对粮食安全的认识，分析了中国的粮食生产、进口情况以及新形势下的国家粮食安全战略。第二章“粮食生产与粮食安全”介绍了中国粮食产量和人均粮食产量、中国的粮食播种面积和平均单产，分析了中国分季、分品种和分区域粮食生产的变化、中国粮食生产的影响因素、中国粮食增产的潜力以及粮食生产区域布局的变化趋势。第三章“粮食生产布局与粮食安全”在介绍粮食布局基本状况与变化趋势的基础上，从要素角度分析了比较优势与粮食生产布局变动，从市场角度分析了比较优势与粮食布局，对促进粮食生产合理布局作出了思考。第四章“食物消费与农产品国际贸易”介绍了中国作为最大农业进口国这一事实，重点分析了大豆进口与国家战略的关系，对中国农产品国际贸易前景和食物消费作出了展望。第五章“粮食进出口与国家粮食安全”阐述了改革开放以来中国粮食进出口的总体变化态势，分析了影响粮食进出口的主要因素，并对中国粮食进出口与国家粮食安全的关系作出了展望。第六章“粮食市场结构与粮食安全”分析了粮食产业结构、粮食收购市场结构、粮食加工市场结构、粮食销售市场等对粮食安全的影响，对完善粮食市场，促进粮食安全提出建议。第七章“粮食价格与粮食安全”分析了中国粮食价格的基本走势、粮食生产价格和消费价格关系，研究了粮食产量与粮食价格、粮食价格与居民食品消费的关系。第八章“粮食生产资源与粮食安全”研究了工业化和城镇化、粮食生产能力、适度进口等与粮食生产资源及粮食安全的关系。第九章“2004年以来中国粮食安全政策”介绍了保障中国粮食安全的主要政策，并对其成效作出评价，分析了中国粮食安全政策存在的主要问题，提出了提高中国粮食安全保障水平的对策与思路。第十章“中国粮食安全展望”对中国未来粮食生产与安全作出展望，认为中国粮食国内产需缺口将不断扩大，中国粮食生产能力将继续不断提高，保障粮食安全的同时会更加兼顾食品安全和农业资源永续利用，粮食价格可能会长期温和上涨，中国粮食进口风险管控能力逐步提高将更好地保障国家粮食安全。

尽管国际机构、不同国家以及社会舆论广泛讨论粮食安全问题，但是不同环境下不同人、不同机构讨论的粮食安全概念往往是不完全相同的。国际组织对“粮食安全”认识不断深化，体现了从强调全人类的食物供给的充足性上升到强调个人对食物的获取机会和获取权。在中国，粮食安全主要是指人们直接消费的粮食供给和养殖业需要消耗的粮食供给。

保障粮食安全的方法经历了演变发展过程。在市场经济不够发达的情况下，保障每个人获得必要健康营养的基本途径大致包括食物自给能力、脱贫致富、食物援助，通过赋予家庭农业资源和生产要素，从而保证其有能力生产、获得必要的食物。随着市场经济的发展，分工和专业化的深化，常见的方法是通过增加货币收入从而让有经济能力的人进行公平交易获得必要或者充足的食物。对于一些特殊的社会群体，在经济上可能比较脆弱，通过法律途径使其通过收入再分配获取必要的营养物质，通过社会捐助帮助其在一些特殊情况下获取必要的营养物质。

（炊国亮）

【《资本论》中的市场经济逻辑】

王明友

社会科学文献出版社2015年版

381千字

《资本论》是唯一一部集马克思主义哲学和马克思政治经济学于一身的马克思主义经典著作，是真正影响并将继续影响人类社会发展进程的最重要的一部社会科学著作，恩格斯称《资本论》是“工人阶级的圣经”。随着时代的发展，国人对《资本论》在市场机制方面的深刻阐释显得知之不多，认为其在市场经济中无用的看法甚是流行，马克思经济学正在被边缘化。该书以回归《资本论》是揭示市场经济规律的“经济哲学”著作为目标，对《资本论》中所揭示的市场经济逻辑进行了系统梳理和探讨。

该书分上、中、下三篇十二章论述资本论中的市场经济运行的逻辑规则。上篇主要是从《资本论》的问世，以及在中国的翻译、出版、传播处落笔，重点讲述《资本论》的对象、方法和逻辑结构，劳动价值论的基本逻辑“交换何以可能”和剩余价值生产的必然逻辑。中篇详细论述《资本论》对市场机制及其实现形态的提示，从商品价值量和社会必要劳动时间两重含义进行分析、对比。下篇从《资本论》对市场经济运行与发展的角度对企业、供求平衡理论、货币产权等理论进行探索分析。

该书上篇从创新的角度对《资本论》的研究对象、方法和逻辑结构进行论述，尤其是对马克思劳动价值论和剩余价值论的逻辑概述，对“交易创造价值”和用“交易费用”挑战剩余价值生产理论的简要评论，以及“对劳动价值论质疑”提出再度质疑等。

中篇从《资本论》对市场机制及其实现形态的提示的角度重新认识两重含义社会必要劳动时间的问题，从中得出简要结论：马克思在《资本论》中对市场机制的分析把价值论、价格论和市场机制论统一起来，以两重含义的社会必要劳动时间为基础对市场逻辑的分析对市场经济规律的揭示更深刻、更全面、更本质，能更好地帮助人们身处市场经济的本身。从而得出马克思经济学讨论的市场机制问题，对市场经济的认识远远高于现代西方经济学。

现实中多数人认为马克思主义经济学与西方经济学的“供求价格论”相比，后者更适合市场经济的发展，“竞争价格论”才有用，只因马克思的劳动二重性的命题是为解释“商品为什么能交换”来服务的，而西方主流经济学主要是来解释“商品为什么要交换”和“交换有什么好处”的。西方主流经济学研究分工，研究比较优势，研究专业化；揭示买者和买者争把价格抬高，卖者和卖者争把价格压低；探讨诸多鲜活的市场活动行为，显得更接近经济生活的现实。从这个角度来思维当然有其合理性，因为对于“为什么要交换”和“交换有什么好处”，人们从交换的实践中就可以得到实际的感悟，容易看得到，也是现实的客观存在。人类社会的经济发展也正是得益于交换的发展。

《资本论》把阐述劳动二重性原理的标题定为“体现在商品中的劳动二重性”，这是由于只有在商品生产条件下，交换商品才需要比较其所含劳动量的大小，也才需要对劳动进行抽象。因为具体劳动在质上各不相同，因而在量上无法进行比较。那么，为了说明可比较的共同点，也就需要把不同的具体劳动抽象为，或者说还原为同质的抽象劳动，并借助于对抽象劳动的凝结量，即所谓价值量，或者说共同的质的量的比较，产品才有可能作为商品来进行私有权要求下的平等交换——等价交换。

同时，马克思的劳动二重性思维是有客观基础的。不同的物相交换本身在逻辑上就包含着将千差万别的使用价值，从而将生产它们的千差万别的具体劳动蒸发为或抽象为共同物——价值和抽象劳动，即一般人类劳动耗费的过程。马克思经济学的价值和抽象劳动范畴不过是商品交换中客观存在的这一逻辑过程的理论表达而已。

下篇承接中篇，对《资本论》中的市场经济逻辑进行探究，以劳动资源的节约为前提，以社会必要劳动时间机制为核心，以两重含义社会必要劳动时间在现实市场竞争中的展开为主线，将马克思的劳动价值论与市场经济机制——价格机制、供求机制和竞争机制统一起来，并从微观企业运行到宏观结构平衡，从商品交换到货币理论，从产权到租金，从技术变迁与制度变迁到经济增长，从国内市场到国际市场等一脉串联下来，从而把“价值规律”从抽象引向了现实市场机制层面，使之在一定程度上接了“地气”。

该书以社会必要劳动时间机制为核心，从市场机制、价格机制、供求机制、竞争机制、企业行为、资金运转、总量平衡、一般均衡、货币理论、产权约束、技术变迁、制度变迁、经济增长和世界市场等诸多方面对《资本论》所揭示的市场经济逻辑进行了开拓性梳理和别开生面的探讨，同时在探讨社会主义市场经济的运行机制问题上开辟了从马克思理论智慧中汲取思想的灵感。

（炊国亮）

【中国经济分析与展望（2014—2015）】

中国国际经济交流中心编著

社会科学文献出版社 2015 年版

521 千字

该书对 2014 年中国经济发展进行了全方位的研究。首先是综合报告，对中国经济运行进行全面系统分析，同时还对中国经济发展新常态和中国经济安全等问题进行专题研究。接着分四个专题从不同角度对中国经济进行具体研究。专题一为“宏观经济政策与运行”，专门研究了财政政策、货币政策、三大需求、物价、就业、国际收支、吸收外资以及对外投资。专题二、专题三和专题四，分别为“财政与金融”“区域与产业”“改革与开放”，深入研究了这些领域本年度的具体表现。

2014 年是全面贯彻落实中央十八届三中全会精神的开局之年，这一年度中国经济运行的基本特点为中国经济在合理区间运行，基本实现了年初政策目标；增长动力趋缓，经济结构出现积极变化；农业农村经济发展较快，工业经济运行平稳，服务业快速发展，中西部经济发展快于东部。预计 2015 年中国经济运行的国际环境总体趋好，但国外政策调整、地缘政治冲突等也会带来一些不确定性。国内基本面和改革因素可支撑经济中高速增长，但是一些短期、结构性与长期性因素将对经济增长造成冲击和制约，保持经济持续平稳增长仍面临很多挑战。

2014 年 11 月，习近平总书记在亚太经合组织工商领导人峰会开幕式上首次系统阐述了新常态。2014 年 12 月，中央经济工作会议全面描述了经济进入新常态的九大趋势性变化。中国经济新常态的基本内涵可从以下五个方面来理解：经济发展动力从传统增长点转向新增长点；经济发展方式从规模速度型转向质量效率型；经济结构正从增量扩能转向存量调整和增量做优；经济管理从刺激增长转向科学调控；经济发展目标从追求经济增长转向共享发展成果。经济发展进入新常态，我国发展仍处于可以大有作为的重要战略机遇期，但无论是从国际形势还是内部变化来看，我国经济发展都面临诸多挑战。

受出口增长不如预期、国内经济处于结构调整和转型升级期以及房地产市场周期性调整下行等因素影响，2014 年我国固定资产投资增速呈现了逐月放缓的态势。2014 年出口增速较 2013 年下降 1.8 个百分点，这说明影响出口的因素综合起来对出口造成负面影响。相比较于投资和出口两大需求，消费需求的表现更为平稳和有韧性，在促进经济健康发展方面发挥着重要的先导性作用。2014 年消费仍然是我国经济增长的重要引擎，最终消费对 GDP 贡献率达到 51.2%，拉动 GDP 增长 3.8 个百分点。随着社会消费方式的升级换代，个性化、多样化消费渐成主流，此时居民消费（或私人、个人）将在经济生活中扮演着更加重要的角色。

1981—1990 年中国外贸的平均增速是 11.7%，1991—2000 年外贸的平均增速是 15.2%。2001 年加入世界贸易组织（WTO）后，除 2009 年同比下降 13.9% 外，2002—2011 年进出口总额的增速始终维持在 17.8% 和 37.1% 之间。但是，2012 年中国外贸增速显著下滑，进出口总额仅增长 6.2%。2013 年外贸形势有所好转，进出口总额增长 7.6%。2014 年中国外贸增速仅 3.4%，为近三年来最低。

2014 年 6 月，中共中央政治局会议审议通过了《深化财税体制改革总体方案》，明确到 2016 年基本完成改革重点工作和任务，2020 年基本建立现代财政制度。2014 年是新一轮财税体制改革元年，主要聚焦在三项改革任务中的前两项，预算管理制度改革和税收制度改革。

2014 年 10 月 2 日，国务院下发了《国务院关于加强地方政府性债务管理的意见》，对地方举债融资体制、地方债务风险控制基本原则等方面提出了一系列重大意见，10 月 8 日，国务院发布了《关于深化预算管理制度改革的决定》，提出要建立地方债务风险预警机制，把地方债务纳入各级政府的政绩考核中。

目前，中国工业的空间布局仍不尽合理，西部是我国经济区域结构不合理最明显的体现，中部则因长期“不是东西”

（既不是东部又不属于西部）而似乎被忽视，但中、西部又是我国应对目前经济下行风险的最大回旋余地，亟待调整优化，特别是要按照国家主体功能区规划的要求，引导产业有序转移，实现不同类型区域的转型升级。2014 年 6 月 25 日召开的国务院常务会议，确定了促进产业转移和重点产业布局调整的政策措施。

我国制造业全球占比达 19.8%，工业制成品出口占全球制成品贸易的 1/7，是世界制造业第一大国。然而与此同时，中国经济进入“新常态”发展阶段，经济潜在增长率下降，生产要素成本快速上升，生态环境约束趋紧，加之全球经济结构正在经历深刻调整，发达国家纷纷实施“再工业化”和“制造业回归”战略，与我国形成激烈竞争，我国制造业面临着“前堵后追”的双重挤压。因此，中国制造业必须加大结构调整力度，重构竞争优势，加快技术升级、产业升级和全球价值链升级，实施“制造强国”的举国战略。初步核算，2014 年我国服务业实现增加值 306739 亿元，比上年增长 8.1%；服务业增加值占国内生产总值的比重达到 48.2%。服务业对 GDP 增长的贡献率为 51.6%，拉动经济增长 3.8 个百分点。

该书通过对 2014 年中国宏观经济运行、财政与金融、区域与产业、改革与开放等进行了多维度透视，对 2015 年走势进行了展望。2015 年是全面深化改革关键之年，是全面推进依法治国开局之年，中国经济将继续保持平稳运行，坚持“稳中求进”的工作总基调，坚守底线，坚持速度服从质量，注重改革释放活力，为经济平稳转入新常态和“十三五”顺利开局奠定良好的基础。

（宋　静）

【**引领新常态**：若干重点领域改革探索】
李　扬主编
社会科学文献出版社 2015 年版
214 千字

2013 年 11 月 12 日，中共十八届三中全会审议通过了《中共中央关于全面深化改革若干重大问题的决定》，中国新一轮改革开放的序幕正式拉开。此轮改革的历史使命是到 2020 年，在重要领域和关键环节改革上取得决定性成果，完成决定提出的改革任务，形成系统完备、科学规范、运行有效的制度体系，使各方面制度更加成熟更加定型。在这样的背景下，该书由中国社会科学院经济学部组织相关研究所的百余名研究人员参与研究和写作的十大领域改革的总体设计方案，包括十个领域：国有经济、财税体制、中央地方事权关系、金融体制、社会保障制度、创新驱动、农村土地制度、生态文明体制、产权和知识产权、房地产。该书收录关键领域改革总体方案涵盖八大重点领域：全面深化国有经济改革的重大任务研究、财税体制改革的总体思路、中央和地方事权关系研究、转向适应市场经济运行的社保体系、“创新驱动发展战略”制定及实施的基本框架、农村土地制度改革的总体思路、包括自然资源资产产权制度在内的生态文明体制改革的总体思路以及加强产权保护的总体思路。所涉及领域，反映出 2014 年以来，习近平总书记开始使用“新常态”来概括中国经济发展的新阶段。对于这一新概括，学术界迅速跟上，并作出自己的理论研究和政策宣传。该书通过阐释“认识新常态，适应新常态”显示了国家改革面对战略转折的平常心，那么，“引领新常态”则集中体现了面对新挑战的深思熟虑和敢于胜利的勇气，更强调了全面深化改革对于在新常态下实现中华民族伟大复兴的重要意义。

该书论述了新时期国有经济面临新形势和新挑战，要实现国有经济与成熟市场经济体制全面融合面临着一些矛盾。总结了完成与时俱进地根据国家使命调整国有经济功能和布局、推进混合所有制改革确立国有经济的主要实现形式、建立分类分层的新国有经济管理体制、推动国有企业完善现代企业制度以奠定国有经济高效运行的微观基础这四项重大任务。新时期深化国有经济改革，需要准确界定不同国有企业的功能，将国有企业分成公共政策性、特定功能性和一般商业性三种类型，这是国有经济改革的前提。

该书还特别强调，随着国有经济管理体制改革的深入，现有的112家中央企业数量会进一步减少，尤其是按照党的十八届三中全会精神，要组建国有资本投资公司和运营公司。垄断性行业国有经济战略性调整，应该通过产权重构带动业务重组和企业组织结构调整，实现产业组织效率和企业绩效的同步提升。具体分析了将电信基础设施和长距离输油、输气管网从企业中剥离出来，组建独立网络运营企业的方式。并对石油行业、电网行业、民航业进行分别论述，认为从有效竞争和便于管理的角度看，国有企业在特定行业内的企业数量既不是越少越好也不是越多越好，否则不是造成垄断就是造成国有企业过度竞争。企业组织结构调整应解决经营者数量少导致的竞争不足问题，适当增加经营者数量，形成兼有规模经济和竞争效率的市场结构。

在混合所有制改革议题上，认为改革应坚持“上下结合、试点先行、协同推进”的方法论原则。在具体推进时要做到改革程序公正规范、改革方案依法依规、股权转让公开公允、内部分配公正透明；要协调推进产权改革、治理改革、政府功能完善及市场结构调整，保证非国有经济参与混合所有制改革的公平透明。

在财税体制改革议题上，认为“营改增”后各行业税负将大体均衡，应用5年至10年的时间，大幅度降低增值税的基本税率，将17%下调到10%左右，低税率从13%下调到5%左右。在经济下行压力下，对增值税税率的调整，符合宏观经济发展要求。在中央和地方财政关系、社保体系研究等其他章节也同样分析了当前所面临的社会情况，应该坚持的方法论和基本原则，在充分评估现有工作困难的基础上，提出可行的转型路径。

该书还特别提到，由于改革推进速度很快且任务繁重，十八届三中全会分解落实的118项经济体制改革与生态文明建设的方案并未全部拟就。随着“十三五”大幕拉起，各项改革工作进入深水区，把握和引领经济发展新常态的重大理论创新和实践创新，是建设现代化经济体系的重要抓手，涉及各个领域改革的速度问题、结构问题和动力问题。由于新常态是基于我国仍处于重大战略机遇期的理性抉择，任何决策都是在慎之又慎的情境中作出的。因此该书中的评估内容并非严格的“评估”，在有些领域做的是“预研究”并为改革方案提供思路。

（张 琛）

【中国能源的困境与出路】

黄晓勇主编

社会科学文献出版社2015年版

314千字

能源是一国经济发展的基础，也是国际合作和地缘政治的核心，特别是在目前地缘政治复杂、环境和气候问题在国际议程中越来越重要的今天，对能源本身以及对世界能源现状、中国的能源战略进行系统的研究具有极其重要的现实意义。该书首先概述了世界能源革命的历史演进过程，及化石能源的大规模应用带来的一系列问题，并指出了世界能源发展的新趋势。其次，从西方历史上的两次能源革命入手，着眼于中国的能源消费格局，阐述了中国在世界能源革命中的历史方位及未来发展，并从安全供给、经济、社会、生态环境方面分析中国在能源方面面临的现实困境。最后总结关于外国能源问题的经验和教训，与中国现实的能源利用情况做对比，为发展新型能源提供建议和参考，并从能源安全、经济、社会、生态环境方面论述中国能源问题的突围方向。

能源不仅是现代工业文明下的一个产业，是所有社会的基础支撑要素，恰是能源的革命性技术进步及其应用，推动人类社会从蒙昧走向文明，从农业文明走向工业文明，从工业文明走向智慧化的后工业社会。现代能源体系可以说是人类有史以来最为重要的创新，是现代工业文明的基础。尽管如此，现代能源体系却并非是完美的，相反，它还产生了一些严重的问题。其中最严重的就是环境问题，其次是社会问题。因此推动新一次能源革命已成为时代的要求，技术的进步与其应用模式的进步为新能源技术革命的实现提供了可能性。这次能源革命的主要技术特点是智能化，它对应的是后工业社会的来临和人类更自由的生活方式。

20 世纪后半期人类历史上最为重大的事件是中国的再度复兴。工业革命以来大国的发展道路历史表明，能源转型是大国崛起必不可少的内在组成部分。20 世纪后半期到 21 世纪前 20 年中国经济的高速增长给世界能源转型注入了新的活力。从英美两国能源转型的历史经验看，推动能源转型的主导国家首先应该是能源消费大国。中国的一次能源消费早在 2009 年就超过美国，2014 年已接近美国的 1. 3 倍，成为当今世界最大的能源消费国。中国的能源消费总量虽然已居世界第一，但是人均量还远远落后于发达国家，也落后于世界平均水平。大体来讲，未来 30 年中国还将处于煤炭占主导地位的能源大时代，这与国际社会处于石油时代很不同。从人均消费量看，中国仍处于工业社会初期，相当于 20 世纪 70 年代的日本。

影响一个国家能源生产的最基本因素是资源禀赋。2014 年，中国煤炭已探明储量为 1145 亿吨，仅次于美国和俄罗斯。但相比于俄罗斯与美国，中国在探明石油储量上大大落后，仅相当于俄罗斯的 18% 和美国的 38% 。从能源生产上看，2014 年中国煤炭开采量是俄罗斯的 11 倍、美国的 4 倍，石油开采量是俄罗斯的 39% 、美国的 41% 。从这个意义上说，决定能源生产的还有其他重大因素。目前，中国能源消费和生产的缺口持续扩大，获取海外能源也可算是增加生产的一种替代选择。

从中国能源消费和供给的现状看，中国的能源问题并不完全是总供给量和总需求量的矛盾，而是清洁能源不足引发的结构性矛盾，这是中国能源安全问题中的主要矛盾。能源与经济的相生关系不证自明，能源生产、消费及其价格都深刻地影响经济发展趋势，同时经济的波动又进一步影响能源的生产、消费及其价格，这种双向互动关系的传导路径颇为复杂。尽管我国能源消费结构进一步优化，但“高碳”的能源结构在未来一段时间仍不会发生根本转变。同时，中国能源领域所面临的诸多困境，如能源消费需求不断攀升、能源经济效率低下、能源供应安全风险大、能源科技和装备水平低等，将通过种种路径对中国经济健康持续发展形成巨大压力。能源生产对人口与社会也有很大影响，包括水库拆迁、人口集中带来的文化冲击，偏远地区缺乏能源供应等。煤炭、石油、天然气、水电和核电等传统能源，是中国一次能源供应的主体。近年来传统能源领域暴露的生态环保、效率较低等问题，已经威胁到中国经济社会的可持续发展。另外，能源大量开发利用等经济活动以及以燃煤为主的能源消费结构导致环境生态恶化。能源经济活动的广泛性、普遍性以及延续性使得能源环境污染较其他活动而言，更具有公害性、长久性与广泛性。

要解决中国能源问题的困境需要从多方面突围。供给方面应该积极参与全球能源市场，加强国内油气网络安全建设并加强资源勘探与勘探技术进步；经济方面应该推动能源生产革命、能源消费革命、能源技术革命以及能源体制革命；社会方面应该调整能源资源价格体系与税费体系，配合能源市场改革，改善社会收入分配格局；生态环境方面应该拓展认识与重构政策体系，以清洁、绿色、可持续、安全为政策导向，综合治理能源生产与消费的生态与环境问题。

从世界工业革命以来的历史可以十分清楚地看到，能源转型和能源利用技术革命是推进工业文明和社会进步的关键，从而引领人类社会进入每一个新的历史时代。该书从能源的价值、中国在世界能源革命中的地位到中国能源的困境、国际能源问题的经验和教训以及中国能源的未来出路，既有对能源本身（煤炭、石油、电力等）优缺点的分析，也有对能源现状的分析，还有对能源发展战略的分析，对于中国的能源未来发展具有指导意义。

（陈　青）

【中西部工业化、城镇化和农业现代化：处境与对策】

樊　明等

社会科学文献出版社 2015 年版

372 千字

中国中西部工业化、城镇化和农业现代化“三化”发展失调既有全国层面的制度政策因素，也有中西部的区域因素。中西部的改革开放相对滞后，中西部山地丘陵地带的农业自然条件缺少国际比较优势，面对全球化尤其是农产品市场全球一体化，将面临更大的挑战，既要克服全国层面的制度障碍，还要针对中西部的特殊问题采取针对性的政策措施。

该书从工业化、城镇化和农业现代化三个方面分别讨论了中西部所面临的问题以及改革的方向。对中西部农业自然条件及农业生产、农村劳动力、农业合作社、局部区域户籍制度改革和贫困区的形成及扶贫政策进行研究。该书指出，中西部乃至全国的“三化”发展失调是市场经济机制未能充分发挥作用的结果，因此解决问题的基本出路就是要让市场在资源配置中发挥决定性作用，中西部要以更大决心和勇气在局部地区率先推进市场化改革。

首先，书中提出了“农业自然条件的国际比较优势”这一概念，认为就某种农产品来说，在同等生产组织和技术条件下，如果一个国家或该国的一个地区能够因其农业的自然条件所生产出的农产品更具国际市场竞争力，则该国或该地区就具有生产这种农产品的自然条件的国际比较优势。相反如果不具有，这一农产品就可能在国际市场的竞争中失败，甚至退出这种农产品的生产。应用这个概念分析我国中西部的农业自然条件，发现如果农产品市场全球一体化到来，就谷物等大宗农产品来说，中西部山地丘陵地带缺少自然条件的比较优势，这就意味着谷物要从中西部地区丘陵地带的不少农田退出，这也就意味着将有广大的农民要从这些地区的农业退出，这将对中西部地区的工业化和城镇化带来深刻的影响。

其次，书中还论述了农产品市场全球一体化背后是制度政策的竞争，而全球竞争将大大压缩各国制度政策选择的空间。比如，我国理论界关于土地私有制一直存在争论，相持不下，但农产品市场全球一体化就加进了一条硬性的评判标准：在土地集体所有制条件下农民用承包（或通过承包经营权流转转包）来的小块土地所生产的农产品，能否在国际农产品市场与农业发达国家的农民在较大规模私有土地上所生产出的农产品相竞争？如果不能，农地私有是否可行。

另外，在关于城镇化、户籍制度的研究上，该书对中西部的城镇居民、农民工和农户展开了广泛问卷调查和访谈，共获得有效问卷14160份，其中针对城镇居民的有效问卷6764份，农民工4877份，农户2519份，构成了该研究的主要数据基础。在“城镇化”这个部分，“很想”向城镇转移的农民工占11.83%，“比较想”的占21.73%，“一般想”的占17.45%，“不太想”的占24.82%，“完全不想”的占24.13%，约一半农民工不想进城，另外66.1%的农民工认为到了一定年龄就想回乡。列举了如今农民不想进城的诸多因素，比如“城市生活成本太高”“农村和城镇户口差别不大”“想保留家中土地承包权，为自己留一条后路”等，都切中肯綮，反映了农民最朴素、最现实的想法。此外还有两个原因值得注意：其一，虽然目前各地都在逐渐放宽户口迁移政策，引导农业人口向城镇转移，但对于农民进城后的生活、就业、就医、子女上学、养老保障等，还缺少完善的制度安排，农民的后顾之忧并未解除；其二，对于进城，农民除了算经济账，还会算感情账，中国人尤其是农民向来“安土重迁”，一旦习惯于家乡的山山水水，就不愿轻易背井离乡，对故乡的留恋、对既有生活方式的依赖，也是许多农民不想进城的重要原因。

书中提到中西部要奋力追赶，就要大力发展教育，从基础教育到高等教育，从义务教育到各类专业培训。对农民工的培训来说，如果这类培训对农民工是有显著帮助的，可更多地交给市场；如果帮助有限，或政府举办的针对农民工是有显著帮助的，可更多地交给市场；如果帮助有限，或政府举办的针对农民工培训帮助有限，政府可适时收缩，从大量主要通过师徒传承的技能型培训中退出。

该书特别论述了中西部在扶贫方面一定要更多地交给市场，至少在局部范围努力建立统一高流动性的要素市场，尤其是劳动市场。要让更多的贫困区大力发展教育，提高贫困区人口素质。要让更多的贫困区人口离开贫困区以缓解人与资源环境的紧张关系，让贫困区的人口不论是离开贫困区还是继续留在贫困区，都能够获得正常收入，永远脱离贫困。

该书以调查为基础对所提政策建议给出依据，对政策执行的情况有比较可靠的评估。该书充分探析了中国的现代化运动是自东向西的，中国改革也是自东向西的。今天中西部在改革方面可更多地发挥主观能动性、大胆突破，不要把时间太多地花在等中央政策上面。该书反复强调了农产品市场全球一体化，提出了面对全球化无选择的接轨更多时候就是选择。

（张 琛）

【超成长系统——企业强势永续的奥秘】

路志川

经济管理出版社2015年版

410千字

该书以中外企业理论的综合评析和传统思维范式的系统转变为先导，以Y动力、进取人假设、聚势运营原理、超循环竞合理论、递阶变革五位一体的原创理论为基本架构，通过对动力的形态、行为和作用三大系统的全方位研究，揭示了现代企业快速和可持续发展的基因、机理和机制，构建了一种全新范式的企业发展运营学说，实现了系统动力和运营管理、组织行为和战略管理、基础理论和应用理论的有机结合，提出了一系列新概念、新原理、新观念和新主张，打造了企业理论对话交流的一种系统平台。

第一篇是总系理论，主要是揭示了三阶动力系统即Y动力的概念、形成和结构，及其不同动力组态决定企业特性、企业边界和企业类型的功能特性。（1）揭示了企业可持续发展的成长性与成熟性法则，以及由此法则所决定的企业发展的五种基本类型；（2）提出了主体动力、运营体动力和超循环体动力，即原动力、元动力和源动力三大动力或三阶动力系统的概念，包括相应的六种分系形态，即个体动力和团体动力、独立动力和统合动力、互动动力和联动动力，相应的22种子系形态，即投资者和股东会、经营者和董事会、管理者和管委会、生产者和职代会等八种主体动力，投资、技术、营销和体制、管理、文化等六种运营体动力，生产竞合和产业循环、商业竞合和区域循环、公共竞合和社会循环、生态竞合和自然循环等八种超循环体动力，解析了总系、分系和子系动力各自的地位、作用和特性，以及整体形成、关联与演变的Y形关系结构；（3）揭示了三大动力属性依存、形态依存和过程依存三大基本组态全息和决定企业价值属性、发展形态和生命过程的三大基本原理；（4）解析了六种分系动力偶联强化组态构成企业基因结构进而决定企业发展形态的机理和机制，并绘制了决定不同企业类型的Y动力基因组序列图谱；（5）提出了企业边界三态说，即职能边界、规模边界和运营边界有机联系的功能系统说，揭示了三种边界的内涵与外延、决定因素与调节机制，以及不同形态和类型的动力学基础。

第二、三、四篇是子系理论，主要是阐述了进取人假设、聚势运营原理和超循环竞合理论的基本概念、基本内容和基本运用。（1）从思维观念层面，分别评析了传统的人性假设观、要素结构观和资源空间观的意义及其局限性，相应提出了人生假设观、能量结构观和共生空间观；（2）从基本理论层面，分别解析了进取人、聚势运营和超循环竞合各自的本性结构、行为机制、政策杠杆和目标体系；（3）从具体理论层面，分别解析了三大动力分系和子系形态在本性和行为特征、政策和价值倾向方面的差异性和统一性，并提出了相应的运营管理基本要领；（4）从应用理论层面，分别构筑了三大动力各自的八对16种运营模式框架体系，解析了各类各种运营模式的基本理念、主要手段和作用机制，揭示了三组运营模式的选择和运用分别决定企业管理特性、经营特性和运营特性的效应原理；（5）从应用实践层面，分别解析了三大动力各自的畸变和衰竭现象及其原因和防治路径，阐释了主体、本体和外体三体运营与管理系统的愿景和内涵、技术和方法。

第五篇是融贯系理论，主要提出了以Y动力自组织系统为基础、以递阶变革为内涵、以集成智慧为核心的系统再组织理论。（1）从思维观念上，由Y动力自组织观进一步升华为Y动力再组织观，分析了自组织和再组织的概念关系，揭示了Y动力和递阶变革，即自组织和再组织有机结合进而形成超成长系统的内涵和本质；（2）以Y动力总系、分系和子系为基本架构，提出了以功能变革、基因变革和组元变革为架构的递阶变革理论或系统再组织理论，解析了三大变革的内涵、依据、方向和道路；（3）解析了Y动力在形态、行为和作用层面的三类复杂性关系结构，以及递阶变革认知基础的集成智慧八大体现；（4）提出了经营周期和发展周期概念，阐释了走向强势永续的愿景和内涵，以及再组织运营与管理的技术和方法。

（何　蒂）

【新型工业化道路与推进工业结构优化升级研究】

吕　政等

经济管理出版社2015年版

715千字

经过改革开放以来的持续快速增长，

我国已经成为世界第二大经济体。进入21世纪以来，我国经济发展的条件和环境已经发生变化。一是资源短缺的矛盾日益突出，环境保护的要求不断提高，拼资源的粗放型增长方式已不可持续。二是生产要素成本大幅度上涨，人民币持续升值，劳动力无限供给的格局发生逆转，基于低要素成本的价格优势正在逐步削弱。三是中国经济高速增长的阶段已经结束，经济进入增长速度换挡期，中高速增长成为工业发展的"新常态"。四是以制造业的数字化为特征的第三次工业革命正在兴起，信息技术与工业的融合日益紧密。为了在新的条件下促进工业的持续和升级发展，就必须以科学发展观为指导，走新型工业化道路，调整和优化产业结构，转变经济增长方式，建立现代产业体系。

2002年，党的十六大明确提出了走新型工业化道路，但从近些年我国经济发展和运行的实际情况看，盲目追求GDP的增长速度，以大量消耗资源、污染环境和牺牲农民利益为代价的粗放式增长模式并没有根本改变。其原因既有理论认识上的不足，也有体制、机制和政策上的局限。因此，探讨新型工业化与工业结构化升级问题仍具有重要的意义。

该书紧紧围绕我国工业发展实践，结合理论与实际探讨了走新型工业化道路的重大现实问题，包括新型工业化的要求是什么，工业结构特别是工业的各个具体领域（传统产业、高技术产业、装备制造业等）如何实现产业结构升级，技术创新、信息化与服务业发展如何服务于新型工业化和产业升级，如何调整工业化过程中投资与消费的关系，如何解决产能过剩问题，如何在全球化的背景下提高对外开放水平。该书通过五篇十九章从历史的纵向和当代政策领域的横向，从全方位对我国新型工业化道路进行研究，分别论述了中国工业化的历史进程、当前中国工业化发展阶段及其存在的突出矛盾、新型工业化道路的任务、矿产资源约束、能源约束、环境承载力、资本积累、投资与消费关系的合理性研究、中国工业投资的结构、效率与产能过剩问题、工业结构升级、改造提升传统产业问题研究、装备工业发展问题研究、高技术产业发展问题研究、技术创新、产业组织优化、信息化带动工业化、工业化进程中的服务业、对外开放与中国工业国际竞争力的提升、全球化、要素流动等新型工业化道路的问题。

该书进一步厘清了新型工业化的内涵，中国工业化进程中面临的各种重大问题，揭示了工业化过程中的重要规律，如资源和能源的消费变化规律、产业结构转变规律、投资与消费比例变化规律以及工业的不同产业领域的发展特征，具有学术价值。同时，该书从理论出发，紧紧围绕我国工业发展实践，明确了结构调整的方向和任务，提出了具有可操作性的对策，能够为中央政府、各级地方政府和大企业制定工业发展与结构调整政策提供理论支持，对我国全面建设小康社会和到2020年基本实现工业化的实践具有重要的参考价值。

（梁植睿）

【中国服务业发展报告2015——迈向"十三五"的中国服务】

夏杰长

经济管理出版社2015年版

313千字

该书包括三部分内容，迈向"十三五"的中国服务业总报告、各行业分报告（金融业、物流业、科技服务业、软件与信息服务业、商贸服务业、文化服务业、旅游业、健康服务业、体育服务业），以及专题报告（中国服务业对外开放、服务业改革、服务业制造化与《中国制造2025》、中国服务业空间格局）。

"十二五"时期以来，我国服务业发

展水平进一步提高，取得了可喜的成绩，完成预期目标指日可待，甚至某些指标可超额完成。服务业在稳增长、促就业、优结构中正在发挥着越来越重要的作用，服务经济在国民经济体系中的主导地位正在逐渐确定。“十二五”时期我国服务业快速发展，服务业预期目标有望超额完成，但也面临着附加值率低、结构不合理和体制机制亟待完善等问题。现代服务业是国民经济的重要组成部分，也是现代产业体系的重要内容。发达的服务业是推进结构转型升级、经济高速增长的重要动力，也是全面建成小康社会的重要保障。

十八届五中全会通过的《中共中央关于制定国民经济和社会发展第十三个五年规划建议》对现代服务业发展问题非常重视，第一次提出“开展加快发展现代服务业行动”，“放宽市场准入，促进服务业优质高效发展。推动生产性服务业向专业化和价值链高端延伸、生活性服务业向精细和高品质转变，推动制造业由生产型向生产服务型转变”。这些意见为中国“十三五”时期加快服务业转型升级，开创现代服务业发展新格局指明了方向和思路，是“十三五”时期发展现代服务业的行动纲领。

该书充分考虑了“十三五”时期，我国服务业发展依托的基本区域背景预期将有重大转变，并将引发服务业空间格局的相应调整。以中国产业国际竞争力进一步提升为核心和不断促进服务贸易与货物贸易的互动发展，推动中国服务业更好地“走出去”，服务业利用外资的质量和水平逐步提升，是我国服务业对外开放的重要目标。提升我国服务业国际竞争力，既需要更大力度的对外开放，更需转向促进内资服务业快速发展，特别是生产性服务业快速发展。“十三五”期间，要大力推动服务贸易出口增长以及减少服务贸易逆差，不断优化服务业对外投资结构，紧密结合“一带一路”战略和全球经济治理新体系更加科学务实地实施服务业开放，提高服务业开放水平。

为促进服务业尽快形成布局科学、分工合理的区域空间发展格局，该书在以下几个方面进行了探索与分析：以整合区域空间和创新区域一体化政策为前提，以都市区空间协调管制和战略性服务设施布局为抓手，积极探索推进以都市圈、城市带为依托的区域服务业发展格局；改革完善服务业用地管理制度，推动土地差别化管理与引导服务业供给结构调整相结合；研究制定挖潜盘活的城镇存量土地和城乡建设用地的政策措施；编制和调整土地利用总体规划和城乡规划时，应充分考虑相关服务业项目、设施的建设用地需求。

（高　娅）

【自然资源资产负债表编制探索——在遵循国际惯例中体现中国特色的理论与实践】

史　丹　胡文龙等

经济管理出版社 2015 年版

207 千字

该书是由中国社会科学院工业经济研究所及资源环境、能源经济、财务会计等领域专家集体创作而成的。

该书以经济社会与生态环境可持续协调发展为基础，在充分吸收借鉴联合国环境经济核算体系（SEEA 2012）、国民经济核算体系（SNA 2008）、国家资产负债表等核心理论基础上，立足我国自然资源基本国情，提出了编制自然资源资产负债表的理论框架和报表体系，并利用我国现有的自然资源核算数据，试编了我国国家级的自然资源资产负债表。

当前，我国生态文明建设水平滞后于经济社会发展，资源约束趋紧，环境污染严重，生态系统退化，资源环境与经济社会发展之间的矛盾日益突出，已经成为制约经济社会可持续发展的重大瓶颈。在此背景下，探索编制自然资源资产负债表，就是要努力摸清矿产、能源、土地、林木、水资源等自然资源资产的“家底”及其变动情况，为完善资源消耗、环境损害、生态效益的生态文明绩效评价考核和责任追究制度提供信息基础，为推进生态文明建设和绿色低碳发展提供信息支撑、监测预警和决策支持。

该书的主要特点体现在以下几个方面：一是比较系统全面地阐述了自然资源资产负债表的科学内涵，从理论基础、框架体系、技术手段等诸多方面对自然资源资产负债表进行了理论研究和学术探讨；二是对党的十八届三中全会以来各地探索编制自然资源资产负债表的实践进行了深入调研，对实践中发现的有益经验，现存的问题和潜在挑战进行了很好的总结归纳；三是以环境经济学和环境会计为理论基础和学科依据，提出了自然资源负债（环境负债）的概念体系，并初步尝试对其进行了量化测算；四是基于“自然资源资产、自然资源负债、自然资源净资产”这一理论框架体系，应用目前已有的自然资源统计核算数据，对我国国家级自然资源资产负债表进行了试编，完成了 2002 年、2007 年、2012 年三年的国家自然资源资产负债表（试编）。

该书从理论层面比较系统全面研究了该问题，适时总结和归纳编制中取得的进展和成效。同时剖析了试点实践中的问题，具有现实针对性。

（申桂萍）

【企业社会责任负面信息披露研究】

张　蒽

经济管理出版社 2015 年版

229 千字

该书通过对企业社会责任负面信息披露进行了专门研究，在完善企业社会责任信息披露理论的基础上，致力于推动企业社会责任负面信息的披露，促进中国企业社会责任报告水平的提升，改善企业社会责任信息仅局限于正面信息而忽视负面信息的现状。

作为企业社会责任负面信息披露的专项研究，该书对企业社会责任信息披露的相关理论进行了梳理。把有关企业社会责任信息披露的研究分为三类，即决策有用论视角、经济理论视角以及社会和政治理论视角。在决策有用论和经济理论的视角下，无论是探讨企业社会责任信息的有用性还是社会信息披露对企业价值的影响，研究大多可以归结为是结果导向的。而在社会与政治理论视角下，对企业社会责任信息披露可以进行更多的过程导向研究，如研究企业社会责任信息披露的动机、影响因子、信息披露策略等。关于企业社会责任信息披露动机，主要包括获取合法性动机，基于利益相关方的动机，企业价值观传递理论。

从现有的社会责任信息披露理论来看，这些文献不但没有对社会责任负面信息披露的必要性、动机等给予足够的关注，而且看起来企业似乎没有动机去主动披露负面信息；而一些探讨了负面信息披露的文献也基本上只是反映社会责任负面信息披露不足的问题，鲜有解释问题和解决问题的文献。该书从履行企业社会责任的利他动机、对可持续发展的追求等社会责任本源出发，并结合认知理论、偶然性视角，对现有信息披露理论进行了补充，并且创新性地构建了一个社会责任信息披露的战略管理框架，更好地解释社会责任负面信息披露问题。

企业社会责任的相关研究中有非常多的文献在关注履行社会责任、开展社会责任信息披露能否提升企业的财务绩效，能否让企业获得实际收益，而关注履行社会责任能否正真创造社会价值的文献却显得非常不够，这种过于注重企业利益的研究视角在某种程度上忽略了企业履行社会责任的核心价值所在，即为利益相关方创造更多价值，让社会因为企业变得更加美好。因此，该书从利他、长远发展的角度去考虑社会责任信息披露就显得更加难能可贵。同时，没有忽略一些企业确实存在履行社会责任的利己动机，从战略管理出发，构建了两种企业负面信息披露的框架，以更好地解释企业的信息披露行为。该书实证部分，对企业信息披露决策者的访谈，也证明了两种披露战略的存在。

企业社会责任信息披露的标准或是企业社会责任报告编写参考指南也在不断地发展和完善中，该书提到的主要参考标准有 GRI 的《可持续发展报告指南》、中国社科院的《企业社会责任报告编写指南 CASS－CSR》等。近两年，这两个重要的标准进一步升级。

随着企业社会责任报告的发展和信息披露标准、指南的完善，中国企业的负面信息披露在不断加强。作为企业社会责任负面信息披露的少有的专项研究，该书也对如何促进中国企业社会责任负面信息披露从外部推动和内部推动两个方面提出一些改进建议。外部推动主要包括建立健全社会责任信息披露法律法规，明确负面信息披露要求；完善中国企业社会责任信息披露标准，提升社会责任报告规范性；营造社会责任负面信息披露的良好社会氛围；发展社会责任投资，提高企业社会责任信息关注度。另外，虽然外部推动能够促使企业以被动的社会责任负面信息披露战略态势披露相关信息，但这种战略态势并不能形成企业发展与信息披露之间的良性循环，从企业内部推动入手，合理披露社会责任负面信息，促进企业可持续发展，才是更优的战略。在企业内部推动方面，企业应树立社会责任理念；高层积极倡导信息透明；健全企业社会责任信息管理机制；社会责任负面信息披露与企业管理改进并举。

总体来看，该书扩展了企业社会责任信息披露研究，既对企业社会责任负面信息披露进行了理论探讨，又结合中国当前社会责任发展现状，探讨了负面信息披露的外部环境，最后提出了从内外部推动企业披露社会责任负面信息的政策建议。

（陈　力）

【中国城市公用事业政府监管体系创新研究】

王俊豪等

中国社会科学出版社 2016 年版

435 千字

该书是国家社会科学基金重大项目的研究成果，主要内容包括：城市公用事业政府监管体系创新需求分析、完善城市公用事业政府监管法规政策体系、重构城市公用事业监管机构体系、构建城市公用事业政府监管多元监督体系、探索城市公用事业政府监管绩效评价基本框架、城市公用事业政府监管绩效评价实证分析。

城市公用事业监管体系是由监管法规政策体系、监管机构体系、监管监督体系和监管绩效评价体系组成的整体系统，但目前我国现有监管体系与市场经济体制要求的现代监管体系存在较大差距。主要表现为：监管法规政策不健全，缺乏执法依据；监管机构多头管理，监管混乱；严重缺乏对政府监管的监督机制，公共利益难以保障；监管随意性大，缺乏科学评价。因此，迫切需要通过监管制度创新，建立与我国市场经济体制相适应的现代城市公用事业政府监管体系。针对这一重大现实需求，该书主要目的是在系统分析我国城市公用事业政府监管客观需求基础上，提出政府监管体系创新的基本思路，并构建与市场经济体制相适应的城市公用事业监管体系，为实现城市公用事业有效监管提供理论依据与实证资料。

该书对我国城市公用事业政府监管体系创新的重要理论和实践问题作了积极探索，并努力在以下几个方面有所创新。

第一，系统分析城市公用事业政府监管体系创新的客观需求。城市公用事业政府监管体系创新的需求来自多个方面，该书运用管制经济学基本理论和大量实际资料，系统分析城市公用事业民营化为什么要求创新政府监管体系，城镇化如何要求加强基础设施政府监管，城市管理职能的转变怎样要求强化政府监管职能。这些都为城市公用事业政府监管体系创新提供了现实资料和理论基础。

第二，提出中国城市公用事业政府监管体系创新的基本目标和整体框架。该书结合城市公用事业民营化、新型城镇化和城市管理职能转变的理论与实践问题，提出中国城市公用事业政府监管体系创新的基本目标是：建立一个以“监管有据、运行高效、公开透明、激励有效”为特征的现代监管体系，为实现有效监管提供制度基础。在此基础上，运用管制经济学理论，提出并论证了由政府监管的法规政策体系、监管机构体系、监管监督体系和监管绩效评价体系这四大要素构成的政府监管体系整体框架，为中国城市公用事业政府监管体系创新，实现政府有效监管提供理论基础和基本思路。

第三，构建城市公用事业政府监管法规政策体系基本框架。该书结合城市公用事业监管改革对法规政策体系完善的制度需求，系统分析了现行城市公用事业政府监管法规政策体系及其实施效果；总结美、英、法、德等发达国家城市公用事业法规政策体系构建的历史沿革与立法经验；提出了城市公用事业政府监管的立法目标、原则，阐释在中国制定城市公用事业法的必要性、内涵与主要内容。在此基础上，构建以城市公用事业法为核心、以城市公用事业行业法规为配套、以相关法规政策为实施细则的中国城市公用事业政府监管法规政策体系。

第四，论证中国城市公用事业政府监管机构改革基本目标模式。该书认为，中国城市公用事业政府监管机构改革的基本目标模式是：建立职权配置合理、相对独立的综合性专业监管机构，对城市公用事业实行集中统一监管。针对不同地区的不同情况，在大的改革方向统一前提下，渐进推进改革，具体分为两步：第一步，通过相关政府部门内部职能整合建立隶属于城市公用事业主管部门的相对集中的监管机构；第二步，通过相关部门之间的职能整合，建立相对独立的综合性监管机构——城市公用事业监管机构。一些制度基础条件较好的城市可以通过政府机构改革，实现一步到位，对于大多数城市来说，可以采取分步走的方式渐进推进城市公用事业监管机构改革。

第五，构建中国城市公用事业政府监管“四位一体”监督体系。基于整合性治理理论，该书从立法、行政、司法和社会监督等方面系统设计城市公用事业政府监管的监督体系，构建了适合中国城市公用事业政府监管实情的“四位一体”的监督体系。其中，立法监督在我国城市公用事业政府监管监督体系中具有统领地位；行政监督是我国城市公用事业政府有效监管的日常基础性监督；司法监督既是约束行政监管自由裁量权的重要手段，也是对立法监督的落实；社会监督是我国城市公用事业政府监管监督体系增量源泉。

第六，设计城市公用事业政府监管指数的测度体系框架，为政府监管部门提供可参考范式。该书深入剖析政府监管指数的内涵，在梳理国内外文献基础上，创造性地从制度强度（软强度）和建设强度（硬强度）两方面客观构建城市公用事业政府监管强度指数的测度体系框架，详细阐述测度城市公用事业政府监管强度指数的技术流程和方法要点，并以浙江省十一个城市为例进行了实证分析，为政府监管部门提供了可操作、可借鉴的范式。

（王俊豪　卢小生）

【中国宏观经济模型及经济政策评价】

李雪松　张　涛　娄　峰等

中国社会科学出版社 2016 年版

408 千字

该书是中国社会科学院哲学社会科学创新工程项目“经济预测与经济政策评价”的研究成果，该书汇集了作者目前正在使用的各类主要宏观经济模型。这些模型力图反映国际上宏观经济建模技术的最新前沿，并紧密结合中国经济运行的特点，使用中国的数据，构建了中国宏观经济模型进行经济预测和分析，定量模拟和评价了若干重要经济政策的效应，可以为经济政策制定提供参考。

该书包括以下十个重要的经济模型：中国宏观经济年度模型、中国宏观经济季度协整模型、中国宏观经济季度 GVAR 模型、全球 GVAR 模型、中国世代交叠 CGE 模型、中国微观模拟与 CGE 连接模型、中国经济 DSGE 模型、人口老龄化影响中国经济增长潜力的数理模型、中国经济—能源—环境动态 CGE 模型（CN3EM）和中国 3E—CGE 模型。在经济预测与经济政策等评价方面，该书涉及的应用主要有年度、季度及中长期经济预测；财税改革与收入分配政策效应模拟；货币政策效应模拟；经济冲击或经济政策的国际溢出效应模拟；能源与环境政策效应模拟等。各章研究的具体内容介绍如下。

该书第一章中国研究宏观经济年度模型及中长期预测，主要内容包括：模型结构、金融与消费需求的关系、金融与出口的关系、金融与投资的关系、中国货币需求函数、模型方程、模型应用等问题；第二章研究中国宏观经济协整模型、季度预测及政策效应模拟，主要包括：中国季度宏观经济模型介绍、中国季度宏观经济模型构建、中国季度宏观经济模型应用等；第三章研究中国宏观经济 GVAR 模型及季度预测，主要内容包括：季度模型研究进展、建模思路与方法、基于结构协整 VAR 理论的中国经济季度模型、中国宏观经济季度模型的基本结构、数据处理与参数估计、中国宏观经济季度预测等；第四章研究全球 GVAR 模型及经济冲击的国际溢出效应模拟，主要内容包括：全球向量自回归模型简介、GVAR 模型的分析步骤、GVAR 模型的应用：中国和世界经济相互影响的实证分析等；第五章研究中国世代交叠 CGE 模型及税制结构变动效应模拟，主要内容包括：OLG—CGE 模型在国内外的研究情况、OLG—CGE 模型结构、OLG—CGE 模型在模拟我国税制结构变动影响效应中的应用等；第六章研究中国微观模拟与 CGE 连接模型及收入分配政策效应模拟，主要内容包括：微观模拟模型研究综述、宏观—微观一体化模型构建、应用一体化模型对公共政策改革效应的归属分析和微观模拟模型的未来发展等；第七章研究中国经济 DSGE 模型及货币政策效应模拟，主要内容包括：DSGE 模型的发展与特点、包含银行系统的 DSGE 模型、DSGE 模型的实施步骤与参数校准、DSGE 模型应用等；第八章研究人口老龄化影响中国经济增长潜力的数理模型及应用，主要内容包括：相关研究现状、中国人口结构及老龄化情况、人口老龄化影响经济增长潜力机制分析、生产方面的数理模型分析、消费需求方面的数理模型分析、主要结论与政策建议等；第九章研究中国经济—能源—环境动态 CGE 模型（CN3EM）及碳强度约束效应模拟，主要内容包括：CN3EM 建模思路和基本结构、CN3EM 具体方程设计、中国碳强度约束的经济—环境影响：基于 CN3EM 的动态一般均衡分析等；第十章研究中国 3E—CGE 模型及节能减排政策效应模拟，主要内容包括：国内外文献综述、模型作用机理及节能减排 SAM 编制、中国节能减排 CGE 模型结构及方程描述、中国节能减排 CGE 模型实证结果分析等。

（卢小生）

【中国村镇银行发展报告 2016】

杜晓山主编

中国社会科学出版社 2016 年版

140 千字

2016 年是村镇银行政策发布的第十个年头，村镇银行已经成为服务三农和小微企业的中坚力量之一。该书较为全面而深入地研究了村镇银行的发展历程、现状、趋势、相关制度的作用以及存在的问题，并提出了相应的改革建议，是我国第一部数据翔实、案例丰富、内容较为全面的反映村镇银行十年发展历程的研究成果，经中国社会科学出版社出版，成为我国第一部村镇银行领域的国家智库报告。

农村金融是“三农”事业发展的核心问题之一，我国政府高度关注，并一直致力于解决农村金融市场的发展问题。2006 年 12 月中国银行业监督管理委员会发布了《关于调整放宽农村地区银行业金融机构准入政策　更好支持社会主义新农村建设的若干意见》，提出建立村镇银行，目的在于增加农村金融供给，满足农村广大中小企业和农户的金融需求，推动农业、农村和农民的更快、更好发展。

中国银行业监督管理委员会公布的资料显示，截至 2016 年 6 月末，全国共组建村镇银行 1412 家，其中开业 1371 家，筹建 41 家。全国村镇银行资产总额 10810 亿元，较 2015 年年末增加 795 亿元。村镇银行已经覆盖全国 65.9% 的县市，其中有十省市实现县域全覆盖。大多数村镇银行分布在中西部地区，与国家政策相适应，但是设立在贫困地区的占比较低。在调研的 98 家村镇银行中，大多数主发起行在村镇银行中处于绝对控股地位；一些发起村镇银行较多的银行成立了专门的村镇银行管理部门；在组织形式上，村镇银行采用有限责任公司或股份有限公司两种形式，而且基本上都依照法律建立了比较完善的公司治理机构。

从调研的情况看，各家村镇银行都了解国家关于村镇银行政策的目的与对村镇银行的基本市场定位。因此，几乎所有村镇银行都表示以践行普惠金融政策、“支农、支小”为机构宗旨和目标。个别村镇银行尽管在名义上也“支农、支小”，但是其贷款却并未如此。村镇银行成立时间短，规模小，社会认知度和信任度低，这是村镇银行面临的共同问题。大多数村镇银行的各种业务管理系统几乎都是在主发起行的指导下，甚至是直接参与和帮助下建立起来的，人力资源开发也基本上是依托主发起行开展的。

村镇银行的存贷款余额增速一直快于银行类金融机构平均水平，具有较大的发展潜力。但是，2016 年一季度村镇银行的存贷款余额增速均呈放缓之势。在村镇银行的贷款余额中，“三农”和小微企业贷款余额一直占比很高，而且贷款主要投放当地，信贷原则基本上能够坚持“小额、分散”，户均余额有进一步下降的迹象。大多数村镇银行都能够实现自负盈亏。随着经营时间的延长和信贷规模的增长，村镇银行的经营管理效率普遍快速提高，信贷风险得到了较好控制，主要监管指标表现高于商业银行，但营利能力有待提高。

与村镇银行发展密切相关的政策包括主发起行制度、促进农村金融机构发展的货币、财税和监管政策等。主发起行制度对实现政策目标，防范经营和社会风险，促进村镇银行健康快速发展起到了积极作用，但同时也存在一些不利于村镇银行独立健康发展等问题。货币政策中的支农再贷款在一定程度上缓解了村镇银行的资金压力，但是存在与客户的资金周转期限错配、办理手续烦琐、利率限制过低、村镇银行难以通过担保物等问题。同时，村镇银行很难提供支小再贷款要求的担保品，所以，很少有村镇银行申请使用了支小再贷款。财政奖补资金在一些地区能够及时足额到位，对村镇银行发展和“支农、支小”发挥了很好的激励作用，但同时也有一些地区存在不能及时足额到位的情况，影响了村镇银行的积极性。总体上，税收“营改增”降低了村镇银行的税负。监管政策中业务牌照和经营地域的限制与村镇银行发展初期是相适应的，但对发展时间较长、经营绩效较好的村镇银行的发展形成了限制。许多村镇银行不能直接接入人民银行的征信系统和银联支付清算系统，大大影响了村镇银行的用户体验，从而也影响了村镇银行的市场竞争力。村镇银行作为新生机构，在人力、物力、财力等各方面与其他金融机构均有着天壤之别，而现行的各项监管过程中，均将村镇银行与其他金融机构用同一个标准进行监管，且动辄需要进行处罚，这让原本在夹缝中求生存的村镇银行面临更大的压力。建议如下：

（1）在坚持主发起行制度的同时，着力培育村镇银行的自主发展能力。

（2）改进支农支小再贷款的使用方式，鼓励村镇银行继续使用并增加对“三农”和小微企业的信贷服务，缓解农村地区贷款难、贷款贵的问题。

（3）适当延长财政奖补政策期限，增加奖补范围，改进奖补方式方法。

（4）延长鼓励对农户发放小额贷款的税收优惠政策，改进对逾期90天应收未收贷款利息的增值税计征方法，避免重复征税。

（5）对村镇银行进行分级差别监管，对运行良好的放宽业务品种和地域范围等限制。

（6）加快存款保险、政策性农业保险等基础性农村金融制度建设，为包括村镇银行在内的农村金融机构发展创造良好的条件。

（7）鼓励规范使用扶贫再贷款，为村镇银行在贫困地区的扶贫信贷增加资金来源，降低融资成本，助力精准扶贫。

（8）支持村镇银行大力发展数字普惠金融，提高其在农村及贫困地区的服务能力和营利能力，从而推动农村、偏远地区及其人民共享现代金融服务和经济发展的利益。

（孙同全）

【全球生态治理与生态经济研究】

张卫国　于法稳主编

中国社会科学出版社2016年版

300千字

全球生态治理背景下的生态经济研究如何进行，这是一个非常值得国际生态经济学界共同探讨的重大前沿问题，和这个问题有关的话题非常多，比如生态足迹、环境问题、资源问题以及和人口相协调问题、节能减排、循环经济、绿色发展、可持续发展等等。十八大以来，党中央继续在全国范围内开展并坚持了生态经济建设，并提出了很多新的理念。该书认为，如果说过去在某种程度上把资源、环境作为保证经济可持续发展的一种手段、工具，那么，现在资源和环境已经变成了发展的目的。即从原来的“既要金山银山，也要绿水青山”，逐步发展到“绿水青山就是金山银山”。社会经济发展的目的不是为GDP而保护环境、保护资源，而是资源、环境、生态，或者说更蓝的天、更清的水、更清洁的空气，本身就是发展的目的。同时，政府也把生态、资源、环境作为基本公共品，由政府来保护，这在世界上都是比较先进的理念。

研究表明，当前无论是政界还是学术界，关注的焦点问题之一就是生态保护、节能减排。其实，在人们过去的认识和做法上，曾有过一些误区，国际上也为此向我们国家施加过一些压力。现在，情况已有很大变化，生态资源环境逐渐成为我们经济发展方式转变的一项内容，是我国经济发展过程的内在要求，不再需要任何人给我们施加压力。因此，应认真考虑“发展是为了什么”的问题。同时，与世界第二大经济体相匹配，中国的学术研究成果也应该越来越理论化。国际生态经济学研究泰斗、澳大利亚国立大学 Robert Costanza 教授的研究表明：人类如今生活在一个“满”的世界，以往的发展模式不可持续，我们必须清醒地认识到生态约束确实存在，因此他呼吁建立经济—社会—自然协同发展的框架概念，并相信这会使地球的未来变得更美好。

改革开放以来中国经济快速平稳增长，使得中国经济在总量和人均水平上都有了大幅提升。高速率的增长使得国际社会和国内均对中国未来经济的走向产生极大兴趣，既有持续高速发展的乐观者，也有立即崩溃的悲观者，更有转速换挡的调整者。生态文明发展范式下的中国经济增长，不可能也不必要因循工业文明发展范式下的增长路径，增长转型是必然的。顺应自然，意味着尊重人与自然和谐的边界约束，避免超越极限的各种违背规律的保增长或促增长努力。

该书认为，当前地球高熵化、生态经济系统是生态系统与经济系统的有机统一、生态经济的演化经历从低效到高效的历史过程；影响生态经济系统的政治、文化、社会等各种因素都可以内生化为生态经济研究模型中。高效生态经济是指在地球上存量十分有限的化石能源消耗殆尽之前，通过卓有成效地调控低熵矿石和化石燃料向高熵废物和燃烧化石燃料产生的废能转化的流量，达到既能“细水长流”又能经济效益最大化的经济形态。这也是具有最典型生态经济系统特征的发展模式。产业生态化、消费生态化、效益生态经济化、经济制度生态文明化，最终表现为生态经济体系高效运转，生态系统与经济系统有机统一，经济文明、政治文明、社会文明、文化建设、生态文明协调发展。因此，生态文明范式下的经济增长，必须是真实的增长，生态和谐的增长。因而，中国经济转型的方向只能是调整结构，提升品质，迈向人与自然和谐的稳态经济。

在社会经济发展进程中，生态系统治理存在着如下几个方面的突出问题：一是重视生态资产变现，忽视生态资产保护；二是重视短期目标，忽视长期目标；三是重视自上而下，忽视自下而上。作为生态文明建设主战场的农村，其生态治理是美丽乡村建设的重要内容，更是事关广大农村居民的切身利益、农村社会和谐稳定的大事。上述突出问题对耕地、水资源、森林、草原四大生态系统产生了严重的负面影响。基于上述分析，在新形势下，强化农村生态治理应采取如下几个方面的对策措施：一是村镇生态建设纳入城乡发展总体规划，实现生态建设城乡统筹；二是抓住国家实施积极财政政策机遇，将农村生态建设项目纳入政府扩大内需范围；三是积极引入市场机制，解决农村生态治理资金匮乏问题；四是尽快制定有机肥补贴和秸秆、畜禽粪便综合利用补贴政策、取消化肥补贴政策；五是设置一批国家科研攻关项目，解决农业污染治理关键技术难题；六是建立农村环保适用技术发布制度，让这些技术最大限度地发挥作用；七是在就业技能培训的基础上定期开展农民环境教育与培训，使部分村民掌握监测生态系统和环境变化的技能，使农村环保具有广泛的群众基础；八是实施“以奖促治”“以奖代补”政策，充分发挥他们治理生态的积极性。

（于法稳）

【**理解经济周期**：西方理论和中国事实】
汤铎铎
中国社会科学出版社 2016 年版
220 千字

该书致力于回答这样一个问题：中国的经济周期波动到底是什么样子的？答案分两部分。首先是对经济周期理论全方位、多角度的系统梳理，包括方法论、思想史和最新的理论进展等。这是问题得以探讨和回答的理论框架和知识背景。然后，该书从描述性事实和特征事实两个角度，对我国的经济周期波动进行了刻画和分析。经济学是西学，经济周期理论在西方已经有数百年的发展史，其中包含着大量的经验和智慧。如何从西方理论中汲取精华、获得灵感，从而更好地研究我国的经济周期波动事实，是该书的主旨所在。

无论从历史的角度还是从逻辑的角度考察，经济周期波动事实的表达都有三种方式，即描述性事实、统计事实和特征事实。描述性事实是指围绕特定事件展开的主要用语言文字对经济周期波动现象进行的描述。这些描述往往是零散的，以各种方式存在，有些甚至仅仅反映了描述者的直觉和感受。统计事实是指利用统计方法记录的有关经济周期波动方面的数据，这些数据一般由专门机构统计并发布。特征事实是指利用特定技术对经济周期波动的统计事实进行提炼和对比，从而发现具有一定普遍性的经验规律。在对经济周期波动事实的表达中，描述性事实占有不可替代的重要地位。我们特别反对如下的研究方法：不仔细研究经济周期波动的历史事件的逻辑，只是单纯从统计事实出发，利用计量方法从统计事实中得出结论。三种事实的划分是后面经验研究的理论基础。

从凯恩斯革命算起，宏观经济学只有大约 80 年的历史。在此期间，宏观经济理论有些像是由革命和综合串联起来的主义和学派链条，其发展的内在张力来自经济思想中的最基本对立：自由放任和政府干预，而每次关键转折都有重大经济历史事件的背景和影响。如果追溯到经济周期理论的源头，宏观经济学至少已经经历了二百年的发展。19 世纪的百年是思想的时代，所有重要思想几乎都出现了。20 世纪则是方法的时代，发生了三次重大的范式转换：第一次是初步的数学化和形式化，第二次是大型宏观计量经济模型，第三次则是实际经济周期理论发展出来的 DSGE 模型，以及新古典主义和新凯恩斯主义合流后的所谓新新古典综合。

长期占据宏观经济学的主流位置的 DSGE 方法一直面临各种批评。2008 年国际金融危机爆发后，这些批评变得更为严厉和激烈。确实，经济危机也是经济理论的危机，宏观经济学和经济周期理论所受冲击最大，亟待重大突破和重大创新的出现。该轮危机在引发宏观经济学危机的同时，也对宏观经济政策提出了新的挑战。危机再次提醒人们，我们拥有的宏观经济学知识是多么有限。宏观经济决策的实施是在有关知识非常有限的条件下进行的，所有聪明的政策制定者必须牢记这一点。

该书从两个层面全面考察了中国经济周期波动的事实。第一个层面是经济史的层面。以经济体制的创立和变迁为框架，以重大事件为主线，考察从新中国成立至今中国的经济周期波动，力图提供一个简明的中国经济周期波动史，全面展现与经济周期波动相关的历史事实。我们称这个层面的研究结果为描述性事实。第二个层面是统计和计量方法的层面。该书选取了与中国经济周期波动相关的 47 个宏观经济时间序列，利用滤波方法消除了长期增长趋势以后，考察各序列自身的变动程度、各序列前后项之间的相关性以及各序列与总产出序列的相关性。我们称这个层面的研究结果为特征事实。

从描述性事实的角度来看，我国的经济周期波动表现出十分明显的阶段性，各阶段都表现出鲜明的特征。造成这种状况的原因主要有两个：第一，新中国成立前后我国基本上是一个封闭的农业经济，现代化和工业化是一项长期任务，经济发展过程的阶段性导致了经济周期波动的阶段性。第二，新中国成立后我国迅速建立了单一公有制集中计划经济体制，这种体制的弊端很快就显现出来。此后，对经济体制进行修正和改革的各种尝试不断进行，尤其是1978年以后进行的市场导向的经济体制改革，使经济结构和经济运行方式发生了根本变化，因此，体制转轨的阶段性造成了经济周期波动的阶段性。

从特征事实的角度来看，改革开放前后我国宏观经济时间序列的行为差异很大，该书一共总结出13条重要变化。这些变化中的大多数大体符合基本的经济学常识和直觉，体现了我国经济市场化、货币化和工业化程度的提高。比如：实体经济和价格的波幅变化、出口的周期性质的变化、名义工资的周期性质的变化、国家财政收支的周期性质的变化、货币供给的周期性质的变化、与英美经济的同步性的变化等，而这些情况又都和经济发展和体制转轨这两大因素密切相关。然而，有些变化却显得比较怪异和反常，比如：价格和通货膨胀周期性质的变化、总就业的周期性质的变化、实际利率周期性质的变化等等，这类变化很难用一般原理简单进行解释，它需要从各个方面进行更深入细致的分析。除了这些突出的变化以外，还有极少数在改革开放前后周期行为相对一致的序列，比如家庭消费和实际工资。总体而言，新中国成立以来中国经济周期波动的最大“特征事实”就是特征事实的几乎所有方面在改革开放后都发生了重大变化。

（汤铎铎）

【从产品经济到服务经济——对人类社会经济发展史的新考察】

李勇坚

中国社会科学出版社2016年版

200千字

马克思认为，经济基础决定上层建筑，生产力的进步是推进社会经济变革的根本性力量。从现实发展看，服务业在国民经济的地位越来越重要，因此，以马克思主义的视角，从长时段的世界经济发展趋势看，服务经济在历史演化过程中，有很多相同点应该抽象出来。而这些共同点，与社会经济发展阶段有着本质的联系以及相互作用的关系。该书是一本从长的历史时段来考察服务经济的起源、发展及影响的专著。该书以马克思的社会经济发展阶段理论为基础，以马克思关于社会经济相互影响的思想为根底，从长时段对人类经济社会发展阶段进行一个新的分类。该书上篇将社会经济发展过程划分为三个阶段，即产品经济阶段、商品经济阶段、服务经济阶段。认为三个阶段在核心产品、核心投入要素、人际关系、劳动的意义、消费特征、人的发展等方面均存在着显著的差异。该书下篇对服务经济阶段的生产要素、生产过程、生产组织形式、消费关系、分配关系、交换关系、社会特征、社会演化的动力机制等方面进行了深入探讨。

该书从三大阶段的产品与生产特征、劳动力的地位与作用、经济生活特征、社会关系特征等进行了深入探讨，基于这一探讨，针对当代经济发展的趋势，在下篇重点对服务经济阶段各个方面的特征进行了分析，提出了很多观点，例如，在信用经济的演化方面，提出服务经济阶段的特色是“信用资本化”，而产品经济与商品经济阶段分别表现为“信用道德化”与“信用商品化”。这不但是基于服务经济本身的交易是无形产品，信用能够发挥更多的作用，更为重要的是，在当今互联网已席卷全部生活的时代里，信用不再是商品经济时代所表现出来的“商品化”，而成为生产生活的基本要素。并进一步提出“信用资本、人力资本与物质资本成为推动现代服务经济阶段发展的三大资本”。在人力资本的研究方面提出，在服务经济时代“人力资本的作用形式出现了泛化，人力资本由体力、智力、心力（心理资本）组成”，这与服务经济发展的特色具有吻合性。当然，心力（心理资本）要引入到实际的经济研究中，还有很长的路要走。该书提出了服务消费是一个互动过程与体验过程，服务劳动是一种心情传递。此外，还提出了“中国制造”与“中国服务”、“中国服务”与“西方服务”之间的区别。

该书的特点有六。第一，从长时段的世界经济发展趋势中，将服务经济发展的一些共同点抽象出来。第二，从服务的本质特征入手，对服务经济的内在基因进行剖析。提出服务经济阶段的特色是“信用资本化”，在当今互联网已席卷全部生活的时代里，“信用资本、人力资本与物质资本成为推动现代服务经济阶段发展的三大资本”。第三，对人力资本进行了新的解释。在服务经济时代，“人力资本的作用形式出现了泛化，人力资本由体力、智力、心力（心理资本）组成”。这与服务经济发展的特色具有吻合性。第四，在服务消费方面提出了服务消费是一个互动过程与体验过程，服务劳动是一种心情传递过程。第五，提出了服务经济发展过程中，知识产权的变化、劳动者及劳动过程的变化等具有深入研究价值的观点。第六，针对中国的现实情况，提出了“中国制造”与“中国服务”、“中国服务”与“西方服务”之间的区别。

（李勇坚）

【多极网络空间发展格局：引领中国区域经济2020】

覃成林　贾善铭　杨　霞等

中国社会科学出版社2016年版

143千字

2020年是实现中华民族伟大复兴“两个一百年奋斗目标”中的第一个目标实现年。届时，我国将全面建成小康社会。为了实现这个宏伟目标，我国需要创新区域经济发展战略，构建有利于全面建成小康社会的区域经济发展新格局。该书将区域经济发展置于我国全面建成小康社会的全局之中，提出了构建多极网络空间发展格局这个极具创新意义的区域经济发展战略构想。

该书的第一篇“迈向2020：中国区域经济格局大变革的新动力”。分析了影响我国区域经济格局发生大变革的新动力。概而言之，这种新动力来自四个方面。一是，中国重回世界经济中心地位的大趋势及战略需求。从经济发展的能量看，仅依靠沿海发达地区尚不能满足中国作为世界经济中心的发展需求。中国需要更加积极地在内地培育新的增长极，释放更多国土空间的开发潜力，显著提升作为世界经济中心的综合实力。二是，“一带一路”建设、京津冀协同发展和长江经济带发展三大新战略的实施将引致中国区域经济空间坐标发生新的变化。“一带一路”建设将激活和增强我国与世界经济联系的陆上联系轴，改变近代以来单一的海上联系轴格局，为内地开放发展提供难得的新机遇。三是，中国经济的区域接力增长趋势。当前，东部地区与其他中西部地区之间的区域接力增长仍在进行之中。国家应该主动利用这种趋势，一方面推动东部沿海地区调整结构和转型升级，另一方面支持内地进入快速增长阶段的区域保持快速增长。四是，区域经济联系网络化。随着快速交通网络、信息网络、企业空间组织网络的发展及相互促进，全国区域经济联系网络的规模、覆盖空间、复杂性等都将显著的增大，区域之间的互动发展必将增强，网络化将成为我国未来区域经济发展格局的一个重要趋势和特征，由此而带来全国区域经济格局发生深刻的变化。在这四个新动力的综合作用下，中国区域经济格局正在经历前所未有的重大变革。

该书第二篇“引领2020：多极网络空间发展格局”。主张在“十三五”及未来，我国要构建多极网络空间发展格局，在全国范围内形成多极支撑、轴带衔接、网络关联、极区互动、各具活力的区域经济发展新格局，促进中国区域经济走向相对均衡、协调发展的新阶段。具体而言，多极网络空间发展格局由七大国家增长极、八大国家发展轴和三大经济联系网络有序组合而成。七大国家增长极分别是珠三角增长极、长三角增长极、环渤海增长极、长江中游增长极、中原增长极、成渝增长极、关中增长极。它们的空间组织功能分别是，珠三角增长极主要服务于华南及西南的部分地区，长三角增长极主要服务于华东地区，环渤海增长极主要服务于华北和东北地区，长江中游增长极主要服务于湖北、湖南、江西等地，中原增长极主要服务于河南及周边地区，成渝增长极主要服务于西南地区，关中增长极主要服务于西北地区。在“四横四纵”八大国家发展轴中，按照基本走向及其重要性，横向发展轴分别是长江发展轴、陇海—兰新发展轴、东南沿海发展轴、沪昆发展轴，纵向发展轴分别是京沪发展轴、京广发展轴、京津—沈哈发展轴、京津—包昆发展轴。三大经济联系网络包括快速交通网络、信息网络和企业空间组织网络。其中，快速交通网络由高速铁路、航空线路和高速公路组成，信息网络主要是通信网络和互联网，企业空间组织网络主要是金融、物流、信息、能源、零售及部分制造业企业建立的跨区域组织网络。

多极网络空间发展格局是一个有机整体。七大国家增长极是多极网络空间格局的动力源。“四横四纵”八大国家发展轴横贯东西，纵贯南北，经纬交织，把七大国家增长极紧密地连接在一起，共同形成全国区域经济格局的主体架构。经济联系网络依托国家增长极和国家发展轴进行生长，同时通过连接广大的经济区域，为国家增长极和国家发展轴输入要素和经济活动，编织市场区，促进其发展。

该书第三篇是“迎接2020：推动形成多极网络空间发展格局”。针对如何构建多极网络空间发展格局，提出了促进中西部国家增长极加快发展、推动东部国家增长极转型发展、大力推进国家发展轴建设、加快建成快速交通网络、提升信息网络水平、统筹协调发展政策、发挥好国家顶层设计与地方创新发展的双重作用等七个方面的政策建议。

此外，该书以附录形式具体地介绍了国家增长极和发展轴的选择，以及区域经济网络的相关分析，阐述了多极网络空间发展格局构想的科学根据。

党的十九大报告提出了实施区域协调发展战略，着力解决区域发展不充分不平衡问题。该书所提出的多极网络空间发展格局，对于我国释放更多的国土空间开发潜力，进而拓展区域发展新空间、促进区域经济协调，实现区域共享发展，在区域层面培育全国经济发展的新动力，拓展全国经济发展的新空间，推动全国经济结构调整和转型升级等是战略思路的创新，同时也是关于区域经济空间组织模式的创新。

（覃成林）

【脱贫攻坚省级样本——精准扶贫精准脱贫贵州模式研究**】**

黄承伟主编

社会科学文献出版社2016年版

329千字

如何按照中央的决策部署做好省级层面扶贫工作，对于全面实施精准扶贫精准脱贫方略至关重要，该书以“脱贫攻坚省级样本”为题，系统梳理了贵州省今年农村扶贫开发过程中探索出的一系列经验、模式和做法，包括将扶贫开发作为第一民生工程、完善精准扶贫体系，探索生态扶贫、金融扶贫、社会扶贫等扶贫模式的具体做法，并在理论层面对贵州省精准扶贫进行进一步总结，提出其以扶贫开发工作统领经济社会发展全局、以五大发展理念指导精准扶贫的工作机制创新，以及扶贫开发顶层设计的哲学思维。对于丰富和深化中国特色扶贫开发理论研究具有重要意义。

党的十八大以来，按照全面建成小康社会的部署和要求，以习近平总书记提出精准扶贫精准脱贫为标志，我国扶贫开发进入脱贫攻坚的新阶段。贵州省在全国属于资源条件差、发展底子薄、经济实力弱、人均收入低的省份，一直是我国扶贫开发任务艰巨、难度极大的区域，是位于全国前列的脱贫攻坚决战决胜区。

近年来，贵州省高度重视扶贫开发工作，广大干部如期脱贫的信心和决心很大，2011年新一轮扶贫攻坚以来，贵州省农村贫困人口从2011年的1149万人下降至2015年年底的493万人，贫困发生率从33.4%下降至14.3%，农民人均纯收入从5701.84元增加至10861元，增幅达到90.5%。贵州省将扶贫开发作为“第一民生工程”，走出了一条坚守民生底线的扶贫开发之路，这是贵州扶贫脱贫实践中最基本、最突出的一条。精准扶贫是一个体系，完善精准扶贫体系是贵州脱贫攻坚的基础内容和保障脱贫成效的关键。贵州省提出了“33668”等一系列扶贫攻坚行动计划，制定了精准识别建档立卡工作方案，做到贫困人口户有卡、村有册、乡有簿、县有档、省市有数据库；提出了结对帮扶、产业扶持、教育培训、危房改造、生态移民、基础设施到村到户的“六个到村到户”，以及“一看房、二看粮、三看劳动力强不强、四看家中有没有读书郎”的“四看法”识别模式，成为精准扶贫的重要抓手。同时建立干部驻村帮扶制度，省级领导每人联系一个扶贫工作重点县、一个贫困乡镇，一定三年，不脱贫、不脱钩；按照“一村五人”的安排和“一人驻村、单位全员帮扶”的原则，选派1.1万多个扶贫工作队、5.5万多名干部开展驻村帮扶，对全省所有贫困村、贫困户实现全覆盖。

另外，贵州省开发了“精准扶贫云”工程，该技术以GIS（地理信息系统）作为主要展示手段，利用大数据技术直观反映贫困人口的分布情况、致贫原因、帮扶情况、脱贫路径以及脱贫情况，建立了扶贫对象退出程序和办法，做到“进退都有谱”。

过去的30年间，中国扶贫开发事业取得了举世瞩目的成就，其基本经验之一在于始终坚持政府主导的开发式扶贫。其中，产业扶贫占据着毋庸置疑的核心地位。贵州省在产业扶贫政策“二次顶层设计”的过程中，着重凸显产业扶贫模式的有效性、安全性和益贫性，一套新型产业扶贫政策体系正在逐渐形成。在贵州，通过发展产业叩开了脱贫之门。

除上述方式外，在贵州大地上，各种扶贫方式百花齐放，其中易地扶贫搬迁是针对“一方水土养不起一方人”的地区贫困人口进行系统与整体搬迁的一种扶贫方式，是一种兼有消除贫困、发展经济、开发资源、保护生态环境和促进社会和谐多重效益的有效的制度性扶贫手段。不完全统计，1994—2000 年贵州省共迁移了 17817 户 85237 人；2001—2010 年的 10 年间，共投入资金 24.2 亿元，累计完成 8.78 万户 38.27 万贫困人口的易地搬迁。

财政、金融扶贫是我国扶贫开发战略的重要组成部分。贵州省创新金融扶贫模式，充分发挥财政扶贫资金的杠杆撬动作用，建立以“四平台一协会”，推行小额信用贷款；创设特惠贷财政金融产品，帮助建档立卡贫困农户“换穷业”；设立以银行机构投资为主的3000 亿元“贵州脱贫攻坚投资基金”等，有效破解了贫困地区发展资金不足的问题。

“一人得大病，全家陷困境”，这是因病致贫的现实写照。贵州省率先在全国建立完善了基本医疗保险、大病保险、医疗救助“四重医疗保障”体系，全面提高全省农村贫困人口医疗救助保障水平，切实解决广大群众“因病致贫、因病返贫”问题。另外，贵州正在努力建设中国首个“保险助推脱贫攻坚示范区”，并已取得初步成效。

广泛动员全社会力量参与是中国特色扶贫开发事业的重要组成部分，集中体现了社会主义制度的优越性。在贵州省的扶贫工作中，社会扶贫以其不可替代的优势发挥着越来越重要的作用。贵州省不断探索尝试，社会扶贫的观念日渐增强，社会扶贫的格局初步形成，实际成效也日益显现。

扶贫开发事关全面建成小康社会，事关人民福祉，事关巩固党的执政基础，事关国家长治久安，事关我国国际形象。打赢脱贫攻坚战，是促进全体人民共享改革成果、实现共同富裕的重大举措，也是经济社会发展新常态下扩大国内需求、促进经济增长的重要途径。

贵州省全面实施精准扶贫精准脱贫方略，扶贫开发取得显著成效，这些做法和经验，是贵州省委省政府带领全省广大干部群众，深入学习贯彻习近平总书记扶贫开发战略思想，把党中央国务院决策部署和本省实际相结合，改革创新体制机制，实践探索路径模式，逐步总结完善而形成的，是我国扶贫开发伟大实践的一个缩影。该书从理论和实践两个方面总结贵州省扶贫开发的经验、模式，深化和创新全国脱贫攻坚的省级样板，既是贵州省进一步推进扶贫开发工作的需要，也是全国扶贫开发工作的需要，还是开展国际减贫合作、提升中国减贫软实力作用的重要内容。

（陈　青）

【中国产业安全指数研究】

李孟刚

社会科学文献出版社 2016 年版

593 千字

在开放市场条件下，产业安全会直接影响国家经济安全乃至主权安全，但尚未有一套具体的指标体系可以描述、衡量其状态。北京交通大学产业安全中心以与中国整体产业安全状况相关的数据和信息为基础编制出来一套综合性产业安全风险监测体系——中国产业安全指数，首次尝试把复杂的各产业安全状态进行量化综合计算，分析其变动的程度，反映中国产业在未来一段时期内的整体安全状况和变化趋势，全面展示了中国产业安全指数研究成果。

该书共有十六章。第一章从总体上分析了中国产业安全现状，阐述了中国产业安全特征及其评价机理，介绍了中国产业安全总指数的编制情况，提出了中国产业安全总指数改进的建议。第二章至十六章分产业研究中国产业安全状况及安全指标构建，所涉及的产业有有色金属、钢铁、农业、旅游、电子信息、批发零售、铁路、能源、汽车、金融、房地产、文化、装备制造、医疗、轻工业等 15 个国家支柱型产业。分产业研究部分主要从产业安全现状、产业安全界定与特征、产业安全评价逻辑及安全评价因素、产业安全指数编制、对策建议五个模块进行标准化展示。其中，产业安全现状分析通过梳理产业发展历史、产业发展现状、产业特征和产业安全现状等，为把握各产业的特征及产业安全内涵打下基础；产业安全界定与产业安全特征分析可以明确各产业的产业安全内涵和定义，提炼产业安全的特征，为下一步构建产业安全评价逻辑体系界定范围和重点方向，做好逻辑分析的顶层设计；产业安全评价逻辑及安全评价因素分析侧重构建各产业的安全评价分析逻辑，进而设计安全评价指标体系，针对每个评价指标或因素展开评价标准设计；产业安全指数编制包括评价指标数据收集、处理、指数模型设计、指数编制、指数安全等级定义和指数解读等；对策建议则基于当前产业安全指数研究成果，提出一些有针对性的产业安全对策和建议。此外，基于农业、能源、装备制造、金融等产业安全指数研究成果，构建了我国产业安全总指数，该总指数以我国经济整体作为研究对象，仍按五个模块展开，在编制上根据设计的安全评价机理采用了最为核心的九个产业安全指数进行加权合成。

中国人民以自己的勤劳、坚韧、智慧创造了世界经济发展史上令人赞叹的“中国奇迹”。2014 年国内生产总值为 636463 亿元，首次突破 60 万亿元，以美元计亦首次突破 10 万亿美元大关，成为继美国之后又一个“10 万亿美元俱乐部”成员，同时 GDP 总量稳居世界第二。根据世界银行划分标准，中国已由低收入国家迈进中等收入国家行列，但仍然落后于很多国家。

我国经济结构逐步优化，产业结构不断升级，从落后的农业国发展成为世界制造业大国，并正向服务业主导型经济转变。2014 年第一产业增加值占国内生产总值的比重为 9.2%，第二产业增加值比重为 42.6%，第三产业增加值比重为 48.2%，第三产业比重进一步上升。我国所有制结构、收入分配结构、区域结构、城乡结构发生了深刻变化，非公有制经济快速发展，居民收入来源日益多元化，中西部地区发展加快，城乡统筹协调发展趋势明显，城镇化水平不断提高。2014 年我国城镇化率达到 54.77%，同比增加 1.04 个百分点，与发达国家 80% 以上的城镇化率相比仍然有较大差距，同时也低于世界城镇化率 55% 这一平均水平。

门类齐全、布局合理的产业体系基本建立，商品和服务供给能力大为增强。农业综合生产能力稳步提高，不仅成功解决了世界 1/5 人口的吃饭问题，也为世界粮食安全作出了突出贡献。2014 年谷物、籽棉、花生、茶叶、水果产量稳居世界第一位，主要工业品供给实现了从严重依赖进口到满足世界需求的历史性跨越。根据联合国工业发展组织资料，目前我国工业竞争力指数在 136 个国家中排名第七位，制造业净出口居世界第一位。服务业长期发展滞后的局面逐步得到改观，批发零售、交通运输等传统服务业日益繁荣，房地产、金融等新兴服务业方兴未艾。

我国基础设施和基础产业发展突飞猛进，农业、能源、交通、邮电通信等领域的瓶颈制约不断得到缓解并形成比较优势。农田水利建设成效显著，防洪、防涝、抵御自然灾害的能力明显增强。能源生产能力由弱变强，成为世界第一大能源生产国。2014 年完成邮电业务总量 21846 亿元，比上年增长 19.0%，移动电话用户 128609 万户。多媒体通信飞速发展，互联网规模不断壮大。2014 年年末互联网上网人数 6.49 亿人，增加 3117 万人，其中手机上网人数 5.57 亿人，增加 5672 万人，互联网普及率达到 47.9%。

改革开放以来，我国融入世界经济的

步伐不断加快，对外经贸合作的深度和广度不断拓展。对外贸易规模持续扩大，2013年货物进出口总额突破4万亿美元，达到41590亿美元，占世界的比重上升至11.0%，超过美国跃居世界第一位。服务贸易进出口总额5396亿美元，居世界第三位。非金融类对外直接投资927亿美元，比2003年增长31.5倍，年均增长41.7%。我国签订对外承包工程合同数增加至11578份，合同金额达到1716亿美元。

中国产业安全指数通过科学构建评价指标体系，完成了产业安全研究从理论分析到量化实践的跨越，并首次实现了产业安全数值仿真，为将来产业安全可持续动态数值仿真提供了基础。中国产业安全指数从安全的视角对各产业数据进行解读，既可以为国家政策制定部门指导相关产业发展和实现宏观调控提供量化安全参考，又可以为微观经济单位分析市场前景提供一定的依据。

（史晓琳）

【环境审计：理论框架和评价体系】
俞雅乖
社会科学文献出版社2016年版
296千字

环境问题是关系整个中华民族永续发展的大问题，无论各级政府还是百姓个人都非常重视。如何监督环境政策效果、投资效果、大项目立项对环境的影响等都需要事前和事后进行科学评估审计，该书对此展开研究，建立了独具特色的审计指标体系。

该书着眼于低碳经济背景下环境审计理论框架的重塑和评价体系的构建。首先，介绍了环境审计的发展背景——低碳经济；其次，基于低碳经济，并结合产权理论，重塑了环境审计的理论体系，并分别以国家治理理论和企业社会责任为导向对该理论体系进行了分析；再次，基于环境审计理论体系，结合翔实的案例分析和数据处理，构建了低碳经济背景下的环境审计评价体系，包括评价方法、指标体系、风险评价；最后，在此基础上，指出了低碳经济背景下环境审计的发展方向。该书旨在加强环境评价和保护生态环境、提高生态效益和提升生态安全、加快建立生态文明制度和深化生态文明体制改革研究，其所用的方法和所取得的研究结果可为环境审计评价的理论分析和实践应用提供一定的借鉴作用。

该书着眼于低碳经济背景下环境审计理论框架的重塑和评价体系的构建，其逻辑思路为：环境审计的发展背景（低碳经济）→基于低碳经济，重塑环境审计理论框架（包括理论框架、评价框架）→基于理论框架，构建低碳经济背景下的环境审计评价体系（包括评价方法、指标体系、风险评价）→低碳经济背景下环境审计的发展方向。

该书对环境审计理论框架的重塑，主要结合产权理论，分别基于国家治理理论和企业社会责任导向进行分析。构建了国家治理理论下的环境审计理论框架和评价框架，企业社会责任导向下的环境审计理论框架和评价指标体系。该书对环境审计评价体系的构建，进行了翔实的案例分析和数据处理，所用方法包括费用效益法、平衡计分卡、环境价值链等，又结合模糊分析法、层次分析法进行了数据处理。

气候变化成为世界环境问题的主题，对可持续发展提出了更为严峻的挑战，人们试图通过节能减排、构建"碳交易"市场等措施来缓解气候变化带来的冲击，低碳经济发展正好适应了气候变化和环境问题的需求。低碳经济的背景对环境审计提出了新的要求。环境审计是指鉴证并监督政府及企业的环境责任履行情况，监督环保资金去向，能够提高环保资金的使用绩效，有助于国家的环境政策得到进一步的贯彻与落实，有利于实现社会的可持续发展。在低碳经济背景下开展环境审计是审计发展的必然趋势，更是低碳经济对环境审计的需求，其发展丰富和完善了环境管理系统和审计理论，是经济社会与时俱进的产物，通过环境审计可检验低碳政策的制定和执行，有利于改良“粗放型”经济增长模式，减少环境污染，提高自然资源利用率，保护我们共同的家园。

该书分为五个部分，共计十章。第一部分包括第一章和第二章，主要介绍研究背景、研究意义、研究目的、研究内容、研究方法和研究现状，提出低碳经济是环境审计的演进动力，进而对低碳审计、环境审计和环境绩效审计的研究现状进行了述评。第二部分包括第三章、第四章和第五章，主要重塑低碳经济背景下环境审计的理论框架，分别介绍了环境审计理论框架的思路、构建以及评价框架的构建；分析了基于产权理论的环境审计本质，基于产权理论的环境审计理论框架构建的内部途径与外部途径，以及排污权交易制度这一基于产权理论的环境审计框架应用；分析了 PSR 模型的概念及其在环境审计中的应用以及基于 PSR 模型的环境审计评价框架，分别以宁波市大气环境、杭州市雾霾问题为例阐述了基于 PSR 模型的环境审计模拟实验。第三部分包括第六章和第七章，总体分析低碳经济背景下环境审计的评价体系理论框架，分别阐述了国家治理理论导向下的政府环境审计的理论体系和构建环境最优模型这一评价体系，以及基于利益相关者的政府环境审计影响因素分析；阐述了企业社会责任导向下的环境审计理论框架、评价指标体系以及环境绩效审计指标体系。第四部分包括第八章和第九章，具体分析低碳经济背景下环境审计的评价体系构建方法，评价体系有费用效益法、平衡计分卡，指标体系有内外环境价值链、内部环境价值链；研究了环境审计风险模型的构建、构建程序、模型应用以及使用模糊综合评价法构建审计风险模型。第五部分即第十章主要介绍低碳经济背景下我国环境审计发展的趋势、进一步完善的建议和未来演进方向。

附录部分包括政府环境审计实施影响因素的调查问卷、政府环境审计利益相关者重要性的问卷调查、政府环境审计利益相关者交互重要性的问卷调查、杭州钢铁定性环境绩效指标评分调查、2012 年 18 家钢铁企业最大、最小环境绩效统计数据及杭州钢铁环境绩效原始数据（定量）、中石化指标互相比较重要程度调查结果、中石化的环境审计指标评价调查问卷，展示了我国环境审计实践。

（高　靖）

【中国交通运输服务发展报告（2015）】

林晓言主编

社会科学文献出版社 2016 年版

268 千字

该书通过梳理国内外交通服务质量评价的理论和实践，在深化认知和广泛进行国际对比的基础上，结合我国交通运输服务业的发展现状和未来发展趋势，以提升公共交通服务质量为主线，分为铁路、公路、航空、水运以及城市交通五大部分，并针对各个交通运输方式进行专题分析。对我国运输服务业的发展问题开展了较为全面系统的研究，为政府及交通相关部门制定战略和规划，出台相关政策提供了科学依据和参考意见，也为提高交通运输服务质量提供了可操作性对策和建议。

该书在客观翔实的数据基础上，从宏观和微观层面，运用定性与定量相结合的分析方法，紧密结合国内外政治和经济格局的变化，针对新情况带来的机遇和挑战，顺应新意见带来的要求，并辅以当代交通运输业、经济学、管理学前沿理论成果与分析工具，全面综述交通运输体系和各交通方式当年建设发展状况、建立服务水平评估指标体系作出定量评估、排序，并借鉴国内外发展经验提出对未来发展的预测和切实可行的对策建议。

新中国成立以来，我国交通运输业在六十余年的发展过程中，基础设施及服务水平不断提高，取得了辉煌的成就。进入21世纪，在全国各级地方政府的积极努力之下，我国已经形成完善的综合交通运输系统。交通运输能力不断增强，交通运输行业的管理体制机制改革稳步推进，管理水平实现大幅提升，交通运输业为我国国民经济快速发展和多样化出行需求的满足奠定了坚实基础。

改革开放三十多年来，国家将加快交通运输发展作为战略目标，实现了交通基础设施规模总量的快速增长。交通运输设施网络里程从1978年的123.5万公里增加到2013年的879万公里。铁路网络规模扩大、结构优化，为经济发展提供了基本保障。2013年铁路营业里程达到10.3万公里，居世界第二位。公路通车里程迅猛增长，高速公路建设飞速发展，农村公路覆盖面明显扩大，1988年我国高速公路通车里程仅为147公里，到1999年突破1万公里，到2002年突破2万公里。高速公路的飞速发展，改变了我国的路网结构和通行条件。目前我国公路总里程、高速公路里程均居世界第二位。港口基础设施规模明显扩大，专业化码头建设取得突破性进展。我国港口的基础设施规模明显扩大，1978—2013年，全国主要港口生产用码头泊位数从735个增加到31760个。三十多年来我国港口在国内外经济、贸易、科技发展的环境下，逐步发展壮大，从数量增长走向质量和效益同步发展阶段。航空运输发展迅速，国际地位显著提高，航空运输业基本建设投资规模不断扩大，航空运输保障能力有了很大提高。2013年国内登记的航线航班许可数量已占总许可数量的88.3%，管理局管理的航线航班许可数量占75.2%。同期，国内旅客运输已形成了一个国内四通八达、干线与支线相结合以及连接世界主要国家和地区的航空运输网络。管道运输事业有了较大发展，长输管道建设粗具规模。2013年年末全国输油（气）管道里程为9.85万公里，是1978年的11.8倍。目前，我国已经形成了东北、华北、中原、华东和西北广大地区四通八达、输配有序的石油、天然气管网运输体系。长输管道建设不仅在陆地上有所发展，而且也向海洋、沙漠延伸。西气东输工程于2002年7月4日开工建设，2004年12月30日全线供气，全长约4000公里，是目前我国管径最大、管壁最厚、压力等级最高、技术难度最大的管道工程，创造了世界管道建设史上的高速度。

交通运输业的健康持续发展是国民经济社会正常运行发展的基石，“十二五”期间，经济结构调整和经济发展方式的转变对交通运输业的发展提出了新的更高的要求。交通运输业需要抓住历史机遇，积极应对挑战，推进综合交通运输体系建设，用现代科技和技术改造传统交通运输业，推进其向现代物流业转型，并努力建设安全高效、资源节约和环境友好型的现代交通运输业。根据交通运输行业“十二五”规划，我国将进一步完善交通网络，继续升级现有运输设备，提高行业的运输能力与服务水平，充分发挥现代科技的作用，推进行业信息化水平建设，提高能源利用效率，致力于建设更加环保、高效的交通运输方式，提高交通运输各个环节的安全性。按照规划，在营运客车方面，中高级客车占比要大于40%；在货车方面，重型车的占比不低于25%，厢式货车的数量不低于25%，特殊类专用车占比不低于10%；将内河货运船舶的标准化水平提高至50%。扩大服务地区范围，推动联运发展，如空铁联运、江海联运、水铁联运，提高运输效率。扩大农村地区客运的覆盖范围，保证所有具备条件的乡镇和92%的建制村通客车。提高行业运作效率。提高公路质量，保证国道平均运行速度不低于60公里/小时；升级内河港口的设备，完善相关基础设施建设；提高沿海港口的装卸货速度。

长期以来，我国铁路运输价格主要实行政府定价，分别纳入中央和地方政府定价目录，少数高等级列车和席别的旅客票价、少数特殊线路货物运价实行政府指导价或市场调节价，铁路运输企业可以在国家规定范围内确定具体运价水平。党的十八届三中全会明确深化经济体制改革的要求，我国正逐步完善主要由市场决定价格的机制，推进铁路价格改革，逐步放松管制。

（李延玲）

【中国扶贫开发政策演变（2001—2015年）】

左常升主编

社会科学文献出版社2016年版

288千字

中国虽然是第一个完成联合国千年发展目标的国家，但在缩小收入分配差距、减贫与可持续发展等诸多方面依然面临巨大的问题和挑战。该书是迄今为止由权威机构组织完成的第一部系统研究中国扶贫开发政策的著作，重点梳理了中国政府有关扶贫开发各类相关文件的出台背景、具体要求、落实情况、宏观和微观的实际效果评估、国内外具体反馈等，对涉及的连片特困区、精准扶贫、扶贫改革试验区、特殊贫困群体、城市贫困、减贫国际合作等问题也作出了详细论述。

20世纪80年代中期，中国开始了有组织、有计划、大规模的扶贫开发行动。到2000年年底，我国农村贫困现象明显缓解，贫困人口大幅度减少。为继续解决农村剩余贫困人口的温饱问题，继续实施大规模的扶贫开发计划，国家酝酿出台了《中国农村扶贫开发纲要（2001—2010年）》。在《纲要》实施过程中，为了落实奋斗目标，在专项扶贫方面国家采取了一系列的细化政策措施，包括贫困瞄准措施、整村推进、劳动力转移培训等。随着扶贫工作的推进，行业扶贫的重要性逐步凸显，行业扶贫政策也相继推出。同时，区域发展政策以及农村社会保障制度也起了巨大作用。2001—2010年，中国农村居民的生存和温饱问题得到基本解决，贫困人口的生产生活条件明显改善。国家根据经济社会发展水平的提高和物价指数的变化，将全国农村扶贫标准从2000年的865元逐步提高到2010年的1274元。以此标准衡量的农村贫困人口数量，从2000年年底的9422万人减少到2010年底的2688万人；农村贫困人口占农村人口的比重也从2000年的10.2%下降到2010年的2.8%。

为了进一步加快贫困地区发展，促进共同富裕，实现到2020年全面建成小康社会奋斗目标，中共中央、国务院印发了《中国农村扶贫开发纲要（2011—2020年）》，作为新一个时期我国扶贫开发工作的纲领性文件。《中国农村扶贫开发纲要（2011—2020年）》明确提出逐步提高扶贫标准，把集中连片特困地区作为扶贫攻坚主战场。连片特困地区与国家贫困县有所不同，其贫困程度、广度和深度都更为凸显，集中体现在地理位置偏僻、生态环境脆弱、经济基础薄弱、基础设施落后、公共服务水平低、少数民族集聚、民俗文化多样。以“开放、开发、统筹”为基本思路的连片特困地区扶贫开发战略创新实质上预示着当前我国农村贫困在形态和特征上的转变，即个体性贫困在相当程度上取代整体性贫困成为当前农民贫困的主要类型，绝对贫困现象弱化而相对贫困现象凸显。

扶贫是一项长期工作，我国从开始实施扶贫工作以来，一直十分重视扶贫机制的改革和创新，取得了世所公认的扶贫成就。根据中共中央办公厅、国务院办公厅于2014年1月印发的《关于创新机制扎实推进农村扶贫开发工作的意见》，中国的扶贫机制有了多方面的变化，包括扶贫工作考核机制；精准扶贫工作机制；干部驻村帮扶机制；财政专项扶贫资金管理机制；金融服务机制；扶贫开发社会参与机制。对贫困认识的转变以及扶贫机制体制的改革和创新，体现了我国政府与时俱进的特点。

对贫困定义的研究是从绝对贫困开始的，随着社会的发展，贫困的研究视角变得多元化，人类对贫困的认识在不断深化，而且这种深化方向基本上是一致的，即从一维到多维的过程。基于对贫困的不同认知，人们对减贫的认识也发生转变，中国的扶贫开发政策也经历了由单纯救济式扶贫向多维度的扶贫开发战略转变，扶贫内容由单一向多元，扶贫范围由区域向全国。

改革开放初期，中国的贫困人口主要集中在农村地区，城市贫困问题并不突出，然而随着市场化改革的不断推进，中国的城市贫困问题日益严重，城市贫困人口规模已超过千万人，结构呈现多元化趋势。因此，将城市反贫困作为一项系统工程，构建以政府为主导，以就业为核心，实行多层面的社会救助与自我救助相结合的新型反贫困体系显得尤为重要。

贫困是一个世界性的难题，在实现和完成联合国千年发展目标后，世界减贫合作与发展也跨入新的历史阶段，中国是制定和推动联合国2030年可持续发展目标、坚持减贫和共享发展、构建人类命运共同体的主要推动者和倡导者。在减贫国际合作方面，一方面，经济合作与发展组织成员国和一些国际机构因为中国国力的不断提升开始调整对中国的援助政策，尤其是2010年前后调整最为明显；另一方面，因为中国在减贫方面成效显著、探索创新经验突出，很多发展中国家渴望学习中国减贫的经验和做法，中国政府和联合国驻华机构于2005年联合成立了中国国际扶贫中心，专职承担中国对外减贫交流合作。在未来的国际减贫合作中，中国必将在共享发展中不断取得新成果，为国际减贫和人类命运共同体的文明进步做出新贡献。

进入21世纪以来，中国国民经济平稳较快增长，综合国力不断加强，但城乡之间和区域之间的差异日趋扩大。为了缓解和缩小这些差距，中国政府提出了全面建成小康社会的目标，并通过以工促农、以城带乡和社会主义新农村建设来推动农业和农村经济的发展。在这一进程中，中国政府始终将减缓贫困作为国家发展的重要目标和任务，坚持以人为本，努力使经济社会发展成果惠及全体人民。该书能够让读者系统了解中国扶贫开发政策的制定、实施、效果评价的全过程。

（陈　青）

【新工业革命：理论逻辑与战略视野】

黄群慧　贺　俊等

社会科学文献出版社2016年版

371千字

以智能化、数字化、网络化为特征的新一轮工业革命，是当前及未来深刻影响全球竞争格局、中国经济转型、企业战略调整以及我们每个人职业发展的重要经济现象。该书针对新工业革命从经济学和管理学学术视角进行深入研究，采用“总—分—总”的逻辑结构，从对新工业革命的概念、特征及其影响进行总体分析，然后围绕新工业革命相关的各个具体领域或者问题进行论述，最后针对新工业革命政策进行整体研究，揭示新一轮工业革命的演进逻辑和发展脉络。

“新工业革命”是一场嵌入在技术、

管理和制度系统中的技术经济范式的深刻变革。"新工业革命"肇始于制造技术的突破和发展，但将先进制造技术转化为一国现实的产业竞争力和经济利益，却是生产设备与现场操作者的能力结构、微观企业的管理系统和宏观的制度政策框架相互适应、协同演进的复杂过程。这场变革不仅会改变制造业的要素投入结构和制造业企业竞争的关键资源基础，还将改变制造业的产业组织形态和国家间产业竞争的范式，将改变国家的比较优势条件，从而重塑全球经济地理和产业分工格局，并最终影响中国的产业升级和技术赶超路径。在"新工业革命"的背景下，我国的制造业战略和政策调整，要在坚决打破"低成本诅咒"的前提下，充分考虑"新工业革命"技术经济特征及其政策含义，针对其他工业国家的部署作出策略性的反应。

随着消费者需求的变化、经济全球化、竞争加剧和技术进步，产业之间的边界日渐模糊，特别是制造和服务之间的融合日益增强，以一体化解决方案为代表的制造业服务化趋势日益流行。制造业服务化的内涵宽泛，主要有产品服务系统、一体化解决方案和服务化转型三种形式，其中的一体化解决方案本质上是制造和服务的共生融合，是以功能和价值为核心，打破行业边界，满足客户在特定事项上的需求，是新时期产业融合的新商业模式。政府部门应调整相关政策，通过建立一体化的产业政策体系，培育新兴服务业态；完善教育培训体系和选取潜力行业等措施，推动产业融合一体化解决方案的发展。

新一轮工业革命可能是第六次技术经济范式的导入期，数据要素将成为新一轮工业革命的核心投入，以新一代互联网技术为支撑的通信基础设施的重要性将超过交通基础设施，以数据和新一代互联网技术驱动的制造业智能化将引领国民体系的智能化；最终大规模生产也将受到严峻挑战，大规模定制化和社会化制造等新的生产组织方式将兴起。我们必须从技术经济范式的视角认识新一轮产业变革的进程。在此背景下，我国深入推进工业化不仅要重视装备工业的高端化，更需要重视制造业各环节数据要素的利用和新一代互联网基础设施的配套升级，增强各类政策之间的协调联动。

目前，新工业革命正在改变企业的生产方式和创新模式，平台正在成为一种普遍的市场形式或行业组织形式。由于网络效应的存在，平台市场积累了大量的用户基础，并创造了更大的用户价值。平台用户资源可以作为有价值的战略资源，而平台管理能力则成为企业的动态能力。可以说平台是具备范式特征的价值创造资产，拥有一个成功的平台成为企业获得竞争优势的重要途径。在未来的研究中，从战略管理视角研究平台型企业的构建和治理，将能够更好地理解如何通过平台战略实施开放式创新。

同时，新工业革命使得越来越多的分散个体参与到原本在企业内部进行的产品和服务的创新和生产中来，即分散式创新和社会化生产方式开始融合。分散个体能够参与到创新与生产活动之中需要两个前提条件：一是个体有参与的意愿和能力；二是个体掌握参与创新的工具。生产力特别是信息技术的发展和经济水平的提高使这两个条件成为可能。分散式创新是一种不同于企业和市场的新型创新与生产组织模式，由于充分调动了大量异质性个体的资源和能力，能够有效应对需求多元化造成的技术路线和市场不确定性的提高。分散式创新对于促进我国经济的创新驱动发展具有重要意义。

自工业革命以来，人与机器的关系就一直受到关注，近年来，世界工业机器人产业和市场发展加速。机器人的普及不仅对制造业生产效率和转型升级起到推动作用，也对制造业就业需求和结构产生影响。虽然说工业机器人的使用代替了部分人类劳动者岗位，但也填补了部分人类无法胜任的岗位空缺，同时还创造了大量新的岗位。总体上看，工业机器人对整个人类就业岗位是促进的，我们必须积极利用工业机器人的大发展促进制造业的转型升级，同时也要推进产业结构调整，促进劳动者向新的岗位转移。

当今世界正在步入新一轮科技革命拓展期，颠覆性技术不断涌现，产业化进程加速推进，新的产业组织形态和商业模式层出不穷。伴随着新工业革命不断深化，发达国家逐步强化“再工业化”战略，推出各种变革，努力重塑在全球制造业的领先地位。中国的工业化进程也快速地进入工业化后期，经济增长新旧动能正在转换，经济正走向增长中高速、结构中高端的新常态。无论从世界工业化进程看，还是从中国的经济发展看，科学认识新工业革命的特征和影响，分析新工业革命的理论逻辑、应对战略和相关政策，具有重要的现实意义和理论价值。

（陈　青）

【中美经济结构与宏观政策比较】

张宇燕　郭　濂　孙　杰

社会科学文献出版社 2016 年版

207 千字

中国经济结构近年来面临的内外挑战越来越大。粗放的增长方式和低层次的经济结构，令中国经济发展动力弱化，增速回落，各种矛盾凸显，陷入中等收入陷阱的风险逐步加大。2008 年金融危机的冲击，使全球主要经济体的发展步伐明显放缓，充分暴露了各自经济结构的缺陷。主要经济体不得不推进结构调整，促成全球结构调整潮流。为确保经济可持续的发展，中国也必须尽快调整自己的经济结构。

该书以生产结构、需求结构、分配结构和金融结构代表经济结构，并将宏观治理界定为四个宏观经济政策目标（经济增长、价格稳定、充分就业和外部平衡）的实现途径与平衡方式。该书基于历史事实分析法，研究了美国“经济结构—宏观经济治理”之间的纽带关系，并参照该关系，总结了中国经济结构当前的基本特点，结合中国的国情（包括未来发展趋势）预测了中国经济结构未来二十年的发展趋势，针对性地就财政政策和货币政策等宏观治理提出建议。

该书第一章至第二章界定了经济结构的内涵，梳理了经济结构对宏观政策影响的理论；第三章至第四章分析了美国经济结构的历史演变及对宏观政策的动态影响；第五章至第六章将中国经济结构演变与美国进行比较，分析了中国经济结构变化对宏观政策的动态影响；第七章对中国未来经济结构及宏观治理进行了展望，指出宏观供给管理的重要性在未来将逐渐凸显。

生产结构、需求结构、收入分配结构和金融结构作为经济结构的不同方面，彼此之间存在联系，在经济发展过程中往往出现联动式变化。从生产结构看，各国都是从农业国过渡为工业国，而后逐渐进入以服务业为主的发展阶段。从需求结构看，往往与生产结构相契合，投资比重逐渐降低，消费比重逐渐提高；对制成品的消费需求相对下降，对服务的消费需求相对上升。从金融结构看，直接融资逐渐取代间接融资。从收入分配结构看，经济高速发展时期往往也是收入分配不平等加剧的时期。

作为经济发展的一般规律，经济结构在美国和中国的演变均表现出较多的共性。当前中国通过投资主导经济增长，实际上并没有偏离美国经济发展规律。不过，由于政府在经济发展中的地位和作用存在差异，包括政府对金融活动直接和间接影响的差异，在财政政策和货币政策的传导机制和政策工具选择方面，中美两国之间的差异也较为明显。

美国财政政策逆周期调节职能在工业化加速时期作用明显，但进入信息化时代逐渐减弱。在工业化加速发展阶段，财政政策因为见效快、作用直接，承担起较强的逆周期调节职能。在工业化平稳阶段，财政政策仍然是熨平经济周期、解决失业问题的重要政策措施。在信息化时代，财政政策的逆周期调节职能降低，着眼点是解决各种中长期社会问题、结构性问题。美国财政支出逐渐向科技研发等无形资产领域倾斜。在工业化加速发展阶段，制造业比重较高，城市化处于加速阶段，政府投资注重城市基础设施的建设。随着工业化进入平稳期，政府投资开始下降。进入信息化时代之后，经济增长从要素投入型转变为效率提高型，政府财政支出也逐渐向科技研发等无形资产领域倾斜，重在对“软实力”的提升。货币政策是当前美国宏观政策的核心。美国货币政策以逆周期操作为主要方向，通过影响资金成本，影响投资者和消费者的行为，实现对经济的间接干预。

从发展现状看，中国已完成了从轻工业向重工业的转型，第二产业仍是主导产业；服务业比重偏低，生活性服务业占主体，现代服务业发展滞后；消费和投资存在失衡，出口中加工贸易占半壁江山；居民收入分配差距逐渐扩大，资产价格的膨胀恶化了财富分配；金融结构属于银行主导型，存在金融抑制现象。

中国当前处在工业化加速到平稳阶段，宏观调节应以财政政策为主，这是由该经济发展阶段的特点决定的。从中国国情来看，中国经济增长放缓，需求结构面临调整。同货币政策相比，财政政策是结构导向的政策，更易于对目标进行定向和定位，见效更快。中国货币市场当前尚不健全，金融市场不发达，利率弹性不足，使货币政策效果远不如财政政策明显，易导致通胀波动幅度加大，恶化分配结构。

中国当前的经济结构以及未来经济结构的演变不会偏离经济发展的一般规律，但是这并不意味着中国只能按照原来的方式发展。中国不宜直接套用美国目前以货币政策为主的宏观经济调控模式，而应加强金融市场建设，包括开发新的金融工具，以提高金融市场传导的有效性，然后才会加强货币政策的使用。未来，相机抉择财政政策逆周期调节职能将减弱，治理分配差距的财政手段会更丰富，货币政策将逐步以利率调控为主，逆周期调节地位日益突出。

未来二十年里，中国经济结构的演变及发展趋势如下。第一，未来中国的城镇化空间很大，投资仍然是经济增长的主要动力。中国未必经历去“工业化”进程，但需要提高制造业核心竞争力；企业投资重心逐渐转向技术密集型的设备和软件等领域，政府投资重心逐渐从大规模基础设施转向科技研发等无形资产。消费的作用会不断增强并最终超过投资，对制成品的消费需求相对下降，对服务的消费需求相对上升，现代服务业成为主要增长点。外贸进入稳定增长期，其中出口面临调整和质量提升，在需求结构中的比重不断下降。第二，受需求结构和生产结构变动缓慢的影响，收入分配差距很可能仍在高位，波动加剧（类似于1890年至1900年时期的美国），财富分配差距则很可能继续扩大。第三，随着金融深度脱媒化和证券市场加快发展，直接融资比重将大幅上升，但银行业仍将主导中国金融业，经济仍将高度货币化。

（高　靖）

【政府规制创新】

魏成龙　张丽娜　史红民等

经济管理出版社2016年版

888千字

政府规制作为现代政府运用公共权利，通过制定一定的规则，或者通过某些具体的行动对个人和组织的行为进行限制与调控，在新时期在国家治理体系和治理能力现代化建设中有着举足轻重的地位。该书重点研究了中国转轨新时期政府规则中的合同规制、质量规制、激励性规制和农村金融规制等方面的创新。

（1）中国城市公用事业市场化进程中的合同规制创新。城市公用事业具有自然垄断性和公益性特征决定了政府必须对其规制，而城市公用事业市场化改革，又意味着在某些方面放松政府规制。因此，城市公用事业市场化改革面临两大问题，一是市场化方式的选择及操作问题，二是市场化后原有政府规制方式、体制的调整及重构问题。该书正是基于中国城市公用事业市场化实践及其所引发的规制变革问题进行系统深入研究。

中国城市公用事业市场化采取的是公私合作伙伴关系（public and private partnership，通常简称为 PPP）为主的市场化方式。在这种合作方式下，政府与企业的合作关系一般是通过正式、详细的合同来维持，这意味着政府不能再单纯依靠指令、计划对市场主体进行管理，而必须依据合同来实施行政干预。中国政府对市场化中这种基于合同的政企合作关系，如果不能及时转变规制理念、创新规制方式和调整规制体制，就可能造成规制缺位，使中国城市公用事业面临市场化改革后公益性缺失的风险。该书提出了中国城市公用事业市场化中应以合同规制为主，相应的规制体制构建也应以合同规制为基础。他们认为合同规制有效实施的前提是高效公私合作方式的选择，实施的依据是有效规制合同的设计，实施的保障是设置独立化和专业化的规制机构。因此，应从合同规制实施前提、依据、保障及配套政策支持等方面构建中国城市公用事业市场化中以合同规制为基础的规制体制。

（2）利益集团视角下的质量规制创新。从现实经济运行看，产品质量问题已越来越成为影响中国经济发展和社会稳定的一个重要因素。产品质量低下导致中国消费环境恶劣，消费断层，百姓购物缺乏安全感，严重影响内需和人民的日常生活。因此，质量规制不仅是关系国民经济持续、快速、健康发展的重要问题，同时也是中国建设和谐社会必须面对的现实问题。由于定性、成本、实证等诸多原因，对质量规制的文献远不如对价格、市场进入和退出、市场结构等问题研究的充分。对质量规制的研究国内学者既有经济规制角度的研究，但也有社会规制角度的研究，缺乏深入的理论探讨。该书以消费者、生产者和规制者三个利益集团为视角，系统地探讨了不同利益集团的行为偏好、对质量规制的效应与规制机理，并在此基础上对实践问题进行了对应的剖析。

在现实中，产品质量受多方因素的制约，产品质量的形成过程既是消费者、生产者和规制者三个利益集团博弈的过程，又是一个经济过程、政治过程。在消费者、生产者和规制者对产品质量、质量规制政策产生直接影响的同时，规制政策也在影响着各个利益集团的行为和效应。各个利益集团规模、性质和影响力不同，对于产品质量的形成和质量规制政策的影响也不尽相同，中国产品质量的现状和现有质量规制政策是各方博弈结果的深刻体现。该书以规制者、消费者、生产厂商三个利益集团为视角，深入分析了三个利益集团的质量效应、质量规制的机理和实践等问题。从多重角度、综合地对质量效应展开分析，如消费者利益集团的群体特征与群体行为分析、信息不对称、市场力量对比等，全面地对“质量效应”和质量规制进行了阐述。从消费者、生产者和规制者三个利益集团的角度对质量效应、质量规制机理进行了深入研究，突破了国内以往质量规制研究的局限，全面地阐述了三个利益集团的质量效应和规制的机理和实践问题；提出了央地博弈背景下政府质量规制异化的命题，中央政府与地方政府这种博弈关系的存在，扭曲了质量规制的政策效果，增大了质量规制的难度。因此，如何建立质量规制中更为协调的央地关系，是质量规制研究必须面对和迫切需要解决的问题。

（3）自然垄断产业的激励性规制创新。自然垄断产业的政府规制改革是目前各国政府面临的重大课题。20 世纪 70 年代末以来，对自然垄断产业传统规制方式的反思和批判导致了英美等发达国家放松规制政策的流行。但是，因为自然垄断产业的特性，放松规制不可能是完全取消规制，因此，激励性规制被引入到了自然垄断产业的政府规制中。

中国自然垄断产业激励性规制的应用必须注重渐进性，要在借鉴发达国家经验的基础上，采用适合中国特殊性的规制模式，更要进一步推进自然垄断产业规制体制改革，构建激励性规制应用的规制体制基础，而且要采取有力措施加强自然垄断产业的质量规制和普遍服务。该书主要在以下几方面有一定的创新：一是提出了激励性规制应用的规制体制基础概念，认为自然垄断产业激励性规制应用的有效性，不仅取决于激励性规制方式本身，更需要相应的规制体制基础；二是指出了现阶段中国自然垄断产业引入激励性规制存在着先进的规制方法与落后的规制体制之间的矛盾，强调了中国自然垄断产业应用激励性规制的渐进性；三是对激励性规制方式在中国的适用性进行了分析，设计了中国自然垄断产业的过渡性价格上限规制模型；四是针对中国自然垄断产业激励性规制应用中相关措施的加强和规制体制基础的构建，提出了相应的政策建议。

（4）中国农村金融规制创新。农村金融问题是目前各国政府面临的重大课题，而农村金融规制直接影响农村金融的覆盖面和可持续性。中国农村金融领域进行了多次改革，但由于历次的制度调整均不是基于对农村金融需求变化的响应，而是服从于整体经济发展战略安排，因此采用了政府效用主导的强制性制度变迁方式，并对农村民间内生的、诱致性的金融制度变迁与创新采取了严格的管制，从而加重了农村金融垄断局面，使农村金融供给与需求长期脱节。在这种情况下，基于激励性规制理论，借鉴发达国家农村金融领域的实践经验，对中国农村金融规制进行改革就成了现实选择。面对中国农村金融制度基础和现实状况的特殊性，如何选择适合的规制模式、需要哪些相关的制度安排等，都需要在理论和实践上进行探讨和尝试。

发达国家的农村金融规制也是在不断改革发展的，其改革的起始点是政府对市场缺陷的弥补，适应了本国的国情和规制体制。现阶段中国农村金融规制改革要在借鉴发达国家经验的基础上，采用适合中国特性的规制模式，改革的起始点应该是政府逐步放松行政干预，逐步完善市场机制运行的基础条件。因此该书提出了中国农村金融应采取的激励性规制理念；对中国农村金融规制所产生的影响进行了实证分析，提出了中国农村金融规制的特殊性，即区域发展的不平衡需要区域性规制思维；构建了中国农村金融规制的整体框架，针对中国农村金融规制的具体制度安排提出了政策建议。

（张洁梅　唐任伍）

【西部大开发“十三五”总体思路研究】

魏后凯主编

经济管理出版社 2016 年版

256 千字

“十三五”时期是西部地区全面建成小康社会的最后攻坚阶段，全国能否共同实现全面小康在很大程度上取决于西部地区。“十三五”时期西部大开发存在着如何实现战略深化的迫切问题。针对西部地区新的发展形势、阶段特征与实现目标，该书对西部大开发“十三五”规划的总体思路进行了探讨和研究。

该书共包括九章内容。第一章对西部大开发背景下西部地区发展阶段判断、发展成效和存在问题、发展形势和潜力进行了分析。第二章对“十三五”时期西部大开发的战略思路和目标进行了详细探讨。按照深入实施西部大开发战略的要求，第三章到第八章分别从基础设施建设、生态环境保护、产业转型升级、公共服务完善、空间格局优化、扩大开放合作六个方面对“十三五”时期西部大开发的重点任务展开了具体研究。在此基础上，第九章探讨性地提出了“十三五”时期西部大开发的相关政策措施和建议。

（1）在发展趋势上，西部地区仍处于工业化中期阶段，工业特别是制造业还有较大的发展空间，经济增长仍将保持快于全国和其他地区的增长态势。工业化进程应从“量的扩张”转到“量的扩张”和“质的提高”并重的阶段。

（2）在发展总体思路上，以确保在2020年如期实现全面建成小康社会目标为逻辑起点，提出：围绕“内生发展、全面小康”这一发展主线；按照“着眼长远发展与实现短期目标并重、加快经济发展与提高民生水平并重、加大外部支持与增强内生动力并重、发挥资源优势与加快结构调整并重”等发展要求；进一步拓展发展思路，即“依托资源优势的同时重视发挥制度优势、加大外部援助的同时融入内生发展道路、经济增长带动的同时强化社会发展优先、普遍政策优惠的同时创新特殊政策设计”；充实开发内涵，强化“内生开发、深度开发、反向开发、合作开发、扶贫开发”等重点开发模式。

（3）在基础设施建设方面，按照全面建成小康社会和实现区域协调发展的战略要求，扩大基础设施建设规模，做到适度超前发展，进一步优化基础设施结构，不断提高西部地区基础设施建设的水平和质量；以中央政府财政投入为主，同时发挥地方政府主体的积极性，积极引导社会资本进入，形成长期可持续的投入机制，为深入推进西部大开发战略提供有力保障。

（4）在生态建设与环境保护方面，继续实施重点生态区及重点生态工程建设，使西部地区的生态功能不断加强；进一步提高资源能源利用效率，不断降低水、土地、能源等单位产值消耗；继续推进污染物减排和环境治理工作，加大环境基础设施建设，实行严格的污染物总量控制制度，严守产业转移过程的产业准入制度；探索西部地区区域内水资源调配机制，着力解决西部地区的水资源问题。

（5）在产业转型升级方面，按照“发展特色产业与承接产业转移并重，加大技术创新和体制创新力度，引导产业集群化发展，采取差异化产业发展道路”的总体思路，以改造提升传统优势产业、培育壮大现代优势产业、大力发展现代服务业为重点，采取差异化产业发展思路，因地制宜推动各地区实现多样化发展，形成结构优化、布局合理、竞争力强、具有西部特色优势的现代产业体系。

（6）在公共服务方面，通过对西部地区基本公共服务均等化进展的评估，推进西部地区公共服务建设应重视对质量的提升和差距的把控，重点要巩固基础教育、完善就业服务和职业教育、提高医疗卫生服务质量、健全社会保障体系和文化服务体系。

（7）在优化空间发展格局方面，宜按照“重点布局、极核发展、轴带辐射、均衡推进、边缘带动”的空间发展思路，培育壮大国家、区域两级城市群，提升重点经济区的建设水平，构建西部地区复合型网络化空间发展格局。

（8）在扩大开放合作方面，围绕“树立一个全局理念、面向国外与国内两个市场”，坚持“沿边开放与内陆开放并举、‘引进来’与‘走出去’并行、西北开放与西南开放并进”三大原则，实现“开放层次与水平、体制机制创新、开放平台建设和开放通道建设”四个突破，突出“加快建设一批内陆开放型经济示范区、进一步深化沿边地区开发开放、推进丝绸之路经济带建设、加大对西部地区扶持力度、加快承接产业转移步伐和积极实施‘走出去’战略”六大重点，构建以边境口岸为引领，以重点经济区为支撑，以“丝绸之路经济带”为轴线，以西北和西南经济圈为统筹的“多点、多区、双轴、两圈”的开放发展格局。

（9）在扶持政策方面，适应新形势下国家战略的若干重大部署和西部地区的发展要求，建议在以下几个方面强化对西部大开发的政策支持，包括：维持国家对西部地区稳定的、较高的转移支付投入水平；发挥“丝路基金”的作用，完善重大工程资金保障制度；税收优惠政策在普惠制的基础上，对特殊类型区和重点领域等实施差别化的特殊优惠政策等。

（梁植睿）

【中国的经济结构调整与化解过剩产能】

李　平　江飞涛　王宏伟等

经济管理出版社 2016 年版

213 千字

该书是中国社会科学院重大国情调研项目“关于经济结构调整、化解过剩产能问题”的最终成果。该书将现实情况调查与理论研究结合起来，探讨中国经济结构调整过程中的化解过剩产能问题。该书指出，产能过剩是当前中国经济最为突出的结构性矛盾。本轮产能过剩是我国经济进入新常态以后，增速换挡、增长动力机制转换与需求结构的急剧转变的产物，因而具有长期性、结构性的特征。该书认为阶段转换与世界经济深度调整是导致本轮产能过剩的直接原因；体制扭曲背景下地方政府对于投资的补贴性竞争以及对于本地企业的保护是导致产能过剩最为重要、最为核心、最为深层次的原因；产业政策上的缺陷是推动部分行业产能过剩的重要原因；部分行业国有企业改革滞后加重了产能过剩的严重程度。

该书指出，长期以来，我国政策部门以包括市场准入、项目审批、供地审批、贷款行政核准、目录指导、强制性清理等行政管制措施来治理产能过剩，在这种政策模式过于依赖行政手段和相关部门的判断，阻碍化解过剩产能的市场机制有效发挥作用，化解过剩产能的金融与法律途径也不通畅，并赋予了兼并重组不切实际的目标。

该书认为化解过剩产能以破产机制为核心，充分利用市场、法律与金融手段化解过剩产能。具体而言，一是要完善破产制度，疏通过剩产能退出机制；二是要建立辅助退出机制，做好政策托底工作；三是切实为兼并重组创造良好的外部环境。该书指出，从源头上根治与化解产能过剩需要全面深化改革，一是要加快要素市场改革，尤其是要加快土地制度的改革；二是要构建公平竞争的市场环境；三是完善环境保护体制。

在调研基础上，该书对于钢铁行业、船舶行业、太阳能光伏行业的产能过剩问题及产能过剩背景下行业的结构调整问题进行了深入的分析，并提出了相应的对策建议。该书还对化解产能过剩对增长及就业的影响进行了估算，介绍了产能利用率的几种常用方法，以及这些方法存在的缺陷。

该书对于产能过剩问题及产能过剩背

景下的经济结构调整问题进行了系统、深入的分析，对于当前产能过剩状况、特征及其背后深刻的体制机制因素有比较深入的解析，对于当前产能过剩治理政策中存在问题的分析及针对性的政策调整建议，具有借鉴价值。

（陈　力）

皮书系列

【中国人口与劳动问题报告 No. 16】

蔡　昉　张车伟主编

社会科学文献出版社2015 年版

360 千字

“十二五”时期以来，我国人口红利逐渐消失，经济增长从高速转入中高速的“新常态”。“十三五”时期中国将进入由中等收入国家向高收入国家迈进的重要阶段。“十三五”时期的经济发展条件与快速增长时期迥然不同，尤其是人口、劳动力市场出现的新变化和新特点，如人口老龄化持续加速，劳动力从无限供给转为相对有限剩余，普通劳动力工资快速上涨，劳动力市场矛盾多发等问题。准确判断和理解中国未来人口与劳动力变化特点和趋势并制定切实可行的对策，以妥善应对人口结构变化和劳动力市场转折所引发的挑战，是实现经济社会健康发展的重要条件，是全面实现“十三五”小康社会宏伟目标的重要基础。“人口与劳动绿皮书”《中国人口与劳动问题报告 No. 16》针对这些问题，研究了人口与就业问题及其面临的重大形势。该书以“十二五”回顾和“十三五”展望为主线，分析了“十二五”时期人口与劳动的基本特点，并对“十三五”期间人口与劳动问题进行预测与展望，内容涉及人口与劳动问题、人口发展战略、人口流动和农民工就业、劳动供求趋势、就业发展战略、劳动报酬和工资改革、养老保障制度改革、基本医疗保险制度的发展及建设中国特色福利社会等多个领域。

农民工仍是中国人口流动的主体，举家外出的趋势逐渐加强。根据国家统计局的监测结果，2013 年外出农民工达到 1. 66 亿人，其中举家外出农民工数量达到 3525 万人。进入“十二五”时期以后，外出农民工规模虽然仍保持扩张态势，但增速明显减缓。2010 年，外出农民工增速达到 5. 52%，随后逐年下降，到 2013 年仅为 1. 68%。与此同时，举家外出农民工的增速却从 2010 年的 3. 54% 上升至 2013 年的 4. 44%，举家外出农民工占全部外出农民工的比例从 2010 年的 20. 03% 上升至 2013 年的 21. 22%，农民工举家外出的趋势逐渐加强。

“十二五”时期劳动力短缺局面在“十三五”时期将持续。人口结构变化已引起中国劳动力市场发生深刻的变化。2004 年以来，中国劳动力市场已经发生大的转变，出现了刘易斯转折点，劳动供给从无限供给转向了有限供给。“十一五”期间，劳动力短缺就呈现出不断严重的趋势，“十二五”时期劳动力短缺局面在“十三五”时期将持续，农村劳动力短缺问题也会在“十三五”期间逐渐显现。农村劳动力的短缺不是绝对数量的不足，而是适应农业现代化的新型农民的短缺，可能对农业生产产生实质性的影响。

全面放开二孩生育政策引起生育水平大幅反弹的可能性很小。随着社会经济发展水平的提高，我国育龄夫妇的生育意愿已经发生根本改变，二胎生育意愿已经不高，全面放开二孩生育政策并不会从根本上改变我国低生育水平的现实，人口发展的基本形势和态势也不会因此发生转变，人口老龄化将继续，但与不放开政策时相比老龄化程度有可能减轻。随着生育政策的调整，计划生育工作也必然面临转型，如何适应新的人口发展形势以及计划生育政策带来的冲击，将是计划生育工作在

“十三五”时期面临的严峻挑战。

退休年龄改革应引入弹性机制，以法定退休年龄为基准，提前或延迟五年退休。该书建议按照并轨先行、渐进实施和弹性机制的原则逐步延迟退休年龄。测算表明，延迟退休年龄可有效改善城镇劳动力的供给状况，增加城镇适龄（退休年龄以下）劳动年龄人口，延缓其比重下降趋势。

户籍制度改革对特大城市和超大城市影响很小，落户门槛将更为严格。不同类型城市的落户政策所覆盖的流动人口规模差异很大。大约有四成的流动人口居住在特大城市和超大城市，落户门槛不但不会下降，还可能更为严格，预计户籍制度改革对其影响很小；大约17%的流动人口居住在较大城市（300万—500万），落户限制将略为放宽，但仍然会比较严格，小部分高端流动人口将可能落户这些城市；大约35%的流动人口居住在大城市（100万—300万）和中等城市，落户限制将有较大程度放宽，居住在这些城市的流动人口将是最有可能落户城市的群体；大约10%的流动人口居住在小城镇，将完全没有落户限制。

我国流动老人群体超过千万，相关公共政策成为政策盲区。根据第六次人口普查数据估算，我国户籍不在原地且离开户口登记地半年以上的60岁及以上的流动老年人口数量为1060.8万人（其中65岁及以上的流动老人638.3万），占全国60岁及以上老年总人口的比例为5.26%，占全部流动人口的比例为4.8%。老年人口的流动时间在五年内呈递增趋势。然而，相关的公共政策接续却十分滞后，比如，养老保险的异地接续问题，医疗保险的跨地区就医和报销问题，流动人口的相关基本公共服务等，这些都应该引起社会的足够重视。

未来农民工将比大学生更难就业。农民工在产业升级中遭受的潜在风险被当前良好的就业形势所掩盖。尽管农民工工资上涨较快，社会上“用工荒”现象有愈演愈烈之势，但农民工的人力资本水平和就业结构特征决定了他们在产业升级过程中不可避免地要遭受冲击，甚至可能会出现比较严峻的失业风险。农民工群体在未来劳动力市场中的竞争优势难以维持，其就业形势将比大学生更为严峻，尤其是脆弱的青年农民工面临更突出的失业冲击。

中国正处在从中等收入国家向高收入国家迈进的重要时期，在经济“新常态”下，人口和劳动问题日益凸显并成为社会共同关注的问题。如何准确判断中国未来人口与劳动力变化特点和趋势并制定切实可行的对策，以妥善应对人口结构变化和劳动力市场转折所引发的挑战，是实现经济社会健康发展的重要条件，是全面实现“十三五”小康社会宏伟目标的重要基础。

（李延玲）

【2015年世界经济形势分析与预测】

王洛林　张宇燕　孙　杰主编

社会科学文献出版社2015年版

437千字

“世界经济黄皮书”——《2015年世界经济形势分析与预测》分总报告、国别与地区、专题、热点、世界经济统计与预测等五个部分，对2014年世界经济形势进行了分析；其中国别部分对美国、欧洲、日本、亚太、俄罗斯、拉美、西非、中国的经济进行了深入分析，专题部分对国际贸易、国际金融、国际投资、大宗商品进行了总体回顾与展望，热点部分对发达经济体、新兴经济体、多边开发银行等年度问题进行研究。

美国经济在2014年年初出现较大波动，但是主要基本面指标持续好转。企业和个人信心不断上升，就业增加，房价回升，个人可支配收入和家庭财富也都出现了较大幅度的上升，政府开支对经济增长造成的拖累下降，经济增长的自主性增强。2015年美国经济总体趋向乐观。在物价基本稳定，就业持续改善的情况下，消费依然是推动美国经济增长的主要因素，投资的总趋势逐渐向好，净出口和政府开支拖累经济增长的幅度可能非常有限。对美国经济增长的威胁主要有全球经济增长放缓，初级产品价格出现上涨，债务危机造成金融市场的大幅度波动。

2013年下半年以来，欧洲经济处于温和复苏期，低通货膨胀率、低增长率和高失业率并存。私人贷款低迷、财政负担等问题需要较长时间来消化。2014年欧元区经济增长将由负转正。预计欧元区将进一步实施更宽松的货币政策，而财政政策将由紧缩向中性政策转变，此外在美国经济稳定增长带动外部需求恢复等因素的推动下，预计2015年欧洲经济将逐渐好转。

2014年日本经济增长的显著特征是波动较大。上半年骤起骤落，下半年复苏缓慢、反弹乏力。从国内来看，这主要是提升消费税率造成的冲击和日本政府为应对冲击而采取的刺激政策所致。从外部看，日元贬值的效果转向负面，对主要贸易伙伴出口放缓是日本经济复苏比预期更加疲软的重要原因。预计2014年日本实际GDP增长约为0.3%，2015年预计增长0.8%左右。

亚太经济体2014年增长稳中略降，预计经济增速为5.4%，比2013年低0.1个百分点，区内新兴市场国家和发达国家的经济增长均有所放缓。2014年，亚太国家的通货膨胀水平较上年出现下降；货币走势相对前两年较为平稳，没有发生大规模贬值潮；经常账户水平变化不大，并未出现显著失衡。尽管亚太地区的复苏态势仍领先全球，但其增长速度正在趋缓，这成为未来亚太地区增长的“新常态”。

受到制造业持续走弱、资本外流规模扩大、外部需求减弱以及能源价格下跌等不利因素的影响，俄罗斯经济在2013—2014年间的增长压力倍增，增速下滑趋势明显。俄乌紧张局势以及由此引发的经济制裁与反制裁，对俄罗斯融资成本、油气生产、进出口贸易等的影响更不容小觑。预计美欧和俄罗斯之间的相互制裁不会持续太长时间。俄罗斯化解目前内外交困的窘境，关键还在于经济结构转型。

2014年拉美地区的经济增长率预计为2.2%，较2013年继续放缓，预计2015年将回升至2.6%。虽然经济持续疲弱，但通货膨胀压力持续不退，拉美大部分国家仍保持着紧缩性货币政策。尽管预计2015年拉美国家经济将会有所反弹，但依然存在诸多不确定性因素。美国量化宽松政策退出将会引发拉美国家新一轮的资本外流，从而对实体经济和金融市场带来负面冲击。中国与拉美国家的经贸关系不断增强，中国经济减速也将通过贸易、投资渠道对拉美国家产生影响。

西亚北非地区2013—2014年的经济增长已经出现反弹势头，但是地区局势紧张再次为其未来发展蒙上阴影，面临财政盈余大幅减少、投资环境不佳、就业过于依赖公共部门等诸多问题。撒哈拉以南非洲地区2013—2014年的经济增长较为强劲，基础设施和能源等领域投资旺盛，人口增长、实际人均收入提高以及价格相对稳定使得该地区私人消费强劲，主要问题是财政赤字高企、失业率居高不下、出口放缓、进口需求强劲，经常项目赤字扩大。预计2015年西亚北非地区经济增长将进一步恢复，但复苏势头较为脆弱，容易出现反复；撒哈拉以南非洲地区经济增长仍将保持强劲。

随着中国收入水平持续增长，需求的趋势性转折引领经济进入转型期，中国开始从工业化社会逐渐向后工业社会过渡，经济转型对资源配置提出了新方向。由于政府职能错位与缺位，资源难以有效重新配置，供求失衡矛盾突出，经济增长动力不足。刺激政策和不匹配的金融市场化改革，进一步加剧了资源配置扭曲和金融市场风险，供求失衡加剧。

2014 年主要发达国家货币政策有所分化，但总体保持了超低利息环境。国际金融风险不断累积，市场流动性增加，杠杆性融资仍维持较高水平，金融资本与实体经济进一步脱节。长期国债市场深受美联储量化宽松退出政策影响，收益率走势一波三折，但总体因流动性充裕度呈下降势头。新兴市场债券融资活跃，发达国家政府和金融机构债券发行下降，但公司债发行受寻求收益动机推动显著增加；全球股市在宽松货币支持下总体走出牛市行情；外汇市场美元相对其他发达经济体货币升值，新兴市场国家货币走势有所分化。

国际直接投资在经历 2012 年 19.4% 的大幅下滑后，在 2013 年重回正增长。随着企业开展跨国投资的能力和意愿增强，这一趋势将在接下来三年得以持续，但是在这个复苏过程中可能面临的困难和风险并不容忽视。2014 年世界经济增速下滑和美联储退出量化宽松的预期导致大宗商品的需求增长放缓，大宗商品价格指数下跌。2015 年世界经济增长率的回升，虽会促进全球大宗商品需求的增长，但大宗商品价格指数不会随着需求的回升而上涨。

（史晓琳）

【中国低碳经济发展报告（2015）】

薛进军　赵忠秀　戴彦德等主编

社会科学文献出版社 2015 年版

311 千字

该书是由对外经济贸易大学和日本名古屋大学共同创办的国际低碳经济研究所主持编写的以低碳经济为主题的系列年度研究报告的第五份报告，主要关注绿色发展和全球价值链与碳排放问题。该书由五大部分组成：第一部分是报告的主题，提出中国引领世界绿色低碳发展；第二部分介绍了中国的绿色低碳发展路径，勾勒出中国能源转换路线图并预测了中国的能源结构调整和碳排放峰值；第三部分是环境治理研究专题，主要研究了价值链与碳排放的系列问题；第四部分提供了各国低碳经济发展中的一些案例；最后一部分附录提供了关于二氧化碳的一些新探讨、碳税方面的研究综述以及中国和国际的最新数据。

总报告指出，“绿色化”的提出是生态文明建设由理论到实践的重要标志，把“绿色化”上升到构筑新的综合国力和国际竞争力的高度，意味着“绿色化”将成为中国政府着力推进的生态文明建设和环境保护“四梁八柱”理论体系由“中国语言”成为“世界语言”的重要载体，是中国生态文明建设与全球可持续发展理念深度融合的重要契机，也是中国未来引领世界绿色低碳发展的重要历史机遇。“绿色化”是中国经济“新常态”下的必然要求，中国的“绿色化”发展为经济转型期国家的可持续发展提供了重要范本，并将成为解决气候系统保护与经济发展矛盾的重要突破口，也将是中国引领“一带一路”沿线国家实现绿色发展的重要抓手。绿色发展观、绿色能源、绿色工业化、绿色城镇化、绿色消费和绿色制度保障等将成为中国国际竞争力的重要来源。

当前中国经济发展进入“新常态”，能源行业的发展呈现能源消费增速逐渐放缓、供需矛盾逐步减小、消费结构调整初见成效等一系列新的变化与发展趋势。无论从国际能源发展的大环境，还是国内的经济、能源发展形势来看，中国均处在能源转型的最佳时期，目前的能源发展战略也直指绿色低碳发展核心，未来中国在不断强化节能措施、提高能源利用效率、转变能源消费结构的情况下，将有可能在

2020 年、2025 年和 2035 年分别达到煤炭消费总量、二氧化碳排放总量及能源消费总量峰值，实现能源发展向绿色、低碳转型。通过宏观经济方法和模型模拟，发现调整能源结构和能源强度在实现峰值目标方面是最有效的政策手段，将峰值时间提早，会对 GDP 和就业有较大影响，对 PM2.5 的控制仅靠这些政策产生的协同作用是不够的，还需要采取更有针对性的政策和措施。

工业在绿色要素方面整体补贴了中国的经济发展，工业行业之间的差异缩小，通过绿色要素的重新分配，使得使用侧的行业自然资本损耗分布更加平衡。而在生产侧属于上游的高耗能、高排放、高矿耗的行业部门，因其对下游行业在绿色要素上的大量补贴，在产出端为低耗能、低排放、低矿耗的行业部门。该书介绍的环境核算体系结合了目前环境经济学、国际贸易理论以及全球价值链研究中的一些前沿学术成果，可在国家、产业、产品层面以及国家间、产业间系统地追溯全球价值链里的排放、污染以及价值的产生、转移和分配。中国各地区处于全球价值链的上游，是贸易隐含碳净出口地区；而中国内部也存在较大差异性，沿海地区相对而言处于下游，是国内贸易隐含碳净输入地区。全国统一的碳排放权交易市场的建立将有助于缓解地区间碳排放泄漏的问题。《火电厂大气污染物排放标准》（GB 13223—2011）的新标准对宏观经济的影响较大，使 GDP 增速下降 1.25%。物价和内需结构方面，新标准有利于抑制通货膨胀和改善内需结构；行业产出方面，火电行业产出下降 3.99%，新标准能够降低高耗能行业产出，有利于节能减排。能源税和碳税政策对中国经济的影响都在可承受的水平。征收不同税率的碳税和能源税，GDP 的损失不会超过 0.8%。与实施单一的税收政策相比，联合使用碳税和能源税政策可以实现更多的减排且经济成本更小。

湖北省是国家发改委指定的五个低碳经济发展和碳排放权交易试点之一，也是目前碳市场运营较好的试点之一，这些经验的总结有利于促进将于 2016 年建成的全国统一碳市场的发展，并通过碳交易的市场作用促进中国的节能减排。无论采用何种权重选取方法，台湾绿色增长监测综合指数均朝向绿色增长路径，但是，自然资源存量背离绿色增长，因此，自然资源存量管理将是未来政府绿色增长的施政重点。长江经济带人均碳排放和碳排放强度都呈现正向的空间集聚特征，并且长三角地带的集聚特征更显著。通过碳市场为 CCS 技术提供收益补偿，对于湖北应对气候变化，推进生态文明建设，培育新的经济增长点，早日“建成支点、走在前列”具有重要意义。能源转型计划（Energy Transition）不仅引起了国际生产结构的调整，而且也改变了全球相应的技术和产品的竞争局势，带来的后果是：高技术工作需求增加、实际资本现代化生产技术投入、新型材料成为政策成功的前提、需要更重要的资源来保障成品和生产设备高效系统，这就导致了新的瓶颈的出现，或者说已有的瓶颈由于市场不透明而收窄。日本家庭部门二氧化碳排放量的增加是当前日本二氧化碳排放量增加的主要原因之一，因此，削减家庭部门的二氧化碳排放量是今后日本二氧化碳排放量控制的重要任务。建筑信息模型（BIM）是在辅助设计（CAD）等计算机技术的基础上发展起来的，是通过先进的数字化技术，在计算机中建立一座“可视化”的多维度建筑虚拟模型，能够帮助业主实现建筑工程在全寿命周期各阶段（包括规划、设计、施工和运营维护等）的信息交换，帮助所有的参与方实现信息的互联互通与共享。

（李延玲）

【中国金融发展报告（2016）】

李　扬　王国刚　殷剑峰主编

社会科学文献出版社 2015 年版

278 千字

《中国金融发展报告（2016）》是中国社会科学院金融研究所组织编写的年度性研究报告，对 2014 年第四季度到 2015 年第三季度中国金融发展和运行的主要情况进行了概括和分析，对发生的一些主要金融事件进行了研讨和评论。报告由三大部分构成，分别对 2015 年的中国宏观金融形势、金融业发展与金融市场运行进行了回顾和梳理，并对 2016 年金融业发展前景进行了展望。中国经济增长率将继续在中高速区间展开，为中国经济的新旧产业和发展动能转换营造一个稳定的增长环境。在此背景下，宏观调控应明确扩张性政策，货币政策需加大宽松力度，扭转中国经济增速持续下行的预期。

2015 年在金融市场化改革快速推进、互联网金融迅速发展的背景下，商业银行的经营环境经历了深刻的变化，市场竞争日趋激烈，挑战日益加剧，银行业整体的增长速度明显下滑，部分银行甚至进入负增长区间。为应对挑战，商业银行加快了转型的步伐，投资银行、资产管理以及其他新兴业务成为银行业拓展的重点，收入结构在短期内迅速改善。部分大型商业银行加快了综合化和国际化的布局，在拓展金融业务平台的同时，提升银行在全球范围的影响力和辐射力。在上述变化的推动下，中国银行业的国际影响力迅速提升，最大四家商业银行在 2015 年同时跻身全球系统重要性银行行列。

2015 年证券基金业经历了股市震荡的洗礼，全行业在监管机构领导和组织下为稳定市场作出了积极贡献。从行业运行来看，尽管短期经营业绩不可避免地受到影响，但业已形成的多元化营利模式总体经受住了考验，证券基金业未来增长空间依然广阔。

“十二五”期间，中国保险行业发展和制度建设取得了一系列重大成就，为我国由保险大国向保险强国转变奠定了重要基础。2015 年中国在加快建设现代保险服务业、经济下行压力较大的情况下，保费收入和保险资产保持平稳较快增长，保险密度和深度不断提高，保险赔款和给付继续增加，保险资金运用结构持续优化。

2015 年的金融监管不但加大了改革力度，而且内容更为丰富。按照国务院的政策要求，金融监管层在引导金融机构服务实体经济方面做了大量工作，既有直接的引导措施也有配套的保障措施。而 2015 年的股市波动作为近年来资本市场的焦点，使得中国证监会等相关管理机构纷纷调动监管资源积极加以应对。

随着资产管理牌照的全面放开，以及利率市场化的逐步推进，中国“大资管”行业迫切需要实现从争夺牌照优势向提升核心竞争力的转变。在资产管理行业百花齐放、行业边界重构的大趋势下，银行理财业务将迎来真正的资产管理时代。预计 2016 年，银行理财业务将继续向独立运营、风险隔离、服务实体、回归本源的方向迈进。从组织架构来看，理财业务组织架构的独立化格局进一步确立。从投资方向来看，资产配置将更趋多样化。从产品结构来看，利率市场化将对传统银行理财业务尤其是收益较低的保本型预期收益产品形成“挤出效应”，商业银行主动提高资产管理能力，开放式净值型产品的占比将逐渐提高，最终成为市场主流。

在以信托业为经营实体的狭义信托市场中，截至 2015 年第三季度末的信托资产管理规模达到 15.62 万亿元，与 2014 年年底相比增长 27%，当季环比下降 1.6%。这是自 2010 年第一季度以来信托资产规模首次出现季度环比下降。经济增速、通胀水平的持续下行以及银行业陷入衰退周期，改变了信托市场的风险—收益属性。这种格局驱使信托产品的品种结构更加分散。信托业务在土地流转、资产证券化、新兴行业等领域的创新与开拓正展露生机。

2015 年的债券市场规模仍然保持稳定增长态势，债券余额增长率为 18.55%。2015 年前三季度，债券市场发行量合计达 112875.79 亿元，其中企业债券和政府债券发行量居前两位；债券市场交易规模基本稳定，成交量达 427.12 万亿元。综观 2015 年前三季度的债券市场，在经济数据持续疲弱、物价水平走低、货币政策持续宽松的背景下，利率债呈现阶段性上涨行情。

2015 年度的股票市场出现暴涨暴跌的走势。2015 年上半年，股市出现大幅度上涨，原因是：市场无风险利率的大幅度下滑、舆论媒体的推波助澜、投资者通过融资融券和场外配资等方式增加资金杠杆。股市的暴涨暴跌值得有关部门深刻反思。政策的不当引导及高杠杆资金入市是主要因素。总结股灾的教训、恢复市场的正常功能和秩序成为 2016 年的主要政策方向，股市难以出现趋势性机会。

2014 年 10 月以来，我国期货市场在延续稳定发展势头的基础之上，又取得了新进展。《期货公司监督管理办法》出台，上海国际能源交易中心正式启动，原油期货正式进入挂牌上市倒计时。2015 年最值得关注的期货品种是股指期货，在股市震荡和监管加强的背景下，股指期货出现了巨幅波动。2015 年 1—9 月，全国期货市场累计成交量与累计成交额同比分别增长 59.6% 和 179.7%。但受股指期货大幅萎缩的冲击，2015 年 9 月期货市场环比增速下降。随着中国经济国际化、市场化步伐的持续加快，未来一年期货市场将迎来新的发展机遇。

2015 年中国国际收支继续呈现“经常账户顺差、资本和金融账户逆差”的“新常态”。中国国际收支平衡表和国际投资头寸表均反映出境内主体本外币资产负债结构的优化调整。预计 2016 年经常账户顺差占 GDP 比重继续维持在健康合理水平，其他投资项下资本流动成为影响中国国际收支状况的重要因素，“藏汇于民”效果将继续显现，国际收支“新常态”与人民币国际化将形成良性互动的正向循环。

（史晓琳）

【中国融资租赁业发展报告（2014—2015）】

李光荣　王　力　黄育华等主编

社会科学文献出版社 2015 年版

336 千字

融资租赁业作为现代服务业的新兴领域和重要组成部分，有助于社会资本形成，拉动产业升级，促进就业以及扩大出口，对促进我国产业结构优化升级和经济持续健康发展，推动金融业改革创新等都发挥着十分重要的作用。首部《中国融资租赁业发展报告（2014—2015）》是中国社会科学院金融研究所与中国博士后特华科研工作站的共同研究成果，秉承客观公正、科学严谨的宗旨和原则，全面分析了国内外融资租赁理论和实践发展，系统评价了我国融资租赁业发展现状及存在的问题，在充分借鉴国外融资租赁业发展经验的基础上，提出了加快推进我国融资租赁业发展的政策建议。全书共分为总报告、综合篇、区域篇、行业篇、国际借鉴篇和市场建设篇六个部分。

近年来，我国融资租赁业呈现蓬勃发展态势，企业数量和资产规模大幅增加，租赁业务范围逐步扩大，经营管理和风险控制能力得到快速提升。总报告重点分析了融资租赁业和融资租赁市场的总体发展。首先，从我国融资租赁业发展的历史进程出发，结合特定的经济环境分析了行业整体运行情况；其次，重点对融资租赁业发展面临的机遇与挑战等进行深入研究；最后，根据全球融资租赁业发展的最新态势，提出推动我国融资租赁业发展的政策建议。

综合篇全面梳理国内外融资租赁最新理论研究成果和实践案例，结合我国租赁行业发展现状，对租赁的经济效应、法律与税制改革、企业融资模式、行业风险评估、租赁资产证券化和租赁产业链等重要问题进行系统分析，以期对我国融资租赁业健康持续发展提供理论和实践指导。由于融资租赁的交易成本较低，相较于其他交易方式更有利于达成最终的交易，与此同时，融资租赁交易中的四重所有权结构，对于保障交易各方的利益也能发挥积极的作用，为此，融资租赁业在金融市场中具有较大的比较优势。融资租赁具有金融信用与商业信用结合的特点，在促进技术进步、产业升级以及引导投资、消化过剩产能、对外贸易和资本市场发展等方面都可以发挥重要作用。我国融资租赁实务长期处于先于立法的发展状态。经过三十多年的发展，我国现行有关融资租赁业的法律制度以《合同法》的专章规定为原则，司法解释为主要指导，部门规章占主导地位，立法整体处于严重滞后状态。我国现行有关融资租赁业发展的税收政策存在如下问题：融资租赁立法层级偏低，监管部门混乱；人为制造税收差别待遇，有悖于税收公平原则；税收优惠范围较窄力度不足。融资难、融资成本高、资产负债期限不匹配等，是我国融资租赁业普遍面临的问题，这是该行业发展滞后的一个重要原因。作为资产收入导向型的融资方式，租赁资产证券化可为融资租赁公司提供充足、低成本的资金来源，帮助融资租赁公司提高资金流动性。产业链的本质是打破资源流动空间约束的一种整合资源机制，我国融资租赁企业对银行信贷的过度依赖阻碍了租赁产业链条的形成与延伸。国内租赁行业的投融资研究多是从企业微观层面展开，尚未从租赁产业链条、资本市场运作等宏观视角进行系统而深入的研究。

区域篇选取天津、上海两个融资租赁产业聚集城市进行系统分析和评价，在概括区域租赁市场总体竞争态势的基础上，对两地政府为推动行业发展而进行的改革创新实践展开系统深入的研究，为全国融资租赁业发展与创新提供借鉴。天津作为近年来国内融资租赁行业发展较快的地区，当地政府出台的各项促进融资租赁产业发展的政策措施具有示范作用。上海作为国际金融中心城市，其融资租赁行业发展一直走在全国前列，特别是随着上海自贸区的设立，上海融资租赁行业迎来了前所未有的发展机遇。

行业篇利用大量翔实的数据分析了飞机、船舶、工程机械、汽车等租赁子行业的发展现状，重点研究了这些子行业的发展特点及存在的问题，并在借鉴国外租赁行业发展经验基础上，结合我国现实国情提出了一系列有针对性的对策建议。我国飞机融资租赁业发展喜忧参半，当前产业发展过程中存在诸如缺乏法律、税收、产业、金融资本等方面政策的支持；失去占领国内外市场的先机；飞机融资租赁程序非市场化，经营难度大，技术缺乏等诸多现实问题，应给予飞机融资租赁公司足够的税收优惠；完善政策法规，改善法律环境；扩大市场经营主体，强化市场关联建设，充分利用互联网资源；健全风险管理体系，降低飞机融资租赁经营风险。在国内经济下行压力不断加大，工程机械行业复苏势头明显受阻之际，出台相关政策，促进工程机械融资租赁业发展具有重要的现实意义。在国内汽车保有量不断攀升的今天，积极推进汽车融资租赁业的发展具有重要的现实意义。

国际借鉴篇对美国、欧洲、日韩等发达国家的融资租赁行业整体发展情况进行比较研究，对这些国家融资租赁行业的发展历程、市场特点、经营主体及构成要素、外部政策因素等问题进行深入分析，聚焦发达国家融资租赁行业运行状况及市场特点，系统总结融资租赁行业发展的主要特点，分析不同市场参与主体和要素、政府政策等外部因素，对我国融资租赁业发展及政府政策等提供借鉴和启示。

我国融资租赁行业在快速发展的过程中，租赁资产交易市场缺失一直是制约行业持续健康发展的重要因素。市场建设篇以正在建设的深圳亚太租赁资产交易中心为案例，从交易中心设立依据、运行机制、发展目标及发展步骤等方面对我国租赁业市场建设进行专题研究。

（史晓琳）

【中国产业发展和产业政策报告（2013—2014）——产业兼并重组】

黄群慧　黄速建　王　钦等

经济管理出版社 2015 年版

170 千字

该书对中国 2013 年的工业发展总体状况进行了系统总结与深入剖析，并概括为五个方面特点，即工业增速调整下滑、产业结构调整优化、技术创新稳步推进、对外交往取得进展、两化融合深入发展。在此基础上，从工业生产效率、绿色发展、技术创新、国际竞争力和增长等五个维度构建了工业发展指数。研究发现，2005—2012 年，工业发展定基指数在增长中趋稳。2005—2009 年，中国工业发展定基指数较快增长，2009 年达到峰值 142.0。随后，工业发展指数稳中有降。2012 年，工业发展定基指数下降至 133.9。从环比计算的工业发展指数来看，2006 年以后，中国工业环比指数趋于下降，表明中国工业发展面临的挑战不断增加，逐步进入转型升级的深水区。这种趋势持续到 2010 年。受全球经济逐步复苏，我国重点产业调整与振兴，培育和发展战略性产业政策的拉动，2011 年和 2012 年工业发展环比指数开始反弹。分维度定基指数表明，2008 年之后增长指数持续下降是拉低中国工业发展指数的主要因素。效率指数和国际竞争力指数稳中有降，表明与创新驱动国际竞争力提升的中国工业发展面临较大的挑战。2005 年以来，绿色发展指数快速增长，表明中国工业绿色发展水平在快速提升。创新指数正在稳步提升。分维度环比指数显示，2012 年工业发展各维度指数涨落不一。其中，效率、增长和国际竞争力指数均负增长，创新和绿色发展指数转为正增长，中国工业发展质量有所提高。2012 年行业指数表明，14 个代表性行业中发展指数环比超过 100 的行业分别为纺织服装、鞋、帽，石油加工、炼焦及核燃料，化学原料及化学制品，黑色金属冶炼及压延，有色金属冶炼及压延，电气机械及器材等。

该书还对 2013 年原材料工业、机械装备工业、消费品工业、电子信息产业、工业相关服务业等中国重点行业的发展特点、发展水平评估、存在问题与挑战进行了系统分析，刻画出这些重点行业的整体发展情况；对 2013 年在推动产业转型升级、行业规制、行业整合、产业培育、中小微企业发展等方面出台的产业政策进行了系统梳理。经过分析认为，2014 年中国工业发展处于调整期，将面临市场增长乏力、要素供给趋紧的双重压力，一些结构性矛盾和潜在风险可能进一步凸显，同时也存在着政策效应释放、改革深入推进等有利因素。以此为基础，对 2014 年中国在原材料工业、机械装备工业、消费品工业、电子信息产业、工业相关服务业等重点行业上的发展趋势进行了判断，并指明六个方面的政策重点方向：培育新的需求增长点，保持工业平稳运行；加快结构调整，促进产业优化升级；强化创新驱动，提升产业核心竞争力；激发企业活力动力，加大小微企业扶持力度；推进两化深度融合，提升信息产业支撑能力；提高互联网行业管理水平，维护网络与信息安全。

（陈　力）

【中国农村发展报告（2016）——全面建成农村小康社会】

魏后凯　潘辰光　崔红志等

中国社会科学出版社2016年版

339千字

党的十六大提出全面建设小康社会奋斗目标。"十三五"时期是全面建成小康社会决胜阶段。农村是我国全面建成小康社会的短板。补齐短板对于全面建成小康社会目标，意义重大。该书聚焦于全面建成农村小康社会这一主题，研究了农村小康社会建设进展、在"十三五"期间农村小康社会建设面临的障碍、如何通过深化改革以加快农村小康社会建设的进程等总体方面的问题。同时，该书的研究内容具有综合性，在农村经济发展、农村社会事业、农村生态环境、农村治理与制度、农村人力资源等重点领域中，分别选择若干重点问题开展专题研究，分析了发展现状、存在的问题，提出了解决问题的思路与建议。该书是《中国农村发展报告》年度报告的第一本，具有权威性、原创性和时效性。

该书依据包括经济发展、社会发展、生活水平、生态环境和城乡一体化五个维度的27个指标，测算了中国农村发展指数，结果表明，中国农村发展水平在各个层面都稳步提高。2011—2014年期间，全国层面农村发展指数从0.396上升到0.578。生活水平和城乡一体化两个维度提升明显，对总指数的增长分别贡献了39.6%和23.6%；东中西部和东北地区农村发展指数都有明显提高；各省区市农村发展指数也普遍上升，14个省区市的升幅超过全国平均水平。但是，农村发展水平的地区差距依然需要关注。中西部和东北地区农村发展明显落后于东部地区；中部地区农村发展水平有较大提升，并超过东北地区；西部地区依然最低，但是与东北地区的差距有所缩小。在省级层面，农村发展水平呈"两端分化、中间趋同"分布特征，发展水平最高和最低的地区指数差距较大，发展水平居中的近20个省区市指数非常接近。

该书分析了全面建成农村小康社会的进展程度以及经济发展、社会发展、政治民主、农村环境四个维度的进展程度。主要结论是：农村全面建成小康社会的总体实现程度逐年提高，从2010年的75.98%提高到2014年的85.75%。但各方面指标实现程度相差悬殊。其中，经济发展指标进程最快，实现程度最高，从2010年的76.17%提高到2014年的93.64%，平均每年提高2.44个百分点；人民生活指标进程较快，从2010年的77.14%提高到2014年的91.78%，平均每年提高3.66个百分点，实现全面脱贫任务较艰巨；社会发展指标的实现程度从2010年的67.58%提高到2014年的79.59%，平均每年提高3.00个百分点，各指标的实现进程差距较大，农村教育是薄弱环节；政治民主指标的实现程度从2010年的85.38%提高到2014年的86.01%，政治民主仍需继续完善和提高；农村环境指标的水平偏低，从2010年的73.65%提高到2014年的77.76%，平均每年提高1.03个百分点，农村环境指标的实现程度提高较慢，改善农村生态环境任务艰巨。据测算，到2020年要实现农村同步小康目标，社会发展、政治民主和农村环境将是短板中的短板。尤其是，农村居民文教娱乐消费支出比、参选村村民参选率、农业源化学需氧量排放量、农业源氨氮排放量、农村人口平均受教育年限、化肥施用量、农田地力等级七项指标差距很大，是实现农村同步小康的难点所在。

该书的分析表明，实现农村同步小康

将面临农民持续增收压力大、农村公共服务水平较低、农村生态环境恶化严重、农村基层民主政治建设有待加强、农村贫困人口如期全面脱贫任务艰巨等五个方面的挑战，要如期实现农村全面建成小康社会的目标，就必须依靠全面深化农村改革，推进农村全面转型升级，建设与全面小康相适应的社会主义新农村，打造中国新农村建设的升级版。在“十三五”时期，重点是构建以“五个乡村”为特色的新农村建设2.0版。一是加快新型城镇化进程，深化农村集体产权制度改革，积极发展现代农业，推动农村一二三次产业融合，大幅增加农民收入，让农民的钱袋子鼓起来，建设“富裕乡村”；二是不断完善农村公共服务供给体系，提高保障水平和服务绩效，建设“幸福乡村”；三是开展生态环境综合治理，突出乡村文化和村庄风貌特色，建设“美丽乡村”；四是规范村民自治制度，加强基层民主政治建设，建设“民主乡村”；五是实施精准扶贫精准脱贫，打好农村全面脱贫攻坚战，让广大农民共享改革和发展成果，建设“和谐乡村”。

（崔红志）

【京津冀发展报告（2016）】

文　魁　祝尔娟　张贵祥等

社会科学文献出版社2016年版

319千字

京津冀协同发展作为重大的国家战略，已进入全面落实区域规划的实操阶段。研究京津冀协同发展指数，可为政府有效检测区域协同发展进程、实施有效的政策调控提供有效的决策依据。该书以研究“京津冀协同发展指数”为主题，由总报告、分报告、专题报告及附录四部分，共十篇文章组成。

总报告首先分析了研究京津冀协同发展指数的宏观背景及必要性，进而按照创新、协调、绿色、开放、共享五大发展理念，问题导向与目标导向相结合、整体监测与重点监测相结合、统计数据分析与大数据分析相结合、纵向分析和长期监测与结构分析和综合监测相结合等原则，构建了发展指数、协同指数、生态文明指数、人口发展指数和企业发展指数五大指标体系，并运用这些指标体系对京津冀协同发展状况及其趋势进行测度与评价，结合测度结果及主要问题提出相应的政策建议。分报告由京津冀发展指数研究、协同指数研究、生态文明指数研究、人口发展指数研究和企业发展指数研究五个专题报告组成。在分别阐明研究思路、指标体系构建原则及测算方法的基础上，试运用测度结果，对京津冀协同发展进行了多角度的综合分析，包括总体水平、发展趋势、内部结构以及得分排名等。专题报告重点对京津冀三地进行综合发展指数研究。

京津冀发展指数研究，构建了以支撑力、驱动力、创新力、凝聚力和辐射力“五个力”为基本框架、由五个二级指标和21个三级指标组成的测度指标体系。通过对京津冀三地及河北省11个地级市发展指数的研究，得出以下基本结论：从发展水平看，北京综合指数及分项指数均明显优于津冀；从发展趋势看，三地综合发展水平差距有缩小趋势；从分项指数看，北京各项均强，天津凝聚力突出，河北创新力增长迅猛；从指数排名看，在河北省11个地级市中石家庄、唐山综合水平最高。

协同指数研究，构建了包括城乡协同发展、城际协同发展和城域协同发展三个方面在内的协同指标体系。其中，城乡协同是区域协同发展的基础，包括城乡联动、城乡统筹、城乡融合三个方面，体现了城乡协同发展的基本规律和发展阶段；城际协同是区域协同发展的本质，包括产业链、价值链、服务链三个方面；城域协同是区域协同发展的目标，基本着眼点是提升区域的综合竞争力和协同性，包括交通一体、协同创新、生态共建、服务共享、联合治理五个方面。该书还重点研究了影响京津冀协同发展的关键因素，如城乡协同涉及的三个因素，即城乡差距、城乡统筹、城乡融合；城际协同涉及的三个因素，即产业链、服务链和治理链；城域协同涉及的三个因素，即资源承载力、创新驱动力、辐射影响力。

生态文明指数研究，构建了包括经济社会进步状况、生态状况、环境质量、资源利用、环保制度及政策在内的 5 个二级指标、27 个三级指标的生态文明指数指标体系，对十年来的京津冀三地生态文明状况进行分析，得出以下初步结论：从总体水平看，北京最优、天津次之、河北起点低但上升快；从变动趋势看，京津冀三地差距趋于缩小；从结构要素看，北京生态状况最好，天津资源利用和环境质量最高，河北环保制度最好。

人口发展指数研究，构建了包括人口活力、人口结构、人口生命质量 3 个二级指标和 11 个三级指标在内的人口发展能力评价指标体系。重点计算了 2000 年、2005 年、2010 年、2013 年四个关键年份的京津冀人口发展指数，以便动态监测京津冀各城市 21 世纪以来人口发展的总体状况和趋势，为未来相关政策的制定和发展路径的选择提供参考。通过测度得出以下初步判断：从人口发展能力水平看，京津冀各城市存在三个层次。北京、天津、石家庄处于第一层次，在人口生命质量维度上的优势最为突出。邯郸、唐山、廊坊、衡水、邢台五个城市处于中游水平（第二层次）且波动较大。张家口、秦皇岛、沧州和保定处于第三层次，其人口发展能力较低。从人口发展能力变动趋势看，城市间不平衡仍在加剧，马太效应突出。尤其北京的人口发展优势与其他城市的差距仍在拉大，洼地效应预示着人口将继续涌向北京。保定、沧州等城市人口发展能力后劲不足，但其经济实力并不弱，这也从侧面反映出经济发展能力并不等同于人口发展能力，人口发展有其自身的变动规律。从人口发展指数城市排名变动来看，天津、唐山、承德、邢台综合排名有明显上升；石家庄、保定、衡水、邯郸排名有所下降。

企业发展指数研究，构建了包括企业实力、企业活力和企业创新力 3 个二级指标、12 个三级指标在内的企业发展指标体系。重点对北京 17 个区（包括亦庄开发区）、天津 16 个区县、河北 11 个地级市进行了分项及综合测评，得出以下基本结论：从综合得分看，北京明显优于津冀，排名前 10 位中北京占 7 位；从分项排名看，在企业实力、企业活力和企业创新力三个指标前 10 名中，北京均占 7 位；天津企业创新力呈增长态势，滨海新区“一枝独秀”，但其他区县企业实力较弱；河北的石家庄、保定企业实力较强，但其他地级市的企业实力大多居于中游。在三地各自的“五个力”结构中，北京的创新力和支撑力对发展贡献最为突出，但凝聚力相对较弱；天津的凝聚力和支撑力较强且增幅较大，但辐射力有所下降；河北的支撑力指数最高，创新力提升最快，但凝聚力不足。

综合五个指数研究及对京津冀三地综合发展指数研究，认为京津冀目前存在的主要问题是转型任务艰巨、资源环境超载、内部差距悬殊。为此，总报告提出三点思路与对策：一是按照创新发展理念，加快转型升级，打造全国创新驱动经济增长新引擎；二是按照绿色发展理念，提升环境承载能力，打造国际一流和谐宜居区域；三是按照开放、协调、共享发展理念，促进城乡、城际、城域协同，缩小区域差距，实现发展成果共享。各专题也都结合测度结果提出相应的对策建议。

（李延玲）

【中国金融监管报告（2016）】

胡　滨　尹振涛　郑联盛主编

社会科学文献出版社2016年版

305千字

该书是“金融监管蓝皮书”系列的第五本，分为总报告、分报告和专题研究三部分。总报告叙述并分析新三板市场的发展历程、监管现状与存在问题，系统总结、分析和评论了2015年中国金融监管发生的重大事件，并对2016年中国金融监管发展态势进行了预测。各分报告剖析了2015年中国银行业、证券业、保险业、信托业以及外汇领域监管的年度进展。专题研究对当前中国金融监管领域的重大问题进行深度分析，主要涉及商业银行同业业务监管、程序化交易监管、区块链技术应用监管、证券质押困境解决和金融账户实名制实施方法等。

新三板已经成为我国多层次资本市场的重要组成部分，已经成为国内挂牌企业数量最多的全国统一性场内证券交易市场。由于发展时间短、微观结构尚不健全、配套机制有待完善，新三板市场在功能定位、流动性、做市商、转板以及投资者适当性等方面仍存在问题。作为发展中的问题，以备案制为支撑的新三板市场应坚持服务中小微企业的业务发展、筹资融资和股份转让等基本职能，注重体系定位、企业需求、流动性提振、退出机制以及统筹协调，以规范监管，提升新三板市场自我发展和服务中小微企业的能力，提高金融服务实体经济的效率。

2015年银行业监管紧扣夯实监管基础、提高监管有效性的主线，引导银行业有力支持实体经济发展，切实防范系统性、区域性金融风险。政策法规密集出台，杠杆率、流动性风险覆盖比率等监管工具不断完善，银行监管的法规制度建设加速推进。2016年银行业监管势必要适应“新常态”，不断调整和优化监管思路，完善监管框架，有效防范金融风险，支持实体经济发展。

2015年的证券业监管除了继续以往改革外，在新三板市场建设、债券市场发展、稽查执法体系建设、简政放权以及私募基金监管方面都有新的突破。预计证券业监管将继续朝着依法监管、从严监管和全面监管的方向发展，从机构监管逐步过渡到功能监管，并将加强宏观审慎监管功能。

2015年“新国十条”得到有效落实；“偿二代”监管规则正式发布，正式进入“偿二代”过渡期；中国保监会在加快推进简政放权的同时，将保险资金运用监管的重心由“放开前端”转移至“管好后端”，进一步强化量化监管和分类监管。2016年中国保监会将会进一步推动“新国十条”相关政策支持落到实处，推动“偿二代”得到有效落实，强化保险资金运用监管和高现金价值产品管理。

2015年拥有明确理念和方法内容的新的信托业监管规则框架初步形成，信托登记制度以及信托公司条例等基础性配套法规制度的建设已经进入日程。然而，中期股市下跌中暴露出的伞形信托监管问题以及信托业开展混业经营与原来分业监管体制之间的矛盾冲突，为进一步推进信托业监管转型及升级带来了阻碍。同时，加固信托业监管的微观基础，避免在一些业务领域出现监管盲区迫切需要实质性进展。

2015年我国外汇管理改革中发生了资金外流加剧与金融账户的对外开放、人民币汇率形成机制改革、支持“一带一路”战略的外汇管理改革等重要事件。未来外汇管理改革的重点是优化外汇管理方式，加强外债与跨境资本监控体系的建设和支持“一带一路”的战略部署以及稳步推进人民币国际化，进一步完善外汇管理的各个方面。

近年来兴起的银行投贷联动业务本质上是以股权投资收益补偿科技创业企业贷

款风险损失。对投贷联动业务实施监管应当遵循定向试点、审慎推进、专业化经营，坚持风险补偿原则，以贷为本、以投补贷，落实风险隔离、有效管控风险等原则。

伴随着国际金融市场的发展壮大以及计算机技术的迅猛发展，程序化交易将成为我国金融市场不可或缺的组成部分。结合我国金融市场特点，汲取全球市场程序化交易发展历程中的经验教训，逐步完善程序化交易的监管模式与风险控制机制对于我国金融市场的平稳健康发展至关重要。

对加密货币的“金融资产”定位成为各国官方的认识主流。税收立法或在今后一段时间内，取代金融监管立法，成为各国政府为加密货币立规的重点。未来区块链技术还会有相当多的应用层级，需要对它重点关注、审视和设计。

证券质押的发展需要现有法律法规和证券实践有效衔接，并在标的物种类、合同订立、证券交付、担保债权范围、担保物范围、预行拍卖权、转质权、实现方式与证券结算等方面进行完善。根本是要建立证券间接持有制度，完善非典型性担保，并在金融创新与风险预防之间实现平衡。

金融账户实名制是现代金融监管的基础性工作，金融账户实名制落实不彻底，潜藏的制度漏洞就可能导致资本外逃、风险底数不清、监管错位等一系列问题。落实金融账户实名制是一项系统工程，需要中央政府进行总体部署，推动部门协作，完善配套法规与技术措施。

我国私募基金行业近些年发展迅猛，在为市场提供资金流动性和服务小微企业方面发挥了重要作用。但自律监管框架下私募基金管理机构的投融资行为尚缺乏有效约束机制，而且新三板的明星私募机构频繁大规模定向增发，引发了市场对“私募基金公募化”“新三板的‘抽血’效应”等问题的热议。

我国《保险法》未将保证业务列为我国保险公司的业务范围，而市场对此类业务又有巨大需求，我国保险公司“创新性”地推出相关保证保险产品以满足市场对保证业务日益增长的需求。明确将保证业务列为我国保险公司的业务范围，不仅不存在理论与立法上的障碍，而且是我国保险行业简捷、合理、高效地满足市场需要的有效途径，是立法科学构建我国保险公司业务范围的必然选择。

（史晓琳）

【中国支付清算发展报告（2016）】

杨　涛　程　炼主编

社会科学文献出版社 2016 年版

337 千字

支付清算体系在国民经济运行中发挥重要作用。与之在经济金融运行和学术研究中的地位不断提升相称，支付清算体系已得到了国家层面的高度重视。目前需要从更高层面来理顺支付清算体系的研究思路，包括基于金融市场基础设施的认识视角、基于国家支付体系的认识视角、基于支付清算中心化与去中心化的认识视角。在技术和制度变革成为现代金融市场基础设施两大驱动力的前提下，我们亟须深入认识过去、把握现在、展望未来，努力使支付清算体系更好地服务于国家治理体系建设与核心竞争力优化、金融的高效与安全运行、社会公众的福利改善与助力普惠金融。

该书是国家金融与发展实验室支付清算研究中心（中国社会科学院金融研究所支付清算研究中心）推出的系列年度报告的第四本，旨在系统分析国内外支付清算行业与市场的发展状况，充分把握国内外支付清算领域的制度、规则和政策演进，深入发掘支付清算相关变量与宏观经济、金融及政策变量之间的内在关联，动态跟踪国内外支付清算研究的理论前沿。该书由总报告和专题报告两部分构成。总报告全面分析了我国支付清算体系的发展历程、现状特点、存在问题及发展趋势，并且运用量化分析工具考察了支付清算体系运行与宏观经济变量、区域经济金融发展、金融稳定与金融风险、货币政策的内在关联等。专题报告跟踪分析了国内外支付清算体系的发展状况、热点与难点，系统梳理了近年来以支付经济学为主线的学术文献，组织翻译了美联储发布的“美国支付体系提升战略”报告。

该书分析了我国支付清算系统指标的结构变化，考察了支付清算系统数据与经济增长指标和价格总水平指标之间的关系，并利用2015年的季度数据对上述关系的稳健性进行检验，重新评估了非现金支付工具、支付系统业务和银行结算账户等方面的支付清算指标在不同经济增长态势下反映和预测宏观经济运行的能力。基于中国人民银行大额实时支付系统数据，描述了我国资金流动的总体区域分布格局，分析了全国主要地区在资金流动中的地位及影响因素，探讨了各地区基于资金流动模式而形成的相互关系及其演变。从纵向与横向两个维度分析了支付清算体系运行与金融系统稳定之间的关系，考察了支付清算指标与实体经济增长之间的长期稳定关系在预测金融体系中泡沫的作用，以及银行类金融机构之间资金流动模式对金融市场稳定的含义。

介绍了2015年货币政策实施和货币供给的概况，分析了支付系统的发展现状，实证研究了支付系统发展对货币供给量的影响，阐述了人民币跨境支付系统的基本情况，讨论了人民币跨境支付系统对货币政策的影响，分析了供给侧结构性改革对货币信贷结构和支付清算的影响。从政策、经济、社会和技术四个方面阐述了2015年银行卡市场发展环境的变化，分析了国内银行卡市场规模及变化，梳理了发卡、受理及其他方面的银行卡业务创新，研究了2016年支付行业监管政策、业务转型和产业布局的发展趋势。

2015年中央银行支付清算体系稳健运行，支付行业政策环境进一步优化，人民币跨境支付系统（一期）成功上线运行，规范支付服务市场发展、推动金融领域包容性增长等工作成效显著。支付体系创新与监管、推动支付清算国际化、改善普惠金融领域的支付环境等方面仍有需要着力之处。2016年中央银行应更加主动适应经济发展“新常态”，积极推动监管理念和方式方法创新转型，为支付产业各类主体营造公平竞争的环境，为经济社会健康稳定发展提供更加稳健高效的支付清算体系支撑。

2015年在“互联网+”和“大众创业、万众创新”国家宏观战略的推动下，我国第三方支付市场继续保持快速发展的势头，在支付技术和支付场景等方面不断创新，进一步提高了支付安全性和支付便捷性。支付中断、客户欺诈、备付金管理不严格等问题屡有发生，监管机构发布多项法律法规以规范市场运行。随着移动互联终端和网络的日益普及，支付作为一种生活化的基础金融服务，将会引发第三方支付市场更加激烈的竞争，也必将推动整个市场向更加便捷、高效、安全的方向发展。

我国证券清算结算体系在2015年总体上保持了运行平稳、业务规模发展迅速的局面。证券清算结算体系建设也在全面推进，诸多领域取得突破性进展，证券清算结算体系的效率和安全均有改善，国际化进程继续推进。2015年中国场外金融市场集中清算业务持续推进，清算业务规模保持高速增长态势，业务覆盖面逐渐扩大，市场渗透率日渐提升，参与者规模快速增大。主流利率衍生品实现了强制集中清算，推出了标准债券远期和标准利率互换集中清算业务，航运及大宗商品衍生品清算业务持续创新。相应的中央对手方清算机构也更加积极主动地参与到国际标准的制定完善以及与境外重要监管机构的对话沟通中。

数字货币是基于P2P网络，应用工作量证明等算法形成的分布式总账，并在货币发行、使用、支付清算等方面的创新应用。比特币并不具有真正意义上的货币特征。数字货币的未来发展方向首先应该是形成一个安全、快捷、可追溯及低成本的支付网络。跨境电子商务的繁荣带动了跨境支付业务迅速发展。目前，国内网民跨境支付渠道主要包括第三方支付平台、商业银行和专业汇款公司。跨境支付或将迎来最佳发展时机，但同时也滋生一系列风险。2015年以来，全球支付市场发展迅速，呈现出全球支付市场结构悄然转变，支付技术开发和应用继续升级，复杂支付体系已然形成，数字化货币的长期生存基础不断夯实等趋势。

（史晓琳）

【中国医药卫生体制改革报告（2015—2016）】

文学国　房志武主编

社会科学文献出版社2016年版

232千字

该书分总报告、专题篇、借鉴篇和附录四部分对中国医改的现状及存在的问题等进行详细分析。新医改六年以来，我国的医改进入深水区，相关利益集团的博弈也进入实质性的较量阶段。总报告认为，突破医改的困境，可以从以下方面着手：简政放权、依法医改；学习与借鉴我国三十多年以来其他领域的改革经验；澄清一些重大理论问题的争议，如公立医院的“公益性”问题；重振各方对继续医改的信心等。专题篇对近两年的医改措施、深化医药卫生体制改革的几点思考、政策博弈下的药品价格管制、中国中药材价格问题、药品降价效果及原因进行了分析。借鉴篇主要介绍了长庚医院的合理化经营管理。

肇始于2009年的新医改，先经过第一个五年的探索实践，完成了新医改的总体设计和攻坚阶段的规划设计，以切实解决“看病难、看病贵”为改革目标，初步建立公共卫生服务体系、医疗服务体系、医疗保障体系、药品供应保障体系，建立协调统一的医药卫生管理体制、高效规范的医药卫生机构运行机制、政府主导的多元卫生投入体制、科学合理的医药价格形成体制等；在公立医院改革试水、县级公立医院改革试点、推动城市公立医院改革、加快形成多元办医格局方面积极探索；推进基本医疗保障制度建设，扩大基本医疗保障覆盖面，提高基本医疗保障水平，规范基本医疗保障基金管理，完善城乡医疗救助制度，提高基本医疗保障管理服务水平；初步建立国家基本药物制度，建立国家基本药物目录遴选调整管理机制等；健全基层医疗卫生服务体系，加强基层医疗卫生机构建设；促进基本公共卫生服务逐步均等化，基本公共卫生服务覆盖城乡居民。

2014年是新医改的第二个五年的开局之年。这两年来，新医改任务十分繁重，改革涉及加快推动公立医院改革，积极推动社会办医，扎实推进全民医保体系建设，巩固完善基本药物制度和基层运行新机制，规范药品流通秩序，以及完善公共卫生服务均等化、加强卫生信息化建设等领域。进入2015年，新医改的重点任务主要是：全面深化公立医院改革，健全全民医保体系，大力发展社会办医，健全药品供应保障机制，完善分级医疗体系，深化基层卫生医疗机构综合改革，统筹推进各项配套改革。

结合北京市的医改实践分析了当前医改面临的困难，主要表现为医疗卫生服务体系亟待完善、人事薪酬制度亟待改革、补偿机制亟待完善、监督治理机制亟待加强、医疗卫生信息化亟待加强。针对下一步的医改方向提出了以下几点建议：转变补偿机制是破除以药补医的关键；严格界定、落实政府责任；改革财政补偿方式；放、调、改结合，推进价格综合改革；加快深化医保改革；建立适应医疗卫生行业特点的人事薪酬制度。

中药资源是特殊的资源，集生态资源、医疗资源、经济资源与文化资源于一身，是关系到人民健康的国家战略资源。中药资源具有极大的开发利用价值，是中药产业的根基。中药材价格不仅直接关系到居民用药的可及性，还关系到我国中药产业的健康发展，以及有中国特色的医疗体系的顺利建设。国务院办公厅于2015年5月发布了《中医药健康服务发展规划(2015—2020年)》，是为了落实《国务院关于促进健康服务业发展的若干意见》制定的唯一的专项规划，也是我国第一个关于中医药健康服务发展的国家级规划，表明中医药事业成为国家重点关注的领域，而中药材作为中药的前端资源，更是具有不可替代的作用。近些年中药材的价格涨幅巨大，波动激烈，价格高企，这些影响了中药材行业以及其他相关行业的健康发展，影响了人民的卫生保健生活和社会稳定。该书提出国家编制中药资源价格指数及建立价格预警机制、通过金融手段抑制价格波动、通过建设中药资源动态监测信息化系统提供动态监测数据对中药资源进行监测与保护。

2015年6月1日起，由国家七部委联合制定并发布的《推进药品价格改革的意见》正式施行。除麻醉、第一类精神药品仍由国家发展改革委制定最高出厂价格和最高零售价格外，其他药品定价主要交由市场决定，此前有关药品价格管理的政策规定与意见不符的一律废止。这一被称为“中国药品历史上最大规模的改革”的启动，标志着在我国持续将近20年的药品政府定价时代正式结束。一直以来，有关部门为了管住药价，对其设以层层行政管制，然而事与愿违的是，药价不仅没有降多少，这层层的管制却成为“低价药”杀手和腐败滋生的土壤。药品最高零售限价的取消、以市场为导向的药品定价机制全面铺开，正是为被层层利益环节束缚住的药价松绑，有望使药价虚高、低价药紧缺等扭曲现象得到缓解。

我国自2009年启动的新医改政策，经过六年多的艰辛探索后，已正式跨入“十三五”时期。在全国卫生总费用已经逼近4万亿元大关的今天，在大健康产业领军企业家们不断呼吁向10万亿元跃进的明天，新医改政策搅动的已经绝不是一个无关紧要的辅助产业了，而是一个巨无霸级的国家经济板块，真正关系到国计民生的基础和未来。该书翔实记录了一段时间以来的相关重大事件，包括重要新政策和著名试点等，秉持研究永不止步的学术精神，对政策制定者和企业界不断提出更高、更严、更理想的期望，力求给政策制定者和行业从业者提供一些全新的知识营养甚至心灵深处的触动。

（宋　静）

【中国品牌战略发展报告（2016）】

汪同三　才大颖　孙　瑞主编

社会科学文献出版社2016年版

227千字

该书是由品牌中国战略规划院牵头编纂的年度性研究报告，首次从国家经济安全的高度审视我国品牌建设的制度环境和经济环境；从学术角度深入探寻品牌战略的内在结构、影响因素和形成机制；从产业角度系统总结中国品牌发展现状与经验，重点比较中外品牌战略异同，同时密切结合我国“十三五”规划和供给侧结构性改革的实践。中国经济正在经历速度变化、结构优化、动力转化的发展“新常态”，处于转型升级的关键历史转折点，传统的格局正在被打破，新的增长力量还在孕育中。作为全球第二大经济体，如何推动中国经济发展由总量的高速增长转向以品牌为代表的内涵式增长，如何在全球经济一体化和区域经济一体化的博弈过程中，有效提升国家品牌竞争力、塑造品牌强国形象是该书重点研究的问题。

互联网经济的快速发展，为中国品牌发展迎来了厚积薄发的重大历史机遇。国家品牌，是实现中国和平崛起的战略布局；企业品牌，是中国企业走向世界的战役创新；产品品牌，是当前应对供给侧结构性改革的战术抓手。对中国品牌战略问题的深入研究，是对中国品牌发展历程的反思，也是对当前中国品牌迎来重大发展机遇的策略研究，更是对中国未来品牌强国路径的远景规划。

国家气质是人们在一定的自然条件和社会历史条件下，长期养成的特有的文化品质，是人们在长期的生活和奋斗历程中养成的民族传统的典型反映，是一定文化区域人们价值观和精神品质的集中体现。而品牌是一个动态的、历史的发展过程，也是一个民族、地域、时间的概念，其构成要素是多元而复杂的。纵观品牌发展的历程，一个历史悠久的成功品牌，一定是凝聚了这个国家、这个民族最根本的民族特征和文化内涵。品牌概念的形成和演化是极其复杂和漫长的，它不仅仅拥有经济学的意义，同时在不同的历史阶段和不同的国家、地区，更有不同的内涵或表现特征，这也决定了形成品牌内涵的因素各不相同，包括经济、文化、历史的因素，也有政治、市场和法律等多方面的原因。

该书从品牌属性规范入手，基于对品牌是物质的基本认识，对品牌的人文属性、生态属性、市场属性和资产属性进行了诠释，认为不同产业的不同属性在不同的发展阶段、应用场景中的地位、作用和权重各不相同，消费者对品牌的消费是这些不同属性交互作用、相互影响的结果。该书通过品牌竞争力评价体系和品牌价值模型的建立，确立了以提升品牌竞争力为核心的品牌价值评价标准，同时对品牌价值货币化的途径进行了梳理。基于我国消费品工业发展的基本现状，重点挑选农副食品加工、轻工、纺织服装、医药、烟草五个细分领域的品牌发展进行研究分析。基于我国文化传媒产业的发展，重点挑选电影、电视、演艺三个细分领域的品牌发展进行研究分析。基于我国服务业发展的基本现状，重点对银行、餐饮、旅游三个细分领域的品牌发展情况进行研究分析。基于我国流通业的发展基本现状，重点挑选批发、零售、物流三个细分领域的品牌发展进行研究分析。基于对中国品牌战略发展的系统分析以及对中外品牌的比较研究，在上述分析的基础上，总结发展现状和重点问题，提出了有针对性的对策建议。

该书从国家气质和品牌发展关系的研究视角，对德国的国家气质和德国经济发展的历程进行了比较分析，同时结合德国一些著名品牌的发展特点再现了德国工业由弱到强、由小到大、由辱到荣的“灰姑娘”式蜕变历程。深受黑格尔和康德哲学思想的影响，德国品牌传承了“理性严谨”的民族性格，德国品牌具有专注和标准、精确和完美、秩序和责任的特征。

该书从“韩流”这一热门社会现象角度出发，深入剖析流行文化和品牌协调发展的关系。通过对“韩流”与韩国国家品牌崛起之间关系的研究，探讨流行文化对中国品牌战略发展的现实指导意义。

“联合利华”坚持国际品牌与本土品牌并举的战略，并不一味推广自有品牌，而是善于收购本土品牌并提升为国际品牌。该文对“联合利华”品牌本土化战略进行了深入的分析，重点对其扩张与收缩的过程、标准和战略进行了重点研究，并提出了推动国内品牌海外并购的战略建议。

“职人”是日语中对于拥有精湛技艺的手工艺者的称呼，“职人气质”已经成为日本企业品牌的灵魂，是精益求精、高超技艺、良心品质、熟能生巧、百年传承的象征。该书从日本“职人”这一社会现象切入，阐述了“职人精神”与日本品牌形成的关系，探寻日本“职人精神”对当前我国推动“工匠精神”，以及推动用“工匠精神”做出“工匠品质”的借鉴意义。

（李延玲）

【中国互联网金融发展报告（2016）】

李东荣主编

社会科学文献出版社2016年版

602千字

现代信息与互联网技术的进步，特别是云计算、移动互联网、大数据、搜索引擎、社交网络的发展，深刻地变革甚至颠覆了许多传统行业，金融业也不例外。许多基于互联网的金融服务模式应运而生并对传统金融业产生了深刻的影响和巨大的冲击。该书是“互联网金融蓝皮书”的第三本，主要聚焦2015年度中国互联网金融行业发展状况，展望2016年互联网金融行业发展动向。

2015年场景金融、金融科技、支付、资产证券化、场外市场等新的业务模式不断涌现，拓展了互联网金融的发展空间，将使之在新的领域当中摸索出新的经营与营利模式。与此同时，对互联网金融的理论研究也在深入，特别是中国互联网金融因基础条件不同，有着与美国不同的发展路径，所需要的制度建设与法律支持环境也不相同，并带来不同的发展经验。互联网金融的估值在新的一年当中也有更新的表述模式，并随着数据样本的增加而存在大规模实证检验的可能性。随着互联网金融各项监管政策的陆续出台和自律组织的建立，2016年互联网金融将会更加规范，发展将更加稳步，逐步摆脱“野蛮生长”的局面，发展模式会逐步稳定与成熟。

2015年商业银行更加注重互联网金融的发展，在促进互联网与银行业的深度融合与创新方面做了大量的研究和探索，商业银行互联网金融模式创新层出不穷，拓宽了整个商业银行互联网金融模式转型的新领域。未来“商业银行+互联网”的发展，必然在现有模式基础上不断衍生、深化与创新，朝着平台化、公司化、生态化、联盟化及社交化方向不断发展。

2015年P2P网贷行业超高速发展，跑路潮日趋严重，涉嫌非法集资、诈骗等案件时有发生，广大投资人蒙受巨大损失。同时，网贷行业的监管体制机制逐步建立，监管主体责任明确，网贷业务规则和风险管理等要求日渐清晰，网贷行业的规范化已提上日程。2016年，随着监管部门和行业自律组织加强协调管理，P2P网贷行业将会在逐步规范中迎来新的发展机遇。当前要着重于中央数据库等行业基础设施的建设，提升网贷行业的透明度、规范化和风险预警能力，加强对投资者的保护。

2015年7月中国人民银行等十部委联合发布的《关于促进互联网金融健康发展的指导意见》，是互联网金融规范发展的重要保障。互联网金融从“缺门槛、缺规则、缺监管”的状态开始进入法治化、规范化、阳光化轨道。相关的监管细则会陆续出台，确保互联网金融持续健康发展。我国目前的互联网金融司法制度较为严格，刑事领域的相关法律法规、司法解释设置了非法经营罪、非法吸收公众存款罪、集资诈骗罪、高利转贷罪等罪名，企业经营应严格遵守法律法规，避免刑事法律风险。在民事领域，现行法律法规对出借人和借款人都提供了一定程度的保护，但目前尚无高效便捷、适用于互联网金融领域的多元化纠纷解决机制。行业自律在促进市场沟通、强化市场约束、缓释行业风险等方面发挥着重要作用，是行政监管的有效补充和有力支撑。中国人民银行会同银监会、证监会、保监会正式启动中国互联网金融协会筹建工作。

互联网技术是推动现代金融业尤其是互联网金融业快速发展和变革的核心因素，而各国制度差异则是造成各国互联网金融发展路径差异的主要原因。无论是互联网公司的金融化，还是金融机构的互联网化都没有改变金融服务实体经济的本质属性。互联网金融的需求端是长尾客户和普惠金融发展的客观需要，催生了对新型业态互联网金融的需求，供给端则是市场竞争的加剧、金融行业利润下降，导致金融创新活动的频繁（机构和市场两个方面）。互联网金融的特点是跨界融合，是技术进步和制度变迁共同推动的结果。

“共享金融”是金融资源的供需个体通过云计算、大数据、物联网、移动互联网等构筑的现代信息技术平台实现金融资源与服务的直接交易系统，主要有基础设施共享、众筹、网贷、供应链金融、相互保险、财富管理，以及未来区块链主导的共享金融模式。经济的高度发展、网络技术支撑、人口向虚拟空间转移等是共享金融发展的物质技术条件。通过现代信息技术，共享金融能够处理金融市场上交易双方的海量信息，在较低成本的基础上实现资金供求双方的更优匹配，扩展传统金融市场的融资空间，使被传统金融忽视的“长尾金融需求”得到满足。

在互联网时代，账户、渠道、工具、终端和标的等支付体系构成要素被不断创新，也引发了其他金融创新。支付及金融领域各参与主体在互联网时代需要联合生产、互联互通、开放共享，网络数字货币与现有货币体系存在竞合关系。区块链技术是近年来金融科技（Fintech）领域的又一个重大突破。区块链技术以密码学、全网共享账本和分布式共识机制为核心，构建了一套不依赖任何特定的第三方中心机构而运作的分布式账本系统，它有潜力提高金融领域的清算、结算等中后端业务流程的效率，对物联网、医疗信息等领域也可能带来深远的影响。区块链技术代表着互联网技术从信息互联网到价值互联网的范式转型。

在案例研究部分，分析了互联网保险行业的市场空间、发展历程、竞争状况及发展趋势以及“互联网医疗+保险”的典型案例。从公司的发展路径、发展情况、优劣势等各个维度，对东方财富、同花顺、网商银行、中科金财、京东白条、蚂蚁金服等各细分子行业的优秀企业进行了详细分析和介绍。介绍了 Movenbank、Simple、Number26、Atom 等四家欧美互联网银行的创立过程、融资情况、商业模式、业务亮点，以及构建商业模式、寻找融资渠道、搭建创业团队、提高客户体验等各个方面。

（史晓琳）

【中国产业发展和产业政策报告（2015—2016）】

黄群慧　黄速建　王　钦等

经济管理出版社 2016 年版

212 千字

该书对中国 2014—2015 年的工业发展总体状况进行了系统总结与深入剖析，并概括为五个方面特点，即工业增速调整下行、产业结构调整步伐加快、创新驱动发展取得新进步、两化深度融合深入推进对外开放合作迈出新步伐。在此基础上，从工业生产效率、绿色发展、技术创新、国际竞争力和增长等五个维度构建了工业发展指数，研究发现，2005—2013 年，工业发展定基指数呈现出对称“倒 U 形”的变化。2005—2009 年，中国工业发展定基指数较快增长，2009 年达到峰值 142.0。随后，工业发展指数开始进入下滑通道。尤其是 2013 年，工业发展定基指数大幅下降。从环比计算的工业发展指数来看，2006 年以后，中国工业环比指数趋于下降，表明中国工业发展面临的挑战不断增加，逐步进入转型升级的深水区。这种趋势持续到 2010 年。受全球经济逐步复苏，我国重点产业调整与振兴，培育和发展战略性产业政策的拉动，到 2011 年和 2012 年，工业发展环比指数开始反弹。但是，2013 年工业发展环比指数又快速下跌，仅为 96.1。分维度定基指数表明，随着我国经济进入“新常态”，2008 年之后增长指数持续下降是拉低中国工业发展指数的主要因素。效率指数和创新指数稳中有降，表明中国工业发展创新驱动和提质升级还需要更多的努力。2005 年以来，绿色发展指数快速增长，表明中国工业绿色发展水平在快速提升，但 2012 年后绿色发展指数有所下降。分维度环比指数显示 2012 年工业发展各维度指数涨落不一。其中，效率指数与上年持平，创新和绿色发展指数均负增长，效率和国际竞争力指数转为正增长。中国工业发展全面进入了转型升级的关键时期。行业发展定基指数显示，2005—2013 年，消费品和原材料工业的发展状况不及机械装备制造业和通信电子、计算机及其他制造业，表明中国工业发展呈现出高端化和现代化的趋势。2013 年行业指数表明，中国工业发展下行具有普遍性，14 个代表性行业中有 13 个行业环比指数负增长。

该书还对 2014—2015 年原材料工业、机械装备工业、消费品工业、电子信息产业、工业相关服务业等中国重点行业的发展特点、发展水平评估、存在问题与挑战进行了系统分析，刻画出这些重点行业的整体发展情况；对 2014—2015 年在推动产业转型升级、行业规制、行业整合、产业培育、中小微企业发展等方面出台的产业政策进行了系统梳理。经过分析认为，2016 年世界经济发展存在诸多变数，新一轮科技革命和产业变革加快到来，经济全球化出现新特征，中国经济增长进入“新常态”，由此中国工业发展将面临着机遇与挑战并存的局面。以此为基础，该书对 2016 年中国在原材料工业、机械装备工业、消费品工业、电子信息产业、工业相关服务业等重点行业上的发展趋势进行了判断，并指明七个方面的政策重点方向：更加注重释放内需潜力，促进工业经济平稳运行；坚持优化增量和调整存量并举，推进产业结构向中高端迈进；以智能制造为突破口，大力推动两化深度融合；深入推进创新驱动发展，建设国家制造业创新体系；进一步减轻企业负担，加大对小微企业的支持；加快建设宽带网络基础设施，强化互联网行业管理和网络信息安全保障；深入推进改革开放，加强行业管理和规划指导。

（陈　力）

第六篇

学界动态

学术会议综述

【NAES 宏观经济形势季度分析会（2015 年一季度）】

为密切跟踪中国宏观经济形势，研判 2015 年第二季度经济走势，组织经济领域专家学者探讨当前的热点难点问题，于 2015 年 3 月 22 日，由中国社会科学院财经战略研究院与新华社《经济参考报》共同举办的“NAES 宏观经济形势季度分析会（2015 年第一季度）”在京举行。

新华社《经济参考报》总编杜跃进、中国社科院学部委员、财经院院长高培勇致辞。会议由中国社科院财经院副院长夏杰长主持。财经院综合经济战略研究部副主任汪红驹做主题发言，财经院副院长夏杰长、财经院流通产业研究室主任依绍华、财经院国际贸易与投资研究室副主任夏先良、财经院税收研究室助理研究员蒋震、财经院成本与价格研究室助理研究员王振霞、财经院城市与房地产研究室博士后杨慧分别就服务业、流通产业、进出口、税收、物价和房地产形势发言。

2015 年是全球经济持续分化之年。美国经济将持续加快复苏，欧洲经济在温和复苏的同时仍受债务问题的影响，日本经济仍在较低水平徘徊；新兴经济体也呈现明显的分化格局，印度经济增速领跑全球，中国经济继续减速，拉美地区延续低迷状态，俄罗斯经济陷入衰退。

中国经济延续 2014 年四季度的下滑态势，预计中国 2015 年第一季度 GDP 下滑至 6.85% 左右，消费物价指数为 1.2% 左右。因一季度经济下滑幅度比较大，全年实现预期增长目标难度加大。需要正视经济减速的客观规律，将“稳增长、控风险、防通缩、调结构、促改革、惠民生”的政策结合起来，统一施行，在经济减速过程中实现结构调整。第二季度财政政策需加力增效，防止资金沉淀；货币政策加强与财政政策配合，防止地方债发行产生挤出效应，继续降准降息。中长期政策仍需坚持深化改革，促进经济结构调整和创新驱动的内生经济增长。先行指标略微下移，考虑 2014 年的基数效应，二季度仍有下行风险，需要稳增长政策加力增效对冲下行风险。预计第二季度经济增长 6.8% 左右，消费物价指数上涨 1.5% 左右。二季度政策加力增效后，三、四季度经济企稳回升，全年预期经济增长目标可以实现。经济缓慢减速，经济转型升级，趋向更安全、更可持续的方向发展，“中高速”和“中高端”目标正在逐步成为现实。

中国社会科学院经济政策研究中心主任郭克莎、国家发改委宏观经济研究院副院长马晓河、社科院数量经济与技术经济研究所副所长李雪松分别发表观点。郭克莎认为这个预测总体很不错。一个总体预测和六个领域重点预测，1 + 6 的模式很好，这六个重点可以根据每个季度的形势需要进行变化。他认为，2015 年经济下行压力确实比较大；2015 年以及到 2016 年仍然有很重要的稳增长的任务；必须多管齐下稳增长。马晓河认为，当前中国的宏观经济形势几乎没有回升的迹象，不能因为 PMI 上升 0.1 就判断经济指标上升了，现在所有的指标体系几乎是下行的。他认为，导致经济下行的主要影响因素有三：一是经济的周期性下行并没有完成；二是宏观政策因素，“三公消费”压缩之后，私人消费没有及时跟上，没有填补；三是投资缺乏动力。李雪松认为这个季度分析报告很深入，有很多的亮点，分析得非常详细，采用的术语也很新。他认为，控制地方政府的杠杆需要更加温和，不能过快。同时，中央政府要加大杠杆的力度，中央政府通过国开行专项的债券，通过再贷款，通过基金这样一些形式增加投资，加大积极财政政策的效果，可以有助于稳增长。现行货币政策的有效性和效果需要提高。

（王朝阳　董　萍）

【中国经济运行与政策国际论坛 2015】

“中国经济运行与政策国际论坛”创办于 2012 年，是由中国社会科学院指导、中国社会科学院财经战略研究院（简称“财经院”）发起和组织的年度高层学术论坛，旨在针对当年的重大宏观经济现象，倾听社会各方面的声音，为政策研究和制定提供一个公共讨论的平台，充分发挥中国社会科学院在宏观经济政策研究领域的“智库”作用。2015 年 5 月 7 日，由财经院和香港特别行政区政府中央政策组主办、冯氏集团利丰研究中心协办的“中国经济运行与政策国际论坛 2015”在香港举行。论坛以“步入新常态的中国经济”为主题，来自海内外的专家学者三百余人共同探讨了新的环境下中国内地经济的发展战略以及香港的角色和机遇。

中国社会科学院党组书记、院长王伟光与香港特别行政区行政长官梁振英在香港礼宾府进行了友好会见，双方围绕发挥社会科学研究领域的优势以及促进内地与香港的融合发展等问题进行交流。王伟光和香港特别行政区政府财政司司长曾俊华在论坛上分别致辞。

王伟光表示，三十多年甚至更长期的历史经验证明，内地的发展时时刻刻都需要香港的倾力帮助，香港的繁荣一刻也离不开内地的坚定支持。当前中国内地已成为世界第二大经济体，积聚持续发展的诸多有利条件，但也面临着再度跨越的诸多挑战。香港在迈向全球金融中心的征程中，构筑了诸多持续领先的竞争优势，但在剧变的世界经济格局中，也面临激烈的竞争和严峻的挑战。与此同时，香港自身发展也正处在划时代的重要关口。如何准确把握内地与香港发展的新进展、新趋势和新未来，如何相互分享两地发展的新优势和新机遇，如何确立两地面向世界的新定位与新战略，如何解决发展中积聚的问题，如何续写两地合作共赢的新辉煌，仍有许多重要而紧迫的课题亟待研究和回答。

曾俊华在致辞中表示，香港和国家的经济发展一直密不可分，香港应该做好准备，把握“一带一路”的机遇，担当投资者、中介者和支援者的角色，配合国家的发展策略。国家正踏入“十三五”规划时期，也是“一带一路”的启动期，经济改革势必持续深化，这将会为香港经济在未来一段时间注入新动力。特区政府会积极参与和配合，把握国家发展所带来的机遇，让香港在国家改革开放的进程中，发挥更加重要的作用。

财经院院长高培勇教授进行了主旨演讲。他表示，步入“新常态”的中国经济发展思路正在经历一系列重大调整：以提高质量和效益为中心、以就业为先行指标、以化解产能过剩为重点、以划清政府与市场边界为任务等已经成为新的发展理念。今后，中国宏观经济政策的“双重”功能定位是积极逆周期调节以及稳健推动结构调整。同时，“多重”目标应为简化、减少市场管制，简政放权；积极的财政政策加力增效；稳健的货币政策松紧适度；把握好经济运行合理区间；坦然应对复杂经济时局。

冯氏集团主席冯国经博士在主旨演讲中提出，“十三五”时期，香港应以推动新经济的发展作为目标，使香港经济从财富推动型转变为创新推动型。香港发展新经济需借助内地大市场，尤其表现在服务业方面。从国家的视角，要实现服务业的飞跃，不但需要进一步开放市场，也需要调整、改革原有的市场机制和体制，为服务业创造有利的经营环境。香港与珠三角地区在新商业模式方面的创新试验，将为国家经济的转型、为服务业实现旧经济与新经济的融合发展，提供经验和借鉴。

针对中国“十三五”规划趋势及影响议题，财政部财政科学研究所原所长贾康表示，宏观调控的四大亮点是贯彻“让市场充分起作用”的调控哲理；实施必要的“微刺激”服务于“稳增长”；运用“供给管理”方式和手段，强调结构优化和突出重点，以供给创新带动需求扩大，以结构调整促进总量平衡；把短期调控与中长期改革追求相衔接，为全面改革举措密集出台创造条件、做好铺垫。国家发改委宏观经济研究院副院长马晓河提出，中国“十三五”规划战略思路要有一个底线，即不发生大的区域性或全局性系统风险；两个稳定，即保持经济平稳增长，保障社会稳定发展；三个转变，即适应新形势，推动对外开放战略转变；推动经济结构调整转型，为促进消费主导型经济结构和服务业主导型产业结构形成创造条件；推动社会结构转型，为促进市民化社会和橄榄形社会形成创造条件。

针对在中国“新常态”经济、“十三五”规划及“一带一路”环境下内地与香港的合作问题，国务院发展研究中心市场经济研究所所长任兴洲表示，“十三五”规划中，香港在国家整体发展中的地位只会继续增强，香港固有的竞争优势将得到进一步巩固和提升；同时，与内地经济进一步融合发展将至关重要，主要集中在生产性服务业、金融领域以及区域经济合作三个方面。

（王朝阳　董　萍）

【中国粮食安全专题研讨会】

由中国国外农业经济研究会、河南科技大学主办，河南科技大学经济学院、高等教育与区域经济发展研究中心承办的“中国粮食安全专题研讨会”于 2015 年 5 月 9—10 日在河南洛阳举行。来自国内多所高校和科研单位的 70 余名专家学者展开为期两天的专题研讨。研讨会采取主题报告和分会场学术探讨的形式，围绕“粮食安全——中国与世界”主题，进行了深入而热烈的探讨。主要内容如下。

1. 当前粮食安全的基本形势：世界粮食安全总体趋好，中国仍存在粮食不安全隐患。

2. 粮食安全观念转变问题。中国的粮食进口量大抵等于粮食浪费量。转变关于粮食问题的思维方式成为影响粮食安全的一个重要因素。需要从粮食生产、粮食消费、粮食仓储和粮食进口四个方面转变思维。同时，在新阶段必须注重转变观念：粮食产量安全向粮食生产能力安全转变，粮食生产导向向粮食消费导向转变，粮食增产向粮食增质转变，把提高粮食安全保障能力与适度扩大进口结合起来，树立“藏粮于地”“藏粮于粮食生产积极性”的新粮食安全观。在国内产粮动力不足，国际市场充满风险情况下，保证粮食安全必须依靠自己。

3. 粮食安全战略实施问题。在中国粮食进口数量激增的背景下，中国国家粮食安全新战略要确保谷物基本自给、口粮绝对安全，必须要调整新战略的政策方向，重点要从粮食安全的基本原则、生产供给、储备、开放贸易四个方面综合把握。要通过健全粮食安全保障顶层设计、动静结合的粮食安全战略、粮食主产区和主销区责权利界定、粮食产业发展方式转变、永久性基本粮田强本固基这五大“硬机制”来确保中国粮食安全。

4. 粮食主产区发展问题。为保障国家粮食安全，粮食主产区应增强粮食生产能力，实现由粮食生产大省向粮食加工大省的转变，应从提高粮食生产能力和促进粮食主产区区域经济发展两个视角出发，构建既能保障国家粮食安全又能促进地方经济社会发展的长效机制。对于粮食主产区，应该强责、赋权、增利；对于粮食主销区，应该增责、明权、分利。要千方百计拓宽农民增收渠道，加强对农民增收的政策支持，健全农民增收多元支撑体系，完善粮食主产区农民收入持续较快增长的长效机制，为保障国家粮食安全、如期全面建成小康社会，打下坚实的基础。

（潘　劲）

【第十七届中国政治经济学论坛】

由中国社会科学院经济研究所主办，浙江财经大学经济与贸易学院承办、浙江省高校“产业发展与财政金融政策研究”创新团队协办的中国政治经济学论坛第十七届年会于2015年5月9—10日在杭州召开，来自全国二十多个省、自治区、直辖市的高等院校、科研机构、新闻媒体和学术期刊等单位的120名专家学者出席了本届论坛。此次论坛的主题是：中国经济新常态。

1. 经济新常态：理论阐释

2014年5月，习近平总书记首次以“新常态”描述新成长阶段的中国经济依赖，学术界围绕“新常态”进行了广泛讨论。与会专家认为，“新常态”是合乎我国现阶段经济周期波动规律、产业结构演化规律和经济发展战略规律而出现的必然状态，这与中国改革进程中“改革拖延”“危机冲击”与“改革突破”的循环推进相吻合。在开放问题上，完善互利共赢、多元平衡、安全高效的开放型经济体系，构建开放型经济体制，以及培育参与和引领国际经济合作竞争新优势，是“新常态”下我国对外开放要实现的三大目标。

2. 经济增长动力转换

中国经济要保持中高速增长，需要有坚实的增长动力，动力首先来自微观企业站上全球价值链的中高端，这就要求有合理的所有制结构实现微观经济效率最优化；其次，来自要素、制度和文化的引领，这就要求提高要素质量、加大教育投入、科技投入、改善基础设施等等；最后，还来源于发展模式由投资主导型向消费主导型转变。

3. 经济结构优化调整与产业转型升级

经济发展进入“新常态”，意味着经济结构的优化调整和产业的转型升级。伴随着居民消费个性化、多样化，经济中心需要从规模经济向品种经济转型，以供给质量满足消费质量的提高。此外，城乡关系调整也是重大的经济结构调整，城镇化会提供新的增长源泉和动力。这就需要改革现行的土地制度，通过农村土地确权和户籍制度改革改善现行城市化模式。

4. 提升制度供给质量

适应、引领“新常态”必须进行制度建设，提升制度供给质量。这就需要中国的治理模式向政府、市场和社会三元并存与互补的现代国家治理模式转型，而其前提应包括产权制度、社会价值观以及一定程度和范围的社会自治，因此，需要转变政府职能，“让市场在资源配置中起决定性作用”应成为界定政府经济职能的基本准则。

（杨新铭）

【第五届亚洲研究论坛】

由中国社会科学院亚洲研究中心与世界经济与政治研究所联合举办的“第五届

亚洲研究论坛”于2015年6月11日在北京召开，来自中国、俄罗斯、哈萨克斯坦、乌兹别克斯坦、土耳其、伊朗、印度尼西亚、缅甸、泰国、越南、韩国、日本、印度、巴基斯坦等国研究机构和高校的四十多位专家学者，围绕“‘一带一路’与亚洲共赢”主题展开讨论。

中国社会科学院亚洲研究中心理事长李扬、韩国高等教育财团事务总长朴仁国、中共中央对外联络部丁孝文部长助理出席会议并发表主旨讲话。会议就如何理解和界定“一带一路”战略以及“一带一路”倡议对于沿线国家的影响进行了广泛和深入的讨论。从“一带一路”与中国以及与亚洲周边国家关系的角度分别在简要分析已经取得成就的基础上，进一步分析了“一带一路”战略实施中存在的问题与挑战。

1. 关于“共商、共享、共建”

与传统地缘政治思维所怀疑的中国意图通过“一带一路”倡议主导欧亚大陆，争夺亚洲势力范围的论调不同，“共商、共建、共享”原则强调参与这一倡议的开放性和包容性，是对地区和世界发展合作的进一步深化与创新，为多边框架下推动发展合作困难的问题提供了新的思路和模式。共商和共建回应了“共赢的战略是中国都赢”的质疑，其开放性和包容性不仅体现在政府与政府间的理解，同时通过市场化运作将合作拓展至公共部门与私营部门，将资金来源丰富至国际金融组织与私营企业，不仅满足了“中国加快改革步伐”,“经济均衡发展”的内在的需求，而且顺应了“国际社会希望中国对经济发展作出更大贡献”的外部预期。

2. 关于“战略对接”

“一带一路”倡议的推进需要在规划自身战略布局的同时，了解和把握沿线国家的需求，不可能对这些国家等量齐观，也不可能期望合作项目一蹴而就，更不可能假设所有的国家都有积极参与的意向。因此有必要对沿线国家进行区分，探索合作的意愿、领域、方式和项目，特别是与该国家或者地区的既有发展计划相结合。此外，也有部分与会学者在肯定“一带一路”倡议对于该国发展意义的同时，从地缘政治，大国博弈，国家利益等方面提出了一些疑问和担忧。

3. 关于“互联互通”

与会学者对“互联互通”的解读大致可以纵向归纳为实物层面的互联互通，制度层面的建设，金融层面的支持和思想层面的交流；横向可总结为硬件和软件的联通，陆地和海洋的联通，中国内部与世界的联通。且有学者指出中国参与全球治理改革的过程，互联互通的不仅是浅层的关税减让，包括深层次的市场化和自由化，以及由此倒逼中国国内的改革。

4. 对现有国际秩序的影响

当前，把“一带一路”倡议看成是中国要建立一个新秩序是不准确的。一方面，相关的构思还没有完全机制化，中国所倡导的不过是将俄罗斯、伊朗等被美国边缘化的大国纳入到全球战略中来。另一方面，“一带一路”倡议还没有具体的形式，只是一种前景，其成败的关键在于让各个国家发挥自己的作用。

（徐晏卓）

【第九届中华发展经济学年会】

由中华外国经济学说研究会发展经济学分会主办，山西大学和武汉大学经济发展研究中心联合承办，《经济学动态》《经济理论与经济管理》《经济评论》《经济学家》等期刊协办的“第九届中华发展经济学年会”于2015年6月13—14日在山西大学召开，来自全国二十多个省、自治区、直辖市的三十多家高等院校、科研机构和政府机关的九十名代表参加了该届年会。年会的主题是：新常态下中国经济发展动力与发展方式转变。

1. 新常态下的中国经济长期增长动力

创新是新常态下中国经济长期增长的动力来源，因此，要超越技术模仿的创新阶段并推进自主创新，把握实体经济和扩大内需之间的关联。在创新上，除了企业层面的创新有助于生产率增长外，跨企业的创新资源再配置效率改进也是总量生产率增长的源泉，特别是技术密集型产业对资源再配置更加依赖。

2. 新常态下的经济结构调整与发展方式转变

应该从整体结构转型角度来分析判断一国是否陷入“中等收入陷阱”，而不能仅仅依赖人均 GDP 水平。“一带一路”建设和化解产能过剩有助于结构转型，而只有实现了经济发展方式转变才能避免掉入“中等收入陷阱”。深化改革的关键在于培育市场的自主调节能力，让市场发挥基础性作用。

3. 新常态理论推进中国特色发展经济学

随着中国经济进入新常态，中国经济进入一个新的发展阶段，摆在中国发展经济研究者面前的是如何在新常态理论指导下推进中国特色发展经济学研究。如何实现从数量增长到质量提升，如何改善恶化的收入分配负效应，如何利用技术外溢推进自主创新，等等，这些都是需要中国特色发展经济学从理论上给出阐释的内容。

4. 绿色发展与资源型经济转型

近年来，随着经济增长放缓，资源能源经济发展受到严重挑战，如山西、内蒙古、新疆和黑龙江等地区受到“资源诅咒”最为严重，只有通过绿色发展和循环经济扩大“资源福音”，才可以使这些地区实现经济可持续发展。在降低碳排放方面，要依据经济规模、人口规模、能源强度和能源结构的因素展开。

（杨新铭）

【“变革时代的协同发展战略”中日学术研讨会】

由中国社会科学院和日本学术振兴会主办，中国社科院财经战略研究院（以下简称“财经院”）和国际合作局承办的“变革时代的协同发展战略”中日学术研讨会于 2015 年 6 月 24 日在京举行。2012 年以来，中国社会科学院和日本学术振兴会每年就不同主题举办学术研讨会，对增进双边学术交流起到了重要作用，为中日双方学术交流搭建了一个开放的平台。中国社会科学院副院长张江会见了中日双方与会专家与嘉宾。中国社科院学部委员、财经院院长高培勇教授主持了此次研讨会。中国社科院国际合作局王宣敬副局长、日本学术振兴会北京代表处广田薰所长代表承办方致辞。

来自日本学术振兴会北京代表处、日本早稻田大学、日本成城大学、日本札幌大学、日本银行北京代表处、国务院发展研究中心、中国社会科学院、中国国际经济交流中心、国家发改委宏观院、财政部财政科学研究所、科技部科技投资研究所、国家开发银行研究院、北京大学城市与区域规划研究所、上海交通大学安泰经济管理学院等单位的专家和《人民日报》《光明日报》《经济日报》等权威媒体的 120 余人参加了会议。会议围绕财税改革与宏观稳定政策、创新与服务业发展、“一带一路”发展战略、城市化与房地产业发展等四个专题，进行了深入热烈的讨论。

杨志勇研究员主持了“财税改革与宏观稳定政策”专题研讨。中国国际经济交流中心陈文玲总经济师全面剖析了当前国际经济形势，分析了全球面临的经济风险，提出了中日两国面对全球经济下行压力的战略建议。日本成城大学田近荣治教授从老龄化、社会保障压力、政府债务规模等视角分析了日本财政风险及未来财政政策调整和改革的方向。财政部财政科学研究所白景明副所长用最新数据剖析了我国财政收入变化状况与趋势，认为财政收入年度增速完全有可能回到8%以上的增幅。财经院汪川副研究员分析了经济新常态背景下消费与投资再平衡、房地产深度调整等重大现实问题，提出了创造合适的流动性、优化信贷环境、降低宏观金融风险等对策建议。

戴学锋研究员主持了“创新与服务业发展”专题研讨。日本早稻田大学加藤笃行助理教授认为要全面看待服务业低生产率问题，服务业与制造业的差异决定了服务业生产率与制造业生产率不能简单对比，要提高服务业生产率，必须要更加重视发展生产性服务业为代表的知识密集型服务业。上海交通大学陈宪教授认为，在实施创新驱动战略的背景下，要致力于发展为创业创新服务的生产性服务业，特别是科技与研发服务业。财经院副院长夏杰长研究员认为中国正在逼近服务经济时代，在迈向服务经济时代进程中要大力推进服务业与工业、农业的跨界发展，鼓励三大产业间的深度融合，在跨界与融合中创造服务业新市场和新机遇。

赵瑾研究员主持了“一带一路”发展战略专题研讨。日本札幌大学的汪志平教授介绍了日本政界、学界、商界和普通民众对加入亚投行的态度，分析了日本加入亚投行与否对其经济发展可能的影响。国家发改委国土开发与地区经济研究所肖金成所长从区域与次区域合作的角度深入分析了“一带一路”战略的意义、重点领域与基本思路。国家开发银行研究院曹红辉副院长分析了“一带一路”战略整体思路、开发路线与风险控制问题。

刘彦平副研究员主持了“城市化与房地产”专题研讨。日本银行北京代表处的福本智之博士在比较日中房地产业发展的基础上，认为中国目前的房地产发展类似于日本20世纪70年代情况，离泡沫经济还有段距离，但要引起足够的警惕。财经院院长助理倪鹏飞研究员介绍了深化中国住房制度改革应坚持的基本原则和分别构建商品性住房、保障性住房的目标体系。北京大学城市与区域规划研究所李金恒所长提出要用全新理念研究新型城镇化规划，要从“以物为本”走向“以人为本”，要把战略规划、产业规划、空间规划、重大项目规划和投融资规划有机融合到新型城镇化规划中去。

（王朝阳　董　萍）

【稳增长政策跟踪审计专家论坛】

2015年7月3日上午，由中国社会科学院财经战略研究院（简称“财经院”）、审计署办公厅和审计署财政审计司联合主办的“稳增长政策跟踪审计专家论坛”在财经院学术报告厅举行。来自中国社科院、国家审计署等单位的专家学者以及新华社、《人民日报》《光明日报》等近30家新闻媒体代表参加了此次论坛。

会议由中国社科院学部委员、财经院院长高培勇主持，中国社科院副院长张江、国家审计署副审计长袁野出席会议并致辞。

在致辞中，张江副院长高度肯定了中国社科院与审计署联合共建财经院项目所取得的丰硕成果，这种政策需求与咨询供给的直接对接是智库资政辅政功能的有效实践，此次联合主办论坛就是进一步深化合作的新方式。张江指出，政府在推出一系列稳增长政策措施的同时，赋予了审计促进国家重大决策部署落实的新功能，强化其在促进国家重大政策执行、稳定宏观经济增长方面的保障作用。因此，全面评估稳增长政策在推进过程中的落实情况、实施效果以及跟踪审计的力度与功能，对于保障我国经济社会平稳健康发展具有十分重要的意义。

袁野副审计长从新常态下国家审计的

新使命入手，介绍了稳增长政策跟踪审计的五个重点领域：将确定的重大项目的落实情况作为跟踪审计的重点；重要抓手是促进财政资金的统筹使用，盘活存量，加快预算执行进度；促进重大政策措施的贯彻落实，推动商事制度改革；促进简政放权；更好地防范经济领域的潜在风险。2014年以来，审计工作在三个方面发挥了重要作用：一是加大揭示和反映一些不作为、滥作为的情况；二是坚定不移地促进深化改革，推动各项改革相互促进；三是积极关注制度性问题，着力推动相关制度的改进和完善。

在此次论坛上，审计署财政审计司司长郝书辰研究员，财经院财政审计室主任汪德华副研究员分别作了主题报告。

郝书辰报告了稳增长跟踪审计的主要内容、特点、存在的问题以及对进一步完善稳增长跟踪审计的思考。他指出(1）跟踪审计有四个特点，即服务国家治理更直接、审计对象更广泛、审计内容更丰富、审计周期更长。(2）稳增长跟踪审计实施中面临三个方面的困难：一是政策执行跟踪审计的规范体系尚未完全确立；二是审计人员的专业性和政策跟踪审计的宏观性存在一定差异，审计队伍的知识结构、专业结构需要进一步完善；三是尚未建立起政策执行情况的评价体系。(3）应进一步强化政策跟踪审计，一是建立健全制度规范；二是进一步强化审计队伍建设；三是探索灵活多样的审计方式；四是不断强化政策跟踪审计的结果应用。

汪德华以“国家审计与稳增长政策评估”为题作了发言。他重点分析了国家审计在宏观调控和稳增长政策中发挥的作用，并结合当前审计工作，对稳增长政策进行了探讨。他认为，投资是稳增长的关键，消费是长期变量，而投资的短期波动非常强烈，因此投资对经济增长的边际影响非常大，其中的重点则是政府投资和企业投资。具体来说，在政府投资方面，审计工作应重点关注融资措施的落实情况、项目投向和推进速度等；在企业投资方面，审计工作应高度关注如何增强企业的内生投资动力，除现有的简政放权等系列措施外，还要给予一定的经济激励。

围绕两位主题报告人的发言，相关与会专家进行了讨论和发言。

国务院参事室特约研究员、国家统计局原总经济师兼新闻发言人姚景源指出，中国经济目前进入增长速度换挡期，这是客观规律，是我们化解诸多深层次矛盾和问题所必需的，给中国经济带来了诸多复杂性和难题。增长速度换挡期的主要任务是守住下限，总基调是“稳中求进”。确保经济稳定增长，一是要发挥出口对经济增长的支撑作用；二是要发挥消费对经济增长拉动的基础作用；三是要发挥投资对经济增长拉动的关键作用。

财政部财政科学研究所副所长苏明研究员对稳增长跟踪审计的项目给予了充分肯定，并阐述了对审计定位和功能的理解。他指出，审计是国家治理的非常重要的工具，具有监督功能和调控作用。对于下一步稳增长相关政策的跟踪审计，他提出三点建议：一是动态优化；二是要抓重点；三是在审计过程中，要看到问题，深挖原因，要有更强的针对性。

中国社科院经济政策研究中心主任郭克莎研究员认为，稳增长的政策很重要，意味着稳增长政策的跟踪审计同样很重要。目前，审计范围扩得很大，不但扩大到事、钱、人，而且扩大到改革措施的落实。同时，审计工作的重点正在发生重大转变，并且这个转变不是短期的，这些转变包括：稳增长相关的政策可能都是新的审计内容；原来审计主要是监管，现在还要有促进的作用，促进的内容甚至多于监管的内容；原来主要是发现问题，现在则开始向提出建议转变。

亚洲开发银行驻中国代表处高级经济学家庄健认为：（1）从系统论和控制论角度思考，审计从事后对结果的反映到最后决策过程的反馈，起到非常重要的作用。（2）长期以来，中国经济较多依靠资金、资本、劳动力的投入，对科学进步重视不够，下一阶段的关键是寻找新的动力，否则未来中国经济增长压力会越来越大。（3）从三大需求来看，投资和出口现在面临很大问题，出口由国际形势决定，中国可作为的空间是有限的；消费是个慢变量，长期的经济增长目标也要考虑消费如何拉动经济增长；但是短期内，投资起关键作用，要实现中国经济的快速发展，对制造业还要予以非常充分的重视，审计、宏观调控等在这方面要加大力度。

高培勇对会议进行了总结发言。他指出：（1）稳增长是中国经济处于新常态背景下的第一要务，稳增长政策需要抓手，传统意义的抓手很多不存在了、失效了或者打折扣了，因此需要有新的抓手，而跟踪审计就是一个非常重要的抓手。（2）稳增长政策的跟踪审计会越来越重要，审计是国家治理的基石和重要保障，审计应当责无旁贷履行新的使命，发挥新的作用。（3）把稳增长的跟踪审计作为智库研究的新领域、新课题、新方向，应投入更多的精力去深入研究。

（董　萍）

【第十五届中国青年经济学者论坛】

2015 年 7 月 18—19 日，“第十五届中国青年经济学者论坛”在厦门大学经济楼隆重举行。此次论坛由《经济研究》编辑部、北京大学光华管理学院、武汉大学高级研究中心和厦门大学王亚南经济研究院/经济学院联合主办，由“计量经济学”教育部重点实验室（厦门大学）、福建省统计科学重点实验室承办。论坛旨在推动青年经济学者针对中国经济问题积极开展研究，加强青年经济学者之间的交流，培养我国经济研究的后备力量，并努力为中国的经济发展和改革实践服务。

厦门大学经济学院党委书记雷根强教授主持开幕式。厦门大学党委副书记、副校长李建发教授致辞，他赞扬了中国青年经济学者论坛已成为我国青年经济学者的年度盛宴，成为我国经济学学术交流的最高端平台之一，期望厦大经济学科与青年经济学者论坛理事会成员单位和其他兄弟院校进一步加强合作，进一步促进我国经济学研究和教学的现代化与国际化。

中国社会科学院经济研究所所长、《经济研究》主编裴长洪研究员致辞。他提到，中国青年经济学者论坛历经十五届，已经到了青春活力的旺盛期。他回顾了中国青年经济学者论坛自 2001 年举办以来的发展足迹。目前论坛已有 22 个理事成员单位，在青年经济学界形成了持续的影响力，希望论坛能越办越好。

厦门大学王亚南经济研究院与经济学院院长洪永淼教授致辞，他提到，此届论坛是王亚南经济研究院成立十周年的重要活动之一，感谢兄弟院校对厦大经济学科的支持，也预祝本届论坛圆满成功。

中国青年经济学者论坛秘书长、《经济研究》常务副主编郑红亮研究员做论坛工作报告，他介绍了论坛近一年的筹备情况，今年的论坛总共收到 450 余篇论文，再创新纪录，共有 150 余篇论文入选进行报告交流。在英文分论坛方面，共有约 50 篇论文投稿，其中海外学者投稿居多，共有 26 篇英文论文入选。

论坛还为获得“中国青年经济学者优秀论文奖（2015）”的两篇论文——鞠晓生、卢荻、虞文华的《融资约束、运营资本管理与企业创新可持续性》和傅勇、张晏的《中国式分权与财政支出结构偏向：为增长而竞争的代价》颁奖。每篇获奖论文奖金为 1 万元人民币。

论坛进行了四场精彩的主题演讲。主题演讲由《经济研究》杂志社社长、副主编、编辑部主任王诚研究员主持。中国社会科学院经济研究所所长、天津自贸区研究院院长、《经济研究》主编裴长洪研究员做题为《“一带一路”建设与中国扩大开放》的演讲；美国北卡罗来纳州立大学夏洛特分校（UNCC）田卫东教授做题为“Modern Risk Management Problems”的演讲；中国科学院大学吴德胜教授做题为“Forum Sentiment and Stock Price Volatility”的演讲；厦门大学王亚南经济研究院与经济学院院长洪永淼教授宣讲论文“Optimal Selection of Window Length in Rolling Regression Models”。论坛随后开启二十五场平行分论坛。

（金成武）

【第五届中澳国际学术论坛】

2015 年 7 月 20 日，由中国社会科学院和澳大利亚富林德斯大学联合主办，由中国社会科学院财经战略研究院（以下简称“财经院”）和国际合作局承办的“第五届中澳国际学术论坛——21 世纪的城市挑战”在京举行。论坛开幕式由财经院副院长夏杰长研究员主持，中国社科院学部委员、财经院院长高培勇教授、富林德斯大学国际研究学院院长马丁·格里菲斯（Martin Griffiths）先生、中国社科院国际合作局副局长王宣敬分别致辞。来自富林德斯大学、阿德莱德大学、墨尔本大学、南澳大利亚大学、北京大学、中国人民大学、中国社会科学院的专家学者齐集一堂，围绕着“21 世纪的城市挑战”这一主题发表了各自的观点。

1. 21 世纪城市发展研究面临的新挑战

高培勇指出，中国城市发展在学术领域面临若干挑战，这些挑战聚焦于“新型”二字。其一，当今中国的城市化不同于以往，是以人为中心的城市化。其二，当今中国的城市化是在国家治理现代化背景条件下的城市化。其突出的特征就是追求公平和公正。其三，在经济发展新常态的背景下，要把城市化当作经济发展的一个新源泉来打造，中国的经济何以能保持中高速增长，其中一个重要的依托就在于城市化。

王宣敬认为，21 世纪是城市的世纪，作为当今世界上最大的发展中国家，中国的城镇化进程，一方面带有人类社会城市化轨迹的共性特征，另一方面又具有相对独立的推进方式和形态特点。伴随着中国市场化改革的逐步深入，中国城镇化已不仅仅成为社会转型的一部分，而且是重要措施。澳大利亚作为已经完成城镇化的发达国家，在应对城市病、房地产开发、空间治理、节能环保、社会文化转型等各方面积累了丰富经验，这些经验对中国具有参考价值。此次论坛有利于中澳双方建立起一个有效的跨国别、跨学科、多领域协同创新平台和沟通机制，以利加强城镇化和城市发展若干重大问题的研究。

马丁·格里菲斯认为，城镇化包罗万象，既包括经济、政治、社会、环境，也包括城市和农村之间的关系，还包括公平、体制、规划等问题。尽管澳大利亚的城镇化水平非常高，但在很多方面也需要向中国学习。因为中国虽然是一个发展中国家，但中国对城镇化过程中遇到的一系列问题给出了非常独特的解决方法，这些方法也会为其他国家所借鉴。

2. 城镇化的社会文化影响

论坛第一单元的主题是“城镇化与社会文化的影响”，由财经院副院长夏杰长主持。他认为，城市是一个载体，各种元素在这个载体上有机融合，文化是其中最不可缺失的一个非常重要的元素。

富林德斯大学商学院副教授薛丕声（Pi - Shen Seet）从文化能力的角度分析了在中澳两国具有城市成长背景的人到较远

地区工作时所面临的文化能力挑战和城乡移民融合障碍，并从公共服务、标准制定等方面提出了政策建议。富林德斯大学社会工作系高级讲师穆巴拉克（Mubarak A. Rahamathulla）认为，中澳两国城市文化发展均存在“数字鸿沟”的挑战，通过建立基于社区的信息通信技术基础设施，可以帮助年青一代融入全球化，缩小贫富差距并加速农村和偏远地区的经济发展。阿德莱德大学社会科学学院刘煦春认为，中国城镇化进程中农民工养老医疗保险参与率较低，其原因是失业、自雇或非正规就业、短期合同雇佣和户籍制度抑制了流动人口参与养老保险和医疗保险计划，建议建立灵活的社保政策，鼓励流动人口弱势群体参加养老和医疗保险。财经院城市与房地产经济研究室副主任刘彦平提出，从满足“城市顾客”的需求出发，构建以空间文化和管理运营为支撑平台，以社会资本、服务设施、文化产业和文化节事为核心动力，以城市形象为整合机制的新城文化战略模式，并从空间优化、产业促进、形象营销、管理运营升级四个战略路径对新城植入更有价值的文化元素。社科院旅游研究中心主任宋瑞认为，旅游化和城镇化是相互促进的，旅游可以成为城镇化一个非常重要的力量，拓展了“旅游城镇化”的分析框架，并对澳大利亚、美国、巴西和中国的旅游城镇化进行了比较研究，分析了我国旅游城镇化的潜力和挑战。财经院服务经济研究室副主任刘奕认为，须发挥我国中心城市在服务业发展中的辐射带动作用，依靠城市群实现服务业的空间梯度发展，同时提高服务业用地效率，实施有差别的房地产政策，畅通人口转移渠道。

3. 城镇化与空间战略

论坛第二单元的主题是“城镇化与空间战略”，由《财贸经济》编辑部副主任王朝阳主持。他对空间经济学的发展历程进行了简要回顾，认为空间经济学为探讨城镇化空间战略提供了理论支撑。

马丁·格里菲斯认为，透过中国政府的“新型城镇化”这面镜子来评估中国面临的机遇和挑战，新型城镇化将在未来几十年指向一条更加可持续的经济增长之路。墨尔本大学建筑建设规划系教授韩笋生认为，全球城市区域（Global City Regions）的新形式正在中国出现，这种新形式具有各城市松散联盟的特点。富林德斯大学政治与公共政策系主任海顿·曼宁（Haydon Manning）介绍了第四代核能的演化发展，认为除水力发电外的可再生能源技术将保证为未来十年继续扩张的特大城市提供能源安全，运用核能的关键是公众对政府的信任以及核废料的安全处置。北京大学政府管理学院城市与区域管理系主任陆军教授提出了中国五大高铁经济区的空间特征与基本模式。财经院流通产业研究室主任依绍华指出，构建轴辐式网络模型可以整合物流资源，将在很大程度上提高物流配送效率，从而推动 B2C 企业实现健康快速发展。财经院综合经济战略研究部吕风勇博士认为，中国城镇化尚处于中期阶段，现阶段迫切需要对城市空间等级作出新的战略调整，特别是要限制大城市的无序扩张，鼓励中小城镇发展，使中国城市空间等级更加合理。

4. 房地产市场和低碳发展

论坛第三单元的主题是“房地产市场和低碳发展”，由财经院院长助理倪鹏飞主持。他认为，在中国最近十年来还没有哪一个话题像房地产话题如此热门、持久，房地产市场与低碳发展是 21 世纪城市发展面临的重大挑战。

南澳大学商学院于宝山（Sam Yu）博士认为，中国正在出现后国际金融危机时代的住房转型，如何继续城镇化和推动房价改革是稳定发展速度和保障经济增长质量的根本挑战。墨尔本大学建筑规划学院陈思清博士认为，只有根本改变现有体制，才能从结构上减少碳排放；发展碳中立城市是可行思路，关键是为碳中立城市设计和规划新能源基础设施。财经院税收研究室主任张斌认为，地方政府城镇化建设的主要资金来源于房地产业相关收入，随着中国经济进入新常态，房地产行业的发展面临拐点，寻求地方政府更稳定的资金来源和筹集渠道对于下一步推进城镇化至关重要。中国人民大学商学院财务与金融系副主任况伟大测度了我国城市住房泡沫程度，发现我国15城市存在明显的住房泡沫，5个城市无明显住房泡沫，15个城市的房价被低估。财经院城市与房地产经济研究室副研究员高广春认为，我国经济增长的新逻辑要点是消费拉动、创新驱动、保障公平，新的金融逻辑要点是消费性金融、创新性金融、保障性金融，在二者对接关系中，产业创新和金融创新的匹配过程尤其难以驾驭。财经院城市与房地产经济研究室李超博士预测，2015—2030年中国城市住房需求的总体走势将会呈现“倒U形”特征，要警惕2025年后可能出现的人口结构对住房需求的“蘑菇云”风险。

（于树一）

【财贸经济笔会2015暨创刊35周年座谈会】

2015年7月24日，由中国社会科学院财经战略研究院（以下简称“财经院”）主办，《财贸经济》编辑部、China Finance and Economic Review 编辑部和《财经智库》（筹）编辑部共同承办的“财贸经济笔会2015暨创刊35周年座谈会”在京召开。此次会议由上午的《财贸经济》创刊35周年座谈会和“财贸经济—邓子基财经学术论文奖”颁奖仪式，以及下午的分组讨论和闭幕式组成，来自全国各大高校、科研机构以及《财贸经济》编辑部的90余位专家学者参加此次座谈会。

“《财贸经济》创刊35周年座谈会”由中国社会科学院学部委员、财经院院长高培勇教授主持，中国社会科学院党组成员、秘书长高翔，福建省邓子基教育基金会顾问、中国出口信用保险公司监事长周立群分别致辞。

高翔在致辞中对《财贸经济》创刊35周年给予了热烈的祝贺。他指出，《财贸经济》的创刊推动了经济学界进一步解放思想，为改革开放出谋划策，对中国经济学的发展具有重大意义。

周立群在致辞中首先代表邓子基教授向《财贸经济》创刊35周年表示祝贺，向“财贸经济—邓子基财经学术论文奖”2014年度的获奖作者表示祝贺。

中国社会科学院学部委员、《财贸经济》原主编张卓元研究员，中国社会科学院学部委员、《财贸经济》编委刘树成研究员，江西财经大学校长、《财贸经济》编委王乔教授，《经济研究》常务副主编郑红亮研究员，财经院宋则研究员，中国社会科学院中国社会科学评价中心期刊与成果项目部王力力副主任分别作为编委代表、合作单位代表、期刊同行代表、作者代表以及评价机构代表进行了发言。在自由讨论环节，中国社会科学院学部委员杨圣明研究员、汪同三研究员，中国社会科学出版社原总编辑李茂生研究员，《财贸经济》编辑部原副主编郭冬乐研究员，中国社会科学院工业经济研究所党委书记史丹研究员，《中国工业经济》杂志社社长李海舰研究员，科学技术部科技经费监管服务中心副主任房汉廷，中国社会科学院机关服务局局长林旗，中国人民大学经济学院方福前教授等分别作了发言。

与会专家对《财贸经济》创刊35年来的成绩给予充分肯定，对创刊35周年表达了热烈的祝贺。

“财贸经济—邓子基财经学术论文奖”颁奖仪式由《财贸经济》编辑部主任王迎

新研究员主持，邓子基教育基金会副理事长林英钊介绍了评奖过程并宣布评奖结果。张卓元、杨圣明、高培勇、周立群、王乔分别为获奖论文作者颁奖。中国人民大学财政系主任吕冰洋教授作为获奖论文作者代表进行了发言，他表达了对《财贸经济》的感谢，对办刊过程中“重大问题必有回应”的特点给予肯定，并建议中青年作者更加充分地扎根中国的土地、历史和国情，推出更具创新性的研究成果。

“财贸经济笔会 2015”的讨论分两组进行。第一组讨论由《财贸经济》编辑部主任王迎新主持。在会上发言的有：上海对外经贸大学国际经贸学院史龙祥副教授的《市场份额影响力、进口市场集中度与贸易结算货币选择》；中南财经政法大学工商管理学院陈勇兵副教授的《外部冲击、倒 N 形反弹与贸易新常态》；北京工商大学世界经济研究中心季铸教授的《中国经济新常态是服务经济》；南开大学经济研究所周晓波博士的《中国经济增长趋势的人口学逻辑》。其他与会专家学者根据报告内容参与了讨论。

第二组讨论由《财贸经济》编辑部副主任、China Finance and Economic Review 编辑部副主任张德勇主持。在会上发言的有：厦门大学财政系谢贞发副教授的《税收竞争、中央税收征管集权与中国税收增长之谜》；广州市社会科学院经济研究所陈旭佳副研究员的《主题功能区建设中地方财政支出偏向研究——基于政府异质性偏好的理论分析框架》；中国人民大学财政金融学院张成思教授的《中国通胀预期的异质性与信息更新频率》；上海师范大学张震副教授的《互联网 +、金融包容与城市经济增长》。其他与会专家学者也分别对报告内容进行了评论。

在分组讨论期间，中国社会科学院学部委员、金融研究所所长王国刚研究员作了专题发言。王国刚就当前财政金融领域的一些热点问题进行了点评，包括积极的财政政策在松紧上如何评判，市场在资源配置中发挥决定性作用与政府掌握资源之间如何协调，地方政府债务与资产负债表问题，货币政策与财政政策配合中的功能搭配和协调机制，债券的财政功能与金融属性以及健全国债收益率曲线的重要意义，大中城市基础设施改造的资金配合问题，股票市场快速下跌背景下的信用资金注入和退出问题等。

（王朝阳　张继行）

【首届全国产业经济学博士后论坛】

由中国社会科学院、全国博士后管理委员会和中国博士后科学基金会联合主办，中国社会科学院博士后管理委员会和工业经济研究所联合承办的“首届全国产业经济学博士后论坛”于 2015 年 8 月 18 日在北京举行。来自国家部委和科研机构的专家学者、科研院校的博士后，以及《人民日报》等媒体代表共一百余人参加了论坛。

中国社会科学院党组成员、秘书长高翔研究员，人力资源和社会保障部留学人员和专家服务中心主任、中国博士后科学基金会副理事长、秘书长夏文峰，中国社会科学院人事教育局局长、院博士后管理委员会委员张冠梓，中国社会科学院工业经济研究所所长黄群慧研究员出席论坛并致辞。中国政策科学研究会执行会长、中国国际经济交流中心副理事长、中国工业经济学会会长郑新立，中国社会科学院学部委员、经济学部副主任吕政研究员，中国社会科学院学部委员金碚研究员出席论坛，并分别就“科研工作中需要注意的几个方面”“经济新常态下值得探讨的几个问题”“中国产业发展的几个理论问题”“当前产业经济学亟待研究的几个问题”发表学术演讲。

1. 博士后培养与产业经济学的发展

当前，中国经济下行压力加大，寻找

新常态下的经济增长点成为经济理论界和实际工作者亟待解决的重要问题。推进结构调整、促进绿色发展、加快自主创新、深化改革开放可能是应对经济下行压力的有效途径。具体落实到产业发展，就是迫切需要深入探讨产能过剩、结构调整、产业升级、竞争规则等重大理论前沿问题。博士后培养必须立足于解决中国现实经济问题，一些学者从研究方法上给出建议，还有一些学者探讨了当前产业经济学领域值得研究的重大现实问题。

2. 结构调整和产业升级

在当今世界范围内“第三次工业革命”不断拓展、全球投资和贸易结构加速重构以及“中国制造 2025”和“一带一路”战略推进的态势下，构建结构合理、技术先进、附加值高、生态环境友好、创造高质量就业的现代产业体系已成为中国推动国民经济发展的重要方式。有学者指出，当前制造业产出结构具备较大的优化调整空间，能够为经济增长和环境保护的“双赢”提供支撑。有学者指出，大力发展新兴产业是中国实现创新驱动和建设创新型国家的重要途径。有学者指出，要素生产率的提高成为拉动经济增长的主要源泉，提高中国第三产业的可贸易程度，改善服务贸易长期逆差的状态，将有利于服务业劳动生产率的提高。

3. 新常态下的国民经济发展

当前中国经济已进入新常态，出口增长贡献减弱、资源环境问题突出、区域经济发展不平衡、创新面临较大制度约束，已经成为制约中国未来经济发展的瓶颈。有学者指出，中国外贸增速下降是价值链升级后贸易统计“虚高”弱化的结果。有学者指出，中国应当自主选择适当的知识产权保护战略，建立负责调控知识产权保护强度的专业机构，加强防控“创新陷阱”风险，循序推进创新型国家建设。

4. 企业的组织创新、生存与治理

作为独立的市场经济主体，企业不得不面对日趋激烈的市场竞争环境，不仅要加强全面创新，更要注重内涵式发展。有学者认为，企业需要对环境动态性保持高度敏锐，并及时调整创新策略。有学者指出，在企业集团内部加强母子公司互动可以促进新知识、转型知识和原创知识的创造，使企业获得突破性创新。有学者指出，处于转型升级中的企业应该寻求技术创新活动中效率与合法性的二元均衡。有学者认为，互联网金融是目前金融体系的必要补充。有学者指出，在解决小微企业融资难的问题时，应当根据不同地区的特点来创新金融模式，实现小微企业和商业银行的共同发展。

（覃　毅）

【“资本账户开放：国际经验与中国启示”国际研讨会】

由中国社会科学院世界经济与政治研究所主办的“资本账户开放：国际经济与中国启示”国际研讨会于 2015 年 8 月 24 日在北京召开。来自美国、日本、英国以及中国社科院的十多位学者，腾讯、财经新闻、《光明日报》、第一财经、路透社等数十家国内外媒体记者参加了研讨会。

1. 会议背景

经过三十多年的对外开放特别是金融领域的对外开放，总体来说中国的资本项目已经在逐步开放。如与很多国家签署人民币互换协议；形成人民币汇率的浮动机制；在中国对外贸易中，用人民币计价结算的比例不断提升。

2. 国际经验

国外学者介绍了拉美国家、日本和中东欧国家资本账户开放的经验。哥伦比亚大学 Jose Antonio Ocampo 教授指出，资本账户自由化之后保持资本项目的监管是非常重要的。东京大学 Kenji Aramaki 认为，日本在推进资本账户开放的过程中对于日元的国际化采取的是中立的立场。西英格兰大学 Daniela Gabor 教授指出，目前并没有非常好的框架来应对金融周期。

3. 中国启示

对于中国资本账户开放，张明提出了几点政策建议：在当前中国政府依然应该把推进国内结构性改革作为政策最核心的要点，至于货币国际化、资本账户开放不应该是目前追求的主要目标；中国政府应该进一步加快人民币汇率和利率形成机制改革，与此同时，应该努力去防范这些市场化改革带来的负面冲击；如果资本账户管制取消的话，必须加快建立一整套宏观审慎和微观审慎的监管框架；中国政府在当前情况下依然应该渐进可控和审慎开放资本账户；不论做得再好，很多时候危机的爆发是不可避免的，所以一定要提前形成应对危机的预案，在危机到来的时候不至于特别被动。

黄益平认为资本账户开放谨慎不谨慎或者慢和快其实是一个相对的概念，最后落脚点都是要加快相关条件的准备。张斌指出，资本项目开放的成本和收益在不同国家不同环境下的差别很大，没有一个对所有国家都适用的资本项目管理政策，特别对于新兴市场经济国家来说，尤其要注意资本项目开放的收益以及次序。

中国社会科学院学部委员余永定最后作了总结。他说，我们应该分析我国经济发展中存在的最大问题是什么。从长远来说，调整经济结构、改变过去的发展模式，对我国来说是非常重要的工作。从短期来讲，中国现在出现了产能过剩，生产价格持续下降，企业利润下滑，债务非常严重等问题。因此，监管当局需要进一步放松货币政策和财政政策来稳定经济发展。从长远来说，在增加潜力方面，我们不应该太悲观。

（王碧珺）

【2015 年中国区域经济学年会】

2015 年 9 月 19 日，“2015 年中国区域经济学年会”在中央民族大学召开。年会由中国区域经济学会和中央民族大学共同主办，中央民族大学发展规划处、北京产业经济学会、北京区域经济学会共同承办。大会共收到论文一百多篇，150 余位专家学者参加了会议。

1. “一带一路”战略与中国区域经济协调发展

国务院发展研究中心副主任张军扩研究员发表了题为《坚持互利共赢，务实推进“一带一路”》的主题演讲。国家发展和改革委员会副秘书长范恒山作了题为《新环境下区域发展战略制定和实施应该处理好的几个重要关系》的主题演讲。中国区域经济学会会长、中国社会科学院学部委员金碚研究员发表了题为《全球化新时代的中国区域发展战略》的主题演讲。国家发展和改革委员会国土开发与地区经济研究所肖金成研究员作了题为《中国区域发展新棋局与“一带一路”战略》的主题演讲。四川师范大学校长丁任重教授作了题为《“十三五”时期区域经济政策的趋向》的高峰演讲。中国社会科学院工业经济研究所区域经济室主任陈耀研究员发表了题为《“一带一路”对区域经济发展的双向效应》的演讲。

2. “一带一路”战略下中国各地区的行动与发展构想

南通大学党委书记成长春教授发表了题为《协调性均衡发展——“一带一路”背景下长江经济带发展格局构想》的演讲。贵州省委党校副校长汤正仁教授发表题为《推进西南地区构建中国“一带一路”核心枢纽的思考》的演讲。江西省教育厅巡视员周金堂教授发表了题为《江西省融入“一带一路”战略思考》的演讲。福建省政府发展研究中心副主任黄端研究员作了题为《福建省建设“海丝”核心区的进展与前瞻》的演讲。

3. 长江经济带建设

安徽大学胡艳教授和江南大学谢守红教授分别对《长三角城市群联动发展》以及《长三角城市群物流联系与物流网络优化》进行了研究。重庆社会科学院何佳晓博士对《“一带一路”战略背景下重庆推进长江上游地区金融中心建设》进行了研究。

4. 自贸区与开放型经济发展

深圳大学罗清和教授指出“一带一路”应以自由贸易区为载体，充分发挥中国在自由贸易区建设以及区域合作等方面已有的优势，加快自由贸易区建设，进而推动“一带一路”战略的实施，形成全方位的开放格局。中央民族大学李曦辉教授和中国社会科学院叶振宇副研究员分别对中国与周边国家互联互通的模式和政府主体进行了研究。

（姚　鹏）

【NAES 宏观经济形势季度分析会（2015 年三季度）】

由中国社会科学院财经战略研究院（NAES）与新华社《经济参考报》共同举办的“NAES 宏观经济形势季度分析会（2015 年三季度）”于 2015 年 9 月 28 日在京举行。会议基于课题组的研究报告，组织经济领域部分专家学者对当前经济形势和四季度经济走势进行分析，并研讨了防范经济金融风险的政策建议。

1. 世界经济增速下调，货币政策冲突加剧

一方面，发达国家经济总体复苏态势不稳，虽然美国经济增长势头明显，但欧元区和日本经济仍未摆脱经济困境；另一方面，新兴经济体呈现明显的分化格局，中国、印度经济仍保持在 7% 的增速，但俄罗斯、巴西两国经济陷入衰退，南非经济增速陷入低谷。货币政策方面，美国经济增长和失业率数据表现良好，但通货膨胀尚未达到预期水平，且受美元持续升值影响，预计美联储将于年底启动加息进程；因经济复苏态势不稳，预计欧元区和日本央行将继续扩大宽松力度；对经济减速的新兴市场国家来说，则希望实施宽松的货币政策。

2. 全球物价涨幅分化

受需求萎缩和大宗商品价格下滑的影响，全球主要国家生产者价格指数（PPI）保持负增长，美欧日消费物价指数（CPI）同比依然位于 1% 以下；但部分新兴市场国家如中国、印度、俄罗斯、巴西、墨西哥等 CPI 同比涨幅 2% 以上。CPI 涨幅滞后于初级品价格变动，2010 年以来初级品价格指数呈持续下滑趋势，2012 年以来，全球 CPI 增速持续降低，预计未来一段时间内仍将保持这种趋势。

3. 国际金融市场震荡剧烈

受全球货币政策分化的影响，国际资本从新兴市场国家回流欧美发达国家的趋势明显，新兴市场国家货币持续贬值，俄罗斯、巴西等国的通胀率居高不下。受全球经济状况和货币政策影响，国际金融市场震荡加剧：芝加哥期权交易所波动性指数（VIX）创 2012 年以来的高点，新兴市场 ETF 波动率指数更是屡创新高，反映出金融市场对全球经济增长以及新兴市场金融稳定的担忧。我们预计，随着新兴市场国家经济的深度调整，资本外流将加剧新兴市场国家的市场波动性，未来美联储加息也将对发达国家资本市场构成负面冲击。

4. 三季度中国经济总需求下降

（1）消费需求基本平稳，但有下降压力。7 月和 8 月社会消费品零售总额名义值分别增长 10.5% 和 10.8%，扣除价格因素实际增长 10.4%。实际增幅比去年同期略低 0.1 个和 0.2 个百分点，表明消费需

求基本平稳。但与去年相比，消费需求仍显示了下降压力。上半年经济下滑压力加大，人们对未来收入预期下降，会抑制未来消费增长。（2）固定资产投资增速持续下降。1—8月，全国固定资产投资同比增长10.9%，比去年同期低5.6个百分点。受商品房去库存压力较大、土地市场低迷等因素的影响，房地产开发企业投资意愿不足，房地产开发投资增速持续回落。1—8月，房地产开发投资和住宅投资累计同比分别增长3.5%和2.3%，比去年同期分别降低9.7个和10.1个百分点。（3）进出口疲弱，贸易顺差上升。进口下降幅度高于出口。1—8月累计，出口下降1.4%，增速较去年同期下降5.2个百分点；进口下降14.5%，增速较去年同期下降15个百分点。出口增速高于预期，而进口大幅萎缩，推动贸易顺差大幅上升，1—8月累计贸易顺差3654亿美元，比去年同期增加1640.3亿美元。

5. 工业生产增长下滑趋势明显

进入第三季度，制造业产能过剩、传统产业淘汰力度加大、汽车通信等主导行业减速、投资需求不旺等因素导致工业生产继续保持较低增速。7月和8月，规模以上工业增加值环比增长分别为0.33%和0.53%，增幅低于二季度；规模以上工业增加值同比增长分别为6.0%和6.1%，比去年同期下降3.0个和0.8个百分点；1—8月工业增加值累计同比增长6.3%，比去年同期下降2.2%。

6. 结构性通货紧缩严重

8月消费物价指数（CPI）同比上涨2.0%，生产价格指数（PPI）同比下降5.9%，两者之间的差距拉大。CPI上涨呈现典型的结构性特征，家庭设备耐用消费品、交通通信消费价格分别下跌0.6%和2.1%；烟酒、食品、衣着、服务项目等分别上涨3.8%、3.7%、2.9%、2.2%。PPI负增长已持续42个月，8月第二产业名义GDP与实际GDP累计同比差距为负4.4%。生产部门物价长期负增长，导致企业盈利能力下降，未来其资产负债表可能受损，并通过“金融加速器”机制引发债务紧缩；国际大宗商品价格下跌，会通过进口价格、购进原材料价格传递至PPI，致使消费领域的工业品和耐用消费品价格低迷，拉低CPI。

7. 国际金融市场剧烈震荡的风险不可低估

8月股市、原油价格经过意外暴跌之后，美联储在9月推迟加息，也考虑到了国际金融市场震荡的潜在风险。美元加息推迟之后，发达国家股市再次下挫，反映了国际金融危机之后长期量化宽松政策造成的股市高处不胜寒。从经济基本面看，国际金融市场震荡在短期内不会结束，而且发达国家与新兴市场国家的金融市场震荡有可能再次发作，拖累世界经济复苏。在金融震荡之后，各经济体可能采取延长宽松政策，短期内国际经济面临多重政策不确定性：一是美联储推迟首次加息时间；二是欧洲和日本延长量化宽松政策；三是中国可能加大稳增长政策力度；四是其他新兴市场国家采取救市政策。新兴经济体结构调整难以推进，反而由于救市而使经济结构更加扭曲，救市带来了产能过剩，债务高企，新兴市场国家面临股市下跌、资本流出、外汇储备下降、货币贬值的冲击；受金融震荡冲击，全球性总需求增长缓慢，经济脆弱性加大。发达国家受沉重债务困扰，经济复苏缓慢，前期宽松政策推高的股票市场市盈率也难以为继，虽然资本流入的有利因素和美联储货币政策的独立性有利于其减弱国际金融震荡对美国的冲击，但经济全球化已经使发达国家与新兴市场国家高度融合，两大市场的金融震荡会相互传染。美国、欧洲与日本的经济周期错配，决定了美元、欧元及日元之间仍会持续波动。

8. 货币政策两难

在“三元悖论”框架下，资本项目自由流动、浮动汇率和保持货币政策独立性三个目标中只能同时满足两个。人民币国际化要求资本账户完全开放，资本自由流动。目前内需乏力、通缩压力加剧、出口负增长等不利因素使得央行有必要进一步降息降准，推动人民币贬值和实施更加宽松的货币政策，这可能促使资本外流并给人民币带来更大的贬值压力。人民币贬值可能引发国内资产抛售、周边国家竞争性贬值和国际金融市场震荡。但是如果保持汇率高估，央行必须通过外汇市场干预应付资本流出，卖出外汇，国际储备下降，导致国内流动性被动收紧，这又需要货币政策进行冲销操作才能抵消外汇占款下降的紧缩效果。人民银行通过非常规货币政策工具，如中期借贷便利（MSL）、抵押补充贷款（PSL）和短期流动性调节工具（SLO）等投放流动性。但这些举措都未能完全抵消外汇储备下降对基础货币的紧缩作用。

9. 经济增长下行压力加大

短期指标示弱。课题组构造的 7 月和 8 月份实体经济活动指数已经低于 2008 年金融危机时期的最低水平。新公布的 PMI 指数显示，短期内生产和出口将减缓。8 月中国制造业 PMI 降至 49.2%，其中新订单指数为 49.7%，比上月下降 0.2 个百分点，连续两个月位于临界点下方，表明制造业市场需求继续减弱。新出口订单指数降至 47.7%，是 2014 年 10 月以来的持续下降的新低点。非制造业商务活动指数为 53.4%，比上月回落 0.5 个百分点，增速减缓。其中新订单指数为 49.6%，比上月下降 0.5 个百分点，降至临界点以下；新出口订单指数略升 0.4 个百分点至 46.6%，但仍处于临界点以下。

10. 2015 年四季度预测

假设四季度国际金融市场的震荡不至于产生系统性风险，在这一基准假设下，课题组预测：（1）2015 年第三季度 CPI 上涨 1.9% 左右，GDP 增长 6.9% 左右；（2）2015年第四季度 CPI 上涨 1.8% 左右，GDP 增长 6.9%。（3）全年 CPI 上涨 1.6% 左右，GDP 增长 7.0% 左右。

11. 更加突出防御性宏观政策

当前中国经济去过剩产能、去泡沫、去杠杆仍未完成，四季度国内和国际经济形势更加严峻，国内经济有“惯性下滑”的风险。需要高度警惕国际金融市场的外部冲击对中国经济和金融稳定的影响，正视经济减速的客观规律，更加突出防御性宏观政策，把防风险和稳增长有效结合起来，牢牢守住不发生区域性和系统性风险的底线，安全渡过国际金融市场剧烈震荡期。进一步实施积极有效的财政政策和稳健灵活的货币政策，创新宏观调控方式方法，加大力度扩大国内需求，特别是促进投资稳定增长，防止经济硬着陆。中长期看，中国经济即将进入“十三五”时期，中国处于从中上等收入国家迈入高收入国家的关键阶段，经济发展是主旋律。调整经济结构、促进经济转型、加快改革开放，盘活存量、用好增量，是今后宏观政策的重点。

（汪红驹）

【“学习杜润生改革思想　全面深化农村改革”研讨会】

2015 年 10 月 9 日，中国农村改革重大决策参与者与推动者、原中央农村政策研究室主任、国务院农村发展研究中心主任杜润生同志在北京逝世。2016 年 1 月 16 日，在杜润生同志辞世百日之际，由中国社会科学院农村发展研究所主办的“学习杜润生改革思想　全面深化农村改革”研讨会在北京举行。中国社会科学院副院长蔡昉出席会议并致辞；中央农村工作领导小组副组长、办公室主任陈锡文，全国政协经济委员会副主任、北京大学国家发展研究院名誉院长林毅夫作了重要发言。参加会议的还包括中央有关部门的政策研究者、有关研究机构的专家学者以及北京、贵州、浙江等地代表共一百余人。与会者围绕杜润生同志的改革思想以及当前中国农村改革所面临的形势和任务开展了交流与研讨。

1. 解放思想、实事求是，深入推进农业与农村改革。参会者一致认为，经过三十多年的改革，中国农业生产和农村发展取得了一系列举世瞩目的成就，但同时也面临着一系列严峻挑战。为了解决新形势下中国农业和农村发展所面临的问题，应当继承和发扬杜润生同志解放思想、实事求是的改革精神，坚定不移地深入推进农业和农村改革，使市场机制在农业领域和农村地区资源配置中起决定性作用。

2. 以杜润生农业发展阶段思想为指导，推进理论创新和现代农业发展。与会代表回顾了杜润生同志的农业发展阶段思想，认为在当前农业和农村发展的新形势下，应当以杜润生同志农业发展阶段思想为指导，进一步推进理论创新和现代农业发展。

3. 发挥政府和市场两个方面的积极作用，努力缩小城乡收入差距。首先，必须充分发挥市场机制对资源配置的决定性作用，实现城乡劳动力市场一体化，完善农村金融市场，发展农村土地市场，充分发挥政府在促进农业改革和农村发展中的积极作用。

4. 以民为本，务实推动改革事业不断前进。在改革初期，农村改革之所以能够在中国率先获得突破并取得巨大成就，除了政治环境的宽松和基层群众的自主创新精神之外，杜润生同志优良的思想作风和工作方法也是一个重要因素。具体来说，主要表现在以下几个方面：以民为本，始终坚持把人民的福祉作为思考问题和开展工作的根本出发点；务实灵活，以高超的领导艺术推动改革事业的发展；理论联系实际，重视调查研究；兼容并蓄，善于倾听各方不同声音。

继承和发扬杜润生同志的优良思想作风和工作方法，以此来推动中国当前的农业和农村改革。首先，摆脱利益集团的干扰，坚持维护广大农民群众的利益。其次，理论联系实际，从中国的实际国情出发研究和制定相关的改革政策。再次，尊重基层的创新探索。最后，兼容并蓄，形成具有包容性的“思想市场”。

（潘　劲）

【中国经济发展研究会第十七届年会】

由中国经济发展研究会主办，辽宁大学经济学院承办的“中国经济发展研究会第十七届年会”于2015年10月17—18日在长春召开，来自全国二十多个省、自治区、直辖市的高等院校、科研机构、政府机关和报纸杂志、新闻媒体等单位的一百余名代表出席了会议。会议主题是：经济发展新常态：改革、创新与可持续。

1. 新常态下的经济增长动力、速度及“新东北现象”

与会学者认为，中国潜在经济增长率的下降背后是包括工业发展模式、人力资源和资源环境等在内的经济结构发生了变化。而要维持中高速增长就需要中高端产业结构来支撑，基本路径是通过创新驱动来实现，而“互联网+”将在其中扮演重要角色。为此，在自主创新机制、体制、制度尚未建立的条件下，应该在努力学习、引进、模仿和自主创新之间寻找过渡模式。从现在看，民营企业存在竞争劣势，因此，政府应该给予民营企业与国有企业和外资企业相同支持。

2015年第一、第二季度，东北三省的经济增长速度列在全国末位，成为“新东北现象”。与会学者认为“新东北现象”

的根源在于东北地区经济结构老化和创新创业不足，因此，应该通过构建创新创业生态系统、完善创新创业环境、深化创新创业体制机制改革、促进区域与国家间协同创新等途径实现东北地区的经济发展。

2. 新常态下的“三农”问题、城镇化与工业化

与会学者认为，城镇化是破解经济下行的出路，而城镇化动力机制是决定一定时期内城镇化建设目标和任务完成的关键。其中，村委会、地方政府和用地企业等在主动城镇化和被动城镇化水平的提高中起着关键作用，但要关注农民进入城市的意愿和能力。而在“新土改”中对一系列问题还存在模糊认识。

在经济发展新常态下，要将自然资源和环境保护作为实现可持续发展的一种新型的绿色发展模式，要重视市场机制对资源有效配置、自然环境定价及产权交易和绿色化发展评价体系构建等。

3. 新常态下的开放升级

推进“一带一路”建设、建设自由贸易试验区、加快人民币国际化进程等是新常态下开放升级的重要途径。通过推进“一带一路”建设和产业结构升级将有利于我国在全球价值链中占据有利地位，因此，要实现包容发展、合理竞争，促进国际经济特别是中亚地区的共同繁荣和发展。

（杨新铭）

【2015《中国工业经济》青年学者论坛】

由《中国工业经济》杂志社和中南财经政法大学工商管理学院共同主办、中南财经政法大学现代产业经济研究中心承办的“2015《中国工业经济》青年学者论坛”于2015年10月24—25日在湖北武汉召开，来自全国50多所大学、研究机构的130余位青年学者参加了研讨。论坛的主题是：“十三五”时期中国产业发展。

中国社会科学院工业经济研究所所长黄群慧研究员和中南财经政法大学党委副书记王文贵教授分别致辞。黄群慧研究员作了《〈中国制造2025〉的政策着力点》的演讲；湖北省政协副主席、湖北省科技厅厅长郭跃进教授作了《信息化与产业变革创新的大趋势》的演讲；中国社会科学院工业经济研究所党委书记史丹研究员作了《能源产业发展的若干问题》的演讲；中山大学岭南（大学）学院副院长王曦教授作了《对8·11人民币汇率贬值的看法》的演讲。

1. 关于产业发展与竞争力

产业的发展有利于促进企业的竞争力。关于产业政策的着力点，有学者提出中国产业发展战略的重点应从产业数量比例调整转向产业质量能力提升，发展的核心在于提高产业的劳动生产率和全要素生产率。有学者提出中国工业管理体制改革的关键在于重构产业政策制定与实施的组织机制与程序，尤其是要将产业政策制定与实施分工。关于信息化与产业的发展，有学者提出产业发展应主要体现在传统产业的升级、科技革命推动下信息产业的延伸和多个产业的融合三个方向。关于产业政策与企业行为，有学者提出要素市场扭曲显著地抑制了产业创新效率的提高。关于产业政策与国家竞争优势，有些学者提出工业竞争力对国家竞争优势有着重要的作用。

2. 关于国民经济

国民经济是此次论坛学者们讨论的一个重点。关于能源产业的发展，有学者提出中国能源革命的任务主要是提高能效、增加化石能源的清洁低碳利用、发展新能源和用互联网改造传统能源。关于“互联网+”的研究，有些学者提出互联网相关基础投资对地区各产业产值的增长有显著的促进作用，传统制造企业可以利用互联网以及相关技术、资源整合、构建去中间化的始于消费终端的端到端闭合价值

链，对原有生产制造模式进行智慧型改造。关于国际贸易与经济增长，有些学者提出城市化水平、通信能力、外在制度资本等因素对经济增长都有促进作用，外商投资对中国居民影响较为显著。有些学者提出通过实行“渐进式的人民币升值 + 低利率”的组合政策来实现中国制造业的转型升级。

3. 关于企业创新绩效

政府支持、融资约束、金融发展等因素影响企业创新绩效。关于金融发展与企业绩效，有学者提出众筹融资模式能弥补传统金融服务的不足，在一定程度上缓解创新型小微企业的融资难题。关于产权保护与企业绩效，有学者提出知识产权保护能够通过 R&D 投资影响创新绩效。

（许　明）

【“互联网时代平台经济崛起”学术研讨会】

由中国社会科学院财经战略研究院（简称“财经院”）主办的“互联网时代平台经济崛起”学术研讨会于 2015 年 10 月 24 日在京举行。来自财经院、中国社科院工业经济研究所、中国社科院信息化研究中心、上海市商务委、麻省理工学院、北京大学、阿里研究院、滴滴研究院等机构的 13 位专家进行了主题发言。来自中宣部、国务院发展研究中心、国家行政学院、中国信息通信研究院、北京邮电大学、浙江师范大学、湖北大学、杭州师范大学、英凡研究院等机构的 17 位学者共同参与了讨论。会议由财经院副院长夏杰长研究员和中国信息经济学会信息社会研究所所长王俊秀共同主持。会议围绕平台经济现象解读、平台经济理论研究进展、平台管理与责任问题分析、互联网平台企业实践等议题进行了深入而富有成效的讨论，来自相关政府部门、高校、企业的代表一百余人参加会议。

1. 平台经济现象解读

阿里研究院高级专家孟晔对互联网时代平台经济的十大现象进行了深入解剖。他认为，平台对中国成为互联网经济全球领军者起到了重要作用，平台的云网端以新基础设施和大数据为依托，引领了新商业生态形成，使得平台型就业大量涌现，为万众创业、大众创新奠定了基础，同时释放了共享经济、微经济潜力，为经济转型升级赋能。

中国社科院信息化研究中心副研究员叶秀敏认为，平台经济特点包括：层次性、开放性、外部性、零成本复制性、整合和带动性、协作共赢性、创新性、分享性和聚集性。她认为平台经济在促进中小企业创新上起到的四方面作用：一是让中小企业直接对接市场；二是帮助中小企业规避风险；三是云计算帮助中小企业在从事开发时降低成本，提高效率和可靠性；四是开发云平台的服务外包。上海市商务委员会周岚处长介绍了上海市 2015 年起实施的平台经济统计制度及上海市 2015 年平台经济的总体运行情况，对上海市典型平台企业给出了案例解读。

2. 平台经济理论研究进展

财经院服务经济研究室副主任刘奕副研究员综合国外关于共享经济的最新研究指出，交易成本理论、协同消费理论和多边平台理论是三个常用的理论分析框架；共享经济的影响因素、非营利性共享与营利性共享的区别和联系、共享经济的社会成本评估、共享服务与传统服务的替代、新兴业态的冲击与传统服务行业模式创新、共享经济企业商业模式分析是文献中集中关注的重要问题。为促进共享经济在我国的繁荣发展，政府应对共享经济抱宽容态度，制定相应的适用法规和基本服务标准，积极推进诚信体系建设，形成有利于其发展的良好环境。

中国社科院工业经济研究所的罗仲伟

研究员指出，研究平台的组织应放在整个组织变革的大环境中观察。随着信息优势的消融，组织的雇佣关系也随之发生了变化，组织里的各个利益主体在合约层面都趋于平等，权利和义务关系日益平等。为形成新的市场组织生态和组织分工提供了崭新的技术手段与实现工具，助力实现从工业化大生产到社会化小生产的转变。与此同时，企业内部的组织结构也在发生着平台性的变化，企业内部的治理平台化趋势也越发明显，员工不是雇员而是创意精英；企业本身作为一种平台或者环境，激励约束演化为一种赋能即资源支撑。

麻省理工学院科技与社会研究中心项目主任、中国人民大学兼职教授徐晋在演讲中首次提出了后古典经济学的概念，认为其以平台经济学、网络经济学、大数据经济学为理论前提，给出了信息经济、知识经济的理论基础。徐晋指出，后古典经济学的价值观基础是人本主义，方法论基础是离散主义；要旨在于指出当代经济社会正处于离散化解构与全息化重构过程中，社会化大生产的重心从物质转向精神，资源稀缺性从外在的物质资料稀缺转变为内在的生命时间稀缺。

国务院发展研究中心范保群研究员认为，平台的关键因素在于多边、互动和互惠。对于平台经济这个新事物，当前的政策法规以及管理规定仍然比较滞后，未来应更加注重政策的包容性，用一种相对放松的管制方式来鼓励其发展。

3. 平台责任分析

北京大学法治与发展研究院研究员、网规研究中心主任阿拉木斯指出，平台经济这种全新的服务模式具有九大特点，即消费者体验被重视、可视化的结果、娱乐化、图表化、群众参与、自动生成、常翻常新、个性化服务、免费服务。平台经济发展的时代，政府作为治理主体应该实现四个变化，一是结构应该向互联网企业学习，以大平台、小前端、富生态为特征；二是实现跨行业、跨区域的治理；三是实现高效益和低成本的治理；四是实现“非人”的治理，即大量用规则、系统设置、算法和软件来解决问题。对于平台经济这种创新的商业模式，政府的治理模式也应实现四个变化，一是从事前到事中、事后监管，二是实现精准化、个性化治理，三是大量发展服务外包和众包，四是在治理的管理和执法上体现相当的灰度。

阿里研究院院长高红冰指出，在互联网跨越时空甚至国界的情况下，传统上政府按照地域管辖权的监管模式在很多方面已经无法实现其功能，原来的二元治理模型是否需要变成多级治理模型值得深入思考。为更加适应平台经济的发展，政府的监管思路也需要向协同治理转变，政府、平台、卖家、消费者共同参与治理的模式下，如何界定四方的责任也是一个需要广泛探讨的问题。

财经院院长高培勇教授在最后的总结发言中指出，平台经济是一种综合性极强、需要多学科会诊的新兴经济现象。鉴于平台经济在经济社会发展中影响力已经越来越凸显，未来需要产、学、政三方共同努力，共同关注并加强在互联网时代对平台经济的研究；同时，也要让研究成果能够付诸实践，在更大范围内影响社会舆论和服务政府决策。

（刘　奕）

【首届地缘政治经济学论坛】

2015 年 10 月 31 日至 11 月 1 日，由中国社会科学院经济研究所、《经济研究》杂志社和浙江工商大学联合主办，浙江工商大学经济学院、浙江工商大学新兴经济研究中心承办的“首届地缘政治经济学论坛”在浙江工商大学下沙校区举行。会议紧紧围绕近两年区域国家地缘政治热点问题，尝试从经济学的视角研究和回答中国该如何应对地缘热点问题以及中国未来的对外发展战略。

出席论坛开幕式的有浙江工商大学校长陈寿灿、中国社会科学院经济研究所所长裴长洪、中国人民大学经济学院院长张宇、浙江工商大学副校长赵英军、浙江大学经济学院常务副院长黄先海、中央财经大学国际经济贸易学院院长唐宜红、《经济研究》常务副主编郑红亮、上海对外经贸大学国际经贸学院院长黄建忠、辽宁大学经济学院院长崔日明、浙江工商大学经济学院院长何大安、浙江工商大学经济学院教授刘文革，来自全国数十所高校和研究所的专家学者以及浙江工商大学经济学院上百位师生参加了论坛。

论坛开幕式由何大安主持并致欢迎词，陈寿灿和裴长洪分别致辞。陈寿灿先生代表浙江工商大学全体师生欢迎中国社会科学院和来自全国数十所高校研究所的专家学者，并介绍了浙江工商大学作为百年高校在近些年取得的学术成果。裴长洪表达了对浙江工商大学、浙江工商大学经济学院和浙江工商大学新经济研究所的感谢。中国社会科学院经济研究所所长裴长洪、中国人民大学经济学院院长张宇、浙江大学经济学院常务副院长黄先海、中央财经大学国际经济贸易学院院长唐宜红、上海对外经贸大学国际经贸学院院长黄建忠等人分别发表了主旨演讲。演讲主题内容包括对党的十八届五中全会公报的学习体会、马克思主义政治经济学中关于地缘政治理论的三个分支、TPP 的国际贸易投资新规则及其对我国的影响、TPP 国有企业条款和竞争中立规则及其对我国国有企业改革的启示、自贸区战略与“一带一路”的协同推进。

分论坛一由中国人民大学的张杰副教授和《经济研究》杂志社的詹小洪主持，分论坛二由北京邮电大学的陈岩教授和辽宁大学的崔日明教授主持。来自中国社会科学院、中国人民大学、清华大学、中央财经大学、厦门大学、武汉大学、中山大学、对外经贸大学、上海对外经贸大学、广西大学、浙江工商大学等全国二十几所高校和研究所的专家学者进行了 PPT 演讲，并展示了各自最新的研究成果。论坛紧紧围绕地缘政治经济学，就近年的地区战略热点问题展开了演讲和讨论。“一带一路”和 TPP 的国际贸易规则受到了与会专家学者的格外重视，学术氛围浓厚。

（金成武）

【第九届全国马克思主义经济学发展与创新论坛】

2015 年 10 月 31 日至 11 月 1 日，由中国社会科学院经济研究所、《经济研究》编辑部与河南大学经济学院共同主办的“第九届全国马克思主义经济学发展与创新论坛”在河南大学金明校区召开。来自清华大学、复旦大学、中国人民大学、南京大学、南开大学、江西财经大学、武汉大学、西南财经大学、上海财经大学、中国社会科学院等高校、研究机构的专家、学者，《经济研究》《经济学动态》等杂志社代表汇聚一堂，对当前马克思主义经济学的前沿、热点问题进行了深入探讨。

《经济研究》杂志社社长、副主编、编辑部主任王诚研究员，教育部教学指导委员会主任逄锦聚教授，王振中教授，《经济研究》杂志社副社长张永山教授，清华大学政治经济学研究中心主任蔡继明教授，河南大学副校长张宝明教授，河南大学经济学院许兴亚教授，河南大学经济学院院长宋丙涛教授等出席了开幕式。开幕式由河南大学经济学院党委书记王明钦主持。

张宝明代表河南大学向出席大会的专家、学者表示热烈欢迎。河南大学诞生于 20 世纪初，建校一百多年来，一直秉承“明德新民，止于至善”的校训，为河南及中华文明传承和经济社会发展作出了重要贡献，是一所有历史、有贡献、有积淀、有发展的高等学府。特别是以经济学为代表的相关学科一直是学校的特色和优势。近几年来，学校的经济学科建设也受到了全国的关注。张宝明强调，马克思主义经济学发展与创新面临难得的历史机遇，相信与会专家学者齐聚开封参加论坛，纵论马克思主义经济学发展与创新的前沿、热点问题，必将促进马克思经济学学科的发展，也必将推动河南大学经济学科的建设。

王诚对参与本届论坛的各高校专家学者及河南大学师生表示感谢，他阐述了自己对马克思主义经济学发展的看法及构想，指出中国的经济学走向世界离不开马克思主义经济学的理论支撑，中国理论界应进一步吸收理论精华，脚踏实地，“接地气”地运用马克思主义，提升其影响力。他希望大家共同努力，用马克思主义经济学解决社会问题，造福群众，共同书写马克思主义经济学的辉煌篇章。

宋丙涛在致辞中简要介绍了经济学院的发展现状。他说，河南大学校训“明德新民，止于至善”与马克思主义经济学的发展目标一致，都致力于解决社会问题，服务人民群众。经济学院秉承传统，注重承担社会责任，坚持“顶天立地”——研究世界学术，服务地方经济。他表示，论坛有利于学院进一步提升马克思主义经济学理论研究水平，希望各位专家学者能够为学院马克思主义经济学的研究多提宝贵意见。

在为期两天的研讨中，与会专家学者围绕论坛主题，就马克思主义经济学科学研究和理论创新进行了深入研讨。

（金成武）

【中国工业经济学会 2015 年年会】

由中国工业经济学会主办、厦门国家会计学院承办的“中国工业经济学会 2015 年年会暨经济新常态下的中国产业发展”研讨会于 2015 年 11 月 6—7 日在厦门国家会计学院召开。来自三十多个政府部门、高等院校、研究机构的专家学者共三百余人参加本次论坛。

首都经济贸易大学校长王稼琼教授主持开幕式，厦门国家会计学院党委书记、中国工业经济学会副会长张军博士致辞。主题报告会由王稼琼教授和江西财经大学党委书记廖进球教授主持。中国国际经济交流中心副理事长、中国工业经济学会会长郑新立教授，原海协会副会长、厦门大学新闻传播学院院长张铭清教授，中国社会科学院学部委员、中国工业经济学会理事长吕政研究员，天津财经大学副校长、中国工业经济学会副会长于立教授分别就《落实“十三五”规划建议需要重点研究的问题》《两岸关系与台海局势》《怎样认识中国经济发展面临的矛盾》和《产业组织、企业组织与产品属性》作主题报告。

1. 新常态下产业发展面临的机遇与挑战

当前中国经济呈现新常态，经济增长速度从高速增长转向中高速增长，经济发展方式从规模速度型的粗放增长转向质量效率型的集约增长，经济结构不断优化升级，经济发展动力从要素驱动、投资驱动转向创新驱动。新常态将给中国产业发展带来新的机遇，但也使其面临着巨大的挑战。如何认识新常态、适应新常态、引领新常态是当前和今后一个时期中国经济发展的大逻辑。与会学者就新常态下中国产业发展面临的机遇与挑战，从经济发展的矛盾问题、产业组织的发展趋势、市场的界定与分割、经济自由与企业成长等方面展开讨论。

2. 新常态下产业转型与升级

中国目前处于工业化的中后期阶段，但产业的发展还没有完全从“旧常态”的发展模式中转变过来，投资驱动、粗放式的发展模式依然普遍存在，这些发展模式所积累的经济、社会和环境方面的问题日益突出。对于处在“新常态”背景下的中国，如何在经济降速的前提下实现产业的转型与升级，将是一项艰巨而又长远的任务。与会学者从优化产业转型升级路径、发挥产业集群的集聚效应、实施产能合作与扩张、提高全要素生产率、构建全球价值链嵌入战略等多个视角探讨新常态下中国产业的转型与升级。

3. 新常态下政府职能与企业行为

当前中国经济增长速度进入换挡期、结构调整进入阵痛期、深化改革进入深水期、前期政策进入消化期。在这种经济形势下，政府应通过职能转变，简政放权，进一步释放改革红利；企业应主动适应市场环境，转型升级，提高企业效率，建构核心竞争力。与会学者认为应从政府职能转变、简政放权、政府政策制定、建立公平竞争审查制度、建立企业信用等方面提高政府效能与企业效率以应对经济新常态所面临的问题和挑战。

4. 创新驱动与新兴产业发展

目前，中国已经成为全球制造业第一大国，但大多数产业尚未占据世界产业技术制高点，中国工业仍然存在技术引进和自主开发结合不够紧密，没有形成自主创新能力，对国外技术存在严重依赖等问题。学者普遍认为，政府要构建产学研相结合的创新体系，加强区域产业协同创新，鼓励企业加大研发投入与创新商业模式，加快互联网基础设施建设，扶持“互联网+”等新兴产业，进而促进中国产业的转型升级。

（覃　毅）

【中韩产业发展高端论坛（2015）】

由中国社会科学院和中国三星主办、中国社会科学院国际合作局和工业经济研究所共同承办的“中韩产业发展高端论坛（2015）”于 2015 年 11 月 7 日在北京举行，来自中国社会科学院、韩国三星集团、国务院发展研究中心、工信部、国家发展和改革委员会、国家能源局、北京市食品药品监督局、中国信息通讯研究院、阿里巴巴集团、中国科学院、中国国际贸易促进委员会、中国能源汽车传播集团、中国企业联合会、中国老龄科学研究中心、尖峰集团股份有限公司、北京大学等中韩产业研究的专家学者，《人民日报》《经济日报》《中国社会科学报》、新华社等媒体代表共 167 人参加本次论坛。论坛的主题是：“十三五”全球经济以及产业发展新趋势、中国的“一带一路”与《中国制造 2025》战略。

中国社会科学院原副院长李扬、三星集团大中华区总裁张元基出席论坛开幕式并致辞，国务院发展研究中心副主任王一鸣、中国三星经济研究院院长朴起舜、工业与信息化部原总工程师朱宏任、韩国产业研究院北京分院院长李玟炯出席主论坛并发表主题演讲。

1. 关于中韩产业发展新趋势及产业合作方向

中韩两国都面临共同的问题，为了可持续的经济产业发展，需要不断通过创新推动产业结构的转型和升级，寻找新的增长动力。中韩在自由贸易建设方面的关系，对推动两国经济、亚太经济和世界经济会发挥重要作用。尤其是在当前中国国内产能过剩，市场饱和的情况下，中韩两国可以合作去开发第三方市场，开发新兴市场适用的技术。

2. 中韩电子产业发展的新趋势

信息化与工业化的融合是未来制造业转型升级的方向。中韩两国正在促进互联网、物联网、移动通信等信息技术的发展，形成了信息技术促进工业化发展的新趋势。一方面，智能制造是《中国制造 2025》下一步的主攻方向，要达到规模化的定制、智能化的过程控制、服务化的制造转型、网络化协同组织、绿色化节约发展五个方面目标。另一方面，要提升电子信息基础领域的创新能力、促进产业链融合创新发展、提高保障网络信息安全的产业支撑能力以及加强产用合作、促进两化深度融合。

3. “十三五”中韩新能源产业发展展望

新形势下全球能源结构将发生转变。“十三五”时期，中韩将加大新能源产业的发展力度，增加可再生能源的使用比例，促进能源转型。从能源发展方向看，全球能源转型要以控制能源消费总量和提高非化石能源比重为主，通过大规模发展可再生能源电力，构建可再生能源供热体系、城镇绿色能源消费体系和构建智能化的能源互联。从具体产业看，风电发展的基础创新问题成为影响中国风电制造产业的关键，大规模风电并网的要求迫切需要提高风电并网技术。加强电力市场的可再生能源发电来推进绿色化，需要提升电力效率并解决电力输出的不稳定性。

（许　明）

【第八届中国战略管理学者论坛】

由中国战略管理学者论坛执行委员会主办，华南理工大学工商管理学院及华南理工大学中国企业战略研究中心承办，北京新世纪跨国公司研究所协办的“第八届中国战略管理学者论坛”于 2015 年 11 月 7—9 日在华南理工大学举办。国内外 45 所高校、科研单位和相关企业共计 130 余人围绕“全球价值链整合与中国企业战略管理”这一主题展开了深入交流和研讨。以全球价值链整合为主线，论坛设置了全球价值链整合的战略背景、全球价值链整合战略、全球价值链整合的实现方式、全球价值链整合战略实施等四个主题演讲共十二个主题报告。

1. 全球价值链整合的战略背景

许多学者都对当前复杂制度情境、动态竞争情境与互联网变革等情境对中国企业全球价值链整合的影响进行了研究。汕头大学商学院吕源教授从制度视角出发，提出重点研究政府、法律和管制系统对企业合法性和准入障碍的影响、社会规范和行业规则对中国企业国际化战略的压力、他者认知和集体意识偏见等对企业战略选择的影响等。北京大学光华管理学院武常岐教授就新兴市场经济国家的跨国公司理论展开探讨，认为中国经济的崛起要求企业整合资源的同时嫁接全球资源。王铁男教授认为互联网和大数据带来机遇与挑战催动了社会、产业、企业层面的战略变革。

2. 范式转变中全球价值链整合的战略选择

与会者认为探究范式转变下的中国企业全球价值整合战略选择和实施措施将有可能产生突破性的战略管理理论。徐二明教授认为中国经济转型过程中催生的复杂制度环境可以从制度逻辑视角出发进行解构，进而提出多元/复杂制度逻辑下的具体战略选择过程。周小虎教授从认知的角度探究转型中国背景下可能的战略选择。浙江大学魏江教授则关注海外子公司如何通过选择不同类型的同构模式，建立中国跨国企业面临复杂制度环境情境下内、外合法性平衡的机制。华南理工大学蓝海林教授探讨了中国出口加工企业的全球价值链整合与转型升级路径，提出转型中国特有情境因素的双重影响下螺旋式演进的组织学习方式可能是建立核心专长的关键所在，而企业家精神是重要保障。西交利物浦大学的李平教授从阴阳理论出发，基于中国跨国公司的战略创业实践，提出第二故乡战略。电子科技大学经济与管理学院的杜义飞教授重点探讨了中国企业如何在拥有弱势品牌、劣势技术、管理水平较低、贸易壁垒存在的条件下撬动资产与机会实现国际化发展。南开大学国际商学院许晖教授提出在不同行业和不同环境结构的情境下，中国国际化企业应该通过领域之间的均衡模式实现联盟网络演进。北京大学光华管理学院周长辉教授从“强连带”到“弱连带”这一范式转变过程中对于战略选择的影响出发提出了众多极具洞察力的见解。

（叶广宇　刘　洋）

【中华外国经济学说研究会第23次学术研讨会】

由中华外国经济学说研究会主办，西南财经大学经济学院承办的“中华外国经济学说研究会第23次学术研讨会”于2015年11月13—15日在成都召开。来自全国二十多个省、自治区、直辖市的高等院校、科研机构、新闻媒体和学术期刊等单位的160余位专家学者出席了此届论坛。论坛的主题是：外国经济学说与当代中国经济。

1. 马克思主义经济理论前沿问题

与会学者研究了马克思主义危机理论，指出该理论的完善须基于生产力与生产关系矛盾之上的“中间环节”分析，并阐释资本积累的“技术结构”与“社会结构”及其演变如何导致资本积累矛盾的深化而引发不同类型的资本主义危机。此外，还用数理方法分析了马克思价值量决定论，研究了马克思的扩大再生产的第二个前提条件，评述了西方马克思主义发展经济学，构建了“比较马克思主义”体系，比较了马克思和西方的价值观、消费理论、生态思想等。

2. 西方经济学及其流派的最新发展动态

与会学者指出2015年诺贝尔经济学奖得主安格斯·迪顿的学术贡献在于，提出几近理想的需求系统，洞察经济发展的微观基础，探究消费与收入之间的关系，探索发展中国家在贫困和健康方面的不平等问题。此外，与会学者提出了构建本土化的新李斯特学派以对抗国内的新自由主义经济学思潮，并提供一种中国经济发展模式替代性的新模式。而对西方经济发展理论则要认清其二重性：一方面，要厘清其中的有益和无益成分，避免全盘否定；另一方面，要认清其是为西方发展方式的一种辩护。同时，要警惕新古典经济学均衡思维的五个陷阱，即片面观察的思维陷阱，理论与实际矛盾的斯密困境，自稳定市场的均衡幻象，制度趋同的优化陷阱以及无为政策的奴性陷阱。

3. 中国现实经济热点问题

与会学者指出，进入新常态后，把工业化、城镇化向更高层次推进是我国经济增长的动力源泉。其中，技术创新是推动我国工业经济形态向知识经济时代转变的根本动力，这就要避免金融支持实体经济结构性不均衡和实体经济低效益引发的产业空心化；而加快推进新型城镇化，就要把着力点从偏向建成区扩张转向提升本地聚集效应，强化产业支撑带动人口聚集的市场驱动力量，促进农村消费增长，提升城镇需求潜力。

（杨新铭）

【新常态经济与新型城镇化论坛】

由中国社会科学院人口与劳动经济研究所、《中国人口科学》杂志社与复旦大学人口研究所共同举办的“新常态经济与新型城镇化——特大城市发展面临的问题与挑战”论坛于2015年11月13日在上海举行。来自北京、上海、天津、武汉、杭州、大连、广州等城市高校和科研机构近70位学者出席论坛。

1. 中国大城市人口发展的历史轨迹及其动力

大城市快速发展的根本动力在于市场经济的内在驱动。规模经济的集聚效应不断吸引劳动力和人口向城市集中，不仅资本、劳动力的集聚具有规模效应，公共服务支出也具有规模效应。对全国城市面板数据分析表明，人口向大城市集聚是更有效率的政策选择。公共支出总量越大的地区，规模效应越强；大城市比小城市公共支出弹性更小、效率更高；人口密度高的城市，效率会更高，外来人口比例越高的城市，公共服务的边际增量越少。同时，“金字塔”式的政府资源配置模式向大城市特别是特大城市倾斜，优质的公共服务资源进一步增强了特大城市的吸引力。

2. 中国特大城市发展问题

随着中国城市化水平的提高，中国特大城市人口呈快速增长的态势。人口城市化的进程将改变人口发展的整体格局，人口由乡村快速涌入特大城市，使城市和中西部农村地区均面临以下问题：（1）城市中心城区密度过大，基础设施、公共服务压力加大，城市公共管理难度增大。（2）区域核心城市功能定位大而全，资源高度集中，城市体系发育不良。（3）城市流动人口半城镇化的现象突出，农民工市民化的任务艰巨。（4）城市集聚的极化效应使区域发展和城乡发展愈加不平衡。（5）特大城市建设用地普遍过多，城市人口的增长远远赶不上城市地理空间的扩大。

3. 特大城市人口调控政策及效果

近年来，上海市加强了居住证管理，把居住证作为控制人口的重要手段，将居住证与外来人口就业及子女就学紧密联系起来，以控制人口流入。外松内紧的人口调控手段取得一定效果，上海常住人口的增长明显减速，义务教育阶段上海外来人口连续两年减少，违章搭建、群租现象减少。同时外来人口居住证办证率提高，外来人口整体素质、职业技能稳步提高。人口信息网络逐步优化，管理队伍不断健全、管理法规陆续出台，促进外来人口管理趋于规范。上海全市人口空间布局进一步优化，中心城区人口在进一步减少，近郊区、新城人口密度有所提高。

4. 中国未来城市发展战略及反思

未来中国城市发展，可借鉴以下原则：（1）充分尊重市场机制的作用，尊重其集聚效应与内在制约机制。（2）科学定位特大城市功能，突破行政区划界限，将部分特大城市功能向城市体系扩散。（3）公平对待城市外来流动人口，促进其市民化进程。缓解特大城市人口规模带来的多方压力，可以借鉴世界城市的发展规划、空间布局发展经验：（1）城市新区规划、旧区改造以混合功能为导向，建设居住、就业融合的紧凑型多中心城市。（2）充分利用城市空中和地下空间，提高城市容积率，既提高人口容纳能力，又保证交通快捷与居住舒适。（3）合理规划城市内部道路与公共交通，发展大容量快速轨道交通，合理布局城市公共交通站点、设立城郊大型公共停车场。（4）促进都市圈城市间快速交通发展，加强人口、物资、信息等在城市体系间的流动。（5）促进人口管理与公共服务能力提高，建设各种实有人口信息共享平台，为科学化管理与服务提供依据。

（魏　星）

【第七届中国经济学前沿论坛】

由中央民族大学经济学院、中国人民大学中国经济改革与发展研究院、经济科学出版社、中国人民大学中国民营企业研究中心联合主办的“第七届中国经济学前沿论坛——‘十三五’时期的中国经济”于 2015 年 11 月 16 日在中央民族大学召开，来自中国社会科学院、中国人民大学、中央民族大学等科研机构、高等院校和新闻媒体、新华社、《人民日报》《光明日报》和学术期刊《经济学动态》等单位四百余人参加了论坛。论坛的主题是：“十三五”时期的中国经济。

1. 实现全面小康的基础和条件

“十三五”期间，我国完全有能力、

有条件、有保障实现6.5%以上的经济增长。这期间我国的工业化、城镇化将加速，人力资本红利将逐渐显现，效率提升将减缓资源环境约束，经济周期的规律性变动以及跨越“中等收入陷阱”的国际经验都将为我国实现中高速增长提供好的条件。

2. 实现全面小康面临的困难和挑战

虽然有良好的条件实现中高速增长，但全面小康依然面临困难和挑战，包括：劳动力成本不断上升、资源环境约束不断加大、产能过剩严重、供给侧未能适应需求侧变化以及改革攻坚的阻力越来越大等。对此，必须有充分认知，才可能使13亿多人的大国迈入高收入国家的行列。

3. 实现全面小康的着力点

加大供给侧结构性改革，培育新的经济增长点，转换增长动力和机制是实现全面小康的着力点：第一，要加快产业升级，使产业结构高端化，提升产业价值链和附加值；第二，要全面深化改革，构建政府和市场良性互动的新机制，让市场在资源配置中起决定性作用；第三，要增强技术创新能力，改善要素供给质量，提高全要素生产率；第四，要通过解放思想整合和调动国内外两种资源、两个市场，解决中国的发展问题；第五，用好积极财政政策，培育新的增长点，改革和创新财政资金使用方式，构建现代财政制度，促进财政可持续发展。

（杨新铭）

【中国世界经济学会2015年年会暨中国世界经济学会中青年论坛】

2015年11月20—22日，“中国世界经济学会2015年年会暨中国世界经济学会中青年论坛”在云南师范大学举行，论坛主题为“世界经济格局变化与中国角色”。10位学者发表了大会主旨演讲，6位学者对主旨演讲进行了评论。年会共设置了中青年论坛、国际贸易论坛、国际投资与跨国公司论坛、国际金融论坛、世界经济理论与现实问题论坛、开放经济与中国现实论坛、“一带一路”论坛等7个分论坛21个分会场。来自全国高校及科研机构的代表400余人参加了年会。

中国社会科学院世界经济与政治研究所所长、中国世界经济学会会长张宇燕做了《世界经济形势回顾与展望》的主题发言，中国金融四十人论坛高级研究员管涛做了《世界经济形势与一带一路——六国之行的感受》的演讲，IMF前高级经济学家、蚂蚁金服全面风险管理部总经理孙涛报告题目是“脆弱的全球金融稳定”，中国人民银行南昌中心支行行长王信的发言题目是“金融周期与经济发展：地区视角”。

1. 世界经济形势回顾与展望以及脆弱的全球金融稳定

世界经济的主要特点可以概括为“四高四低”，“四高”是指高杠杆、高资产价格、高市场波动、高金融风险，“四低”是指低通胀、低潜在增长率、低油价、低利率，核心是低通胀、低潜在增长率。

2. TPP规则及其经济影响

2015年的关注热点是跨太平洋伙伴关系协定（TPP），协定的主要内容有四方面：市场准入、规则纪律、运行机制、争端解决。协定蕴含的贸易理念有六方面：自由贸易、公平贸易、价值链贸易、价值贸易、安全贸易和包容性贸易。协定的焦点共有十个条款：货物贸易、技术性贸易壁垒、投资、服务贸易、电子商务、政府采购、国有企业、知识产权、劳工和规制协同，这些条款都将对未来贸易体制造成非常重要的影响。

3. 人民币国际化和汇率形成机制改革

未来人民币汇改存在四种可能路径：一是维持现状，但会面临外汇储备持续下降与人民币贬值预期强化的风险；二是回到中间价日常干预，但这既违背了汇改的方向，又可能再度造成人民币汇率高估与资本持续外流；三是人民币自由浮动，但一次性较大贬值所产生的不确定性可能限制中国央行采取这一措施；四是建立年度宽幅汇率目标区，这种做法能够兼顾人民币汇率形成机制的灵活性与稳定性，因此是最合适的选择。

人民币国际化面临着挑战。如果其他经济改革还没有推动，就全面开放资本市场，发生金融危机的概率是10%；如果先推进金融改革，之后逐步开放资本市场，发生金融危机的概率会降到5%。

（崔秀梅）

【新兴经济体研究会2015年会暨2015新兴经济体论坛】

2015年12月4—6日，新兴经济体研究会、中国国际文化交流中心、广东工业大学主办的“新兴经济体研究会2015年会暨2015新兴经济体论坛”在广州举行。来自孟加拉国、巴西、智利、中国、印度、印度尼西亚、吉尔吉斯斯坦、韩国、墨西哥、俄罗斯、美国等国和东南非共同市场等国际机构的二百余位专家学者和企业界代表参加了此次会议。与会代表聚焦于“新兴经济体创新发展与中国自由贸易试验区建设”这一主题，并就以下五个议题进行了深入交流。

1. 新兴经济体结构改革与合作机制创新

全球经济增长面临较大挑战，新兴经济体难以独善其身。如何进行结构改革与合作机制创新，寻找新的经济增长点与成功转型，将是新兴经济体在新时期所面临的重大挑战。在结构改革方面，与会代表认为新兴经济体国家需要进行结构改革以实现可持续发展，但要充分考虑新兴经济体结构改革存在的个体差异；在合作机制创新方面，与会代表认为新兴经济体在全球经济政治格局中的地位不断上升，新兴经济体合作机制正朝着多元化和纵深发展。

2. 新兴经济体服务业开放与金融合作

全球服务经济对世界经济的影响程度不断加深，新兴经济体服务业开放进程加速推进。新兴经济体金融合作对经济、贸易、投资等领域全面务实合作的保障和推动作用日益凸显。与会代表认为，新兴经济体服务贸易成本与效率存在显著的国别异质性，新兴经济体应努力提升本国在全球服务贸易体系中的地位。对于金融合作，与会代表认为，它有助于促进新兴经济体的共同发展与国际金融治理权提升，而面对金融冲击，新兴经济体应巩固宏观经济基本面，降低经济脆弱性。

3. 新兴经济体贸易与投资合作

新兴经济体因外部环境不佳和内生性增长动力不足的双重冲击而出现增速减缓。努力扩大贸易与投资合作是其增强发展动力、实现持续增长的重要引擎。当前，新兴经济体与发达国家之间的贸易与投资关系呈现多元化的特征，新兴经济体的贸易与投资战略应着眼于长期经济可持续发展。与会代表认为，努力扩大贸易与投资合作，特别是加强新兴经济体内部务实合作是其挖掘合作潜力、创造发展动力的重要路径。

4. 新兴经济体与“一带一路”建设

“一带一路”战略，使相关国经济联系更加紧密，相互合作更加深入，发展空间更加广阔，为新兴经济体的发展创造了新的机遇。与会代表认为，新兴经济体参与“一带一路”建设有助于推动产业升级、促进贸易发展。但在当前推动“一带一路”建设，需加大对相关项目的金融支持。

5. 中国自贸区建设

中国自由贸易区建设相关举措是在面临发达国家力图主导的国际经济秩序新安排、国内经济进入“新常态”的背景下出台的。它有利于新形势下中国扩大国际贸易规模、便利国际物流运作、实施新经济政策，并将对国际经济合作与区域贸易格局的未来走向产生影响。

总之，当前国际金融危机深层次影响依然存在，世界经济在深度调整中曲折复苏，新兴经济体经济增速出现分化，经济增长面临较大压力。与此同时，新兴经济体新的增长动力正在孕育，新的经济增长点、新的消费方式、生产方式正在形成。在此背景下，新兴经济体需要抓住机遇创新发展，强化政策协调和经济合作，以合作助推增长，加快增长动力转换，更加有效地应对各种风险和挑战，从而开拓新兴经济体发展与合作的新境界。

（徐秀军）

【2015 智慧城市论坛】

2015 年 12 月 12 日，由中国社会科学院城市发展与环境研究所、江西省社会科学院共同主办的“2015 智慧城市论坛”在江西省南昌市召开。论坛吸引了来自中国社会科学院、中国城市规划设计研究院、国务院发展研究中心、中国银行国际金融研究所、中国浦东干部学院、江西省社会科学院、湖北省社会科学院等科研机构和高等院校的一百余名代表参加。围绕“打造未来城市新形态”这一主题，与会专家就智慧城市的发展理念、推动模式、应用领域、政策支持等开展了深入交流。

1. 关于智慧城市研究的综合集成思维

与会专家认为，智慧城市是继数字城市和智能城市之后城市发展的高级形态，是信息化、工业化和城镇化的深度融合的产物。加快城市规划、建设、管理和服务的智慧化，是城市转型发展的重要推动力量。面对城市复杂的系统，需要将系统思维方式和现代信息技术综合应用到城市科学研究领域，科学认识和系统把握我国城镇化推进和城市发展中面临的重大问题。中国社会科学院城市发展与环境研究所党委书记李春华报告了中国社会科学院在城市信息集成与动态模拟研究方面的相关进展，通过建立城市模拟实验室，借助多学科交叉研究优势，构建城市综合大数据平台和模拟系统，开展城市情景政策模拟，为我国智慧城市建设和城市转型升级提供坚实的决策支持。

2. 关于五大发展理念下的智慧城市建设

众多城市已将智慧城市建设作为重要任务写入“十三五”规划，未来五年将是打造中国特色升级版智慧城市的关键时期。在此情况下，更需深入剖析智慧城市建设中存在的问题，明晰智慧城市建设的目标与思路。针对顶层设计缺失、智慧城市理论体系薄弱、项目建设流于“标签化”、商业模式不清晰等问题，有专家提出，我国的智慧城市建设需要在“创新、协调、绿色、开放、共享”五大发展理念的指引下开展。

3. 关于智慧城市建设的推动模式

完善智慧城市建设推动模式能够为打造城市新形态提供制度与管理保障，对我国智慧城市发展具有重要意义。与会专家认为，构建智慧城市建设推动模式，要在顶层设计中做好管理体制的设计，在组织层面上横向打通，破除部门之间的信息化壁垒，实现互联互通、资源共享和业务协同。同时，智慧城市建设必须注重体现人文精神，加强城市治理体系建设，提高城市治理能力。智慧城市建设应推动政府行政体制改革，通过制度建设形成政府、企业、居民、社会组织多元参与、有效协同的治理体系，从而进一步提高城市治理能力。

4. 关于智慧城市的应用领域创新

智慧城市应用体系日渐丰富，贯穿于城市管理、城市营销和城市服务的各个领域。在互联网金融方面，有专家指出，互联网金融将成为金融消费领域的主要形式，人力成本相对低廉、大城市规模经济效应以及互联网技术的快速应用是我国第三方支付占主导地位的重要原因，未来仍有巨大推进空间。在智慧招商方面，有专家认为，智慧招商已成为智慧城市的重要组成部分。“互联网+”背景下的招商引资工作需要创新思维，通过建设招商引智云空间，完善招商引资信息体系，开展“线上+线下”的复合招商引资模式，能够更加精准高效地服务于投资客商。在城市精准规划方面，与会专家认为，利用大数据分析技术开展城市规划支持研究，有助于打破经济社会发展规划、城市规划、土地规划、环境规划等之间的樊篱，为多规融合提供更完善的数据基础。

（丛晓男）

【网络经济时代的流通升级战略学术研讨会】

由中国社会科学院财经战略研究院（简称“财经院”）、教育部省部共建人文社科重点研究基地——浙江工商大学现代商贸研究中心、浙江省“2011 协同创新中心”——浙江工商大学现代商贸流通体系建设协同创新中心、《财贸经济》编辑部、《商业经济与管理》编辑部、浙江省商贸业联合会联合主办的“网络经济时代的流通升级战略学术研讨会”于 2015 年 12 月 12 日在浙江工商大学召开。来自财经院、商务部研究院、中国人民大学、南京大学、厦门大学、浙江工商大学、浙江财经大学、江苏师范大学等单位的百余名专家学者参加了研讨会。会议分别由浙江工商大学副校长苏为华教授、南京大学盛昭瀚教授主持。会议围绕“互联网经济背景下的流通升级战略”进行了深入探讨与交流，为网络经济时代流通升级研究提供了新理念和新视角。

1. 跨入“十三五”的中国经济与流通新环境

中国社会科学院学部委员、财经院院长高培勇教授以“跨入‘十三五’的中国经济”为题，对经济“新常态”下管理经济的研究新思路进行了深入分析。他指出，传统的经济研究视角和研究方法已经不再适用于“新常态”下的经济环境，一定要探索更深层次的原因。他强调，当前经济增长率下移是短期周期性因素和长期结构性因素共同作用的结果。其中，最根本的原因是长期的结构性因素，这些因素不是短时间之内采用某些政策措施就能够马上解决的；对于短期周期性因素，可以从投资、消费、出口三个方面进行关注；对于长期结构性因素，可以从人口红利消失、服务业比重上升、城市化速度减缓三个方面来进行研究。

高培勇全面总结了“新常态”下中国经济的综合性指标特征，提出经济增长率、就业、物价、新动力是“新常态”下中国经济的四个重要特征。一是我国经济增长率下滑。二是我国就业形势良好。三是消费物价涨幅稳定。四是经济增长新动力正在孕育。

高培勇以“五大发展理念”为纲领，对“十三五”期间全面建成小康社会新要求进行了阐述，他指出应该重点关注以下五个方面的转变：从防过热转向稳增长、从防通胀转向防通缩、防止区域性和系统性风险、以化解产能过剩为重点、调控市场主体转变为激发市场活力。

2. 网络经济时代中国流通升级的机遇、意义与战略思路

浙江工商大学现代商贸研究中心主任郑勇军教授指出，网络经济时代流通的内涵、外延和功能已经发生了革命性改变，流通升级研究首先需要重新建立科学的“流通观”。在经济“新常态”下“十三五”的经济核心是流通升级，以网络经济为代表的新流通革命已经到来，以网络经济为核心的“互联网+流通+制造”的格局正在形成。我国的流通升级应该超越制

造业、农业及其他产业，率先实现全面升级。

郑勇军指出，流通不仅是先导性、基础性产业，更是一个国家和地区在经济转型升级时期重要的战略性产业，是经济转型升级的重要引擎；流通不仅是一个产业，更是一个国家和地区国民经济的脉络神经，事关经济发展全局；流通不仅具有产业功能，还是市场体系最重要的载体和现代市场经济体制的重要组成部分，是需求侧管理政策和供给侧结构改革的共同着力点；流通不仅具有经济功能，还具有众多社会功能，是改善人民生活和实现小康社会目标的重要领域。网络经济时代的流通已经成为经济信息处理的中枢、社会化生产的中枢、创新的中枢和社会资源配置的中枢，已经与社会生产实现深度融合。

关于流通升级的战略思路，郑勇军认为是以流通体系升级为核心的流通现代化战略，是流通业全面升级战略，是事关经济社会发展全局的强国梦战略，是流通业率先升级战略。流通升级战略是国际竞争中实现弯道超车的流通强国战略，是消费升级导向的流通业升级战略。

郑勇军进一步提出，要实现“流通强国”战略目标，必须坚持创新驱动、改革驱动、投资驱动、消费驱动的“四轮驱动”，积极培育流通大通道、大平台、大集团和新型中小微流通企业，特别是创客型的新型流通模式，协同推进流通“六化（信息化、标准化、集约化、国际化、便捷化、法治化）四融合（内外市场、线上线下、产业链上下游、城乡地区融合）”发展，全面推动流通业态、流通主体、流通技术、流通设施、流通空间、流通治理“六大升级”。

3. 网络经济时代中国流通升级研究新视角

商务部内贸专家委员会主任黄海提出，网络经济时代流通升级研究可以从四个方面重点关注。一是传统流通组织转型升级问题。二是线上线下融合发展问题。三是电子商务的发展趋势问题。四是中国商品价格形成问题。

中国市场学会理事长高铁生提出，当前流通升级研究不是抽象的研究流通升级，而是聚焦于网络经济背景下的流通升级研究。因此可以从互联网对流通的直接影响、互联网对流通的间接影响、互联网思维对流通理论的解构与建构等方面进行研究。

浙江财经大学校长李金昌从大数据的角度为流通升级研究提供了新视角。他指出，大数据不是某种概念，而是一种研究的新视角、新方法，网络经济时代的流通是在大数据中实现的流通，是被大数据所包围的流通，同时流通又是大数据的主要来源。因此，一方面可以利用大数据分析来发现流通发展规律、需求特征变化、供给特征变化、供需对接方式与实现方式的变化等，从宏观上为国家宏观调控提供理念支撑。另一方面，大数据从微观上也可以分析和把握流通构成元素的各种变化。

厦门大学数据挖掘研究中心主任朱建平从大数据研究与应用的角度切入，对流通升级研究的产学研一体化进行了系统阐述。他指出网络经济背景下政府、高校、企业应该建立协同创新机制，提高研究的针对性和应用效果，促进研究成果向企业应用进行转化。

浙江物产集团副总裁沈光明对物产集团在流通升级中的实践进行了系统阐述，他指出，供给侧结构性改革成败的关键就在于流通升级是否成功，当前我国流通的根本问题是税制设计问题。

浙江工商大学计算机与信息工程学院院长琚春华从信息技术如何与贸易融合的角度入手，对网络经济时代流通升级研究进行了阐述。他指出，流通升级不是简单的“上网、触电”，而是从卖产品转变为“信息 + 服务”的一种革命。在网络经济时代，“万物互联”将成为可能，超高速网络技术、虚拟现实技术、无线传感技术、物联网技术、云计算平台、大数据挖掘等都为流通升级提供了广阔的发展空间，如何实现技术与产品的有机融合，实现从产品销售向“信息 + 服务”的价值创造转变，是流通升级研究的重要方向。

南京大学工程管理学院盛昭瀚教授在发言中指出，研究网络经济时代的流通升级问题具有重大战略意义。无论理论发展还是现实要求，都为研究网络经济时代的流通升级提供了良好机遇，各种新模式、新技术、新方法、新应用、新问题亟须进行深入研究。

（郑红岗）

【深化农村改革智库建设论坛】

2015 年 12 月 22—23 日，“深化农村改革智库建设论坛暨第十一届全国社科农经协作网络大会”在河北省石家庄市召开。会议由中国社会科学院农村发展研究所和河北省社会科学院共同主办，国内各社科院与高校的领导与专家共一百余人参加了此次会议，会议主要围绕转变农业发展方式、精准扶贫、深化农村改革、乡村治理等热点问题展开了讨论。

针对当前中国农业持续增长的动力机制，有观点认为，随着技术进步和制度创新，农业生产的不确定性持续下降。在国家粮食安全“藏粮于地、藏粮于技”的战略背景下，除了全面加强农业基础设施建设，推进农业技术创新，加强制度建设之外，有必要加快转变农业发展方式，推进农业供给侧结构性改革。

当前现代农业经营体系中，新型农业经营主体发展势头迅猛，规模化、规范化程度不断提高，而传统意义上的农业生产经营主体面临的问题主要在于生产经营规模小、集约化程度低，从而使得农业产出水平相对较低。面对现代农业与传统农业并存的格局，应着力促进第一、第二、第三产业融合发展，充分利用农业多功能性，提升农业发展水平。

当前土地流转在实践中存在着制度与技术层面的问题，有待于进一步改革和探索。“地票交易”模式在设计上不仅保护了农民利益，实现了土地利用效率的提升，而且为农村产权交易提供了经验。

在当前新农村社区治理的过程中，新农村社区治理的发展日趋多元化，居民参与、互动程度不断提高。但是，由于制度规范、自治管理水平、公共服务供给等方面仍存在较大缺陷，新农村社区治理面临很大挑战，因此有必要完善治理制度，加强组织建设，加大公共服务的有效供给。

在城乡一体化发展过程中，包括户籍、农村社区、产权、金融、公共服务、社会保障在内的各方面改革均取得了很大实效，使得各地城乡面貌、农民生产生活均发生了重大变化。但一些地区体制机制创新面临的政策红线难以突破，使得政策创新面临很大挑战。因此，在新型城镇化过程中，应该考虑各地情况的特殊性和举措的创新性，积极谋求政策突破。

革命老区的产业扶贫通过增强产业发展的“造血”机能，起到了增收减贫的重要作用，但仍然存在家庭分散经营与集约化生产的矛盾、融资渠道单一依靠政府与资金缺口的矛盾，农业生产与生态保护的矛盾。为此，应当以农业产业化为抓手，创新金融与组织方式，通过科技引领，实现产业扶贫与生态扶贫的相互促进。

总体来看，大会在农业、农村政策思路上呈现高度的一致性，能够形成共识，例如加快转变农业发展方式、提高农业生产效率、改善农村基层治理、推进新型城镇化等；而对于土地流转、农业规模化经营问题也有争鸣。这反映出深化农村改革的顶层设计能够把握整体方向，协调各方利益，同时相关改革政策仍有进一步深化的潜力。对于具体的改革进展与实践，各地存在鲜明的差异。例如，在经济欠发达地区，新型城镇化与扶贫主要依靠政府投入；而在经济发达地区，在新型城镇化过程中，要素的城乡双向流动已经逐步形成，片区扶贫成效已经逐步显现。

大会所反映出的核心问题是，中央政策的顶层设计与地方政策的分层对接之间存在一定程度上的不协调，例如农村产权交易、新型城镇化试点等都亟待破除现有的体制机制束缚，这对相关政策之间的相容性提出了新要求，也是未来一段时间内农村改革所必须面对的问题。

（潘　劲）

【财经战略年会 2015】

2015 年 12 月 29 日，由中国社会科学院财经战略研究院（以下简称“财经院”）和天津财经大学共同主办的“财经战略年会 2015”在津召开。来自政府部门、研究机构和高校的二百余位嘉宾，以及新华社、中新社、《求是》、《人民日报》、《光明日报》、《经济日报》、《中国社会科学报》、中央电视台等三十余家权威媒体代表应邀出席了本次年会。

此届年会的主题是“迈向‘十三五’的中国”，旨在落实十八届五中全会精神和中央经济会议精神，组织财经领域顶级专家就当前重大财经热点、前沿问题和发展趋势进行解读展望，并就如何更好发挥财经智库的作用等问题进行深入探讨。

财经院院长高培勇教授主持开幕式。中国社会科学院副院长蔡昉研究员和天津财经大学校长李维安教授分别致辞。蔡昉指出，2015 年对于我国经济发展与改革是不同寻常的一年，既是“十二五”的收官之年，也是十八届五中全会开启“十三五”规划建议的开局之年。如何谋划“十三五”，实现全面建成小康社会的宏伟目标，是理论界和实际部门必须共同面对的重大现实问题。年会围绕迈向“十三五”的中国经济主题，共同探索和交流，对于共议经济发展与改革大计具有重要的意义。

总论坛由李维安教授主持。蔡昉，中国财富经济研究员名誉院长陈宗胜，国家发改委学术委员会秘书长张燕生，中国海事仲裁委员会副主任丁俊发，北京大学国家发展研究院院长姚洋，中国人民银行货币政策委员会委员、清华大学经管学院副院长白重恩，南开大学原副校长逄锦聚等学者先后作主旨演讲。

在发言中蔡昉指出，理解供给侧改革的要点是全要素生产率，当前我国全要素生产率出现下降，与劳动力人口因素、人力资本改善水平放缓、投资率过高、创造性破坏过程被阻碍等因素有关；对此，需要加快推进户籍改革，着力提升人力资本水平，在存量和增量上对投资进行调整与控制，为企业退出与进入创造相应的条件。陈宗胜以“加快经济体制改革、克服供给侧的障碍”为题，提出将供给侧与需求侧相结合，促进资本有效积累，并以此推动供给侧向发达经济水平靠拢。张燕生对“十三五”期间构建更高层次开放型经济的前景进行了讨论，指出“引进来”与“走出去”要双向进行，并对“一带一路”战略、自由贸易区战略等进行了深入分析，认为中国在未来推动世界经济开放方面将具有更加重要的影响力。丁俊发通过对互联网分工演变的讲解，阐述了四个供应链战略，即国家供应链、产业供应链、企业供应链和城市供应链，认为企业应该更加注重供应链这一重要的发展方向。姚洋通过对国内需求、经济结构差异、财政政策、房地产库存等的分析，讨论了中国经济的当前状况，并提出了相应的对策建议。白重恩从经济现象与经济理论的矛盾点入手，构建了一个基本的两部门宏观经济模型，提出政策扶持部门与市场部门这一新的二元经济结构，并在此基础上对相关问题和政策进行了讨论。逄锦聚强调了新时期发展政治经济学的必要性和意义，并从社会再生产的四个环节和社会总产品的实现等角度论述了供给侧改革的必要性。

此次年会设四个分会场。

第一分会场主题为“国家战略与新型智库建设”。由财经院综合经济战略研究部副主任汪红驹研究员主持。

第二分会场主题为“财税运行‘新常态’”，由财经院财政研究室主任杨志勇研究员主持。

第三分会场的主题为“创新创业与经济新引擎”，由天津财经大学人文学院院长丛屹教授主持。

第四分会场的主题为“金融体制改革与风险监管”，由财经院院长助理倪鹏飞研究员主持。

财经战略年会集全局性、权威性、前瞻性和影响力于一身，深入分析财经改革与发展的重大理论与现实问题，解读国策趋势。财经战略年会迄今已成功举办四届，吸引了大量政经高级官员和经济领域专家学者积极参与，产出诸多高端学术成果，国家智库作用日益凸显。

（王朝阳　董　萍）

【第四届中国工业发展论坛】

2016年1月6日，由中国社会科学院主办、中国社会科学院工业经济研究所与河北省保定市人民政府共同承办的“第四届中国工业发展论坛——‘十三五’中国工业与京津冀协同发展”在河北保定举行。来自政府部门、研究机构和高等院校的专家学者，以及媒体代表共计一百余人参加了此次论坛。与会领导和专家深入探讨了“十三五”时期中国工业发展、京津冀协同发展以及新型智库建设等重要议题。会上发布了《中国工业发展报告》（2015），同时举行了中国社会科学院京津冀协同发展智库揭牌仪式。

1. “十三五”时期中国工业发展

与会专家一致认为，在新常态背景下，中国工业转型升级面临一系列新挑战和新问题，必须同时推动需求侧和供给侧的结构性改革。“十三五”时期，中国工业面临的挑战来主要体现在两个方面，一方面“大而不强”的根本性问题并没有得到解决，另一方面目前中国正处于经济结构关键时期，“三期叠加”矛盾突出，与会专家对此从多角度进行了阐述。关于探索在需求侧调控的基础上如何着力加强供给侧结构性改革，有专家指出，应该推动工业发展水平实现整体跃升；在淘汰过剩产能的同时，还要增强技术密集型产能的供给能力；还有学者针对新时期工业行业管理问题发表了看法。

2. 京津冀协同发展

与会专家认为，当前京津冀之间存在发展不协同问题，甚至差距在进一步扩大。在此背景下，《京津冀协同发展战略规划纲要》的出台具有重大的现实意义。关于京津冀协同发展的实施路径，学者们各抒已见，涉及建立协调机制，实现基础设施互联互通，公共服务共建共享，建立横向生态补偿机制，用“可持续城市”的思路推动空间布局、交通结构、生态环境、产业发展和城市文脉可持续。来自政府的代表也介绍了各地重点任务与实施进展，北京的出发点是疏解非首都功能，治理北京“大城市病”；中关村科技园区正着力打造跨区域的科技创新园区链，推进跨区域的创新、创业生态系统共建；保定市积极主动对接京津科技、人才等创新要素，不断优化协同创新环境，努力把京津冀资源优势转化为产业优势。京津冀三地已经积极行动，并取得了一定进展。但从长远看，京津冀协同发展还需要一系列的保障措施。

3. 新型智库建设

京津冀协同发展智库的首批理事单位

代表分别介绍了各自所在单位开展智库建设的最新进展，并针对如何通过智库建设促进京津冀协同发展问题，发表了各自的见解。同时，针对当前智库建设中存在的误区和问题，以及未来智库的质量提升和可持续发展，与会专家也给出了建议。

（王燕梅）

【NAES 宏观经济形势季度分析会（2016年一季度）】

由中国社会科学院财经战略研究院（以下简称“财经院”）与新华社《经济参考报》共同举办的“NAES 宏观经济形势季度分析会（2016 年一季度）”于 2016 年 3 月 28 日在京举行。会议组织经济领域专家学者分析了当前宏观经济形势和一季度经济走势，研讨了应对经济金融风险的对策建议。会议由财经院副院长夏杰长研究员主持。

财经院综合经济战略研究部副主任汪红驹研究员代表课题组作主题报告。国务院发展研究中心宏观经济研究部张立群研究员、中国社科院经济政策研究中心主任郭克莎研究员、财经院综合部副主任钟春平研究员进行了有针对性的评论。

报告认为，2016 年全球经济总体上将呈现“低增长、低通胀和高不确定性”特征。一方面，发达国家经济总体弱势复苏；同时，受结构性通缩影响，新兴经济体增速下滑，预计 2016 年俄罗斯、巴西两国仍将持续衰退；另一方面，2016 年全球经济面临来自新兴市场经济体衰退、美联储加息和美元升值、全球金融市场波动以及部分地区地缘政治紧张局势的不确定性等问题。受经济状况影响，全球货币政策走上新的分水岭。预计美联储将于 2016 年下半年启动加息进程，欧元区和日本继续扩大宽松力度，美元大幅升值，对全球资本流动和油价走势产生深远影响。

2016 年一季度，中国经济延续 2015 年 4 季度的下滑态势，工业生产增速继续放缓，投资增速趋缓，消费低迷，出口形势严峻，去过剩产能继续进行，预计中国 2016 年一季度 GDP 下滑至 6.7% 左右，消费物价指数上涨为 2.2% 左右。

报告认为，托底政策已经发挥效力。部分先行指标好转、财政收支矛盾加大、房地产市场温和回暖，企业去库存继续进行，考虑到 2015 年的基数效应后，经济增长平稳运行的可能性较大。加大供给侧改革力度，破除束缚民间经济发展的体制壁垒，大力支持创新发展；政府加强重大基础设施工程建设，推动“营改增”等财税管理体系建设，实施有力的积极财政政策，防止资金沉淀造成货币供应波动，灵活稳健的货币政策还需继续降准降息，为经济平稳运行托底。预计二季度经济基本企稳，GDP 增速保持在 6.8% 左右，CPI 上涨 2.4% 左右。

2016 年，中国经济需要在五大理念的指引下，完成“去产能、去库存、去杠杆、降成本、补短板”五大任务。继续深化供给侧结构性改革，创新宏观调控方式方法。加大力度推进供给侧改革，推动经济转型；落实需求侧的补充措施，确保经济在中高速区间平稳增长；财政货币政策相互配合，从供需两端着力，使经济运行保持在中高速增长的合理区间。

为维持相对较高的经济增速，政府需要从需求侧加大托底力度，在较为宽松的环境中完成供给侧结构性改革。（1）财政政策方面，一是“适当增加必要的财政支出和政府投资”；二是“实行减税政策”，降低企业成本和提高企业运营效率；三是“阶段性提高财政赤字率”。（2）货币政策方面，一是在社会总需求仍然偏弱的大背景下，保持适度的货币供应增速；二是配合供给侧改革，为实体经济提供适宜的流动性，降低实体经济融资成本；三是配合结构性财政政策，为各项财政专项债券、地方政府债务、国债发行提供有力的利率环境，同时降低存量债务的压力；四是改革人民币汇率形成机制，防止人民币汇率竞争性贬值。五是在外汇储备和外汇占款规模下降的条件下，创新货币供应新渠道。总体上，货币金融政策需要在宏观审慎管理的框架下，实现稳定金融市场、经济增长和结构性改革的目标。

（王朝阳　董　萍）

【“亚洲中等收入陷阱与中国经济新常态”国际研讨会】

2016 年 4 月 13—14 日，“亚洲中等收入陷阱与中国经济新常态”国际研讨会在北京举行，此次会议是由中国社会科学院世界经济与政治研究所、《中国与世界经济》编辑部和亚洲开发银行研究所共同主办。共有来自十个国家和地区的三十多位中外专家学者进行了专题发言和讨论。

1. 关于中等收入陷阱的主要观点

有学者研究表明没有发现陷入中等收入陷阱是必然现象，在任何收入水平上都可能陷入经济停滞。重要的是，一个国家在低收入阶段采取的发展战略，到了中等收入阶段就不再有效。从成功超越中等收入陷阱的国家的经验看，有以下几方面因素与经济增长密切相关：（1）经济结构，特别是农业向工业的转变；（2）较高的出口份额；（3）低通胀；（4）收入差距和赡养率的下降；（5）全要素增长率的增长。有学者还提出了是否会面临中等收入陷阱的几个评价标准：（1）人口问题；（2）低水平的经济多样化；（3）低水平的创新；（4）体制不健全；（5）低效的劳动力市场。

2. 关于经济增长和结构改革的主要观点

北京大学林毅夫教授认为，未来全要素增长的潜在动力主要来自资本市场改革、降低地区间生产效率差异、支持教育以及对创新的政策扶持。中国经济下行的主要原因是外部性、周期性原因，而非结构性原因。中国未来应更加注重内需增长，可以通过扩大固定资产投资带动经济增长，措施包括：城镇化、基础设施投资、产业升级、环境改善以及经济改革。社科院余永定研究员指出，中国潜在经济增长率由于结构性原因下降的同时，短期增长率也在下降。由于生产能力过剩，实际经济增长率可能会低于潜在增长率。为了提高投资效率，投资增长率应降到合理水平。中国经济增长面临双重短期挑战。一方面，过度投资会带来产能过剩，使生产者价格指数下降，利润降低；另一方面，过度投资会扩大债务水平，提高实际债务水平。为防止这种情况发生，应通过财政和汇率政策措施刺激总需求，掌握好长期与短期、结构性改革与宏观经济管理的平衡，保持合理的经济增长率。清华大学白重恩教授认为，大规模的投资会产生挤出效应，使得私人部门投资成本提高，投资规模减小。与此同时，大规模投资基础设施将产生对非技术型工人的大量需求，提高他们的工资，最终造成非技术密集型部门的资本回报率下降，进一步提高资本与劳动成本，推高债务水平和风险程度。因此，高增长目标最终可能会带来经济发展的恶性循环。复旦大学张军教授指出官方对中国城镇失业率统计的数据存在着不准确的问题。GDP 增速与失业率双降这一点，也侧面反映出中国劳动生产率可能正在下降，如果结构性改革不进行及时调整，未来会降低中国长期增长潜力。

（张支南）

【财经笔会 2016：应用经济学领域的重大理论问题】

2016 年 5 月 28 日，“财经笔会 2016：应用经济学领域的重大理论问题”在南昌顺利召开。此次会议由中国社会科学院财经战略研究院（简称“财经院”）与江西财经大学共同主办，《财贸经济》编辑部、《财经智库》编辑部、*China Finance and Economic Review* 编辑部、《当代财经》编辑部、江西财经大学财税与公共管理学院和财税研究中心共同承办。来自全国各大高校和科研机构的80余位专家学者参加了本次会议。

此次会议由开幕式、财贸经济—邓子基财经学术论文奖颁奖、学术交流、交流与讨论、学术期刊建设与应用经济学发展等环节组成。江西财经大学校长王乔教授、财经院院长高培勇教授出席了开幕仪式并分别致辞。王乔介绍了江西财经大学基本情况，并对出席论坛的嘉宾表示诚挚的欢迎；高培勇介绍了此次会议召开的背景、意义和目标。开幕式由江西财经大学副校长蒋金法教授主持。

“财贸经济—邓子基财经学术论文奖2015”颁奖仪式由《财贸经济》编辑部主任王朝阳主持。王朝阳回顾了《财贸经济》编辑部与邓子基教育基金会的合作历史，介绍了此次评奖的主要过程。邓子基教育基金会副理事长罗增寿宣布了本次评奖结果，此次评奖共评选出6篇获奖论文。

在学术交流会上，云南财经大学政策研究中心的缪小林副教授、武汉大学经济与管理学院许文林博士、浙江工商大学的何靖博士、上海立信会计学院转型经济与环境金融研究所张云副教授、复旦大学经济学院杜莉教授分别就中国政府债务、绿色财政、商业银行风险偏好、贸易开放与碳泄漏、房价对居民消费的影响等问题进行了学术报告。财经院何代欣、江西财经大学席卫群，广州市社会科学院经济研究所陈旭佳、财经院付敏杰，广东金融学院李华民、西南财经大学金融学院杨文华，大连市政府发展研究中心王宇、陕西师范大学国际商学院鄢哲明，厦门大学经济学院钱日帆、财经院李超等对五篇学术报告分别作了精彩点评。

本次会议还专门就“应用经济学发展的相关问题”以及“学术期刊建设与应用经济学发展”两个议题进行了自由讨论。自由讨论由江西财经大学财税与公共管理学院李春根院长和王朝阳共同主持。王朝阳在总结发言中提出，加快发展中国的应用经济学科，我们需要更加本土化的研究话题、更加综合化的研究视角、更加多样化的研究方法、更加系统化的人才培养体系。《财经智库》《中国社会科学》《财政研究》《税务研究》《财贸经济》、*China Finance and Economic Review*、《地方财政研究》《当代财经》等主流期刊的编辑和与会学者们就期刊建设、应用经济学发展等问题进行了深入交流，讨论由《财经智库》副主编兼编辑部主任杨志勇研究员主持。

高培勇教授进行了大会总结。他强调，在加快构建中国特色哲学社会科学的进程中，有必要打造一种平等自由的会议文化，“财经笔会”正在这方面进行积极探索，目前已经形成萌芽状态。就会议内容而言，通过一天的研讨，基本达成了三点共识。

第一，学术期刊有引领学术发展的使命。

第二，中国财经领域亟待突破研究瓶颈。

第三，办刊需要有一个志同道合的作者群。

（王朝阳　董　萍）

【首届全国区域经济学博士后论坛】

2016年7月9—10日，由中国社会科学院、全国博士后管理委员会、中国博士后科学基金会共同主办，中国社会科学院博士后管理委员会、中国社会科学院工业经济研究所、合肥区域经济与城市发展研究院联合承办，《中国工业经济》编辑部、《经济管理》编辑部、*China Economist* 编辑部、中国区域经济学会、安徽大学经济学院、安徽大学区域经济与城市发展协同创新中心协办的“首届全国区域经济学博士后论坛”在安徽大学召开。来自清华大学、复旦大学、浙江大学、中国科学技术大学、南开大学、国家行政学院、中国社会科学院、安徽大学等三十余所高等学校和科研院所的六十余位专家学者参加了论坛。中共合肥市委常委、合肥市常务副市长韩冰，中国社会科学院工业经济研究所所长黄群慧研究员、安徽大学校长程桦教授分别在开幕式上致辞。

1. 新发展理念下中国区域经济面临的机遇和挑战

当前，中国经济发展进入新常态，“五大发展理念”是经济发展新常态思路和方向的集中体现，对主动把握、积极适应和科学引领经济发展新常态具有重要意义。与会学者从经济形势、供给策结构性改革、区域竞争与合作、技术转变方向等方面展开讨论。

2. 产业转移和区域协调

产业转移是实现区域间经济协调、可持续发展的重要途径。然而，区域产业结构分化严重、城乡发展不平衡、区域经济不当竞争和重复建设等问题已经成为制约中国经济持续协调发展的瓶颈。

3. 经济集聚和产业发展

经济集聚可促进经济增长获得动态效率，形成纵向或横向的专业化分工和协作，提高资源利用效率，优化产业结构。然而，中国各行业空间集中程度不高，城市规模普遍偏小且“均等化”现象明显。

4. 区域发展和制度创新

中国区域经济差异日益拉大，如何逐步缩小东、中、西部地区区域经济差距，实现区域协调发展，成为当前必须认真研究解决的一个重大现实问题。与会学者普遍认为，通过政府提供硬性的制度机制，形成有效的制度创新，完善制度体系，制定一系列有利于区域合作的制度措施，促进区域经济可持续发展。

（姚 鹏）

【第十六届中国青年经济学者论坛】

“第十六届中国青年经济学者论坛”于2016年7月9—10日在对外经济贸易大学国际经济贸易学院隆重召开。本届论坛由《经济研究》编辑部、对外经济贸易大学国际经济贸易学院、北京大学光华管理学院、武汉大学高级研究中心联合主办。论坛共计收到应征论文360余篇，论文质量总体上有明显提升。最终通过评审参会的论文有160篇。论坛的主题是：当代中国马克思主义政治经济学新发展。来自全国各地一百多所高校和科研机构的二百多名经济学院的院长、教授、青年学者齐聚一堂，立足我国国情和我国发展实践，分析经济新常态背景下的中国现实经济问题。

对外经济贸易大学国际经济贸易学院副院长许亦平主持了开幕式，对外经济贸易大学党委书记王玲、中国社会科学院经济研究所党委书记王立胜、对外经济贸易大学国际经济贸易学院院长洪俊杰分别致辞。

论坛学术理事会秘书长、《经济研究》常务副主编郑红亮教授做论坛工作报告，对本届论坛的筹备情况、学术理事会工作事项做了详细的汇报；首先“中国青年经济学者论坛优秀论文奖”更名为“中国青年经济学家优秀论文奖”，评选范围扩大，更具代表性。此届论坛的优秀论文筛选基于各个分论坛的投票选举环节结果，充分发扬学术民主精神。郑教授同时汇报了新增的两个理事单位成员，中共中央党校经济学部和中国科学院大学经济与管理学院。会议进行了“中国青年经济学家优秀论文奖（2016）”颁奖。

论坛学术理事会副理事长王诚研究员主持了主题演讲，中国社会科学院副院长蔡昉研究员、南京大学原党委书记洪银兴教授、中国社会科学院经济研究所所长、《经济研究》主编裴长洪研究员、山东大学经济研究院院长黄少安教授以及洪俊杰教授进行了主题演讲。

蔡昉研究员的演讲题目为《改革攻坚克难的经济学分析》。他指出从1978年改革开放以来，改革的难度越来越大。正如习总书记所说：改革不能因为包袱重而等待、不能因为困难多而犹豫、不能因为阵痛而停滞不前。

洪银兴教授的演讲题目为《以创新的经济发展理论丰富中国特色社会主义政治经济学》，主要从以下几个方面作出重要的阐述：以人民为中心的政治经济学、中国特色社会主义政治经济学理论突破从生产力成为研究对象开始、构建中国特色社会主义经济发展理论的话语体系、创新系统化的中等收入阶段的经济发展理论。

裴长洪研究员的演讲题目为《中国特色开放型经济理论研究述要》，他指出中国经济学研究在西方经济学学术体系的强烈影响之下，要想走出一条反映中国特色社会主义经济发展规律的、中国风格和中国气派的理论发展道路，确实任重道远。中国的对外开放是巨大的，对外开放的理论是什么，其理论是自己的还是别人的，需要理论来解释过去和引领未来。

黄少安教授演讲题目为《劳动价值论何以产生和发展?》，他指出经济学的最核心、最基本的问题一直都是价格—价值理论，他着重论述了价值—价格理论是怎么发展演变的。

洪俊杰院长的演讲题目为《国际经贸规则重构中的中国角色研究》，他首先回顾了全球贸易规则体系的演变，从中国最初的朝贡体系，市舶贸易讲起，到近代的鸦片战争、布雷顿森林体系，直至WTO成立并运作，多哈回合受阻，全部贸易规则的演变过程。接下来重点讲述了当前新一代贸易投资规则处在重构窗口期，多边贸易体制受阻，多边投资体制尚未建立，新一代的贸易规则的内容有了新的变化，主要为：产品覆盖面更广，关税削减幅度更大、加大服务业开放、放开政府采购项目、监管一致性、知识产权等其他新议题。

主题论坛为后续的26个分论坛拉开了序幕，分论坛几乎涵盖了经济学的所有领域，《经济研究》杂志以学术综述的形式全面介绍了本届论坛的学术成果及前沿观点。

（金成武）

【二十国集团智库会议（T20）】

2016年7月29日，二十国集团智库会议（T20）在北京拉开帷幕。此次会议由中国社会科学院世界经济与政治研究所、上海国际问题研究院、中国人民大学重阳金融研究院联合主办，会议主题为“建设新型全球关系——新动力、新活力、新前景”。中国社会科学院世界经济与政治研究所所长张宇燕主持了开幕式。中方G20协调人、外交部副部长李保东，韩国G20协调人、外交部国际经济事务大使李惠民，科学技术部副部长阴和俊，中国全国人大常委会委员、外事委员会副主任委员，中国社会科学院蓝迪国际智库项目专家委员会主席赵白鸽分别致开幕词。中国社会科学院副院长蔡昉，上海国际问题研究院院长陈东晓，中国人民大学副校长吴晓球，土耳其经济政策研究基金会多边贸易研究中心主任博兹库尔特·阿郎，德国基尔世界经济研究所所长、德国T20联席主席丹尼斯·斯诺尔作了主旨演讲。来自20多个国家和地区的近500位嘉宾出席了此次会议。

1. 全球宏观政策的协调

多数学者赞同通过货币政策协调解决货币无序贬值、资本无序流动、金融市场波动问题。主要是协调汇率政策和利率效应，目的是稳定预期和全球金融市场，避免二次危机。有学者提出要加强贸易和投资政策的协调，克服贸易保护主义和投资保护主义，加强 WTO 框架下的世界贸易、投资、知识产权等领域合作。在稳定金融市场方面，建议协调的主要着力点放在金融监管和国际资本流动监测、债务规模和融资去向的监管、资本管制政策、SDR 增资及危机救助等方面。还有学者提出要加强结构改革政策的协调，激发经济增长潜力，但多位学者指出这一政策见效慢。

2. 全球金融治理合作

危机防范的关键挑战是如何应对政策溢出和持续的以及不可持续的失衡。学者们普遍认为，建立全球金融安全网有助于应对资本流动的扭转，降低各国对储备资产积累的依赖。学者们建议 G20 加强 IMF 与各区域金融安排（RFA）之间的协调与合作，解决主权国家之间如何在区域和全球层面进行合作以及如何提升区域金融稳定性等问题。为了更好地管理全球资本的流动性，学者们建议充分发挥已有机构的职能，同时鼓励 FSB、基金组织和 BIS 等采取联合措施加强国际资本流动的监管。

3. 全球贸易治理合作

由于 G20 成员国分属不同的区域贸易协定，存在一定的利益分歧，碎片化的双边和区域贸易协定破坏了多边贸易体系下的各种垂直和水平的非歧视性原则，学者们建议加强 WTO 与各区域贸易协定的协调，增强区域贸易协定透明度，减少国家贸易区域协定带来的贸易规则的板块化和碎片化。学者们也指出，减少和消除阻碍要素跨境流动的障碍、降低交易成本、建立高效的贸易便利体系是多边、区域、双边经贸合作的重要内容，建议 G20 成员在此进程中发挥引领作用。还建议 G20 制订全球价值链能力建设战略计划，通过建立合作平台、举办研讨会、开展案例研究等，帮助发展中国家和中小企业融入全球价值链并从中受益。

4. 全球发展合作

2016 年，G20 杭州峰会把发展议程置于全球宏观的突出位置，通过了落实 2030 年可持续发展议程的高级别原则和《亚的斯亚贝巴发展筹资行动议程》。学者们认为，可持续和包容的经济增长以及采取紧急行动应对气候变化及其影响应当成为 G20 治理的核心，G20 必须扮演核心的角色以落实承诺。要加强 G20 国家之间的协调合作，确保全球发展目标与可持续发展目标的协同，特别是帮助发展中国家尤其是低收入国家实施该议程。同时建议在考虑各国国情和发展阶段差异的基础上，G20 可以就一些最基本的改革领域和原则寻找“最大公约数”，加强改革行动的顶层设计。

（田慧芳）

【“精准扶贫与城乡一体化”中青年学术研讨会】

2016 年 8 月 5 日，由中国社会科学院人口与劳动经济研究所、《中国人口科学》杂志社与内蒙古自治区发展研究中心、呼伦贝尔市人民政府共同主办的“精准扶贫与城乡一体化”中青年学术研讨会在内蒙古自治区扎兰屯市举办。来自北京大学、中国人民大学、浙江大学、北京师范大学等高校和社科院系统的专家学者、呼伦贝尔市部分旗（市、区）扶贫办的负责同志七十余人参加了会议。会议共收到论文六十余篇。

1. 以精准扶贫为基线的扶贫开发战略逐步成型

中国政府高度重视扶贫工作，改革开放以来通过不懈努力，已使 6 亿多人脱贫，成为全球首个实现联合国千年发展目标——贫困人口减半的国家。有学者认为，新时期中国的扶贫形势发生了变化，农村贫困问题呈现出绝对贫困现象减弱与相对贫困现象突出、生存贫困缓解与发展贫困凸显的双重特征，已进入巩固温饱成果和缓解相对贫困的新阶段，脱贫目标艰巨繁重。有学者提出，精准扶贫意味着将扶贫工作单元从区域瞄准转向农户瞄准，在区域发展格局下更加注重扶持贫困农户发展。有学者认为，精准扶贫是中国特色社会主义扶贫开发政策的丰富拓展，它通过精准识别贫困人口、精准把握致贫原因、滴灌式的精准帮扶，最终实现共享发展成果的精准脱贫。

2. 准确识别贫困人口是精准扶贫的第一步

在以往的扶贫工作中，扶贫偏离预期效果的一个重要原因是扶贫资源供求错位，扶贫资源没有精准投放到真正的贫困对象身上和脱贫最关键的部位与环节中。出现这种情况的根本原因在于没有对贫困对象的贫困状态进行精准识别。有学者提出，由收入单一维度对贫困测度的方法及视角选择掩盖了致贫原因的多样化及时代性。应从家庭基本特征、家庭收支情况、经营活动和服务获得及家庭住房情况四个维度对家庭贫困—富裕度进行测定。农村低保的家庭收入调查由于核定农民收入难度大、入户调查成本高、容易受人情因素影响等原因，低保的瞄准率难以让人满意。有学者建议在农村低保的家庭收入调查中，将低保申请者过去一年的家庭电力消费作为重要的参考指标，对电力消费超过一定水平的农村低保申请者实行重点审查，提高低保工作的瞄准率，实现精准扶贫。

3. 探索多渠道、多元化精准扶贫新路径

与会者认为，各地情况千差万别，不能都按照一个模式去做。在连片贫困地区，家庭贫困—富裕程度受资源禀赋、行为偏好及外部性的影响存在基本的差异。因此要根据不同类型家庭之间所存在的发展能力差异，对不同的困难群体采取不同的扶贫方案。有学者认为，要坚持以贫困人口的真实需求为导向，对不同层次的贫困人群采取不同的扶贫模式，防止“一刀切”，实现“输血造血”协同并进：（1）对仍处于极端贫困、没有工作能力的特困人群，需继续采取“输血式”救济型扶贫模式；（2）对具备工作能力和有工作意愿的贫困人群，则重点培养其创业就业的自我发展能力，采取区域“造血式”开发扶贫；（3）对分布较为分散的个别贫困户或贫困村，采取参与式扶贫模式，强调个体的自主性、创造性和积极性。

（杨利春）

【中国特色社会主义政治经济学论坛第十八届年会】

由中国社会科学院经济研究所主办的“中国特色社会主义政治经济学论坛第十八届年会”于2016年8月19—20日在北京召开。来自全国二十多个省、自治区、直辖市的高等院校、科研机构、新闻媒体和学术期刊等单位的250余位专家学者出席了本届论坛。

与会学者就中国特色社会主义政治经济学建设、社会主义市场经济理论、经济发展新常态和供给侧结构性改革、社会主义公平正义和共同富裕等问题进行了广泛而深入的探讨，提出了新观点。

1. 中国特色社会主义政治经济学的主线和基本理论问题

政治经济学的研究对象应该与时俱进，明晰研究对象是构建中国特色社会主义政治经济学理论体系的前提，应深入研究生产方式并研究如何把生产力和上层建筑纳入中国特色社会主义政治经济学的研究对象。中国特色社会主义政治经济学的主线和理论支柱是社会主义市场经济理论，社会主义基本经济制度与市场经济二者之间的配置方式是中国特色社会主义政治经济学所要解决的基本问题。中国特色社会主义政治经济学应聚焦于如何将以公有制为主体的社会主义基本经济制度与市场在资源配置中起决定性作用的市场机制统一起来。

2. 如何构建中国特色社会主义政治经济学体系

立足我国国情和四十多年来的发展实践，揭示新特点新规律，提炼和总结我国经济发展实践的规律性成果，把实践经验上升为系统化的经济学说，即用中国的话语来阐释中国的理论，用中国的话语体系来解释中国的经济实践，就是系统化的中国特色社会主义政治经济学。这就意味着，建构中国特色社会主义政治经济学理论体系的基本方法是历史唯物主义、辩证唯物主义和科学社会主义，具体包括科学抽象法、矛盾分析法、中介分析法、一般特殊个别辩证法、逻辑批判与逻辑一致性原则等。

3. 经济发展新常态和供给侧结构性改革

现阶段中国经济出现了增长动力不足、投资效率下降和潜在风险显现等问题，其根源在于供给侧，需要通过纠正资源错配、优化投资结构、提升投资效率等供给侧结构性改革来扭转经济下行压力，实现中国经济由总量追赶型向质量和效益型转变，提升经济增长的潜在空间。而供给侧结构性改革既要考虑当下，更要着眼长远，化解产能过剩需要从重建政府与市场关系以及政府与地方关系两方面入手，要点是不断推进市场化改革和政府转型。

（杨新铭）

【习近平“三农”思想研讨会】

2016 年 9 月 23 日，湖北省社会科学院、农业部农村经济研究中心、中国社会科学院农村发展研究所、《人民日报》社、《人民论坛杂志》社、《湖北日报》传媒集团联合在武汉召开了“习近平‘三农’思想研讨会”，来自中央有关部委、涉农研究院所和高等院校、政府农业管理部门等一百多位专家、学者参加了会议。湖北省人民政府副省长任振鹤就如何学习和落实习近平“三农”思想发表了重要讲话。中国社会科学院副院长蔡昉、农业部副部长陈晓华分别以“马克思主义政治经济学的当代化和中国化”“习近平深化农村改革的科学思想方法”为题发表演讲。中国社会科学院农村发展研究所所长魏后凯、农业部农村经济研究中心主任宋洪远、香港城市大学公共政策系教授李芝兰、《人民论坛》杂志社总编辑贾立政、中共中央党校经济学教研部教授徐祥临、中国人民大学农业与农村发展学院副院长郑风田、中共中央编译局中国现实问题研究中心首席专家陈林以及来自湖北省社会科学院“习近平‘三农’思想研究”课题组等专家围绕习近平总书记“三农”思想，从多个角度作了专题发言。

1. 习近平“三农”思想是治国理政的重要组成部分，是新时期指导“三农”工作的主要依据，是马克思主义政治经济学的当代化和中国化。

2. 推进农业现代化，要解决好“四个安全”问题和构建完善“八个体系”。“四个安全”问题即农产品供给和粮食安全、农产品质量和食品安全、资源环境和生态安全、产业安全。构建完善“八个体系”即现代农业生产体系、产业体系、经营体系、服务体系、科技创新体系、技术推广体系、市场调控体系和对外开放体系。

3. 推进城乡发展一体化，需要采取系统集成的一揽子方案，而不能采取零敲碎打的办法。应该全面深化城乡综合配套改革，实现城乡各项体制的全面并轨，变城乡二元分治为城乡并轨同治，实行“六统一”的四项制度、两大体系，即建立城乡统一的户籍登记制度、土地管理制度、就业管理制度、社会保障制度以及建立城乡统一的公共服务体系和社会治理体系。

4. 做实做活村民组或自然村，是农村土地归农民集体所有的有效实现形式。农村土地集体所有制是经过实践检验的，具有发展生产力、保护农民根本利益的独特优势，它能确保耕者有其田，能确保土地所有者、经营者、劳动者三者利益和谐统一。村集体作为土地所有者向作为土地经营者的农户收承包费，也就是收租金，体现了所有者与经营者分离的市场经济常态。集体又将租金用于为承包户提供服务，创造出了土地所有者、经营者、劳动者三者利益和谐统一的新常态，完全不同于资本主义制度或一般市场经济制度下三者利益对立的旧常态。

5. 以“系统治理、依法治理、综合治理和源头治理”理念加强农村社会管理。系统治理，即推进多元主体协同治理；依法治理，即运用法治思维和法治方式化解社会矛盾，维护农村和谐稳定；综合治理，即增强治理的道德底蕴，将道德作为非强制性社会规范，以此来约束各种不良行为，预防和减少社会矛盾；源头治理，即找准社会问题的症结与根源，促使矛盾在基层、在源头得到及时有效地解决。

（潘　劲）

【第三届中国金融管理年会】

为搭建高水平的学术交流平台，进一步促进中国金融管理领域的理论与实践研究，2014 年由华东师范大学、东南大学、厦门大学、对外经济贸易大学、上海财经大学、上海师范大学、上海对外经贸大学、广东财经大学、浙江工商大学、山东工商学院等高校和《财贸经济》编辑部、《金融管理研究》编辑部等，联合发起中国金融管理联合研究会及教研联盟，确定每年举行一次“中国金融管理年会”。

2016 年 9 月 23—24 日，“第三届中国金融管理年会”在山东烟台召开。本届年会由中国金融管理年会理事会主办，山东工商学院金融学院承办，《财贸经济》《国际金融研究》《金融管理研究》等期刊协办，来自全国近 40 所高校和科研机构的一百余名专家学者参加了本次年会。年会主题为“供给侧改革背景下的金融风险管控研究”，共收到论文 80 余篇。

年会开幕式由山东工商学院金融学院院长马宇教授主持。山东工商学院副校长徐世艾教授致辞，他认为本届年会聚焦“供给侧改革背景下的金融风险管控研究”，具有很强的问题意识和现实考虑，对金融业风险防控、助推经济良性发展意义重大。

年会主题演讲由吴卫星教授和《财贸经济》编辑部主任王朝阳副研究员分别主持。中国人民银行金融研究所副所长纪敏研究员、复旦大学世界经济研究所资深国际金融专家干杏娣教授、对外经济贸易大学校长助理丁志杰教授、辽宁省金融研究中心及辽宁大学金融研究中心主任曲昭光教授、山东工商学院金融学院院长马宇教授分别作了主题报告。

纪敏从当前货币金融运行中的异象入手，强调了改革的紧迫性。这些异象包括：资本流动性与经济走势背离；地产业融资远超其占 GDP 比重；信用债违约增多，但信用利差迭创新低；央行大规模投放流动性但长短期利差倒挂；货币和通胀有关系的变异；杠杆结构和资产收益结构出现错配；微观和宏观杠杆走势出现背离。干杏娣对人民币汇率波动与中国资本流动进行了讨论，她从人民币汇率走势入手进行分析，首先对于 2014—2016 年中国资本流动净流出作了估算，然后分析了中国资本大规模流出的主要动因和影响，并在此基础上提出了汇率市场化与资本流动自由化改革的条件。丁志杰通过指标分解研究了中国跨越中等收入陷阱的速度问题，他指出关于中等收入陷阱的争论主要源于对世界银行标准的误读和误用。这些误读误用包括：对世界银行标准不甚了解，简单错误套用；对世界银行数据处理的 Atlas 方法不了解，比如把人民币计价的 GDP 简单地用当年汇率处理后与世界银行标准比较；忽略了国际经济比较时汇率的重要作用。曲昭光结合辽宁的经验分析了金融发展对于实体经济的重要支持作用。马宇分析了我国跨境资本流动管理模式的转变问题。

（中国金融管理年会秘书处）

【全国第十届马克思主义经济学发展与创新论坛】

2016 年 9 月 24—25 日，由中国社会科学院经济研究所、《经济研究》编辑部与江西财经大学经济学院共同主办的“全国第十届马克思主义经济学发展与创新论坛暨第六届《资本论》与当代经济问题学术研讨会”在南昌召开。论坛的主题是“马克思主义经济学和中国经济新常态下的改革与发展”。来自复旦大学、南京大学、南开大学、清华大学、山东大学、上海财经大学、四川大学、武汉大学、厦门大学、浙江大学、中国地质大学、中国人民大学、中南财经政法大学、中央财经大学等国内 37 所高校，中国社会科学院、中国科学院、湖北省社会科学院、河北省社会科学院、湖北农村发展研究中心等五所科研机构，以及《经济研究》编辑部、《中国高校社会科学》杂志社、《经济学家》杂志社、《当代财经》杂志社、经济管理出版社等 10 家出版单位的共百余位专家学者齐聚南昌共同探讨马克思主义经济学的中国化和时代化，为推动马克思主义经济学发展与创新，推进中国改革、提高经济发展质量和效益贡献智慧。

论坛开幕式于 9 月 24 日上午举行，由江西财经大学副校长王小平主持开幕式，江西财经大学党委书记廖进球代表江西财经大学致欢迎辞。中国社会科学院经济研究所党委书记王立胜代表经济研究所致开幕词。

中国社会科学院经济研究所党委书记王立胜代表经济研究所致开幕词。他回顾了论坛举办的历史及在我国马克思主义经济学研究领域所发挥的重大作用；同时他还介绍了由中国社会科学院创办的“当代中国马克思主义政治经济学创新智库”的情况。

南京大学洪银兴教授、中国人民大学林岗教授和中国社科院经济研究所杨春学研究员分别就构建中国特色社会主义政治经济学的几个问题、政治经济学方法论和政治经济的三类“中国特色”问题作了报告。

第一节：四川师范大学丁任重教授对供给侧改革做了政治经济学分析，解读了供给侧改革的基本内容和理论基础，给出了推进供给侧改革的路径。复旦大学张晖明教授认为政治经济学学科创新需要重视处理好三组关系：“政治经济学”和“现代西方经济学”的关系、政治经济学资本主义部分和社会主义部分之间的接续关系、作为基础理论建构的政治经济学与中国特色的社会主义政治经济学两者之间的关系。武汉大学简新华教授认为社会主义市场经济理论是当代马克思主义政治经济学与时俱进的最大创新，是从来没有过的崭新的经济理论，论述了公有制与市场经济相结合的可能性和必要性及两者结合的途径。河南大学赵学增教授综述了马克思的供给侧改革理论并以此为基础结合我国供给侧改革提出了相关政策建议。中国人民大学邱海平教授总结了社会主义政治经济学的特点，阐述了对“中国特色社会主义政治经济学”的理解，对“中国特色社会主义的政治经济学”的学科定位给出了自己的看法。

第二节：四川大学张衔教授评介了森岛通夫的《马克思经济学》一书。江西财经大学陆长平教授评介了斯拉法资本理论，相对价格决定模型集中揭示了相对价格、劳动量以及收入分配之间的相互联系，认为相对价格和分配份额的“边际决定”观点是值得怀疑和反思的，在坚持劳动价值论的同时应该摒弃“过于简单”的劳动价值理论。上海财经大学冯金华教授发现在社会资本扩大再生产模型中引入利润平均化的条件并假定第一部类的积累率不变，无论整个经济的初始状态如何，第二部类以及整个经济的积累率都将等于第一部类的积累率，因此第一部类的积累率对于经济增长具有决定性意义。复旦大学严法善教授对社会主义生产力理论进行了梳理，对在经济相对落后的社会主义国家如何发展生产力进行了探讨。江西财经大学罗雄飞教授对新时期构建中国特色的社会主义政治经济学提出了“四个必须”：必须从根本上与改革开放初期构建的社会主义政治经济学区别开来；必须从马克思的思想方法和社会发展理论入手；必须摒弃教条主义和实用主义；必须充分揭示改革开放取得巨大成果的内在根据和作用机理。浙江大学卢江副教授对经济民主进行了政治经济学原理分析，结论表明完全寄希望于市场实现经济民主是不切实际的，中国未来经济体制改革需要认清经济民主的市场实现论本质并科学借鉴西方经济中有益的民主成分。吉林财经大学梁洪学研究员从马克思对经理人的论述出发对现代企业经理人的职能性质进行了定位，认为现代企业经理人与企业家有着本质区别，前者对当代经济的发展与人类社会进步起着重要作用。

第三节：中国科学院何祚庥院士指出先进科学技术是社会生产力发展的决定性因素，这一事实对政治经济学基本理论产生了一定的冲击，并提出了具体的解决方案，认为社会财富是劳动创造的价值与广义科技因子的乘积，这一广义科技因子就是古典经济学中的全要素生产率。清华大学蔡继明教授认为应该根据改革开放的实践作出新的概括和抽象来揭示中国特色社会主义的本质特征。只有全面把握现代政治经济学体系，区分作为意识形态的马克思主义和作为科学的马克思主义政治经济学，区分人类社会的最终目标和实现最终目标的手段，通过自由的学术讨论，百家争鸣、海纳百川，才能创新和发展马克思主义政治经济学，不断开拓当代中国马克思主义政治经济学新境界。南开大学张俊山教授用逻辑推理的方法论证了马克思主义政治经济学是把握经济规律指导经济政策的理论基础，对马克思主义经济学在经济建设领域的应用领域作了探讨。上海财经大学冒佩华副教授从马克思主义政治经济学的视角分析了中国农业现代化中的农村土地制度改革问题，认为马克思主义农地产权理论及其发展是我国农地制度改革的理论基础；产权权利主体的利益追求和生产力发展是我国农地制度改革的基本动因；市场化的操作平台和运行机制的到位是我国农村土地制度改革的体制条件；农地集体所有是我国农地制度改革的必然方向；形成以农户家庭为基础的家庭农场和专业大户等新型经营主体是我国农地制度改革中农业经营方式的必然选择。黑龙江大学乔榛教授对构建中国特色社会主义政治经济学做了探索，认为马克思主义政治经济学是构建中国特色社会主义政治经济学的理论源泉，西方经济学是构建中国特色社会主义政治经济学的理论借鉴，而马克思主义哲学和中国传统文化是寻求构建中国特色社会主义政治经济学的方法论基础，三者必须融为一体。复旦大学周文教授综述了中国特色政治经济学的发展概况，以中国改革开放历程和经济发展实践为基础分析了中国经济学的发展方向。南京财经大学卢映西副教授认为应当以马克思主义为指导科学分析经济学的人性基础以实现对经济学理论的重构，以指导我国的社会主义市场经济实践。

第四节：中国人民大学孟捷教授论述了当代中国社会主义政治经济学的理论来源和基本特征。安徽大学荣兆梓教授在市场与资本的生产力基础、我国国有经济的改革路径、改革的公有资本逻辑及其历史意义三个方面作了详细论述，并指出公有资本与劳动自治既对立统一又相辅相成，是社会主义条件下充分发挥公有制优势的最佳组合。西南财经大学蒋南平教授对中国特色社会主义政治经济学的发展提出了独到的见解。

与会专家学者还就马克思政治经济学原理研究、中国特色社会主义政治经济学理论体系建设研究、中国经济运行和发展问题研究进行了讨论。

论坛闭幕式由江西财经大学经济学院桂林副院长主持，《经济研究》常务副主编郑红亮致总结词，《经济研究》杂志社社长张永山致闭幕词。

（金成武）

【中国经济发展研究会第 18 届年会】

由中国经济发展研究会主办，曲阜师范大学经济学院承办的“中国经济发展研究会第 18 届年会”于 2016 年 9 月 24—25 日在山东召开。来自中国社会科学院、中国人民大学、南开大学、吉林大学、山东大学、中央民族大学、辽宁大学、同济大学、吉林财经大学、浙江财经大学等科研机构与高校的学者，以及《光明日报》《经济学动态》《山东大学学报》、中国人民大学出版社、北京师范大学出版社等媒体及出版单位的一百余位专家学者出席本届年会。年会的主题为：中国经济发展新阶段与中国特色社会主义政治经济学。

1. 关于经济发展新阶段的整体判断与具体特征

经济新常态是我国经济在新的时期从低级向高级发展演化过程中所表现出的一种特殊状态。速度放缓是表象，结构优化是内核，动力转换是关键，制度变革是根本。需要破除当前经济发展阶段所面临的改革停滞问题，应注意非市场化短期行为缓解改革压力的做法，使上下互动机制有效运行。政府调控在此过程中应引导要素流向，同时关注事后淘汰过程中的利益调节。同时，要辩证看待发达国家服务业尤其是金融业比重偏高的现象，不能一味追高。

2. 中国特色社会主义政治经济学的指导地位

中国特色社会主义政治经济学是中国经济发展道路的理论总结，也是中国经济发展的理论指导。在社会主义初级阶段社会主义与市场经济相结合是中国特色社会主义政治经济学的首要创新。应明确市场经济条件下私有制经济的资本主义性质，明确市场是发展社会主义的手段和形式，而不能本末倒置使利润导向取代社会主义生产目的，应明确市场自发调节导致的周期与消极影响，防范教育、医疗等公共部门和思想文化领域市场化的潜在风险。从经济学多元化健康发展的角度看，推进中国特色社会主义政治经济学良性发展，需要改进经济学科的学术评价标准，建立独立自主的学术评价体系势。

3. 基于中国特色社会主义政治经济学的发展战略

从中国特色社会主义政治经济学理论看，供给侧宏观管理是一种结构性定向性宏观调控体制，具有直接性、强制性、精准性和长期性特点。它不同于西方供给主义经济学，也不是要实行计划经济，而是要坚持需求管理和供给管理并重，把产业政策和竞争政策有机结合起来，推动结构调整优化，提高经济质量效益。其实质是要加强资本结构和竞争行为的调控，同时，劳资竞争与工资的变动也是影响发展质量的关键因素，美国的经验表明实际工资的提高有助于倒逼生产率提升、利润修复、产业结构升级和经济现代化进程。而发展中国家面临的“中等收入陷阱”以及我国结构调整缓慢可能与低工资水平下的“中低技术陷阱”有关。

（杨新铭）

【中国工业经济学会2016年学术年会】

由中国工业经济学会主办、西安交通大学经济与金融学院承办、《中国工业经济》杂志社与中国海外建设集团有限公司协办的“中国工业经济学会2016年学术年会暨供给侧结构性改革与产业发展”研讨会于2016年10月14—15日在西安交通大学召开。来自百余所高校和研究院所的290余位学者参加了论坛。

论坛开幕式由西安交通大学经济与金融学院院长孙早教授主持，西安交通大学党委书记张迈曾教授、中国社会科学院工业经济研究所党委书记兼副所长史丹研究员分别致辞。中国工业经济学会会长郑新立研究员和中国工业经济学会理事长吕政研究员分别作题为《以结构转换释放经济增长新动能》和《对供给侧结构性改革理论与政策的分析》的主题报告。分论坛围绕金融与开放发展、供给侧改革、环境与产业发展、产业组织、创新与产业发展以及产业规制与政策等六个主题进行讨论和交流。

1. 金融与开放发展

有学者认为，股票流动性的增加显著提高了中国上市公司价值，该效应在民营企业中表现尤为明显。有学者指出，自2005年汇改以来，中国制造业分行业出口价格竞争力优势逐步消失，未来靠成本优势抵消汇率升值以保持制造业价格竞争力的条件不复存在。

2. 供给侧改革

有学者指出，市场化进程差异越小的省份间的消费结构相似度越高，市场化进程差异越大的省份间消费结构差异也越大。有学者就要素价格扭曲视角下的产能过剩形成机制展开讨论。

3. 环境与产业发展

有学者指出，我国PM2.5在时间跨度中有绝对收敛趋势，中西部地区PM2.5排放增长速度显著高于东部地区。有学者对中国产能过剩的形成机理给出了一个产业组织垄断竞争一般均衡体系下的演化解释。有学者比较分析了环境规制对清洁生产型和污染密集型行业企业的研发努力的影响。

4. 产业组织

有学者指出，汽车产业总体上具有较强的市场势力，垄断势力呈现东部、中部、西部依次递增的态势，中国汽车产业的垄断直接表现为由于市场分割、地方保护等因素导致的区域性行政垄断。有学者认为，汽车产业中大量“双低”企业长期空转的原因主要来自所有制庇护、地方政府保护以及产业组织政策的差异。有学者指出，提高用户对搜索信息的识别能力、对非中立搜索引擎的质量选择形成有效约束是解决搜索引擎主导下市场逆向选择问题的关键。

5. 创新与产业发展

有学者指出，国有企业部分民营化能够显著提高企业的资本利用效率，从而提高国有企业经济绩效，并且非国有股份的比例越高，这种效果越明显。民营化改革后的国有企业履行社会责任，会通过影响消费者行为获得竞争优势，从而提升企业绩效。

6. 产业规制与政策

有学者指出，我国某城市实施与调整阶梯定价的福利损失分配效应转化率上升，阶梯定价再分配的边际福利损失下降且与初次分配的税收边际福利损失相当；分时阶梯定价分配效应转化率比纯阶梯定价低，嵌入分时定价的阶梯定价不能有效地实现阶梯定价目标。

（覃　毅）

【建立更加公平可持续社会保障制度学术研讨会】

由中国社会科学院人口与劳动经济研究所、《中国人口科学》杂志社主办，城乡社区社会管理湖北省协同创新中心和中南财经政法大学公共管理学院承办的“建立更加公平可持续社会保障制度学术研讨会”于2016年10月15日在湖北武汉召开。会议共收到论文80余篇，来自全国40余所高等院校、社科院系统等科研机构的百余位专家、学者出席了会议。

1. 经济新常态与社会保障制度改革

伴随着经济增速放缓、经济结构转型和经济增长动力转换，中国社会保障制度面临严峻的挑战。一方面，社会保障基金收入减少。经济结构转型在较长一段时期内会减弱传统制造企业的营利能力，而偏高的统筹账户缴费率进一步加重了这些企业的缴费负担。较高的社会保障费率也导致企业参保缴费的稳定性和积极性持续下降。有学者认为，经济新常态下，供给侧改革意味着降费。降费将增加社会保障收支平衡的压力和财政补贴的压力，并且降费不能从根本上解决制度的收入能力问题和制度目标的实现问题。

2. 社会保障制度公平性分析

李珍认为，中国养老保险制度的公平性不足主要表现在三个方面：（1）参与权不公平。目前有2.2亿农民工没有参保。（2）负担不公平。职工费率为28%、灵活就业人员费率为20%。（3）受益不公平。个人账户基金的实际收益率及对个人的计息率都远低于生物回报率。不少学者指出，基本医疗保险制度“碎片化”严重，管理分割，筹资标准、保险待遇、报销比例、报销医院级别、统筹层次等存在较大差异，极大地影响了制度的公平性。医疗保险制度的横向未统筹并轨导致公平性的缺失。制度公平性不足的一个体现是，医疗保险制度的收入再分配作用不大。作为社会保障制度的重要组成部分，医疗保险制度是调节收入再分配的主要手段。

3. 社会保障制度的可持续性探讨

有学者认为，中国职工基本养老保险制度在短、中、长期存在三个缺口：一是个人账户空账规模越来越大；二是当期征缴收入和基金支出之间的缺口越来越大；三是未来累计收支缺口大。中国基本医疗保险制度的可持续性较低的主要原因是：（1）基本医疗保险待遇上涨太快。在福利刚性下，医疗保险待遇很难下调，逐年上涨的待遇消耗了大量的医保基金。（2）制度运行效率低下。制度“碎片化”、管理分散化，导致一些项目重复建设和基金浪费严重。（3）医保基金乱用。医疗保险承担了本不应该承担的项目（如疾病预防和医疗救助），导致基金支出压力增大。（4）医疗费用快速增长。公众对医保的需求快速发展，大病保险自2012年试点至今，待遇不断提升，给医保基金的可持续性带来严重隐患。（5）医疗保险与养老保险边界不清。目前，退休职工不用缴纳医疗保险费即可享受医疗保险待遇。医疗保险承担了养老保险的职能，造成医疗保险基金被过度利用。（6）制度体系激励性不足。

4. 促进制度公平性和可持续性的对策建议

与会学者普遍认为，要提高社会保障制度的公平性和可持续性，需要从国家治理体系和治理能力现代化的高度，深化改革、完善治理机制。一是清晰界定不同制度中不同主体的责任和职能。二是准确界定不同项目的边界和功能，防止成本转嫁。养老保险、医疗保险、工伤保险、失业保险各有其设立的目标功能和边界，各险种要回归本位，不缺位、不越位。三是提高统筹层次。四是提高制度的激励性。五是建立长期护理保险制度。六是优化社会养老服务供给。

（薛新东　程翔宇）

【中国成本研究会2016年年会】

2016年10月15日，“中国成本研究会2016年年会”在南京召开。会议由中国成本研究会、中国社会科学院财经战略研究院、南京审计大学共同主办，南京审计大学公共经济学院承办。会议的主题是“降成本与中国成本研究会的历史使命”。中国成本研究会常务理事、理事，企业界、高校、科研机构代表和学术期刊及媒体代表等一百余人参加了会议。

在大会之前举办的圆桌论坛上，近20位中国成本研究会常务理事及特邀嘉宾围绕年会主题进行了深入探讨。论坛取得的共识是：宏观成本研究应与微观成本研究高度结合；“降成本”是供给侧结构性改革效果的综合体现，扎实推进“去产能、去库存、去杠杆、补短板”改革是降低微观企业成本的关键；深化成本研究需要经济学理论的创新，要高度关注成本与宏观经济变量的关联；研究会应推动全国行业成本标准数据库的建设，推动学术界和企业界围绕“降成本”战略任务联合开展研究。

大会开幕式由南京审计大学副校长尹平教授主持。南京审计大学党委书记王家新教授致欢迎辞，并结合当前新的形势和背景，阐述了一些成本的有关概念、现象和思考。中国成本研究会会长、中国社会科学院学部委员、财经战略研究院院长高培勇教授在致辞中，对此次年会的主题“降成本与中国成本研究会的历史使命”进行了剖析，指出降成本是经济生活中永恒的主题、是天然的供给侧行为、是天然的结构性行动，降成本关键要靠扎实推进改革。他呼吁，在当前供给侧结构性改革的大背景下，中国成本研究会对于降成本的研究责无旁贷，是我们必须担负起的一项历史使命。

大会分为主题报告和分论坛两个部分。主题报告由财经战略研究院杨志勇研究员主持，六位主讲嘉宾先后进行了主题报告。

中国财政科学研究院刘尚希院长就如何看待当前降成本的问题阐述了自己的观点，认为对成本的理解要拓宽，不能局限于一点或者局限于某一个学科提出关于降成本的政策建议。他希望在成本研究会的平台上，大家对成本的研究跳出学科的局限展开综合研究，并指出关键是要合理控制成本，使成本变成有效成本，减少无效成本。审计署审计科学研究所姜江华所长指出，审计与降成本密切相关，审计发现了很多与降成本有关的问题。他以“非公经济既要清也要亲”为题，重点阐述了当前民营经济成本高企面临的四方面问题，包括融资难、与国有企业合作难、一些政府官员故意躲避民营企业和涉及的收费摊派仍然没有得到有效解决的问题。

澳门科技大学商学院林志军院长介绍了他们正在进行的关于鉴定中国质量成本管理体系的课题研究阶段性成果。他指出，降成本、去库存跟质量有关，更有效地进行质量管理应考虑质量成本。质量成本报告体系包括预防、检测、内部失效、外部失效四方面内容，具有提供量化指标、提高质量管理效率、有助于预算管理等作用，应将质量成本管理提升到战略管理高度。中国成本研究会副会长、清华大学经管学院于增彪教授以三个故事分享了对“企业降本增效机制是宏观决策的及时战略”命题的理解。他特别强调，降成本应从战略高度考虑；加强企业的党建工作，将有助于改善企业降本增效机制的运行效率。

浙江省财政厅会计处周克俭副处长分享了浙江省管理会计的运用实践、探索方法和一些具体成果。南京审计大学副校长裴育教授集中阐述了事业单位在成本核算过程中的一些问题。他认为医院和高校的直接成本核算较多而间接成本核算过少，因此需要强调全成本核算，主要是全过程、全员参与和全要素的一种成本核算体系。

分论坛设立了博士后论坛专场。相关专家围绕政府成本、产业成本、审计对政府成本的影响、企业成本管理等问题进行了深入探讨。企业代表在分论坛上介绍了若干案例，进一步丰富了讨论内容。

（王朝阳　董　萍）

【2016《中国工业经济》青年学者论坛】

由《中国工业经济》杂志社和中南大学商学院共同主办、中南大学金属资源战略研究院承办的“2016《中国工业经济》青年学者论坛”于2016年10月22—23日在湖南长沙召开。来自中国社科院、中国人民大学、浙江大学、南京大学、中山大学、武汉大学、厦门大学、同济大学、山东大学、上海财经大学、暨南大学等全国一百多所大学和研究机构的160余位青年学者参加了会议。此次论坛的主题是：经济新常态背景下中国产业转型升级。

中国社科院工业经济研究所副所长、《中国工业经济》杂志社社长、常务副主编李海舰研究员，中南大学原党委常委、常务副校长、中南大学金属资源战略研究院院长黄健柏教授，中南大学党委常委、副校长、中南大学金属资源战略研究院副院长朱学红研究员，中南大学商学院副院长王宗润教授和中南大学商学院副院长任胜钢教授出席了开幕式。开幕式由王宗润主持，朱学红和李海舰分别致辞。

1. 关于产业转型升级

关于产业政策，有学者提出中国应该构建功能型产业政策体系、从“政府替代市场、干预市场”转向“增进与扩展市场、弥补市场不足”的政策模式上。关于产业转型，从国家层面看，发展中国家本土市场规模扩大会诱发价值链向高端环节梯度转移；从省际层面看，城镇化进程会阻碍产业结构升级，而劳动力流动对此过程有显著的调节效应；从行业层面看，行业市场化主要通过增加研发投入、优化资源配置效率、促进技术交易和便利人才流动四个途径对高技术产业技术进步产生促进作用。

2. 关于国民经济运行

关于气候变化对中国经济运行的影响，有学者提出在利用经济政策纠正气候变化问题时，政策设计不仅要考虑激励性、公平性和可行性，更要确保稳定性和可靠性；同时，政策措施需适度且尽早，避免“绿色悖论”和“能效回弹”效应。关于经济增长新动力对中国经济运行的影响，有学者提出中国现阶段经济增长主要依靠工业部门，而非孤立地依靠第三产业。关于产能过剩和房价问题，有学者提出在晋升激励下，地方政府会推动产能扩张，但行政审批改革有助于化解过剩产能。有些学者提出地方政府通过策略性调整住宅土地供应计划影响辖区内房价变动的机制，房价上涨助推人口半城镇化率。

3. 关于企业经营绩效

高管性别、股权投资、资产运营等影响了企业经营绩效。女性高管比例的提高抑制了公司创新投入，高校和科研机构参股能提高企业研发投入水平并提升研发产出效率，而国有企业的重资产运营倾向会损害企业效率。

（许　明）

【第九届中国战略管理学者论坛】

由山东大学管理学院会同《经济管理》杂志社、《管理学报》杂志社以及《山东社会科学》杂志社联合承办的“第九届中国战略管理学者论坛”于2016年10月22—23日在济南召开，来自二十多个省、自治区、直辖市的高等院校、科研机构和企事业单位的百余名代表出席了论坛。此次论坛的主题是：战略转型与制造业升级。

论坛开幕式由山东大学管理学院副院长陈志军教授主持，山东大学管理学院院长杨蕙馨教授致欢迎词，北京大学光华管理学院武亚军副教授代表战略管理学者论坛发起单位向大会致辞。开幕式之后，会议组织了三个阶段的大会主题报告及三个分论坛。

1. 战略转型与组织变革

当前中国企业的经营环境发生了根本性的变化，亟须探索战略转型和组织变革，应更多关注商业机会、商业模式、价值创造、创业与企业家精神，实现价值创造从产品主导逻辑向服务主导逻辑转变；应当重视互联网赋能和组织惯例重构，构建用户、技术、数据和平台的新组合；应当以适当方式建立和发展社会资本，加快推进双元创新；应当重组传统垂直式产业价值链，获取并提高网络效应，推动孵化型裂变创业。

2. 国际竞争与制造业转型升级

中国制造业在国际竞争中普遍面临着许多劣势，应该通过创新性的制度和路径设计，来消除“合法性”的障碍；民营企业要取得较好的并购效应，必须克服所有权劣势，在技术水平、自有品牌、管理能力都相对较低的情况下，克服文化冲突与制度障碍；CEO 要敢于尝试和创新，应对标的企业的估值风险和控制权转移风险，为股东创造财富。

3. 企业社会责任与公司治理

企业宗旨、社会责任和公司治理是企业变革、转型、升级过程中不可回避的战略问题。企业应自觉地坚持诚信分享的合作理念，把对合作伙伴的社会责任作为企业可持续发展的战略性选择，通过满足利益相关者的需求和履行社会责任来提高企业声誉；既要注重自身吸收能力，也要平衡好市场与政府的关系，有效促进商业模式创新。

4. 战略管理教学与学术研究导向

中国战略管理学者要在世界范围内有所贡献，就应当秉承学术自主的意识与原则，对最新的实践保持高度的敏感性，教学与科研并重，不断提升指导思想，不断扩展理论视域，不断创新研究方法，持续提高战略管理研究的能力和水平。学术期刊应紧紧抓住现实问题、重大理论问题、前沿问题和热点问题，与广大学者专家一起打造良好的学术生态。

（钟耕深）

【2016 年中国世界经济学会年会】

2016 年 10 月 28—30 日，中国世界经济学会第十一届代表大会、中国世界经济学会中青年论坛在南开大学举行。年会设置了中青年论坛、国际贸易、国际金融、国际投资、世界经济理论与现实问题、开放经济与中国现实、全球价值链及国际分工和区域经济一体化及“一带一路”等八个分论坛，五百余位国内外专家学者问诊世界经济，紧扣年会主题“世界经济困局与结构性改革”展开学术探讨和充分交流。

中国人民银行前副行长、国际货币基金组织前副总裁朱民博士做了《世界经济：结构性持续低迷》的报告；中国社科院世界经济与政治研究所所长张宇燕做了关于《全球治理与 G20 峰会》的报告；中国国际金融有限公司董事总经理黄海洲的报告题目是“全球货币体系的第三次‘寻锚’”；上海研究发展基金会副会长乔依德的报告题目是《当前世界经济困局和“全球不平衡”》。

低迷的世界经济发展形势为世界经济研究带来三个新局面：世界经济新常态、全球经济新治理、全球化发展新方向。在上述三个“新”的背景下，需要特别注意四个问题的理论研究和实践发展：对外开放的升级问题、“一带一路”的研究需要深入扩展、充分重视双向投、中国与世界的关系，同时还要强化学理基础，注意掌握话语权，关注学科动向。

关于全球经济治理与“G20 峰会”。G20 就全球经济治理达成了十个共识，未来 G20 峰会将在全球治理中起到重要作用，一是触及全球经济深层次问题，对推动创新和改革有深远的意义，二是充分考虑到各国国内问题和国际共同利益的差异和融合，在贸易、投资和金融改革方面推动各国改革，引领未来的世界经济发展方向。

关于区域合作与“一带一路”建设。“一带一路”的区域合作方式与现有合作机制的不同在于：开放性、互联互通、义利观、多元化合作机制、目标长远化。这些特征服务于具有中国特色的新型区域合作组织，体现了中国发展的比较优势和包容性的发展观。

关于自由贸易区及中国自由贸易区建设。中国与自由贸易试验区相关的法规建设成就与问题并存，未来需要以下举措：进一步明确自贸试验区地方和中央的分工；完善市场经济法律法规并提高法规透明度；完善自贸试验区相配套的政策体系；微调各自由贸易区的区片功能；让自贸试验区进一步实体化。

关于人民币汇率的走向与机制改革。提出以浮动汇率为导向的政策建议：第一，对于中国而言，大型开放经济体不适合盯住一揽子货币；第二，当前收盘价 + 篮子仅仅是权宜之计，未来要走向自由浮动；第三，现阶段可以让人民币对一揽子货币在宽幅区间波动，在区间内不干预。

（崔秀梅）

【2016 年中国区域经济学会年会】

2016 年“中国区域经济学会年会暨‘十三五’区域发展新理念、新空间与新动能学术研讨会”于 2016 年 10 月 29 日在福建师范大学召开。年会由中国区域经济学会、福建师范大学和《中国工业经济》杂志社共同主办，由福建师范大学经济学院、福建师范大学福建自贸区综合研究院共同承办，中智科学技术评价研究中心和全国经济综合竞争力研究中心福建师范大学分中心协办。大会共收到论文 160 多篇，来自全国各地近三百名专家学者出席了会议。

1. 区域发展新理念、新空间、新动能

当前，中国经济发展正进入从高速增长转向中高速增长、从要素驱动、投资驱动转向创新驱动的新阶段。新常态下，中国经济结构发生深刻变化，中国区域发展亟须积极适应新常态、践行新理念、推进新空间、寻求新动能。

2. “一带一路”与自贸区建设

“一带一路”、自贸区建设等重大发展战略将对我国区域发展和对外开放格局起到总体优化和战略提升的作用，它必将有助于形成内外统筹、协调互动的发展新局面。为此，与会代表围绕“一带一路”与区域发展、开放型经济与自贸区建设等问题展开了热烈的讨论。

3. 长江经济带建设的理论、路径与政策

位列国家“三大支撑带”战略的长江经济带横跨东中西三大经济地带，其人口规模、经济总量、创新资源和能力在全国占据着重要地位。目前，长江经济带发展面临诸多亟待解决的问题，主要表现为生态环境形势严峻、区域发展不均衡问题突出、产业转型升级任务艰巨等。

4. 精准扶贫与落后地区发展

“精准扶贫”是我国政府当前和今后一个时期关于贫困治理的指导性思想。目前，在精准扶贫思想研究体系中，精准化内涵是核心，分类指导是基础，产业政策、科技、金融等手段的运用是战略重点。

5. 城市转型与城市群发展

城市作为当代经济社会发展的重要载体，其发展方式成功转型是我国经济社会转型的必然要求。而城市群是当今世界城市发展的主流和趋势，也是我国新型城镇化道路的核心支撑体系。

6. 区域产业转型升级与供给侧结构性改革

通过供给侧结构性改革，积极稳妥化解过剩产能，把宝贵的资源要素从严重过剩的、增长空间有限的产业中释放出来，培育新兴产业，可以提高有效供给，为区域经济增长创造新的生产力。

7. 区域创新体系建设与促进经济增长

当前，人类正处于新一轮科技革命和产业变革的前夜，也是我国处于创新驱动、转型发展的关键时期，创新尤其是科技创新显得尤为重要，也是突破我国经济发展瓶颈、实现可持续健康发展的有效解决办法。

（姚　鹏）

【第十届中国政治经济学年会】

由中国政治经济学年会（CAPE）理事单位主办、北京师范大学经济与工商管理学院承办的“第十届中国政治经济学年会”于2016年10月29—30日在北京师范大学召开，来自全国六十余所高校、研究机构和媒体的一百余名专家学者参加了年会。年会的主题为：新常态下中国经济学理论创新与中国经济发展。

1. 中国特色政治经济学学科建设

改革开放以来，我国在坚持社会主义基本经济制度的前提下建立起中国特色社会主义市场经济，为马克思主义政治经济学理论的中国化提供了丰富的理论资源。构建中国特色社会主义政治经济学学科体系须坚持四个重大原则，即坚持解放和发展生产力，坚持社会主义市场经济改革的方向，坚持调动各方面和人的积极性，防止中国经济陷入中等收入陷阱。马克思政治经济学的核心范畴是剩余价值规律，但当前中国特色政治经济学缺少一个核心范畴和基本经济规律，同时应该注意传统政治经济学存在的理论功能意识形态化，概念范畴学理阐发教条化，社会主义优越性自我循环论证形式化，政治经济学理论体系封闭僵化，以及在改革开放背景下政治经济学被边缘化等问题。

2. 中国经济改革与制度创新

通过经济体制改革和制度创新为经济增长注入活力，是过去中国经济模式成功的关键因素。新常态下，应该进一步推动改革和制度创新，通过供给侧结构性改革来激活中国经济增长活力。为此，要发挥工资杠杆作用，倒逼企业转型升级；同时，发挥大型国有企业在兼并重组中的作用，依托大型国有企业组建和壮大国际化的企业集团，使之成为我国经济发展的稳定器和国际竞争的集团军；此外，还需要进一步放活收入分配环节，重视以大数据为技术条件、平台经济为制度和组织条件，更好地发挥市场在资源配置中的决定性作用和政府的关键性作用。

3. 新常态下中国经济发展

改革开放以来，我国的创新为模仿追赶模式，新常态经济持续发展需要向自主创新模式转换，而关键是制度和组织变革，为此要建立知识产权制度，由政府激励转向市场激励，合理保护产权。就宏观经济而言，进入21世纪以来物价波动幅度趋于温和，但这种温和趋势还未成为一种稳定趋势，物价波动走势存在一定的不确定性，且影响物价波动的因素变得更错综复杂。面对过剩的产能须从供需两侧同时发力化解，既依靠需求扩容来支撑供给增加，又依靠供给调整来适应需求转型。从发达地区的经验看，经济增长的涓滴效应没有完全得以实现，先富并不必然能带动后富，因此，要通过益贫式增长实现福利共享、推动经济发展。

（杨新铭）

【"大陆供给侧结构性改革与两岸经贸深度合作机遇"学术研讨会】

2016年11月2日，由中国社会科学院和台湾中华经济研究院主办、中国社会科学院工业经济研究所和西安理工大学承办的"大陆供给侧结构性改革与两岸经贸深度合作机遇学术研讨会"在西安召开。来自两岸科研机构和高校的四十余位学者围绕供给侧改革、新经济、技术创新等重大问题展开了热烈的讨论。

1. 供给侧结构性改革与两岸产业协作

大陆学者就供给侧结构性改革的实质推进和政策分析进行汇报，提出通过深化供给侧结构性改革推进新经济拓展勃兴的基本思路：完善技术创新生态，构建科学的政策机制，加强制度创新和人力资本培育，加快推进制造业与互联网的深度融合。台湾地区学者分析了中国大陆的供给侧结构性改革与两岸经贸深度合作的机遇，以加工贸易改革为例探讨了大陆供给侧结构性改革与两岸产业协作的问题，并以日本与台湾地区20世纪80年代与90年代初期的教训为例，提出要审慎运用汇率与货币政策促进出口与经济增长。

2. 新经济对两岸经济发展的共同作用

与会学者围绕智慧新经济及两岸合作策略问题，阐述了各自的研究观点，一致认为两岸应求同存异，在经济发展上共同营造适合创新的环境。应当充分利用大陆作为世界第一大制造体的产业优势，与台湾特色商品共同打造供应链，共同发展优质平价商品与品牌，同时，利用台湾地区是亚洲节点的区位优势和国际化人才优势，共同开发国际市场；大陆互联网金融需要在消费者权益保护制度和政策方面作出调整，以适应新经济发展与两岸合作要求。

3. 绿色增长与两岸发展的实践

与会学者就两岸共同面临的绿色发展问题进行了交流。台湾地区学者汇报了跨太平洋伙伴协议对台湾环境保护及环保产业的影响，指出，贸易政策非常需要环境的规范与限制；并提出围绕农业、绿色议题的合作项目，可成为两岸产业合作的优先选择，而两岸产销一体化的绿色供业链整合模式以及两岸绿色农产品贸易，有望成为两岸绿色农业合作的重点。来自中国社会科学院的学者则就未来促进大陆农村绿色发展的战略思路，大陆工业绿色发展的转型路径与推进机制进行了汇报。

4. 创新驱动与两岸科技创新合作

与会学者就两岸创新体系存在的问题与未来合作领域进行了交流。大陆学者对科技成果转化政策的合理性和科学性，大陆的工业创新体系存在的主要问题进行了反思和分析；提出高新技术自主创新必须充分利用全球创新资源，特别是要加强两岸技术交流合作。台湾地区学者高度关注两岸科技创新合作，对大陆发展国际服务外包带来的巨大商机进行了深入分析，提出应切实消除两岸间跨境电商的制度障碍，促成两岸在相关环节的共赢发展。

（王燕梅）

【新兴经济体研究会2016年年会暨2016新兴经济体论坛】

2016年11月4—6日，由新兴经济体研究会、中国国际文化交流中心和广东工业大学主办的"新兴经济体研究会2016年年会暨2016新兴经济体论坛"在广州举行。论坛的主题为新兴经济体发展：创新、活力、联动、包容。来自澳大利亚、巴西、中国、印度、俄罗斯、新加坡、南非等国和东南非共同市场等国际机构的二百余名专家和学者代表参会，并主要就以下四个议题展开深入讨论。

1. 新兴经济体：以创新提升增长潜力

世界经济长远发展的动力源自创新。创新发展是引领经济发展的主要驱动力，决定着经济发展的基本思路和主要方向。在世界经济长期持续低迷，新兴经济体和发展中国家增长速度分化，未来不确定性增加的背景下，创新是解决当今世界面临的深层次问题的根本途径。以创新促进产业转型升级，激发经济增长新活力已经成为学界的共识。同时，制度创新也日益引起关注。

2. 新兴经济体：以活力构建开放经济

世界贸易与投资的活力源于开放，但当前保护主义日益盛行，并成为掣肘贸易与投资活动的重要因素之一。作为经济全球化的受益者和推动者，新兴经济体要以开放、包容的态度维护多边贸易体制，构建互利共赢的全球价值链，培育全球大市场。在政策层面，在稳增长前提下不断加大国内改革力度，巩固经济增长微观基础，坚持高水平对外开放，积极参与全球经济治理。

3. 新兴经济体：以联动促进经贸合作

各国经济的联动发展是经济全球化的重要特征之一。近年来，世界经济发展的历程表明，在经济全球化时代，各个国家都难以独善其身，协调合作是国家间关系的必然要求。在全球价值链重建中，全球价值链嵌入促进了国际经济联动，增加值贸易强度、生产链位置相似性等对提高经济联动也具有积极影响，并且发达国家与发展中国家之间的全球价值链嵌入程度对国际经济联动的影响最大。中国提出的“一带一路”倡议有力地促进了相关国家和地区之间的经贸合作和经济联动发展。

4. 新兴经济体：以包容实现共同发展

零和博弈、冲突对抗早已不合时宜，同舟共济、合作共赢成为时代要求。新兴经济体应致力于推进各国经济全方位互联互通和良性互动，完善全球经济金融治理，减少全球发展不平等、不平衡现象，使各国人民公平享有世界经济增长带来的利益。以金砖国家为代表的新兴经济体合作的增长点在于构建开放性合作平台，促进包容性发展。

与会代表认为，未来全球经济前景依然复杂，发达经济体与新兴经济体经济走势分化，宏观经济政策的外溢效应日益突出，生产、贸易、投资、金融领域面临的冲击和挑战愈加强烈，新兴经济体增长与改革转型任务艰巨，相关问题亟待学界进行深入研究。在新的历史背景下，新兴经济体要准确判断机遇和挑战，精准施策助推新兴经济体协同发展，并继续引领全球经济增长，推动全球经济向强劲、均衡、可持续的方向发展。

（徐秀军）

【中国社会科学院智库论坛“G20：从杭州到汉堡国际研讨会”】

2016 年 11 月 6 日，中国社会科学院智库论坛系列之“G20：从杭州到汉堡国际研讨会”在广州召开。此次论坛由中国社会科学院学部主席团主办，中国社会科学院世界经济与政治研究所、中国国际文化交流中心、广东工业大学等单位承办。国内外知名智库和国际组织的专家学者、政界、经济界高层近百人受邀参加了此次会议。

世界经济与政治研究所的副所长姚枝仲主持了开幕式，科研局局长马援致开幕词，来自巴西联邦共和国参议院参议员C. 布瓦尔克、国务院发展研究中心研究员丁一凡、中国社会科学院信息情报研究院院长张树华、世界经济与政治研究所所长张宇燕等资深专家围绕全球化的趋势与困境、国际援助陷阱、国际政治生态治理、演变中的政治和治理格局等发表了精彩的主题演讲。

1. 全球治理的新形势与新挑战

与会专家多数认为全球经济金融形势可能出现更多不确定性。全球劳动力生产率下降、极低利率与投资乏力并存、全球贸易增速放缓、规则弱化以及保护主义抬头、老龄化、不平等的增加将增加全球经济长期增长的不确定性。此外，非传统的治理难题包括气候变化、传染病、难民危机、互联网治理等不断涌现，也将为全球治理带来全方位的新挑战。有专家指出，西方正在出现政治堵塞和民主赤字，如果不进行自我约束，政治不信任以及政治生态恶化很可能威胁世界未来的前景。但大多专家认同，未来仍然存在一些确定性的因素：各国之间的相互依存度将会继续提高，全球化进程依然会向前推进，新兴经济体和发展中国家的影响力将不断增强，冲突的利益与共同的利益将长期并存。

2. 对 G20 杭州峰会成果的评价

杭州峰会是中国举办层级最高的国际峰会，也是 G20 峰会历史上成果最丰富的一届。多数专家认同，G20 杭州峰会既作出了针对短期问题和特定问题的应对式治理，也推动了对中长期根源性和系统化问题的综合治理，同时体现了东西方在经济治理思想上的融合，切实推动 G20 机制从短期危机的应对向长效经济治理的转型。杭州峰会也意味着新兴经济体也在全球治理进程中扮演领先者、领导者的角色。来自非洲的专家则高度评价了杭州峰会上提出的支持非洲和最不发达国家工业化合作倡议，认为这是帮助非洲解决贫困的重要行动，呼吁中国不要因为一些国家的指责就停止对非洲的帮助。

3. 对 G20 汉堡峰会的期待

会议的德方代表认为，创新与数字经济、构建与非洲的合作伙伴关系、确保 2030 年可持续发展议程和巴黎协定的目标得以实现、难民流动和流离失所的预防、打击恐怖主义、洗钱和腐败问题等很可能是德国 2017 年汉堡峰会的工作重点。参会专家们呼吁，中德两国在创新增长、基础设施互联互通、贸易投资、“一带一路”、可持续发展等方面具有相同的发展诉求，2017 年中德双方应该继续以 G20 平台为依托，增进共识，形成合力，保持政策和合作的连续性，使杭州峰会所取得的共识和主张能够顺利实现对接，连贯地向前推进。

（田慧芳）

【中国经济运行与政策国际论坛 2016】

由中国社会科学院财经战略研究院（简称“财经院”）和香港特别行政区政府中央政策组主办，冯氏集团利丰研究中心协办，以“十三五规划与供给侧改革下的中国经济：香港的挑战和机遇”为主题的“中国经济运行与政策国际论坛 2016”于 2016 年 11 月 8 日在香港举行。来自海内外的专家学者和实业界人士约三百人共同探讨了在供给侧结构性改革、“十三五”规划和“一带一路”环境下内地经济发展的趋势、战略、政策重点以及香港的角色和机遇。

此次会议分开幕式、主题演讲、“十三五规划与供给侧改革”和“‘一带一路’建设下中国对外经济合作的新模式”四个环节。中国社会科学院党组书记、院长王伟光与香港特别行政区行政长官梁振英在会前进行了友好会见。

在致辞中，王伟光充分肯定了此次论坛选择“十三五规划与供给侧改革下的中国经济：香港的机遇与挑战”作为主题所具有的重要现实意义。王伟光指出，“一国两制”巨大的潜能与优势，还远未得到充分的发挥和释放。在推进国家现代化与香港持久繁荣的未来实践中，内地与香港应挖掘并利用“一国与两制”的优势，以兼收并分享“一国与两制”的红利。

香港特别行政区政府中央政策组首席

顾问邵善波先生致欢迎辞。邵善波表示，“中国经济运行与政策国际论坛”已经成为内陆和香港之间政策交流和沟通的重要渠道，也是香港各界理解内陆经济发展、把握政策前沿的需要。香港应该做好准备，把握供给侧结构性改革和“一带一路”的重要机遇，把香港经济融入国家发展战略中，保证香港的繁荣发展。

主题演讲由财经院院长助理倪鹏飞研究员主持。财经院院长高培勇作主题演讲。高培勇系统全面分析了中共十八届三中全会以来中央经济政策从问题导向到顶层设计的转变，认为要实现全面建成小康社会目标，就必须坚持五大发展理念，推进供给侧结构性改革。高培勇认为，制造业和服务业增加值增速的对倒、劳动年龄人口数量的减少、老龄化的到来、城市化速度的放缓等，都意味着 2012 年以来中国经济增速变化是结构性的，经济发展的主要矛盾在供给侧；当前已经不能简单套用原有理论来解释中国经济，因此需要理论和方法的创新；经济新常态下，发展需坚持五大理念，将经济增长建立在提升全要素生产率基础上，用改革的方法推进结构调整。

在“十三五规划与供给侧改革”环节，四位学者分别发言。（1）国家发改委宏观经济研究院刘旭研究员分析了如何提升香港在国家经济社会发展中的地位和作用，建议赋予香港国际金融中心新内涵，发挥香港在推动内地对外贸易、推动内地双向投资以及向全面实现服务贸易自由化迈进中的作用，加强创新科技相关产业合作，积极参与“一带一路”建设，构建最具国际竞争力的城市群，推进两地包容共享发展。（2）港交所首席中国经济学家巴曙松教授分析了以沪港通和深港通为代表的香港内陆资本市场一体化所带来的巨大机遇。中国股市的交易量和市值的全球排名大大提前，对全球投资者和公司上市产生更大的吸引力。沪港通和深港通为提升人民币可兑换程度提供了一个可行的方法和平台。（3）财经院付敏杰副研究员认为“十三五”后期的中国财政政策应当逐步走向稳健，原因在于积极财政政策略显疲态、L 形增长轨迹下短周期见底、财政可持续性面临收入增长困难和刚性支出快速增长的挑战、财政支出因为不断增长的政府存款而产生低效率、去杠杆需要适度从紧的财政政策。（4）财经院王振霞副研究员分析了供给侧结构性改革下金融风险管理问题，尤其是稳增长中货币政策向实体经济的传导渠道不畅的问题，调结构中金融系统在去杠杆、降成本等过程中产生的风险和货币政策制定者与市场预期认识不一致导致的风险。

在“‘一带一路’建设下中国对外经济合作的新模式”环节，中国社会科学院亚太与全球战略研究院院长李向阳论述了“一带一路”战略的深层含义，指出“一带一路”的战略重点不是产能输出，而是发展导向型区域经济合作机制。这种机制与现行的区域经济合作机制并行不悖，是原有区域合作机制的补充和完善，是促进全球贸易投资自由化的新途径，是中国提供国际公共产品的新模式。冯氏集团主席冯国经博士强调了创新的巨大意义，认为技术创新和商业模式的创新同样重要。深圳综合开发研究院常务副院长郭万达和捷信集团董事梅凯登研究员以自身经验分析了“一带一路”国家的风险管理。

高培勇教授在总结时指出，中国经济一直是在对内改革和对外开放两种力量的推动下不断发展的。“十三五”期间，中国主要的经济体制改革就是供给侧改革，最主要的对外开放就是“一带一路”建设。只要把握住改革开放的机遇，内陆经济和香港经济就能持续繁荣发展。

（王朝阳　董　萍）

【2016 中国经济发展论坛】

由华中科技大学和中国侨商联合会共同主办的第六届“张培刚发展经济学优秀成果奖颁奖典礼暨2016 中国经济发展论坛”于2016 年 11 月 18—19 日在北京举行。来自全国政协、教育部、中国侨联等有关部委，研究机构、高校、企业、基金会负责人，历届获奖者代表和知名学者近二百人出席了会议。国务院发展研究中心、中国社会科学院、北京大学、中国人民大学、上海交通大学、厦门大学、华中科技大学等研究机构和高等学府的二十余位知名专家学者在论坛发表演讲。李扬、张晓晶、史清华、都阳、R. C. Feenstra、李志远、余淼杰、龙小宁、张晓波等九位中外学者共五部论著获得第六届张培刚发展经济学优秀成果奖。论坛的主题是：跨越中等收入陷阱：“十三五”中国经济创新发展。

1. 中等收入陷阱形成背景

中等收入陷阱实质为中等收入阶段经济增长的模式无法支持该国向更高的发展阶段跨越。我国过去经济增长模式粗放，主要依靠消费、投资以及出口的拉动，大规模要素投入，以及 GDP 增长为导向的制度安排。当前我国出现出口负增长、投资下降、消费下滑，要素投入受限等发展瓶颈，GDP 导向制度不能再作为经济发展的依赖对象，因此迫切需要寻找经济增长的新动力。制约生产率增长的因素包括三产的就业需求和供给发生着剧烈变化、农村劳动力转移增长放缓和农业工资和非农工资趋同。资源再配置对于全要素生产率的贡献越来越小，生产率提升困难。因此，要改变依靠生产要素积累推动经济增长的方式，代之以经济效率的提升推动经济增长。

2. 产业结构升级与产业效率提升

改革开放以来，中国经济发展迅速，工业现代化进展飞速，而同期农业现代化进程缓慢。然而，农业的现代化是工业化不可分割的一部分，片面追求制造业或者服务业在 GDP 中所占比重的提升，只会使经济结构扭曲。目前，我国服务业比重虽然有所提高，但存在经济结构服务化与效率提升不同步的问题，主要原因是中国存在着产业扭曲，需要对经济结构进行优化，三产生产率要得到同步提高，避免宏观政策造成的产业结构扭曲所导致的生产率下降。

3. 社会公平和法律问题

中等收入阶段收入分配制度越来越成为影响社会稳定以及经济增长的关键因素，很多国家之所以没有跨越中等收入陷阱就是因为收入差距过大引起社会不稳定、政府公信力丧失、经济调节能力弱化。与国外相比，我国的再分配政策对收入不平等的调节程度有限，有些政策甚至会进一步提高收入不平等程度。因此，要进一步完善社会保障体制，完善多样化的分配政策并加强政策力度；调整税收结构，减少间接税，增加直接税；使财政支出进一步向民生领域倾斜，增强社会保障的财政支持力度，维护社会公平正义。

4. 对外开放战略

针对当前出口困境，要深挖“一带一路”潜力，打通中亚节点，推进重点项目和重点领域合作；出口要化整为零，在保住欧美份额的基础上，要大力开拓新兴市场，深化区域全面经济战略伙伴关系合作，加快金砖国家自贸区建设，鼓励企业走出去，直接到外国投资；实行贸易自由化和关税减免政策，激发企业竞争、提高市场活力，促进经济发展。

（杨新铭）

【中华外国经济学说研究会第 24 次学术研讨会】

由中华外国经济学说研究会主办、泉州师范学院承办的“中华外国经济学说研究会第 24 次学术研讨会”于 2016 年 11 月

26—27 日在泉州举行。来自全国二十多个省、自治区、直辖市的高等院校、科研机构、政府机关和企事业单位的 160 多位代表出席了论坛。论坛的主题是：外国经济学说与当代中外经济。

1. 中外马克思主义经济理论新发展

与会学者认为，从马克思的扩大再生产公式可以得出，要实现给定的计划增长率，政府需要让第一部类积累率等于由该增长率目标确定的整个经济的积累率并保持不变，而让第二部类的积累率随市场的要求而自动调整，在充分发挥政府调控和市场机制的作用下实现计划增长率。虽然森岛通夫基于数理经济学而对马克思经济学所进行的考察和评价，对于从更广阔的视角理解马克思经济学，特别是对于形式化马克思经济学有重要启发，但他明确主张放弃马克思的劳动价值论、剥削理论、资本主义崩溃理论等马克思主义经济学的精髓。由此可见，森岛通夫不是一个马克思主义经济学家，而是一个对马克思经济学抱有某种同情心的数理经济学家。西方马克思主义积累的社会结构（SSA）理论是研究资本主义经济制度演化的理论，该理论的中国化是全球化的必然发展趋势。

2. 西方主流和非主流经济理论新进展

与会学者对 2016 年度诺贝尔经济学奖获奖者美国经济学家本特·霍尔姆斯特伦和奥利弗·哈特的理论贡献进行了讨论。霍尔姆斯特伦的贡献在于，将“道德风险”问题从静态扩展到动态，探讨了职业声誉在激励机制设计中的作用；将单个代理人扩展到多个代理人，考虑团队中的激励问题；比较了激励机制设计理论与实践之间的差异，探讨了最优契约的一般形式；将单任务委托—代理问题扩展到多任务委托—代理问题。哈特的贡献在于，提出和完善了不完全契约的基本思想和分析方法，拓展了产权理论和企业理论；将不完全契约理论应用到具体问题的分析中，极大地扩展了不完全契约理论的应用范围；在不完全契约理论应用中不断夯实其理论基础，激发了研究契约不完全性的微观基础的热情。契约理论的现实意义在于，为经济体制改革和经济转型中改革方案的设计提供理论参考，对国家治理体系和治理能力现代化有借鉴价值。但是，契约理论有局限，其理论基础仍存在争议，诚实或信任与契约的冲突仍未解决。此外，与会学者还讨论了詹姆斯·博伊斯的环境经济学，探讨了明斯基的宏观经济学理论，解析了前所未有的美国金融危机，等等。

3. 中国现实经济热点问题

我国经济发展需统筹推进“五位一体”总体布局和协调推进“四个全面”战略布局，坚持以推进供给侧结构性改革为主线，全面做好稳增长、促改革、调结构，促进经济平稳健康发展。我国的供给侧结构性改革不是西方供给学派的翻版，只有在社会主义这一语境中，才能理解供给侧结构性改革的真义，否则就会背离“中国特色社会主义政治经济学”，陷入新自由主义和萨伊定律。只要坚持自主创新，在“关键共性技术”上取得突破，就能够引领我国制造业创新供给体系。中国倡导的“一带一路”发展蓝图将引领世界范围的社会主义新胜利，但要警惕西方国家把“一带一路”倡议说成是对非洲的新殖民主义的歪曲和误解。

（杨新铭）

【“负利率时代的金融风险及其防范”会议】

由中国社会科学院和日本明治大学共同主办，世界经济与政治研究所承办的“负利率时代的金融风险及其防范”会议于 2016 年 11 月 28 日在北京召开，来自中日两国的高等院校、科研机构、银行和企事业单位的二十多名代表出席了会议。

中国社会科学院世界经济与政治研究

所副所长姚枝仲主持开幕式，中国社会科学院国际合作局周云帆副局长和日本明治大学胜悦子教授致开幕词。中国社会科学院世经政所国际金融中心主任高海红研究员主持主旨演讲，中国金融四十人论坛高级研究员、国家外管局国际收支司原司长管涛作了题为《负利率能否拯救世界经济》的主旨发言。

1. 负利率环境下中央银行面临的挑战

对于日本的负利率政策，日本学者普遍表示整体利率已经出现下降效果，但是金融机构的利润受到明显挤压。所以，日本央行引入收益率曲线控制，以便在保持实际利率较低的同时，适当提高长期利率。中国有学者发现利率平价理论在现实世界不一定适用，日本和美国、瑞士的情况不一定适用于该理论，说明负利率对汇率的贬值不一定有效。还有学者从支付系统的视角思考了负利率的政策效果，提出如果政府具备对支付系统直接的控制能力，会比一般性的负利率和常规性的货币政策更有效。

2. 负利率政策能否帮助全球经济走出困境

负利率政策对于全球经济走出困境的效果有限。有学者认为在全球经济呈流动性紧缩的趋势下，利率政策已经难以发挥作用，美元、英镑、欧元、日元等国际主要货币终将升值。还有学者从负利率政策传导机制的角度，指出其影响虽然能够传导到货币市场和贷款利率，但是这个传导是不完全的，利率为负的时候小幅降低利率对实体经济影响的程度要比利率为正的时候小，负利率刺激经济增长存在很大的不确定性。

3. 负利率政策对全球金融市场的影响

多数学者认为负利率政策会增加全球金融市场风险或产生不利影响。负利率政策大大影响了商业银行的账面收益，同时有害于信贷发放，导致很多商业银行不得不投资于股市和金融衍生品，使银行风险增加。日本推出的收益率曲线控制作为负利率政策的延伸，与量化的货币政策工具QQE可能存在不相融性，从而对金融市场产生不良影响。也有学者认为负利率政策的效果具有两面性，对于不良贷款率比较理想的国家的银行是有作用的，而对于不良贷款率水平较高的国家的银行则可能是不利的冲击。

4. 负利率、金融监管与全球金融治理

在金融监管方面，负利率环境使中国的监管体系发生较大变化，全球市场波动也导致更多跨境监管合作的需要。负利率或者低利率对中国的银行资产负债表和期限造成较大影响，也促使宏观政策更加审慎，流动性管理工具更加健全，微观监管更加强化。随着中国资本市场开放，会倒逼中国更积极参与各种全球金融标准的制定，这决定了将来能否顺利开展跨境金融监管合作和治理。在全球金融治理方面，有学者建议在IMF建立以SDR五种篮子货币构成的多边货币互换体系，这也有助于促进中日两国的合作。

（宋　爽）

【中国社科院高端智库论坛——供给侧结构性改革与国际产能合作暨第五届中国工业发展论坛】

2016年12月26日，由中国社会科学院主办、中国社会科学院工业经济研究所与中国社会科学院京津冀协同发展智库承办的“中国社会科学院高端智库论坛——供给侧结构性改革与国际产能合作暨第五届中国工业发展论坛”在北京举行。来自研究机构、政府部门、高等院校、行业协会、知名企业、媒体的代表共计百余人参加论坛。与会人员对中国社会科学院工业经济研究所发布的《中国工业发展报告》(2016)和《京津冀协同发展指数》作出了高度评价，并围绕以下议题展开深入讨论。

1. 供给侧结构性改革的问题与思考

与会专家一致认为，供给侧结构性改革明确了中国在经济转型阶段实现长期健康发展的正确路径，对中国经济长远发展意义深远，但在推进过程中，必须解决有碍改革的相关问题，制定合理政策，更好地落实改革措施。关于当前供给侧结构性改革的方向，有学者提出，深化工业供给侧结构性改革，需要降低经济运行的风险概率，加强行政性垄断的基础产业领域改革、农村集体土地制度改革、现代服务业发展、互联网技术的应用推广、前沿性技术创新，可为中国经济发展提供新的动能。关于供给侧结构性改革中的“三去一降一补”，有学者提出必须将去产能与整个宏观经济的发展统筹考虑；降成本是根本；要降低企业的税费成本，必须进行税收制度的结构性改革。关于供给侧结构性改革与产业政策，有学者指出，在引领产业结构升级和优化的过程中，产业政策的存在是必要的；产业政策要由选择性产业政策转向功能性产业政策。关于供给侧结构性改革与创新驱动，有学者指出，当前尚未形成一个网络化的、互相之间协同的创新体系；中国的创新驱动，必须把增强关键零部件和元器件制造能力作为改变产业国际纵向分工地位的战略性任务。

2. “一带一路”与国际产能合作

与会专家认为，中国政府在推进“一带一路”过程中，应注意加强国际间的分工合作，在全球价值链的动态变化中力争实现双赢，而参与“一带一路”的企业则必须适应国际市场中的竞争模式，不能简单照搬国内方案。有代表指出，企业作为“一带一路”倡议的参与主体，既要积极有为，更需要商业思维；要通过“一带一路”加强新产业领域合作，应结合国家之间的比较优势，合作共同主导全球价值链，不断提高产业附加值。

3. 京津冀协同发展

与会专家认为，尽管当前京津冀一体化战略已取得可喜的成绩，但存在的问题也很多。今后，京津冀协同发展应当重点解决产业布局同质化问题，优化产业空间布局，推动河北城市群发展，充分发挥三省市的比较优势。有学者指出了当前京津冀协同发展过程中存在的突出问题，今后，应加大调整经济结构和空间结构的力度，构建网络型空间格局。

（王燕梅）

获奖信息

2015 年诺贝尔经济学奖

美国经济学家安格斯·迪顿（Angrus Deaton）荣获了 2015 年诺贝尔经济学奖，其在消费、贫穷与福利方面的研究贡献受到表彰。

安格斯·迪顿于 1945 年 10 月 19 日出生在苏格兰爱丁堡，持有英美双重国籍，微观经济学家。1974 年毕业于剑桥大学，获得博士学位。1983 年至今一直执教于美国普林斯顿大学经济学系，并兼任该校德怀特·D. 艾森豪威尔国际事务教授，以及伍德罗·威尔森学院经济学与国际事务教授。

迪顿的学术贡献突出表现在：基于微观数据，关注数据的质量和度量问题，从个人消费选择入手，通过深入研究收入不平衡、福利国家贡献以及公共部门经济学等领域问题，为国家促进福利、消除贫困的政策设计打开了一扇窗，也被称为微观发展经济学领域的奠基人。

在许多人眼里，迪顿获奖是个冷门。相比长期在镁光灯下高谈阔论的宏观经济学家，迪顿似乎很小众。其实，这正是微观计量经济学家的本色。作为其中的佼佼者，他因坚持实证研究和理论研究相结合，以及模型和数据处理的高度技术性著称。上述特质充分贯穿在他对消费领域的研究中。

20 世纪 30 年代以来，消费研究经历了绝对收入理论、相对收入理论、生命周期理论、持久收入理论的变迁。绝对收入理论由于无法解释储蓄率的长期稳定性而黯然退出历史舞台，相对收入理论虽然通过引入“过去收入”而极大地拓展了研究思路，但却始终不能严格地解释这个现象。直到生命周期和持久收入理论的诞生，储蓄率的长期稳定性才得到了完美的解释。然而伴随着旧问题的解决，新问题的产生不可避免。在上述变迁中，迪顿引领数据和计量经济学方法为其提供了一系列横跨微观和宏观的连接并被广泛采用的解释。

（摘自新华网）

2016 年诺贝尔经济学奖

2016 年度诺贝尔经济学奖得主是：哈佛大学的奥利弗·哈特（Oliver Hart）、麻省理工学院的本特·霍姆斯特罗姆（Bengt Holmstrom），获奖理由为对契约理论的贡献。

契约理论是研究在特定交易环境下不同合同人之间的经济行为与结果，往往需要通过假定条件在一定程度上简化交易属性，建立模型来分析并得出理论观点。而现实交易的复杂性，很难由统一的模型来概括，从而形成从不同的侧重点来分析特定交易的契约理论学派。哈特和霍姆斯特罗姆提供的理论工具，对于理解现实生活中的契约和制度认识，以及在合同设计中潜在的缺陷很有价值。

奥利弗·哈特和本特·霍姆斯特罗姆的研究领域主要是在制定合同时，组织和个人如何平衡供应和需求、风险与动机，这其中涉及保险索赔、薪资、财产权等。这些研究对于理解现代经济的运营模式非常重要。

哈特简介

哈特全名为：奥利弗·西蒙·达西·哈特（Oliver Simon Arcy Hart；1948 年生人），美国经济学家。他关注契约理论、企业理论、公司金融和法律经济学等研究领域，是合同理论、现代厂商理论和公司财务理论的创立者之一。专著《企业、合同与财务结构》是其代表作，书中他进一步发展了产权理论，提出了“不完全合同”理论。

他认为，合同双方不可能完全明晰所有可能情况中的权利与义务，这会影响到权利和控制的配置。他认为，企业财务合同与结构安排只有在这种理论下才能得到最合理的分析，财务工具可视为产权安排的工具。这个理论与旧产权理论有着重要不同，也引发了很大争议。

哈特在英国出生，1969 年获剑桥大学国王学院数学学士学位，1972 年于华威大学获经济学硕士学位，1974 年在普林斯顿大学获经济学博士学位，后成为伦敦经济学院的教授以及剑桥丘吉尔学院研究员。1984 年，他回到美国，任教于麻省理工学院，1993 年以来任教于哈佛大学。2000—2003 年任哈佛大学经济学系主任。他是美国计量经济学会会员、美国文理科学院院士，以及英国国家学术院会员。他还担任美国法律和经济学协会会长，美国经济学会副会长，并拥有多个荣誉学位。

霍姆斯特罗姆简介

霍姆斯特罗姆是一位知名的微观经济学家，他最知名研究领域为契约和激励理论，特别是将相关理论用于公司，企业治理及金融危机期间流动性问题的研究。

霍姆斯特罗姆现任麻省理工学院保罗—萨缪尔森经济学教授，2003—2006 年他担任该校经济学系主任。他还兼任麻省理工学院斯隆商学院的教授。他于 1978 年在斯坦福大学获得博士学位。他曾担任美国西北大学凯洛格管理学院副教授（1979—1982），耶鲁大学经管学院埃德温—J—拜内克管理学教授（1983—1994）。

他是美国科学院院士、美国计量经济学会和美国经济学协会会员，瑞典皇家科学院和芬兰科学院外籍院士。他是美国经济研究局研究员，经济政策研究中心执委会委员。2011 年，他曾担任美国计量经济学会主席。他是多个学术和科学顾问委员会的成员，其中包括芬兰阿尔托大学基金会的董事。他曾担任芬兰诺基亚公司的董事。

霍姆斯特罗姆拥有瑞典斯德哥尔摩经济学院和芬兰汉肯经济学院的名誉博士学位。不久前，他被授予2012年法国央行—图卢兹经济学院颁发的货币经济学和金融学高等奖，2013年获得斯蒂芬—罗斯金融经济学奖，2013年获芝加哥商品交易所—美国国家数学科学研究所颁发的量化应用创新奖。

（摘自新浪网）

第二届孙冶方金融创新奖获奖名单（2016 年度）

（按出版时间顺序排列）

著作奖

1. 曾康霖、刘锡良、缪明杨：《百年中国金融思想学说史（一、二、三卷）》，中国金融出版社 2015 年版。

论文奖

1. Qi Chen，Xiao Chen，Katherine Schipper，Yongxin Xu，Jian Xue：“The Sensitivity of Corporate Cash Holdings to Corporate Governance”，*The Review of Financial Studies*，2012 年 9 月。

2. 张成思、刘泽豪、罗煜：《中国商品金融化分层与通货膨胀驱动机制》，《经济研究》2014 年第 1 期。

3. 尹志超、吴雨、甘犁：《金融可得性、金融市场参与和家庭资产选择》，《经济研究》2015 年第 3 期。

4. Chun Chang，Zheng Liu，Mark M. Spiegel：“Capital Controls and Optimal Chinese Monetary Policy”，*Journal of Monetary Economics*，2015 年 4 月。

5. Mariassunta Giannetti，Guanmin Liao，Xiaoyun Yu： “The Brain Gain of Corporate Boards：Evidence from China”，*Journal of Finance*，2015 年 8 月。

（摘自孙冶方经济科学基金会网站）

第十七届孙冶方经济科学奖获奖名单（2016 年度）

（按出版时间顺序排列）

著作奖（3 部）

1. 林重庚、迈克尔·斯宾塞等：《中国经济中长期发展和转型：国际视角的思考与建议》，中信出版社 2011 年版。

2. 李实、佐藤宏、史泰丽等：《中国收入差距变动分析——中国居民收入分配研究Ⅳ》，人民出版社 2013 年版。

3. 伍戈、李斌：《货币数量、利率调控与政策转型》，中国金融出版社 2016 年版。

论文奖（3 篇）

1. Mark R. Rosenzweig，张俊森：《人口控制政策会提升人力资本投资吗？——双胞胎、出生体重和中国“一孩”政策》（Do population control policies induce more human capital investment? Twins birth weight and China's “one-child” policy），《经济研究评论》（*The Review of Economic Studies*），2009 年第 76 卷。

2. 白重恩、张琼：《中国经济减速的生产率解释》，《比较》2014 年 8 月（第 73 期）。

3. 菲利普·阿吉翁、蔡婧、马赛厄斯·德瓦特里庞、杜罗莎、安·哈里森、帕特里克·勒格罗：《产业政策和竞争》，《比较》2016 年 2 月（第 82 期）（原载《美国经济学期刊：宏观经济学》2015 年第 7 卷第 4 期）。

（摘自孙冶方经济科学基金会网站）

第六届张培刚发展经济学优秀成果奖获奖名单（2016 年度）

获奖著作

1. 李扬、张晓晶：《失衡与再平衡：塑造全球治理新框架》，中国社会科学出版社 2013 年版。

2. 史清华：《中国农家行为研究》，中国农业出版社 2009 年版。

获奖论文

1. 都阳：《制造业企业对劳动力市场变化的反应：基于微观数据的观察》，《经济研究》2013 年第 1 期。

2. Robert C. Feenstra、李志远、余淼杰："Exports And Credit Constraints Under Incomplete Information：Theory And Evidence From China"，*The Review of Economics and Statistics*，2014 年 10 月。

3. 龙小宁、张晓波："Cluster-based industrialization in China：Financing and performance"，*Journal of International Economics*，2011 年 3 月。

（摘自张培刚发展经济学研究基金会网站）

第七届“黄达—蒙代尔经济学奖”获奖名单（2015 年度）

1. 茅锐（北京大学）：《开放经济中的增长、转型与失衡》，博士论文
2. 鞠晓生（中国人民大学）：《金融发展、融资约束与企业成长》，博士论文

（摘自人民网）

第七届中国经济理论创新奖（2015 年度）

2015 年 11 月 16 日，经 208 位学界权威人士记名投票评选，以林毅夫研究组（由林毅夫、蔡昉、李周组成），张军，樊纲为主要贡献人的“过渡经济学理论”，日前获得第七届中国经济理论创新奖。

据介绍，“过渡经济学理论”为改革开放以来我国经济研究领域具有代表性的理论之一，研究目标是社会主义国家从计划经济体制转变为市场经济体制转型过程中的相关问题。该理论重点研究社会主义经济体制变迁过程中的不同方式或路径对改革成本和绩效的影响，探索如何选择低成本的改革方式或路径，并研究如何解决改革引发的利益矛盾和收益分配等问题。这些问题也是当前我国改革发展中面临的重大问题。以林毅夫研究组、张军、樊纲为代表的经济学家对“过渡经济学理论”的形成和完善，以及减少经济转轨过程中的成本等作出了贡献。

设立中国经济理论创新奖，旨在推动我国经济理论创新和发展。该奖每年（或每两年）评选出一个经一段时间检验的原创性经济理论，是我国第一个由经济学界以记名投票并公开计票的方式进行评选的经济学大奖，其间要经过公开征集候选经济理论、两轮评审专家投票等程序。获奖理论可获得由泰康人寿提供的 100 万元奖金，这也是目前国内奖励金额最高的经济学奖项。

据了解，该奖由董辅礽经济科学发展基金会联合北京大学经济学院、中国人民大学经济学院、武汉大学经济与管理学院、上海交通大学安泰经济与管理学院和清华大学经济管理学院组织，共有 208 位经济学家、著名大学经济院校和国内研究机构负责人、主要经济和学术媒体负责人参与投票。

2008 年，以杜润生为主要贡献人的“农村家庭联产承包责任制理论”获得首届中国经济理论创新奖。其后，一批著名经济学家贡献的“国有企业股份制改革理论”“整体改革理论”“价格双轨制”“中国经济结构调整理论”“财政信贷综合平衡理论”等理论先后获奖。

（摘自新华网）

浦山世界经济学优秀论文奖（2016 年度）

获奖论文（以发表时间为序）：

浦山学术研究奖：

1. 鞠建东、施康、魏尚进："On the connections between intra-temporal and intertemporal trades", *Journal of International Economics*，2014 年 1 月。

2. 王健、王潇："Benefits of foreign ownership: Evidence from foreign direct investment in China", *Journal of International Economics*，2015 年 7 月。

浦山政策研究奖：

伍戈、杨凝：《人民币跨境流动与离岸市场货币创造：兼议对我国货币政策的影响》，《比较》，2015 年 8 月。

浦山青年论文奖：

王鹏飞、文一、许志伟："Two-Way Capital Flows and Global Imbalances", *The Economic Journal*，2016 年 2 月。

（摘自搜狐网）

第三届刘诗白经济学奖获奖名单（2016 年度）

（排名不分先后）

1. 李晓、张斌、丁一兵、黄梅波、李婧等：《国际货币体系改革：中国的视点与战略》，专著，北京大学出版社 2015 年版。

2. 张友国：《中国碳排放效率改善的途径及其影响———基于区域和产业视角的分析》，专著，中国社会科学出版社 2014 年版。

3. 霍伟东、杨碧琴、李萍、郭璇、刘飞宇等：《人民币区研究》，专著，人民出版社 2015 年版。

4. 周绍东、钱书法、王昌盛等：《分工与创新：发展经济学的马克思主义复兴》，专著，经济科学出版社 2015 年版。

5. 赵晓雷、颜鹏飞、程霖、王昉、冒佩华等：《中国现代经济思想的发展》，专著，经济科学出版社 2015 年版。

6. 任保平：《经济增长质量的逻辑》，专著，人民出版社 2015 年版。

7. 钟震：《系统重要性金融机构的识别与监管研究》，专著，经济管理出版社 2014 年版。

8. 杨继军、范从来：《“中国制造”对全球经济“大稳健”的影响———基于价值链的实证检验》，论文，《中国社会科学》2015 年第 10 期。

9. 王孝松、施炳展、谢申祥、赵春明：《贸易壁垒如何影响了中国的出口边际?》，论文，《经济研究》2014 年第 11 期。

10. 周广肃、樊纲、申广军：《收入差距、社会资本与健康水平———基于中国家庭追踪调查（ CFPS）的实证分析》，论文，《管理世界》2014 年第 7 期。

（摘自《经济研究》2016 年 11 月）

著名经济学家介绍

陈启修

陈启修（1886—1960），四川中江人。中国早期社会活动家、马克思主义传播者，政治家、经济学家。1917 年日本东京帝国大学法科大学政治科（相当于政治经济科）毕业，同年受邀担任北京大学法科教授兼政治门研究所主任。1922 年被聘为北京大学马克思学说研究会《资本论》研究组导师。1923 年赴苏联、西欧考察，1925 年回国，1926 年任国立中山大学法科科务主席兼经济学系主任。1927 年陈启修流亡日本。1930 年 3 月陈的译著《资本论》第一卷第一分册，由上海昆仑书店出版发行，该书是《资本论》的第一个中译本。1930 年 11 月，陈启修被聘为北京大学政治系主任，开设经济学、经济政策、经济学名著选读（与苏联教授柏烈伟合开）等课程。1947 年受聘为重庆大学商学院院长，1951 年任重庆财经学院院长，1952 年调四川财经学院任院务工作委员会委员兼教务组组长、学术委员会委员。1956 年被评为经济学一级教授。

陈启修的主要研究领域和学术成就：

1. 第一个将《资本论》翻译成中文的译者。因该书中许多名词概念尚无现成的中文概念可用，为此在正文中加了 47 条“陈注”，以讨论名词概念的翻译问题。

2. 关于商品理论。在中国工业初创期，商品及商品经济不发达之时，《资本论》中关于“商品与货币”的内容无疑对中国经济社会发展有重要意义。陈启修从特定历史背景出发，对商品及相关理论进行研究，并结合中国国情研究商品现象，坚持社会主义条件下“存在商品”的观点，并把它称为社会主义商品。

3. 关于商品生产理论。陈启修通过全面而系统地介绍欧洲资产阶级的租税论及政府理财方法，探索了中国如何产生商品和商品生产问题，并对商品生产的起源、发展、受到的阻碍及飞跃进行了系统阐述。提出商品生产随着劳动社会化的扩展而深化。社会主义制度的确立，使商品生产进入一个大飞跃，社会主义制度下的商品生产是一种崭新的社会关系，具有广大的发展前途。

4. 关于价值规律理论。陈启修运用价值规律对当时中国经济社会进行了客观分析，他认为“工业救国论”是一个价值法则即价值规律的适用问题。单单提倡国货、奖励国货，于事实毫无裨益。他对价值规律的基本内容及重大作用进行了深入研究，提出价值规律的基本内容即：（1）不同种类劳动化为等值劳动的规律即等价交换规律。（2）同种劳动之间的量的决定的规律即社会必要平均劳动规律。即商品价值量是由社会必要的平均劳动决定的，而不是由一个商品实际上所费的劳动量决定的，因此只是一个抽象的量。然而是由一定社会具体的劳动决定的，不是一个凭空想象的量。陈启修认为价值规律在社会主义条件下的作用和意义有三方面：（1）等值交换作用仍然存在，且作用扩大了；（2）社会再生产重新分配的调节作用仍然存在，但由自发变为计划调节；（3）促进生产力发展的作用仍然存在，且因人类认识和利用了它而作用加大了。另外，在1959年陈启修提出“有计划规律与价值规律是有矛盾的”观点。此观点对改革中如何处理好计划与市场，宏观调控与市场调节的关系有重要意义。

陈启修的主要论著：

1924年 《财政学总论》，上海：商务印书馆

1929年 《经济现象的体系》，上海：乐群书店

1931年 《经济学原理十讲》（上册），北平：好望书店

1933年 《经济学讲话》，北平：好望书店

1959年 《我对社会主义制度下的商品生产和价值规律的看法》，《财经科学》第4期

1917年 《中日贸易与日本产业发达之关系》，《学艺》第1卷第1号

1920年 《现代之经济思潮与经济学派（一）》，《北京大学月刊》第1卷第6号

1920年 《国民经济之意义》，《北京大学月刊》第1卷第6号

1923年 《中国改造和他的经济背景》，《国立北京大学社会科学季刊》第1卷第2号

1925年 《关税会议与国民经济》，《现代评论》10月28日

1948年 《卅六年经济的回顾》，重庆：《新民报》

译著

1914年 小林丑三郎《财政学提要》，上海科学会编译部

1929年 河上肇《经济学大纲》，上海：乐群书店

1930年 马克思《资本论》第1卷第1分册，上海：昆仑书店

何 廉

何廉（1895—1975），湖南邵阳人。经济学家，中国早期经济学教育与研究相结合的倡导者和开拓者。1922年何廉考入美国耶鲁大学研究生院主修经济学，兼修社会学，1925年9月完成学位论文，1926年6月获耶鲁大学哲学博士学位。同年，受聘于南开大学，任财政学与统计学教授。1927年创立南开大学的独立经济研究机构“南开大学社会经济研究委员会”，其后又创建南开大学经济学院。20世纪20年代到30年代中期，主持开展天津及华北地区物价指数的编制、中国对外贸易的物量物价及物物交换指数编制、天津各工业部门发展研究。何廉还推动了南开大学经济学及相关学科教学中专业术语的标准化工作，并在1934年、1935年中国经济学领域大规模推广。1936—1946年何廉就职于政府经济部门，主持农本局工作，主持了关于战后中国经济复兴与建设规划设计工作，并形成战后经济建设纲要。1948年代理南开大学校长兼任经济研究所所长，1949年初赴美任哥伦比亚大学经济学教授。

何廉的主要研究领域和学术成就：

何廉一到南开大学就从事经济研究工作，最初的课题是关于指数的构成和物价问题。作为费雪的研究助手因从事过这方面的研究，何廉决定编纂以天津市场为代表的华北商品批发物价的指数以及天津生活费用指数，1931年写出了《华北物价指数——民国二年至十八年》《中国进出口贸易物量指数、物价指数及物物交换编制之说明——1867—1930》等研究报告。1931年将收集到的中国的经济和金融资料，包括汇率、利润率、国内不同类型货币的总换率等数据编成书出版。1935年将各种指数集中汇编为年刊——《南开指数》，工作延续到1937年全面抗战爆发。

这些数据至今仍是研究20世纪前期中国经济社会状况的重要参考。1928年拟定了当时具有代表性的几种城市工业，包括棉纺、缫丝、地毯、针织、面粉、制鞋等工业的调查计划，后与方显廷共同撰写了《中国工业化之程度及其影响》的报告。之后又进行了乡村借贷、乡村市场、乡村财政、土地契约的研究，对山东、河北人口向东北边疆迁移的研究，1932年完成了《东三省之内地移民研究》。1930年南开经济学院成立后，何廉的研究方向从只向城市增加了农业经济、乡村工作、华北地方政府与财政的农村实地考察课题。除以上学术成就外，何廉对南开大学乃至中国经济学教育的重要贡献就是推动了经济学教学的合理化。何廉在财政学课程中加入了探讨中国的财政学和存在的财政问题的内容，他认为中国的经济学教师应当能够并胜任讨论中国的经济问题，掌握中国材料。1931年何廉、李锐编写了《财政学》教科书并出版。

何廉的主要论著：

1927年 《三十年天津之外汇循环指数》，《清华学报》4（2）：1381—1396

1932年 《东三省之内地移民研究》，天津：南开大学社会经济研究委员会

1933年 《中国农业生产要素之概况》，天津：南开大学社会经济研究委员会

1934年 《棉产在河北农村经济上之地位》，天津：南开大学社会经济研究委员会

1934年 《银价问题与中国》，天津：南开大学社会经济研究委员会

1935年 《我国今日之经济地位》，《大公报》1月16日

1936年 《吾国地方财务行政之检讨》，天津：南开大学社会经济研究委员会

1936年 《中国经济之根本问题》，天津：南开大学社会经济研究委员会

1936年 《中国六十年进出口物价指数、物量指数及物物交易指数》，天津：南开大学社会经济研究委员会

赵迺抟

赵迺抟（1897—1986），浙江杭州人，经济学家和教育学家。1929年获美哥伦比亚大学哲学博士学位。1931年1月回国，在南京中央政治学校任经济学系和财政系的合聘教授，1931年9月起任北京大学经济学系教授，后兼任北京大学经济学系主任，每年开设“经济学原理”“经济思想史”两门必修课，每年轮流开设高级经济学、经济理论、商业循环、外国经济学名著选读等课程。曾任中国经济思想史学会名誉理事。

赵迺抟的主要研究领域和学术成就：

1. 赵迺抟的专长是西方经济思想史。他的《欧美经济学史》是一部经济思想史的学术专著。该书是在他多年北京大学、西南联合大学主讲经济思想史课程基础上写成的，是他二十余年研究和讲授经济思想史的结晶。全书除绪论外共分重商主义和重农主义、英国经济思想、美国经济思想、德国经济思想、奥国经济思想、法国经济思想等六篇，共33章。

2. 赵迺抟重视中国经济思想史的研究。在新中国成立后他考虑到这是一个尚未开辟的新的学术领域，即在1952年开始收集和整理中国经济思想史的原始资料，到1958年年底，编成《近代重要经世学者之生平简介》《历代经世学者之姓名及其主要著作》书稿。之后，他计划将分散在经部、史部、子部、集部中各种大量著作内的所有经济思想资料统统整理出来，编一部大型中国经济史文献方面的学术专著，即《披沙录》共五卷。已出版成果有：《披沙录（一）》上、下集（《中国历代经世学者人名录》《中国经济思想文献要籍

简介》)，《披沙录（二)》上、下集（《春秋战国时期诸子的经世思想》《汉代诸子的经世思想》)，《披沙录（三)》即《唐宋元明清五代经世资料》，《披沙录（四)》即《通鉴中的经世资料》。以及《披沙录（五)》即《历代本纪及列传中的经世资料》的定稿工作。

赵迺抟的主要论著：

1924 年　《重商主义与重农主义的比较研究》，硕士学位论文

1927 年　《理查德·琼斯：一位早期英国的制度经济学家》，博士学位论文

1942 年　《社会主义》（上、下册)，讲稿

1944 年　《商业循环》（上、下册)，讲稿

1948 年　《欧美经济学史》，上海：正中书局

1981 年　《披沙录（一)》，北京：北京大学出版社

1986 年　《披沙录（二)》，北京：北京大学出版社

李　锐

李锐（1898—1978)，湖南邵阳人，经济学家，中国直接税制的开创者。1930 年毕业于南开大学，后留南开大学经济研究所工作，同时任商学院讲师，承担经济学、财政学的教学。1934 年自费赴伦敦大学经济学院进修，1939 年秋回国任南开大学教授。1935 年与何廉合编《财政学》，是中国第一部财政学教科书。1949 年到国立贵州大学任教，1953 年调入四川财经学院（现西南财经大学）担任教授，讲授财政学。

李锐的主要研究领域和学术成就：

李锐撰写了《财政学》第二编公共收入和第三编租税，构建起近代中国税收学体系。

1. 为保证国家财政需要，李锐提出：其一，应课征所得税。一般国民，随其所得额之大小，皆有纳税之义务，且能随人民之富力增加而增多，是保障国家财政收入的重要税种。其二，应课征消费最广之货品税，如果种类选择合理，国库收入就不会受到影响。其三，应课征营业税。政府维持秩序及治安，是营业发达的必要条件，根据所获利益，政府应课以营业税。

在促进税收公平问题上，李锐提出必求能兼合利益及能力的原则。李锐提出不应对米盐麦粉生活必需品征税，烟酒茶糖等奢侈品宜征锐。对于田赋，李锐认为田赋不公，租税不正确，皆因顷亩之大小不一，提出清丈土地。关于所得税，李锐提出使用累进税制。李锐还提出税负不应过重，税务行政要求税收应符合确实、便利、适法和经济原则。

2. 中国直接税制的开创

李锐担任直接税署署长其间，努力建设直接税体系，主张用直接税来调节贫富差距，同时为国家谋取财政收入。到抗战结束，中国已建成完整的直接税体系，以所得税、地价税、土地增值税、遗产税和特殊时期过分利得税为主体税种。

李锐还提出裁撤厘金，改革货物税。对于关税，主张采用保护主义政策。提出取消烟草专卖恢复课征统税。提出顺应时势，适度提高印花税税率。提出加强税务行政的宣传力度，加强处罚措施。

李锐的主要论著：

1935 年　《财政学》（合著)，上海：商务印书馆

1938 年　《中央政府近四年来之税制改革》，重庆：《经济统计季刊》

1941 年　《关于田赋附征所得税建议案说明》《关于提高所得税税率案说明》《关于改办战时消费税案说明》，重庆：中国第二历史档案馆藏第三次全国财政会议文件

1945 年　《论调整税制简化机构》，

《中央日报》(南京)

1946年 《论国地共有各税征收划拨交代程序》《论整理地方税捐严杜苛杂摊派》,《财政评论》(南京)

1948年 《论整顿税收》《由增加税率谈到整顿税收》,《中央日报》(南京)

沈志远

沈志远(1902—1965),浙江绍兴人。马克思主义经济学家,社会活动家。1929年毕业于莫斯科中山大学,后选送莫斯科中国问题研究所当研究生,同时在共产国际东方部中文书刊编译处编译《共产国际》杂志中文版,参与翻译《列宁选集》六卷中文版的工作,1931年年底回国。1934年出版《新经济学大纲》,1936年出版译著苏联米丁院士主编的《辩证唯物论与历史唯物论》上册,1938年出版下册。1936年8月应聘北平大学法商学院经济系教授。1937年出版专著《近代经济学说史》。1949年年初到1950年10月,任燕京大学(现北京大学)教授。1949年10月任中央人民政府政务院文化教育委员会委员,并任出版署编译局局长。1955年当选为中国科学院哲学社会科学部学部委员。1962年8月30日在《文化报》发表文章《关于按劳分配的几个问题》。

沈志远的主要研究领域和学术成就:

1.《新经济学大纲》,是第一本由中国人撰写的介绍马克思主义政治经济学理论的专著。该书系统介绍了马克思主义政治经济学关于前资本主义、资本主义、帝国主义社会经济形态的理论,用"动的逻辑"和"矛盾的逻辑"分析了资本主义生产方式内在的矛盾,说明资本主义的发生、发展和最终必然被社会主义所取代的规律。从1934年至1954年该书再版了18次。1936年第三版增加了"资本主义周期律与经济危机"一章;1940年第七版,充实了"帝国主义论"部分,改写了"社会主义计划经济篇";1949年4月修订版增加了"新民主主义经济"一编,该书由初版32万字增至62万字。

2. 沈志远的经济学研究非常注意用马克思主义的基本原理和方法来解决中国的实际问题,如《研究中国经济之方法论的检讨》,检讨了当时中国经济研究中的形而上学的、机械论的、唯心论的研究方法,提出"动的科学方法论"。关于新民主主义革命的经济政策,发表了《新中国建设与土地改革》(1946)、《土地改革与发展生产力》(1948),以上三文收入陈翰笙等主编的《解放前的中国农村》(1985)。

3. 沈志远对20世纪30年代的世界经济危机、第二次世界大战的战局发展,战后国际经济政治新秩序的建立、中国新民主主义经济的建设等问题均有研究,并发表了分析深刻的文章。如《战后世界新民主体制面面观》(1944)、《1945年展望世界和平》、《从经济制度展望世界和平》(1945)、《战后资本主义世界的经济动向》(1946)等。

4. 沈志远也是马克思主义哲学家,在他的全部著作和译作中,马克思主义哲学理论和政治经济学理论的文字在数量上约各占一半,其中有1931年年底从苏联回国后的第一本著作:《黑格尔与辩证法》,之后有《现代哲学的基本问题》《新人生观讲话》《近代哲学批判》《近代辩证法史》。译著有《辩证唯物论与历史唯物论》(上、下册)。

沈志远的主要论著:

1934年 《新经济学大纲》,北京:北平经济学社

1935年 《世界经济危机》,上海:中华书局

1937年 《研究中国经济之方法论检讨》,《中山文化教育馆季刊》,4(1)

1937年 《近代经济学说史》,上海:生活书店

1941 年　《第二次世界大战之经济透视》，《理论与现实》2（3）

1945 年　《从经济制度展望世界和平》，《大学月刊》4（3）

1946 年　《新中国建设与土地改革》，《中国建设》2（1）

1950 年　《新民主主义经济概论——新经济学大纲第十一编》，北京：生活·读书·新知三联书店

1962 年　《关于按劳分配的几个问题》，《文汇报》8 月 30 日

方显廷

方显廷（1903—1985），浙江宁波人。经济学家。1921 年入美国威斯康星大学、纽约大学学习，获纽约大学经济学学士学位，1924 年入耶鲁大学深造，1928 年以论文《英格兰工作制度之胜利》获耶鲁大学博士学位。1929 年受何廉之约应聘南开大学任经济学教授，兼社会经济研究委员会研究主任，经济研究所所长，讲授经济史课程。在耶鲁学习期间结识何廉，成为挚友和多年合作伙伴，他与何廉一起倡导经济学的中国化，并于 1935 年在南开大学经济研究所开始招收硕士研究生，是中国最早一批经济学研究生。1936 年方显廷代理南开大学经济研究所所长。1941 年方显廷受美洛克菲勒基金资助赴美哈佛大学访学，之后接受美经济作战委员会对敌工作部邀请，任中国小组首席经济分析员。1944 年回国，继续任南开大学经济研究所教授，同时担任中央设计局研究部主任，与何廉共同主持编制了抗战后中国经济建设第一个五年计划《第一期国家经济建设总方案：物资建设五年计划草案（提要）》。方显廷还对工业资本投资、战时经济建设、统治经济政策、工业区位布局等问题提出一系列政策建议。1946 年方显廷任“同德经济研究所”（上海中国经济研究所）执行所长，主编《经济评估》周刊。1948 年以后长期在联合国任职，1947 年年底正式加入联合国亚洲及远东经济委员会，任调查研究室主任和调查研究与计划处主任。1964 年任亚洲经济发展及计划研究院副院长，1966—1968 年担任亚洲及远东经济委员会工业经济地区顾问。1968 年受邀任新加坡南洋大学经济学客座教授，讲授经济史和经济发展课程，主持编辑《南洋大学学报》，1972 年被授予荣誉教授。

方显廷的主要研究领域和学术成就：

1. 关注现实，积极倡导经济学中国化。和谷原田编写《中国之工业讲义大纲》，介绍工业化的相关经济学理论背景和中国近代工业化缘起。著作《中国之合作运动》对近代中国合作运动的发端、现状、未来趋势及国民政府在合作事业方面的政策进行详细介绍。1929—1936 年主持多项对中国工业和手工业的调查，撰写大量研究报告，如《中国之棉纺织业》《中国之乡村工业》《天津地毯工业》《天津织布工业》《天津针织工业》《天津之粮食业及磨房业》。

2. 学术报国，主持制定中国工业发展规划。在南开大学其间撰写了《中国工业化之程度及其影响》《中国之工业化：统计调查》。1936 年出版《中国工业资本问题》，对外资和民族工业资本的发展进行了详细回顾和分类考察，批评以往中国工业资本投资中存在的错误。1942 年撰写《战后中国之工业化》一书，征引大量的文献和数据系统展现中国的经济社会背景和资源禀赋情况，探讨了中国战后工业化中亟待解决的资本和管理问题，提出中国工业化的理论蓝图和组织实施方案。1944 年主编了《（战后）第一期经济建设原则》，提出“有计划的自由经济发展”和《第一期国家经济建设总方案：物资建设五年计划草案（提要）》。

3. 关注亚洲经济发展。1947 年年底，方显廷加入联合国亚洲及远东经济委员会，

战后二十多年，致力于亚洲各国和地区经济发展的研究，探讨出口导向型工业化发展模式以及与之相应的政府行为。1948—1964 年负责编辑《亚洲及远东地区经济年鉴》和《亚洲及远东地区经济季刊》。1966—1968 年，为联合国贸发会撰写六份文件，对泰国、中国香港、印度尼西亚、韩国、中国台湾、菲律宾的短期和中期工业出口前景进行分析。在新加坡南洋大学期间撰写《台湾之工业化：附政策与管理措施之特别参考》一文，回顾了 1953/1954—1965/1966 年台湾经济发展历程。对台湾当局的经济乃至行政方面的政策多有深入分析和独到见解。

方显廷的主要论著：

1930 年 《中国工业化之程度及其影响》（与何廉合著），上海：工商部工商访问局

1930 年 《天津地毯工业》，天津：南开大学经济研究委员会

1931 年 《天津织布工业》，天津：南开大学经济学院

1931 年 《天津针织工业》，天津：南开大学经济学院

1933 年 《中国之乡村工业》（与吴知合著），《经济统计季刊》2（3）

1934 年 《中国之棉纺织业》，上海：商务印书馆

1934 年 《中国之工业讲义大纲》（与谷源田合著），天津：南开大学经济学院

1935 年 《华北乡村织布工业与商人雇主制度》，天津：南开大学经济研究所

1938 年 《中国经济研究》，长沙：商务印书馆

1939 年 《中国工业资本问题》，长沙：商务印书馆

1941 年 《战时中国经济研究》，长沙：商务印书馆

1946 年 《中国战时物价与生产》，上海：商务印书馆

1946 年 《中国战后经济问题研究》，上海：商务印书馆

王思华

王思华（1904—1978），河北乐亭人。经济学家、统计学家。先就读于南开大学，后转入北京大学经济系，毕业后于 1926 年赴法国里昂大学读经济学，后到英国伦敦政治经济学院继续研究马克思《资本论》，其博士论文为《马克思主义与蒲鲁东主义》。1930 年冬回国，应聘北京大学和中法大学政治经济学教授。与侯外庐合译的《资本论》第一卷（上册）于 1932 年出版。1937 年 8 月到延安，1941 年任中共中央研究院中国经济研究室主任，中共中央宣传部中国经济研究社社长。1948 年任东北财政经济委员会常务委员兼东北人民政府统计局局长。1952 年调国家统计局历任副局长、局长、党组书记，同时兼任国家计划委员会长期规划委员会经济学专家顾问，是新中国统计工作和社会主义统计学的创始人之一。他强调发挥统计工作的重要作用，主张统计调查社会的多样性。

王思华的主要研究领域和学术成就：

1. 与侯外庐合译《资本论》第一卷（上册），于 1932 年 9 月出版。1936 年 6 月王思华翻译的《资本论》第一卷中册和下册出版。1937 年王思华到延安，1938 年王思华把《资本论》第一卷按章通俗化，写成《大众资本论》在延安出版。1948 年王思华将《大众资本论》更名为《资本论解说》在东北解放区出版，1949—1954 年在东北、北京再版。该书以“《资本论》的中心内容”“《资本论》的方法”“读《资本论》时应注意的几个问题”为题通俗介绍《资本论》。

2. 研究不同历史时期中国经济分型和中国经济的基本规律。第一，在《研究中国战时经济应该注意的几个问题》一文中

提出抗战时经济应分为三种类型，即沦陷区的完全殖民地经济，大后方基本是半殖民地半封建经济，抗日根据地则是孕育着新民主主义经济。第二，在新中国成立之际，分析提出中国新民主主义基本经济类型和基本经济规律，即中国的经济基本由五种经济成分构成——国营经济、合作社经济、国家资本主义经济、私人资本主义经济、农民和手工业者的个体经济。建设新民主主义经济，应改善发展国营经济，扶助合作社和国家资本主义，领导私人资本和个体经济。第三，提出中国社会主义基本经济规律。

3. 学习马克思主义金融学，研究中国金融。在延安时期（1940—1944）运用《资本论》中马克思主义金融学基本观点，对国际金融变化，对中国金融政策的历史变迁，对抗日根据地的金融工作，对法币和边币的关系进行了研究，提出稳定根据地金融的可操作的政策建设。撰写了《关于法币问题》《金融与物价》《对于稳定目前金融的意见》《再论如何稳定目前金融》等文章。

4. 概括中国社会主义工业化的主要经验。1956 年发表文章《我国社会主义工业化的迅速发展》，总结我国工业化的三条经验：利用原有生产力满足社会和人民需求，使国家得以集中力量优先发展工业；农业生产相应发展，解决工业化和农业之间矛盾；采用新技术推广先进经验。1959 年发表《我国社会主义工业化的伟大胜利》，总结了两条腿走路的方针，同时总结了工业管理中实行集中领导同群众运动相结合的方法，调动各方面的积极性的发展道路。

5. 新中国统计工作和社会主义统计学的创始人之一。1948 年王思华兼任东北人民政府统计局局长，在东北地区建立了国民经济主要部门的统计制度，建立统计机构，培养统计人才，开展统计工作；主持编译了有关统计理论的书籍，如《新统计学概论》《工业统计学教程》《社会经济统计辞典》等。明确统计工作的特点——广泛性、客观性、整体性、纪律性，强调“正确是统计的首要原则”“准确性是统计数字的生命”。提出重视发挥统计工作在我国社会主义建设中的作用，主张统计调查方法的多样化。1957 年写了《论目前全国统计工作的一个重大矛盾》一文，提出不能滥用全面调查，凡不可能或没有必要采用全面调查的可以采用抽样调查或典型调查以免造成报表泛滥，劳民伤财，只有组织专门的科学的抽样调查，才能事半功倍。

王思华的主要论著：

1938 年　《大众〈资本论〉》，上海：新中国书局

1948 年　《〈资本论〉解说》，上海：新中国书局

1949 年　《政治经济学》，上海：新中国书局

1956 年　《关于我国过渡时期国家工业化与农业合作化相互适应问题》，上海：新知识出版社

1958 年　《社会主义制度下的劳动》，北京：中国青年出版社

1986 年　《王思华统计论文选》，北京：中国统计出版社

1989 年　《王思华经济论文选辑》，南京：东南大学出版社

译著

1932 年　《资本论》（第一卷・上册）（与侯外庐合译），北平：北平国际学社

1939 年　恩格斯《德国的革命与反革命》（与柯柏年合译），重庆：重庆生活书店

季陶达

季陶达（1904—1989），浙江义乌人。经济学说史专家和教育家。1925 年中学毕

业后到上海中华书局工作。1926 年 10 月在江浙衢州参加中国共产党。1927 年 10 月受组织派遣赴苏联东方大学学习，1928 年秋转入莫斯科中山大学，1930 年 10 月回国。回国后专心从事经济学说史和政治经济学的研究、教学和翻译工作。1934 年翻译出版了拉彼图斯、奥斯特罗维季扬诺夫合著的《政治经济学》。1946 年 8 月到山西大学任教，教授经济学说史、会计学、统计学。1947 年在《山西大学学报》发表《评马歇尔经济学说》论文，1948 年在《中建半月刊》发表《存款兑现与物价》《评蒋管区货币危机及金元券发行问题》等文。1949 年转天津南开大学任教，1951 年任经济系主任，1958 年任南开大学经济研究所所长。1958—1960 年主持编写了四册《经济学说史讲义》（80 万字），1960 年出版了《英国古典政治经济学》，1989 年出版了《重农主义》。季陶达的研究重点是资产阶级古典政治经济学、庸俗政治经济学、马克思主义政治经济学发展史，对马克思主义政治经济学做了系统的研究和精当的阐述。同时对小资产阶级经济学，空想社会主义者、第二国际修正主义经济理治进行了批判性研究。在教学方面，他提出学分制、选课制、启发式教学的建议和观点。

季陶达的主要研究领域和学术成就：

1. 对资产阶级经济学说产生、发展和演变的研究。（1）季陶达将资产阶级经济学发展划分为五个阶段：第一阶段以亚当·斯密为代表，建立理论体系；第二阶段以大卫·李嘉图为代表的发展阶段；第三阶段以约翰·穆勒为代表，因社会阶级关系发生深刻变化，导致学说的衰落；第四阶段以马歇尔为代表，产生均衡价格论；第五阶段以凯恩斯为代表，20 世纪 30 年代资本主义世界性经济危机爆发，经济学说进入凯恩斯阶段。（2）对资产阶级古典经济学作出精深研究和批判分析，所写专著《英国古典政治经济学》清楚地表明了英国古典经济学为何以及如何成为马克思主义三个来源之一。专著《重农主义》对魁奈“经济表”之谜作了创造性的破解和说明，清晰地阐明了资本的周期循环和实现问题，同时，表明法国重农主义学说也是马克思经济学说的主要思想来源之一。（3）对资产阶级庸俗经济学的研究，成果是他主编的《资产阶级庸俗政治经济学选辑》，与王亚南主编的《资产阶级古典政治经济学选辑》一起形成全部资产阶级经济学说史著作的缩编本。

2. 对马克思主义政治经济学产生和发展的研究。季陶达着重研究了英国古典经济学与马克思主义经济学之间的联系和本质区别，指出（1）马克思从物与物间的关系揭示出人与人之间的关系；（2）马克思揭示出体现人与人之间关系的各种经济范畴的历史性；（3）马克思完成了英国古典政治经济学家所奠定的劳动价值论，创立了商品二重性、劳动二重性学说，揭示了商品和生产内在矛盾是资本主义一切矛盾的萌芽；（4）马克思制定了剩余价值学说，完成了政治经济学中的伟大革命；（5）马克思论证了资本主义生产方式的灭亡和社会主义生产方式产生的必然性。

3. 概括总结政治经济学发展、演变的规律性特点。即政治经济学、经济学说史都具有鲜明的阶级性；政治经济学随时代和客观社会经济情况而不断发展和演变；政治经济学的根本任务在于揭示不同社会经济制度的本质、矛盾和发展趋势；政治经济学是在不断总结社会实践经验，批判继承前人学术成果的基础上发展和演变的；马克思主义政治经济学是在不断与各种错误理论批判、斗争中形成和发展的。

季陶达的主要论著：

1941 年　《货币学原理》，西安：西北大学出版社

1947 年　《马歇尔均衡价格论之研

究》，《山西大学学报》创刊号

1950 年　《苏联银行国有史论》，北京：新闻出版总署

1955 年　《赫尔岑和阿加略夫的经济思想》，《新建设》6 月号

1960 年　《英国古典政治经济学》，北京：生活·读书·新知三联书店

1963 年　《资产阶级庸俗政治经济学选辑》，商务印书馆

1980 年　《改革高等院校教学制度的几点建议》，《人民日报》12 月 2 日

1983 年　《学习马克思对约·斯·穆勒的一些经济观点的评论》，《马克思主义来源研究论丛》（第 4 辑），北京：商务印书馆

1986 年　《关于约·斯·穆勒及其〈政治经济学原理〉》，《南开学报》第 2 期

1987 年　《约翰·穆勒在经济学说史上的地位》，《马克思主义来源研究论丛》（第 8 辑），北京：商务印书馆

1988 年　《萨伊的〈政治经济学概论〉概述》，《汉译世界学术名著评论集》（第 1 集），北京：商务印书馆

1989 年　《重农主义》，北京：商务印书馆

1989 年　《约·斯·穆勒及其〈政治经济学原理〉》，天津：南开大学出版社

译著

1931 年　鲁平《经济思想史》，北平：好望书店

1934 年　拉彼图斯、奥斯特罗维季扬诺夫：《政治经济学》（第 7 版），北平：寒微社

1950 年　布勒格尔：《资本主义的货币流通与信用》，北京：新闻出版总署

1984 年　车尔尼雪夫斯基：《穆勒政治经济学概述》（与季云合译），北京：商务印书馆

巫宝三

巫宝三（1905—1999），江苏句容人。经济学家。中国国民所得研究的开创者，新时期中国经济思想史研究的开拓者之一。1925 年考入吴淞政治大学。1926 年发表《句容农民状况调查》，对农村阶级关系，生产收入、各阶级的消费构成、农村的金融流通、农民教育与农民组织等问题进了调查分析。1927 年考入南京中央大学，1930 年转入清华大学，1932 年入南开大学经济学院从事研究工作。1936—1938 年由中央研究院派赴美留学，获哈佛大学硕士学位。1941 年发表《农业与经济变动》文章，1945 年出版《国民所得概论》，1947 年出版《中国国民所得（1933）》（上、下）。1947 年受罗氏基金会资助赴美完成博士论文，获哈佛大学博士学位。1948 年回国。1950 年原中央研究院及所居各研究所实行改组，成立中国科学院，巫宝三任社会科学研究所副所长。1953 年社会科学研究所改名经济研究所，巫宝三任代所长，1954 年任副所长。20 世纪 50 年代以后巫宝三撰写了专著《管子经济思想研究》，论文《经济思想史研究的对象、方法和意义》《中西古代经济思想比较研究绪论》。

巫宝三的主要研究领域和学术成就：

1. 农业经济问题和西方经济学说以及国民所得的研究。1941 年在清华大学《社会科学》第 3 卷第 1 期发表《农业与经济变动》一文，探讨了在农业国中经济变动是如何发生的，分析了杰奉斯与谟尔的收成学说，分析了经济变动中的弹性需求理论，指出不同的经济变动，取决于各国经济结构的不同。1945 年巫宝三等五位研究人员对中国国民所得的实况进行精细测算，完成了《中国国民所得（1933）》一书，于 1947 年由中华书局出版。1946 年巫宝三与汪馥荪合作完成了《抗日战争前中国的工业生产与就业》一文，发表在英国

《经济学季刊》第223期。

2. 中国经济思想史的研究。20世纪50年代，巫宝三对鸦片战争前后的经济思想和经济政策的资料进行选编，对一些思想家的经济思想进行简略的论述，完成了《中国近代经济思想与经济政策资料选辑（1840—1864）》一书，于1959年出版。

1980年巫宝三与胡寄窗、赵靖组建了中国经济思想史学会，以中国社会科学院经济研究所经济思想史研究室为基点组成了中国经济思想史著作编写组，自1985年以来相继出版了《中国经济思想史资料选辑》等三种，专题论文集、专著《管子经济思想研究》等。这些论著对我国新时期创建和开拓中国经济思想史的研究作出了贡献，表现在：（1）对经济思想史研究对象和方法的论述；（2）倡导中西经济思想的比较研究；（3）在经济思想史研究中提出了一些创新见解。第一，《管子》经济思想研究。巫宝三认为《管子》一书以重农立论，《侈靡篇》中侈靡与主俭是在不同情形下的统治阶级的消费政策，二者不矛盾；指出《轻重篇》所说数量，不是货币，而是影响商品货币交换价值的供求数量。第二，先秦租赋思想研究，指出《乘马篇》的研究未与管仲"租地而衰征"的租赋思想联系起来，如联系起来研究可以收到豁然贯通之效。《乘马篇》把各种类土地折合成耕地面积计算，是对"租地而衰征"的具体化，《乘马篇》还提出一系列新的经济概念，并论证了各范畴之间的相互关系，表明新的生产关系对发展社会生产力所起的积极作用。他指出《禹贡》一书提出的"任土作贡"的赋税原则与管仲的"相地而衰征"是一脉相承的，而《周礼》提出"以土均平征"，贯穿一种新的租赋思想和制度，就是以实物租制代替劵役租制，《管子》《禹贡》《周礼》是属于一个体系的。

3. 对孙武、孙膑经济思想提出新见。认为孙武、孙膑在商鞅以前就提出富国强兵思想，且具有孔孟的富民思想内涵。孙武是我国古代经济思想中数量观念最早的提出和论述者，他把数量观念作为军事上的重要范畴来运用，是重要理论贡献。

4. 对庄子经济思想的新解。他论证了庄子是把技术中的"刻雕"与"伪巧"区分开，对于合乎"道"的技术，即合乎事物本性的技术是肯定的。

5. 关于中国古代经济思想对法国重农学派经济学说的影响问题的新见。学界对于这种影响的性质、层次等观点并不一致，巫宝三梳理了有关资料和论著，并进行深入考释，提出了自己的观点：魁奈的理论体系是基于商品经济和资本主义生产方式，而中国古代经济思想是基于自然经济和封建生产方式。

6. 对唐代重商思想兴起，提出论证。巫宝三论证了唐代是封建社会中从传统的"抑末"思想和政策向重商思想发展的转折时期。

巫宝三的主要论著：

1941年　《农业与经济变动》，《社会科学》3（1）

1982年　《中西古代经济思想比较研究绪论》，《经济理论与经济史论文集》，北京：北京大学出版社

1985年　《先秦租赋思想的探讨》，《中国经济思想史论》，北京：人民出版社

1985年　《司马迁"法自然"的经济思想》，《中国经济思想史论》，北京：人民出版社

1989年　《管子经济思想研究》，北京：中国社会科学出版社

1990年　主编《古希腊、罗马经济思想资料选辑》，北京：商务印书馆

1995年　《经济问题与经济思想史论文集》，太原：山西经济出版社

1996年　《先秦经济思想史》，北京：

中国社会科学出版社

1997 年　《唐代重商思想的兴起》，《中国经济史研究》（3）

1998 年　主编《西欧中世纪经济思想资料选辑》，北京：商务印书馆

译著

1963 年　斯拉法《用商品生产商品》，北京：商务印书馆

卓　炯

卓炯（1908—1987），湖南慈利人。理论经济学家。1922 年考入湖南省立第二师范学校，1926 年冬毕业，1931 年考入广州中山大学社会学系，1935 年获学士学位。1940 年 8 月，受聘中山大学理学院讲授政治经济学，1941 年进入中山大学法学院社会学系任讲师，副教授。

1942 年在《经济科学》发表《社会价值论商榷》论文。1946 年侨居泰国，任南洋中学校长兼中共党支部书记。1948 年 9 月回国，1950 年调任南方大学第一、六部副主任。1953 年任华南分局宣传部副主任，1954—1958 年调任中共广东市委宣传部理论处处长、广东省委党校政治经济学教研室主任。1960—1961 年参加“整风团”，在肇庆的德庆县挂职县委副书记，1961 年发表署名“于凤村”的论文，首次提出社会主义商品经济理论。1973 年调任广东省社会科学院副院长，1978 年任中山大学政治经济专业硕士生导师。1985 年 6 月全国首次“卓炯商品经济理论研讨会”在广州举行。

卓炯的主要研究领域和学术成就：

1. 首提社会主义商品经济和市场经济理论。卓炯一生最重大的理论贡献是在 20 世纪 60 年代初提出了社会主义商品经济理论，成为当代中国经济体制改革的理论先驱之一。从 1957 年开始探索社会主义商品经济问题，提出社会主义商品经济理论。1961 年 11 月 18 日撰写《论社会主义商品经济》一书前言，提出了“实践是检验真理的尺度”重要命题。他从经济建设实践出发，批判了计划产品经济论，主张彻底的社会主义计划市场经济论。1957—1964 年，他提出了“社会主义的市场”等一系列范畴，奠定了社会主义市场经济理论的基本框架。1961 年发表论文《申论社会主义制度下的商品》，首次提出“公有制基础上的计划商品经济”命题。1979 年在文章中首次使用“市场经济”术语。

2. 提出“社本论”和“公共必要价值论”。卓炯认为《资本论》的理论体系，不仅是一个反映资本主义生产关系的社会经济形式体系，更是一个反映社会化大生产共同经济规律的一般劳动过程的体系，既适用于资本主义也适用于社会主义。在属于“资本一般的体系”上加上社会主义初级阶段的生产关系，使之形成一种新的反映社会主义生产关系的社会经济形式的体系，即“社会主义资本论”，简称“社本论”。中共第十五次全国代表大会以后，“资本”范畴被认同并由政府采用。在纪念马克思逝世 100 周年时，卓炯撰写了论文《关于〈资本论〉的生命力的探讨》，“社本”由卓炯命名使用。1961 年卓炯发表《试论社会主义的基本经济规律》一文，提出了“公共必要价值”和“个人必要价值”两个新范畴，把“公共必要价值规律”作为社会主义商品经济的基本经济规律。20 世纪 80 年代初明确提出社会主义剩余价值观点，发表《对剩余价值的再认识》《再论剩余价值》《三论剩余价值》等文章，提出社会主义剩余价值应该叫“公共必要价值”。

3. 提出“生产形式”学说。从 1983 年起，卓炯将经济范畴两重性原理引入其商品经济理论作为分析工具，他明确认为，商品经济和自然经济、产品经济和市场经济、计划经济和无政府状态经济都属于“生产形式”的范畴。“生产形式”可简要

地理解为“生产力的组织形式”，生产形式由生产力加上生产关系一般两者结合而成。

4. 创立社会主义政治经济学新体系。卓炯提出从劳动范畴出发，以社会分工为基础来构筑新的社会主义理论经济学体系的设想。他倡导的政治经济学是一部比较理论经济学。一是劳动过程的范畴体系，二是资本主义的社会经济形式的范畴体系，三是社会主义的社会经济形式范畴体系。代表作为：一是1985年出版的《政治经济学新探》；二是1990年出版的《〈资本论〉体系与社会主义经济——扩大商品经济论》。

5. 提出中国经济改革的整体思路与纲要。1979年4月在无锡召开了“社会主义经济中价值规律作用问题讨论会”，卓炯提交了论文《破除产品经济，发展商品经济》，从理论上阐明和分析中国经济体制改革的性质、方向、道路，强调要充分发挥价值规律的作用。1986年下半年至1987年6月，先后撰写了《经济体制改革的关键在于发展商品经济》《谈谈社会主义的国家所有制问题》《关于所有制改革的几点思考》等文章，核心是坚持实行社会主义公有制基本经济制度不动摇。

卓炯的主要论著：

1978年 《政治经济学讲话》，北京：人民出版社

1979年 《政治经济学批判》序言和导言解说，广州：广东人民出版社

1981年 《论社会主义商品经济》，广州：广东人民出版社

1985年 《政治经济学新探》，广州：广东人民出版社

1986年 《再论社会主义商品经济》，北京：经济科学出版社

1988年 《三论社会主义商品经济》，昆明：云南人民出版社

1990年 《〈资本论〉体系与社会主义经济》，北京：中国财政经济出版社

彭迪先

彭迪先（1908—1991），四川眉山人。经济学家、教育家、社会活动家。1929年考入日本应庆义塾大学经济系预科，1932年考入九州帝国大学经济系本科，1935年毕业留任助教并攻读研究生，1937年毕业。1938年回国后历任西北联合大学、武汉大学教授，四川大学经济系教授、系主任。1952年领导筹建四川财经学院。次年调任四川大学校长。研究领域涵盖政治经济学、经济史、经济思想史。

彭迪先的主要研究领域和学术成就：1936年翻译波多野鼎的《现代经济学论》，其间在《中国经济》上发表了《地租理论之史的发展》《农业恐慌论》《农业问题与瓦尔加之理论的误谬》《历代土地制度概要》等，利用唯物史观对相关农业经济理论问题做了系统性梳理。1938年4月回国，同年撰写《战时日本经济》，由生活书店出版。1939年编著《世界经济史纲》，后由生活书店出版。该书在坚持辩证唯物主义的同时，既反对“误解唯物史观主张经济关系是唯一的决定的要素，对于上层建筑的各要素，毫不注意”的经济决定论，也反对主张“清一色的纯粹的社会经济形态”而忽视各国差异性的线性进化论。1940年出版《实用经济学大纲》，从生产结构出发，将全书分为“绪论”“个别的生产机构”“社会的生产机构”“金融机构”“国际经济机构”五章。同年9月被聘为武汉大学经济系教授。1945年9月转任四川大学经济系教授、系主任。1948年撰写的《经济思想史（第一册）》由国立四川大学经济系印行。1950年4月任四川大学临时校务管理委员会副主任、法学院院长、经济系教授。1952年任四川财经学院临时工作委员会主任，后成为四川财经学院（今西南财经大学）首任校长。1953年4月至1958年任四川大学校长。

1955 年与何高箸合著《货币信用论大纲》，由生活 · 读书 · 新知三联书店出版发行。全书第一、二篇分别以资本主义体系的货币流通与信用、社会主义体系的苏联和新中国的货币流通和信用为分析与叙述对象，探索了社会主义条件下货币信用的职能和本质，以及我国人民币制度的若干问题。1979 年 12 月至 1983 年 4 月任四川省副省长。1980 年在《经济研究》第 9 期发表《马克思论抽象劳动》一文。1985 年撰写《中国大百科全书 · 经济学卷》“抽象劳动”条目。

彭迪先的主要论著：

1934—1935 年　《地租理论之史的发展》，《中国经济》2（11）、2（12）、3（1）

1935 年　《农业恐慌论》，《中国经济》3（9）、3（10）

1935 年　《农业问题与瓦尔加之理论的误谬》，《中国经济》3（11）

1936 年　《历代土地制度概要》，《中国经济》4（8）

1937 年　《世界政局危机中的日本经济动向》，《中国世界经济情报》1（6）、1（7）

1938 年　《战时的日本经济》，汉口：生活书店

1940 年　《经济学的根本问题》，《读书月报》2（4）

1940 年　《实用经济学大纲》，重庆：生活书店

1941 年　《评奥国学派经济学》，《读书月报》2（11）

1943 年　《论自然主义的经济学》，《国立武汉大学社会科学季刊》8（1）

1943 年　《经济思潮之新倾向》，《大学》2（6）

1947 年　《新货币学讲话》，上海：生活书店

1948 年　《经济思想史》第一册，成都：国立四川大学经济系

1948 年　《世界经济史纲》，上海：生活书店

1955 年　《货币信用论大纲》（与何高箸合著），北京：生活 · 读书 · 新知三联书店

1980 年　《马克思论抽象劳动》，《经济研究》（9）

译著

1936 年　（日）波多野鼎《现代经济学论》，上海：商务印书馆

1940 年　马克思未发表遗稿《资本生产物的商品》，《理想与现实》2（1）、2（2）

戴世光

戴世光（1908—1999），天津人。经济统计学家、人口学家。1927 年考入清华大学经济系，师从陈岱孙等。1931 年毕业获经济学学士，随之进入清华大学研究院研究“社会经济统计方法应用问题”。1935 年赴美国密歇根大学数学系研究院统计组攻读硕士学位，1936 年获理学硕士学位，同年转哥伦比亚大学商学院研究所学习经济统计。1938 年进入西南联合大学，在清华大学国情普查研究所任副教授、统计学系主任。1939 年主持完成 7 万人口的“呈贡人口普查”，1940 年主持完成“呈贡农业普查”，同年晋升为教授。1944 年起转为清华经济系教授，主讲初级统计学、高级统计学、经济统计、人口统计课程。1948 年发表了《中国人口》《论我国今后的人口政策》文章，提出社会革命、工业革命、人口革命观点。1952 年院系调整，戴世光调入中国人民大学统计学系，1953—1955 年，讲授经济统计学。1957 年合作编写了《经济统计学讲话》，撰写了文章《我国 1953 年的人口普查》。“文革”期间，该系并入北京经济学院经济研究所人口研究室，从事人口学研究工作，期间翻译了法国人口学家 A. 索维的《人口通

论》。1978年戴世光回到中国人民大学统计系，1979年招收了第一批经济统计学硕士生。1980年发表了《国民收入统计方法论》，对国民收入统计方法的学术渊源、国际研究现状与中国实际需要解决的问题作了系统的阐述。1981年国务院学位委员会成立，戴世光成为经济统计学的博士生导师。同年发表《国民收入核算理论的发展——综合性生产抑或限制性生产》，强调我国经济统计应改为按综合性生产来计算国民生产总值，并提供连续性的统计数字资料，以利于国际对比。1982年全国第三次人口普查，戴世光与云南大学人口研究所合作完成了《1942—1982年昆明环湖县区人口的变动与发展——一个城乡社区人口学研究》。1984年6月完成《马克思主义哲学是统计科学应用的理论基础》长篇论文，同年开始招收我国首届经济统计学博士研究生。1987年主编《世界经济统计概论》，系统介绍世界经济统计指标和指标体系。1993年完成著作《应用统计学——控制偶然性，探索必然性》，运用马克思主义的唯物辩证法解释了统计理论及其应用的原理。

戴世光的主要研究领域和学术成就：

1. 参与组织我国现代区域性人口普查和农业普查。1936年戴世光进入哥伦比亚大学研究院从事人口统计学研究，学习人口普查统计整理、分析的方法与技术。1939年负责并组织呈贡7万人口的“呈贡人口普查。”1940年作为统计负责人主持了“呈贡农业普查”。戴世光强调普查的一致性、统一性、完全性和准确性，为我国后来的人口普查等积累了经验。1942年戴世光参与组织了环昆明湖的50万人口普查和统计，编写了“统计报告”。1941年撰写了《人口普查选样研究》，1944年编制了《呈贡县人口生命表》，为奠定中国现代人口统计理论作出了开创性贡献。1976年撰写了《世界各国人口政策》、1977年撰写了《战后美国人口问题》、1978年撰写了《战后法国人口问题》《半封建半殖民地中国人口问题的分析》，1989年出版了《1942—1982年昆明环湖县区人口的变动与发展——一个城乡社区的人口研究》著作，是研究中国现代城乡社区的珍贵文献。

2. 首次提出“节制生育”为基本国策。在《新路》1948年第1卷第5期上发表了《论我国今后的人口政策》，呼吁进行“人口革命”，提出系统的人口政策，主张“三管齐下”即工业化、社会改革和减少人口，并且把人口控制列为第一重要的措施。

3. 实事求是，清除苏联极左教条对统计学科的影响。新中国成立初期，我国大学的统计教育按照苏联模式，分为两个学科。一是社会经济统计学，名为统计学；二是概率论与数理统计，名为数理统计学。1979年戴世光在《经济研究》发表了《积极发展科学的统计学，为我国早日实现四个现代化服务》一文，认为“国际科学界只存在一门统计学（即数理统计学），也是我国进行科学研究的一个必要的科学方法和技术”。1980年戴世光发表了《实践是检验统计科学的唯一标准》，分析了苏联统计理论的要害，为真正统计科学正了名。戴世光关于“一门统计学”的观点有利于统计科学的发展。

4. 对国民收入方法的研究与贡献。1980年戴世光发表了《国民收入统计方法论》的论文，对国民收入统计方法的学术渊源、国际研究现状、与中国实际结合需要解决的问题作了系统的阐述。文章系统地比较说明了使用“物质产品平衡体系”（苏联东欧等国应用）和“国民核算体系”（世界其他多数国家应用）所获得的一个国家宏观经济统计数据在经济统计意义上的区别。这在当时是无人可以匹及的。能够通过对数据产生的过程准确把握，了解数据背后的真正经济意义，对经济研究者具有启示作用。

5. 努力建立中国辩证唯物主义统计学派。戴世光对中国现代统计科学的贡献之一是他对统计学中唯物辩证法的研究。他提出马克思主义哲学是统计科学应用的理论基础，统计学是一门控制偶然性，探求必然性的科学。1984 年戴世光的长篇论文《马克思主义哲学是统计科学应用的理论基础》，由中国人民大学出版社作为专著出版。关于理论统计学与应用统计学的关系问题，文章认为统计理论研究的是偶然性数量规律性，而统计方法的应用，则为了探索、发现、测定、估计必然性的数量规律性。

戴世光的主要论著：

1937 年　《美国人口预测》（英文），纽约：哥伦比亚大学

1941 年　《人口普查选样研究》，《清华大学学报》

1947 年　《统计学与社会科学研究方法》，《清华大学学报》

1948 年　《论我国今后的人口政策》，《新路》第 5 期

1979 年　《积极发展科学的统计学为我国早日实现四个现代化服务》，《经济研究》

1980 年　《实践是检验统计科学的唯一标准》，《统计研究》第 1 辑

1980 年　《国民收入统计方法论》，《经济研究参考资料》

1981 年　《国民收入经济核算理论的发展——综合型生产抑或限制型生产》，北京大学论文集

1984 年　《实事求是是统计科学问题的指导思想》，《统计研究》

1985 年　《马克思主义哲学是统计科学应用的理论基础》，北京：中国人民大学出版社

1991 年　《〈矛盾论〉是研究经济规律的理论基础》，《中国人民大学学报》（2）

1992 年　《关于统计学的几个根本问题〈统计理论、方法、应用研究〉》，北京：中国统计出版社

1994 年　《应用经济统计学——控制偶然性，探索必然性数量特征》，北京：中国人民大学出版社

汤象龙

汤象龙（1909—1998），湖南湘潭人。经济史学家。1925 年考入清华大学首届文科，梁启超为导师。1929 年大学毕业，后留校作首任校长罗家伦的特别研究生，专攻中国近代经济史，研究课题为“鸦片战争的经济背景”。1930 年受聘北平社会调查所，1932 年任中国近代经济史研究组组长，主持创办了第一份中国经济史专业杂志《中国近代经济史研究集刊》。领导发起了第一个重视中国经济史研究的学术团体“史学研究会”。组织了大清档案中的财政经济史资料的抄录工作。运用统计方法整理中国经济史材料，确立了中国经济史学科主要奠基者与创始人的地位。

汤象龙的主要研究领域和学术成就：

1. 中国经济史学科的主要奠基者与创始人。主要有三方面的工作：（1）与陶孟和于 1932 年创办《中国近代经济史研究集刊》。（2）与吴晗发起组织“史学研究会”，集合了一批史学界新锐，担任总务并实际主持研究会工作。（3）组织收集、整理清宫抄档。搜集整理大内档案中的财政经史资料，并用于经济史研究，汤象龙是第一人。

2.《中国近代经济史研究集刊》创办于 1932 年 11 月，1937 年 3 月更名为《中国社会经济史集刊》。其影响：（1）提升了经济史在史学研究中的地位。（2）提出了中国经济史研究的宗旨、目标、理论、方法、步骤等。（3）为中国经济史学研究奠定了良好的基础。（4）有力推动了社会史论战后中国经济史学研究学术的大转向。

从 1932 年至 1949 年共出了八卷。

3. 1930—1937 年发表论文有：《道光期的银贵问题》，论证了道光时期外国鸦片大量输入中国，白银大量外流是导致清政府禁鸦片的根本原因，从而导致鸦片战争，从经济角度研究鸦片战争发生的背景。《道光期的捐监统计》是在分析清宫档案基础上，对清代财政困难时期以卖官鬻爵弥补收入的政策的研究。《咸丰期的货币》，研究了咸丰朝清政府财政崩溃，实行通货膨胀的历史。《民国以前的赔款是如何偿付的》《民国以前海关担保的外债》是从清军机处海关监督档案中有关偿付赔款和外债的统计数字分析的结果。

4. 组织大清档案资料抄录，运用统计方法整理中国经济史料。汤象龙花了很大一部分时间收集和整理史料、主要是选抄整理清宫的有关财政经济档案。是中国史学界最早大规模发掘和利用政府档案从事科研的学者。从 1930 年 10 月到 1937 年 9 月共摘抄 12 万件，收集有关中国近代财政经济专门书籍和资料 1000 多种，笔记资料卡片 1 万多张，包括清代的财政制度、货币制度、帝国主义侵略中国的不平等条约中有关外债、赔款、海关的历史资料等。抄录这些资料尽可能采用统计表格的形式，形成半成品可供研究之用。重要研究成果有 1956 年发表的《鸦片战争前夕中国的财政制度》，1992 年中华书局出版发行的《中国近代海关税收和分配统计（1861—1910)》是汤象龙运用统计方法整理财政经济史料的标志性成果，所用档案多达 6000 件，是一本历史统计专著。

汤象龙的主要论著：

1930 年 《道光期的银贵问题》，《社会科学杂志》1（3）

1931 年 《道光期的捐监统计》，《社会科学杂志》2（4）

1932 年 《咸丰期的货币》，《中国近代经济史研究集刊》1（1）

1934 年 《民国以前的赔款是如何偿付的》，《中国近代经济史研究集刊》2（2）

1935 年 《民国以前海关担保之外债》，《中国近代经济史研究集刊》3（1）

1935 年 《光绪三十年粤海关的改革》，《中国近代经济史研究集刊》3（1）

1935 年 《对研究中国经济史的一点认识》，《食货》（半月刊）1（12）

1936 年 《清初的经济政策》，南京：《中央日报》3 月 5 日，《史学周刊》

1942 年 《18 世纪中叶粤海关的腐败》，《人文科学学报》1（1）

1954 年 《关于中国初期的外债问题》，《教学改革》（1）

1956 年 《鸦片战争前夕中国的财政制度》，《财经科学》（1）

1982 年 《台湾海关税收和分配统计（1862—1894)》，《中国社会经济史研究》（3）

1983 年 《重庆海关税收和分配统计（1891—1910)》，《四川文史资料》32（3）

1987 年 《中国近代财政经济史论文选》，成都：西南财经大学出版社

1992 年 《中国近代海关税收和分配统计（1861—1910)》，北京：中华书局

2015—2016 年中国社会科学院经济学部工作总结

2015—2016 年是中国社会科学院“十二五”和“十三五”规划的交接期。两年来，经济学部认真学习习近平总书记讲话精神，特别是 2016 年在全国哲学社会科学座谈会上发表的 5・17 重要讲话精神，积极进取，开拓创新，探索新型智库建设，健全学部机制，取得了良好的成绩。

一　科研管理

1. 顺利完成学术委员会换届工作

根据《中国社会科学院研究所学术委员会工作条例（修订）》，经济学部各研究所（含研究院、实体研究中心）的学术委员会每届任期五年的规定，各院、所学术委员会任期至 2014 年年底届满，按文件规定应进行换届。经济学部办公室于 2014 年年底下发了《关于中国社会科学院研究所学术委员会换届工作的通知》。根据相关工作流程与安排，2015 年完成了经济学部经济研究所等八个研究院、所和研究生院共九个单位的学术委员会换届工作。2015 年 3 月 12 日经院务会议批准产生新一届院、所学术委员会。院务会议后，科研局根据文件规定程序批复各相关单位。

2. 完成学部委员创新岗的立项、年度检查和结项工作

学部办公室于 2014 年底下发《关于学部委员创新岗位结项考核及 2014 年学部委员（荣誉学部委员）资助计划年度考核和 2015 年申报工作的通知》，根据文件精神和有关部署，完成了经济学部的学部委员创新岗的结项、考核工作。

3. 创新工程准入系列工作

根据《中国社会科学院创新单位和创新岗位准入条件》的相关规定，学部办公室与科研局规划处等有关处室，对经济研究所等研究院、所的院重大重点课题的结项率、院 B 类课题和所重点课题的结项率、学科综述完成情况进行总结、统计和检查等工作。

对研究院、所申报的创新岗位，对科研岗位的研究人员，逐一审核其 2014 年、2015 年发表在核心期刊的论文或出版的专著（独著或第一作者）情况。

配合科研局有关处室，审核经济研究所等研究院、所申报的创新工程方案。

4. 审核研究院、所科研成果和成果季报

配合科研局成果处对经济学部申报出版资助的成果进行初审，提出初审意见；对研究院、所申报的成果季报进行形式和内容审核；对创新工程综合管理系统中科研院、所统计录入的各类科研成果（专著、研究报告、论文、学术资料、普及读物、皮书、译著、论文集等）进行审核。

5. 办理有关院重大、重点课题的结项工作。
6. 参与“第七届胡绳青年学术奖”评奖有关工作。
7. 参与2016年度经济学部研究领域课题指南征集工作。
8. 参与全院学科调查工作，并撰写经济学科调查总报告。

二　落实中央及有关部委交办任务

1. 按照中央2015—2016年年度工作部署，中国社会科学院经济学部承担新一轮“经济体制与生态文明体制改革”第三方评估任务。根据院领导指示，由科研局学部办公室承担组织工作。院领导高度重视此项工作，要求严密组织、深入分析，提出系统性的、创造性的分析报告。科研局领导指示学部办公室认真研究任务要求，及时组织我院高水平专家，协调、推进评估工作顺利进行。

2. 根据李克强总理的讲话精神和国务院办公厅有关要求，经济学部组织相关领域的专家学者就经济增长速度、宏观经济政策、就业形势、资本市场和对外经济等几个热点领域进行专题研讨，组织撰写理论文章，围绕中心、服务大局，营造正确的舆论氛围。

3. 根据国务院的要求，组织经济学部和国际学部有关学者召开六次经济形势分析与预测讨论会，评估经济走势，并形成研究报告报国务院办公厅。

4. 根据中央有关部委来文要求，向相关部门推荐专家70人。

5. 根据国务院研究室的要求，每周向其提供信息周报，并不定期提供股市、楼市等专题报告。

三　落实院领导交办任务

1. 为落实习近平总书记在中央政治局第二十二次集体学习的讲话精神，根据蔡昉副院长指示，经济学部组织筹备“健全城乡发展一体化体制机制专家座谈会”。会议于2015年6月5日在京召开，邀请国内一流专家学者参加。会议主要成果在《光明日报》理论版整版发表。

2. 为贯彻中央领导同志重要指示精神，深入推进重大理论和现实问题研究，“马克思主义理论研究和建设工程”组织了“重大理论问题、重大现实问题和重大经验总结”研究课题。2015年9月9—10日，按照经济学部主任李扬指示，学部办公室参加了“马克思主义理论研究和建设工程”的“重大理论和现实问题研究”课题的启动工作会议。该课题是我国自新中国成立以来组织的最大规模的社会科学研究课题，共涉及重大理论问题、重大现实问题和重大经验总结三大部分内容，课题组成员包括了全国几乎所有“国字头”的社会科学研究机构和国内具有代表性的高校以及各省市自治区宣传部。

3. 2015年，根据蔡昉副院长指示，落实院党组督办课题：“中国经济发展新常态下经济体制改革探究”和“十二五规划终期评估”的研究工作。

4. 2015年，协助蔡昉副院长组织召开经济工作思路座谈会，为中央财经领导小组第十一次会议提供背景材料，会后形成《将认识统一到新常态　促进经济稳定增长》的研究报告，报中央财经领导小组办公室。

5. 落实蔡昉副院长关于经济学部与亚洲开发银行研究所合作研究“中等收入陷阱”课题事宜。

四　完成学部相关工作

1. 组织学部学术活动

（1）协助经济学部组织2015年度和2016年度经济形势座谈会。

由中国社会科学院经济学部主办、工业经济研究所承办的经济学部“2015年经济形势座谈会”于2015年2月27—28日在北京香山饭店召开，研讨会以党的十八届三中、四中全会和2014年中央经济工作会议精神为指导，围绕认识新常态、适应新常态、引领新常态的主题，对我国经济形势进行深入探讨。

2016年2月，由中国社会科学院经济学部主办、城市发展与环境研究所承办的经济学部“2016年经济形势座谈会”在北京中冶大厦召开。研讨会共有经济学部的八个研究院、所和国际学部的世界经济与政治研究所、亚太与全球战略研究院参会，会上二十余位专家发言，取得良好效果。

（2）中国社会科学院经济学部与国际学部共同举办“‘一带一路’专题研讨会”，经济学部主任李扬副院长与蔡昉副院长出席会议，来自十七个研究院所的二十余位学者参加会议。会议就我院未来一段时间“一带一路”研究的总体方向和研究思路进行讨论。

2. 发布经济学部科研成果

（1）发布经济蓝皮书《中国经济形势分析与预测报告》和《中国经济增长报告》。

（2）发布《中国经济学年鉴2014—2015》。

（3）2015年2月27—28日发布经济学部重要理论成果，专著《论新常态》《引领新常态——若干重点领域改革探索》和《解读新常态：速度、结构与动力》。

（4）协助经济学部主任李扬组织编纂“大百科经济学卷”。

（5）发布专著《中国国家资产负债表2015》。

3. 中国社会科学院经济学部与南开大学共建的“中国特色社会主义经济建设协同创新中心”于2015—2016年按照工作计划开始展开工作。根据任务书，经济学部承担“经济预警与经济安全研究”和“国家与全球治理研究”两项研究任务。